STÄDTE / REGIONEN

EMPFEHLENSWERT

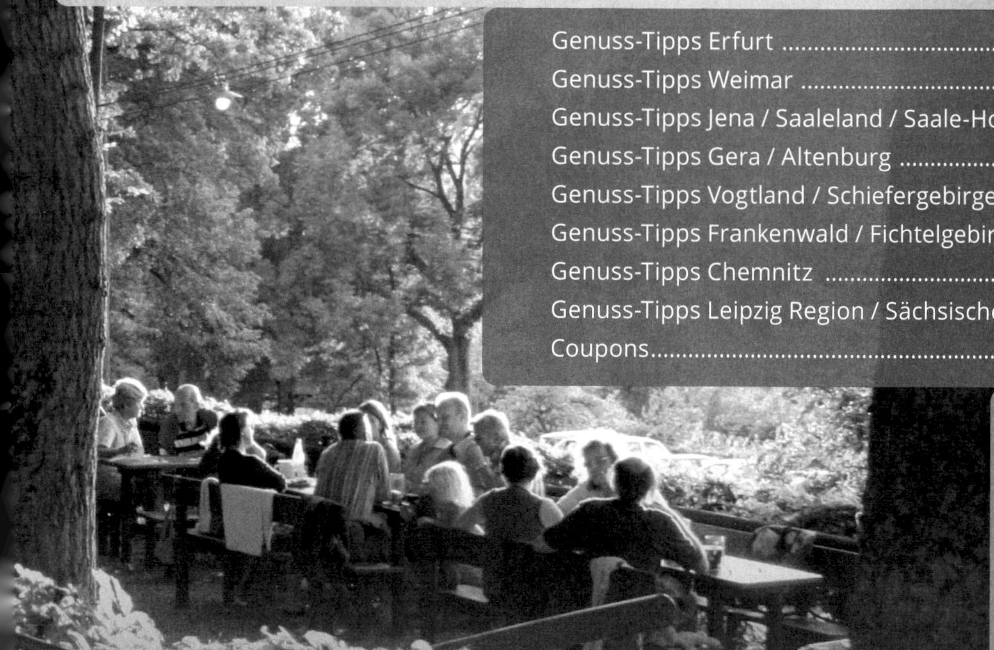

GENUSS-TIPPS

VERANSTALTUNGEN

An diesen Markierungen erkennen Sie

Partner der ThüringenCard

Partner der Leipzig Regio Card

Partner vom Webshop Thüringer Genuss

Dom St. Marien und Severikirche

Krämerbrücke

Thüringer Staatskanzlei

Funzelführung in den Horchgängen des Petersberges

ERFURT – DIE LANDESHAUPTSTADT THÜRINGENS

→ Leipzig 45 min → Kronach 2h 15 min
→ Naumburg 1h 20 min

Erfurt
LANDESHAUPTSTADT
THÜRINGEN
Tourismus & Marketing

Die Landeshauptstadt Thüringens wird geprägt von einem der größten denkmalgeschützten mittelalterlichen Stadtkerne Deutschlands mit unzähligen Kirchen, reichen Patrizier- und liebevoll restaurierten Fachwerkhäusern.

Rendezvous in der Mitte Deutschlands

In direkter Nachbarschaft zum imposanten Kirchenbauensemble von Dom St. Marien und der Severikirche, lockt eine der größten und am besten erhaltenen Festungsanlagen Europas auf dem Petersberg mit unterirdischen Horchgängen und einem traumhaften Blick über die Stadt. Einmalig in Europa ist die Krämerbrücke, die mit 120 m längste und mit 32 Fachwerkhäusern komplett bebaute und bewohnte Brücke. Hier boten schon im Mittelalter Händler ihre Waren feil. Heute findet man hier Thüringer Spezialitäten, handgeschöpfte Schokolade, Schmuckunikate, Holzschnitzereien und Malerei. Mit der Alten Synagoge beherbergt Erfurt die älteste, bis zum Dach erhaltene Synagoge Mitteleuropas (11. Jh.). In den Kellergewölben ist ein bei Ausgrabungsarbeiten entdeckter, außergewöhnlicher Gold- und Silberschatz ausgestellt. Einst an der Kreuzung wichtiger Handelsstraßen gelegen, zog Erfurt große, den jeweiligen Zeitgeist mitbestimmende, Persönlichkeiten an. Selbst Martin Luther studierte hier und lebte anschließend als Mönch im Augustinerkloster, welches heute als Beherbergungs- und Tagungsstätte dient.

„Es ist immer wieder schön zu hören, wie unsere Touristen von Erfurt schwärmen und dies begeistert ihren Freunden weitererzählen."

Dr. Carmen Hildebrandt, Geschäftsführerin der Erfurt Tourismus und Marketing GmbH

EMPFEHLENSWERT

- 1 Angermuseum Erfurt
- 2 Naturkundemuseum Erfurt
- 3 Museum für Thüringer Volkskunde und Gartenbaumuseum Erfurt
- 49 Domberg mit Dom St.Marien und Severikirche Erfurt
- 50 Krämerbrücke Erfurt
- 73 Theater Erfurt
- 85 Kunsthalle Erfurt
- 181 Thüringer Zoopark Erfurt
- 182 Kinderwelt im egapark Erfurt
- 193 egapark Erfurt
- 194 Lutherweg
- 685 Eissportzentrum Erfurt
- 229 Universität Erfurt
- 230 Fachhochschule Erfurt-University of Apllied Sciences
- Augustinerkloster
- Alte Synagoge und mittelalterliche Mikwe
- Zitadelle Petersberg
- Rathaus
- Predigerkirche
- Waidspeicher

Historische Bibliothek im Augustinerkloster

Augustinerkloster

Theater Erfurt „Evita"

Theater Erfurt „Die Krönung der Poppea"

Auch wenn sich die über 1.270-jährige Stadt mit einem Stadtplan gut erkunden lässt, ein geführter Altstadtrundgang mit dem Nachtwächter oder anderen Erfurter Originalen ist weitaus unterhaltsamer und aufschlussreicher.

Theater Erfurt – Sehen. Hören. Leben.

Im Herzen der Domstadt wurde 2003 das Theater Erfurt eröffnet und zählt mit seiner unverwechselbaren Architektur zu den modernsten Spielstätten Europas. Zu den ca. 480 Veranstaltungen im Jahr – Opern und Operetten, Konzerte, Schauspiel und mehr – strömen Kulturliebhaber aus nah und fern. Zu den Höhepunkten gehören die DomStufen-Festspiele im Sommer, bei denen sich die 70 Stufen vor dem Dom alljährlich in ein atemberaubendes Bühnenbild verwandeln.

ERFURT TOURIST INFORMATION,
Benediktsplatz 1, 99084 Erfurt,
Tel.: 0361 / 66400, www.erfurt-tourismus.de

egapark Erfurt – Der Garten Thüringens für die ganze Familie

Zahlreiche Themengärten, vielfältigste Sonderschauen im Freiland, allen voran die Frühjahrs- und Sommerblüte auf dem größten ornamental bepflanzten Blumenbeet Europas, und exotische Präsentationen in den tropischen Schauhäusern spannen nahezu über das ganze Jahr einen üppigen floralen Bogen. Während sich die Eltern auf der Wiese entspannen, entdecken die Kinder den größten Spielplatz in Thüringen: Kletterpyramiden, Seilbahnen, Kinderbauernhof sowie das große Planschbecken stehen hoch im Kurs. Egal bei welchem Wetter: Finden Sie Ihren Lieblingsplatz im egapark Erfurt!

THEATER ERFURT
Theaterplatz 1, 99084 Erfurt,
Tel.: 0361 / 2233155, www.theater-erfurt.de

EGAPARK ERFURT
Gothaer Straße 38, 99094 Erfurt,
Tel.: 0361 / 5643737, www.egapark-erfurt.de

Japanischer Garten im egapark Erfurt

egapark Erfurt

THEATER ERFURT

egapark Erfurt

Stadtansicht von Erfurt mit Fischmarkt

Hotel Weisser Schwan

Tagungsraum

Hotel Krämerbrücke

Hotel Krämerbrücke

GENUSSVOLL SCHLEMMEN UND TAGEN – MIT DEN BACHMANN HOTELS

BACHMANN HOTELS

Jede Veranstaltung ist einzigartig und jeder Augenblick ist kostbar! Mit dieser Philosophie betreiben die Bachmann Hotels als privat geführte Hotelkette in Thüringen insgesamt 7 verschiedene Häuser im 3- und 4-Sterne-Segment und ein Cateringunternehmen. Die Hotels zeichnen sich durch ein ausgewogenes Preis-Leistungs-Verhältnis aus, welches mit hoher Servicefreundlichkeit besticht.

In Erfurt als Heimat der Bachmann Hotels

stehen Ihnen mit den Hotels: Krämerbrücke Erfurt, Ramada Hotel Erfurt, Hotel Weißer Schwan Erfurt, Airport Hotel Erfurt und Hotel am Kaisersaal Erfurt gleich fünf vielfältig aufgestellte Übernachtungsmöglichkeiten zur Verfügung. In dem historischen Gasthaus „Zum Alten Schwan“, direkt neben der Krämerbrücke, sollten Sie sich unbedingt verwöhnen lassen. Die Möbel sind auffallend grazil im Verhältnis zu den wuchtigen Feldsteinmauern. Die Köche ziehen mit viel Lust, Leidenschaft und neuen, kreativen Ideen alle Register.

Tagungs- und Eventkompetenz

Für Kundenevents empfehlen wir neben den Bachmann Hotels das eigene Veranstaltungscenter comcenter BRÜHL – die repräsentative Adresse für Ihre Veranstaltungen zwischen Domplatz und dem Neuen Theater Erfurt. Ob Konferenz, Tagung, Seminar, Event oder Feier – das lichtdurchflutete Atrium und die drei multifunktionalen Konferenzräume sind dabei wahre Verwandlungskünstler. Bis zu 300 Personen finden im comcenter BRÜHL ideale Arbeits- und Veranstaltungsbedingungen.

BACHMANN HOTELS
Binderslebener Landstraße 100, 99092 Erfurt,
Tel.: 0361 / 658880, info@bachmann-hotels.de
www.bachmann-hotels.de

Hotel am Kaisersaal

Airport Hotel

Kakteen-Haage

Kakteenessen

Kakteen-Haage

ANGELA LANZ Adventsaustellung

ANGELA LANZ Floristik

EINZIGARTIGE KAKTEEN- UND BLUMENTRÄUME IN DER GARTENSTADT ERFURT

Förderten Erfurter Klöster schon im 7. Jh. die Gartenkultur, so verhalf vor allem der Waidanbau der mittelalterlichen Stadt zu hoher Wirtschaftsblüte. Tüchtige Gärtner sorgten im 18. Jh. für ein Aufblühen der gewerblichen Gartenkultur. Im 19. Jh. entstanden hier bedeutende Samenbaubetriebe, zu denen seit 1822 auch Kakteen-Haage als älteste Kakteengärtnerei der Welt gehört.

KAKTEEN-HAAGE

Die Geschichte der Kakteen beginnt mit Friedrich Adolph Haage, der beim Hofgärtner von König August von Sachsen seine Ausbildung genießt und dort die „Königin der Nacht" rettet. Zurück in Erfurt beschäftigt er sich weiter mit Kakteen. Die Sammlung seiner Kunst- und Handelsgärtnerei zieht Kenner von Goethe bis Humboldt an. Ein Jahrhundert später wird Walther Haage mit seinen Züchtungen und Publikationen zu einem bedeutenden Protagonisten der Kakteenwelt. Sein Erbe trägt Enkel Ulrich Haage mit leidenschaftlicher Pflanzenliebe weiter in die heutige Zeit. In der Gärtnerei findet man heute über 3.500 Arten von Kakteen und anderen Sukkulenten. Als besonderes Highlight kann man hier Kakteen auch anders genießen, beispielsweise beim Kakteenessen.

ANGELA LANZ Floristik – Blumen mit Leidenschaft

Hier geht das Engagement weit über das Binden von betörenden Blumensträußen hinaus. Das Geschäft ist der perfekte Ansprechpartner, bei Dekorationen und Blumenschmuck für Hochzeiten Familienfeiern und Firmenevents. Auf Wunsch sorgt die Inhaberin, Angela Lanz, als gelernte Gärtnerin mit ihrem engagierten Team auch persönlich bei Ihnen vor Ort für einzigartige Terrassengestaltungen oder Bürogestaltungen. Weit über Thüringen hinaus bekannt ist auch ihre Adventsausstellung jedes Jahr im November in der Innenstadt von Erfurt.

KAKTEEN-HAAGE
Blumenstraße 68, 99092 Erfurt,
Tel.: 0361 / 2294000, info@kakteen-haage.de
www.kakteen-haage.de, Mo – Fr 7 – 18 Uhr
(Okt – Feb: 8 – 16 Uhr), Sa 10 – 15 Uhr

ANGELA LANZ – FLORISTIK UND AMBIENTE
Neuwerkstr. 1, 99084 Erfurt,
Tel.: 0361 / 731212 2, info@angela-lanz.de,
www.angela-lanz.de, Mo – Fr 9 – 18 Uhr,
Sa 10 – 18 Uhr, Jun – Sep: Sa 10 – 16 Uhr

Krämerbrücke

Antiquitäten Johanna Pause

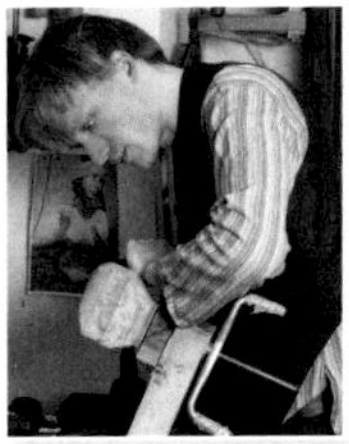

Holzkünstler Martin Gobsch

Keramikatelier Franke

Kleinformat Beate Kister

Goldhelm Schokoladenmanufaktur

Kunst und Krempel

Thüringer Spezialitäten, Inhaberin Bettina Vick

DIE ERFURTER KRÄMERBRÜCKE – AUSGELASSENES LEBENSGEFÜHL IN MEDITERRANEM FLAIR

Schon zur Zeit der Via-Regia Handelstraße im Mittelalter zog die Krämerbrücke weitgereiste Gäste und Händler an, welche hier wertvolle Gewürze, Edelmetalle und Farben im quirligen Ambiente feilboten. Fast könnte man anhand der Scharen von Touristen meinen, daran hat sich bis heute nichts geändert – und doch ist die Brücke, jeder Laden und jeder Bewohner eine eigene faszinierende Welt für sich.

Nicht emotionslose Modeläden, langweilige Souvenirbuden, zielgruppenheischende Krämerseelen findet man in den 32 Fachwerkhäusern, sondern Menschen mit Lebensträumen, ungewöhnlichen Geschäftsideen, kunsthandwerklicher Leidenschaft und humorvoller Ehrlichkeit.

Kunsthandwerk & Genuss

Hinter liebevoll gestalteten Schaufenstern präsentieren Galerien, Buch-, Münz- und Antiqitätenhändler ihre sorgsam ausgewählten Schätze. Sich treiben lassend, findet man in Keramik-, Schmuckdesign- und Photokunst-Läden besondere Unikate. Beflügelt durch den Tag, führt das mit französischem Geschmack und Lebensgefühl angereicherte Feinkostladen- Bistro „Mundlandung“ von Stefan Kühn, dessen Bruder Alexander Kühn längst nicht mehr nur die Erfurter mit betörenden Goldhelm-Pralinen, Schokoladenkursen, Eis- und Cafegenüssen verführt. Für den Puppenbauer Martin Grobsch ist die Brücke sein Leben, die er mit seiner Holzkunst bereichert und mit Engagement bis zum letzten Baum beschützt. Nicht nur die Architektur, sondern die darin verwurzelte Mentalität ihrer Bewohner macht die Krämerbrücke zu einem ganz besonderen Kleinod der Stadt.

Thüringer Spezialiäten

Seit 1996 widmet sich Bettina Vick mit Ausdauer, Herz und Leidenschaft Thüringer Genussprodukten. Was damals mit einem kleinen „Urkiste“ Sortiment begann, führte die Genussermittlerin bei verborgenen Manufakturen und Kleinstherstellen zu einer wahren Fülle von Thüringer Schätzen, die sie 20 Jahre später in ihren mittlerweile zum Renner gewordenen, nicht nur in ausgefeilteren, Genusskisten präsentiert. Im Spezialitätenmarkt auf der Krämerbrücke und dem Weimarer Geschäft in der Kaufstraße 9 können Sie die vielen regionalen Leckereien und Besonderheiten Thüringer Herkunft kennenlernen und entdecken. Original Thüringer Wurst, würziger Käse, kräftige Liköre, Weine der Saale-Unstrut, feine Konfitüren und beliebte Süßwaren machen nur einen Teil des Angebotes aus. Ein besonderes Highlight ist der Eierlikör „to go“. Die meisten der Kunden schauen regelmäßig vorbei, um zu sehen, was es Neues zu entdecken gibt. Oft wird dann gemeinsam gekostet und ausgewertet. Was bleibt, ist die Begeisterung für echten Thüringer Geschmack.

ⓘ THÜRINGER SPEZIALITÄTENMARKT, Krämerbrücke Nr. 19, 99084 Erfurt, Tel.: 0361 / 3463495, www.thueringer-spezialitaeten.de, www.goldhelm-schokolade.de, www.mundlandung.de, www.martin-gobsch.de, www.photographisches-atelier.de, www.muenzfachgeschaeft.de, www.kleinformat.info, www.erfurter-blau.de, www.buchhandlungtintenherz.de, www.kraemerbruecke.erfurt.de, www.kuenstler-thueringen.de

Eingang Stilleben Krämerbrücke

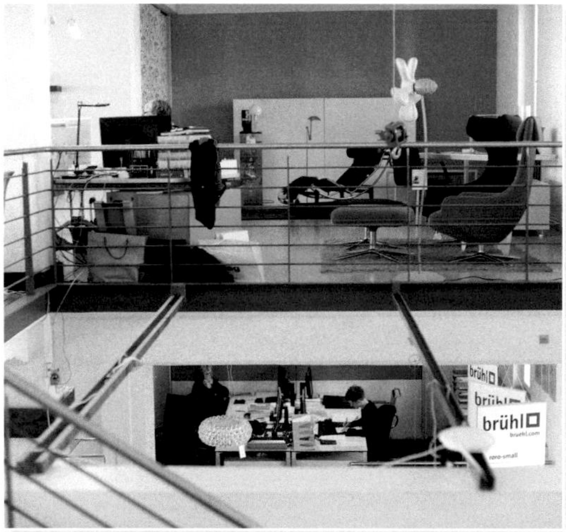

Stilleben Einrichtungshaus

Stilleben Einrichtungshaus

Stilleben Einrichtungshaus, Inhaber Konrad Trautmann

Stilleben Geschäft Krämerbrücke

Stilleben

STILLEBEN – MANUFAKTURENSCHÄTZE & WOHNDESIGN ZWISCHEN KRÄMERBRÜCKE UND FABRIKLOFT

Das bis zu ihrer Flucht von den Eltern bewohnte Haus an der Krämerbrücke führte Konrad Trautmann nach der Wende von Chiemsee nach Erfurt. Angeregt von seinem noch von Robotron designbegeisterten Onkel, schuf er sich 1994 mit seiner Frau in dem Gebäude mit Stilleben einen Lebenstraum. Während Brigitte Trautmann hier im Herzen der Altstadt ihrer Leidenschaft für Manufakturen und Wohnaccessoires frönt, belebte ihr Mann ein ehem. Fabrikgelände in der Schlachthofstraße, wo sich Stilleben 1997 erfolgreich um den Einrichtungbereich erweiterte.

Stilleben Wohnaccessoires

Auf 3 Etagen entfalten sich für den Liebhaber schöner und besonderer Dinge die neuesten Trends fürs Wohnen, Kochen und Schenken. Bewährtes und Nützliches wechselt wohltuend mit pfiffigen neuen Design-Ideen. Verlieben Sie sich in elegantes und hochwertiges Thür. Porzellan, Tischdecken von Apart und Proflax, Tagesdecken von Bassetti, edle Kissen von Designers Guild, formvollendete Hedwig Bollhagen-Keramik, Vasen von Zwiesel 1872, Bilderrahmen von Umbra, kuschelige Stofftiere von Sigikid u.v.m, das von der Inhaberin sorgsam ausgewählt und präsentiert wird.

STILLEBEN EINRICHTUNGSHAUS
Schlachthofstraße 81, 99085 Erfurt,
Tel.: 0361 / 5664436

STILLEBEN WOHNACCESOIRES
Schenken | Wohnen | Kochen
Krämerbrücke 33, 99084 Erfurt,
Tel.: 0361 / 5612926, www.stilleben-online.de

Stilleben Inneneinrichtung

Dass geschmackvolle Möbel den Räumen Eleganz, Modernität und Individualität geben, spürt man schon beim Betreten des Einrichtungshauses. Auch wenn man hier die besten int. Designmöbelhersteller findet, sind es nicht alleine beindruckende Marken und Referenzen, die das Haus zur ersten Adresse für Büro-, Wohn- und Hoteleinrichtung weit über Erfurt hinaus machen. Mit feinem Gespür für Menschen, Räume und Möbel entwickelt Konrad Trautmann mit seinem Team von der Idee, über die Planung bis zur Umsetzung einzigartige Einrichtungskonzepte, die nicht nur andere begeistern, sondern auch sie in sich tragen. Auf der Basis von Erfahrung, Kompetenz, Kreativität und partnerschaftlicher Kundenkommunikation entstehen ganzheitliche und nachhaltige Innenarchitekturlösungen in perfekter Symbiose aus Licht, Raum, Einrichtung und Accessoires.

KRÄMERBRÜCKEN-TIPPS

- 100 Stilleben
- 470 Thüringer Spezialitäten
- 469 Goldhelm Schokoladen Manufaktur
- 283 Café Goldhelm & Mundlandung
- 282 Brasserie Ballenberger
- 145 Holzpuppenschnitzer Martin Gobsch
- 134 Altstadt Antiquariat Bode Erfurt
- 542 Hotel an der Krämerbrücke
- Stiftung Krämerbrücke
- Antiquitäten Johanna Pause
- Photografisches Atelier Heike Truckenbrodt
- Galerie des Verbandes Bildender Künstler Thüringen e. V
- Kunst & Krempel Hannelore Reichenbach, Schaubackwerkstatt Hartmut Priemer, Weinhandlung Krummrich L´escargot, Holzbildhauerin Gabriele Leuschner, Münzfachgeschäft Torsten Pappler
- Kleinformat- Wohngalerie Beate Kister, Erfurter Blau „Apis Colori" Geschäft von Rosanna Minelli, Keramikerin Isabel Franke, Buchhandlung „Tintenherz", Galerie Bilderhaus

Herzogin Anna Amalia Bibliothek, Rokokosaal

Goethe- und Schiller-Denkmal, Bauhaus-Museum

WEIMAR IST BELIEBT BEI STADTENTDECKERN

→ Leipzig 1h 45 min → Freyburg 1h
→ Kronach 1h 45 min

Goethe und Schiller, Bach und Liszt, Moderne und Bauhaus. Das ist Weimar. Die Residenzstadt mit der großen Vergangenheit und den vielen berühmten Persönlichkeiten.

Weimar. Besucher sind begeistert von der Mischung aus kulturellem Zentrum, historischer Bedeutsamkeit und schöner, alter Stadt mit ihrer weltläufigen Lebendigkeit. „Wir laden Sie herzlich nach Weimar ein. Erfahren Sie viel über deutsche Kulturgeschichte, genießen Sie dabei die entspannte Atmosphäre, von der so viele unserer Besucher schwärmen", betont Ulrike Köppel, Geschäftsführerin der weimar GmbH.

Bedeutsame Geschichte auf engstem Raum vereint

Wichtige kulturelle Epochen und europäische Geschichte sind augenfällig auf engstem Raum vereint. Die UNESCO zeichnete die Dichterhäuser von Goethe und Schiller, Parks und Gärten, prächtige Schlösser sowie die weltberühmte Herzogin Anna Amalia Bibliothek mit dem Titel „Welterbe" aus. Das „Klassische Weimar" umfasst elf Ensembles und Gebäude. Auch das Bauhaus, das 1919 von Walter Gropius in Weimar gegründet wurde, ist in diesem Weltgedächtnis verewigt. Zu den „Stätten des Bauhauses" gehören das Haus Am Horn und die heutigen Gebäude der Bauhaus-Universität. Allein für die Erkundung dieser Ensembles kommen Jahr für Jahr Millionen Besucher in die Stadt.

„Genießen Sie die Atmosphäre in den Restaurants und Cafés inmitten unserer UNESCO-Welterbestätten und lassen Sie sich von Geschichte und Gegenwart der Kulturstadt Europas zum Besuch einer der zahlreichen Veranstaltungen in Weimar inspirieren."

Stefan Wolf, Oberbürgermeister der Stadt Weimar

weimar
Kulturstadt Europas

Schloss Belvedere

Rathaus, Marktplatz und Neptunbrunnen

Stadtschloss

Reichhaltige Genuss- und Veranstaltungsangebote

Weimars Gäste sind dennoch nicht allein auf Museumspfaden unterwegs. Viele von ihnen genießen eine charmante Stadt mit vielen Cafés, gemütlichen Kneipen und schicken Restaurants sowie einen prall gefüllten Veranstaltungskalender. Festivals, Theater, Konzerte, Tanz, Ausstellungen sowie Thüringens größtes Volksfest – der Zwiebelmarkt im Oktober – und die Weimarer Weihnacht im Advent bieten immer wieder neue Anlässe, Weimar zu besuchen.

TOURIST-INFORMATION WEIMAR
Markt 10, 99423 Weimar, Tel: 03643 / 745-0, tourist-info@weimar.de, www.weimar.de,
Apr – Okt: Mo – Sa 9.30 – 19 Uhr, So u. Ftg. 9.30-15 Uhr, Nov – Mär: Mo – Fr 9.30 – 18 Uhr,
Sa, So u. Ftg. 9.30 – 14 Uhr

Faszinierende Kulturlandschaft

Musik- und Theaterliebhaber kommen in der Kulturstadt auf ihre Kosten. Mit den Thüringer Bachwochen, den Sinfoniekonzerten der renommierten Staatskapelle Weimar und vielen Konzerten der Hochschule für Musik „Franz Liszt“ gibt es ein überaus üppiges Kulturangebot. Das Deutsche Nationaltheater hat neben Goethes „Faust“ und anderen Klassikern auch zahlreiche zeitgenössische Autoren im Repertoire. Das Kunstfest Weimar vereint internationale Künstler und bietet im August und September zeitgenössischem Tanz, Theater und bildender Kunst eine Plattform. Im „Weimarer Sommer“ überrascht die Stadt mit den vielen Facetten zusätzlich mit Open-Air-Konzerten, Freilufttheater und Straßenfesten.

EMPFEHLENSWERT

- 4 Stadtschloss mit Schlossmuseum
- 5 Bauhaus-Museum
- 6 Neues Museum Weimar
- 51 Herzogin Anna Amalia Bibliothek
- 52 Schillers Wohnhaus
- 61 Schloss Belvedere
- 62 Schloss Tiefurt
- 74 Deutsches Nationaltheater Weimar
- 195 Ilmtal-Radweg
- 196 Goethe Wanderweg
- 231 Bauhaus-Universität
- 232 Hochschule für Musik Franz Liszt
- 652 Schloss Ettersburg
- Goethes Wohnhaus
- Goethe-Nationalmuseum
- Goethes Gartenhaus
- Schillers Wohnhaus
- Museum für Ur- und Frühgeschichte
- Stadtkirche St. Peter und Paul
- Haus Am Horn
- Stadtschloss

Anna Amalia

Maria Pawlowna

Wohlfühlen hat ein Zuhause

Claudia Wießner, Geschäftsführerin und Beatrice Stöpel, Assistentin der Geschäftsführung

Hotelflur im Hotel Amalienhof

Zimmeransicht Hotel Amalienhof

Frühstück im Hotel Amalienhof

WEIMAR MIT WEIBLICHER NOTE GENIEßEN

Im eleganten Hotel Amalienhof lädt Claudia Wießner neben Tagungen & romantischen Wohlfühlpaketen zu einer Entdeckungsreise der „Klugen Frauen von Weimar" ein. Herzogin Anna Amalia, Wegbereiterin der Weimarer Klassik, Charlotte von Stein, Christiane Vulpius und andere bedeutende Frauen haben in Weimar ihre Spuren hinterlassen.

Berühmte Gastgeberinnen prägen Weimar bis heute

Weimars Herzoginnen spielten bedeutende Rollen: Anna Amalia, die die Regentschaft als junge Witwe übernahm, stellte entscheidende Weichen für den Aufstieg Weimars. Nicht nur der Aufbau der heute nach ihr benannten Herzoglichen Bibliothek, sondern auch ihre Salons und Musenrunden, zu denen sie in ihr Wittumspalais sowie ihre Sommersitze Schloss Ettersburg und Schloss Tiefurt einlud, sorgten für den Ruf des Musenhofs Weimar. Ähnlich intensiv bemühte sich Maria Pawlowna, die eingeheiratete Zarentochter, um die Künste in Weimar. Sie lud den damals schon berühmten Franz Liszt nach Wei-mar ein. Eine genußreiche Reminiszenz an dieses Silberne Zeitalter pflegt die Gastgeberin und Hoteldirektorin Claudia Wießner.

Mit dem Hotel Amalienhof das kluge und genussreiche Weimar entdecken

Das Haus, ein traditionsreiches Kleinod mitten in der historischen Altstadt von Weimar, ist geprägt durch sein liebevoll restauriertes klassizistisches Interieur und die genussreichen individuellen Angebote. Egal, ob ein Frühstück mit Anna Amalia auf der Terrasse des Hotels mit Blick über die Altstadt, „Frauenzimmer"-Arrangement, Langschläferfrühstück im Strandkorb auf der Hotelterrasse oder ein Kaffeetrinken mit Geschichten über Goethe und seine Frau Christiane in der Sakristei der Jakobskirche, dem Trauungsort der beiden, vieles macht Claudia Wießner möglich. Beim Schokoladenseminar lernt man die süße Seite Weimars kennen. Sehr beliebt sind auch die außergewöhnlichen Tagungsangebote in den stilvoll modernen Tagungsräumen. Eine gelungene Mischung aus Design, Kunst und Wohlfühlatmosphäre bieten die neuen Serviced Apartments in der Carl-August-Allee, welche mit Boxspringbetten, Küche und Arbeitsbereich ausgestattet sind.

HOTEL AMALIENHOF
Amalienstraße 2, 99423 Weimar,
Tel.: 03643 / 5490, Fax: 03643 / 549110,
www.amalienhof-weimar.de

Restaurant Anna Amalia

Elephant Bar

Hotel Elephant am Markt

HOTEL ELEPHANT IN WEIMAR – 320 JAHRE TRADITION UND GASTLICHKEIT

„Hier bin ich Mensch, hier darf ich's sein". Treffender lässt sich die einzigartige Atmosphäre des Hotel Elephant nicht beschreiben. Hier tafelten und plauderten die großen Weimarer Literaten-Klassiker, hier gehen Staatsmänner, Denker und Künstler seit Jahrhunderten ein und aus. Der Schriftsteller Thomas Mann setzte dem Haus mit seinem Roman „Lotte in Weimar" ein literarisches Denkmal.

Glanzvolle Geschichte von Kultur und Gastfreundschaft

Das Hotel Elephant kann auf eine lange Geschichte von Kultur und Gastlichkeit zurückblicken, ist Dreh- und Angelpunkt des gesellschaftlichen und kulturellen Lebens der Stadt. Gerühmt werden die exzellente Sterne-Küche, der unaufdringliche Service und die elegante Ausstattung der Zimmer und Suiten. Seit Oktober 2000 gehört das Hotel Elephant zur berühmten Marke „The Luxury Collection".

Mehrfach ausgezeichnete Gourmetküche

Im Restaurant Anna Amalia bietet Chefkoch Marcello Fabbri (ein Michelin-Stern), kulinarische Highlights aus der italienischen Gourmetküche. Regionale Köstlichkeiten aus Thüringen werden im traditionsreichen Elephantenkeller serviert. Für festliche Veranstaltungen, Tagungen und kleinere Konferenzen stehen der Richard-Wagner-Saal, der Salon Carl August und die Beletage zur Verfügung.

Marcello Fabbri

Lammkarrée in mediterranem Brotmantel

HOTEL ELEPHANT, A LUXURY COLLECTION HOTEL, WEIMAR, Markt 19, 99423 Weimar, elephantweimar@luxurycollection.com, hotelelephantweimar.com, Tel.: 03643 / 8020

RESTAURANT ANNA AMALIA
Di – Sa ab 18.30 Uhr, Jan – Feb: Winterpause

„Welch eine Freude! Im Krebsgang nach Weimar. Just im Elephant, intimes Geplauder mit Lotte..."

Günter Grass, 27. August 2004

HOTEL ELEPHANT
A LUXURY COLLECTION HOTEL
Weimar

Hauptgebäude der Bauhaus Universität

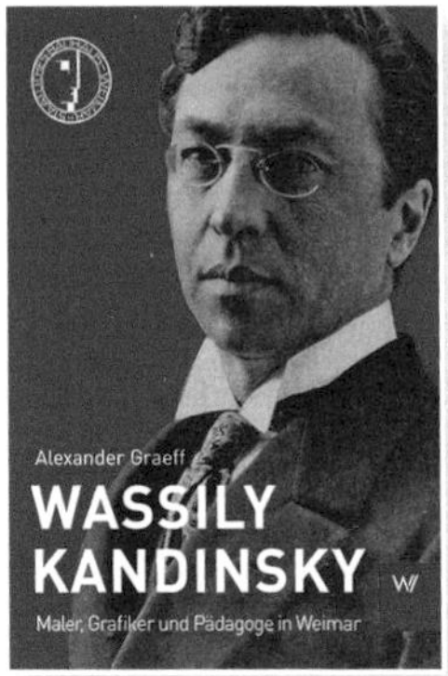

Haus am Horn

Das Dach der schönen Bücher

→ Wiesbaden 2h 35 min → Leipzig 1h 15 min → Frankfurt 2h 30 min

DIE WEIMARER VERLAGSGESELLSCHAFT – AUF DEN SPUREN GROSSER BAUHAUSKÜNSTLER

In kaum einer anderen Stadt treffen Klassik und Moderne so greifbar aufeinander wie in Weimar, das nicht nur der Kristallisationspunkt der deutschen Kultur ist, sondern mit dem Bauhaus auch wichtigster Impulsgeber des modernen Formwillens wurde.

„Kunst ist nicht Luxus, sondern Notwendigkeit."

Dieser Feststellung des ersten Bauhaus-Meisters Lyonel Feininger folgend, hat sich die Weimarer Verlagsgesellschaft in ihrer „Kleinen Personenreihe" die Aufgabe gestellt, die Biografien der wichtigsten Bauhaus-Meister mit Stadtrundgängen in Weimar und Umgebung zu beschreiben. Die Spuren von Lyonel Feininger, Paul Klee, Oskar Schlemmer und Johannes Itten lassen sich so ebenso nachverfolgen wie die von Wassily Kandinsky oder des „Formmeisters" Gerhard Marcks.

Mit Bildbänden Weimar & Bauhaus erkunden

Das Bauhaus ist in der Stadt präsent wie sonst nur die Goethezeit. Das beweist auch der Bildband „Klassisch modern", der einen intimen Blick in die Weimarer Wohnungen erlaubt und zugleich verrät, wie sich in dieser Stadt oft die Strenge der Klassik und die Klarheit der Moderne auf's Spielerischste zu vereinigen wissen. Und schließlich blickt der Verlag über den Ettersberg hinaus und spürt dem Erbe des Weimarer Bauhauses auch andernorts nach. Opulente Bildbände dokumentieren zum Beispiel den wechselseitigen Einfluss des Architekten Peter Behrens und der Kunsthochschule aufeinander. 2008 gegründet, ist die Weimarer Verlagsgesellschaft rasch zum Verlag der Weimarer Tradition und Gegenwart geworden. Mit jedem Titel bietet sie eine Einladung, den Geist der Stadt und ihrer Menschen zu erfahren. Die Bücher bekommen Sie in vielen Verkaufsstellen in Weimar und überall im guten Buchhandel. Die Weimarer Verlagsgesellschaft gehört zusammen mit dem marixverlag, der Edition Erdmann, dem Waldemar Kramer Verlag und dem 2010 in Hamburg gegründeten Corso Verlag zum Verlagshaus Römerweg.

IM VERLAGSPROGRAMM:

Zur Weimarer Klassik: *„Kleine Personenreihe" mit bebildertem Stadtrundgang: Anna Amalia, Lucas Cranach der Jüngere, Johann Gottfried Herder, Johann Sebastian Bach, Hoffmann von Fallersleben, Christoph Martin Wieland, Johann Wolfgang von Goethe, Wilhelm Ernst, Ricarda Huch; Literatur, Briefe und Texte: Charlotte von Schiller, Christiane Vulpius, Caroline von Wolzogen, Johann Gottfried Herder, Hoffmann von Fallersleben, Christoph Martin Wieland, Ricarda Huch, Johann Wolfgang von Goethe, Friedrich Schiller;* ***Zum Weimarer Bauhaus:*** *„Kleine Personenreihe" mit bebildertem Stadtrundgang: Oskar Schlemmer, Lyonel Feininger, Gerhard Marcks, Johannes Itten, Paul Klee, Wassily Kandinsky, Oskar Schlemmer;*
Zur Weimarer Gegenwart … *„Vom Geist der Stunde" und die „edition europa"*

WEIMARER VERLAGSGESELLSCHAFT
IN DER VERLAGSHAUS RÖMERWEG GMBH
www.verlag-weimar.de

Villa Haar

Weißer Saal in Schloss Ettersburg: vollendeter Stil

Zimmer auf Schloß Ettersburg

historischer Treppenaufgang der Villa Haar

Hochzeit im Garten der Villa Haar

Schloss Ettersburg. Geist und Sinnlichkeit

KULTUR- UND TAGUNGSGENUSS IN EINZIGARTIGEN WEIMARER BAUWERKEN

SCHLOSS ETTERSBURG kultur
tagungsort | restaurant | park
bauhaus akademie | stiftung

Die faszinierenden Bau-Ensemble der Villa Haar und von Schloss Ettersburg haben Glanz und Abgründe, Blüte und Vergessenheit erlebt. Mit innovativen Nutzungskonzepten haben Torsten Montag (Villa Haar) und Dr. Peter Krause (Schloss Ettersburg) die besondere Tradition & Ausstrahlung beider Orte verbunden.

Villa Haar – Erleben. Feiern. Genießen.

Am Osthang des Goetheparks in Weimar liegt ein kleines Stück Italien: Über eine imposante Treppenanlage, vorbei an Springbrunnen und uralten Bäumen, erreicht man die Villa Haar – ein geschichtsträchtiges Herrenhaus nach dem Vorbild der Villa d´Este in Tivoli erbaut. Hier – mitten in der Kulturstadt Weimar und doch fernab des Alltags – erwartet den Besucher eine sagenhafte Kulisse für individuelle Tagungen, exklusive Feiern, romantische Hochzeiten und rauschende Feste. Mit professioneller Organisation, erstklassigem gastronomischen Service und exklusiver Küche verwöhnt Sie und Ihre Gäste das Team von Torsten Montag.

VILLA HAAR
Dichterweg 2a, 99425 Weimar,
Tel.: 03643 / 779880, Fax: 03643 / 779841,
www.villahaar.de, info@villahaar.de

Das Gesamtkunstwerk Schloss Ettersburg

spiegelt mit seiner komplexen Nutzung eine ebenso tiefe wie ambivalente Geschichte wider. Seit wenigen Jahren strahlt das zum UNESCO-Weltkulturerbe „Klassisches Weimar" gehörende Schlossensemble in neuem Glanz. Schloss Ettersburg ist nunmehr wieder ein besonderer Ort, traditionell und aktuell verbunden mit Klausur, Gestaltungswille, zugleich mit kunstsinniger Lebensfreude und weitsichtiger Inspiration. Nach einem deutschlandweit einmaligen Konzept werden auf Schloss Ettersburg akad. Bildung, Forschung, politischer Austausch und Kultur, wie z.B. das PFINGST.FESTIVAL SCHLOSS ETTERSBURG mit einem exklusiven Fest- und Tagungsort zusammengeführt. Das Tagungshotel verfügt über 23 moderne eingerichtete Zimmer und fünf Suiten, die Sie individuell buchen können.

SCHLOSS ETTERSBURG
Am Schloss 1, 99439 Ettersburg,
Tel. Schloss: 03643 / 7428420,
Tel. Restaurant: 03643 / 7428410,
www.schlossettersburg.de,
info@schlossettersburg.de

Tischschmuck

Das Dreamteam des Restaurants Alte Remise

Saal vor einer Hochzeit

Menü

Musentempel im Park Tiefurt

KULTUR- UND GENUSSENTDECKUNGEN IN TRAUMHAFTER PARKLANDSCHAFT

Das Schloss und der zugehörige, weitläufige Park Tiefurt wurden als langjähriger Sommersitz von Herzogin Anna Amalia und ihren Gesellschaften berühmt. Neben Museum und Park laden das stimmungsvolle Restaurant Alte Remise zu besonderen Genüssen ein. Sicher ganz im Sinne von Anna Amalia.

Auf Schloss Tiefurt

hielt Herzogin Anna Amalia in der Gesellschaft des Weimarer Dichterkreises um Goethe, Wieland, Herder ihre Tafelrunden mit Geselligkeiten, Musik- und Theateraufführungen ab. Das Landschaftsschlösschen Tiefurt mit seiner Einrichtung und Ausstellungsstücken ist heute Zeugnis des höfischen Lebens der verschiedenen Epochen in Weimar. Der von Anna Amalia entscheidend mitgestaltete Park und das Schloss gehören zum Klassischen Weimar, das Teil des UNESCO-Welterbes ist. In der unmittelbaren Nachbarschaft zum Schloss und Park Tiefurt empfiehlt sich ein Besuch des Restaurants Alte Remise.

SCHLOSS TIEFURT
Hauptstraße 14, 99425 Weimar/Tiefurt,
Klassik Stiftung Weimar, Tel.: 03643 / 545400,
www.klassik-stiftung.de

Restaurant Alte Remise

In der gelungenen Verbindung von historischem Flair mit modernen Ambiente bieten Martin Krauß und Peter Scheller Küche und Gastkultur mit Leidenschaft. Im liebevoll restaurierten Rahmen werden Sie mit einer breiten, ausgewählten Vielfalt aus nationaler Küche verwöhnt. Zur Herstellung ihres Speisenangebotes verwendet das junge, kreative Küchenteam vorwiegend regionale Produkte, wie Wild und Fisch aus heimischen Wäldern und Gewässern, die mit Frische überzeugen. Beste Bedingungen also für eine romantische Einkehr, aber auch Feste und Hochzeiten. Gern werden der Park und das Schloß auch in Ihre unvergessliche Veranstaltung mit einbezogen.

EMPFEHLENSWERT

- Schlossmuseum zum Musenhof
- Schlosspark mit vielen Sichtachsen, Denkmälern und Parkarchitekturen
- Alte Remise, Saisonale u. regionale Küche Kochkurse, BBQ, Hochzeitspakete, Gaststätte, Kutscherstube, Festscheune, Für Veranstaltungen von 20 – 200 Personen, Bestellbarer Picknickkorb für Parkausflug
- Kulturverein WIR e.V, Lesungen am Kamin, Konzertreihen, Kindertheater Weimar Tiefurt
- Stiftung Wohnen Plus, Gemeinschaftliches Wohnen im Alter, inkl. Nutzung Sauna, Bad- und Fitnessbereich, Bibliothek, Sommerwerkstatt und Weinkeller
- Sonntag Abend Steak und Flammkuchen Mai bis September

RESTAURANT ALTE REMISE
im Kammergut Tiefurt, Hauptstraße 14,
99425 Weimar/Tiefurt, Tel.: 03643 / 908116,
info@alte-remise-tiefurt.de,
www.alte-remise-tiefurt.de
www.klassik-stiftung.de

Hotel Dorotheenhof Weimar

Himbeere und Ivoire von Valrona

Rezeption im Empfangsbereich

Terrasse

Claus Alboth und Martha Hüller

Spa & Beauty Wellnesslandschaft

GENUSSWELTEN IM ROMANTIK HOTEL DOROTHEENHOF WEIMAR

Zum baulichen Ensemble in Tiefurt gehörte als herzoglicher Obstlieferant vormals auch der „Plantagenhof", der heute eines der schönsten Verwöhnhotels in Thüringen beherbergt: Das Romantik Hotel Dorotheenhof.

HOTEL DOROTHEENHOF WEIMAR

Le Goullon
KÜCHENWERKSTATT IM DOROTHEENHOF

SPA+BEAUTY
WELLNESS IM DOROTHEENHOF

ROMANTIK
HOTELS & RESTAURANTS INTERNATIONAL

Ein Wellness- und Genusshotel ersten Ranges

unweit von Weimars Sehenswürdigkeiten wurde 2014 liebevoll restauriert und mit frischem, kreativen Aufwind und wegweisenden Ideen modernisiert. Sämtliche 56 Zimmer und Suiten wurden einem eleganten Facelift unterzogen. Von den Junior-Suiten genießt der Gast einen herrlichen Blick in die Landschaft bis hinüber zu Schloss Tiefurt. Ganz neu und umfangreich erweitert auf annähernd 250 qm Fläche ist die „Spa & Beauty-Wellnesslandschaft". Umgrenzt wird das Idyll am kleinen Ettersberg von Rebstöcken. Romantik, Genussvolles und Muße, so weit das Auge reicht. Kein Wunder, dass dieses kleine Paradies eine der begehrtesten Hochzeitsadressen Thüringens ist. Das modern gestaltete Tagungsgebäude „Parlament" setzt meisterhaft die in Weimar ins Leben gerufene „Bauhaus-Philosophie" architektonisch um und bietet so einen gelungenen Kontrast zum historischen Haupthaus.

Die Genießer aus Nah und Fern schätzen Claus Alboth seit drei Jahrzehnten. Der Gault Millau kürte ihn 2011 zum „Aufsteiger des Jahres". Auch in seinem Weimarer Wirkungkreis erhielt Alboth auf Anhieb 16 Punkte. Neben seiner Funktion als Hotel-Geschäftsführer leitet Claus Alboth als Impresario in der Küche die populären Kochseminare in der „Küchenwerkstatt" persönlich. Zum kulinarisch gastgeberischen Duo wird er mit Restaurantleiterin Martha Hüller. Ihr herzlicher, kompetenter und geschulter Service ist weit gerühmt, die vinologische Expertise von ausgewiesener Güte und das Weinbuch exzellent bestückt, was auch dem weitgereisten Connaisseur zur Freude gereicht. Zwei stilvoll eingerichtete Räumlichkeiten stehen für die Genießer zur Wahl. Im kreuzgewölbten Hotel-Restaurant „Le Goullon", benannt nach dem Hofkoch von Herzogin Anna Amalia, Francois René le Goullon, kultiviert das Küchenteam eine verfeinerte, bodenständige, thüringische Küche mit weltläufigen Ausflügen. Ein einzigartiges Highlight buchen kann man mit dem

Chef´s Table – Das etwas andere Restauranterlebnis

Nehmen Sie Platz an einer besonderen Tafel mitten in der Küchenwerkstatt und erleben Sie ein sinnliches Eintauchen in erlebnisreiche Kochkunst. Ihre Gastgeber, Claus Alboth und Martha Hüller, führen Sie durch den Abend, dabei erklären Sie Ihnen das Menü und die Getränke.

ROMANTIK HOTEL DOROTHEENHOF
Hotel Dorotheenhof Weimar GmbH
Dorotheenhof 1, 99427 Weimar,
Tel.: 03643 / 4590, Fax: 03643 / 459200,
info@dorotheenhof.com, www.dorotheenhof.com

Der Gallische Hahn im La Tarte

Elizabeth Maass

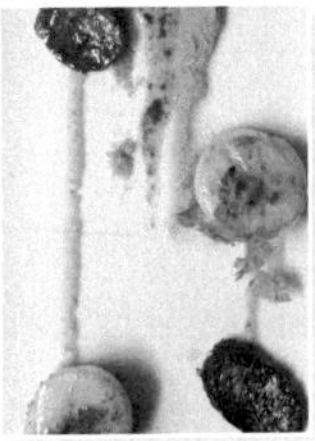
Jakobsmuscheln

Kabeljaufilet

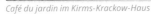

Schokotarte

Café du jardin im Kirms-Krackow-Haus

Gartenhaus Café du jardin

Bibliothek im La Tarte bistrot français

FRANZÖSISCHE VERFÜHRUNG IM HERZEN WEIMARS

Aufgewachsen in Saint Malo an der wildromantischen Smaragdküste, mit Herz und Wesen ganz der Bretagne verbunden, vermochte es wohl nur die Liebe, Elizabeth Leroy-Maaß nach Weimar zu ziehen. Nach 35 Jahren als Buchhändlerin tauchte sie ähnlich wie ein Fisch im frischem Meereswasser in ihre Berufung als Gastgeberin, Meisterköchin und Frankreichbotschafterin ein. Heute zählen ihre franz. Genussinseln zu den besten Feinschmecker-Adressen Weimars.

La Tarte

CAFÉ DU JARDIN

Restaurant La Tarte

Angefangen hatte alles im kleinen feinen Bistro francais, wo die Qualitätsfanatikerin auf unvorstellbar kleinem Küchenraum solch anziehende Kreationen zauberte, dass sie selbst innenstadtverliebte Weimarer fernab ins Neue Museum lockte. Der Umzug als „La Tarte" ins histor. Jakobsviertel eröffnete nicht nur mehr Raum für die Vielfalt der französ. Küche und thüringenweite Gäste, sondern auch für außergewöhnliche Feiern und Themenabende. Egal, ob in kleiner Runde oder an langen Tischen, können die Gäste mit ihrer Familie, Freunden und Kollegen eine schöne Auszeit nehmen, großartigen Flammkuchen genießen, ein LA TARTE Buffet erleben, „wie Gott in Frankreich" à la carte tafeln, eines der Menüs genießen oder sich von der Küchenchefin mit einer „crêation du chef" begeistern lassen. Auf die Teller und ins Glas kommt bei der leidenschaftlichen Gastgeberin nur das Beste. Pyrenäenlamm, Périgord-Trüffel, Austern aus Cancale oder Gänseleber bringt sie direkt aus ihrer franz. Heimat mit. Die elegant legere Einrichtung bildet den kommunikationsfreudigen Rahmen für bes. Genussstunden im Zeichen des stolzen gallischen Hahnes.

RESTAURANT LA TARTE,
Jakobstraße 5 – 7, 99423 Weimar,
Tel.: 03643 / 2117326, www.latarte.eu

Café du jardin

Wie seinerzeit die Familie Kirms und ihre Gäste, so können auch Sie in dem wunderschönem Café entspannen, das einzigartige Flair des historischen Gartens genießen, Freunde treffen, sich unterhalten und die Köstlichkeiten der französischen Patisserie und Küche genießen. Ganz so wie zu Anna Amalias Zeiten, in denen René Francoise Goulon für das Wohl der Herzogin und ihrer Gäste sorgte, verwöhnt Sie heute die in Luxemburg gelernte Pâtissière Anja Franz mit selbstgemachten petit fours, quiches, Marmeladen und Fingerfood. Genießer finden hier neben guten französischem Espresso (petit café genannt), original französisches Baguette und lekkere hausgebackene tartes und tartellettes auch ein gut sortiertes Feinkostangebot und Weimarer Weine. Die Veranstaltungsräume mit Garten versprechen bei Hochzeiten, Familienfesten und Tagungen außergewöhnliche Erlebnisse im außergewöhnlichen Rahmen. Das Essen kommt aus dem Restaurant La Tarte.

CAFÉ DU JARDIN IM KIRMS-KRACKOW-HAUS
Jakobstraße 10, 99423 Weimar,
Tel.: 03643 / 217631, www.latarte.eu

WEIMAR PORZELLAN

Weimar Porzellan besteht seit 1790 und steht für über 225 Jahre Erfahrung in der stilvollen Fertigung des „weißen Goldes".

Die Nähe zur Residenzstadt und ihren Kulturimpulsen wirkt sich direkt auf die Entwicklung von Weimar Porzellan aus. Vom Stil des Klassizismus, von Menschen wie Goethe und Schiller und der Ernsthaftigkeit des Designs geprägt, gelangte Weimar Porzellan rasch zu weltweiter Bekanntheit. Bis heute spiegeln die bekannten Namen der Porzellanserien und Dekore: Katharina, Schloss Belvedere und Tiefurt die engen Verbindungen zum Fürstenhof wider. Steht die Form Belvedere für die Einflüsse Napoleons und des franz. Klassizismus, so erinnert die Form Katharina an die hist. Verbindung des Weimarer Herzogenhauses zum russ. Zarenhaus. Eine besonders schöne Reminiszenz an die Kulturstadt ist das beliebte Dekor „Rose von Weimar", welches auf die Lieblingsblume von Frau von Stein verweist. Dass Weimar Porzellan seinem hohen Anspruch an Design, Form und Qualität bis heute treu geblieben ist, beweist die außergewöhnliche Serie Form 21, die man zusammen mit den andereren Lieblingsstücken im Werksverkauf Blankenhain erwerben kann.

Weimarer Porzellanmanufaktur
Christian-Speck-Straße 5, 99444 Blankenhain
Tel.: 036459 / 60194, www.weimar-porzellan.de

WEIBO MANUFAKTUREN FACHGESCHÄFT

Fachgeschäft mit Anspruch und Thüringer Kultur

Im Herzen der Altstadt von Weimar, in der Schillerstraße, finden Sie ein individuell gestaltetes Geschäft mit Lifestyleprodukten für Tisch & Küche und Wohnen namhafter deutscher und internationaler Markenhersteller. Manufakturwaren regionaler Hersteller aus Thüringen, aber auch aus ganz Deutschland und dem Ausland werden angeboten, ebenso liebevoll in Szene gesetzte Bauhausreplikate, Beauty- und Wellnessprodukte sowie gut ausgewählte Geschenkartikel für Kinder, aber auch für SIE und IHN. Freuen Sie sich auf eine außergewöhnliche Präsentation über zwei Etagen! Von Anfang an wurde zusätzlich ein sich ständig weiter profilierendes Angebot an speziellen Artikeln für die Touristen und die Gäste Weimars und Thüringens im gehobenen Bereich kreiert und vervollkommnet. Dabei war es von Anbeginn an wichtig und ist es bis heute, die Präsentation und Verbreitung des Markenbildes der Thüringer Porzellan- und Glasproduzenten, darunter besonders auch der in der Nähe der Klassikerstadt seit nunmehr über 225 Jahren bereits ansässigen Weimarer Porzellanmanufaktur, zu fördern und zu entwickeln und hierfür vor allem auch neue Liebhaber und Käufer zu gewinnen. Die große und professionelle Palette des Angebotes für Tisch, Küche und Geschenke, die stilvollen Dekorationen der gedeckten Tafel, jahrzehntelange Erfahrungen im Verkauf dieser schönen Dinge des Lebens bieten in diesem Geschäft beste Voraussetzungen, „Ihre Wunschliste für die schönsten Tage im Leben" hier zu plazieren und dem Service dieses Hauses zu übergeben.

WEIBO Manufakturen, Schillerstraße 2, 99423 Weimar,
Tel.: 03643 / 510712, www.weibomanufakturen.de

Stausee Hohenfelden

Bootsfahrt auf dem Stausee

ERLEBNISREGION STAUSEE HOHENFELDEN

Ob Campingurlaub oder Tagesausflug – am Stausee Hohenfelden finden Sie Erlebnis und Erholung!

Eingebettet in die malerische Landschaft

liegt der 40 Hektar große Stausee Hohenfelden – Erholungs- und Urlaubsparadies für Groß und Klein. Am Südufer des Stausees befindet sich der mit 4 Sternen klassifizierte Campingplatz. Hier erwarten Sie Komfort-Stellplätze für Caravans und Wohnmobile, ein großzügiger Zeltplatz sowie 35 Ferienhäuser und Bungalows in verschiedenen Kategorien. Auf der gegenüberliegenden Seeseite entstand in herrlicher Lage direkt am Seeufer eine Premiumferienhausanlage mit komfortablen und großzügigen Ferienhäusern.

Zahlreiche Freizeitangebote

Auf dem Gelände des Campingplatzes befindet sich zudem das Outdoor Camp, das einen erlebnisreichen Tag in der Natur z. B. beim Paddeln, Iglubauen oder einer Waldrallye garantiert. So richtig zur Sache geht es dann im Aktivpark Hohenfelden, wo man sich im Kletterwald auf 7 Parcours mit 118 Kletterelementen, beim Bogenschießen, Adventure-Golf etc. richtig auspowern kann. Für kulinarische Köstlichkeiten sorgt das direkt am See befindliche Seeterrassen-Restaurant „Bella Vista“ mit italienischen und anderen mediterranen Spezialitäten. Bei warmem Wetter empfiehlt sich der Besuch des Strandbades mit Abenteuerspielplatz, Strandkorb- und Bootsverleih. Unweit des Sees gibt es Geschichte hautnah im Thüringer Freilichtmuseum Hohenfelden zu entdecken. Die liebevoll restaurierten Gebäude wurden mit historischen Einrichtungsgegenständen, Werkzeugen und persönlichen Besitztümern hergerichtet und gewähren spannende Einblicke in vergangene Zeiten.

ⓘ Am Stausee 3, 99448 Hohenfelden,
Tel.: 036450 / 42081,
info@stausee-hohenfelden.de,
www.erlebnisregion-hohenfelden.de

Stausee Hohenfelden

Ferienhaus in unserer Premiumferienhausanlage

Restaurant Bella Vista

Aktivpark

Außentherme Sonnenterrasse bei Nacht

Innentherme

Saunagarten mit Außensaunen

Poolbar

→ Erfurt 25 min → Weimar 25 min
→ Leipzig 1h 30 min

AVENIDA-THERME HOHENFELDEN

Wellness und Wohlbefinden, Erlebnis und Badespaß, Unterhaltung und Attraktionen für die ganze Familie – all das finden Sie in der Avenida-Therme.

Vor den Toren der Stadt Erfurt

direkt am Stausee Hohenfelden, liegt das Erlebnis- und Wellnessparadies der Avenida-Therme. Die atemberaubende Erlebniswelt mit rund 1000 m² Wasserfläche bietet den Gästen ein besonderes Ambiente aus Palmen, Vulkan, Leuchtturm und dem gestrandeten Schiff „La Paloma". Rasanten Badespaß für die ganze Familie bieten zudem 4 außergewöhnliche Erlebnisrutschen mit 300m Gesamtlänge. Lassen Sie sich im bis 32°C warmen Wasser treiben und genießen Sie die wohltuende Wirkung der Massagedüsen, Hot-Whirlpools und der Wasserliegen. Die Saunabar und das Restaurant im Erlebnisbad laden Sie zu köstlichen Gerichten für den kleinen und großen Hunger ein. An der Poolbar mit Unterwassersesseln können Sie einen erfrischenden Cocktail genießen. Entspannung und Erholung pur sind hier garantiert.

Im mallorquinischen Stil

Die im Stil eines mallorquinischen Dorfes angelegte Saunenwelt entführt Sie auf die Balearen und bietet Ihnen eine Saunenvielfalt, die Ihnen noch lange in Erinnerung bleiben wird. Neben der Finnischen Sauna (95°C) und der Eventsauna (85°C) mit stündlich wechselnden Aufgüssen, finden Sie im Innen- und Außenbereich weitere Saunen (Biosauna, Holzofensauna u.v.m.) sowie Dampf- und Regenerationsbäder. Hier können Sie ganz nach Lust und Laune dem heiß-kalten Vergnügen frönen. Ein besonderes Verwöhnprogramm erwartet Sie in der Wellnessoase. Ganz gleich, ob bei einer Ganzkörpermassage oder einem Rhassoul-Bad – hier finden Sie alles, was das Herz begehrt.

AVENIDA-THERME HOHENFELDEN
Am Stausee 1, 99448 Hohenfelden,
Tel.: 036450 / 4490, www.avenida-therme.de,
info@avenida-therme.de

Öffnungszeiten: tägl. 10 – 23 Uhr,
Mi und Do ab 20 Uhr: After-Work-Sauna

AVENIDA-THERME:

Erweiterung der Saunenwelt

Mehr Vielfalt zum Entspannen bietet Ihnen seit Herbst 2015 die neue großzügige Eventsauna mit Showaufgüssen sowie das gemütliche Ruhe- und Lesehaus mit bequemen Sitz- und Liegemöglichkeiten – ein idealer Ort zum Abschalten.

„Das Ziel des Lebens ist ein Leben im Einklang mit der Natur", sagte Zenon v. Kition. Wenn es an unserem Stausee nicht gelänge, dann gelingt es nirgends.

Hans-Helmut Münchberg, Landrat des Kreises Weimarer Land

Marktplatz mit Rathaus

GlockenStadtMuseum

Kunsthaus Apolda Avantgarde

Fotoausstellung im Kunsthaus Apolda Avantgarde

Blick in die Ausstellungsräume des Kunsthauses

DIE GLOCKENSTADT APOLDA – BÜHNE FÜR INTERNATIONALE KUNST UND MODE

→ Weimar 30 min → Naumburg 30 min
→ Chemnitz 1h 30 min

Erwarb sich Apolda in der Geschichte mit kunstvoller Glocken- und Textilherstellung, als Wiege des Dobermanns und des Apollo Automobils einen klangvollen Ruf, so macht die Stadt heute insbesondere durch überregional bedeutende Kunstausstellungen und Designpreise von sich reden.

APOLDA

KUNSTHAUS APOLDA AVANTGARDE

Erstmals im Jahre 1119 urkundlich erwähnt wird Apolda im 18. Jahrhundert zu einer

Manufaktur- und Handelsstadt

mit namhaften Glockengießereien und einer florierenden Textilindustrie. Zeugnisse finden sich im GlockenStadtMuseum mit Glocken aus drei Jahrtausenden und aus 400 Jahren Apoldaer Wirker- und Strickergewerbe. Zahlreiche Bürgerhäuser und Villen, drei Kirchen, das Schloss und der imposante Eisenbahn-Viadukt prägen noch heute die Stadtsilhouette.

Am 7. Juni 1995 wurde mit der Ausstellung „Max Liebermann und Lovis Corinth" das

Kunsthaus Apolda Avantgarde

eröffnet, welches Apolda weit über die Grenzen Thüringens hinaus bekannt gemacht hat. Große Jahresausstellungen des Landkreises und der Kreisstadt, wie z.B. „Alberto Giacometti", „Max Ernst", „Camille Claudel", „Feininger und das Bauhaus" und „Henri Matisse" sowie Projekte des Kunstvereins, wie z.B. „William Turner", „Karl Lagerfeld", „Pablo Picasso" und „Marilyn Monroe", haben dazu beigetragen, dass seit 1995 über 460.000 Besucher den Weg nach Apolda gefunden haben. Viele Kunstinteressierte schätzen den besonderen Charakter des Kunsthauses mit sowohl großzügigen, als auch intimen Räumen, die besondere Gestaltungsmöglichkeiten mit einem intensiven Kunstgenuss bieten.

Mit vielfältigen Aktivitäten hat die Arbeit dieses Hauses in den 20 Jahren seines Bestehens wesentlichen Einfluss auf die Verbesserung der Lebensqualität in der Region genommen, außerdem Tourismus und Gastgewerbe unterstützt und eine Kulturlandschaft etabliert, die sich selbstbewusst neben den bekannten Kulturzentren behaupten kann.

Modelabel KASEEE – Atelieratmosphäre

Modelabel KASEEE – Modenschau

Modelabel KASEEE – Fotoshooting

Apoldaer Modenacht

Strick- und Textilworkshop

Glockenspiel

Internationales Modedesign

Der bereits zum 9. Mal ausgeschriebene APOLDA EUROPEAN DESIGN AWARD erfreut sich einer enormen Resonanz und zieht junge Modedesigner aus ganz Europa in die Thüringer Stadt. Bis heute sind Strickwaren aus Apolda ein Begriff für Mode und Qualität. Das mehrfach ausgezeichnete und auf internationalen Messen vertretene Modelabel KASEEE steht für edle Designermode mit atemberaubenden asymmetrischen Schnitten. In einem wunderschönen Apoldaer Fabrikloft befindet sich das Atelier der Modedesignerin Katrin Sergejew. Hier kann man auch direkt sein Lieblingsstück erwerben.

Unverwechselbare Feste

werden hier gefeiert, wobei so manches Glas Apoldaer Bier getrunken und die traditionelle Bratwurst verzehrt wird. Besonders zum Zwiebelmarkt und Bockbierfest läuft der Gerstensaft in Strömen. Jährliche Veranstaltungshöhepunkte sind auch das Oldtimer-Schlosstreffen, die Motocross-Rennen, die Apoldaer Modenächte, Deutschlands größter Bluesfasching und alle 2 Jahre die Bier-Montgolfiade.
Während der 4. Thüringer Landesgartenschau 2017 präsentiert sich die Stadt als „Blütezeit Apolda“ mit einer buntenBlütenpracht und vielfältigen Veranstaltungen.

ⓘ TOURIST-INFORMATION APOLDA
Markt 1, 99510 Apolda,
Tel.: 03644 / 650100, www.apolda.de,
touristinformation@apolda.de

GLOCKENSTADTMUSEUM
Bahnhofstraße 41, 99510 Apolda,
Tel.: 03644 / 5152571,
www.glockenmuseum-apolda.de,
glockenmuseum@apolda.de, Di – So 10 – 17 Uhr

KUNSTHAUS APOLDA AVANTGARDE
Kunstverein Apolda Avantgarde e.V.
Bahnhofstraße 42, 99510 Apolda,
Tel.: 03644 / 515364, www.kunsthausapolda.de,
info@kunsthausapolda.de, Di – So 10 – 17 Uhr

Apoldaer Oldtimer-Schloßtreffen

EMPFEHLENSWERT

- **7** GlockenStadtMuseum Apolda
- **54** Lutherkirche Apolda
- **87** Kunsthaus Apolda Avantgarde
- **243** kaseee [design & art]. Mode aus Apolda
- **480** Vereinsbrauerei Apolda
- **560** Hotel am Schloß Apolda

Blick vom Schloßberg auf die idyllische Terrasse des Hotels

Süppchen von hauseigenen Kräutern

Feste feiern in einzigartigem Ambiente

Kulinarischer Event „Spanischer Abend“

Regionale Küche mit regionalen Produkten

IM KULTURELLEN MITTELPUNKT – HOTEL AM SCHLOSS APOLDA

Das bezaubernde 4-Sterne-Haus zwischen Jena und Weimar mitten im grünen Herzen von Deutschland ist idyllisch und ruhig am Fuße des Schlosses in der Stadtmitte von Apolda gelegen. In 99 komfortablen Zimmern und 13 großzügigen 1-Raum-Appartements finden Sie ein exklusives Zuhause mit viel Platz für Entspannung und Erholung.

Weitere Annehmlichkeiten wie Sauna, Sommerterrasse, hoteleigenes Parkdeck, kostenfreies WLAN und Tiefgarage runden unser Angebot für Sie ab.

Erleben

… Sie bekannte Künstler der verschiedensten Epochen im Kunsthaus Avantgarde und erforschen Sie die Geschichte von Apolda hautnah im Stadtmuseum, angrenzend an das Glockenmuseum. In dem harmonisch eingerichteten Restaurant mit Wintergarten, Bar und Gartenanlage mit Teich erfreuen Sie sich am herrlichen Ausblick auf das Stadtschloss aus dem 12. Jahrhundert. Das schöne Saale-Unstrut-Weinanbaugebiet liegt nicht weit vom Hotel entfernt. Mit einem Katzensprung erreichen Sie auch die kulturreichen Städte Erfurt, Jena und Weimar.

Genießen

… Sie regionale, mediterrane und traditionell neu interpretierte Gerichte in Menü-, Buffet- oder à-la-carte-Form. Der beliebte Sonntagsbrunch mit wechselnden Themen bietet Ihnen besonderen kulinarischen Genuss zu jeder Jahreszeit.

→ Leipzig 1h, 25 min → Freyburg 30 min
→ Jena 25 min

Tagen

… Sie in historischen, großzügigen, modernen und klimatisierten Veranstaltungsräumen. Finden Sie Platz für Ihre Tagung, Feier oder Ihre Firmenveranstaltung mit bis zu 250 Gästen.

HOTEL AM SCHLOSS APOLDA GMBH
Jenaer Str. 2, 99510 Apolda
Tel.: 03644 / 5800, reservierung@hotel-apolda.de,
www.hotel-apolda.de

Vereinsbrauerei Apolda – historische Ansicht um 1887

Festveranstaltung 125 Jahre – die geschmückte Festhalle

Jährlich wird die Apoldaer Bierkönigin gewählt

VEREINSBRAUEREI APOLDA – TRADITIONSREICHE PRIVATBRAUEREI MIT HERZ FÜR DIE REGION

„Privat-Regional-Ausgezeichnet" ist das Motto der weit über die Region hinaus erfolgreichen, seit 1887 bestehenden Privatbrauerei. Mit einem innovativen, wohlschmeckenden Bier und einem erlebnisreichen Veranstaltungskalender hat sich das Unternehmen einen großen und treuen Freundeskreis aufgebaut. Neben einer qualitätsgerechten Herstellung zeichnen vor allem die

regionalen Zutaten

die schmackhaften Apoldaer Biere aus. Nach dem dt. Reinheitsgebot von 1516 sind das Hopfen, Wasser und Malz. Die Hefe kam erst später hinzu und wird in Apolda sogar in einer eigenen biologischen Anlage gezüchtet! Darüber hinaus legt die Vereinsbrauerei Apolda besonderen Wert auf die Verbindung modernster Technologie mit handwerklicher Braukunst sowie auf den Bezug einheimischer Rohstoffe. So wächst der verwendete Hopfen auf dem Boden der Elbe-Saale-Region, stammt das gehaltvolle Wasser aus dem Höhenzug Finne und das gute Malz wird in der Erfurter Malzfabrik aus der Braugerste des Thüringer Beckens hergestellt.

Genussvolle Sortenvielfalt

entsteht hier mit viel Liebe zum „bierischen" Detail, weil sich alle Beschäftigten täglich mit großer Leidenschaft darum bemühen, schmackhafte, reine Qualitätsbiere zu bieten. Beliebte Klassiker der Brauerei sind u. a. Pils Spezial Domi, Glocken Pils, Glokken Hell, Premium Pils und Hefeweizen. Bierkennern sei darüber hinaus die Spezialitätenvielfalt, wie z. B. Tradition naturbelassen, Festbock, Tafelbier und Schwarzer Esel – ein sehr malzaromatisches, liebliches und süffiges Schwarzbier, empfohlen.

Braufführer Andreas Kunze an den offenen Gärbottichen

„Unser über 125-jähriges Bestehen verdanken wir vor allem der jahrzehntelangen Qualitätsarbeit unserer Mitarbeiter und der Treue der Freunde des Apoldaer Gerstensaftes."

Detlef Projahn, Geschäftsführer Vereinsbrauerei Apolda

VEREINSBRAUEREI APOLDA GMBH
Topfmarkt 14, 99510 Apolda,
Tel.: 03644 / 848420, info@apoldaer.de
www.apoldaer.de
Öffnungszeiten Fan-Shop:
Mo – Fr 10 – 12, 14 – 16 Uhr
Öffnungszeiten Versand: Mo – Fr 6 – 17 Uhr

Trinkhalle Bad Sulza

Gradierwerk Louise

Thüringer Weinprinzessin

Am Weinwanderweg

BAD SULZA

Die genussreiche Kur- und Weinstadt in der Toskana des Ostens lockt mit ihren vielfältigen Genuß- und Wohlfühlangeboten jedes Jahr zahlreiche Gäste an

→ Leipzig 1h 15 min → Naumburg 30 min
→ Hof 1h 30 min

Wie es der Name schon verrät, prägten Sole und Salz über Jahrhunderte die Geschichte der Stadt. Einst siedete man Sole zu Speisesiedesalz und brachte Wohlstand in das kleine Städtchen im Ilmtal. Später erkannte man, dass Sole gut für die Gesundheit ist und so wandelte sich der Ort allmählich zu dem Kurort, den heute jedes Jahr zehntausende Gäste und Urlauber besuchen.

Traditionsreiches Sole-Heilbad

Bereits 1847 wurde ein Solbad gegründet und seit 2004 ist Bad Sulza offiziell als Sole-Heilbad anerkannt. Von der langen Kurorttradition zeugen neben dem historischen Kurpark mit restaurierter Trinkhalle und Musikmuschel auch das Gradierwerk „Louise“ mit der einmaligen Zerstäuberhalle. Insbesondere Menschen mit Haut- und Atemwegserkrankungen bringt die Bad Sulzaer Sole dank ihrer einzigartigen Zusammensetzung spürbare Linderung.

Genussreiche Weinregion

Dass sich auch Wein hier wohlfühlt, sieht man bei einem Spaziergang durch den Ort. Die geschützte Lage im Ilmtal sorgt für ein fast mediterranes Klima mit vielen Sonnenstunden und milden Temperaturen. Der Wein dankt es und bringt jedes Jahr sowohl köstliche als auch außergewöhnliche Tropfen hervor. Bei einer der zahlreichen Veranstaltungen, wie dem Thüringer Weinfest am 3. Augustwochenende, kann der Wein dann genossen werden.

„Sich von heilender Sole tragen lassen, Musik unter Wasser hören, und in Ruhe ein gutes Glas Wein genießen. Dann fällt die Last des Alltags ab. Herzlich willkommen in Bad Sulza an der Ilm!“

Johannes Hertwig, Bürgermeister Bad Sulza

EMPFEHLENSWERT

- 8 Goethe Gartenhaus 2
- 9 Trinkhalle, Salinemuseum und Gradierwerk Bad Sulza
- 10 Kutschenmuseum Auerstedt
- 151 Maskenmanufaktur Bad Sulza
- 151 Ölmühle Eberstedt
- 183 Kindererlebnispark Eckartsberga
- 530 Thüringer Weingut Bad Sulza
- 529 Thüringer Weingut Zahn
- 676 Toskana Therme Bad Sulza
- Radfahren auf dem 4 Sterne Ilmtal-Radweg
- Inhalieren in Zerstäuberhalle am Gradierwerk Louise
- Sole trinken in der Trinkhalle im Kurpark
- Weinverkostungen
- Segway Tour durch die Toskana des Ostens

TOURIST-INFORMATION & KURGESELLSCHAFT HEILBAD BAD SULZA MBH,
Kurpark 2, 99518 Bad Sulza, Tel.: 036461 / 8210, Fax: 036461 / 82111, www.bad-sulza.de, info@bad-sulza.de

Toskana Therme

Innenbereich Sauna der Zukunft

Im Liquid Sound Tempel

TOSKANA THERME BAD SULZA

TOSKANA THERME BAD SULZA · HOTEL*** AN DER THERME BAD SULZA

Liegt es an der Adresse „Wunderwaldstraße", dass viele Thermenbesucher in diesem Wunderbad wie verzaubert wirken? Die Badelandschaft ist immer noch so futuristisch wie am ersten Tag. Für das Wunder gibt es gute Gründe.

Vollmondkonzert

„Liquid Sound" z.B., das Schweben im Musik- und Badeerlebnis. Ob bei den Vollmondkonzerten oder coolen Sounds im „Liquid Sound Club" – das legendäre Baden in Licht und Klang sorgt für den größtmöglichen Abstand vom Alltag.

Viele Farben beim Saunabaden

Beliebt ist auch die großzügig-elegante Sauna. Saunabaden bringt das Immunsystem auf Trab, ein gesunder Genuss in vielen Farben. Zischend heiße Aufgüsse in der finnischen Sauna, mildes Schwitzen in der Weinbergsauna oder im Lektarium (wo gelesen und vorgelesen wird) sowie indianische Zeremonien in der Schwitzhütte.

Nichts stört die Entspannung

Und der Wellnesspark! Behandlungen auf internationalem Niveau. Von muskelerweichenden Massagen über Beauty-Treatments für Sie und Ihn bis zum Highlight „Liquid Bodywork®", einer tänzerischen Relax-Reise, von kundigen Profis im Wasser ausgeführt.
Großer Vorteil: wer im Hotel an der Therme eincheckt, kommt über den Bademantelgang direkt vom Bad ins eigene Zimmer. Nichts stört die kostbare Entspannung!

TOSKANA THERME BAD SULZA
Wunderwaldstr. 2a, 99581 Bad Sulza,
Tel.: 036461 / 92000, info@toskanaworld.net

Außenbereich Sauna der Zukunft

„Seit zehn Jahren komme ich immer wieder nach Bad Sulza, weil mir das Baden im Liquid Sound Tempel eine einmalige Verbindung zur Natur des Wassers gibt, zur Natur überhaupt. I love it!"

Dr. Mindy Beck aus Santa Barbara, Kalifornien, USA, Dozentin an der Bastyr University

Panoramasauna

Maloca im Schlossgarten Auerstedt / © Miltzow

Schloss Auerstedt Innenhof

Restaurant „Reinhardt's im Schloss"

Hochzeit in der Maloca

HOTEL RESORT SCHLOSS AUERSTEDT   Reinhardt's im Schloss

HOTEL RESORT SCHLOSS AUERSTEDT

Mit seinem einzigartigem Flair verzaubert dieser wunderschöne Ort nicht nur zahlreiche Hochzeitsgäste, sondern auch Romantiker und Firmen, die etwas besonderes suchen.

Elegant und bodenständig ...

Wer das Geheimnis der aufblühenden Toskana des Ostens erfahren will, ist (und ißt!) in Auerstedt genau richtig. Mit zwei Mal Abbiegen ist die Kulturstadt Weimar bequem zu erreichen, der Naumburger Dom ist genauso in der Nähe wie die Glockenstadt Apolda mit ihrer rührigen Mode- und Kunstszene … Wer mit Entdeckerlust gesegnet ist, findet im Hotel und Restaurant von Schloss Auerstedt den idealen Start- und Landepunkt. Einfach da bleiben und Genuss tanken ist aber auch ok.

Idyllisch und modern

Der romantische Dichter Novalis, auch ein Held dieser Region, besang einst die wundersame blaue Blume. Feinschmecker besingen heute das Restaurant „Reinhardt's im Schloss". Was vom Ehepaar Reinhardt elegant und bodenständig kredenzt wird, sollte man sich unbedingt auf der Zunge zergehen lassen! Die Karte kommt ohne schräge Schnörkel aus, lockt dafür mit Außergewöhnlichem aus der Region.

Bei Hochzeitsgesellschaften beliebt

Zum Schloss-Ensemble gehören modern-stilvolle Hotel-Apartments und die „Maloca Auerworld", ein lichter, weltoffener, besonders bei Hochzeitsgesellschaften beliebter Veranstaltungsraum. Mit den Thüringer Weinbergen in Sichtweite, stoßen Mann und Frau hier gerne auf Glück und Gesundheit an.

HOTEL RESORT SCHLOSS AUERSTEDT
Schlosshof, 99518 Auerstedt, Tel.: 036461 / 87762,
info@auerstedt.org, www.auerstedt.org

Resort Auerstedt

Zimmer auf Schloss Auerstedt

„Seit ich in einem kurzen Film die Rolle der Josefine an Napoleons Seite spielen durfte, habe ich das gastliche Schloss Auerstedt und die Menschen, die es mit ihrer Kreativität beleben, in mein Herz geschlossen."

Lena Liberta, Filmemacherin und Schauspielerin

Kati und Frank Reinhardt

Blick vom Weinberg

Gutshof

Weinfest

Weinauswahl

THÜRINGER WEINGUT BAD SULZA

THÜRINGER WEINGUT BAD SULZA
Weinkultur in Thüringen

In den 1960er Jahren wurde der Weinbau in Thüringen von den landw. Unternehmen neu belebt. Daraus entstand 1992 das erste Weingut Thüringens. Es erhielt den Namen „Thüringer Weingut Bad Sulza".

Im Jahr 1994 übernahm Andreas Clauß, gelernter Weinbautechniker und aus einer Winzerfamilie aus dem schwäbischen Esslingen stammend, die Geschäftsführung und zog mit dem Betrieb 1998 in einen ehem. Bauernhof nach Sonnendorf, einem Ortsteil von Bad Sulza, um. In den letzten Jahren wurde die Rebfläche erweitert, die Weinkellerei zeitgemäß eingerichtet, ein Weinverkauf sowie Verkostungsräume geschaffen.

Der Weinbau

Mit 45 Hektar Rebfläche ist das Thüringer Weingut im Anbaugebiet Saale-Unstrut eines der großen privaten Weingüter. Die Weinberge liegen im Weinbaubereich Thüringen mit den Einzellagen „Bad Sulzaer Sonnenberg" und „Auerstedter Tamsel". Angepflanzt wurden neben der gebietstypischen Rebsorte Müller-Thurgau auch Kerner, Gutedel, Riesling, Grau- und Weißburgunder sowie die Spezialitäten Traminer, Scheurebe und Muskateller. Beim Rotwein wird vorwiegend auf neue Rebsorten wie Regent, Cabernet Dorsa und Pinotin sowie auf traditionelle Rebsorten wie Frühburgunder gesetzt. Weitere Rebflächen befinden sich mit den Einzellagen „Dornburger Schloßberg" und „Jenaer Grafenberg" unterhalb der Dornburger Schlösser sowie in Kunitz bei Jena.

Das Sortiment

besteht aus den gebietstypischen „GUTSWEINEN" als hervorragende Begleiter zu allen Gelegenheiten, den „EXCELLENCE"-Lagenweinen für exzellenten Genuss zu besonderen Anlässen sowie als kostbare Aufmerksamkeit, oder für individuelle Genießerbegegnung den exklusiven „CP"-Kultweinen. Diese herausragenden Weine sind limitiert und werden nicht von jedem Jahrgang abgefüllt. Das sichtbare Markenzeichen des Weinguts ist die fehlende Ecke des Etiketts.

In der modern eingerichteten Weinkellerei

reifen die Weine in Edelstahlbehältern und traditionellen Holzfässern heran. Die Philosophie der Weinbereitung, die Weine nach alter Tradition trocken auszubauen, unterstreicht den unverwechselbaren Charakter und die Besonderheit dieser Thüringer Weine. Von dem hohen Qualitätsanspruch von Familie Clauß und ihren 15 engagierten Mitarbeitern zeugen sowohl regionale und internationale Auszeichnungen, sowie die positive Resonanz der Kunden, die diesen wichtigen Teil Thüringer Weinkultur zu schätzen gelernt haben.

WEINVERKAUF IM GUTSHOF
Besichtigung und Weinproben ab 25 Personen nach Anmeldung, Mo – Fr 10 – 18 Uhr, Sa 10 – 16 Uhr, Sonn- und Feiertage 10 – 13 Uhr, Tel.: 036461 / 20600, info@thueringer-wein.de, www.thueringer-wein.de

André Zahn, Elvira Zahn, Torsten General

Thüringer Weingut Zahn

IHR ERLEBNISWEINGUT AN DER SAALE

Thüringer Weingut Zahn

Das Thüringer Weingut Zahn wird heute in dritter Generation von André Zahn geführt. Ihrem Charakter entsprechend werden die Weine im großen Holzfass, in temperaturgesteuerten Edelstahltanks und seit 2005 auch in Barriques ausgebaut. Das Ergebnis sind filigrane, frische und elegante Weißweine und ebenso elegante, vollmundige und gehaltvolle Rotweine.

ⓘ THÜRINGER WEINGUT ZAHN
Weinbergstr. 18, 99518 Großheringen,
info@weingut-zahn.de, www.weingut-zahn.de
Nov – Dez: Di – Fr 9 – 11.30 Uhr, 13 – 16 Uhr,
Sa – So 10 – 16 Uhr, Mär – Okt: Di – Do 9 – 18 Uhr,
Fr – Sa 10 – 22 Uhr, So 10 – 18 Uhr

Thüringer Weinstube | Ihr Restaurant im Weingut Zahn

Von März bis Dezember begrüßt Sie Elvira Zahn-General direkt am Ufer der Saale. Eine große Terrasse und ein Kaminzimmer laden zum Genießen und Verweilen ein. Als Ausflugslokal, Weinrestaurant & Event-Location verwöhnen sie und ihr Service- & Küchenteam die Gäste mit moderner regionaler Küche, überwiegend heimischen Zutaten und genussvollen Veranstaltungen.

ⓘ THÜRINGER WEINSTUBE
Weinbergstr. 18, 99518 Großheringen,
restaurant@weingut-zahn.de,
www.weingut-zahn.de
Nov – Dez: Do – Sa 17 – 23 Uhr, So 11 – 16 Uhr,
Mär – Okt: Mi – Do 11 – 18 Uhr, Fr – Sa 11 – 22 Uhr,
So 11 – 18 Uhr

Thüringer Weingut Zahn, André Zahn

„Was kann denn schöner sein, als ein Gläschen Wein unterhalb der Weinberge und am Ufer der Saale zu genießen. Dem Hause Zahn gelingen nicht nur typische Tropfen aus der Region. Viele kulinarische Überraschungen aus der Saale-Unstrut-Region sind in den Menüs versteckt. Ob Wanderer, Radler oder Paddler, wer hier nicht eine Rast einlegt, der verpasst Genuss pur.“

Harald Mohr, TV-Journalist aus Erfurt und Leiter des Slow Food Conviviums Weimar-Thüringen

Ölmühle Eberstedt

Pension Ölmühle Eberstedt

Freizeitspass Eckartsberga

Minigolf Eckartsberga

Übernachtung in schwimmenden Häusern der Ölmühle Eberstedt

Irrgarten Eckartsberga

Freizeitspass Eckartsberga

FAMILIENVERGNÜGEN, NATUR UND ENTSPANNUNG IM FREIZEITSPASS ECKARTSBERGA UND DER ÖLMÜHLE EBERSTEDT

Unweit des Kurortes Bad Sulza am Rande des Saale-Unstrut-Weinbaugebietes laden im sachsen-anhaltinischen Burgenlandkreis der Freizeitspass Eckartsberga und im thüringischen Weimarer Land die Ölmühle Eberstedt zu erlebnisreichen Ausflügen ein.

Ölmühle Eberstedt

Nicht nur Familien, Sommerfrischler und Vereine, auch Wanderer und Radfahrer lieben diesen besonderen Ort, welcher schwimmende Übernachtungsmöglichkeiten, Forellenzucht, Spielplatz mit Tiergehege mit technischem Schaudenkmal und leckerer regionaler Küche verbindet. Bestaunen Sie die alte Tradition der historischen Ölmühle und entdecken Sie hauseigene Köstlichkeiten wie Senföl, Fruchtaufstriche und Ziegenkäse. Am Ende eines entspannten, erlebnisreichen Tages mundet zu der frischen Thüringer Küche ein frischgezapftes Mühlenbier im Biergarten, während das große alte Zuppinger-Wasserrad gleichmäßig seine Runden dreht. Fallen Sie später in die gemütlichen Betten der einzigartigen schwimmenden Hütten oder die der liebevoll eingerichteten Landhauszimmer und wachen Sie auf mit den Klängen der Natur.

Freizeitspass Eckartsberga

Viel Spass für Jung und Alt bieten diese beliebten Freizeiteinrichtungen, welche schon im Irrgarten am Eingang auf 3.003 m^2 so richtig in die Irre führen. Das Fürchten bekommt man dann im Geisterhaus, wo Nervenkraft und Unerschrockenheit gefordert sind. Entspannung und Geschicklichkeit ist im Spielehaus mit Freigelände angesagt. Im Burgenland Eckartsberga wurden Mitteldeutschlands Burgen und Schlösser im Maßstab 1:75 liebevoll nachgebaut. Mit der Mini-Eisenbahn darf die ganze Familie fahren. Im DinoWeltWäldchen wird die Welt der großen Dinosaurier im Kleinen lebendig dargestellt.

Auf der Sonnenterrasse des Rodler-Treffs mit herrlichem Blick ins Thüringer Land genießen Sie in Sichtweite zu Ihren auf den Spielplatz kletternden Kindern leckere selbstzubereitete Speisen, frischgezapftes Bier, Eisbecher und Kuchenspezialitäten. Danach locken Miniaturgolf als Freizeitvergnügen für die ganze Familie und Bungee Jumping zum Nervenkitzel mit Trampolin-Sprüngen bis zu 7 Metern Höhe.

ÖLMÜHLE EBERSTEDT
Dorfstr. 28 – 29, 99518 Eberstedt,
Tel.: 036461 / 87463, www.oelmuehle-eberstedt.de

IRRGARTEN ECKARTSBERGA
Burgstraße 4, 06648 Eckartsberga,
Tel.: 034467 / 40359,
www.irrgarten-eckartsberga.de

RASTSTÄTTE RODLER-TREFF
Burgstraße 2, 06648 Eckartsberga,
Tel.: 034467 / 90745, www.rodler-treff.de

ehem. Zisterzienserkloster Schulpforta

Kurhaus Bad Kosen

Gradierwerk Bad Kösen

Saale mit Rudelsburg

Kösener Spielzeugmanufaktu

ROMANTISCHE HEILBADPERLE BAD KÖSEN – ENTDECKUNGSREICH FÜR FAMILIEN, WEIN- UND KULTURFREUNDE

→ Naumburg 15 min
→ Jena 45 min → Leipzig 1h

Die Geschichte des Ortes ist eng mit der Salzgewinnung und -herstellung verbunden, die Ende des 17. Jh. erstmalig erschlossen wurde. Seit 1859 bezeichnete sich Bad Kösen offiziell als „Solbad". Die historischen Salinenanlagen sind als technisches Denkmal einzigartig in Europa und heute zur Freiluftinhalierung noch immer in Betrieb.

Spielzeug und Sole

Die heutigen Kuranlagen und Reha-Kliniken entsprechen dem neuesten medizinisch-wissenschaftlichen Stand. Im Stadtzentrum findet man neben den hist. Wandelhallen und einem mod. Therapiezentrum mit Thermalsolebad auch das Romanische Haus, welches u.a. die weltweit größte Sammlung von Käthe Kruse Puppen zeigt. Die weltbekannte Puppengestalterin lebte und wirkte von 1912 bis 1950 in Bad Kösen. Die Herstellung von Stoffpuppen und Plüschtieren durch die Kösener Spielzeugmanufaktur, ein fast 100 Jahre alter Betrieb, setzt heute diese Traditionslinie fort. Von hier aus lohnt eine Entdeckung der drei romantischen Parks rund um Kurhäuser, See und Gradierwerk. Große und kleine Gäste sind im Tierpark willkommen. Mehr als 50 Arten von heimischen Haus- und Wildtieren bis zu Exoten sind hier zu Hause.

Burgen und Weine

Direkt am Saale-Wein-Wanderweg befindet sich das Landesweingut „Kloster Pforta" und unweit davon das Weingut Uwe Lützkendorf. Bad Kösen ist vor allem auch durch seine romanischen Burganlagen Rudelsburg und Burg Saaleck bekannt und seit Jahrzehnten ein beliebter Ausflugsort. Motorboote fahren in ca. 30 Minuten vom Kurpark bis zur Anlegestelle „Rudelsburg und Burg Saaleck". Nach einem Aufstieg zu den Burgen werden Sie mit einer tollen Aussicht in das Saaletal belohnt.

TOURIST-INFORMATION BAD KÖSEN,
Naumburger Str. 13b, 06629 Naumburg,
OT Bad Kösen, Tel.: 034463/28289, www.badkoesen.de

EMPFEHLENSWERT

- 198 Saaleradweg
- Saale-Wein-Wanderweg
- 527 Landesweingut Kloster Pforta
- 528 Weingut Uwe Lützkendorf
- 311 Burgrestaurant Rudelsburg
- 184 Tierpark Bad Kösen
- 150 Kösener Spielzeug Manufaktur
- Salinetechnische Anlagen mit Gradierwerk
- Solschacht, Wasserrad und Kunsgestänge
- Therapiezentrum mit Solethermalbad
- Stadgeschichtliches Museum, Kunsthalle und Käthe-Kruse-Puppenausstellung im Romanischen Haus
- Campingplatz mit Kanu- Camp
- Saale Schifffahrt Kurpark- Rudelsburg
- Kinder-Reha Klinik, Burgenlandklinik, Saale Reha-Klinikum 1 und 2
- Landesschule Schulpforte
- Denkmal des Kosener Senioren-Convents-Verbandes
- hist. Berggaststätte Himmelreich

„**An der Saale hellem Strande gibt es im Kurort Bad Kösen nicht nur stolze Burgen, die Stadt ist auch Synonym für moderne Gesundheit, Kultur und Genuss.**"

Gerd Förster, ehem. OB Bad Kösen und Holger Fritzsche, OB Bad Kösen

DOMSTADT AN DER SAALE NAUMBURG HEILBAD BAD KÖSEN

SAALE-UNSTRUT

Blick von der Rudelsburg

Burgrestaurant Rudelsburg

Saalhäuser Weinberg im Herbst

Burgrestaurant Rudelsburg

Weinverkostung im Altem Stall Kloster Pforta

Weinkeller Landesweingut Kloster Pforta

Produktlinie Landesweingut Kloster Pforta

WEIN- UND BAUKULTUR IN BAD KÖSEN AUF DER „STRASSE DER ROMANIK" ENTDECKEN

Zwischen 950 und 1250 entwickelte sich die Region des heutigen Sachsen-Anhalts unter der Herrschaft der Ottonen zu einem politischen und kulturellen Zentrum Europas. Noch heute zeugen Klöster und Dome, Schatzkammern, Kirchen, Burgen und Schlösser in Pracht und Vielfalt von dieser Blütezeit, bei welcher der Weinbau eine heute unvorstellbare Ausdehnung von mehreren tausend Hektar gehabt haben soll. Einige der imposantesten Bauwerke vereint die „Straße der Romanik", die seit 2007 mit der Europ. Kulturstraße TRANSROMANICA verbunden ist.

Zisterzienserkloster und Landesweingut Kloster Pforta

Das 1137 gegründete Zisterzienserkloster Pforta gehörte u.a. auch durch den Weinbau zu den mächtigsten und reichsten Klöstern Mitteldeutschlands. Im Zuge der Reformation ließ der Kurfürst von Sachsen 1540 hier eine Gelehrtenschule einrichten, Berühmtheiten wie Kloppstock, Fichte und Nietzsche gingen hier zur Schule. In den Saalhäusern, dem ehemaligen Vorwerk des Klosters, befindet sich, idyllisch eingeschlossen von den gleichnamigen hist. Weinbergen des Klosters, das Kloster Pforta. Hier wird das Erbe der Mönche gepflegt, indem die Weinberge naturnah bewirtschaftet werden und der Wein bodenständig ausgebaut wird. Im Gutsrestaurant Saalhäuser Weinstuben können Sie die phantastischen Weine gut harmonierend mit regionalen Gerichten oder hautnah am Ort ihrer Entstehung bei einer Führung durch Weinberge und Keller kennenlernen. Sehr empfehlenswert ist auch die florierende Vinothek im Torhaus der Landeschule Pforta im ehem. Zisterzienserkloster, wo man das gesamte Sortiment verkosten kann.

Rudelsburg und Burg Saaleck

„An der Saale hellem Strande, stehen Burgen stolz und kühn…" dichtete Franz Kugler auf der Rudelsburg. Die so besungenen Ruinen der Rudelsburg und Burg Saaleck überragen seit dem Mittelalter das Saaletal, wo sie zur Kontrolle der Via Regia Handelsstraße von Frankfurt nach Leipzig dienten. Wo früher tapferere Ritter über das Saaletal wachten, kann man im Burgrestaurant Rudelsburg bei einzigartigem Ausblick heute regionale Köstlichkeiten mit Saale-Unstrut-Weinen genießen, zünftige Mittelaltermahle oder elegante Hochzeiten feiern. Für weitere Geschichtsentdeckungen in der Region empfehlen wir neben der „Straße der Romanik" auch die archäologische Tourismusroute „Himmelswege", die das Sonnenobservatorium in Goseck, die Arche Nebra und die Dolmengöttin von Langeneichstädt mit dem Hallenser Landesmuseum für Vorgeschichte vereint.

BAUWERKE DER ROMANIK

- 63 Schloss Neuenburg Freyburg
- 53 Naumburger Dom
- 311 Burgrestaurant Rudelsburg Bad Kösen
- 527 Landesweingut Kloster Pforta
- Zisterzienserkloster Schulpforte Bad Kösen
- Romanisches Haus Bad Kösen
- Stadtkirche St. Marien Freyburg
- Ägidenkurie Naumburg
- Schloss Goseck
- Dom St. Johannes Laurentius Merseburg
- Neumarktkirche Weissenfels
- Moritzburg mit Dom St. Paul Zeitz
- Burg Giebichenstein Halle

LANDESWEINGUT KLOSTER PFORTA
Saalberge 73, 06628 Naumburg/OT Bad Kösen, Tel.: 034463 / 3000, www. kloster-pforta.de

VINOTHEK SCHULPFORTE
Torhaus der Landesschule Pforta, Schulstraße 12, 06628 Naumburg/OT Schulpforte, Tel.: 034463 / 26121, tägl. 10 – 18 Uhr, Onlineshop: www.kloster-pforta.de/shop

BURGRESTAURANT RUDELSBURG
Am Burgberg 33, 06628 Naumburg/OT Saaleck, Tel.: 034463 / 27325, www.rudelsburg.com, www.strassederromanik.de, www.himmelswege.de

Café Schoppe

Holger und Steffi Elm

Tortenauswahl Café Schoppe

Weingut Uwe Lützkendorf

Uwe Lützkendorf

GEKRÖNTER WEIN- UND KONDITORENGENUSS IM TRADITIONSKURORT BAD KÖSEN

Die 1000-jährige Weinkultur der Saale-Unstrut-Region, die sich im 16. Jh. über 10.000 Hektar erstreckt haben soll, kam 1857 mit der verheerenden Reblausplage, bei der nur 100 ha übrig blieben, fast zum Erliegen. Dies und der Rückgang der Salzgewinnung ab 1857 förderten zugleich die tour. Entwicklung und Bad Kösens Aufstieg zur mondänen, mitteldeutschen Kurstadt mit berühmten Gästen wie Theodor Fontane und Franz Liszt. Stellte das Badewesen mit Bädern, Trinkkuren und Hotels schon Mitte des 19. Jh. einen wichtigen Wirtschaftsfaktor dar, so kauften nach der Reblausplage viele Berliner und Leipziger wie der Maler Max Klinger ehem. Weinhäuser auf und bauten diese zu Sommersitzen aus. Gekrönte Berliner Häupter zog es schon vorher in die Stadt.

Konditorei, Kaffeehaus & Hotel Schoppe

Schon Anfang des 19. Jh wurde Königin Luise von Preußen bei ihren Durchreisen immer wieder beim Hämmerlingschen Matzkuchen in „Schoppes Kaffeehaus und Konditorei" schwach. Das 1781 gebaute Haus befindet sich als Café Schoppe seit 1903 im Familienbesitz und wird von Holger und Steffi Elm mittlerweile in 4. Generation geführt. Seinen Ruf verdankt es den erlesenen Backwaren aus eigener Konditorei, die sich nicht nur bei den Bad Kösenern und ihren Kurgästen großer Beliebtheit erfreuen, sondern über die Grenzen des Saaletales hinaus bekannt sind. Das authentisch und liebevoll restaurierte Café- und Hotelhaus, die schöne Sonnenterrasse und die süßen, verführerischen Köstlichkeiten ziehen auch aus Leipzig, Halle und Jena Gäste an. Nach der Übernachtung in den komfortablen Hotelzimmern locken Wanderungen in die Region, z.B zum

Weingut Uwe Lützkendorf

dessen fam. Weinbautradition bis 1893 zurückreicht. Die hist. Lage Karsdorfer Hohe Gräte zählte im frühen 20. Jh. zu den preußischen Muster- und Versuchsweinbergen, bis zur Enteignung 1959 bewirtschaftete Großvater Artur 2 ha. Für den als Weinbauingenieur arbeitenden Sohn Udo ging mit der Rückübertragung 1991 und dem Neuanfang in die 3. Generation mit Uwe Lützkendorf ein Traum in Erfüllung. Auf der seltenen Formation aus Doppelquarzitböden zwischen Muschelkalk und Buntsandstein entwickelte der Winzer charakterstarke Weine, mit denen er schon nach 4 Jahren in den exkl. „Verband Deutscher Prädikatsweingüter" (VDP) aufgenommen wurde. Von der Komplexität und Vielfalt der Weine kann man sich im Gutsauschank unterhalb der Saalberge überzeugen.

ROMANTISCHE WEINORTE

8	Goethes Gartenhaus Bad Sulza
63	Schloss Neuenburg Freyburg
64	Dornburger Schlösser
65	Leuchtenburg Kahla
	Saale Wein Wanderweg
518	Weingalerie im Schweigenberg
482	region. Weine in Konditorei Schoppe
528	Weingut Uwe Lützkendorf
	Bildungs- Akademie Haus Sonneck
	Max Klinger Haus mit Weinberg
	Steinernes Bilderbuch Großjena
	Kloster Memleben
	Burgruine Schönburg

KONDITOREI, KAFFEEHAUS UND HOTEL SCHOPPE
Naumburger Straße 1, 06628 Bad Kösen,
Tel.: 034463 / 28585, www.cafe-schoppe.de

WEINGUT UWE LÜTZKENDORF
Saalberge 31, 06628 Bad Kösen, Tel.: 034463 / 61000,
www.weingut-luetzkendorf.de

Werkshop der Kösener Spielzeug-Manufaktur

Kösener Löwe und Löwenbaby, sitzend

Hotellounge

Hotel Mutiger Ritter

Produktion der Spielzeug-Manufaktur

Haflinger und Haflinger Fohlen

Zimmer im Hotel Mutiger Ritter

Restaurant Mutiger Ritter

BAD KÖSENER SPIELZEUGTRADITION UND WOHLFÜHLHOTEL UNTER EINEM DACH

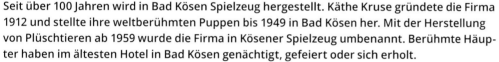

Seit über 100 Jahren wird in Bad Kösen Spielzeug hergestellt. Käthe Kruse gründete die Firma 1912 und stellte ihre weltberühmten Puppen bis 1949 in Bad Kösen her. Mit der Herstellung von Plüschtieren ab 1959 wurde die Firma in Kösener Spielzeug umbenannt. Berühmte Häupter haben im ältesten Hotel in Bad Kösen genächtigt, gefeiert oder sich erholt.

Kösener Spielzeug Manufaktur

Am wichtigsten waren naturgetreues Aussehen, gute Verarbeitung und hoher Spielwert der in liebevoller Handarbeit hergestellten Produkte. Die Kunsthochschule Burg Giebichenstein in Halle begleitete diese Entwicklung. Der Bad Kösener Unternehmer Dr. H. Schache, der das Unternehmen mit seiner Frau nach der Wende aufkaufte und vor der Liquidation rettete, fühlt sich dieser Tradition verpflichtet. Naturnah gestaltete Plüschtiere, welche die Schönheit, Anmut und Würde der Tiere vermitteln, sind Grundbestandteil der Unternehmensphilosophie. Die mehrfach ausgezeichneten, weltweit gefragten Plüschtiere werden von Diplom-Designern nach Zoozeichnungen und Tonmodell in individueller Handschrift entwickelt. Auch Kundenwünsche werden erfüllt. Die Kösener Spielzeug Manufaktur ist heute der letzte hochwertige Plüschtierhersteller, der in Deutschland produziert. In der Gläsernen Manufaktur mit Werksmuseum, Werksverkauf, Bastel- und Spielzimmer kann sich jeder Besucher selbst von der hochwertigen Verarbeitung überzeugen. Gleichzeitig mit der Erlebniswelt eröffnete 2013 das angeschlossene

Hotel und Restaurant „Mutiger Ritter“

Das traditionsreiche Haus besteht seit 1680 und beherbergte in der Blütezeit des Kurbades solche berühmten Gäste wie Nietzsche, Fichte, v. Bismarck, Menzel oder Hindenburg. Durch die Beliebtheit Bad Kösens bei Jenaer Studenten wird nach den Einflüssen von deutschem Idealismus und Wartburgfest 1848 in Jena als älteste Studentenverbindung der „Kösener Senioren-Convent Verband“ (KSCV) gegründet, welcher sich bis 1935 und seit 1994 wieder jährlich im „Mutigen Ritter“ trifft. Die Geschichte als weltoffenes, elegantes Kur- und Tagungshotel ist in einer Ausstellung dokumentiert. Heute stehen für die Gäste im liebevoll restaurierten Haus 40 Zimmer mit 67 Betten, drei Salons sowie Restaurant, Cafe und Festsaal zum Verwöhnen, Feiern und Tagen zur Verfügung. Für die kleinen Gäste gibt es ein Spielzimmer und die Möglichkeit, Plüschtiere zu basteln.

KÖSENER SPIELZEUG MANUFAKTUR GMBH
Rudolf-Breitscheid-Straße 2, 06628 Bad Kösen, Tel.: 034463 / 330, www.koesener.de

RINGHOTEL MUTIGER RITTER
Rudolf-Breitscheid-Straße 2, 06628 Bad Kösen, Tel.: 034463 / 6370, www.mutiger-ritter.de

Verkostung in der Winzervereinigung Freyburg

Erinnerungsturnhalle für Turnvater Jahn

Herzoglicher Weinberg mit Schloss Neuenburg

Stadtkirche St. Marien

Wandern entlang der Weinberge

JAHN-, WEIN- UND SEKTSTADT FREYBURG (UNSTRUT)

In Freyburg – romantisch in einer Idylle aus sanften Hügeln, Wäldern, Wiesen und Auen gelegen – hat der Weinanbau seine Spuren tief in die Landschaft und in die Herzen der Bewohner gegraben. Vom deutschen Weininstitut 2010 in die exklusive Liste der

Höhepunkte der Weinkultur

aufgenommen, stehen die Terassenweinberge wie der Freyburger Schweigenberg und die Ehrauberge mit ihrem Ensemble aus Trockenmauern, Treppen und den typischen Weinbergshäusern für die beeindruckendsten Zeugnisse der Winzerarbeit und Rebkultur in Deutschland. Eine Tradition, die liebevoll von den Freyburger Weinbauern gepflegt wird. Eine Reihe von Straußwirtschaften und Gutsschenken entlang von Fuß-, Rad- und Wasserwegen laden zum Verweilen und Probieren ein. Für romantische Erkundungen locken das historische Stadtzentrum und die Stadtkirche St. Marien. Der Saale-Unstrut-Weinlehrpfad schließt sich in Freyburg zu einem Rundweg, der weitere Sehenswürdigkeiten wie den Schlifterweinberg, den Herzoglichen Weinberg und das

Schloss Neuenburg mit Weinmuseum

verbindet. 1090 von Graf Ludwig dem Springer errichtet, ist die Neuenburg, hoch über der Stadt thronend, die größte Burg der Thüringer Landgrafen und zeitweiliger Aufenthaltsort großer Namen wie Kaiser Friedrich Barbarossa, dem Dichter Heinrich von Veldeke oder der Heiligen Elisabeth. Heute hat in der Neuenburg ein modernes Museum seinen Platz mit Ausstellungen zur hochmittelalterlichen Blütezeit, dem Weinmuseum, Sonderausstellungen, Museumsladen und der „Kinderkemenate". Beliebt ist die Burg ebenfalls für Hochzeiten, Tagungen und Feste. Wie Turnfeste deutsche Geschichte und Politik nachhaltig geprägt haben, kann man im

Friedrich-Ludwig-Jahn-Museum

dem ehemaligen Wohnhaus von Friedrich Ludwig Jahn erfahren, der von 1825 bis 1828 und von 1836 bis zu seinem Tode 1852 in Freyburg lebte. Eine Dauerausstellung erzählt vom bewegten Leben Jahns, der mit seiner kontrastreichen wie schillernden Persönlichkeit so viel mehr war als nur der „Turnvater Jahn". Im Außengelände locken original Jahn-Turngeräte zum Ausprobieren, aber auch einen Besuch der Jahn-Ehrenhalle, Jahn-Erinnerungsturnhalle und die Fotoausstellung im schon zur Jahrhundertwende von Weinfreunden aus ganz Deutschland besuchten Restaurant Künstlerkeller, sollte man nicht versäumen. Doch nicht nur Traditionen und preisgekrönte Spitzenweingüter machen Freyburg zur „Weinhauptstadt" des Anbaugebietes. Hier befindet sich mit der

Winzervereinigung Freyburg-Unstrut eG

auch der größte Weinproduzent der neuen Bundesländer. Die Winzervereinigung wurde 1934 von 27 namhaften Weinbauern der Region gegründet, um den Weinbau an Saale und Unstrut zu retten. Als der Polarwinter 1986/87 viele Reben vernichtete, rettete der Maler und Weinkenner Willi Sitte dem Unstrutweinbau durch staatl. Unterstützung für den Ankauf von Reben aus dem nichtsozialistischen Ausland quasi das Leben. Um seine Rolle im Unstrutweinbau zu würdigen, bringt die Winzervereinigung Freyburg-Unstrut aktuell eine Willi Sitte Weinedition heraus, welche

Rotkäppchen Sektkellerei

Berghotel „Zum Edelacker" – Hotelzimmer

Aussicht vom Berghotel „Zum Edelacker"

Historische Rotkäppchen Sektkellerei – Säbulieren

man in der Sitte-Galerie in Merseburg und auch in der Weingalerie der Winzervereinigung mit 50 verschiedenen Weinen und Sekten findet. Dort erwarten Sie neben Verkostungen auch Führungen durch einen der größten und schönsten Holzfasskeller Deutschlands. Den imposantesten Ausblick auf die Saale-Unstrut-Weinberge hat man mit Sicherheit von der Terrasse des stilvoll romantischen

Berghotel „Zum Edelacker"

dem Vier-Sterne-Hotel über den Saale-Unstrut-Weinbergen und idealem Gastgeber für die anspruchsvolle Reise in die Weinregion: Ob zu zweit, als Kulturreise mit guten Freunden oder für Gipfeltreffen hoch über der Unstrut – Jan Thyen, Gastgeber mit Leidenschaft, bietet individuelle, traditionsreiche und regionale Gastlichkeit mit modernstem 4-Sterne Komfort. Bei genussvoller Gourmetküche, einer fulminanten Weinkarte mit Geheimtipps der Region, traumhaften Zimmer-Ausblicken, Wellnessangeboten und spannenden Verkostungs- und Erlebnispaketen finden Sie Entspannung und erstklassigen Service. Beste Tagungs- und Eventkapazitäten ziehen nicht nur Unternehmen und Hochzeitsgesellschaften an. Selbige besuchen auch immer gerne die

Rotkäppchen Sektkellerei

die prickelnde und faszinierende Genuss-Erlebnisse bietet. Die Heimat von Rotkäppchen ist als Besuchermagnet der Saale-Unstrut-Region mit über 100.000 Gästen im Jahr schon längst kein Geheimtipp mehr. Seit über 150 Jahren entsteht hier im Herzen der Stadt der beliebte Sekt mit der namensgebenden roten Kappe. Wer schon immer einmal wissen wollte, wie die Perlen ins Sektglas kommen, der kann sich während einer Führung durch die historischen Kelleranlagen und zum größten Cuvéefass Deutschlands in die Geheimnisse der Sektherstellung einweihen lassen. Im liebevoll sortierten Sektshop erhalten Sie alle Rotkäppchen-Varianten sowie Geschenke für den stilvollen Sektgenuss. Der historische Lichthof der Kellerei, eine der ältesten denkmalgeschützten Industriehallen Deutschlands, begeistert mit zahlreichen kulturellen Ereignissen wie die überregional erfolgreiche Veranstaltungsreihe „Sektival" Kultur- und Musikliebhaber gleichermaßen. Freyburg selbst verwandelt sich mit zahlreichen Weingütern der Region alljährlich am zweiten Septemberwochenende in ein stimmungsvolles Weindorf – dem größten Winzerfest Mitteldeutschlands.

FREYBURG UNSTRUT

EMPFEHLENSWERT

- 11 Weinmuseum Schloss Neuenburg
- Historische Kelleranlagen der Rotkäppchen Sektkellerei
- 12 Friedrich-Ludwig-Jahn-Museum Freyburg
- 63 Schloss Neuenburg Freyburg
- 483 Zeddenbacher Mühle
- 311 Burgrestaurant Rudelsburg Bad Kösen
- Herzoglicher Weinberg
- Klosterkirche Zscheiplitz
- Freibad Freyburg
- Stadtkirche St. Marien
- Schlifterweinberg

FREYBURGER FREMDENVERKEHRSVEREIN E.V.
Markt 2, 06632 Freyburg (Unstrut),
Tel.: 034464 / 27260, www.freyburg-tourismus.de

WEINBAUVERBAND SAALE-UNSTRUT E.V.
www.weinregion-saale-unstrut.de

MUSEUM SCHLOSS NEUENBURG
www.schloss-neuenburg.de

FRIEDRICH JAHN MUSEUM
www.jahn-museum.de

WINZERVEREINIGUNG FREYBURG-UNSTRUT EG
www.winzervereinigung-freyburg.de

BERGHOTEL ZUM EDELACKER
www.edelacker.de

ROTKÄPPCHEN SEKTKELLEREI
www.rotkaeppchen.de

Restaurant Zum Künstlerkeller

Restaurant Zum Künstlerkeller

Freyburger Wein- und Sektsalon im Schützenhaus

Restaurant Zum Künstlerkeller

Restaurant Zum Künstlerkeller

Freyburger Wein- und Sektsalon

Hotel zur Neuenburg

WEINBEGEGNUNGEN ZWISCHEN TRADITION UND INNOVATION

Als das Hotel „Altdeutsche Weinstuben" parallel zur sächs. Auszeichnung an Auerbachs Keller Leipzig 2009 als „Schönstes altes Wirtshaus in Sachsen Anhalt" geehrt wurde, konnten Sabine und Peter Kannetzky ihr Glück kaum fassen. War es doch ein sehr steiniger Weg, den nach der Wende zurückerhaltenen Familienbesitz und dessen Weingenuss- Geschichte wieder zu altem Glanz zu führen. Dem Weingenuss der Zukunft verschrieben hat sich Robert Sander mit seinem neuem Weinsalon in der Schützenhalle.

Hotel Altdeutsche Weinstuben Zum Künstlerkeller

Als Großvater Gustav Kretzschmar 1890 das Gebäude erwarb, legte er den Grundstein zu einer florierenden Weinkelterei mit Ausschank. Dieser zog durch die von Bürgermeister Ehlert seit 1901 initiierten Jahn-Turnfeste auch bald Studenten und Professoren aus Jena, Leipzig und Berlin an. Um nicht nur diesen seine Obstweine zu versüßen, verzierte Kretzschmars Vorgänger Carl Großmann die Fässer künstlerisch mit Sprüchen, welche man zusammen mit hist. Turnfestfotografien im Restaurant Zum Künstlerkeller noch heute bewundern kann. In gemütlichen Gaststübchen, einem romant. Innenhof, hist. Kellergewölben und einer orig. Weindiele aus den 1930er Jahren erwartet den Gast bei einem sehr guten Preis-Leistungsverhältnis, exzellente Küche und hervorragende Saale-Unstrut-Weine. Das Hotel bietet eine gelungene Symbiose aus Tradition und mod. Ausstattung.

Freyburger Wein- und Sektsalon & Hotel zur Neuenburg

Auch wenn Robert Sander mit dem Hotel zur Neuenburg zu den jüngsten Hoteldirektoren der Saale-Unstrut-Region zählt, ist er mit 13 Jahren Branchenerfahrung und als IHK-Prüfer schon fast ein alter Hase. Auf seine mit Auszeichnung bestandene Ausbildung als Restaurantfachmann folgte die als Barkeeper- und Restaurantmeister, die mit einer 2016 erfolgreich bestandenen Somelierausbildung ergänzt wird. Nach erfolgreich geführtem Fahrradhotel zum Alten Speicher treibt es ihn nun zu neuen Ufern. Im neueröffneten „Freyburger Wein und Sektsalon" im wunderschön restaurierten Schützenhaus mixt er sein kompetentes Bar-, Restaurant- und Somelierwissen mit seiner Liebe zur Heimat und dessen Weinen zu einem einzigartigen Gastronomiekonzept, das auf moderne Art und Weise Lust auf regionalen Weingenuss macht. Nach gelungenen Veranstaltungen ausspannen kann man in seinem Hotel Zur Neuenburg.

HOTEL ALTDEUTSCHE WEINSTUBEN ZUM KÜNSTLERKELLER
Breite Straße 14, 06632 Freyburg/Unstrut,
Tel.: 034464 / 70750, www.kuenstlerkeller.de

HOTEL ZUR NEUENBURG
Wasserstraße 27, 06632 Freyburg (Unstrut),
Tel.: 0344 64 / 27719, www.hotel-zur-neuenburg.de

SCHÜTZENHAUS, www.schuetzenhaus-freyburg.de

Familie Böhme: Weinbau seit drei Generationen

Mario Thürkind

Weingut Thürkind

Weingut Thürkind

Blick übers Dorndorfer Rappental zur alten Flugschule: Seit 1986 ist Wein in Gleina Familiensache

Steillage im Freyburger Schweigenberg

Weingut Thürkind

GENERATIONSÜBERGREIFENDER GENUSS IN DER TOSKANA DES NORDENS

WEINGUT BÖHME & TÖCHTER

WEINGUT THÜRKIND

Als Landschaft und Lebensgefühl verkörpert die Toskana die Sehnsucht nach dem einfachen Leben, dem mediterranen Dreiklang von Mensch, Natur und Kultur. Dass die Saale-Unstrut-Region vielen als „Toskana des Nordens“ gilt, liegt nicht nur am südl. Klima, den malerischen Fluss- und Hügellandschaften, sondern auch an der über 1000jährigen Kulturgeschichte und jahrhundertealten Weintradition. Diese wird bei vielen Saale-Unstrut-Winzern von Generation zu Generation weitergegeben.

Weingut Böhme & Töchter

Als die LPG Gleina in den 1970er Jahren quasi über Nacht zu 50 ha Weinbaufläche kam, gehörte Werner Böhme mit zu den Wein-Pionieren. Auch sein Sohn Frank stieg Anfang der 1980er Jahre in Gleina ein, nebenbei legte er mit seiner Frau und seinen Eltern 1986 den ersten Familienweinberg an, der nach der Wende Basis für das mittlerweile mehrfach ausgezeichnete Weingut war. Mit den Töchtern Marika und Toska arbeiten nunmehr drei Generationen gemeinsam an Weinen aus einzigartigen Lagen der Region und ihrer Vermarktung. Die im Freyburger Schweigenberg und Mühlberg sowie im Dorndorfer Rappental angebauten 14 Rebsorten bilden, im hauseigenen Keller gekeltert und ausgebaut, die Basis für fruchtigen Müller-Thurgau, kräftigen Kerner, spritzigen Riesling, komplexen Weiß- und Spätburgunder sowie ausdrucksstarken Chardonnay.

Weingut Thürkind

Auch das Weingut Thürkind befindet sich mit Mario Thürkind und seinem Vater Rudolf Thürkind in fester Familienhand. Gehörte schon dessen Onkel 1934 zu den Mitbegründern der Winzergenossenschaft Freyburg, führte dann Rudolf Thürkind 45 Jahre dort das Kellermeisterzepter, bevor er 1991 das kleine priv. Weingut als eines der ersten in der Saale-Unstrut-Region gründete. Die Kombination von dessen Kellererfahrung mit dem Weinbergwissen von Winzer und Önologe Mario Thürkind legte die Grundlage für die auf Landes- und Bundesebende mehrfach ausgezeichneten Qualitätsweine. Die konsequente Orientierung auf Qualität statt Quantität auf dem Weinberg sowie Geduld und Sorgfalt im Keller sorgen für mehr Aromen und ein ausgeprägtes Bukett bei Rießling, Müller Thurgau und Weißburgunder. Mario Thürkind hütet er aber noch viele weitere Schätze, wie den seltenen Muskaris oder den nach seinen Töchtern benannten Sekt aus Blauen Zweigelt. Neben Ferienwohnungen lädt ein Neubau zu Festen, Tagungen und Verkostungen ein.

WEINGUT BÖHME & TÖCHTER
Ölgasse 11, 06632 Gleina, Tel.: 034462 / 22043,
www.boehme-toechter.de

WEINGUT THÜRKIND
Neue Dorfstraße 9, 06632 Gröst,
Tel.: 034633 / 22878, www.weingut-thuerkind.de

Weinverkostung

Blick auf Naumburg

Stadtkirche St. Wenzel und Marktplatz

Portrait Stifterfigur Uta

DOMSTADT AN DER SAALE
NAUMBURG
HEILBAD BAD KÖSEN

SAALE-UNSTRUT
WEINBAUVERBAND

DOMSTADT NAUMBURG – VIELFÄLTIGE MITTELALTERSCHATZTRUHE IM HERZEN DER WEINREGION

Auf eine fast 1000-jährige, bewegte Geschichte blickt die Stadt Naumburg an der Saale zurück. Geprägt von den Menschen, der Kultur, der Region, dem Land liegt sie im wunderschönen Weinbaugebiet Saale-Unstrut. Hier reihen sich Burgen, Schlösser und Kirchen aneinander, die Saale und die Unstrut schmücken die Landschaft und zaubern ein traumhaftes Zusammenspiel der Natur.

Weltberühmtes Wahrzeichen der Stadt ist der Dom „St. Peter und Paul" mit den außergewöhnlichen Bildhauerarbeiten des „Naumburger Meisters". Der Dom ist dabei nur eine von vielen Sehenswürdigkeiten. Es locken außerdem die Stadtkirche St. Wenzel mit der Hildebrandt-Orgel, das Stadtmuseum „Hohe Lilie", das Nietzsche-Haus sowie das Nietzsche-Dokumentationszentrum, die historische Straßenbahn und das Museum „Romanisches Haus" sowie die salinetechnischen Anlagen im Heilbad Bad Kösen. Der Charme und Charakter der historischen Altstadt mit seinen Bürgerhäusern sowie der Marktplatz versprechen einen unvergesslichen Aufenthalt – Naumburg gehört unbestritten zu den schönsten Städten Mitteldeutschlands.

Weinregion Saale-Unstrut

Wander-, rad- und kanubegeisterte Weingenießer haben rund um Bad Kösen, Naumburg und Freyburg die besten Möglichkeiten. Die drei Bundesländer einschließende Saale-Unstrut-Region öffnet sich jeder Bewegungsform und begeistert mit ausgezeichneten Weinen und einer einmaligen Kulisse aus unberührten Landschaften mit Weinbergen, Steilterrassen und romantischen Weinberghäuschen. Die Schönheit der Flusstäler und die Anmut der durch den Terrassenweinbau geprägten Landschaft versprühen einen einzigartigen mediterranen Zauber. Das kontinentalere, ausgewogene Klima, die mineralreichen Böden, eine gezielte Ertragsregulierung und die erfahrenen Hände der Winzer formen Weine besonderer Güte und verleihen den edlen Tropfen ihren rassig spritzigen und zugleich unverwechselbar feingliedrigen, eleganten Charakter. Gesellige Wein- und Hoffeste sowie Weinverkostungen und Weinbergwanderungen der Weingüter laden zum fröhlichen Genießen der edlen Vielfalt ein.

TOURIST-INFORMATION NAUMBURG,
Markt 6, 06618 Naumburg,
Tel.: 03445 / 273125, www.naumburg-tourismus.de

WEINBAUVERBAND SAALE-UNSTRUT E.V.,
Querfurter Straße 10, 06632 Freyburg (Unstrut),
Tel.: 034464 / 26110, www.weinregion-saale-unstrut.de

SAALE-UNSTRUT-WEINTIPPS

jedes Jahr im April:
Jungweinwochen Saale-Unstrut, Start in Weinfestsaison

jährlich am 1. Mai: Freyburger Weinfrühling

Pfingstwochenende:
Saale Weinmeile von Roßbach nach Bad Kösen

1. WE im August:
Tage der offenen Weinkeller und -berge

1.WE im September:
Weinbergsfest Weingut Zahn

8–10. September 2017: Winzerfest in Freyburg, Mitteldeutschlands größtes Weinfest

letztes September-Wochenende:
Federweißerfest Thüringer Weingut Bad Sulza

3. Oktober:
Weinwandertag im Blütengrund bei Naumburg

2. Sa im November: Entedankfest, Winzervereinigung Freyburg- Unstrut eG

1. Advent Sa: Sektpräsentation in Naumburger Wein & Sekt Manufaktur

4. Advent:
Advent in den Weinbergen um Roßbach

Dez. Film-Wein-Nacht Weingut H. Triebe

„Ich freue mich, Oberbürgermeister dieser wunderschön sanierten, historisch gewachsenen Stadt zu sein. Naumburg und die Region haben viel Kultur zu bieten. Ich genieße besonders gerne die edlen Tropfen der hiesigen Winzer."

Bernward Küper, Oberbürgermeister von Naumburg

Gasthaus & Hotel Zur Henne

Gasthaus & Hotel Zur Henne

Naumburger Wein & Sekt Manufaktur

Gasthaus & Hotel Zur Henne

Naumburger Wein & Sekt Manufaktur

Naumburger Wein & Sekt Manufaktur

PRICKELNDE GASTKULTUR AN HISTORISCHEN NAUMBURGER GENUSSORTEN

NAUMBURGER Wein- und Sektmanufaktur

HOTEL GASTHAUS Zur Henne

Aller Wahrscheinlichkeit nach waren es das Getränk liebende Offiziere der ehemaligen königlich-preußischen Garnisonsstadt, die 1824 in Naumburg die als 1. Champagnerfabrik Deutschlands gebaute Naumburger Wein- und Sektmanufaktur beförderten. Im 1856 errichteten Hauptgebäude kann man sich heute wieder an der feinen Perlage Naumburger Sekte erfreuen. Direkt gegenüber begeistert das legendäre Gasthaus & Hotel Zur Henne im Gebäude der 1889 errichteten Hennebrauerei Gäste aus Nah und Fern.

Gasthaus & Hotel Zur Henne

Bis Mitte der 1950er Jahre wurde hier edler Gerstensaft gebraut, bis 1990 wurden das Doppelkaramell-Bier und das Hennebräu abgefüllt. Nach 16 Jahren „Dornröschenschlaf", eröffnete das Gasthaus und Hotel „Zur Henne" 2005 nach aufwendiger Sanierung wieder. Nicht nur die 29 mit besonderen historischen Möbeln und mod. Komfort ausgestatteten Zimmer begeistern mit Romantik und Individualität. Auch beim fürsorglich fröhlichen Team der Familie Schmidt wird Leidenschaft und Feingefühl für das persönliche Wohl des Gastes groß geschrieben. Egal, ob romantisches Dinner zu zweit, Familienfeier oder Firmenevent, die Gasträume: Jägerzimmer, kl. und gr. Saal, Herrenzimmer, Spiegelsaal und Biergarten bieten ein tolles Ambiente für hervorragende gutbürgerliche Küche, hauseigenes Hennebräu und Saale-Unstrut-Weine. Neben einem Fahrradmuseum bietet der hauseigene Fahrradverleih eine direkte Erkundungsmöglichkeit des angrenzenden Saale- und Unstrut-Radwanderwegs.

Naumburger Wein & Sekt Manufaktur

Dass Sekt als deutsche Schwester des franz. Champagner viel mehr als ein Empfangs- oder Silvestergetränk ist, beweist der Winzer Andreas Kirsch. Der aus Hamburg stammende Genußmensch und Architekturfreund, der 1996 einen Bauernhof mit Weinberg in der Region erwarb, verliebte sich 2002 in das neogotische Gebäude mit dem ältesten Weinkeller der Region und eröffnete es 2003 als Naumburger Wein- und Sektmanufaktur mit Pension. In dem mit 23 ha eines der größten Weingüter der Saale-Unstrut-Region, gelang ihm die gelungene Verbindung von Tradition und Moderne. Die aus handverlesenen Trauben und modernster Kellertechnik gewonnenen eleganten Weißweine, körperreichen Rotweine und ausgesuchten „Von der Henne"-Premiumsekte werden nicht nur unter 100-jährigen Eichen ausgeschänkt, im ältesten Saale-Unstrut-Weinkeller verkostet oder in liebevoller Weinhandlung verkauft, sondern besitzen in ganz Deuschland Liebhaber.

GASTHAUS UND HOTEL ZUR HENNE,
Henne 01, 06618 Naumburg, Tel.: 03445 / 23260,
www.gasthaus-zur-henne.de

NAUMBURGER WEIN & SEKT MANUFAKTUR,
Blütengrund 35, 06618 Naumburg/ OT Henne,
Tel.: 03445 /202042

Straßencafé in der Wagnergasse

Jenaer Weihnachtsmarkt

Denkmal des Uni-Gründers

Blick von der Aussichtsplattform des JenTowers auf die Stadt

JENA – TRADITION UND ZUKUNFT MIT WELTWEITER STRAHLKRAFT

→ Weimar 30 min → Hof 1h
→ Leipzig 1h

Die zweitgrößte Stadt Thüringens gehört mit seiner Lage im mittleren Saaletal zu einer der landschaftlich schönsten Städte Deutschlands. Und durch das beeindruckende Zusammenspiel von kulturhistorischer Vergangenheit und High-Tech-Standort auch zu den kontrastreichsten.

In Jena trifft das reiche Erbe einer fast 800-jährigen Stadtgeschichte auf eine zukunftszugewandte Gegenwart: Mit der über 450 Jahre alten Universität, als Geburtsstätte der Romantik, mit Größen der deutschen Geistesgeschichte wie Schiller und Goethe oder durch die von Zeiss, Abbe und Schott ausgelöste, nahezu explosionsartige Entwicklung Jenas zum feinoptischen und -mechanischen Industriestandort hat sich Jena heute zu einer innovativen Bildungs-, Forschungs- und Wirtschaftsstadt mit internationaler Strahlkraft, als Studentenparadies und als ein Ort mit bedeutenden Kulturereignissen entwickelt.

Sehenswert und interessant

Jena ist eine Stadt, die jedem Alter und auch jedem Sinn viel Schönes bieten kann: Mitten im historischen Stadtkern präsentieren sich eine Vielzahl von architektonischen Wohn- und Industriebauten verschiedener Epochen. Vom wohl prägnantesten Wahrzeichen der Stadt, dem modernen fast 145 Meter hohen „Jentower", kann man die wunderbar grüne Stadt an der Saale mit ihren zahlreichen romantischen Parks, über 40 Ausstellungsorten, darunter Kunstsammlungen, universitäre Sammlungen, Museen, zahlreiche Galerien und Theater sowie die Philharmonie, Szeneclubs, Gaststätten am Besten überschauen.

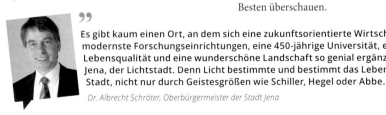

„Es gibt kaum einen Ort, an dem sich eine zukunftsorientierte Wirtschaft, modernste Forschungseinrichtungen, eine 450-jährige Universität, eine hohe Lebensqualität und eine wunderschöne Landschaft so genial ergänzen wie in Jena, der Lichtstadt. Denn Licht bestimmte und bestimmt das Leben unserer Stadt, nicht nur durch Geistesgrößen wie Schiller, Hegel oder Abbe."

Dr. Albrecht Schröter, Oberbürgermeister der Stadt Jena

JENA LICHTSTADT. — jena kultur Kultur. Tourismus. Marketing.

EMPFEHLENSWERT

- 13 Phyletisches Museum Jena
- 14 Optisches Museum Jena
- 14 Schillerhaus Jena
- 15 Porzellanwelten Leuchtenburg
- 55 Stadtkirche St. Michael
- 64 Dornburger Schlösser
- 65 Leuchtenburg Seitenroda bei Kahla
- 75 Jenaer Philharmonie & Theaterhaus Jena
- 88 Stadtmuseum & Kunstsammlung der Stadt Jena
- 185 Zeiss Planetarium Jena
- 197 Botanischer Garten Jena
- 198 Saaleradweg
- 674 Galaxsea Jena
- 233 Friedrich-Schiller-Universität Jena
- 234 Ernst-Abbe-Hochschule Jena
- Romantikerhaus

JENA TOURIST-INFORMATION
Markt 16, 07743 Jena, Tel.: 03641 / 498050
www.jenatourismus.de

THÜRINGER TOURISMUSVERBAND JENA-SAALE-HOLZLAND E.V.
Margarethenstr. 7/8, 07768 Kahla,
Tel.: 036424 / 78439, www.saaleland.de

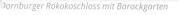

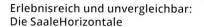

Dornburger Rokokoschloss mit Barockgarten

Wasserwanderer auf der Saale

SaaleHorizontale bei Jena

Botanischer Garten Jena

Botanischer Garten Jena

Schillerhaus Jena

Erlebnisreich und unvergleichbar: Die SaaleHorizontale

Auf dem schmalen, rund 72 km langen Panoramawanderweg durch die steilen Muschelkalkhänge des Mittleren Saaletals rund um Jena, kann man die Poesie einer unverwechselbaren Landschaft förmlich einatmen. Und bei jedem Schritt laden sensationelle Ausblicke auf die Skyline von Jena, auf kleine Dörfer, vereinzelte Weinberge, Burgen oder Schlösser, Buchenwälder, Kieferhaine und Talhänge immer wieder zum Verweilen ein. Und mit etwas Glück entdeckt man dabei seltene Pflanzen oder gar Orchideen.

Stolz und markant: Die Dornburger Schlösser

Hoch oben, 90 Meter über der Saale und am nördlichsten Punkt der SaaleHorizontale, thront das einzigartige Ensemble aus Altem Schloss, Rokoko- und Renaissanceschloss. Terrassenwege und Parkareale in verschiedenen Stilen der Gartenkunst machen den Reiz der Schlossgärten aus. Einst Sommerresidenz der Großherzöge von Sachsen-Weimar-Eisenach und beliebter Aufenthaltsort Goethes, bieten die Schlösser heute neben erlesener Raumkunst unvergleichliche Aussichten über das Saaletal.

Kommen Sie auf den „Balkon Thüringens" und flanieren Sie in den Terrassen der Dornburger Schlösser und Gärten! Dann werden Sie verstehen, warum die Großherzöge von Sachsen-Weimar-Eisenach hier ihre Sommerresidenz errichteten. Landschaft und Gartenkunst, Architektur und weinbestandene Felshänge verschmelzen zum einmaligen Erlebnis. Jährlich im August zur Dornburger Schlössernacht verbindet sich die Gegenwartskultur mit dieser reizvollen Atmosphäre hoch über dem Saaletal zum fürstlichen Sommergenuss von heute.

Prof. Dr. Helmut-Eberhard Paulus, Direktor der Stiftung Thüringer Schlösser und Gärten

Thüringen Saaleland

Töpfermarkt in Bürgel

Vielfältig und erholsam: Das Saaleland

An „der Saale hellem Strande" können Sie Natur entdecken, Kultur erleben und Ihre freie Zeit genießen. Die malerische Landschaft des Saalelands strotzt vor Fülle und bietet Jung und Alt immer genau das Richtige. Ob beim Wandern in idyllischen Mühlentälern, Radwandern auf dem Saaleradweg oder beim Wasserwandern auf der Saale: Entdecken Sie Burgen und Schlösser, geschichtsträchtige kleine Städte, zahlreiche Mühlen und die einzige, in Deutschland erhaltene, barocke Jagdanlage Rieseneck. Oder die Porzellanstadt Kahla mit der Leuchtenburg und den Porzellanwelten oder die Töpferstadt Bürgel – Sie müssen sich nur entscheiden…

Zeiss Planetarium Jena

Zeiss Planetarium

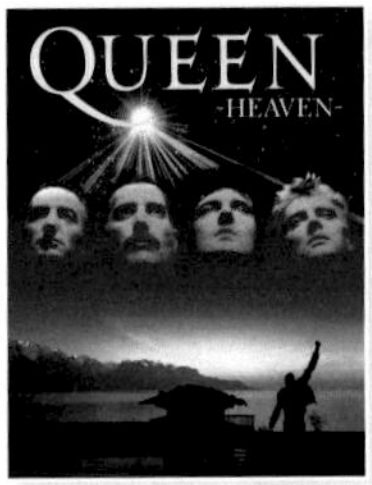

Programm

Zeiss Planetarium

Restaurant Bauersfeld

ZEISS PLANETARIUM JENA – STERNEHIGHLIGHTS MIT 1920ER JAHRE CHARME

Das Zeiss-Planetarium Jena begeistert als dienstältestes Planetarium der Welt seine Besucher bereits seit 1926. In dem Großraumplanetarium werden mit modernster Technik nicht nur der Sternhimmel, sondern auch wundervolle Music Shows und Bildungsprogramme für die ganze Familie gezeigt. Live-Vorträge runden das Repertoire ab. Ein Besuch im Zeiss-Planetarium bringt Sie den Sternen ein ganzes Stück näher und ist immer wieder ein Erlebnis.

Café · Restaurant · Bar Bauersfeld

ZEISS-PLANETARIUM JENA

Staunen, Feiern und Tagen

Sie suchen eine außergewöhnliche Event-Location? Dann sind Sie im Planetarium ebenfalls genau richtig. Präsentieren Sie Ihre Firma im einzigartigen Ambiente mit Hilfe modernster Tagungs- und Projektionstechnik. Bei uns haben Sie zahlreiche Möglichkeiten, Ihren Gästen mit Ihrem Event in unvergesslicher Erinnerung zu bleiben. Und wer seine Angebetete mit einem außergewöhnlichen Abendessen unter Sternen verzaubern möchte, reserviert vorab für das exklusive Mondscheindinner in der Planetariumskuppel. Das hauseigene, nach dem Mitbegründer des Planetariums benannte

Restaurant Bauersfeld

versetzt Sie mit vielen liebevoll gesammelten Details in die Zeit der 1920er Jahre. Das Team verwöhnt Sie mit kreativ interpretierten frischen Köstlichkeiten aus der Region und raffinierten Gerichten über Thüringen hinaus. Die eleganten Räumlichkeiten im Stil des Art Déco laden zum gemütlichen Verweilen, Dinieren, Tagen, Feiern und mehr ein. Fühlen Sie sich rundum wohl in der Planetariums-Lounge, im Palmengarten, der Galerie, auf der Terrasse oder auch im Kaminzimmer. Nicht nur bei der verführerischen Küche, auch bei den eleganten After-Work-Partys verbindet das Restaurant Avantgarde, Kunst, Moderne und Genuss in einem.

„Fangen Sie das Universum im dienstältesten Planetarium der Welt hier in Jena ein. Nehmen Sie es mit nach Hause und mindestens die Hälfte Ihrer Sorgen hat sich dann relativiert."

Rolf Ferdinand Schmalbrock, Geschäftsführer der Ernst-Abbe-Stiftung

EMPFEHLENSWERT

- Planetarium: Livevorträge, Kinderprogramm z.B.: „Das Kleine 1×1 der Sterne", „Tabaluga", „Der kleine Tag" Bildungsprogramm z.B.: „Die Entdeckung des Weltalls", „Der Sprung ins All", Hörabende, Musik-Lasershows z.B. „Queen Heaven – The Original", „Pink Floyd-Reloaded", „Star Rock Universe", Festivals z.B. FullDome Festival
- Sternevent: Firmen-Events, Tagungen, Gala-Dinner, Mondscheindinner
- Restaurant Bauersfeld: Sonntagsbrunch, Candle-Light-Dinner, Piano-Abend, After-Work-Party, Kaminzimmer, Terrasse, Palmengarten, Familienfeiern

ZEISS PLANETARIUM JENA STERNEVENT GMBH,
Am Planetarium 5, 07743 Jena,
Tel.: 03641 / 885488, www.planetarium-jena.de

RESTAURANT BAUERSFELD,
Am Planetarium 5, 07743 Jena,
Tel.: 03641 / 885450, www.cafe.bauersfeld-jena.de

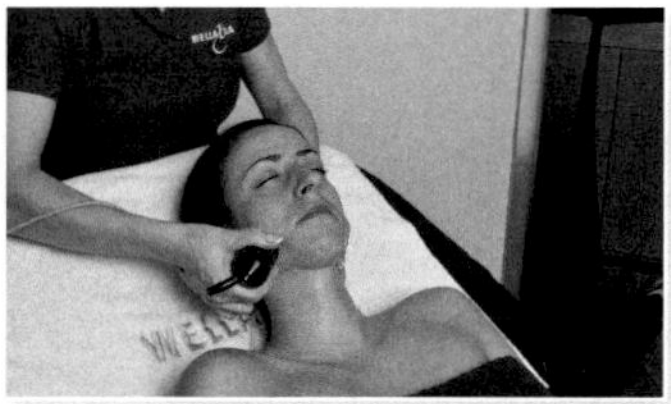

GalaxSea – Wellness-Oase

GalaxSea – Sauna-Bereich

GalaxSea – Sauna-Bereich

1001 Nacht – Ruheraum

Blick auf das große Wellenbecken

Blick auf den Strömungskanal

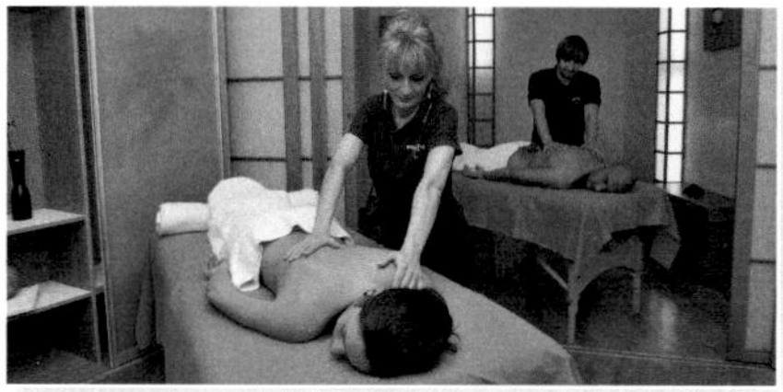

Sauna und Massage

GALAXSEA – DAS FREIZEITPARADIES IN JENA

→ Gera 30 min → Erfurt 45 min
→ Naumburg 50 min

Treten Sie ein in eine einzigartige 5-Sterne-Saunalandschaft mit Wellnessgenuss pur und ein erlebnisreiches Schwimm- und Wasserparadies. Hier ist gute Laune garantiert – sowohl an regnerischen Tagen als auch bei sonnigem Sommerwetter.

Spaß mit der ganzen Familie

Mit einem großem Wellenbecken, zwei langen Röhrenrutschen, einem 5-Meter-Sprungturm, einem Spiel- und Badebereich für Kinder und vielem mehr, gibt es im Erlebnisbad viel zu entdecken. Im großzügigen Erlebnisbecken sorgen ein Strömungskanal, Massageliegen, die Felsgrotte und die Turbodusche für maximalen Badespaß. Für sportlich Aktive bestehen jede Menge Möglichkeiten, ihre Passion auszuleben. Im 25-Meter-Becken können Schwimmer auf Zeit schwimmen oder in Ruhe ihre Bahnen ziehen.

Abtauchen und Wohlfühlen

Die einzigartige 5-Sterne-Premium-Saunalandschaft im GalaxSea ist ein idealer Ort für Entspannung und Erholung. Sie besticht durch ihre sechs verschiedenen Saunen mit jeweils individuellem Charakter. In diesen haben Sie ausreichend Platz, um neue Kräfte zu tanken und Ihre Seele baumeln zu lassen. Bei duftenden Aufgüssen aus ätherischen Ölen, dezenten Lichtspielen und Ruhemöglichkeiten am Kamin stellen sich in den liebevoll gestalteten Räumlichkeiten schnell Erholung und Entspannung ein. Erfrischen Sie sich nach dem Saunieren im kühlen Tauchbecken und am Eisbrunnen oder gehen Sie ein paar Schritte im Kneippbecken und bleiben Sie vital. Ein kleiner Spaziergang durch den schönen Saunagarten führt Sie in orientalisches Ambiente. Unser „Morgenland" steht mit Sauna, Duschen und großem Ruhebereich mit Kamin für Sie zur Verfügung. Bei kulinarischen Köstlichkeiten im Saunarestaurant können Sie einen vollkommenen Tag der Entspannung gemütlich ausklingen lassen.

Harmonisches Ambiente und ganzheitliches Wellness-Angebot erfahren Sie in der GalaxSea Wellness-Oase. Hier wird ein vielfältiges Behandlungsspektrum aus den Bereichen Massage, Kosmetik, Badeanwendungen sowie gesundheitsorientiertem Bewegungsprogramm geboten.

Im Jenaer GalaxSea können Sie dem Alltag entfliehen und sich mit vielen Attraktionen von Kopf bis Fuß inspirieren lassen.

EMPFEHLENSWERT

- Freizeitbad: Wellenbecken, Strudelkanal, Kinderbecken, Sprungtürme, Röhrenrutschen, Whirlpools, 25-Meter-Schwimmbecken
- Sauna: Finnische Aufguss-Sauna, Bio-Sauna, Dampfbad, Eisbrunnen, Salzgrotte, Erlebnis-Sauna Morgenland Kelo-Blockhaus-Sauna
- Wellness, Schulter-Nacken Tiefenmassage, Kindermassage, klassische Maniküre/Pediküre, Anti-Age-Behandlung, Milch-Honig-Bad, Junge-Haut-Anwendung

FREIZEITBAD GALAXSEA,
Rudolstädter Straße 37,
07745 Jena, Tel.: 03641 / 429231,
www.jenaer-baeder.de

„Ein Tag im Freizeitbad GalaxSea ist wie eine Woche Urlaub im Sommer. Aktiv sein, entspannen, mit der Familie Zeit verbringen und natürlich schwimmen, so viel Sie möchten. In unserem Schwimm- und Wasserparadies können Sie dem Alltag entfliehen und rundum Badespaß genießen. Tanken Sie bei Ihrem Besuch neue Kräfte in der Saunalandschaft oder lassen Sie Ihre Seele baumeln bei einer unserer Behandlungen in der Wellness-Oase. Auf geht's, machen Sie Urlaub."

Susan Zetzmann, Geschäftsführerin Jenaer Bäder- und Freizeitgesellschaft

jenaer bäder&freizeit
STADTWERKE JENA GRUPPE

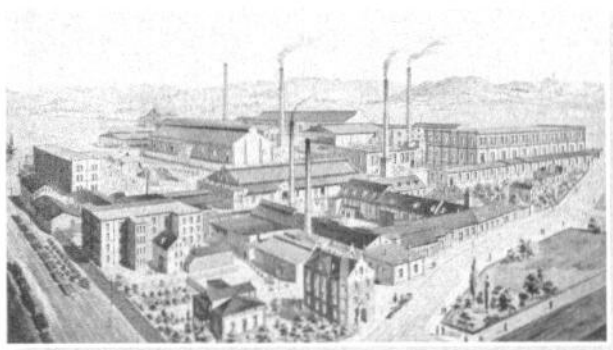
Werkansicht um 1900

Floatanlage

Glasschmelzer

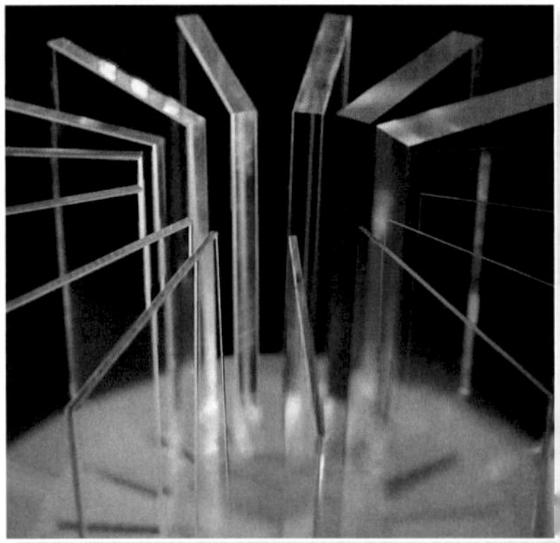

NEXTERION® Microslide

Gemengeeinschub Floatanlage

SCHOTT Villa

CET Budapest

BOROFLOAT® Borosilicatglas

SCHOTT – VOM GLAS-LABOR ZUM WELTKONZERN

→ Mainz 3h, 30 min → Zwiesel 4h, 30 min
Oberkochen 3h, 45 min

Die Chemie stimmte, als der Glaschemiker Otto Schott 1884 zusammen mit Ernst Abbe, Carl und Roderich Zeiß in Jena das „Glastechnische Laboratorium Schott & Genossen" gründete. Nach dem Tod von Carl Zeiss schuf Ernst Abbe gemeinsam mit Otto Schott 1889 die Carl-Zeiss-Stiftung, die 1891 zur alleinigen Eigentümerin des Zeiss-Werks und ab 1919 auch des SCHOTT Werkes wird.

1945 nahmen amerikanische Truppen die Geschäftsleitung und ausgewählte Spezialisten mit in den Westen Deutschlands. Der sogenannte „Zug der 41 Glasmacher" führte über Zwiesel und endete schließlich in Mainz. Nach der Enteignung des Stammwerkes in Jena errichtete Erich Schott 1952 in Mainz ein neues Hauptwerk, den heutigen Firmensitz. Es dauerte 40 Jahre, bis die Standorte Jena und Mainz 1991 wieder zu einem Unternehmen vereinigt wurden.

Heute ist SCHOTT ein international führender Technologiekonzern auf den Gebieten Spezialglas und Glaskeramik. Mit der Erfahrung von über 130 Jahren herausragender Entwicklungs-, Material- und Technologiekompetenz bietet das Unternehmen ein breites Portfolio hochwertiger Produkte und intelligenter Lösungen an. Damit ist SCHOTT ein enger Partner für innovative Branchen, wie z.B. die Hausgeräteindustrie, Pharmazie, Elektronik, Optik, Automotive und Aviation. SCHOTT hat das Ziel, mit seinen Produkten zu einem wichtigen Bestandteil im Leben jedes Menschen zu werden. Das Unternehmen mit weltweit ca. 15.400 Mitarbeitern und Standorten in 35 Ländern setzt auf Innovationen und nachhaltigen Erfolg. Als Stiftungsunternehmen der Carl Zeiss Stiftung nimmt SCHOTT eine besondere Verantwortung für Mitarbeiter, Gesellschaft und Umwelt wahr. Soziales Engagement, Familienfreundlichkeit und Verantwortung für die Gesellschaft sind seit langem feste Bestandteile der Unternehmenskultur von SCHOTT. Dies drückt sich ebenso in der engen Zusammenarbeit mit der Friedrich-Schiller-Universität Jena und der Ernst-Abbe-Hochschule Jena wie der Förderung des Otto-Schott-Gymnasiums Jena und des SV SCHOTT aus.

„Sieh dir die Menschen an – wie hart sie arbeiten – und verliere nie den Respekt vor ihnen."

Otto Schott, Glaschemiker und Unternehmer (1851-1935)

SCHOTT
glass made of ideas

ⓘ SCHOTT TECHNICAL GLASS SOLUTIONS GMBH
Otto-Schott-Straße 13, 07745 Jena,
Tel.: 03641/681-4600, www.schott.com

MEILENSTEINE

1884 Otto Schott, Ernst Abbe, Carl und Roderich Zeiss gründen in Jena das Glastechnische Laboratorium Schott & Genossen (später: Jenaer Glaswerk Schott & Gen.). Otto Schott entwickelt neue optische Gläser und stellt die Entwicklung von Spezialgläsern auf wissenschaftliche Grundlagen.

1887 / 1893 Erfindung des chemisch resistenten, hitze und temperaturwechselbeständigen Borosilicatglases.

1889 Ernst Abbe gründet die Carl-Zeiss-Stiftung

1895 Extrem widerstandsfähige Zylinder aus Borosilicatglas verhelfen dem Auer-Gasglühlicht zum Durchbruch

1918 Markteinführung hitzebeständiger Hauswirtschaftsgläser, die ab **1921** unter dem Markennamen JENAer GLAS® vertrieben werden.

1945 „Zug der 41 Glasmacher": Nach dem Ende des Zweiten Weltkriegs nehmen amerikanische Truppen die Geschäftsleitung und ausgewählte Spezialisten aus Jena mit in den Westen Deutschlands.

1948 Enteignung des Stammwerkes in Jena (sowjetische Besatzungszone / ab **1949** DDR) und Umwandlung in einen volkseigenen Betrieb (VEB).

1952 Neuaufbau des Stiftungsunternehmens in Mainz (Bundesrepublik Deutschland) unter der Leitung von Erich Schott, dem Sohn des Firmengründers. Mainz wird Sitz des Hauptwerks und der Firmenzentrale von SCHOTT.

Ab **1963** Beginn der Internationalisierung.

1978 Markteinführung des Brandschutzglases PYRAN®.

1991 / 1995 Nach der Wiedervereinigung Deutschlands übernimmt SCHOTT Mainz die Geschäftsanteile des alten Stammwerkes in Jena. Das Werk wird saniert, restrukturiert und in die SCHOTT Gruppe integriert.
1993 Serienfertigung des Borosilicatglases BOROFLOAT® im Microfloatverfahren

2004 Umwandlung des Stiftungsunternehmens in die rechtlich eigenständige Aktiengesellschaft SCHOTT AG. Alleinige Aktionärin ist die Carl-Zeiss-Stiftung.

Areal ehemaliges Zeiss-Hauptwerk

Steigenberger Esplanade Hotel

Goethe Galerie

Restaurant Kardamom

Steigenberger Esplanade Hotel

Restaurant Kardamom

EINZIGARTIGES ARCHITEKTURENSEMBLE VERBINDET INDUSTRIEGESCHICHTE MIT WISSENSCHAFT UND GENUSS

Einst war es die Wirkungsstätte von Zeiss & Abbe, heute befindet sich auf dem Gelände des ehemaligen „Zeiss-Hauptwerks“ die Goethe Galerie, das Steigenberger Esplanade Hotel, der moderne Universitätscampus und das JENOPTIK-Hochhaus. Den Architekten Rödl & Dr. Braschel gelang ein mehrfach mit Architekturpreisen ausgezeichnetes Meisterstück: Wie selbstverständlich wurden 65% der denkmalgeschützten Industriebauten in die Neubauten einbezogen und bieten Wirtschaft, Wissenschaft, Kultur und lebendigem Stadtleben eine einmalige Wirkungsstätte.

Ein Konzept, das die besondere Unternehmensphilosophie von Zeiss, Abbe und Schott beispielhaft spiegelt. In der bis heute gültigen Satzung der Carl Zeiss Stiftung ist die Förderung wirtschaftlicher, wissenschaftlicher und gemeinnütziger Interessen und Einrichtungen verbindlich festgeschrieben. Die mit Abbes Hilfe gesicherte Stellung der Universität, deren Neubau die Stiftung ebenso förderte wie den von ihr initiierten Bau von Volkshaus, Lesesaal und Volksbad, machten die Stadt zu einem kulturellen Zentrum und verhalfen modernen kulturellen Reformideen zum Durchbruch, die Jena eine führende Rolle in der pädagogischen Entwicklung und in der Förderung moderner Kunst brachte, welche von weltoffener Mentalität und eleganter Lebensart begleitet wurde. Auch heute besitzt Jena eine hohe Lebensqualität.

> „Genuss ist für mich eine positive Sinnesempfindung höchster Vergnügung – Genuss ist das Gegenteil von fad – Genuss ist Wertschöpfung.“
>
> *Andreas Zeitler, Hoteldirektor*

Goethe Galerie

Urbanität, Eleganz und Vielfaltspiegeln sich in der Goethe Galerie wider, die als eines der größten Einkaufszentren Thüringens und Herzstück des Areals mit 80 Geschäften die verschiedenen Komplexe verbindet. Über eine Länge von 200 Metern ist sie mit einer Stahl-Glas-Konstruktion überspannt, die sich zu einer Kuppel mit 55 Metern Durchmesser weitet.

Steigenberger Esplanade Hotel & Restaurant Kardamom

Mit seiner außergewöhnlichen Hotelarchitektur, dem einzigartigen Restaurantkonzept, hervorragenden Event- und Tagungsmöglichkeiten, dem luxuriösen Spa-Bereich und bestem Service wird jeder Aufenthalt zum besonderen Ereignis. Orient und Okzident treffen in der kreativen mediterranen, eurabischen Küche des Restaurants „Kardamom“ aufeinander. Vertraute europäische Geschmacksrichtungen, kombiniert mit den interessanten Gewürznuancen des Orients, zaubern Abend für Abend wunderbare und zugleich ungewöhnliche Geschmackserlebnisse. Zwölf verschiedene Qualitätsweine aus Europa und den arabischen Ländern werden offen ausgeschenkt und verleiten zu unkomplizierten Verkostungen. Mit etwas Glück funkeln dabei sogar die Sterne durch das Glasdach des Wintergartens und zaubern gemeinsam mit den vergoldeten Halbmondlampen eine ganz besondere Atmosphäre.

STEIGENBERGER ESPLANADE
Carl-Zeiss-Platz 4, 07743 Jena,
Tel.: 03641 / 800-0, www.steigenberger.com,
www.goethegalerie-jena.de, www.jenoptik.de,
www.uni-jena.de

SCALA Restaurant

SCALA Turm Hotel – Zimmer

SCALA Restaurant

Christian Hempfe

SCALA Restaurant

SCALA Turm Hotel – Empfang

SCALA Turm Hotel im JenTower

SCALA TURM HOTEL RESTAURANT – ÜBER DEN WOLKEN DAS PARADIES ERLEBEN

Der JenTower – das markanteste Wahrzeichen Jenas – wurde 1972 nach Plänen des DDR-Stararchitekten Prof. Dr. Henselmann als Forschungsneubau für den VEB Carl Zeiss Jena errichtet und bis Mitte der 1990er Jahre von der Universität genutzt. Nach einer aufwändigen Sanierung 1999 beherbergt der mit seiner Höhe von 159,6 m höchste Turm der neuen Bundesländer heute neben verschiedenen IT Firmen wie Intershop Communications AG, Towerbyte AG und dem Einkaufszentrum Neue Mitte nicht nur eines der besten Thüringer Gourmetrestaurants, sondern auch das zweithöchste Hotel Deutschlands.

SCALA Restaurant

Die Begeisterung für Technik und Qualität in Architektur und Kochkunst gleichermaßen war wohl der Grund, dass Andreas Machner als mutiger Restaurant-Pionier der im JenTower boomenden IT Branche auch einen kulinarisch innovativen Hut aufsetzten wollte. Ein Konzept, das aufging – nicht zuletzt dank seiner leidenschaftlichen Mannschaft. In Christian Hempfe, seinem mehrfach ausgezeichneten Küchenkapitän, erkannte er schnell den leidenschaftlichen Künstler, versierten Handwerker und einsatzstarken Sportler, der den Drahtseilakt zwischen höchster Küchenqualität und solider Wirtschaftlichkeit überhaupt erst möglich macht. Mit seinen familiären Wurzeln im genussvollen Eichsfeld und hervorragender Ausbildung in Nürnberg, London und der Schweiz, verbindet er feinstes Gespür für ehrliche Zutaten mit künstlerischer Raffinesse. Nicht nur die Gäste, auch die Gourmetbibel Gault&Millau, die ihn mit 15 von 20 Punkten auszeichnet, sind begeistert von seinen modern experimentellen Kreationen. Wer einmal hoch über den Wolken mit traumhaftem Panoramablick die liebevoll zubereiteten Gerichte probiert hat, wird das Restaurant nicht mehr missen wollen.

SCALA Hotel

Das exklusive Hotel in der 27. Etage verbindet einen traumhaften Ausblick auf Jena in den vielfältigsten Lichtstimmungen mit absoluter Ruhe und modernstem technischen Komfort. In den futuristisch gestalteten Zimmern erzeugen ein individuell steuerbares Farblichtsystem, gläserne Bäder und romantische Sitzkissen in großen Fenstern eine Wohlfühlatmosphäre voller Poesie, Romantik und Klarheit. Im Restaurant erwartet Sie ein mit individuellen Leckereien zubereitetes Frühstücksbüfett.

SCALA TURM HOTEL RESTAURANT
JenTower 27.–29. OG, Leutragraben 1,
07743 Jena, Hotel: 03641 / 3113 888,
Restaurant: 03641 / 356666, www.scala-jena.de

SCALA
TURM HOTEL RESTAURANT

„Hoch über Jena werden die Sorgen kleiner und die Genüsse größer."

Andreas Machner, Geschäftsführer SCALA Turm Hotel

Weingut Wolfram Proppe

Weingut Wolfram Proppe

Papiermühle

Papiermühle

Winzer Wolfram Proppe

GENUSSVOLL WACHGEKÜSST – JENAS TRADITIONSREICHE WEINKULTUR UND BRAUGESCHICHTE

Die Tradition des Jenaer Weinanbaus, welcher die Stadt einst reich und berühmt machte, ist Jahrhunderte alt. Schon im Mittelalter bauten Mönche an den Kalkhängen Reben an. Im 16. und 17. Jh. gab es allein auf der Jenaer Flur rund 700 Hektar Weinberge – soviel wie heute im ganzen Anbaugebiet „Saale-Unstrut". Der Weinbau bestimmte maßgeblich die Stadtentwicklung. Die Bierherstellung in Jena wird im Jahre 1332 erstmalig urkundlich nachgewiesen.

Waren es 1978 noch Hobbywinzer, die in Zwätzen, dem ältesten Weinberg der Stadt aufzureben begannen, so gehören der von Wolfram Proppe und Karsten Kirsch 2010 initiierten „Interessengemeinschaft Jenaer Weinbau" zum Erhalt alter Weinberge und Rebsorten auch versierte Winzer und Geisteswissenschaftler an. Beide erweckten die von Dr. Phil. Gebhard Falk 1955 geschriebene Dissertation „Weinbau in Jena" mit einer ergänzten Neuauflage aus dem Dornröschenschlaf. Heute werden in und um Jena auf rund 10 Hektar Wein angebaut, z.B. auf dem Jenaer Käuzchenberg, Jenaer Grafenberg in Kunitz vom Thür. Weingut Bad Sulza, dem Weinberg Kirsch am Jenzig oder von Wolfram Proppe im Gleistal. Zahlreiche Winzer produzieren hier Weine der Extraklasse, die es jährlich in die Bestenliste der deutschen Weine schaffen. Dazu gehört auch Wolfram Proppe, der auf der Landesweinprämierung Leipzig 2011 mit dem Ehrenpreis für das erfolgreichste Weingut im Anbaugebiet ausgezeichnet wurde. Seine Erfahrung als ehemaliger Kellermeister des Thüringer Weingutes Bad Sulza ergänzen sich auf das Beste mit der Leidenschaft für histor. Jenaer Rebsorten wie dem Roten und Weißen Gutedel, Elbling, Silvaner und Auxerrois.

„In der Papiermühle wird das vielleicht beste Bier Thüringens gebraut – ob Burschenpils oder das fast schwarze Jenaer Schellenbier", lobt der „Feinschmecker" das Jenaer Bier in Ausgabe 40/2015, wo er den Braugasthof zu den besten 40 deutschen Bierlokalen zählt. Die Papiermühle, die aus Hotel, Restaurant und Brauerei besteht, bietet neben fünf Sorten selbstgebrautem Bier, Whisky aus hauseigenem Bockbierbrand, schmackhafter Thüringer Küche auch Brauereiführungen und Bierverkostungen an. Kinder lieben den Abenteuerspielplatz des Holzkünstlers Heiko Lindner, der auch den Baumkronenpfad Hainich gestaltete.

WEINGUT WOLFRAM PROPPE
Im kleinen Dorf 12, 07646 Laasdorf
Tel.: 036428 / 547600, www.wolfram-proppe.de

BRAUGASTHOF „PAPIERMÜHLE"
Erfurter Straße 102, 07743 Jena
Tel.: 03641 / 459898, www.jenaer-bier.de

Ausstellung Paule Hammer 2014

Ausstellung Claire Morgan 2015

Museumscafé Philisterium

Ausstellung Wassily Kandinsky 2009

Ausstellung Romantik und Gegenwart 2015

Museumscafé Philisterium

KUNSTSAMMLUNG JENA – KLASSISCHE MODERNE TRIFFT AUF INTERNATIONALE AVANTGARDE

Jenas Ruf einer avantgardistischen Kultur- und Kunststadt wurde Anfang des 20. Jh. vor allem durch den 1903 von engagierten Bürgern und Intellektuellen ins Leben gerufenen Jenaer Kunstverein begründet. Ausstellungen von Ernst Ludwig Kirchner, Edvard Munch, August Macke, Franz Marc, Paul Klee und Wassily Kandinsky machten die eher konservative Universitätsstadt zu einem Mekka der künstlerischen Avantgarde. Auch die Künstler des Weimarer Bauhauses präsentierten ihre Werke wiederholt im Kunstverein.

Die Kunstsammlung Jena

wandelt mit ihrem Ausstellungsprogramm zur Kunst der Moderne auf den Spuren des Jenaer Kunstvereins. Mit Ausstellungen zu Auguste Rodin, Emil Nolde, Alexej von Jawlensky, den Bauhaus-Künstlern und Henry van de Velde wird an die vielseitigen und weitblickenden Aktivitäten angeknüpft, die den Kunstverein weit über regionale Grenzen hinaus bekannt gemacht haben. In Anlehnung daran werden auch heute neue, spannende und internationale Positionen von Malerei über Installationen bis hin zu video- und filmkünstlerischen Arbeiten präsentiert. Überblicksschauen zu Louise Bourgeois, Bjørn Melhus, Martha Colburn oder Claire Morgan runden das abwechslungsreiche Programm ab.

ⓘ KUNSTSAMMLUNG JENA
Markt 7, 07743 Jena, Tel.: 03641 / 498261,
www.kunstsammlung.jena.de

Museumscafé Philisterium

Auf eine keineswegs „philisterhafte“ Genussreise durch Jena entführt die leidenschaftliche Stadtführerin Gudrun Haucke in ihrem wunderschönen Museumscafé. Wer einmal zwischen den mit Schnitzereien verzierten Balken und den liebevoll gesammelten Fotografien auf dem alten Plüschsofa Platz genommen und die betörenden Kuchen- und Kaffespezialitäten erschnuppert hat, lässt sich wohlig fallen. Nicht nur die Kunstkataloge, sondern auch die Speisekarte laden mit Minchen Herzliebs Seelentrost Kaffee, Van de Velde-Hommage, Blumröschens Fettnäpfchen und Rolfinck-Gedeck zum Eintauchen in Geschichte und Geschichten ein.

ⓘ MUSEUMSCAFÉ PHILISTERIUM
Markt 7, 07743 Jena, Tel.: 03461 / 498252,
www.philisterium-jena.de

KUNSTSAMMLUNG STÄDTISCHE MUSEEN JENA

jena KULTUR Kultur. Tourismus. Marketing.

DAS MUSEUMSCAFÉ IN DER GÖHR

GALERIEN & MUSEEN

- 88 Kunstsammlung Jena
- 89 Galerie pack of patches Jena
- 109 Galerie Schwing
- 14 Optisches Museum
- 14 Schillerhaus & Schillergarten
- 13 Phyletisches Museum
- Kunstverein Jena
- Galerie Huber und Treff
- Villa Rosenthal
- Kunsthof Jena
- Galerie der JENOPTIK AG
- Romantikerhaus
- Haeckel-Haus & Mineralog. Sammlung
- Schott-Villa & Glasmuseum

Galerie Schwing

Literaturzeitschrift Palmbaum

Palmbaum – Cover

Ornament Reihe

Jens-Fietje Dwars

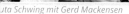

Jutta Schwing mit Gerd Mackensen

Galerie Schwing – Rahmenwerkstatt

Logo der Edition Ornament

Vorzugsgrafik von Klaus Süß

AUSGEWÄHLTE LITERATUR- UND KUNSTSCHÄTZE MITTELDEUTSCHLANDS

Über 400 Jahre zählte Jena zu den bedeutenden Verlagsorten in Deutschland und lag im 17. und 18. Jh. nach Leipzig auf Platz 2 der dt. Buchstädte. Grund war eine enge Verzahnung von Wissenschaft und Universität. Trat die 1617 in Weimar gegründete „Fruchtbringende Gesellschaft", der Palmenorden, als erste Literaturvereinigung Deutschlands für eine Förderung der deutschen Sprache und Literatur ein, so propagierten die Jenaer Frühromantiker mit ihrer Zeitschrift „Athenäum" eine universelle Poetisierung des Lebens.

Ende des 19. Jh. zogen große Geister im Zeichen der Moderne bedeutende Leipziger Verleger wie 1887 den universitätsnah agierenden Gustav Fischer nach Jena. Neben Ernst Haeckel gab der Fischer Verlag auch den Jenaer Philosophen Prof. Rudolf Eucken heraus, der 1908 in Stockholm mit dem Nobelpreis für Literatur ausgezeichnet wurde. 1904 folgte der Eugen Diederichs Verlag. Angelehnt an W. Morris, J. Ruskin und den Werkbund bereicherte er sein breitgefächertes Programm zwischen Antike, Klassik und Romantik mit Buchkunst, die auf internationalen Weltausstellungen mehrfach ausgezeichnet wurde.

Die Thüringer Literaturzeitschrift „Palmbaum" und die Edition Ornament

knüpfen im Jenaer quartus-Verlag genauso „fruchtbringend" wie universell an Weimars und Jenas große Buchtradition an. Beide vereinen beste Literatur und Grafik. Denn seit 2005 entwerfen Künstler die Einbände der Zeitschrift. Die bislang 18 Bände der Ornament-Reihe mit herausragenden mitteldeutschen Autoren haben Altmeister ihrer Zunft wie Karl-Georg Hirsch, Horst Hussel, Jürgen Böttcher alias Strawalde und Baldwin Zettl illustriert. Das Schönste daran: es sind einmalige Auflagen in 500 numerierten Exemplaren, den ersten 50 liegt je eine Originalgrafik bei. Verantwortlich für so viel Lese- und Schaulust ist der Herausgeber: Jens-Fietje Dwars – Autor, Buchgestalter, Ausstellungs- und Filmemacher aus Jena.

Die Galerie Schwing am Johannisplatz

bietet nicht nur der Kunst in Büchern, sondern auch großen mitteldeutschen Malern und Grafikern den wortwörtlich zunehmenden perfekten Rahmen. Die durch Jutta Schwing 1981 eröffnete Rahmenwerkstatt konnte seit der Wende als Galerie Künstler der Region in wechselnden Ausstellungen präsentieren. Mit dem Geschäftsjubiläum 2001 wurde das Angebot mit Künstlern der klassischen Moderne erweitert. Ausstellungen von Barlach, Chagall, Nolde bis hin zu Picasso erreichten ein breites Sammlerpublikum. Beim begleitenden Restaurierungs- und Rahmenservice werden vom gut ausgebildeten Personal optimale Lösungen erdacht und ausgeführt. Neben liebevoll ausgewählten Manufakturprodukten, Kunstpostkarten und Schmuckobjekten sowie ausgefallenen Geschenkartikeln und Einrichtungsaccessoires, begeistert die Galerie mit spannenden Wechselausstellungen z.B. zu Armin Müller Stahl, Gerd Mackensen, Walter Herzog und Horst Hussel.

GALERIE SCHWING AM JOHANNISPLATZ
Johannisplatz 10, 07743 Jena,
Tel.: 03641 / 449208, www.galerie-schwing.de,
www.edition-ornament.de, www.palmbaum.org

Friedrich-Schiller-Universität Jena – Campus

Studium der Geburtshilfe/Hebammenkunde an der EAH Jena

MINT-Studium an der EAH Jena

Campus der EAH Jena

Hochspannend: Ingenieurwissenschaften

Campus der EAH Jena

WISSENSCHAFT UND FORSCHUNG IN DER LICHTSTADT JENA

Ideen und Innovationen werden in Jena groß geschrieben. Bedeutende Erfindungen, wie die bahnbrechende Optimierung des Mikroskops, das erste Prismenfernglas, die erste UKW Übertragung, die erste Radioliveschaltung und das erste Internethandelsystem traten von hier aus ihren Siegeszug um die Welt an. Der Begriff Lichtstadt Jena steht für überregionale Strahlkraft, fundiert auf den Geistesblitzen seiner hellen Köpfe: Licht als Erfolgsfaktor seiner Unternehmen und das Licht der Erkenntnis in vielfältigen Lehr- und Forschungseinrichtungen.

→ Leipzig 1h, 5 min → Erfurt 45 min
→ Gera 35 min

Ernst-Abbe-Hochschule Je
University of Applied Sciences

Stadt der Wissenschaft

Authentisch – lebendig – informativ – ansprechend: So das Urteil der Jury für Jena als Stadt der Wissenschaft 2008. Jena überzeugte als aufstrebende Region mit einer Allianz aus Wirtschaft, Wissenschaft, Politik und Kultur, die alles tut, um aus ihrer großen wissenschaftlichen Tradition Kraft für die Zukunft zu schöpfen und um junge Wissenschaftler zu gewinnen. Dazu tragen die Friedrich-Schiller-Universität, die Ernst-Abbe-Hochschule sowie über 30 renommierte Forschungseinrichtungen bei. Aus Jenas reicher Geistes- und Industrietradition generieren sich heutige Zukunftsfelder wie Hochleistungsoptik, Biotechnologie, Ökologie, Natur- und Geisteswissenschaften. Feierte die Universität Jena 2008 ihr 450. Jubiläum, so begeht die andere Jenaer Hochschule 2016 ihr 25 jähriges Bestehen:

Ernst-Abbe-Hochschule (EAH) Jena

„Forschung" wird auch an der Ernst-Abbe-Hochschule (EAH) Jena groß geschrieben, derzeit nicht nur Thüringens drittmittelstärkste, sondern auch größte Fachhochschule. Aktuell studieren hier 4.682 junge Menschen in Bachelor- und Masterstudiengängen der Ingenieurwissenschaften, der Betriebswirtschaft sowie in den Gesundheits- und Sozialwissenschaften.

Die Vernetzung der EAH Jena mit Wissenschaft, Wirtschaft und Gesellschaft sorgt für eine optimale Ausbildung. Die meisten Abschlussarbeiten entstehen in Zusammenarbeit mit den Partnern. Die junge Hochschule (gegr. 1991) ist regional eng verbunden und international orientiert. Sie bietet ihren Studierenden ein wissenschaftlich solide fundiertes und praxisnahes Studium. Im Herbst feiert die Hochschule ihr 25-jähriges Bestehen. Vielleicht schauen Sie einmal vorbei:

ERNST-ABBE HOCHSCHULE
Carl-Zeiss-Promenade 2, 07745 Jena,
Tel.: 03641 / 2050, www.eah-jena.de

„Die EAH Jena legt ihre Schwerpunkte unter anderem auf die gezielte Weiterentwicklung attraktiver Bachelor- und Masterstudiengänge und arbeitet dabei mit regionalen und überregionalen Partnern eng zusammen."

Prof. Dr. Gabriele Beibst, Rektorin der Ernst-Abbe-Hochschule Jena

25 EAH Jena Feiern Sie mit.

enapanorama mit Blick auf die Agentur e-Networkers GmbH (links im Bild)

Hans Elstner – Geschäftsführer

e-Networkers Referenz

-Networkers Referenz

www.e-networkers.de

e-Networkers Referenz

e-Networkers Referenz

INTERNATIONAL ERFOLGREICHE TECHNOLOGIE – HAUPTSTADT DES E-COMMERCE

e networkers
www.e-networkers.de

Legte schon 1879 der Jenaer Mathematiker, Logiker und Philosoph Gottlob Frege in seiner „Begriffsschrift" die theoretische Grundlage für die heutigen Programmiersprachen und entstand mit dem „Oprema" 1955 bei Carl Zeiss der erste DDR-Computer, so eroberte 40 Jahre später eine nicht minder bahnbrechende Jenaer Erfindung die Welt. Wer heute online kauft oder verkauft, kommt an der in Jena erfundenen E-Commerce Software nicht vorbei.

Bis heute gelten die Gründer der Jenaer Firma Intershop Communications AG als Pioniere der gesamten Branche. Ihre im Frühjahr 1994 zur CeBIT vorgestellte erste Version der Intershop-Software war nach den Intershop-Läden der früheren DDR benannt und überzeugte nicht nur das Versandhaus Otto, sondern auch den größten US-amerikanischen PC- und Druckerhersteller Hewlett-Packard. 1995 ging die Software „Intershop" als weltweit erstes voll funktionierendes E-Commerce-System online. In vernetzter Nähe zum Jenaer Gründerzentrum und der Ernst-Abbe-Hochschule Jena finden Sie die

E-NETWORKERS GMBH
Buchaer Straße 6, 07745 Jena,
Tel.: 03641 / 554000, www.e-networkers.de

e-Networkers GmbH

Als überregional renommierter IT-Dienstleister und versierter Spezialist für Web- und Grafikdesign sowie Software- und Webentwicklung, bietet die e-Networkers GmbH individuelle Lösungen aus einer Hand. Das Unternehmen unterstützt Sie von der IT-Strategieberatung über Projektplanung und -durchführung, Systemintegration über die bedarfsgerechte Wartung und Pflege bis hin zur Komplettbetreuung Ihrer IT-Struktur. Dabei schätzen Kunden vor allem die freundliche, individuelle, fachlich kompetente und vertrauliche Zusammenarbeit. Die e-Networkers GmbH plant, installiert, konfiguriert und pflegt die IT-Infrastruktur Ihres Unternehmens. Stabilität und Sicherheit sind dabei die angestrebten Kernziele. Die optimale Verbindung aus IT-Planung, -Umsetzung und -Support, Web- und Grafikdesign, Onlineshop-Entwicklung, Programmierung, Suchmaschinenoptimierung und Webhosting überzeugt auch namhafte Kunden wie die Ernst-Abbe-Hochschule Jena, Bosch und den Tourismusverband Thüringer Wald.

Bei den e-Networkers arbeiten IT Spezialisten, Webentwickler, Programmierer sowie Web- und Grafikdesigner Hand in Hand zusammen, um mit ausgefeilten Konzepten, stilvollem und zeitgemäßem Design sowie leistungsstarken Webtechnologien zu überzeugen. Nicht nur die Qualität, sondern auch die Wirtschaftlichkeit des Entstehungsprozesses steht an erster Stelle. Die e-Networkers GmbH ist Ihr kompetenter Partner, wenn es darum geht, Komplexität zu vereinfachen und innovative Konzepte zu gestalten.

Porzellanmanufaktur Burgau

Porzellanmanufaktur Burgau

Dekor Entwurf Burgau Porzellan

Botanischer Garten

Schiller Haus

Goethe Statue

Van-de-Velde Replik

Illustration von Ernst Haeckel

Ernst Haeckel – Phyletisches Museum

Illustration von Ernst Haeckel

VON GOETHE UND SCHILLER BIS ERNST HAECKEL UND HENRY VAN DE VELDE – NATURFORSCHUNG, DICHTUNG UND JUGENDSTIL IN JENA

Goethe war die „graue Eminenz" der Jenaer Universität. Als großherzoglicher Aufseher überwachte er die naturwissenschaftlichen Sammlungen im Schloss, regte den Aufbau des Botanischen Gartens an, förderte Chemie und Mineralogie sowie den Ausbau der Universitätsbibliothek. Im Rückgriff auf Goethes Konzept der Morphologie führte Haeckel in Jena Darwins evolutionäres Denken in Jena fort. Die Zeichnungen des Zoologen inspirierten wiederum Henry van de Velde, der als Architekt und Porzellangestalter des Jugendstils in Jena Spuren hinterließ.

Im Botanischen Garten erinnert der von Goethe gepflanzte Ginkgobaum daran, dass der Dichter auch Naturforscher war. In Jena entwickelte er die grundlegende Idee der Morphologie (Form- und Strukturlehre der Organismen) und versuchte die Lehre vom Formenwandel in der Natur mit dem Konzept der Metamorphose wissenschaftlich wie dichterisch zu gestalten. In Jena begründeten Goethe und Schiller ihren Dichterbund. Schillers Gartenhaus war nicht nur ein Ort fruchtbarer Gespräche, sondern hier entstanden auch grundlegende Schriften Schillers. Über diese einzigartige Konstellation und ihre Bedeutung für die deutsche Geistesgeschichte informieren Schillers Gartenhaus und die Goethe-Gedenkstätte am Botanischen Garten.

Zoologe Ernst Haeckel

Der 1865 auf den für ihn neu geschaffenen Lehrstuhl für Zoologie berufene Ernst Haeckel verhalf in seinem 1866 herausgegebenen Werk „Generelle Morphologie der Organismen" nicht nur der von ihm weiterentwickelten Abstammungslehre von Charles Darwin zum Durchbruch, sondern begründete darin auch das System des Monismus (einer philosophisch religiösen Lehre eines einheitlichen Grundprinzips des Seins und der Wirklichkeit). Das von Haeckel gegründete Phyletische Museum wurde 1908 eingeweiht. Dort und in der benachbarten Villa Medusa, Haeckels Wohnhaus, kann man sich auf die Spuren des weltbekannten Naturforschers begeben.

Henry van de Velde und die Porzellanmanufaktur Burgau

Als vom Weimarer Großherzog eingesetzter künstlerischer Berater für Handwerk, Kunstgewerbe und Industrie wurde der flämische Künstler 1902 auf die Jenaer Porzellanmanufaktur im Vorort Burgau aufmerksam. Für den Inhaber Ferdinand Selle entwickelte er ein eigenes Service in mehreren Dekorvarianten, wovon Einzelstücke bis heute nachproduziert werden. Ein eigener Ausstellungsbereich im Jenaer Stadtmuseum erinnert an die Manufaktur und gibt einen Eindruck von der Vielfalt moderner Formen in der Zeit des Jugendstils. Liebhaber des Weissen Goldes werden gewiss besondere freude an der reichen Auswahl an Burgauer Mokkatassen finden.

„Die Früchte vom Baum der Erkenntnis sind es immer wert, dass man um ihretwillen das Paradies verliert."

Ernst Haeckel (1834-1919)
Jenaer Zoologe, Philosoph und Freidenker

SCHILLERS GARTENHAUS
Schillergässchen 2, 07745 Jena,
Tel.: 03641 / 931188, www.uni-jena.de

PHYLETISCHES MUSEUM
Vor dem Neutor 1, 07743 Jena, Tel.: 03641 / 949180,
www.phyletisches-museum.uni-jena.de

ERNST-HAECKEL-HAUS
Berggasse 7, 07745 Jena, Tel.: 03641 / 949500,
www.ehh.uni-jena.de

STADTMUSEUM JENA
Markt 7, 07743 Jena, Tel.: 03641 / 498250
www.stadtmuseum.jena.de, www.burgau-porzellan.de

Kaffeehaus Gräfe – Laden

Kaffeehaus Gräfe – Außenansicht

Kaffeehaus Gräfe – Spezialitäten

Kaffeehaus Gräfe – Team

Kaffeehaus Gräfe – Theke

KAFFEEHAUS GRÄFE – MEISTERHAFTE KONDITORKUNST AM JENAER JOHANNISPLATZ

Der Jenaer Johannisplatz leitet seinen Namen von der kath. Taufkirche „St. Johannis Baptist" an der Wagnergasse ab und lag im Mittelalter außerhalb der Stadtmauern in der Johannisvorstadt. Wo früher mit dem Flüsschen Leutra Frischwasser in die Stadt gelangte, erwartet heute den Gast am Johannisplatz traumhafter Kaffee- und Konditorgenuss. Inmitten von Jenas regem Stadttreiben wirkt das Kaffeehaus Gräfe wie eine Oase: Schon beim Betreten wird man von köstlich frischem Kaffeeduft und von dem intensiven Farbenspiel einer vielfältigen Auswahl an Torten und Kuchen in den Bann gezogen.

Gelebte Kaffeehauskultur

Augenblicklich spürt man auch die gelebte Kaffeehauskultur: In dem stilvollen Ambiente mit wundervollem Ausblick werden liebevoll exklusive Köstlichkeiten – vom traditionellen Blechkuchen über regionale und internationale Torten- und Pralinenkreationen bis hin zum selbsthergestellten Eis – serviert, die feinsten kulinarischen Genuss garantieren. Seit nunmehr 25 Jahren führen Renate und Wilfried Gräfe die Traditionskonditorei mit einer fast 120-jährigen Geschichte als Familienunternehmen weiter. Rund 90 Mitarbeiter leben hier ihre Handwerkskunst aus und produzieren in einer Konditorei sowie zwei Bäckereien täglich frisch das breite Sortiment, das weit über die Grenzen von Thüringen hinaus für seine außerordentliche Qualität bekannt ist.

In bester Qualität

„Für jeden Geschmack das richtige Gebäck mit dem besten Geschmack, der möglich ist" so fasst Mario Gräfe die Firmenphilosophie zusammen. Grundlage dafür sind ausschließlich erstklassige Zutaten, perfektionistische Handwerksqualität, innovative Kreationen und viel Liebe zum Detail. So kommt selbstverständlich für die „Gräfe"-Pralinen nur Valrhona, die weltbeste Schokolade, zum Einsatz.

„Mit unseren Konditorspezialitäten wollen wir alle Sinne berühren und mit bestem Service unserem Gast einen unvergesslichen Moment voller Zufriedenheit schenken."

Renate Gräfe, Inhaberin Kaffeehaus Gräfe

EMPFEHLENSWERT

- Frühstück täglich bis 14 Uhr
- Kaffeegenuss mit dem Van-der-Velde-Kaffee-Gedeck
- Schnapphans – die Honigtrüffelpraline mit Rum
- Propheten-Kuchen und Engadiner- & Bündner-Nusstorte
- Stollen und Weihnachtsgebäck
- Köstlichkeiten per Onlineshop nach Hause bestellen

KAFFEEHAUS GRÄFE
Johannisplatz 8, 07743 Jena
Tel.: 03641 / 229374, Mo – So 8 – 19 Uhr
www.kaffeehausgraefe.de

Gasthaus & Bar zur Weintanne – Inhaber Danny Müller

Gasthaus & Bar zur Weintanne

Gasthaus & Bar zur Weintanne

Außenansicht Weintanne

Romantikerhaus Jena

A.W. Schlegel

Bar zu Weintanne – Cocktailstunde

JENA – STADT DER ROMANTIK UND DER BARKULTUR

Ende des 18. Jahrhunderts besaß die kleine Universitätsstadt eine enorme geistige Strahlkraft. Diese bildete den fruchtbaren Nährboden für eine Gruppe von jungen Dichtern, Literaturkritikern, Philosophen und Naturwissenschaftlern, die sich von 1796 bis 1800 hier versammelten: die Jenaer Frühromantiker. Geistvolle Geselligkeit, die weder soziale noch Geschlechter-Schranken kennt, war ihr Markenzeichen. Der Kreis um Caroline und August Wilhelm Schlegel machte die Stadt nicht nur zum fortschrittlichsten geistigen Zentrum Deutschlands, sondern prägte auch die europäische Romantik, die als Universalpoesie nach einer Vereinigung von Kunst, Philosophie und Wissenschaft strebte.

Das Museum der Frühromantik im ehemaligen Wohnhaus Johann Gottlieb Fichtes würdigt, neben dem Philosophen und seinem Kollegen Friedrich Wilhelm Schelling, auch die Brüder Friedrich und August Wilhelm Schlegel, deren Frauen Dorothea Veit und Caroline Schlegel sowie die Dichter Novalis (Friedrich von Hardenberg) und Ludwig Tieck. Im Gegensatz zur Klassik, die nach antiker Klarheit und Geschlossenheit der Formen strebte, orientierten sich die Romantiker am Mittelalter. Sie liebten das Geheimnisvolle, Mystische und das Übersinnliche. Ihre Sehnsucht, alles Gegensätzliche in neuen Harmonien zu vereinen, umfasste Verstand und Gefühl, Diesseits und Jenseits, Traum und Wirklichkeit zugleich. Im Mittelpunkt stand der Mensch, der in der Poesie nach dem verlorengegangenen Einklang mit der Natur sucht und sich als frei schaffendes Individuum mit schöpferischer Phantasie und offenem Wissensdurst zugleich verwirklichen will.

Gasthaus & Bar Zur Weintanne

Als Forscher und Freigeist der Barkultur sind Danny Müller Leidenschaft und Hingabe essentiell für sein Schaffen. Der Vorsitzende der Deutschen Barkeeper Union e.V. Sektion Thüringen lädt in der Weintanne zu einer spannenden Reise durch die Epochen der Trinkkultur ein. Virtuos pflegt er das Spiel zwischen Süße und Säure, Bitternis und Fruchtigkeit, Klarheit und Geheimnis. Die kontrastrastreiche Mischung von Drinks, Musik und Gästen erzeugt ein ausgewogenes Ganzes. Als Reisebegleitung persönlicher Geschmacksentdeckungen steht der herzliche Service beratend zur Seite. Doch nicht nur der Cocktailshaker, auch der Kochlöffel wird hier versiert geschwungen. Küchenchef Marco Kühl komponiert mit Leidenschaft fürs Handwerk und saison. Zutaten regionale Besonderheiten mit franz.-mediterr. Einflüssen. Im Spannungsfeld zwischen Tradition und Moderne erfindet sich die Weintanne täglich neu.

GASTHAUS & BAR WEINTANNE
Jenergasse 13, 07743 Jena,
Tel.: 03641 / 7968702, www.weintanne-jena.de

LITERATURMUSEUM ROMANTIKERHAUS JENA
Unterm Markt 12 a, 07743 Jena,
Tel.: 03641 / 498243, www.romantikerhaus.jena.de

„Die Blaue Blume ist aber das, was jeder sucht, ohne es selbst zu wissen, nenne man es nun Gott, Ewigkeit oder Liebe."

Ricarda Huch (1864- 1947) Schriftstellerin, Philosophin & Historikerin

Wein-Tanne
GASTHAUS und BAR

ROMANTIKERHAUS

Jazzclub International, William Parker live

Kassablanca

„Freude am Tanzen" Label

„Freude am Tanzen" Label

„Freude am Tanzen" Label

Der Jip erhielt (2013-2015) drei Mal hintereinander den Bundesspielstättenpreis aus den Händen von Frau Prof. Monika Grütters MdB, Staatsministerin für Kultur und Medien

Kulturarena Jena

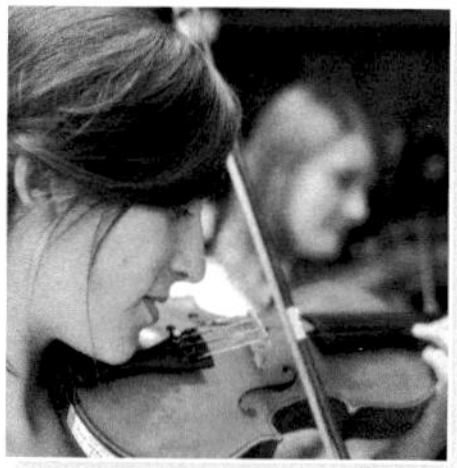

Jena Philharmonie

ZWISCHEN VIELFALT UND INNOVATION – MUSIKKULTUR IN JENA

Musik und Jena waren schon immer eine sehr inspirierende Verbindung. An der 1548 gegründeten Salana lehrte man Musik als mathematische Wissenschaft. Robert Schumann und Max Reger erwarben hier die Doktorwürde und Franz Liszt musizierte mit seinen Schülern in den Rosensälen. Heute feiert nicht nur die 1934 gegründete Jenaer Philharmonie als größtes Orchester Thüringens internationale Erfolge, zieht nicht nur die jährliche „Kulturarena" Scharen an Besuchern an, sondern hat sich auch das Label für elektronische Tanzmusik „Freude am Tanzen" deutschlandweit einen Namen gemacht.

Neben dem großem Repertoire der Jenaer Philharmonie von Barock über Klassik und Romantik bis zu zeitgenössischer Musik, liegen dem einzigen deutschen Mitglied im Europ. Orchesternetzwerk ONE auch die musikpädagog. Bildung und Förderung im Netzwerk „MUSIK macht schlau" und CrossOver Projekte am Herzen. Für die musikalische Subkultur, die in der Studentenstadt schon zu DDR Zeiten groß geschrieben wurde, steht u.a. als ältester Studentenclub der 1966 gegründete Rosenkeller. Fanden im Jazz Club Paradies von 1981-89 vor allem bedeutende DDR-Jazzer ihre Heimat, so lockte der 1980 gegründete und 1990 eingetragene Verein Jazz im Paradies e.V (jip) auch internationale Größen nach Jena. Eine absolute Perle der Jenaer Jazzkultur ist der Jazzclub International, der bei seinen monatlichen Konzerten in der Weintanne mit jungen, innovativen Jazzmusikern aus Dresden, Leipzig und Berlin begeistert. Leidenschaft für Musik ist auch die Basis für das

Label Freude am Tanzen

Von der Party zum Label, vom Tanzboden auf die Bühne, von der Idee zum gelebten Traum. Das ist die Geschichte von Freude am Tanzen, die Mitte der 1990er im heimischen Lieblingsclub Kassablanca begann und 1998 zur ersten Vinyl-Veröffentlichung „Four Sexy Tracks" führte. Über knapp 80 Veröffentlichungen später sind aus dem Do-it-yourself-Gedanken der 1. Stunde gefestigte Strukturen mit immer noch genügend Freiräumen für kreative Wagnisse gewachsen, die ihre Wurzeln im Club Deep House und Funk mit Hang zur Exzentrik, beatlose Experimente abseits des Dancefloors, Pop mit Weitblick und kompromisslose Techno-Walzen haben. Konsistent in der Qualität, aber nie im Stil – die unterschiedlichen Ansätze von Produzenten, Live-Musikern und DJs wie Mathias Kaden, Monkey Maffia, Marek Hemmann, Douglas Greed und Mooryc fügen sich nicht nur zu einer kreativen Einheit, sondern auch einem Glücksfall an Gruppenchemie. Mit Alben, Compilations und 12-Inches, die auch heute noch immer wieder dort landen, wo alles seinen Anfang nahm: Auf der Tanzfläche und im Club. Der Gründer und Kopf des Labels, Thomas Sperling, wurde für sein verdientes Engagement 2015 mit dem Walter-Dexel-Stipendium der Stadt Jena geehrt.

www.jenaer-philharmonie.de, www.kulturarena.de, www.rosenkeller.org, www.jazzimparadies.de, www.jazzclub-international.de, www.kassablanca.de, www.freude-am-tanzen.com, www.fatplastics.com

Restaurant Stilbruch

Restaurant Stilbruch

Wagnergasse Jena

Wagnergasse Jena

Restaurant Stilbruch – Außenansicht

Wagnergasse Jena

DAS RESTAURANT STILBRUCH – SPANNENDER AUSGANGSPUNKT DER KNEIPENMEILE WAGNERGASSE

Hätte ein mutiger junger Mann von seinem Jenaer Feinmechanik-Lehrmeister nicht gehört, dass man mit einer Zeiss-Ausbildung alles kann, dann wäre es wohl nie zur Gründung der Lieblingskneipe vieler Jenenser gekommen: ein Restaurant, das nicht nur das wissenschaftlichste Personal, Pariser Flair mit dem romantischsten Frühstück und den begehrtesten Reservierungstischen, sondern auch die wohl meistentwendete Speisekarte Jenas hat.

Als der genauso tatkräftige wie feinfühlige Patron des Stilbruchs Heiko Krabbes 1995 nach Armee und Barkeepertätigkeit dem Reiz der Selbstverwirklichung folgen wollte, ahnte er nicht, dass er auf der damals reinen Geschäftsstraße mit nur einem gastron. Angebot mit seinem „Stilbruch"-Restaurant den Grundstein für Jenas beliebteste Kneipenmeile legte. An der hist. Handelsstraße nach Weimar und Erfurt gelegen, siedelte sich in der Wagnergasse sehr früh Wagen- und Stellmacherhandwerk an. Bis in die 1930er Jahre des 20. Jh. war die Gasse die einzige Straße nach Westen. Von 1931 bis in die 1970er Jahre schlängelte sich die Straßenbahn, von 1969 bis 1996 sogar der Linienbus durch die schmale Gasse. Heute laden im idyllischen Ambiente 15 Cafés, Bars und Restaurants sowie zahlreiche Geschäfte Studenten, Geschäftsleute und Touristen zum Flanieren, Schauen und Einkehren ein.

Als wunderbar, lebendig und charmant lässt sich nicht nur die Wagnergasse, sondern auch und besonders das Restaurant „Stilbruch" beschreiben, das mit vielen Gesichtern lockt. Wohlig, gemütlich und geheimnisvoll erschließt sich im Winter erst nach dem Eintreten durch einen schweren Vorhang die mehrstöckige Schönheit des mit Jugendstilcharme angereicherten Genussortes. Egal, ob zu zweit oder in Gruppe, kuschelt man sich hier gern in Geräusche, Düfte und exzellente Geschmacksnuancen, die neben Thüringer Köstlichkeiten auch die Reise in exotische Gefilde nicht scheuen. Der besondere Reiz von mediterraner Küche, Cocktails und buntgemischter Gästeschar entfaltet sich im Sommer auf dem Freisitz, der zum Unterhalten, Amüsieren und Genießen einlädt. Geselligkeit war schon zu Zeiten des im Haus wohnenden musischen Schuhmachers Heinz à Brassard (1915-2000), dem Urvater des Jenaer Karnevals, ein Kennzeichen des Ortes. Mit neuen Veranstaltungsräumen samt klangvollem Klavier knüpft Heiko Krabbes an diese Tradition an.

RESTAURANT STILBRUCH
Wagnergasse 1 - 3, 07743 Jena
Tel.: 03641 / 827171, www.stilbruch-jena.de

RUND UM DIE WAGNERGASSE

314	Restaurant Stilbruch
486	Konditorei und Kaffeehaus Gräfe
109	Galerie Schwing
243	Kaseee Modegeschäft
136	Jenaer Bücherstube
577	Hotel Vielharmonie
	Cleanicum Wasch-Salon-Lounge
	Café Bar Rossini
	Saigon – Vietnam Kitchen
	Gatto Bello- Restaurant Bar Café
	Picassos Tapas Bar
	Pommes Bude „Fritz Mitte"
	Café Wagner
	Foto Michel
	VISAVIS Schmuckgeschäft
	uniquecut Hair Art & Style
	Fräulein Meier Fachgeschäft
	Eigenlauf – Schuhe & Schöne Dinge
	Colibri Modegeschäft
	Hauptsache Friseur-Schmuck-Accesoires
	Vinothek Bachstraße

Atelier Bärenwald

Architektur in Jena

Haus Schneider Jena

Frank Stella – Plastiken in Jena

Bauhaus-Mensa

Van de Velde – Ernst Abbe Denkmal

Haus Auerbach Jena

NOCH IMMER EIN GEHEIMTIPP: JENAS VERBORGENE ARCHITEKTURSCHÄTZE

Ludwig Hirsch, Carl Müller, Schreiter & Schlag, Henry van de Velde, Walter Gropius, Ernst Neufert etc.: Weit über 200 qualitativ hochwertige Bauwerke aus verschiedenen Jahrhunderten reihen sich wie Perlen an einer Kette.

Die Liste bedeutender Architekten und ihrer Bauten ist lang. Für Streifzüge durch Jenas Architekturschätze sollten Sie sich daher Zeit nehmen: vom historischen Rathaus bis zu beeindruckenden Industriekomplexen aus dem 20.Jahrhundert, die zu den bemerkenswertesten ihrer Art in Deutschland gehören, von Wohn- und Geschäftshäusern des Mittelalters und der Renaissance bis hin zu modernen Villen. Bereits Anfang 1920 hat Walter Gropius als Bauhausgründer in Jena mit den Villen Auerbach und Zuckerkandl sowie dem Umbau des Jenaer Stadttheaters Maßstäbe für das „Neue Bauen" gesetzt.

Falko Bärenwald: Symbiose zwischen Architektur, Kunst und Landschaft

Als Repräsentant für die Fortführung der Tradition der Moderne steht seit zwei Jahrzehnten Falko Bärenwald, Architekt und Künstler, souverän in beiden Professionen. Sein Anspruch, Architekturkonzepte in künstlerischem Kontext zu verwirklichen, verkörpert sich in Häusern, die überwiegend an exponierten Hanglagen in Jena „schweben" – jedes ein Unikat von überzeugender Klarheit, Leichtigkeit und Transparenz. Alle mit einem gemeinsamen Nenner: Die bestmögliche Interpretation des jeweiligen Ortes. Seine Kunst ist bewusst als Wechselspiel zur Architektur gedacht – verdichtete künstlerische Arbeiten von hoher Intensität, inspiriert von der jeweils umgebenden Landschaft.
Unbedingt anschauen sollte man sich auch auf dem Ernst-Abbe-Platz die Skulpturen aus der Hudson River Valley-Serie des US-amerikanischen Künstlers Frank Stella, welche das Stadtbild von Jena prägen.

FALKO BÄRENWALD
Atelier und Architekturbüro,
Talstr. 88b, 07743 Jena, www.falko-baerenwald.de
Tel.: 03641 / 827129, art@falko-baerenwald.de

Buchtipp: Architektur in Jena, Hinstorff Verlag

EMPFEHLENSWERT

Ludwig Hirsch
Bienenhaus, Am Steiger 3
Villa Straubel, Botzstr. 10
Villa Pauly, Botzstr. 9

Carl Müller
Bau 6+7, 10 und 12
Carl-Zeiss-Platz / Ernst-Abbe-Platz

Schreiter & Schlag
u. a. Optisches Museum, C.-Zeiss-Platz
ZEISS-Planetarium, Am Planetarium 5

Van de Velde
Ernst-Abbe-Denkmal, C.-Zeiss-Platz

Walter Gropius
Haus Auerbach, Schaefferstr. 9,
Villa Zuckerkandl, Weinbergstr. 4a

Ernst Neufert
Bauhaus-Mensa, ABBEANUM,
Fröbelstieg 1

Falko Bärenwald
Haus Schneider, Schillbachstr. 33

Die Leuchtenburg – Königin des Saaletals

Leuchtenburg Bäckerei

Veranstaltungen im Rittersaal

Porzellanwelten

Porzellanwelten

DIE LEUCHTENBURG FASZINIERT ALS KÖNIGIN DES SAALETALES MIT EINZIGARTIGEN PORZELLANWELTEN

→Jena 30 min → Leipzig 1 h, 15 min
→ Selb 1 h, 20 min

Hoch über dem Saaletal gelegen, ist die Leuchtenburg in Seitenroda eine der schönsten Burgen Thüringens. Der Bau der Burg um 1150 geht auf das fränkische Geschlecht der Herren von Auhausen zurück, welche sich nach Errichtung ihres Stammsitzes Lobdeburg bei Jena fortan die Herren von Lobdeburg nannten. In der wechselvollen Geschichte stand die Burg danach unter der Herrschaft der Schwarzburger und später Wettiner bis 1918. Die 800jährige Burganlage wurde 2014 mit der Eröffnung der interaktiven Ausstellung „Porzellanwelten" neu belebt.

Die Beeindruckende Burganlage

ist zu jeder Jahreszeit ein lohnendes Ausflugsziel. Den Aufstieg belohnt der Genuss beim Ausblick ins weite Land und ins Saaletal. Einen steilen Blick in die Tiefe ermöglicht der neu errichtete Steg der Wünsche, eine 20 Meter aus dem Burgberg herausragende Aussichtsplattform, von der aus Scherben Glück bringen ebenso wie der 80 Meter tiefen Burgbrunnen. Die Burgschänke lädt verlockend mit wagenradgroßem Bauernkuchen und kulinarischen Spezialitäten ein, die am Burgberg verlorenen Kalorien aufs Angenehmste wieder aufzufüllen. Sehr beliebt ist die Burg auch als Tagungs-, Hochzeits-, und Eventlocation. Obwohl die historischen Mauern der mittelalterlichen Burganlage schon sehr viel Interessantes zu bieten haben, ist ein Besuch der

Ausstellung „Porzellanwelten"

ein besonderes Erlebnis. Das von renommierten Austellungsagenturen, wie NAU Zürich/ Berlin, Kocmoc.net Leipzig und Triad Berlin, entwickelte spetakuläre Ausstellungskonzept erhielt nicht nur zahlreiche Auszeichnungen, wie z.B. den Thüringer Tourismuspreis 2014, sondern wurde auch für den Europäischen Museumspreis nominiert. Die gesamte Präsentation setzt sich aus ganzheitlichen Bildern zusammen, in die Besucher integriert sind und auch aktiv werden können – „einmal weg vom typischen deutschen Museum", schreiben die Gäste verzaubert ins Buch. Aber auch Tagungen, Hochzeiten und Firmenfeiern sind sehr gefragt.

LEUCHTEN BURG PORZELLAN MITTELALTER

Thüringen entdecken.de
Thüringer Tourismuspreis 2014

EMPFEHLENSWERT

- Die größte Vase der Welt und die kleinste Kaffeekanne
- Die sieben Porzellanwelten
- Ein Abstieg ins tiefe Verlies und hoch auf den Bergfried
- Ein Blick ins Landschaftskino aus den Panoramascheiben des Besucherzentrums
- Die Burg als besondere Tagungslocation
- Bringen Scherben wirklich Glück?
- Ein Glas echter Leuchtenburg-Wein
- Osterspektakel
- Tag des Thüringer Porzellans
- Spezielle Führungen für Kinder und Schulklassen

„Ausgehend von den Porzellanwelten Leuchtenburg habe ich die Vision und das Ziel, die Porzellanstraße zu beleben. So wie vor Jahren die Weingüter nur landwirtschaftliche Betriebe waren und heute dagegen Lifestyle- und Kulinarikorte sind, haben die Thüringer Porzellanbetiebe das gleiche touristische Potenzial!"

Sven-Erik Hitzer, Stiftungsvorstand der Leuchtenburg und Ideengeber der Porzellanwelten

LEUCHTENBURG
Dorfstraße 100, 07768 Seitenroda, Museum & Stiftung Tel.: 036424 / 7133-00, Gastronomie Tel.: 036424 / 7133-33, www.leuchtenburg.de

Handarbeit

Magic Grip Golddekore

KAHLA touch! Becher

Feste feiern mit KAHLA Porzellan

KAHLA / THÜRINGEN PORZELLAN – LEIDENSCHAFT FÜR MODERNITÄT UND INNOVATION

→ Jena 30 min → Leipzig 1 h, 15 min → Selb 1 h, 20 min

KAHLA ist die Design-Marke unter den deutschen Porzellanherstellern. Mit „Porzellan für die Sinne" garantiert die Inhaberfamilie Raithel höchste Qualität und Flexibilität. Kunden aus 60 Ländern der Welt schätzen die innovativen KAHLA Produkte für den Haushaltsbereich, die Hotellerie und Gastronomie sowie das individuelle Werbeporzellan für Firmenkunden. Über 90 internationale Preise für

Herausragende Produktgestaltung

zeichnen die zukunftsweisenden Konzepte von Inhouse-Designerin Barbara Schmidt und anderen kreativen Gestaltern aus. Neben multifunktionalen Programmen für den Privathaushalt bietet KAHLA ein breites Angebot an klassischem und kreativem Hotelporzellan sowie innovativen Werbegeschenken. Die bereits 1844 gegründete Porzellanfabrik mit Sitz im thüringischen Kahla befindet sich seit 1994 im Besitz der Familie Raithel. Zusammen mit rund 300 Mitarbeitern setzt der Geschäftsführende Gesellschafter Holger Raithel konsequent auf nachhaltig produziertes Porzellan „Made in Germany". Für die umweltorientierte Ausrichtung bürgt das „KAHLA pro Öko" Zeichen.

Der KAHLA Werksverkauf

lockt mit einem vielfältigen Angebot an Porzellankollektionen und Geschenkartikeln zu echten Schnäppchenpreisen. Neben stetig wechselnden Wochen- und Monatsangeboten bietet der Werksverkauf eine große Auswahl an Artikeln zu besonders günstigen Preisen. Beim wöchentlich am Freitag stattfindenden Rundgang durch die Produktion erleben Besucher die verschiedenen Arten und Stufen der Porzellanherstellung in einem spannenden Mix aus Handarbeit und hochmoderner Technologie.

NACHHALTIGKEITSSTRATEGIE „KAHLA PRO ÖKO"

- Schadstoffgeprüftes Porzellan „Made in Germany" aus natürlichen Rohstoffen
- Millionen von Litern Wassereinsparung pro Jahr, eigene Brunnen und Wasseraufbereitungsanlage
- verringerter CO_2-Ausstoß dank Investitionen in innovative Technologie
- Erzeugung und Verwendung ökologischen Stroms aus Sonnenenergie durch hauseigene Photovoltaikanlage
- soziale Arbeitsbedingungen, Integration von Menschen mit Behinderungen
- lange Produktlebenszyklen durch gutes, materialgerechtes und nachhaltiges Design
- Nachwuchsförderung durch universitäre Partnerschaften

„Innovation bedeutet für uns, Antworten zu finden jenseits starrer Abläufe und Konventionen. Diese Antworten sind ökonomisch produziert, ökologisch verantwortlich und bieten einen Mehrwert für unsere Kunden. So entsteht nachhaltiges Porzellan für die Sinne."

Holger Raithel, Geschäftsführender Gesellschafter KAHLA / Thüringen Porzellan

KAHLA / THÜRINGEN PORZELLAN GMBH
Christian-Eckardt-Str. 38, 07768 Kahla,
Tel.: 036424 / 79279, www.kahlaporzellan.com

Reichenbach Colour Dinner

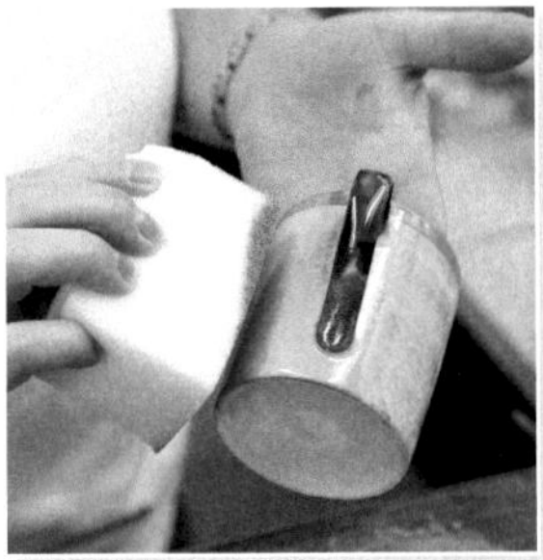
Produktion

Reichenbach Figuren

Reichenbach „vocatio" Kollektion

Reichenbach „Colours" Kollektion

Tafelgestaltung mit „Taste"

→ Leipzig 55 min → Weimar 40 min
→ Gera 20 min

PORZELLANMANUFAKTUR REICHENBACH – MODERNES DESIGN TRIFFT AUF EDLE MANUFAKTURKUNST

Wer meint, die reichhaltige Tradition Thüringer Porzellanfertigung sei unvereinbar mit international erfolgreichen Designtrends, der kennt die innovative Porzellanmanufaktur Reichenbach und das hier arbeitende Team nicht. Denn bei Reichenbach paart sich ein tradiertes Handwerk mit kreativer Lust an modernem Design. Die Firmengeschichte reicht über 180 Jahre zurück, als zu Beginn des 19. Jahrhunderts Porzellan handbemalt wurde. Im Jahre 1900 legten neun Reichenbacher Porzellanmaler den Grundstein für die heutige Firma am Hermsdorfer Kreuz. Seither hat sich vieles verändert, doch vom Qualitätsmerkmal der Handarbeit wurde nicht ein Pinselstrich abgewichen. Die

Meisterhafte Handwerkstradition

wird wie seit jeher gepflegt und gelebt, sei dies beim Haushalts-, Hotel- oder Zierporzellan, das bei Reichenbach nach Kundenwunsch in beliebigen Stückzahlen oder als Unikate hergestellt wird. Auf die Exklusivität der Designentwürfe wird hier großer Wert gelegt. Daneben ist die Experimentierfreudigkeit ein Leitprinzip der Manufaktur. Diese zeigt sich an den zahlreichen

Zusammenarbeiten mit Designern

verschiedenster Herkunft und Kooperationen mit Firmen verschiedenster Branchen. Mit ihnen wird das altbewährte „Weiße Gold" auf die Höhe des kreativen Zeitgeistes der Branche gebracht. Zum Beispiel, indem längst eingestellte Repliken wieder belebt werden oder an der größten Porzellanvase der Welt getüftelt wird. Die Porzellanmanufaktur beherbergt auch einen Werksverkauf sowie in Reichmannsdorf ein Museum mit einen Fabrikladen. Ein Porzellanladen ist bekanntlich nichts für Elefanten. Doch ganz wird bei Reichenbach nicht auf die Tierwelt verzichtet, denn bei den kunstvollen Tafel- und Livingwelten von Gerd Sommerlade tummeln sich silbrige French Bulldogs und goldige Schweine, Hirsche aus weißem Bisquitporzellan neben tollen Vasen oder einem raffinierten Tischservice. Die ital. Designerin Paola Navone weckte mit ihrer „Taste" Kombination aus barocker Opulenz mit modernem Design auch in New York und Paris echte Reichenbach-Begeisterung. Mit verschiedenen Designern und Spitzenköchen entstanden erfolgreiche Gastrolinien wie Para Mi oder Vocatio.

PORZELLANMANUFAKTUR REICHENBACH GMBH,
Fabrikstraße 29, 07629 Reichenbach/Thür.,
Tel.: 036601 / 880, www.porzellanmanufaktur.net

„Calla“ Frühstücksservice

Zwiebelmustersuite im Porzellanium

Porzellanium Werkshop

Form „Universo“

Kinderecke im Porzellanium

Form „Buffet“

DIE ESCHENBACH PORZELLAN GROUP MIT PORZELLANIUM ALS ERLEBNISSTANDORT

→ Erfurt 1h → Jena 30 min → Hof 45 min

ESCHENBACH PORZELLANGROUP

PORZELLANIUM Welten des Porzellans

125 Jahre Porzellantradition Triptis. Bereits seit 1891 wird hier Porzellan produziert, mit Übernahme der Markenrechte „Eschenbach Porzellan“ 2005 spezialisierte man sich auf die Produktion von bruchsicherem Hotelporzellan. Die Fertigung erfolgt ausschließlich am Produktionsstandort Triptis/Thüringen, Made in Germany.

Anfangs wurde in Triptis vorwiegend Haushaltsporzellan gefertigt, allem voran das traditionelle und legendäre Zwiebelmuster. Heute steht der Standort mit 100 Mitarbeitern für qualitativ hochwertige Porzellanproduktion und innovatives Design. Nach Übernahme der erfolgreich eingeführten Porzellan-Marke Eschenbach wird hier seit 2005 nun auch das Hotel- & Gaststättengewerbe professionell bedient.

Die Eschenbach Porzellan Group

... steht für hervorragende Qualität, moderne Technik, kurze Lieferzeiten und Kundenservice. Das Unternehmen garantiert eine ökologisch einwandfreie Produktion durch verschiedenste Prozessoptimierungen, u.a. das Installieren einer eigenen Photovoltaikanlage auf dem Dach der Produktionshallen.

Das PORZELLANIUM

... der ESCHENBACH Porzellan GROUP in Triptis/Thüringen ist eine Hommage an den vielseitig verwendbaren Werkstoff Porzellan, dessen Facettenreichtum hier präsentiert wird. Im neuen stilvollen Gewand beherbergt der Gebäudekomplex der ehemaligen Triptiser Molkerei heute die Welten des Porzellans. Ob Schnäppchenjäger, Kunstliebhaber oder Geschichtsinteressierter – das PORZELLANIUM bietet mit Werksverkauf, Kunstgalerie, Museum, Café TASSE und Atelier SPIELRAUM für jeden Besucher das Passende. Im benachbarten Café TASSE kann man in gemütlichem Ambiente den Besuch des PORZELLANIUMs ausklingen lassen und dabei auch einen Blick ins angrenzende Atelier SPIELRAUM werfen. Es ist täglich von 11 – 17.30 Uhr geöffnet.

EMPFEHLENSWERT

- Porzellan im Werkshop bis zu 40% unter UVP
- Umfangreiches Sortiment an Produkten zum Thema Tischkultur
- Große Sonderverkaufsfläche mit bis zu 70% Preisnachlässen
- Monatliche Aktionen
- Kunstgalerie mit wechselnden Ausstellungen
- Neu gestaltetes Museum
- Führungen durch das Porzellanium und die Fabrik nach Voranmeldung
- Neueröffnung eines Schauateliers
- Neueröffnung eines Cafés mit 30 Sitzplätzen und Terrasse sowie Blick ins angrenzende Atelier
- Jährl. Porzellanmarkt (22. – 23.10.2016; 14. –15.10.2017)
- Tag des Thüringer Porzellans (thüringenweit) am 8. + 9. April 2017

Kochen in Porzellan: mit COOK & SERVE I inducTHERM® entwickelte Eschenbach ein Kochgeschirr aus Porzellan, das für alle Herdarten und den Grill geeignet ist.
inducTHERM® ist im Porzellanium erhältlich

ESCHENBACH PORZELLAN GROUP
Neue Porzellanfabrik Triptis GmbH,
Geraer Str. 51, 07819 Triptis, Tel.: 036482 / 820,
www.eschenbachporzellan.com

Porzellanium: Puschkinstr. 12, 07819 Triptis,
Tel.: 036482 / 884922, www.porzellanium.de

Blick auf das Elstertal

Göltzschtalbrücke

Wanderer

Historische Dorfkultur in Nitschareuth

DAS VOGTLAND – EINE SINFONIE DER NATUR

VOGTLAND
Sinfonie der Natur

Das Vogtland ist eine Sinfonie der Natur, es ist klangvoll, musikalisch und beschwingt. Das Vogtland verbindet familiäre Herzlichkeit mit Gemütlichkeit, Erfindungsreichtum mit einem Schuss Eigensinn und unberührtes Naturerlebnis mit glanzvoller Musikkultur. Deutsche Geschichte und europäische Tradition – es lädt ein, Neues zu entdecken im geschichtsträchtigen Vierländereck von Sachsen, Thüringen, Bayern und Böhmen!

Natur spüren

Urlaub im Vogtland heißt tief einatmen, Ruhe verspüren und Kraft tanken. Schenken Sie sich und Ihrer Familie Zeit und Raum – abseits von Handy & Internet. Die Sächsischen Staatsbäder Bad Elster und Bad Brambach mit ihren insgesamt 15 Mineral-Heilquellen und wohltuendem Naturmoor bieten dafür beste Bedingungen in königlichem Ambiente. Begeben Sie sich zwischen grünen Wiesen, Feldern und tiefen Wäldern auf Ihre ganz persönliche Entdeckungsreise. Die vogtländisch grüne Berglandschaft, tief eingeschnittene Flusstäler und Höhenzüge bis über 900 Metern laden zum Aktivurlaub, aber auch zum Entschleunigen vom vielmals hektischen Alltag und vor allem zum Durchatmen ein.

Musik fühlen

Jeder Musikliebhaber wird bestätigen: ja, Musik kann man fühlen – Musik löst Gefühle aus! Im Vogtland ist das auf eine ganz besondere Art möglich. Beim Betreten einer Geigenbauwerkstatt berührt man das über 100 Jahre alte Holz, riecht den geheimnisvollen Lack, der die Geige umhüllt, hört das leise Scharren des kleinen Hobels, wenn er in geordneten Bahnen über das Holz gezogen wird. Lassen Sie sich auf die Geheimnisse eines jahrhundertealten Handwerks ein – beobachten Sie, wie Musikinstrumente entstehen, aus nächster Nähe und zum Anfassen, in einer Vielfalt, die weltweit einmalig, nur im Vogtland zu finden ist. Die „Erlebniswelt Musikinstrumentenbau® Vogtland" entführt Sie an die Wiege des deutschen

EMPFEHLENSWERT

- **18** Technisches Schaudenkmal Lohgerberei Weida
- **19** Städtisches Museum Zeulenroda
- **20** Museen der Schloss- und Residenzstadt Greiz
- **38** Spitzenmuseum und Vogtlandmuseum Plauen
- **28** Schauwerkstätten der Erlebniswelt Musikinstrumentenbau® / Musik-und Wintersportmuseum Klingenthal
- **29** Perlmutter- und Heimatmuseum/ Botanischer Garten Adorf/ „Klein-Vogtland"
- **30** Sächsisches Bademuseum Bad Elster
- **31** Deutsche Raumfahrtausstellung Morgenröthe-Rautenkranz/Besucherbergwerk „Grube Tannenberg"
- **32** Freilichtmuseum Eubabrunn/ Vogtländisches Freilichtmuseum Landwüst
- **33** Herman-Vogel-Haus Krebes
- **34** Teppichmuseum Oelsnitz
- **66** Die drei Greizer Schlösser (Oberes Schloss, Unteres Schloss, Sommerpalais)
- **67** Osterburg Weida
- **76** König Albert Theater Bad Elster
- **78** Vogtlandhalle und Vogtlandphilharmonie Greiz
- **79** Theater Plauen Zwickau
- **189** Freizeitpark Plohn & Drachenhöhle Syrau
- **201** Vogtland Panorama Weg®
- **678** Badewelt Waikiki Zeulenroda
- **679** Bäderkomplex/Eissporthalle Greiz
- **680** Sächsische Staatsbäder Bad Elster und Bad Brambach
- **690** Sparkasse Vogtland Arena Klingenthal

esenspaß im Freizeitpark Plohn

Teppichmuseum Oelsnitz

Blasinstrumente

Bassherstellung

EgroNet – Nahverkehrssystem

chsische Staatsbäder

Falknerei Herrmann

Sparkasse Vogtland Arena

Erlebniswelt Musikinstrumentenbau® in Markneukirchen

Musikinstrumentenbaus und lässt Sie die Arbeit der Musikinstrumentenbauer hautnah und authentisch vor Ort erleben.

Familie leben

Fragt man seine Kinder, was sie sich am meisten wünschen, ist die Antwort häufig: Zeit mit Mama und Papa verbringen. Und natürlich auch gemeinsam etwas zu unternehmen. Freizeitpark, Vogtland Skiarena, Erlebnisbad, Spaß und Spiele in freier Natur, eine Radtour, ein Picknick, einen hoooohen Aussichtsturm erklettern oder einmal mit dem Segelboot über die glitzernden Vogtlandseen … Es gibt für jeden Tag eine abenteuerliche Idee im Vogtland und das liegt ja fast vor der Haustür! Im Vogtland verbindet das Verkehrssystem EgroNet das Vierländereck Sachsen, Thüringen, Bayern und Böhmen. Mit nur einem Fahrschein ist das Umsteigen von Bahn auf Bus oder Straßenbahn möglich und mit zwei Tagestickets können zwei Erwachsene mit bis zu vier Kindern das gesamte Vierländereck erkunden.

Gesundheit und Wohlbefinden

Die besten Entspannungsmöglichkeiten bieten die Sächs. Staatsbäder Bad Elster und Bad Brambach mit ihren insgesamt 15 Mineral-Heilquellen und wohltuendem Naturmoor im königlichem Ambiente. Ein hochwertiges Kulturprogramm aller Genres erleben Sie mit der Chursächsische Veranstaltungs GmbH (CVG) u.a. im König Albert Theater, dem Königlichen Kurhaus Bad Elster und der Festhalle in Bad Brambach.

„Erleben Sie hier Wohfühlqualität, gepaart mit Vogtländischer Gastlichkeit und Tradition. Dazu lade ich Sie herzlich ein!"

Martina Schweinsburg, Vorsitzende des Tourismusverbandes Vogtland e.V., Landrätin des Landkreises Greiz

TOURISMUSVERBAND VOGTLAND E.V.
Göltzschtalstraße 16, 08209 Auerbach
Tel.: 03744 / 188860, www.vogtland-tourismus.de
BUCHUNGSSERVICE VOGTLAND
Tel.: 03744 / 19449, www.vogtlandauskunft.de

Bühnen der Stadt Gera – Konzertsaal

Markt in Gera

Kinder in Gera

Gera Natur

Gera Natur

DIE KULTURSTADT GERA – ENTDECKENSWERTE GENUSSPERLE UND GRÜNES TOR ZUM VOGTLAND

→ Leipzig 1 h → Chemnitz 45 min
→ Erfurt 1 h

Im idyllischen Tal der Weißen Elster liegt Thüringens drittgrößte Stadt Gera. Mit dem Bundesgartenschau-Areal im Geraer Hofwiesenpark und Ronneburg, dem Küchengarten und zahlreichen Villengärten hat die einstige Reußische Residenzstadt viele grüne Oasen zu bieten.

Geschichtsträchtige Bauwerke

Auf einer Tour durch die Stadt entdeckt man am Marktplatz das Renaissance-Rathaus, den reich verzierten Erker der Stadtapotheke und den Simsonbrunnen. Repräsentative Bürgerhäuser und Villen zeugen vom einstigen Reichtum der eng mit der Textilindustrie verbundenen Stadt. Die empfehlenswerten unterirdischen Geraer Höhler dienen seit dem 16. Jh. der Bierlagerung. Eine Vielzahl an historischen Kirchen und Sakralbauten, wie etwa die Salvatorkirche mit ihrem eindrucksvollen Jugendstilinterieur, die neogotische Johanniskirche oder die Trinitatiskirche mit ihrem Stilmix aus Barock und Neogotik kann man bei einem Spaziergang in der Innenstadt entdecken.

Kunststadt der Moderne

Neben dem in der Stadt geborenen Maler und Grafiker Otto Dix läuteten moderne Architekten wie Rudolf Schmidt, Henry van de Velde und dessen Schüler Thilo Schoder in Gera den Aufbruch in die Moderne ein. Bis heute wirkt Gera als kulturelles Zentrum in Thüringen, geprägt durch das traditionsreiche Theater, das Kultur- und Kongresszentrum sowie vier Museen, u.a. das Otto Dix Haus, das Stadtmuseum und das Museum für Naturkunde. Im Museum für angewandte Kunst liegt der Schwerpunkt auf Kunsthandwerk des 20. Jhd., Fotografie, Gebrauchsgrafik und Design. International renommiert ist die umfangreiche Sammlung bedeutender Gegenwartskeramik von über 700 Objekten europ. und jap. Keramiker. Nach verschiedenen Renovierungsarbeiten öffnen die Kunstsammlungen Mitte 2016 wieder die Türen für ihre begeisterten Besucher.

GERA-INFORMATION
Markt 1a, 07545 Gera
Tel.: 0365 / 8381111, tourismus@gera.de,
www.gera.de, www.gera.de/tourismus

EMPFEHLENSWERT

- 16 Museum für Naturkunde & Botanischer Garten Gera
- 56 Haus Schulenburg Gera
- 77 Bühnen der Stadt Gera und Landestheater Altenburg
- 90 Otto Dix Haus & Orangerie Gera
- 91 M1 Kunstzone Gera
- 186 Buga Erlebnisspieloval Hofwiesenpark
- 187 Tierpark Gera
- 199 Buga Gelände Hofwiesenpark und Neue Landschaft Ronneburg
- 200 „Thüringer Städtekette" & Elsterradweg
- 677 Hofwiesenbad Gera
- 691 Sportanlagen im Hofwiesenpark
- 235 Duale Hochschule Gera-Eisenach
- Marktplatz mit Renaissance-Rathaus, Stadtapotheke und Simsonbrunnen
- Stadtmuseum
- Museum für Angewandte Kunst
- Villen und Villengärten
- Salvatorkirche mit Innenausstattung im Jugendstil
- Dahliengarten

Otto Dix Haus Gera

Lummersches Backhaus

Brücke Biergarten Lummersches Backhaus mit Blick auf Alt Untermhaus

M1 Galerie

Kunstareal auf Schloss Osterstein

GERAER KUNST- UND KULINARIKMEILE ZWISCHEN BUGAPARK UND ALT-UNTERMHAUS

Kultur und Genuss sind in Gera eng mit der jüngeren Linie des Fürstentum Reuß verbunden, das auf Schloss Osterstein residierte und mit Rutheneum, Theater und Küchengarten Geras Kultur und Städtebau nachhaltig prägte. Mit der „Gerschen Meile" initiiert vom Verein „Ja für Gera" wird die natürliche Flanier-Route zwischen Schloss und Innenstadt aufgegriffen und gemeinsam mit 70 % der dortigen Kultur- und Dienstleistungspartner als Kunst- und Genussmeile wiederbelebt. Eine besonders schöne Teilachse findet man zwischen Küchengarten, Bugapark und Schloss Osterstein. Hier locken u.a.

Die Kunstsammlung Gera / Orangerie und Otto Dix Haus

Die 1972 in der Orangerie gegründete Kunstsammlung Gera legt einen besonderen Schwerpunkt auf Grafik und Malerei der Moderne. 1991 kam das Otto-Dix-Haus dazu. Mit liebevollen Einrichtungsdetails und spannenden Tafeln taucht der Besucher in das Leben des Künstlers in seiner Geburtsstadt ein. In der Ausstellung stehen einfühlsam nuancierte Geraer Landschaften des frühen Otto Dix in spannendem Kontrast mit schonungslos kraftvollen Werken der Neuen Sachlichkeit aus seinem Spätwerk. Eine leidenschaftliche Lanze für die Gegenwartskunst wird in der

M1 Galerie auf Schloss Osterstein

gemeinsam mit dem Dipl. Designer Sven Schmidt und dem Maler, Designer und Innenarchitekt Winfried W. Wunderlich gebrochen. Neben deutschlandweiten „Kunst am Bau – Projekten" und der Höhler Biennale überzeugen beide in der M1 Produzentengalerie mit Kompetenz und Herzblut die Geraer von aktuellen Kunsttendenzen und die überregionalen Gäste von der reichhaltigen Geraer Kulturszene. Eine Brücke kulinarischer Art schlagen gegenüber im

Lummerschen Backhaus

vor dem denkmalgeschützten Marienkirchen-Ensemble Sven Arnold und Kay Zimmermann in ihrem kleinen romantischen Restaurant. Die Speisekarte vereint feinste Kochkunst, köstliche ehrliche Zutaten mit kreativem Genuss-Groove, welcher für wohliges Prickeln bis zum Dessert sorgt. Dazu überzeugt eine gut ausgewählte Weinkarte. Auf dem „Brückencafé" genießt man den schönsten Geraer Biergartenblick auf die weiße Elster, den Hofwiesenpark und Alt-Untermhaus mit Schloss Osterstein.

GERA
www.ja-fuer-gera.de
www.galerie-m1.de
www.lummersches-backhaus.de

Villentour mit Stopp vor der Villa Koeppe

Fashion Flow GmbH – Kollektion

Fashion Flow GmbH – Atelier

Oberlicht Haus Schulenburg

Haus Schulenburg

Villa Jahr

→ Leipzig 1 h → Chemnitz 45 min
→ Erfurt 1 h

OTTO-DIX-STADT GERA®

TRAUMHAFTE GERAER VILLEN ALS ZEUGEN FASZINIERENDER TEXTILTRADITION MIT ZUKUNFT

Gera erlebte ab der Mitte des 19. Jahrhunderts eine einzigartige Blütezeit, in welcher sie sich zum Zentrum der nordeuropäischen Stoff- und Tuchindustrie entwickelte und sich mit Krefeld den Titel „Reichste Stadt Deutschlands" teilte. Über 100 Villen zeugen heute vom Glanz vergangener Zeiten.

Am Ruf der erfolgreichen Handelsstadt im 17./18. Jahrhundert als „Klein Leipzig" waren vor allem niederländische Gewerbetreibende beteiligt, allen voran Nikolaus de Smit, welcher mit der Einführung überlegener Produktions- und Färbetechnik als Begründer der Geraer Textilindustrie gilt. Engagierte Kaufleute und Industrielle schlossen sich 1849 in Gera zur ersten Thüringer Handelskammer zusammen. Geraer Kaschmirstoffe, glanzvolle Herren-Coatings u.v.m. wurden bald nach Großbritannien, Japan, China, Indien und vor allem in die USA exportiert, welche in Gera sogar eine eigene Konsularagentur einrichtete. Gera boomte im 19. Jahrhundert als Wirtschafts-, Handels- und Verkehrsknotenpunkt.

IHK OSTTHÜRINGEN
Gaswerkstraße 23 und 25, 07546 Gera,
Tel.: 0365 / 8553-0, www.gera.ihk.de

IHK Industrie- und Handelskammer Ostthüringen zu Gera

Prachtvolle Villen

lassen den einstigen Reichtum wieder aufleben und zeugen bis in die Gegenwart vom Kunstverstand und der modernen geistigen Orientierung der Geraer. Neben dem Wirken bekannter Architekten, wie Thilo Schoder und Henry van de Velde, beeindruckt Gera als größtes Gesamtensemble deutscher Gründerzeitarchitektur. Die fünf herausragendsten Villen sind Kulturdenkmäler von internationaler Bedeutung. Dazu gehören das Haus Schulenburg, die Villa Jahr, die Villa Hirsch, die Villa Eichenberg und die Villa Brehme.

Anziehende Mode und Stoffe

produzieren in Gera zahlreiche Unternehmen bis heute. So existiert die Thorey Textilveredlung seit über 20 Jahren. Getzner Textil aus Österreich kam 1997 nach Gera und baut derzeit für 47 Millionen Euro eine neue Weberei für edle Damaststoffe aus Jacquardgewebe. Bei der Fashion Flow GmbH entsteht vom Design über die Entwicklung bis hin zur Produktion kundenorientierte, individuelle und hochwertige Damenmode für international bekannte Fashion-Labels.

GETZNER TEXTIL AG www.getzner.at/de
THOREY TEXTILVEREDELUNG www.thotex.de

HAUS SCHULENBURG www.haus-schulenburg-gera.de

„Sowohl Geras Textilbranche als auch der Maschinenbau stehen für eine vielseitige Industriegeschichte in Ostthüringen, deren Wurzeln schon im 19. Jahrhundert gelegt wurden."

Peter Höhne, Hauptgeschäftsführer der IHK Ostthüringen zu Gera

Inhaberin Melanie Faltin

Babor Beauty Spa in der Villa Voss – Wohlfühl Friseur

BABOR-Beauty Spa – Empfangsbereich mit Shop

BABOR-Beauty Spa – Behandlungsraum

BABOR-Beauty Spa in der Villa Voss

EINZIGARTIGER SCHÖNHEITSGENUSS – BABOR BEAUTY SPA IN DER GERAER VILLA VOSS

BABOR
BEAUTY SPA
VILLA VOSS

Am Geraer Theaterplatz befindet sich die Villa Voss, die bis 1873 durch den Rittergutsbesitzer und Bauunternehmer Georg Voss im Renaissance-Pallazzi-Stil errichtet wurde. Das liebevoll restaurierte Bauwerk beinhaltet heute ein modernes Residenzwohnkonzept, das italienische Restaurant Aposto sowie als Herzstück ein edles BABOR-Beauty Spa.

Mit dem Erwecken der Villa aus dem Dornröschenschlaf erfüllte sich Melanie Faltin in Gera einen Lebenstraum.

Einzigartiges Designambiente

verbindet sich im wohltuenden Kontrast mit der historischen Bausubstanz zu einem ganz besonderen Wohlfühlambiente. Die italienischen Wurzeln der Architektur spiegeln sich in den außergewöhnlichen Licht- und Interieurobjekten genauso wieder wie im lebensfrohen und warmherzigen Lächeln der Inhaberin und ihres Teams. Schnell merkt man, daß hier das ganzheitliche Konzept aus Friseur, Kosmetik, Nageldesign, Pediküre, Sugaring und Anti-Aging-Programme als leidenschaftliche Berufung mit viel Liebe zum Gast und den individuellen Bedürfnissen gepflegt wird. Die Top-Adresse für

Wohltuende und wirkungsvolle Schönheitsbehandlungen

garantieren Ihnen ein unvergessliches Erlebnis für Körper und Seele. Hier können Sie nicht nur durchatmen, loslassen und neue Energie tanken, sondern auch erleben, wie hocheffektive Wirkstoffe und präzise abgestimmte Behandlungstechniken Ihre Haut zu neuem Leben erwecken. Das Beauty-Programm wird auf Ihre individuellen Wünsche abgestimmt. Die BABOR-Treatments bieten dabei eine Vielzahl von Anwendungen aus wohltuenden Wellness-Behandlungen und in ihrer Wirksamkeit unübertroffenen haut- und figurverbessernden Anwendungen. Besonders beliebt sind die Specials wie Hawaiianische Tempelmassage, HSR® lifting und DOCTOR BABOR-Medical Beauty. Als beliebtes Highlight für Männer und Frauen bietet das Day Spa den Verwöhntag: „Von Kopf bis Fuß“ mit Pediküre, Maniküre, Massage, Kosmetik und Friseur.

BABOR BEAUTY SPA VILLA VOSS
Parkstraße 10, 07548 Gera,
Tel.: 0365 / 55 24 28 05,
www.babor-beautyspa-faltin.de,
info@babor-beautyspa-faltin.de

Theater – Zuschauerraum

Theater – Außenansicht

Puppentheater – Die große Reise

Ballett – Mercutios Geheimnis

Musiktheater – Martha

Schauspiel – Barbarossa ausgeKYFFt

Theater – Konzertsaal

BÜHNEN DER STADT GERA – ZUSCHAUERMAGNET MIT JUGENDSTILCHARME

→ Erfurt 1 h → Altenburg 40 min
→ Hof 1 h 10 min

Als das Haus 1902 eröffnet wurde, hatte der deutschlandweit bekannte Theaterarchitekt Heinrich Seeling eines der modernsten und außergewöhnlichsten Theatergebäude seiner Zeit geschaffen. Die im Renaissance Stil gehaltene Fassade, die Jugenstilelemente im Inneren und der neobarocke Konzertsaal erstrahlen seit 2007 nach umfassender Sanierung wieder in neuem Glanz.

Aus der Fusion des Landestheaters Altenburg mit den Bühnen der Stadt Gera im Jahr 1995 entstand die TPT Theater und Philharmonie Thüringen GmbH. Die Theater bieten eine Vielfalt von Oper, Musical und Operette, Schauspiel, Konzert, Puppentheater für Groß und Klein und anspruchsvollen Tanzstücken des größten Thüringer Ballettensembles, dem Thüringer Staatsballett. Darüber hinaus bietet Theater & Philharmonie Thüringen mit der TheaterFABRIK ein lebendiges, theaterpädagogisches Angebot für Kinder und Jugendliche. In Gera werden vier Spielstätten mit einem Theatersaal von 552 Plätzen und einem Konzertsaal von 812 Plätzen bespielt. Zusammen mit dem Landestheater Altenburg ist Theater & Philharmonie Thüringen mit circa 136.000 Besuchern jährlich das Theater mit den meisten Zuschauern in Thüringen. Das Theater wird von Generalintendant, Künstlerischem Geschäftsführer und Operndirektor Kay Kuntze sowie dem Kaufmännischen Geschäftsführer Volker Arnold geleitet.

BÜHNEN DER STADT GERA
LANDESTHEATER ALTENBURG

TPT THEATER UND PHILHARMONIE THÜRINGEN GMBH
BÜHNEN DER STADT GERA
Theaterplatz 1
07548 Gera,
Tel.: 0365 / 8279 105,
www.tpthueringen.de

ERBAUUNG UND HINTERFRAGUNG,
FREUDE UND SPANNUNG,
WAHRHAFTIGKEIT UND GENUSS:
THEATER&PHILHARMONIE THÜRINGEN

Restaurant Szenario – Innenansicht

Restaurant Szenario – Innenansicht

Restaurant Szenario – Cocktails

THEATERRESTAURANT „SZENARIO" – MODERNE ARCHITEKTUR TRIFFT KREATIVEN GENUSS

SZENARIO
CAFÉ·RESTAURANT·BAR

Theater und Genuss sind in Gera untrennbar verbunden. So war es kein Zufall, dass die Konzeption des futuristisch mondänen Theaterrestaurants durch den Architekten Van de Velde und seinen Meisterschüler, Werkbundaktivist Thilo Schoder zugleich in die fruchtbarste und interessantesten Periode des Theaters fiel.

Nach der Umwandlung vom Hof- zum Stiftungstheater wird die qualitätvolle Pflege der Klassiker mit zeitgenössischen Autoren wie Wedekind, Strindberg, Hauptmann, Brecht, Zuckmayer und Tagore ergänzt. Mit Tänzern der Metropolitan Oper New York und dem Engagement von Yvonne Georgie, einer Schülerin von Mary Wigman, wird das Handlungsbalett als neue Kunstgattung gefördert. Die Etablierung von expressionistischem Ausdruckstanz, zeitgemäßem Schauspiel und moderner Oper fand sein stilvoll kulinarisches Pendant in dem 1921 von Thilo Schoder konzipierten Theaterrestaurant, wo sich Kopf, Leib und Seele aufs kreativste austauschten.

Anknüpfend an diese enge Verbindung aus Theater und Genuss eröffnete mit dem Anspruch „Momente für die Sinne" 2007 das neue Szenario zeitgleich mit dem neu restaurierten Theater. Moderne, klare Gestaltung als Kontrast zum historisierenden und jugendstilgeprägten Charakter des Hauses, Inspiration und Gemütlichkeit bilden die Grundlage für kulinarisches Genießen – eben „Momente für die Sinne". Das junge kreative Team unter Küchenleiter Robert Porstmann setzt auf eine vielfältige und aufwändige Speisenausrichtung – leicht, mediterran bis klassisch und auf anspruchsvollem Niveau. Die hochwertige und abwechslungsreiche Weinkarte überrascht mit Neuentdeckungen und Raritäten. Zum Verweilen lädt der neu gestaltete Freisitz mit Panorama auf das Theater und das angrenzende Parkensemble ein.

Als Generalcaterer der Theater&Philharmonie Thüringen ist das Szenario der perfekte Partner auch für Ihre Familien- und Firmenfeiern sowie die 1. Adresse für Catering und Partyservice in Gera, Jena, Erfurt, Leipzig oder Altenburg. Das erfahrene Team zaubert mit Leidenschaft Leckereien auf den Tisch, ob kalte Platten, Buffet, Fingerfood, Canapes oder Menü. Ein neues Restaurant-Schmankerl ist die monatlich wechselnde Brasseriekarte, welche den Gast mit abwechslungsreichen regionalen, saisonalen oder internationalen Spezialitäten begeistern soll.

RESTAURANT SZENARIO
Theaterplatz 1, 07548 Gera,
Tel.: 0365 / 8279138,
www.szenario-gera.de,
info@szenario-gera.de

Fashion Flow GmbH

Fashion Flow GmbH

Fashion Flow GmbH

Knoblauch-Ladeneinrichtung Merci

Fashion Flow GmbH – Modeentwürfe

Knoblauch-Ladeneinrichtung Sport Luck

Knoblauch-Ladeneinrichtung Marc O'Polo

EXKLUSIVE MODE TRIFFT AUSSERGEWÖHNLICHEN OBJEKT- UND LADENBAU IN INDUSTRIEDENKMAL

→ Berlin 2 h 30 min → München 3 h 15 min
→ Bodensee 4 h 30 min

Als die Paul Rother Zigarettenfabrik Mahalesi 1939 in das 1909 als ehemalige Schulmöbelfabrik errichtete Gebäude einzog, besaß sie dank moderner Vermarktung eine Vorrangstellung bei orientalischem Tabakgenuss. Ab 1962 wurde Bekleidung in dem Gebäude produziert. Wendelin Ziegler kaufte 2008 mit der darin befindlichen Modemanufaktur das Gebäude, welches heute liebevoll saniert, neben Loi Moden eine Hatha-Yogaschule und die Agentur Knoblauch beherbergt.

Knoblauch Ladenbau – Anspruchsvolle Einrichtungen mit Fokus auf Ästhetik und Funktion

Wer das Büro im spannenden Industriebau besucht, erkennt auf Anhieb das Faible für außergewöhnliche Einrichtungen. Hier arbeitet das auf generalunternehmerische Leistungen spezialisierte Team der Firma Knoblauch, ein regional und international für Kunden wie Ralph Lauren, René Lezard und Sport Luck Oberhof tätiger Objekt- und Ladeneinrichter mit Sitz am Bodensee. Insgesamt 230 Mitarbeiter realisieren ambitionierte Raum- und Markenkonzepte. Bei allen Aufgaben stehen die Kunden im Mittelpunkt. Sie zu begeistern, ist oberstes Ziel. Das Portfolio reicht von Entwurf und Planung, über Fertigung und Installation bis hin zur Generalunternehmung und richtet sich an Kunden aus Mode, Sport und Gastronomie.

Fashion Flow GmbH Gera / Berlin mit Eigenmarke Cape Cade

Mit Wendelin Ziegler, dem früheren Produktionsdirektor von Boss und dem Betriebswirt Andreas Halbritter fanden sich zwei Visionäre, die Leidenschaft im Modedesign, hochwertige Materialien und traditionelle Handwerkskunst sowie eine Produktion innerhalb Europas zu einer nachhaltigen Produktphilosophie verbanden. Neben hochwertiger Damenmode für Madeleine, Elegance, Peter Hahn sowie Daniels & Korff begeistert die in Berlin auf Maßkonfektion an Kundenwünsche angepasste Eigenmarke Cape Cate. Anschmiegsam weiche Stoffqualitäten, perfekte Schnittführung und eine hochwertige Verarbeitung formen ein einzigartiges Produkt mit schönen individuellen Details, das Tag für Tag ein entspanntes und gutes Tragegefühl vermittelt.

Knoblauch Agenturbüro in alter Zigaretten Fabrik Gera

FASHION FLOW GMBH
Schülerstraße 40
07545 Gera, Tel.: 0365 / 80012-41,
www.loi-moden.de

KNOBLAUCH GU TEAM GMBH
Schülerstr. 40
07545 Gera, Tel.: 0365 / 516188810,
www.knoblauch.eu

KNOBLAUC
IDENTITY, HANDCRAFTE

Köstritzer. Gebraut mit Charakter.

Köstritzer Besucherzentrum

Köstritzer Röstmalz

Köstritzer Bierhaus Gera

Köstritzer Bierhaus Gera

Köstritzer Bierhaus Gera

→ Bad Köstritz 30 min → Altenburg 35 min
→ Jena 30 min

CHARAKTERVOLLER GENUSS – IM KÖSTRITZER BIERHAUS IN GERA TRIFFT MODERNES DESIGN AUF TRADITIONSREICHE BRAUKUNST UND REGIONALE SPEISEN

Thüringer allgemein, speziell die Geraer, mögen regionale Gerichte genauso wie internationale Küche. Kulinarisch begleitet von Köstritzer Bierspezialitäten entstehen besondere Genussmomente. Gera hat eine lange Tradition in der Herstellung und Lagerung von Bieren. Zeugnis sind die Geraer Höhler, die im 18. Jahrhundert angelegt wurden. Diese sind seit 2003 aller zwei Jahre Schauplatz der spektakulären Höhler Biennale.

Köstritzer Schwarzbierbrauerei

Ihre erste urkundliche Erwähnung fand die Köstritzer Schwarzbierbrauerei 1543. Heute zählt sie zu den bedeutendsten Brauereien national. Köstritzer Schwarzbier ist seit mehr als 20 Jahren das beliebteste Schwarzbier Deutschlands. Die alljährlich stattfindende Jenaer Schwarzbiernacht beweist, dass die Beliebtheit der Thüringer Spezialität in der Universitätsstadt ungebrochen ist. Auch in Suhl und Zeitz finden Köstritzer Schwarzbiernächte statt und begeistern jährlich Tausende. Für sein Schwarzbier ist Köstritzer weltbekannt – exportiert wird es bereits in mehr als 60 Länder. Auch die anderen Bierspezialitäten entwickeln sich ausgezeichnet. Ebenso die drei Köstritzer Meisterwerke Pale Ale, Witbier und Red Lager, die neben den Verbrauchern auch internationale Fachjurys begeistern konnten. Mit der nationalen Produkteinführung des bernsteinfarbenen Kellerbiers unterstreicht Köstritzer einmal mehr seinen Spezialitätencharakter und seine Expertise in leidenschaftlicher Braukunst.

Köstritzer Bierhaus

Statt Leder und dunkles Holz in gewohnt urige Bieratmosphäre zu verwandeln, kreierte Ronny Grosser, zugleich Inhaber vom Louis Diner, gemeinsam mit der Köstritzer Schwarzbierbrauerei auf 140 m² einen innovativ modernen Wohlfühlort zum Treffen, Chillen und vor allem Genießen. Das betrifft nicht nur das Bier in allen Varianten und Sitzpositionen, von Restaurant, Terrasse, Bar bis zur Drehtischsitzecke zum Selberzapfen, sondern auch kreative Köstlichkeiten, bei dessen Zutaten sich der Geraer Gastronom nicht lumpen läßt. Er liebt und kennt regionale Produkte und dessen Erzeuger und so bestehen Bierhaus-Steak und Burger aus bestem Rindfleisch der Naturfleischerei Oberweißbach, gibt es zu den Bierhaus-Happen lokal gebackenes „Bierhaus"-Brot und als Dessert Bieramisu, Bierhaus Parfait u.v.m. Egal, ob beim Frühstück, der wöchentlich wechselnden Mittagskarte oder beim eigens entwickelten Brettspiel, der „Bierhaus-Rallye": es gibt viel zu probieren im Köstritzer Bierhaus.

KÖSTRITZER BIERHAUS
Schloßstraße 10
07545 Gera, Tel.: 0365 / 77337150,
www.koestritzer-bierhaus-gera.de

KÖSTRITZER SCHWARZBIERBRAUEREI GMBH
Heinrich-Schütz-Str. 16
0785 Bad Köstritz,
Tel.: 036605-200 0,
www.koestritzer.de

HÖHLERBIENALE GERA 2017/ 2019
www.hoehlerbiennale.de

KÖSTRITZER SPIEGELZELT WEIMAR 2017/2018
www.koestritzer-spiegelzelt.de

Bauernbrot Birne-Gorgonzola-Schinken

Café Mittendrin – Theke

Café & Rösterei Mahlwerk

Café & Rösterrei Mahlwerk

Café Mittendrin – Selbstgemachte Limonaden

Café Mittendrin – Einrichtung

Buch und Wein

Café & Rösterei Mahlwerk – Kaffee

MIT ENGLISCHEM STIL, FRANZÖSISCHER RAFFINESSE UND INTERNATIONALER KAFFEELEIDENSCHAFT LÄDT GERA ZUR GENUSSREISE UM DIE WELT

Eine erfahrene Gastromonin, ein junger Architekt, ein kreativer Quereinsteiger und ein weinverliebter Bucharchivar erweitern mit Leidenschaft, Kreativität, Geschmacksstärke und Stilgefühl nicht nur den Genusshorizont der Geraer.

Café Mittendrin

Als absolute Südengland-Liebhaberin und ihren Faible für die private Gemütlichkeit, genussvolle Gastfreundschaft und stilvolle Lockerheit englischer Cafés, hat sich die Gastronomin Ramona Metz mit dem Café Mittendrin einen Lebenstraum verwirklicht. Statt Stützstrumpfcafé oder anonymem Szeneeinerlei erwartet die begeisterten Gäste hier echte Seele mit weißgestrichenen Möbeln und vielen englischen Details. Egal ob unschlagbar leckeren Kuchen, erfrischendes Eis, fruchtige Limonaden, Eistees oder das legendäre opulente Bauernfrühstück– alles wird bei ihr selbst und frisch zubereitet.

CAFÉ MITTENDRIN GMBH
Laasener Str. 6, 07545 Gera,
Tel.: 0365-2276 8180, www.cafe-mittendrin-gera.de

Buch und Wein – Weinhandlung und Antiquariat

Zu den 130 besten dt. Händlern französischer Weine gehört laut Feinschmeckern der Buchantiquar Ullrich Schmeissner, welcher Carlos Ruiz Zafon gleich, inmitten vergessen geglaubter Bücherschätze ungeahnte Kostbarkeiten an französischen Weinen, Likören und Olivenölen ebenso wie Absinth und Vermouth aus glanzvollen Regionen aber auch echte Geheimtips besitzt. Denn nicht nur bei seltenen Büchern gehört Ullrich Schmeissner zu den Jägern und Sammlern, welcher sein Auge auf das Besondere richtet. Seine Weingüter und Produzenten besucht und kennt er persönlich.

BUCH UND WEIN
Kurt-Keicher-Straße 53, 07545 Gera,
Tel.: 0365 5512028

Café & Kaffeerösterei Mahlwerk

Die Liebe zur Stadt und der Wille, die Kaffeekultur wieder nach Gera zu bringen, inspirierte Thomas Laubert und Marco Franze dazu, an die alte Tradition des Hauses am Kornmarkt anzuknüpfen, in dem schon vor 100 Jahren Kaffee geröstet wurde. Hier wird eine erlesene Auswahl an sortenreinen Rohkaffees im schonenden Trommelröstverfahren zu reizarmen Feinschmeckerkaffees veredelt. Der Kaffeegenuß vor Ort wird abgerundet durch eine kleine Galerie mit wechselnden Ausstellungen.

KAFFEERÖSTEREI MAHLWERK
Kornmarkt 4, 07545 Gera,
Tel.: 0365 20 435 120,
www.mahlwerk-gera.de

afé Sieben – Einrichtung

Café Sieben – Inhaberin Cornelia Unteutsch

Café Sieben – Sommer im Glas

Pâtisserie Bergmann – Außenansicht

Pâtisserie Bergmann – Laden

Café Sieben – Ferienwohnung

Café Sieben – Cafégenuss & LebensArt

Café Sieben – Laden

Pâtisserie Bergmann

ROMANTISCH GENIEßEN, EINKAUFEN UND SCHLUMMERN EINEN KATZENSPRUNG VON GERA ENTFERNT

Dass man nicht zwingend nach Italien und Frankreich reisen muss um Dolce Vita, Romantik und betörenden Genuss zu erleben, beweisen auch Cornelia Unteutsch und Doreen Bergman, welche nur wenige Autominuten von Gera entfernt zu frankophilen Köstlichkeiten, mediterranen Schätzen und skandinavisch anmutenden Schlummerorten einladen. In einer Seitengasse vom Weidaer Markt versteckt sich das

Café Sieben Weida – mit Laden, Café & Ferienwohnungen

Das liebevoll sanierte Haus schmiegt sich eng an die Peterskirche, deren Mauer auch den malerischen Hinterhof begrenzt, welcher im Sommer zum Verweilen im Schatten einlädt. Im Innenbereich riechen Sie den Duft von frisch gemahlenem Café und können sich beim Anblick der leckeren Kuchenkreationen, aber auch dem besonderen Getränkeangebot, kaum entscheiden. Einen Hauch von französischer Küche und Lebensart finden Sie in einer Vielfalt von süßen und deftigen Crêpes. Eine Tür weiter lädt der kleine Laden mit ausgefallenen Kochbüchern, Karten und Kalendern zu einer sinnlichen Genuss- und Literaturreise nach Italien, Frankreich und Spanien ein. Aber auch die Keramikgefäße, Schokoladen und hausgemachten Marmeladen sind alles andere als „Ladenhüter". Zwei geschmackvolle, im Gegensatz zum Café eher skandinavisch anmutende Ferienwohnungen befinden sich unter dem Dach des Hauses. Der perfekte Ort für Romantiker zum Entdecken einer wunderschönen Region!

Pâtisserie Bergmann Stelzendorf bei Zeulenroda

Im idyllischen Innenhofcafé von Pâtisserie und Gastgeberin Doreen Bergmann treffen Musiker des Plauener Orchesters auf Thüringer Wanderer und Leipziger Kulturtouristen. Was sie vereint, ist die Liebe zu den in Stelzendorf gefertigten köstlichen Thüringer Blechkuchen, Petit Four mit Frucht-, Creme-, Nuss-, oder Marzipanfüllung sowie förmlich aus einem Amelie-Film entsprungenen Tortenträumen. Wer die verzauberte Atmosphäre von Café und Backstube mit nach Hause nehmen will, der findet im Geschäft schöne Dekoobjekte im antiken Shabby Chick.

ROMANTISCHE GENUSSORTE IN UND UM GERA

- **114** Sieben-Laden Weida
- **585** Ladenhüter Ferienwohnungen im Café Sieben Weida
- **337** Café Sieben Restaurant
- **340** Pâtisserie Bergmann Zeulenroda
- **329** Lummersches Backhaus Gera
- **342** Schlosscafé & Restaurant Harmonie Greiz
- **583** Hotel Zwergenschlösschen Gera
- **584** Ferienwohnungen im Rittergut Endschütz
- **587** Ferienwohnungen Berghof Zeulenroda
- **113** Kunst und Mode Gera
- **665** Babor Beauty Spa Villa Voss Gera
- **683** Jap. Sauna im Tatamibad Schmölln
- **678** Südseefeeling im Waikiki Bad Zeulenroda
- **157** Eschenbach Porzellan und Porzellanium Triptis
- **56** Haus Schulenburg
- **531** Weingut und Sektgut Hubertus Triebe Zeitz/ Würschwitz

CAFÉ SIEBEN
Kanalstraße 7, 07570 Weida,
Tel.: 036603 / 44 233, www.cafe-sieben-weida.de

PÂTISSERIE BERGMANN
Stelzendorf 15, 07937 Zeulenroda Triebes,
Tel.: 036628 / 97670, www.patisserie-bergmann.de

Blick vom 3. Zinnenkranz auf die Altstadt

Osterburg

Ausstellung „Turm im Turm“

In der „Wirtschaft zur Osterburg“

→ Gera 20 min → Greiz 25 min
→ Plauen 50 min

DIE OSTERBURG WEIDA – WIEGE DES VOGTLANDES UND TREFFPUNKT FÜR KUNST UND KULTUR

Eingebettet in ein idyllisches Landschaftsbild überragt die Osterburg mit ihrem unverwechselbar gestuften Bergfried die Stadt Weida. Als Stadt der Töpfer, Gerber, Zeug- und Schuhmacher, der Tuchfärber und Weber ist Weida reich an historischen Sehenswürdigkeiten und zünftigen Festen wie der Weidsche Kuchenmarkt.

Die Osterburg

wurde im 12. Jh. unter Vogt Heinrich I. als romanische Befestigungsanlage gebaut. Im 13. und 14. Jahrhundert war sie Residenz und Verwaltungszentrum für das gesamte Vogtland. Nach der fast völligen Zerstörung 1633 ist der Burgturm heute letzter Zeitzeuge ursprünglicher Bebauung. Neben einer multimedialen Panoramapräsentation zur Geschichte des Vogtlandes können die Gäste auf Anfrage oben in der Türmerstube ein einzigartiges Highlight, das Türmerfrühstück, genießen. Die Osterburg beherbergt in ihren Mauern ein Museum, eine Galerie, Veranstaltungsräume, ein Künstleratelier und den legendären Künstlerstammtisch um Horst Sakulowski.

Die „Wirtschaft zur Osterburg“

im historischen Tonnengewölbe erreicht man direkt über den Burghof. Dort erwarten Sie Knecht und Magd zu einem Gaumenschmaus der besonderen Art. Ob mittelalterlich oder hochmodern, feiert man hier gerne Feste, Jubiläen und Hochzeiten mit allem, was von Musik bis Übernachtungsorganisation dazugehört. Für das Wohl des durchreisenden Volkes hält der Wirt für den rustikalen Gaumen eine Vielzahl von handgefertigten Suppen, Fleisch, Geflügel, Fisch oder Süßes bereit. Weithin bekannt sind auch die Spezialitäten für zwei Personen wie die gebackene Ente, der Spieß oder die Lammkeule.

WEIDA-INFORMATION
Petersberg 2, 07570 Weida, www.weida.de

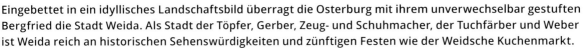

WIRTSCHAFT ZUR OSTERBURG
Schlossberg 14, 07570 Weida, Tel.: 036603 / 62485
www.wirtschaft-zur-osterburg.de

Bio-Seehotel Zeulenroda Außenansicht

Ausblick Tagungsraum

WAIKIKI Tropenbad bei geöffneter Kuppel

Panorama Spa

Bio-Seehotel Zeulenroda Zimmerbeispiel

Wasserfall im Tropenbad

Kulinarische Genüsse

ZEULENRODA-TRIEBES – URLAUBSPARADIES UND TAGUNGSPERLE AM ZEULENRODAER MEER

→ Jena 50 min → Hof 50 min → Chemnitz 1h 20 min

Entdecken Sie die charmante „Karpfenpfeiferstadt" mit all Ihren Facetten. Verweilen Sie in einem der gemütlichen Cafés oder Restaurants auf dem neu gestalteten Markt vor der Kulisse des klassizistischen Rathauses oder genießen Sie Natur pur auf dem 45 km langen, ausgezeichneten Rundwanderweg um die Weidatalsperre und das Zeulenrodaer Meer.

Das Bio-Seehotel Zeulenroda: ein Hotel zum Tagen und Wohlfühlen

erwartet seine Gäste an den Ufern des Zeulenrodaer Meeres. Genießen Sie den wunderschönen Ausblick und schlafen Sie in herrlich ruhiger Lage, bei offenem Fenster, in einem der 158 Zimmer wieder einmal richtig durch. In der Panorama-Restaurantetage und dem idyllisch gelegenen Biergarten am See lassen Sie sich mit zertifizierter Bio-Küche kulinarisch verwöhnen. Ab 2016 erwartet Sie im neuen 1.600 qm großen Wellness-Bereich, dem Panorama Spa, Erholung und Entspannung mit vielfältigen Beauty-Angeboten und einem Schwimmbecken. Der weitläufige Fitness- und Vitalbereich sowie das große Außengelände mit Spielplatz, Hochseilgarten, Bootsverleih und Bademöglichkeit garantieren jede Menge Abwechslung. Genießen Sie allein, zu zweit oder mit der ganzen Familie.

WAIKIKI Thermen- & Erlebniswelt

ALOHA! Lassen Sie sich vom Charme der Südsee verzaubern. Schwimmen im warmen, türkisblauen Wasser, umgeben von üppigem Grün. Ein Wasserparadies von fast 1000 m² bietet Ihnen den ultimativen Erlebnisaufenthalt. Stündlich zelebrierte Aufgüsse, eine nordische Badezeremonie, klassische oder hawaiianische Massagen machen den Aufenthalt rundum zum Wohlfühltag. Tropenbad, Sportbad und Saunabad – das ist aktive Erholung für die ganze Familie oder hawaiianisches Verwöhnprogramm für Körper, Geist & Seele. Loslassen und entspannen!

WAIKIKI   BIO SEEHOTEL ZEULENRODA

TOURISMUSZENTRUM ZEULENRODAER MEER
Bleichenweg 30 (direkt am Strandbad Zeulenroda), 07937 Zeulenroda-Triebes,
Tel.: 036628 987064, tourismus@zeulenroda-triebes.de,
www.zeulenroda-triebes.de, www.zeulenrodaer-meer.de

BIO-SEEHOTEL ZEULENRODA
Bauerfeindallee 1, 07937 Zeulenroda-Triebes
Tel.: 036628/ 98-0, www.bio-seehotel-zeulenroda.de

WAIKIKI THERMEN- & ERLEBNISWELT AM ZEULENRODAER MEER
managed by: Stadtwerke Zeulenroda GmbH,
Am Birkenwege 1, 07937 Zeulenroda-Triebes
Tel.: 036628 / 737-0, www.badewelt-waikiki.de

Blick vom Weißen Kreuz auf den Fürstlich Greizer Park und das Obere Schloss

Sommerpalais Greiz

Blick auf das Untere Schloss und die Stadtkirche St. Marien Greiz

Detail im Unteren Schloss Greiz

Festsaal (Weißer Saal) im Museum Unteres Schloss

STADT GREIZ – MODERNER GENUSS IN HISTORISCHEM ENSEMBLE

STADT GREIZ
fürstlich vogtländisch

Als Hauptstadt des einst kleinsten Fürstentums Deutschlands repräsentiert Greiz mit seinen drei Schlössern einen einzigartigen historischen Kulturstandort. Die beeindruckende Geschichte der Reußen steht im Kontrast zum modernen Stadtleben.

→ Plauen 35 min → Hof 1h 10 min,
→ Weimar 1h 20 min

Tradition und Moderne

Charakterisiert wird das Stadtbild durch seine beiden Gegenpole: die naturnahe Lage im malerischen Elstertal und die vielfältige Greizer Architektur. In der gastfreundlichen und weltoffenen Stadt werden Tradition und Moderne in Kultur und Sport gemeinsam mit den Greizer Gästen gelebt. Das weitläufige vogtländische Umland mit seinen Sehenswürdigkeiten, wie der größten Ziegelsteinbrücke der Welt, steht im Gegensatz zur kulturellen Vielfalt auf engstem Raum. Als Wirtschaftsstandort präsentiert sich Greiz mit guten weichen Standortfaktoren unternehmerfreundlich für Groß- und Kleinbetriebe. Toleranz und Akzeptanz im Umgang miteinander sind im Bewusstsein der Bevölkerung verankert. Greiz liegt seinen Bürgern sehr am Herzen, gemeinsam gestalten sie die Zukunft ihrer Heimat lebenswert.

Schloss- und Parklandschaften

Das 1209 erstmals erwähnte Obere Schloss mit der Dauerausstellung „Vom Land der Vögte zum Fürstentum Reuß älterer Linie“ und das 1564 neben der Stadtkirche St. Marien errichtete Untere Schloss bestimmen das Stadtbild von Greiz. Das Sommerpalais erbaut 1769-79 im frühklass. Stil beherbergt wertvolle Kunstsammlungen wie die Bücher- und Kupferstichsammlung und die Karikaturensammlung „SATIRICUM“. Die Geschichte des national bedeutsamen Denkmalensembles Greizer Park reicht bis in die Mitte des 17. Jahrhunderts zurück. Um 1650 als kleiner barocker Lustgarten begonnen, erfolgte nach 1800 die Umgestaltung nach englischem Vorbild. Das

„Greiz – das ist Genuss für alle Sinne. Drei Schlösser, Jugendstil und ein wunderbarer Landschaftspark für die Augen, Vogtlandphilharmonie, Greizer Jazzwerk und wunderbare Kirchenmusik für die Ohren, vogtländische Küche für den Gaumen und gastfreundliche Menschen für die Seele. Hier genießt man gern eine Auszeit vom Alltag.“

Gerd Grüner, Bürgermeister Greiz

Schlosscafé & Restaurant Harmonie

befinden sich zusammen mit dem Museum, der Textilschauwerkstatt, der Tourist-Information und der Musikschule im Unteren Schloss, dem Residenzschloss der Fürsten Reuß älterer Linie. Lassen Sie sich von Nadine Humbsch und ihrem Team zum fürstlichen Genießen der frisch zubereiteten Speisen aus traditioneller vogtländischer und moderner Küche, erlesenen Weinen sowie hausgebackenen Kuchen und Torten in das stimmungsvolle Gaststättengewölbe ein-

Schloßcafé Harmonie Sommerterrasse

Rittergut Endschütz

Gutsherrin Susann Schmidt

Schloßcafé Harmonie Innenraum

Rittergut Endschütz

Rittergut Endschütz

Rittergut Endschütz: Zimmeransicht

laden. Im Sommer lockt zudem die romantische Balkon-Terrasse mit Blick auf den Greizer Schlossgarten, die Weiße Elster und das Obere Schloss. 34 Sitzplätze im Gastraum, 11 Sitzplätze im Loungebereich und ca. 40 – 50 Sitzplätze auf der Balkon-Terrasse bieten außerdem beste Bedingungen für Events, Familienfeiern und Hochzeiten. Landschaftlich reizvoll zwischen Greiz und Weida gelegen, wartet das

Rittergut Endschütz

mit seinem klassizistischem Gutsensemble auf. Das Herrenhaus aus dem 17. Jahrhundert ist mit historischen Möbeln eingerichtet. Gutsherrin Susann Schmidt hat hier mit viel Kraft und Detailverliebtheit einen Ort geschaffen, an dem die Zeit still zu stehen scheint, an dem man zur Ruhe kommt und sich vom Alltag entfernt. Honoriert wurde dies 2007 und 2015 mit dem Denkmalschutzpreis des Landkreises Greiz.
Romantiker, Hochzeitspaare, Kunst- und Architekturliebhaber finden hier liebevoll gestaltete Ferienwohnungen. Eingebettet in eine Parkanlage bietet das Ensemble romantische, einzigartige Übernachtungsmöglichkeiten.
Viermal im Jahr locken die Märkte des Gutes unterstützt durch den gemeinnützigen Rittergutsverein mit der Möglichkeit, Besonderes und Einzigartiges zu genießen und zu kaufen. Das Ambiente des Gutes lockt auch Fotografen an, die hier eine wunderbare Kulisse finden. Wechselnde Ausstellungen im Gutshaus zeigen fotografische und grafische Kunstwerke. Einen besonderen Reiz haben die von Susann Schmidt liebevoll gefertigten Sträuße und Gestecke aus Wild- und Kulturblumen.

TOURIST-INFORMATION GREIZ
Burgplatz 12 / Unteres Schloss, 07973 Greiz, Tel.: 03661 / 689815, 703293, Di – Fr 9 – 17 Uhr, Sa & So 10 – 17 Uhr, www.greiz.de

SCHLOSSCAFÉ & RESTAURANT HARMONIE
Burgplatz 12, Unteres Schloss, 07973 Greiz, Tel.: 03661 / 3866, www.harmonie-greiz.de

RITTERGUT ENDSCHÜTZ
Endschütz 1, 07570 Endschütz, Tel.: 036603 / 61699, www.rittergut-endschuetz.de

EMPFEHLENSWERT

- 20 Museen der Schloss- und Residenzstadt Greiz
- 66 Die drei Greizer Schlösser
- 78 Vogtlandhalle und Vogtland Philharmonie Greiz
- 200 „Thüringer Städtekette" und Elsterradweg
- 201 Vogtland Panorama Weg
- 679 Bäderkomplex/Eissporthalle Greiz
- 342 Schlosscafé & Restaurant Harmonie
- 584 Rittergut Endschütz
- Fürstlich Greizer Park
- Kirche St. Marien
- Neugotisches Rathaus
- Jugendstilarchitektur in Greiz
- Tiergehege Stadt Greiz
- UT 99 Kinocenter
- Bikerguide 24
- Angeln an Greizer Gewässern
- Flugplatz Greiz-Obergrochlitz
- Greizer Theaterherbst

Altes Rathaus in Plauen

Nacht der Museen an den Weberhäusern

Vater und Sohn – Puppen

Schau auf Design Messe

Plauener Spitze

PLAUEN BEGEISTERT MIT SPITZE, MEISTERLICHEN ZEICHNUNGEN UND BEEINDRUCKENDER ARCHITEKTUR

→ Hof 30 min → Chemnitz 1h → Jena 1h, 15 min

Kennen Sie Plauener Spitze? Ja? Dann gehören Sie wie 84 Prozent der deutschen Bundesbürger zu den Menschen, denen das Produkt Plauener Spitze bekannt ist. Beantworten Sie die Frage noch mit NEIN, dann sollten Sie Plauener Spitze und deren „Heimatstadt" Plauen, die größte Stadt in der Ferienregion Vogtland, unbedingt kennen lernen.

Plauener Spitzen- und Textiltradition

Plauen ist Spitze – kein anderes Material prägte die Kultur- und Industriegeschichte sowie den weltweiten Ruf der Stadt mehr. Bei einem Besuch des einzigen Spitzenmuseums Deutschlands, der Schaustickerei und weiterer spannender Manufakturen, können Sie sich auf eine kunstvolle Industriekulturreise begeben. Lassen Sie sich verzaubern von der größten Spitzendecke der Welt oder Kleidern, getragen von Hannelore Kohl und Senta Berger. Prägten schon im 19. Jh. zahlreiche Erfindungen und Designkreationen Plauens Ruf als innovative Textilstadt, so beweist die Messe Schau auf Design, dass Plauen auch in Kunst & Kultur heute noch in vorderster Design-Liga spielt.

Kunst & Kultur

Auf die Spuren des berühmten Zeichners der Vater und Sohn Geschichten, Erich Ohser, kann man sich im gleichnamigen Haus in der Galerie e.o. plauen mit wechselnden Austellungen begeben.
Entdecken Sie bei einer zünftigen Stadtrundfahrt in der „Bier-Elektrischen", einer historischen Straßenbahn, mit einem „kühlen Blonden" reizvolle Plauener Architekturschätze. Erkunden Sie in der Stadt die Weberhäuser, Kirchen und Museen, im Umland imposante Brückenbauten und die Drachenhöhle. Einen lebendigen Mix aus Hoch- und Subkultur bieten das Theater Plauen-Zwickau, das Malzhaus und die urigen Altstadtlokale.

„Um es mit Goethes Worten zu sagen: ‚Warum in die Ferne schweifen, sieh, das Gute liegt so nah.' Ich lade Sie ein, die kurze Fahrt nach Plauen auf sich zu nehmen, kommen Sie in die Stadt der Spitze und genießen Sie Gaumenfreuden, Kunst, Kultur und Augenschmaus."

Ralf Oberdorfer, Oberbürgermeister Stadt Plauen

TOURIST-INFORMATION PLAUEN
Rathaus, Unterer Graben 1,
08523 Plauen, Tel.: 03741 / 2911027,
www.plauen.de

Vogtlandtheater Plauen

Sonnenallee

Mampf und Happs

Romeo & Julia

Cabaret

Vogtlandtheater Plauen

THEATER PLAUEN-ZWICKAU

Vor mehr als 15 Jahren bündelten die beiden Städte Plauen und Zwickau ihre Kräfte und präsentieren seitdem Theater auf höchstem Niveau. Das Theater Plauen-Zwickau ist das viertgrößte Theater Sachsens und eines von zwei Theatern, die noch vier Sparten und ein Orchester unter einem Dach vereinen.

Musiktheater, Schauspiel, Ballett und Orchester präsentieren einen breitgefächerten, vielseitigen Spielplan. So reicht das Repertoire von der klassischen Oper über Operette und Musical, über ein großes Schauspielangebot auf Haupt- und Studiobühnen und Ballett einschließlich Freilichtinszenierungen aller Sparten. Hinzu kommt eine Konzerttätigkeit, die große Sinfonie- und Kirchenkonzerte genauso enthält wie Kammerkonzerte und mobile Schulkonzerte.
Besonderen Wert legt das Theater auch auf Spielplanangebote für Kinder und Jugendliche und eine umfangreiche theaterpädagogische Arbeit. Mit über 30 Schulen im Kulturraum gibt es Kooperationsverträge und damit eine besonders enge und intensive Zusammenarbeit. Auch die Kommunikation mit dem Zuschauer wird intensiv gepflegt. In Zuschauerkonferenzen, aber auch vielen anderen Veranstaltungen, sucht man das Gespräch und ist offen für Anregungen und Wünsche.

„Ob große Oper, unterhaltsamer Ballettabend oder Theaterklassiker: An unserem Theater können Sie, liebes Publikum, aus einem vielfältigen Angebot wählen. Lassen Sie sich von uns in die zauberhafte Welt der Illusionen entführen und genießen Sie einmalige Erlebnisse!"

Roland May, Generalintendant Theater Plauen-Zwickau

PREMIEREN

__Spielzeit 2016/17:__ Goldfisch-Variationen, Tanzstück von Anett Göhre (24.09.16); Terror, Schauspiel von F. v. Schirach (08.10.16); Der gestiefelte Kater, Märchenoper (26.11.16), Die Welt auf dem Monde, Komische Oper von J.Haydn (14.01.17); Die Perlenfischer, Oper von J. Bizet (01.04.2017)
__Spielzeit 2017/18:__ Dancing Chorus Line, Tanzstück von Annett Göhre; Cyrano de Bergerac, romantische Kommödie nach E. Rostand

THEATER PLAUEN-ZWICKAU
Vogtlandtheater Plauen, Theaterplatz, 08523 Plauen, Tel.: 03741 / 28134847 -48, www.theater-plauen-zwickau.de

EMPFEHLENSWERT

- 38 Spitzenmuseum und Vogtlandmuseum Plauen
- 79 Theater Plauen-Zwickau
- 160 Modespitze Plauen
- 189 Drachenhöhle Syrau und Feizeitpark Plohn
- 201 Vogtland Panorama Weg
- 680 Sächsische Staatsbäder Bad Elster und Bad Brambach
- 705 Egronet Sächsisches Vogtland
- Erich-Ohser-Haus mit Galerie e.o.plauen
- Schaustickerei Plauener Spitze
- Weisbachsches Haus
- Weberhäuser
- St. Johanniskirche
- Plauen unter Tage
- Stadtpark/ Parktheater
- Aussichtsplattform Bärenstein

Veranstaltungen:
Schau auf Design April 2017,
Plauener Spitzenfest 16. - 18.06.2017,
Nacht der Muse(e)n 23.06.2017

Chursächsische Philharmonie im König Albert Theater

Königliches Kurhaus Bad Elster

EQUIPAGE BAD ELSTER – Edle Pferde & Historische Kutschen am Pfingstsonntag!

Die Open-Air-Arena im Waldpark: Das NaturTheater Bad Elster

→ Dresden 1h 50 min → Hof 45 min
→ Weimar 1h 50 min

KULTUR- UND FESTSPIELSTADT BAD ELSTER

Herrlich gelegen im Süden des Vogtlandes, hat sich das qualitätsbewusste Sächsische Staatsbad mittlerweile vor allem als lebendige Kultur- und Festspielstadt touristisch etabliert. Die großzügigen Königlichen Anlagen waren als Sommerresidenz zu Beginn des 20. Jahrhunderts ein Treffpunkt der europäischen Gesellschaft. Dieses mondäne Flair ist auch heute noch zu spüren.

Hier korrespondieren im Zentrum das Albert Bad mit der neuen Soletherme und dem berühmten König Albert Theater, als eines der prachtvollsten Hoftheater überhaupt. Um diesen Mittelpunkt herum gruppieren sich auf der „Festspielmeile der kurzen Wege" das NaturTheater, das Sächsische Bademuseum und die KunstWandelhalle, das repräsentative Königliche Kurhaus und die Musikpavillons.

Kulturerlebnisse mit der besonderen Note

Bad Elster bietet im Jahresverlauf vor allem ein ganzjähriges, hochwertiges Veranstaltungsprogramm aller Genres mit internationalen Künstlern und Ensembles von Oper bis Comedy. Neben den Konzerten der Chursächsischen Philharmonie und diversen Festivalreihen bestimmen ausgewählte Spitzenveranstaltungen großer Stars das herausragende Angebot. Mit über 1.000 Veranstaltungen der unterschiedlichsten Genres ist es damit in Bad Elster ganzjährig möglich, Kultur und Erholung auf hohem Niveau „königlich zu genießen". Heute eine Wanderung durch eine der reizvollsten Naturgegenden Sachsens, morgen die große Welt der Oper im König Albert Theater – jeder Gast bekommt in Bad Elster seine individuelle Aufenthaltskomposition. Vorhang auf!

EMPFEHLENSWERT

- 76 König Albert Theater
- 76 NaturTheater Bad Elster
- 30 Sächsisches Bademuseum Bad Elster
- Wander-Natur-Paradies rund um Bad Elster
- 594 König Albert Hotel
- 680 Soletherne & Saunawelt Bad Elster
- Königliches Kurhaus
- St. Trinitatiskirche
- Chursächsische Philharmonie
- KunstWandelhalle
- Historischer Kurpark mit legendärer Rhododendronblüte
- Über 1000 Veranstaltungshighlights bei:
  Chursächsische Mozartwochen, Chursächsischer Sommer, Internationale Jazztage, Chursächsische Festspiele, Chursächsische Winterträume

„Vor allem „Königlich genießen" können Sie in unserer Kultur- und Festspielstadt Bad Elster: Die Kombination aus kulturellem Hochgenuss, qualitätsvollen Erholungsangeboten und besonderem Kulinarium bietet Ihnen eine besondere, Königlich-Sächsische Aufenthaltspartitur – Das ist unsere Auftragskomposition!"

Generalmusikdirektor Florian Merz, Geschäftsführender Intendant & Chefdirigent

TOURISTINFORMATION BAD ELSTER
Königliches Kurhaus, 08645 Bad Elster, Mo – So 10 – 12.30 Uhr, 13.30 – 18 Uhr, www.badelster.de

Dem Alltag entschweben in der Soletherme Bad Elster

Die moderne Architektur der Soletherme im Abendlicht

Licht- und Soundeffekte über und unter Wasser in der Soletherme

SÄCHSISCHE STAATSBÄDER GMBH IN BAD ELSTER

Sächsische Staatsbäder
BAD ELSTER & BAD BRAMBACH

Entspannung in einer ganz neuen Form, das ermöglicht die neue Soletherme Bad Elster. Das Sächsische Staatsbad, im Dreiländereck Sachsen-Böhmen-Bayern gelegen, bietet den Besuchern die einzigartige Erfahrung des „Schwebens wie im Toten Meer", die Entspannung für den Körper und den Geist bietet.

Entspannung beim schwerelosen Schweben in der Soletherme

Dank einer außergewöhnlichen Glaubersalzquelle im Elstertal können Gäste in Bad Elster schwerelos in Sole schweben. Drei Becken mit unterschiedlich hohem Solegehalt und verschiedener Gestaltung sprechen alle Sinne an. Mit 15 Prozent bietet der Salzsee eine der höchsten Konzentrationen, in denen die Sole im Indoorbereich in Deutschland erlebbar ist. Abgerundet wird das Wohlfühlerlebnis durch die Saunawelt mit Innen- und Außensaunen, ergänzt durch ein heißes Quellwasser- sowie ein Schwimmbecken im Freien. Insgesamt können die Gäste das Phänomen Sole auf zwei Etagen und rund 4.500 Quadratmeter Nutzfläche erleben und dem Alltag entschweben.

Gesundheit, Kuren und Wohlfühlen im Albert Bad

In die nostalgische Architektur des historischen Albert Bades ist das moderne Therapie- und Wohlfühlzentrum integriert. Neben einer Vielzahl an Gesundheits-, Kur- und Wohlfühlanwendungen mit den natürlichen Heilmitteln Moor- und Mineralheilwasser steht den Gästen hier die moderne Badelandschaft und Sauna im Albert Bad zur Verfügung. Wohltemperierte Innen- und Außenschwimmbecken sowie ein lichtdurchfluteter Wintergarten laden zum Erholen und Entspannen ein.

ⓘ SÄCHSISCHE STAATSBÄDER GMBH
Badstraße 6, 08645 Bad Elster,
Tel.: 037437 / 71111,
www.saechsische-staatsbaeder.de

EMPFEHLENSWERT

680 **SOLETHERME BAD ELSTER**

- drei Solebecken mit unterschiedlicher Solekonzentration
- Salzsee mit 15 % Solegehalt
- Vogtländisches „Hutzn" Bad
- Licht- und Klangbad
- Ruhebereich mit Panoramablick
- Saunawelt
- Thermenrestaurant
- **HISTORISCHES ALBERT BAD**
- Badelandschaft mit angenehmen Wassertemperaturen von 28° bis 37° C
- Massagedüsen, Nackenduschen und ganzjährig beheizten Außenbecken von 23° und 28° C
- großzügiger Ruhebereich im Wintergarten
- Saunalandschaft mit Finnischer Sauna, Bio-Farbsauna und Kristallsauna
- Therapie- und Wohlfühlzentrum
- versch. Gesundheitsangebote und Wohlfühlanwendungen
- Tagespauschalen, Kurzreisen oder Gesundheitswochen
- Mineralheilquellen

Mit dem Bademantelgang zum Albert Bad

Ankommen und Wohlfühlen im Hotel König Albert

Hotel König Albert – Restaurant

Suite im Hotel König Albert

Hotel König Albert – Restaurant

Persönliche Gastfreundschaft im Hotel König Alber

→ Weimar 2h → Dresden 2h
→ Prag 2h 40 min

KÖNIG ALBERT
HOTEL

KÖNIGLICH VERWÖHNT MIT PURER LEBENSLUST – HOTEL KÖNIG ALBERT BAD ELSTER

Nach nur einem Jahr Bauzeit eröffnet mit dem Vier-Sterne-Superior-Hotel König Albert in Bad Elster ein Haus der Superlative, welches Tradition und Zukunft der Kultur- und Festspielstadt in insgesamt 108 Zimmern mit 240 Betten auf das Geschmackvollste verbindet. 10.500 m² Wellness-Landschaft und 1.000 m² erfrischende Wasserfläche liegen denjenigen zu Füßen, die durch den Bademantelgang vom Hotel zur neuen Soletherme & Saunawelt und zum historischen Albert Bad gehen.

Wohlfühlen und Abtauchen

Schon in der Hotellounge am Terminal der Sächsischen Staatsbäder können Sie sich bequem über Kur- und Wohlfühlanwendungen informieren und diese direkt buchen. Doch nicht nur die einzigartige Soletherme und das Albert Bad laden zur Entspannung ein. Alle 30 Superior- und 66 Deluxe-Zimmer, die 12 Suiten und der öffentl. Bereich wurden von der ZH Zehetner Handels GmbH (die zuvor das Ritz Carlton und das Steigenberger Hotel in Wien gestaltete) mit einem hochwertigen Licht- und Einrichtungskonzept ausgestattet. Erinnern die samtigen und in warmen Tönen gehaltenen Stoffe an die Welt des Theaters, so stellen die schön in Szene gesetzten Musikinstrumente in der Lounge die Verbindung zum Musikwinkel und Markneukirchen her. Die großzügigen Zimmer bieten technischen Komfort, viel Stauraum, breite Fensterfronten mit eigenem Balkon.

Regionaler Genuss

Ein weiteres Highlight ist das elegante Restaurant mit Terrasse und Bar, das region. und internat. Köstlichkeiten serviert. Dank innovativen Designs ist das Restaurant in mehrere Bereiche geteilt, so dass sich lauschige Séparées ebenso finden wie große Tafeln an den Panoramafenstern. Auf der Karte und beim Frühstücksbuffet wird großer Wert auf die Zusammenarbeit mit region. Anbietern gelegt. Auch die Kulturhighlights der Region sind mit dem König Albert Theater und sechs weiteren hist. Spielstätten nur wenige Meter vom Hotel entfernt. Attraktive Arrangements wie „Rendezvous im Hotel König Albert" oder „Vier Jahreszeiten" laden zum Entdecken des Hotels und der Kultur- und Festspielstadt ein.

„Pure Lebenslust lautet das Motto unseres neuen Hotels, das den Gästen eine große Auswahlmöglichkeit an schönen, entspannenden und anregenden Freizeitbeschäftigungen bietet."

Marc Cantauw, Hoteldirektor Hotel König Albert

HOTEL KÖNIG ALBERT BAD ELSTER
Carl-August-Klingner-Straße 1,
08645 Bad Elster, Tel.: 037437 / 5400,
www.hotelkoenigalbert.de

önig Albert Theater Bad Elster

Chursächsische Philharmonie Bad Elster

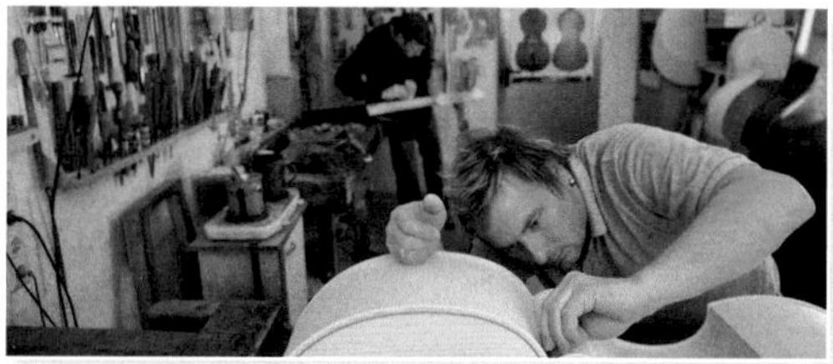
Erlebniswelt Musikinstrumentenbau®

Gebrüder Mönnig

Gebrüder Mönnig

Gebrüder Mönnig

MUSIKKULTUR IM VOGTLAND MIT INTERNATIONALER STRAHLKRAFT

Im vogtländischen „Musikwinkel" ist der Musikinstrumentenbau seit über 350 Jahren zu Hause. Zu Beginn des 20. Jh. gab es bei einem Weltmarktanteil von 50 % bei Harmonika- und Streichinstrumenten in Markneukirchen bereits 15 Millionäre sowie eine Konsulatsagentur der USA. Nicht nur beste vogtländische Instrumente, sondern auch die dazugehörigen Musikgrößen aus dem Vogtland und aller Welt versammeln sich bei über 1.000 Konzerten & Festivals jährlich in der Kultur- u. Festspielstadt Bad Elster, welche zusammen mit Markneukirchen einen besonderen Schauplatz für Individual- und Vereinsreisen mit musikalischer Note bietet.

Erlebniswelt Musikinstrumentenbau® Vogtland

Noch heute sind im vogtl. Musikwinkel über 100 aktive Betriebe in ihrer Vielfalt und Spezialisierung einmalig und bilden die weltweit größte Konzentration an Musikinstrumentenherstellern. Für Musikvereine, Orchester und interessierte Gruppen, die hinter die Kulissen des Musikinstrumentenbaus schauen wollen, organisiert der Verein Musicon Valley e.V. im Rahmen des Projektes „Erlebniswelt Musikinstrumentenbau® Vogtland" individuelle Erlebnisreisen und öffnet dabei die Türen der Hersteller. Bei spannenden Schauvorführungen in mehreren Erlebniswerkstätten kann man sehen und ausprobieren, wie Musikinstrumente von Hand hergestellt werden. Auf der ITB Berlin 2016 gewann das Projekt den MarketingAward als Leuchtturm der Tourismuswirtschaft.

Gebrüder Mönnig Holzblasinstrumente Markneukirchen

Die 1906 von den Brüdern Hans und Fritz gegründete Firma Mönnig galt bis zur Verstaatlichung und Stagnation in DDR-Zeiten im Oboenbau weltweit unangefochten als Nr. 1 und führender Hersteller von Fagotten und Klarinetten. Mit der Verleihung des Grand Prix 1937 zur Weltausstellung in Paris fand die besondere Qualität dieser Instrumente eine herausragende Würdigung. Nach der Wende konnten durch den Zusammenschluss mit der Instrumentenfirma Oscar Adler & Co. alte Marktpositionen zurückerobert werden. Durch die enge Zusammenarbeit mit namhaften Musikern und dem unermüdlichen Einsatz der 56 Mitarbeiter konnten sich die in absoluter Handarbeit gefertigten Klarinetten, Oboen, Englischhörner, Fagotte und Kontrafagotte wieder in den Spitzenorchestern auf der ganzen Welt etablieren und zu ihrem einstigen Glanz zurückfinden. Die Firma erhielt im Jahr 2008 erstmals den Deutschen Musikinstrumentenpreis.

MUSICON VALLEY E.V.
Erlebniswelt Musikinstrumentenbau
Johann-Sebastian-Bach-Straße 13, 08258 Markneukirchen, Tel.: 037422 / 402940, www.erlebniswelt-musikinstrumentenbau.de

GEBRÜDER MÖNNIG HOLZBLASINSTRUMENTE GMBH
Manufakturfertigung der Marken Gebrüder Mönnig und Oscar Adler & Co., Pestalozzistraße 19, 08258 Markneukirchen, Tel.: 037422 / 615, www.moennig-adler.de

CHURSÄCHSISCHE VERANSTALTUNGS GMBH
Königliches Kurhaus, Badstraße 25, 08645 Bad Elster, Tel: 037437 / 539011, www.chursaechsische.de

Wanderturm Otto-Hermann-Böhm auf dem Aschberg

Weltcup in Klingenthal

Wolfgang Bösl, Nordische Kombination

Aussichtspunkt Alberhöhe

Geigenbau

Winter in Klingenthal

MUSIK- UND WINTERSPORTSTADT KLINGENTHAL MIT SPEKTAKULÄRER SPARKASSE VOGTLAND ARENA

→ Plauen 40 min → Oberhof 2h 20 min
→ Garmisch Patenkirchen 4h

Eingebettet in die herrliche Mittelgebirgslandschaft des Naturparks Erzgebirge/Vogtland, besitzt Klingenthal als Musik- und Wintersportzentrum einen klangvollen Namen. Im vogtländischen Musikwinkel gelegen, baut man hier seit Jahrhunderten Instrumente von Weltruf. Die Kleinstadt an der tschechischen Grenze kann aber ebenso auf eine lange Wintersporttradition mit zahlreichen Medaillengewinnern bei Weltmeisterschaften und Olympischen Spielen zurückblicken. Sportlich ambitionierte Touristen schätzen die schneesichere Region mit ihrem weitläufigen Loipennetz im Winter und traumhaften Wandermöglichkeiten mit reizvollen Ausblicken auf drei zertifizierten Qualitätswegen im Sommer.

Als Zentrum des Musikinstrumentenbaus

hat die Region eine lange und einzigartige Tradition. Die Stadt Klingenthal ist bekannt durch meisterhaften Akkordeon- und Mundharmonikabau. Instrumente, die bis heute in die ganze Welt exportiert werden. Aus der Stadt kommen viele bekannte Melodien und auch heute noch wird in Klingenthal mit regionalen Orchestern und Kapellen im Musikpavillion, in den Gasthäusern und der Rundkirche begeistert musiziert. Von der Tradition des Musikinstrumentenbaus erzählen das Musik- und Wintersport-Museum in Klingenthal und das Harmonikamuseum in Zwota. Musiker aus aller Welt treffen sich jährlich in Klingenthal beim Internationalen Akkordeonwettbewerb sowie dem Mundharmonikafestival „MuHaLive“ im September.

Mekka für Wintersportfreunde

Über 100 Kilometer gespurte, schneesichere Loipen sowie steile und sanfte Abfahrten mit Liften locken jeden Winter tausende Gäste nach Klingenthal. Der Terminkalender des größten sächsischen Skivereins VSC Klingenthal ist dicht gefüllt mit nationalen und internationalen Wintersportwettkämpfen. Die Sparkasse Vogtland Arena in Klingenthal, mit einer der modernsten Skisprungschanzen der Welt, zählt inzwischen zu den beliebtesten Ausflugszielen im Vogtland und bildet eines der Wahrzeichen der Region. Ein ganz besonderes Highlight ist die Fahrt mit der Erlebnisbahn „WieLi“, welche die Besucher bequem zum Schanzenturm führt. Diese Möglichkeit nutzten in den vergangenen 10 Jahren rund 500.000 Gäste. Die Anlage ist jedoch nicht nur Touristenmagnet, sondern auch Schauplatz vielfältiger Events im Sport- und Kulturbereich. Das Angebot reicht von Konzerten und Festivals bis hin zu Volksläufen und Feuerwerksspektakeln. Das eindrucksvolle Flair der Sparkasse Vogtland Arena genießen Sie aber am besten bei einem der hochkarätigen internationalen Wettbewerbe im Skispringen und in der Nordischen Kombination.

SPARKASSE VOGTLAND ARENA
Falkensteiner Straße 133, 08248 Klingenthal,
Tel.: 037467 / 280860, www.weltcup-klingenthal.de

TOURIST-INFO KLINGENTHAL
Schloßstraße 3, 08248 Klingenthal, Tel.: 037467 / 64832,
www.klingenthal.de

Drachenhöhle

Rogg In Museum

Freizeitpark Plohn

Spielplatz Talsperre Pöhl

Museum Oberes Schloss, Greiz

Mühle Syrau

Märchenwald Saalburg

Raumfahrtausstellung

FAMILIENHIGHLIGHTS IM VOGTLAND

Das Vogtland verbindet nicht nur für Kulturfreunde genussvoll das Dreiländereck Sachsen, Thüringen und Franken, sondern ist auch für Familien eine Top-Urlaubsadresse. Mit herzlicher, familienfreundlicher Gastfreundschaft, gesunder Natürlichkeit und spannender Kultur ist das Vogtland ideal für einen Entdeckerurlaub mit Kindern.

VOGT LAND

Drachenhöhle Syrau

Beeindruckende Stauseenlandschaften wie die Talsperren Pirk und Pöhl sowie das Zeulenrodaer Meer und das angrenzende Thüringer Meer laden zum Baden, Freizeitspaß und Campen ein. Actionreichen Skisport in traumhafter Winterlandschaft bieten die Pisten, Skilifte und Loipen rund um Klingenthal, Schöneck und Erlbach. Packende Geschichte erwartet Sie in den „Residenzen" Plauen, Greiz und Gera, der Osterburg Weida u.a. Schlössern und Burgen. Auch viele Museen wie z.B. die Dt. Raumfahrtausstellung in Morgenröthe/Rautenkranz oder das Rogg in Weißenstadt sind optimal auf jugendl. Entdeckerdrang eingestellt. Tiere hautnah erleben kann man in zahlr. Tierparks, Reiterhöfen und Erlebnisbauernhöfen. Hof und Bad Elster punkten mit bes. Kultur-, Shopping- und Café-Entdeckungen. Aber auch der Freizeitpark Plohn mit Westernpark und Action-Attraktionen sowie das Kinderparadies Saalburg mit Märchenwald, Kletterpark und Sommerrodelbahn lassen keine Langeweile aufkommen. Höhlenfeeling pur findet man in der

Drachenhöhle Syrau

welche den Besuchern eine unterirdisch verborgene, geheimnisvolle Welt zeigt. Verschiedenste Tropfsteine, kristallklare Seen und bizarre Sintervorhänge sind zu entdecken. Die neue Beleuchtung rückt alles ins rechte Licht und viele interessante Details sind jetzt sichtbar. Was das Ganze mit einem Drachen zu tun hat? Das erfährt man während einer Führung. Vom 1. Mai bis 16. Oktober endet diese mit einer tollen Lasershow. Wieder an der Oberfläche angekommen, kann man sein Wissen im Erlebnisgarten „Terra viva – lebendige Erde" testen. Nicht weit entfernt lädt die Windmühle zum Besuch in historische Mauern.

DRACHENHÖHLE SYRAU
Parkplatz: Paul-Seifert-Straße, 08548 Rosenbach/Vogtl. OT Syrau, www.drachenhoehle.de

TOURISMUSVERBAND VOGTLAND E.V.
Göltzschtalstraße 16, 08209 Auerbach,
Tel.: 03744 / 188860, www.vogtland-tourismus.de

EMPFEHLENSWERT

187	Tierpark Gera
188	Märchenpark, Kletterwald und Sommerrodelbahn Saalburg
189	Drachenhöhle Syrau
189	Freizeitpark Plohn
190	Zoologischer und Botanischer Garten Theresienstein Hof
678	WAIKIKI Thermen- und Erlebniswelt am Zeulenrodaer Meer
690	Sparkasse Vogtland Arena Klingenthal
26	Rogg In Museum Weissenstadt
29	Perlmutter- und Heimatmuseum, Bot. Garten, „Klein-Vogtland" Adorf
31	Deutsche Raumfahrtausstellung Morgenröthe-Rautenkranz, Besucherbergwerk „Grube Tannenberg", Mineralienzentrum
66	Oberes und Unteres Schloss, Sommerpalais Greiz
67	Osterburg Weida
	Freizeitanlage Syratal Plauen
	Tierpark Hirschfeld
	Kletterwald Pöhl und Schöneck
	Bikewelt Schöneck

Hotel Kranich Saalburg

Rathaus in Saalburg

Wander- und Radwege um den Stausee

Sonnenterrasse Hotel Kranich Saalburg

Schloß Burgk

Märchenwald

Zimmer im Hotel Kranich Saalburg

→ Hof 40 min → Jena 1 h
→ Leipzig 1 h, 30 min

URLAUB AM THÜRINGER MEER – MIT SKANDINAVISCH MEDITERRANEM FLAIR

Stadt
Saalburg-Ebersdorf

Dort, wo Thüringer Wald, Frankenwald und Vogtland das Gebiet der oberen Saale umschließen, befindet sich im Südosten Thüringens das sog. Thüringer Meer. Um die reizvolle Berg- und Wasserlandschaft aus dichten Wäldern, steilen Felsen und den riesigen Wasserflächen der Saalestauseen zu erleben, eignen sich Saalburg und Schleiz als optimale Ausgangspunkte.

Der fjordähnliche Charakter des Thüringer Meeres wird von der Hohenwartetalsperre und der Bleilochtalsperre erzeugt, die 1932 erbaut, als größter Stausee Deutschlands, Teil einer fast 80 km langen, fünffach gestauten Saalekaskade ist. Die Region um die Bleilochtalsperre bietet alles, was das Herz begehrt – Erholung, Wellness und Entspannung, viele Sportmöglichkeiten auf dem Wasser sowie abwechslungsreiche Wander- und Fahrradwege rund herum und ganz viel „Meer". Idyllisch – direkt am Bleilochstausee gelegen – bieten sich besonders für Familien mit Kindern eine Vielzahl einzigartiger Erlebnis- und Freizeitmöglichkeiten.

Familienparadies Saalburg Ebersdorf

Egal, ob Sie mit kleinen Fahrgastschiffen das Thüringer Meer entdecken, den abenteuerlichen Kletterwald und die Sommerrodelbahn erkunden, erfrischende Strandbäder genießen oder sich von dem traumhaften Erlebnispark Märchenwald verzaubern lassen – alles ist entspannt per Fuß erreichbar. Mit Segeln, Angeln, Wasserski und Surfen bleiben keine sportlichen Wünsche offen. Eingebettet in einen wunderschönen Landschaftspark mit Teichen, hist. Gehölzern, Orangerie und Teehäuschen lockt das ehemalige Schloss Ebersdorf Landschafts- und Gartenliebhaber aus nah und fern an. Als weitere Ausflugziele bieten sich, bequem mit dem Auto erreichbar, Schloss Burgk, die Ardesia-Therme Bad Lobenstein und die Feengrotten Saalfeld an.

Romatik pur im Hotel Kranich Saalburg

Einen unbeschreiblichen Blick über das weite Thüringer Meer genießen Sie von Terrasse und Wintergarten des Hotels Kranich. Dazu verwöhnt Sie das Restaurantteam mit frisch gefangenen Fischspezialitäten, Thüringer Küche und internationalen Gerichten. Edel gestaltete Zimmer, teils mit romantischen Erkern oder privatem Fjordblickbalkon bieten Entspannung pur. Sehr attraktiv für Pärchen, Familien oder Betriebsausflügler sind die rundum Wohlfühlpakete, kombiniert mit märchenhaften Erlebnisangeboten. Aber auch Hochzeitsgesellschaften und Familienjubilare wissen die warmherzige Gastfreundschaft vom Ehepaar Weise zu schätzen.

BÜRGERSERVICE/TOURISTINFORMATION
Markt 1, 07929 Saalburg-Ebersdorf,
Tel.: 036647 / 29080 oder 29064,
www.saalburg-ebersdorf.de

HOTEL & GASTHAUS KRANICH
Markt 59, 07929 Saalburg-Ebersdorf,
Tel.: 036647 / 22448

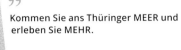

„Kommen Sie ans Thüringer MEER und erleben Sie MEHR."

Volker Ortwig, Bürgermeister Saalburg- Ebersdorf

Bleilochtalsperre

Candy Eismann, Inhaberin Hotel Piccolo

Böttger-Denkmal

Alte Münze

Hotel & Restaurante Piccolo

Bergkirche Schleiz

Schleizer Modenacht

Geschichte, Motorradsport und Mode in Schleiz

Von Saalburg auf dem 15 km langen Oberland-Radweg oder von Thüringen und Franken, verkehrsgünstig über die A9, gelangt man bequem nach Schleiz, der geschichtsträchtigen Kreisstadt des Saale-Orla-Kreises. Hier erblickte in der „Alten Münze" nicht nur der Erfinder des europ. Porzellans, Johann Friedrich Böttcher, das Licht der Welt, sondern wirkte im „Rutheneum" auch Dr. Konrad Duden. Eine der schönsten und sehenswertesten Kirchen Thüringens ist die Bergkirche St. Marien, hoch über der Stadt gelegen. Bekannt ist die Stadt aber auch für das Schleizer Dreieck, die älteste Naturrennstrecke Deutschlands. Als Saisonhöhepunkt gilt der Lauf der Internationalen Deutschen Motorradmeisterschaft (IDM). Alljährlich findet außerdem das Schleizer Dreieck Jedermann für Radsportler statt. Ebenfalls zu einem der größten Schleizer Events hat sich die Schleizer Modenacht entwickelt. Ende August begeistern alljährlich die Schleizer Händler und Gastronomen ihre Gäste mit überraschenden Veranstaltungshighlights. In der ganzen Stadt finden Modenschauen statt.

Bella Italia im Hotel & Restaurante Piccolo

Wer sich eine genussreiche italienische Auszeit gönnen möchte, ist an diesem Wohlfühlort zwischen Schleiz und Saalburg am Thüringer Meer genau richtig. In hinreissenden italienischen Themenzimmern mit traumhaften Jab-Anstötz-Stoffen und harmonisch aufeinander abgestimmten Tapeten und Fliesen können Sie die Seele baumeln lassen. Das Landartdeco-Geschäft im Scheunenmarkt hat ein mit viel Liebe zum Detail ausgesuchtes Sortiment an Geschenken, Weihnachts- und Osterdeko sowie Mitbringseln. Besondere kulinarische Köstlichkeiten, darunter kreative Delikatessen und mediterrane Spezialitäten in südländischer Qualität, bieten das gemütlich elegante Restaurant mit schönem Aussenbiergarten. Bei Kerzenschein und sorgfältig erlesenen Weinen können Sie den Tag in dem charmanten, ältesten Gewölbe des Ortes ausklingen lassen.

STADTINFORMATION SCHLEIZ „ALTE MÜNZE", Neumarkt 13, 07907 Schleiz, Tel.:03663/428735, www.schleiz.de

HOTEL & RESTAURANTE PICCOLO
Stauseestraße 6, 07907 Schleiz,
Tel.: 036647 / 29899, www.hotel-piccolo.de

→ Bad Lobenstein 30 min → Gera 45 min
→ Erfurt 1 h, 15 min

Schleizer Dreieck: Supersport

EMPFEHLENSWERT

17	Stadtmuseum & Bergkirche St. Marien Schleiz
188	Märchenwald, Kletterpark und Sommerrodelbahn Saalburg
198	Saaleradweg
209	Schleizer Dreieck
701	Fahrgastschifffahrt Saalburg
598	Hotel Kranich Saalburg
599	Hotel Piccolo Schleiz/Gräfenwarth
664	ARDESIA-Therme Bad Lobenstein
	Campingplätze Saalburg Kloster und Saalburg am Strandbad
	Staumauer Bleilochtalsperre
	Schloss Ebersdorf
	Schloß Burgk, Schlosspark Schleiz
	Steinerne Rose bei Saalburg
	Rutheneum Schleiz
	Freibad „Wisenta-Perle" Schleiz
	Wisenta- Talbahn Schleiz
	Oberlandradweg von Schleiz nach Saalburg
	Feengrotten Saalfeld
	Heidecksburg Rudolstadt

„Wenn Sie nach Schleiz kommen, müssen Sie unbedingt ein Stück Schleizer Baisertorte probieren."

Juergen K. Klimpke, Bürgermeister von Schleiz

RENNSTADT SCHLEIZ

Burg Lauenstein

Petersgrat bei Joditz

FRANKENWALD – DRAUßEN. BEI UNS.

Bayerns erste Qualitätsregion Wanderbares Deutschland ist ein Dorado für Familien, Aktivreisende und Feinschmecker.

Geschichtsträchtige Aktiv- und Genusslandschaft

Was dem Bierkenner das Bay. Reinheitsgebot, ist dem Wanderer das Siegel „Qualitätsregion Wanderbares Deutschland". Gelegenheit zum Eintauchen in das vollkommene Wanderglück bieten der 242 km lange „FrankenwaldSteig" und die 32 neuen „FrankenwaldSteigla": Auf den 5 bis 18 km langen Rundtouren lassen sich die zentralen Wanderthemen „Stille hören", „Weite atmen" oder „Wald verstehen" erleben. Die richtige Tour für jeden Fitnessgrad hält die Urlaubsregion auch für alle Radler bereit. So können sich Mountainbiker auf den zahlreichen Strecken beim Downhill dem Geschwindigkeitsrausch hingeben, Familien mit Kind und Kegel einen Rundkurs um Bayerns größte Trinkwassertalsperre, die Ködeltalsperre, unternehmen oder Genussradler ganz relaxed mit modernen E-Bikes die sanfte Mittelgebirgslandschaft des Frankenwaldes erobern. Entspannung findet man im Wellness-Dome der Therme Bad Steben. Darüber hinaus erwarten Besucher einzigartige Naturerlebnisse entlang des Grünen Bandes – der ehemaligen innerdt. Grenze, die sich zu einem Rückzugsgebiet für seltene Tier- und Pflanzenarten entwickelte. Spuren der älteren Geschichte finden sich auch in der Tradition der Flößerei oder in den zahlreichen, imposanten Burg- und Festungsanlagen, die es zu bestaunen gilt. Bei den Gastronomen der Initiative „Frankenwald

„Jede Tour – ob zu Fuß oder mit dem Rad – durch den Frankenwald ist immer wieder ein neuer Dreiklang von tief eingeschnittenen Wiesentälern, abwechslungsreich bewaldeten Hängen und offenen Hochflächen, die zu jeder Jahreszeit ihre ursprünglichen Reize haben."

Markus Franz, Geschäftsführer Frankenwald Tourismus

EMPFEHLENSWERT

22	Museenlandschaft auf der Plassenburg Kulmbach
23	Europ. Flakonglasmuseum, Kleintettau
24	Schiefermuseum Ludwigsstadt
57	Frankenwalddom Buchbach
202	Frankenwald: Drehkreuz des Wanderns
203	„Klein Eden" – Tropenhaus am Rennsteig, Kleintettau
174	Königliche Porzellanmanufaktur Tettau
493	Schottische Hochlandrinderzucht am Rennsteig, Kleintettau
494	Wela Suppen, Ludwigsstadt
496	Frankenwald Confiserie Bauer, Lauenstein
497	Museen im Kulmbacher Mönchshof
692	Lama-Trekking, Naila
693	Schneeschuhwandern
694	Snow-Kiten, Tettau
703	Frankenwald-mobil
704	E-Bike-Region Frankenwald

ennsteigregion – verliebt in die Natur

Pause am Burgblick Lauenstein

Bananen im Tropenhaus „Klein Eden"

Wandern im Kremnitztal

Mountainbiking in der Rennsteigregion

kulinarisch – natürlich regional" können sich Ausflügler schließlich mit regionaltypischen Gerichten stärken.

Landschaftserlebnis, Handwerk & Kultur in der fränkischen Rennsteigregion

Die Region am Fränkischen Rennsteig:
Hier ist's Natur, hier will ich sein.
Die Rennsteigregion liegt im Herzen Deutschlands, im Naturpark Frankenwald, der sich südlich an den Thüringer Wald anschließt. Die grüne Krone Bayerns ist eine Landschaft, die besonders durch dichte Wälder, ruhige Wanderwege, klare saubere Luft und wunderschöne Panoramen auf ihren Mittelgebirgskämmen besticht.
Finden Sie entlang von Grünem Band und Rennsteig Forst- und Flurorte mit ihren überlieferten Namen, Grenzsteine mit Hoheitszeichen vergangener Mächte, geschichtliche Schauplätze und bauliche Denkmale einstiger Zeiten. Hier fühlen Sie Natur, erleben Geschichte und finden eine Vielfalt, die Einheimische wie Besucher begeistert. Die Schieferburg Lauenstein, das Schiefermuseum Ludwigsstadt und das Europ. Flakonglasmuseum spannen einen geschichtlichen Bogen ins Heute. Mit dem Tropenhaus „Klein Eden" Kleintettau und der Kräuterstadt Teuschnitz geht's „NATÜRlich" in die Zukunft. Ausgewiesene Wander-, Nordic Walking- und Mountainbike-Strecken führen Sie abwechslungsreich durch tief eingeschnittene Täler und über ausblickreiche Höhen. Im Winter wird die Region mit ihrem abwechslungsreichen Loipennetz und den längsten Skiliften im Frankenwald zum Wintersportzentrum.

FRANKENWALD TOURISMUS SERVICE CENTER
Adolf-Kolping-Straße 1, 96317 Kronach,
Tel.: 09261 / 601517, Fax: 09261 / 601515,
mail@frankenwald-tourismus.de,
www.frankenwald-tourismus.de

TOURISTINFO RENNSTEIGREGION IM FRANKENWALD
Lauensteiner Str. 44, 96337 Ludwigsstadt,
Tel.: 09263 / 974541, Fax: 09263 / 974542,
info@rennsteigregion-im-frankenwald.de,
www.rennsteigregion-im-frankenwald.de

Frankenwald Confiserie Bauer

Königlich Privilegierte Porzellanfabrik Tettau

Handwerk & Kultur – Porzellanmanufaktur Königlich Tettau

Europäisches Flakonglasmuseum Kleintettau

Wela-Verkostung

Wela-Suppen und ihre Zutaten

Ladenansicht Wela-Suppen

wela Direkt vom Hersteller

HANDWERK & KULTUR ERLEBEN

Erleben Sie ein fabelhaftes Zusammenspiel von regional-kulturellem Charme und meisterhaftem Können. Unter dem Motto „Menschen begeistern Menschen!" öffnen Manufakturen und Genussprofis für begeisterte Urlauber und Reisegruppen ihre Türen.

Spannende Erlebnisführungen zu Brauchtum, Tradition und Genuss

Wo sich Frankenwald und Thüringer Wald treffen, wo historische, landschaftliche und kulinarische Schätze (verborgen) liegen – dort erwartet Sie „Handwerk und Kultur erleben". Traditionsunternehmen aus unterschiedlichsten Branchen zeigen Ihnen bei spannenden Werks- und Erlebnisführungen ihre Handwerkskunst und laden Sie ein zum Bestaunen, Genießen, Anfassen und Erleben. So können Sie getreu dem Motto „Menschen begeistern Menschen!" Chocolatiers, Porzellanmalern, Suppenköchen und Glasmachern über die Schulter blicken und hautnah dabei sein. Der 2009 mit dem bay. Tourismus- Innovationspreis ausgezeichnete Verband bietet Ihnen in Zusammenarbeit mit Manufakturen und Gastronomen attraktive Reise- und Besichtigungspakete mit viel Kultur, Natur und Handwerk. Gerne organisiert er für Sie Ihr ganz individuelles Ausflugsprogramm mit gemütlichem Mittagessen & Kaffeetrinken.

Einblick in das „WELA-SUPPEN" Herz

Entdecken und genießen Sie traditionelle Brühen, raffinierte Soßen und feinste Suppen. Viele leckere Gerichte für die herzhafte wie kreative Küche, für Suppenfans und Gourmets stehen für Sie bereit! Erleben Sie, wie von fleißigen Händen köstliche Produkte hergestellt werden. Die Spezialisten entführen Sie gerne in die Küche – Sie erfahren, wie aus einzelnen Zutaten ein wahrer Genuss entsteht.

Eine ausgiebige Verkostung bringt Ihnen die Vielfalt der Suppenküche näher. Die Krönung ist ein leckeres Dessert. Im Werksverkauf werden Sie nach der Philosophie „Persönlich beraten schmeckt immer am besten" individuell betreut. Lernen Sie die Suppe – die Mutter aller Speisen – in genussreichen Facetten kennen.

EMPFEHLENSWERT

- 23 Europäisches Flakonglasmuseum Kleintettau
- 165 Elias Glashütte Farbglashütte Lauscha
- 174 Porzellanfabrik Königlich Tettau
- 494 Wela-Suppen in Ludwigsstadt
- 496 Frankenwald Confiserie Bauer in Lauenstein
- 668 L. A. Schmitt Kosmetik Ludwigsstadt
- 203 Tropenhaus Kleintettau
- Oberweißbacher Bergbahn
- Lauenstein Confiserie in der Fischbachsmühle

HANDWERK & KULTUR ERLEBEN
Lauensteiner Str. 44, 96337 Ludwigsstadt,
Tel.: 09263 / 974543, Fax: 09263 / 974542,
info@handwerkundkultur.de,
www.handwerkundkultur.de

WELA-TROGNITZ LUDWIGSSTADT
Alte Poststraße 12-13, 96337 Ludwigsstadt,
www.wela-suppen.de, Tel.: 09263 / 942421
Öffnungszeiten Werksverkauf, Mo – Do 7 – 16 Uhr, Fr 7 – 13 Uhr, Öffnungszeiten Gläserne Produktion, Mo – Do 8.30 – 15 Uhr, Fr 8.30 – 12 Uhr

'uropäisches Flakonglasmuseum / Sammlung Frankl

Riechprobe im Europäischen Flakonglasmuseum

L.A. Schmitt Kosmetik- Geschichte

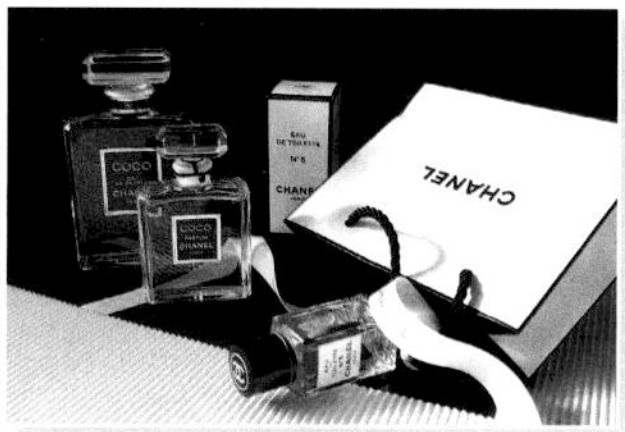

Flakons Coco Chanel, Frankreich
2. Hälfte 20. Jh

L.A. Schmitt Kosmetik

L.A. Schmitt – Nature Factory Produkte

HANDWERK & KULTUR ERLEBEN

Tauchen Sie ein in die faszinierende Welt des Glases, entdecken Sie internationale Parfümgeschichte und erlesene Naturkosmetik-Produkte.

L.A. SCHMITT
Kosmetik seit 1925

EUROPÄISCHES Flakon GLASMUSEUM
AM RENNSTEIG IN KLEINTETTAU

DAS EUROPÄISCHE FLAKONGLAS-MUSEUM KLEINTETTAU

Das Museum lädt Sie auf eine spannende Entdeckungsreise von 5000 Jahren Geschichte rund um das kreative Gestaltungsmedium Glas ein, das von Beginn an als „Kleid" für wertvolle Duftessenzen diente. Neben Geschichte und Geschichten zum Glasmacherhandwerk erleben Sie hautnah, wie im vorigen Jahrhundert Glasflakons entstanden.

Gewinnen Sie Einsichten in sinnliche Duft- und Pflegekultur von einst und heute. Neben einem Duftraum mit praktischen Beispielen, bietet die Dauerausstellung „Parfümflakons – Eine Zeitreise durch das 20. Jahrhundert", der über 2000 Objekte umfassenden Sammlung Beatrice Frankl, eine repräsentable Fülle an Vielschichtigkeiten und Entwicklungen der Parfümeurs- und Glasmacherkunst aus der Zeit von 1920 bis 1990.

Als einzigartiges Highlight in der deutschen Museumswelt erlebt der Besucher den Einblick in die hochmoderne Flakonglas-Produktion der Firma HEINZ-GLAS von einer Tribüne aus.

L.A. SCHMITT KOSMETIK

L.A. Schmitt Kosmetik wurde 1925 in Leipzig gegründet. Seit 1945 entwickelt und produziert das Unternehmen – zwischenzeitlich in Ludwigsstadt – Kosmetik- und Wellnessprodukte auf höchstem Niveau. Nach traditionellen Rezepturen, welche die wertvollen Schätze der Erde nutzen, um einen Einklang für Körper und Geist zu schaffen, entstehen eigene Naturkosmetik-Linien. Aber auch Produkte für Handelsunternehmen sowie edle Wellness- und Kosmetikmarken finden sich im Portfolio. Fest mit der Region verbunden ist L.A. Schmitt darauf bedacht, traditionelles Handwerk zu erhalten und zu fördern. Gäste werden begrüßt und erhalten Informationen zur Geschichte des Unternehmens und zur Herstellung von Produkten. Jeder Besucher kann sich kostenlos sein eigenes Duftwasser abfüllen und mitnehmen. Im Werksverkauf erwartet die Gäste feine Naturkosmetik und auch das ein oder andere Schnäppchen.

EUROPÄISCHES FLAKONGLASMUSEUM
Glashüttenplatz 1-7, 96355 Kleintettau
Tel.: 09269 / 77100, museum@glasbewahrer.de,
www.flakonglasmuseum.de,
Mo – Fr 8 – 17 Uhr, Sa 10 – 16 Uhr,
Glasmacher-Vorführungen jeden 1. Sa 12 – 15 Uhr,
Öffnungszeiten Glascafé:
Mo – Fr 11 – 17 Uhr, Sa 10 – 16 Uhr,
Marktsonntage 13 – 17 Uhr

L.A. SCHMITT GMBH
Lauensteiner Str. 62, 96337 Ludwigsstadt,
Tel.: 09263 / 661, info@schmitt-cosmetics.com
Fax: 09263 / 683, www.schmitt-cosmetics.com
Öffnungszeiten auf Anfrage

Weihnachtsdekor aus der Farbglashütte Lauscha

Glasherstellung

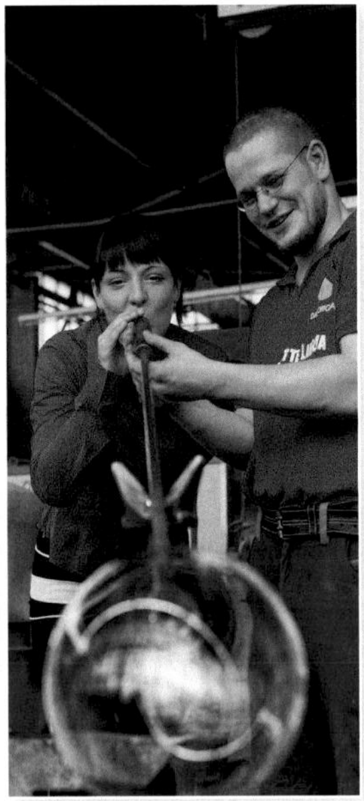

Glasblasen selbst erleben

HANDWERK & KULTUR ERLEBEN

In Lauscha – idyllisch mitten im Thür. Wald gelegen – bestimmen Schiefer beschlagene Häuser und grüne Wälder das Bild des Ortes. Bekannt ist das kleine Städtchen als Wiege des Glases und als Geburtsstadt des gläsernen Christbaumschmuckes.

ELIAS Glashütte / Farbglashütte Lauscha

Die ELIAS Glashütte Farbglashütte Lauscha wurde 1853 gegründet. Heute ist sie eine der letzten Glashütten, in der immer noch bei 1.500°C aus Sand, Soda, Pottasche, viel Herzblut und Liebe nachts Glas geschmolzen wird, daraus Glasröhren und Stäbe mit der Hand gezogen, Menschenaugenglas produziert, Gläser und Teller aus Waldglas am Ofen hergestellt und Glückskugeln einzeln eingeblasen werden. Sie sind herzlich zum Besuch dieser letzten, traditionell-handwerklichen Produktion eingeladen.

Es gibt viel zu entdecken: Erlebnisführung „Dem Glas auf der Spur", Traumkugel blasen, GlasKlinik, Schatzsuche, Perlen machen, Weihnachtsbaum schmükken, Glasstudio, Hüttenrallye, Glasmarkt, Weihnachtswelt, Schnäppchenmarkt, Glasworkshops mit Künstlern, Besuche der Glasprinzessin, Hüttengalerie mit Hüttenlunch oder Hüttenwurst. Der Eintritt in die Farbglashütte ist frei.

ELIAS GLASHÜTTE / FARBGLASHÜTTE LAUSCHA GMBH
Straße des Friedens 46, 98724 Lauscha, Tel.: 036702 / 179970,
Fax: 036702 / 20340, Mo – So 10 – 17 Uhr, info@ farbglashuette.de,
www.farbglashuette.de

HANDWERK UND KULTUR ERLEBEN
Lauensteiner Straße 44, 96337 Ludwigsstadt, Tel.: 09263 / 974543,
Fax: 09263 / 974542, info@handwerkundkultur.de, www.handwerkundkultur.de

ralinen-Finish in der Frankenwald Confiserie Bauer

Schau-Vorführung Pralinenherstellung Frankenwald Confiserie

Rote Jamaika-Banane

Maracuja-Ernte

Maracujablüten

HANDWERK & KULTUR ERLEBEN

Im Tropenhaus Kleintettau und der Frankenwald Confiserie Bauer findet man exotische Früchte und süße Leckereien wie im Paradies.

Frankenwald Confiserie Bauer

Nahe der historischen Burg Lauenstein ist eine wahrhaft süße Adresse für kleine und große Naschkatzen – hier werden exklusive Pralinenspezialitäten noch frisch von Hand geschöpft! Fachkundiges Personal erläutert und zeigt die wertvolle Handfertigung und gibt Einblicke in die Pralinenfabrikation aus nächster Nähe. Der Werksverkauf bietet für Besucher eine köstliche Pralinenvielfalt mit über 100 verschiedenen Sorten, dekorative Pralinensträuße und viele herzliche Geschenkideen. Im Café und Wintergarten mit insgesamt über 100 Plätzen finden auch große Gruppen genügend Raum. Hausgemachte Kuchen und Torten, herzhafte regionale Brotzeiten und „fürstliche" Maxi- und XXL-Windbeutel lassen Genießerherzen höher schlagen.

FRANKENWALD CONFISERIE BAUER
Orlamünder Str. 39, 96337 Lauenstein,
Tel.: 09263 / 215, www.c-bauer.de,
Werksverkauf: Mo – Fr 8 – 18 Uhr, Sa, So 13 – 18 Uhr,
Café: Di – So 13 – 18 Uhr (Apr – Okt) Mo Ruhetag,
Sa – So 13 – 18 (Nov – März)

Tropenhaus „Klein-Eden"

In Kleintettau in Oberfranken werden exotische Früchte und tropische Speisefische mit energieeffizienter Abwärmenutzung in Bio-Qualität gezüchtet. Im Tropengarten des Besucherhauses erwarten Sie neben spannenden Tafeln zu Ökologie und Nachhaltigkeit auf 800 m² über 220 verschiedene Gattungen und Arten sowie ein kleiner Teich mit tropischen Fischen und Schildkröten. Im 2.600 m² großen Forschungshaus haben Sie mit einer angemeldeten Führung die Möglichkeit, das polykulture Forschungssystem, die Fischzuchtanlage und die Technik kennenzulernen.

TROPENHAUS KLEINTETTAU
Klein Eden 1, 96355 Tettau,
Tel.: 09269 / 77145, Mi – Fr 9 – 16 Uhr
www.tropenhaus-am-rennsteig.de

Tropenhaus Klein-Eden, Besucher- und Produktionshaus

Großes Platzangebot im Café Bauer

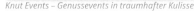

Festung Rosenberg bei Nacht

Kronach Festung Rosenberg

Fränkische Galerie

Knut Events – Genussevents in traumhafter Kulisse

KRONACH – DAS GENUSSVOLLE TOR ZUM FRANKENWALD

Wo befindet sich eine der größten Festungsanlagen Deutschlands? Wo trinken die Menschen ein Bier namens Schmäußbräu? Wo wurde der Renaissance-Maler Lucas Cranach d.Ä. geboren? In Kronach – dem kulturvollen Kleinod von Oberfranken.

Dass die Stadt ihren Charme über Jahrhunderte bewahrte, liegt nicht zuletzt an ihren wehrhaften Bewohnern, welche dafür sorgten, dass Kronach in seiner über 1000-jährigen Geschichte nie bezwungen und besiegt wurde.

Eine beeindruckende Zeitreise ins Mittelalter

Bis heute schmiegen sich spätmittelalterliche Fachwerk-Sandsteinhäuser eng aneinander, kleine verschlungene Gassen führen zu trutzigen Wachtürmen und versteckten Oasen, und über allem thront die Festung Rosenberg, in deren Mauern die Fränkische Galerie, ein Zweigmuseum des Bayerischen Nationalmuseums, beherbergt ist. Hauptanziehungspunkt sind zweifellos die Werke des in Kronach geborenen Renaissance-Malers Lucas Cranach d. Ä., dessen Erbe sich die Stadt verpflichtet fühlt. Kronachs Kulturangebot reicht von zahlreichen Events wie Kronach leuchtet, einer Sandsteinwerkstatt bis hin zu den Rosenberg Festspielen.

Auf der Festung Rosenberg mit Knut Events genussvoll feiern

Tagen und genussvoll feiern kann man mit Sandra Bauers kreativer Veranstaltungsagentur. Von romantischen Hochzeitsfeiern bis hin zu großen Firmenveranstaltungen erwarten Sie traumhafte Feste in märchenhafter Kulisse. Zusammen mit ihrem Eventfloristik-Unternehmen plant und organisiert sie neben internationalen Messeauftritten auch Veranstaltungen, u. a. auf der Festung Rosenberg, im Wasserschloss Mitwitz und auf Schloss Callenberg.

„Kommen Sie nach Kronach, um in der Geburtsstadt Lucas Cranach d. Ä. bei Bier, Bratwurst und weiteren ausgezeichneten fränkischen Spezialitäten so richtig nach Herzenslust zu schmäußen."

Wolfgang Beiergrößlein, Erster Bürgermeister der Stadt Kronach

→ Weimar 1h 45 min → Naumburg 2h
→ Leipzig 2h 10 min

EMPFEHLENSWERT

- 68 Festung Rosenberg
- 92 Fränkische Galerie Kronach
- 121 Dirndlmanufaktur Die SchweStern
- 495 Brauerei Kaiserhof Kronach
- 501 Seelenspitzen Bäckerei Österlein
- 500 Bierzipfel Metzgerei Kraus
- 659 Feiern auf Festung Rosenberg mit Knut Events
- 702 Floßfahrten auf der Wilden Rodach
- Historische Altstadt
- Erlebnisbad Crana Mare
- Sommer- und Winterrodelbahn
- 18-Loch-Golfanlage Gut Nagel

Veranstaltungshighlights wie:

Rosenberg Festspiele, Historisches Stadtspektakel, Kronacher Freischießen, Bockbierfest, Kirchweih, Rosen- und Gartenfestival, Kronacher Weihnacht, Crana Historica

TOURISMUS- UND VERANSTALTUNGSBETRIEB DER LUCAS-CRANACH-STADT KRONACH
Marktplatz 5, 96317 Kronach, Tel.: 09261 / 97236, www.kronach.de, Mai bis Sept: Mo – Fr: 10 – 17 Uhr, Sa 10 – 14 Uhr, Okt bis Apr: Mo – Do 10 – 16 Uhr, Fr 10 – 13 Uhr

KNUT EVENTS
Sandra Bauer, Johann-Nikolaus-Zitter-Str. 41, 96317 Kronach, Tel.: 09261 / 965553
www.knut-events.de

Hochzeitsfest auf Bastion Marie

Bastion Marie – Innenansicht

Kaiserhöfer Eichenfässer

Kaiserhof Bierspezialiäten mit Blick auf's Kronacher Schützenfest

Raffinierte fränkische Küche in Bastion Marie

Fränkische Lebensart geht auch in Kronach mit guter Küche und traditionellem Bier einher. Zu fast jeder Gelegenheit wird hier ein anderer Trunk gebraut, vom Schmäußbräu bis hin zum Schwedentrunk oder Schützenbier. Weniger hochprozentig, aber ebenso einmalig, sind die Werke der Kronacher Köchinnen, die Schwellenhupfer (fränk. Klöße) und Seelenspitzen (kl. Hefezöpfe) zaubern. Diese und viele fränkische Leckerbissen mehr erwarten Sie im Herzen der Festung Rosenberg in der Bastion Marie. Einen einzigartigen Ausblick bietet auch der wunderschöne Biergarten. Raffinierte fränkische Gerichte und Brotzeiten, selbstgebackene Kuchen, frischer Cappuccino und vieles mehr laden ein als Auftakt oder Abschluss, zum Rasten & Verweilen, zum Stärken & Erfrischen. Dabei dürfen natürlich die Bierspezialitäten der

Traditionsbrauerei Kaiserhof

nicht fehlen. Der einzigartige Geschmack entsteht, neben der Beibehaltung einer handwerklichen Offengärung, durch die Abfüllung des Bieres in Eichenfässer und den Verzicht auf Hopfenextrakte. Zu den jüngsten Bieren zählen das Mehrkornbier und der Goldhopfen, dessen Hopfen eigens angebaut und Anfang September feierlich geerntet wird. Nach einer Brauereibesichtigung können die Gäste in die zugehörige Gaststätte mit bestem Bier und vorzüglichen Gerichten einkehren. Die dazugehörige Tenne bietet für jede Feierlichkeit ausreichend Platz und kann angemietet werden. Die Zufriedenheit der Kunden und der Erhalt des Bieres als Kulturgut Frankens ist dem Familienunternehmen eine Herzensangelegenheit.

BASTION MARIE
Festung 1, 96317 Kronach, Tel.: 09261 / 500700,
www.bastion-marie.de, Tägl. ab 10 Uhr, Mo Ruhetag

BRAUEREI KAISERHOF
Friesener Straße 1, 96317 Kronach
Tel.: 09261 / 628000, www.kaiserhofbraeu.de
Mo – Fr 8 – 12 Uhr und 13 – 17 Uhr,
Sa: 8 – 12 Uhr, Brauereiführungen,
Ab 25 Pers. nach Vereinbarung möglich
Öffnungszeiten der Gaststätte
Di – So 11 – 14 und 17 – 23 Uhr, Mo Ruhetag

Brauerei Gaststätte Kaiserhof

Bastion Marie

KRONACH
Lucas-Cranach-Stadt

WEGE ZU CRANACH

Metzgerei Krause

Genussregion Oberfranken

Luftgetrocknete Salami der Metzgerei Krause

Genussregion Oberfranken

Genussregion Oberfranken

Bäckerei Oesterlein

GENUSSREGION OBERFRANKEN – AUTHENTISCHER GESCHMACK EINER TRAUMHAFTEN KULTURLANDSCHAFT

Oberfranken im Norden Bayerns, mit der nachweislich größten Brauerei-, Bäckerei- und Metzgereidichte der Welt, lockt Gourmets zu kulinarischen Entdeckungsreisen. Die unter dem Frankenwald Qualitätssiegel „natürlich regional" versammelten Gastronomen sorgen mit konsequenter Verwendung regionale Zutaten für kreative Interpretationen traditioneller Rezepte. Der Förderung von Qualität, Vielfalt und Kultur von Spezialitäten aus dem Frankenwald und Fichtelgebirge verschrieben, hat sich der 2007 in Kulmbach gegründete Verein „Genussregion Oberfranken".

Nicht nur die 1000 verschiedenen in Oberfranken gebrauten Biere, sondern auch die sorgsam aus feinsten heimischen Zutaten hergestellten Metzgerei- und Bäckereispezialitäten entstehen meist in traditionellen Familienbetrieben.

Metzgerei Kraus

Auch der Kronacher Metzgermeister Eberhard Kraus pflegt in 4. Generation das seit 1887 von Urgroßvater Nikolaus sorgsam überlieferte Familien-Handwerk. Bis heute sind die Produkte der Metzgerei durch Qualitätsdenken und dem Drang nach innovativen Produkten geprägt. Egal, ob seine patentierte Wursterfindung „Die Original Kronacher Bierwürmer", 12 Wochen gereiftes Rip Eye Roastbeef, luftgetrocknete Chilisalami, Knoblauchwurst, auf Buchenholz geräucherter Schinken oder Hochlandrinderzipfel – vom ersten Bissen an besteht höchste Suchtgefahr. Für besten Geschmack arbeitet Eberhard Kraus nicht nur eng mit heimischen Zuchtbetrieben zusammen, sondern engagiert sich auch im Projekt „Weidewelt Frankenwald", bei dem 18 Rinderrassen, darunter Charolais, Luing, Fleckvieh, Deutsch-Angus, Galloway, Schott. Hochlandrind oder Welsh Black, in natürlicher Herde den Großteil des Jahres auf fränkischen Freilandweiden verbringen.

ⓘ METZGEREI KRAUS, Strauer Straße 3, 96317 Kronach, Tel.: 09261 / 61636, www.metzgereikraus.de

Bäckerei Oesterlein

Als sich der Bäcker und Glaskünstler Georg Oesterlein zwischen 5 Jahren Tiffany Glas und 500 Jahren familiärer Backtradition entscheiden musste, übernahm er 1994 die Familienbäckerei. Mit Büchern und künstl. handw. Geschick verfeinerte er den Konditoreibereich und verwurzelte sein Brot dank regionaler Getreideerzeuger, eigener Mühle und traditionellem Sauerteig in der Region. Als Lohn für sein Engagement besitzt er seit 10 Jahren das wertvolle Bioland-Siegel und gehört laut dem „Feinschmecker"-Magazin zu den besten dt. Bäckereien u. Konditoreien. An der für Kuchenliebhaber verführerischen Theke findet man Spezialitäten wie Seelenspitzen, Bienenstich, Schwarzerla, Lebkuchen und Bananenschnitten, deren ausgefeilte Rezepte kostbares Familiengeheimnis sind.

ⓘ BÄCKEREI OESTERLEIN, Klosterstr. 2, 96317 Kronach, Tel.: 09261 / 3637, www.baeckerei-oesterlein.de

EMPFEHLENSWERT

- **368** Restaurant Harmonie, Lichtenberg
- **371** Landgasthof Haueis, Marktleugast-Hermes
- **370** Der Berghof, Presseck-Wartenfels
- **365** Antikhotel Steinbacher Hof, Steinbach am Wald
- **367** Landgasthof Detsch, Stockheim-Haig

Hotel-Gasthof Wasserschloss, Mitwitz; Waldhotel Bächlein, Mitwitz; Restaurant Hagleite, Kulmbach; Brauereigasthof, Schnupp, Neudrossenfeld; Landgasthof Froschbachtal, Bad Steben-Bobengrün; Wirtshaus Zum Fröschbrunna, Kronach-Fröschbrunn; Gasthof Zum Seelöwen, Kulmbach; Schmankerl-Wirtshaus, Hagleite Kulmbach; Brotzeitstube Berghaus Doris, Mitwitz-Lochleithen; Hotel-Gutshof Culmitzhammer, Naila; Landgasthaus Döbraberg, Schwarzenbach am Wald; Gasthof Goldene Krone, Selbitz; Gasthaus Frankenwald, Stadtsteinach-Unterzaubach; Gasthof Zum Frack, Steinberg

ⓘ GENUSSREGION OBERFRANKEN E.V., Maximilianstraße 6, 95444 Bayreuth, Tel.: 0921 / 5070849 – 18, www.genussregion-oberfranken.de

ie 4 Braumeisterinnen verkosten ihr HolladieBierfee

Biersalon Trompeter

Biergarten Meinels Bas

Brotzeit im Biersalon Trompeter

HolladieBierfee

Frühstückstafel Meinels Bas

GEBALLTE WEIBLICHE BIERKOMPETENZ IN OBERFRANKEN

Die bayerischen Bierliebhaber staunten nicht schlecht, als mit Tina-Kristin Rüger aus Kronach die erste Fränkin zur Bayerischen Bierkönigin 2014/15 gekrönt wurde. Auf dem Thron der größten Brauereidichte der Welt befindet sich die Region als Heimat zahlreicher kleiner Privatbrauereien schon lange. In „Bierfranken" kann man vom Pils über kräftige Dunkle, starke Bockbiere bis hin zu Schmäußbräu oder Eisbock alle Geschmacksrichtungen finden. Steht Kulmbach mit dem Bayer. Brauereimuseum für die heimliche Hauptstadt des Bieres, so verlockt Hof mit genussvoll weiblicher Biernote.

HolladieBierfee und weitere Meinel Bräu-Innovationen

Mit Gisela Helene Meinel-Hansen übernahm erstmals eine Frau die Geschicke der Traditionsbrauerei in 12. Generation. Dem kreativen Kopf von Ehemann Hans-Joachim Hansen, mit dem sie die Brauerei in der Wendezeit modernisierte, entspringen 5 weitere Bierspezialitäten sowie 1999 die Errichtung der Meinel´s Hof-Brennerei. Nach der Ausbildung zur Brauerin und Mälzerin mit Meisterbrief rücken nun ihre Töchter Gisela und Monika nach. Gemeinsam mit 2 befreundeten Braumeisterinnen kreierten sie „HolladieBierfee" – ein orange-rotes Spezialbier mit bestem Malz vollgepackt, mit Aromahopfen, verfeinert mit Champagnerhefe, um der Ausbreitung von Hugo und Spritz in den Biergärten der Ausbreitung von Hugo und Aperol Spritz prickelnden Biergenuss entgegenzusetzen und auch Frauen vom Gerstensaft zu überzeugen. Der von ihnen kreierte Doppelbock und das Meinel-Körnla wurde vom European Beer Star 2015 als bestes Bier der Welt seiner Kategorie in Silber ausgezeichnet. Probieren kann man diese und noch viel mehr Meinel-Spezialitäten im Biersalon Trompeter.

Meinels Bas

Wie damals üblich wurde das ab 1731 gebraute Meinel-Bier seit der Gründung im eigenen Bräustüberl ausgeschenkt. Der Name vom Restaurant Meinels Bas stammt wohl von der populärsten Wirtin der Schankwirtschaft: Kunigunda Barbara Herath, die 1861 Johann Georg Meinel ehelichte. Die Gäste sprachen bald nur noch von der „Bas" (Base =Cousine) und alsbald bezog sich der Name auf die Schankwirtschaft. In dem gemütlichen Speiserestaurant erwartet Sie heute neben zahlreichen frischen Biersorten vom Fass eine bodenständige fränkische Küche mit allerlei Schmankerln. Besonders empfehlenswert ist auch das Frühstücksangebot. Der idyllisch unterm Theresienstein gelegene Biergarten startet mit 500 Plätzen ab Ostern in die Grill-Saison.

FAMILIENBRAUEREI GEORG MEINEL GMBH
Alte Plauener Straße 24, 95028 Hof,
Tel.: 09281 / 3514, ww.meinel-braeu.de

MEINELS BAS, Vorstadt 13, 95028 Hof,
Tel.: 09281 / 141366, www.meinels-bas.eu

BIERSALON TROMPETER, Alte Plauener Straße 24
95028 Hof, Tel.: 09281 / 9286277,
www.biersalon-trompeter.de

Blick auf Stadt Hof vom Park Theresienstein

HofBad – Panorama

Museum Bayerisches Vogtland

Bürgerpark Theresienstein, Stadt Hof

Entspannung in HofBad und HofSauna

HOF – IN BAYERN GANZ OBEN!

Das sagen die Hofer gerne über ihre Stadt. Sie meinen es ernst und scherzhaft zugleich. Denn egal, ob man Hof auf der Landkarte sucht, die topografische Höhe meint oder auch im übertragenen Sinn – immer kommt man zum gleichen Ergebnis: Es stimmt einfach.

Genussvoll einkaufen und schlemmen

zwischen romantischen Biedermeierfassaden kann man in Hof ebenso wie aufregende Kultur- und Sportevents erleben. Die Internationalen Hofer Filmtage, das Theater und die Hofer Symphoniker sind die Aushängeschilder der Stadt, aber auch der weitläufige Bürgerpark Theresienstein. Der Fernwehpark ist die größte Sammlung von Schildern diesseits des Atlantiks. Von hier aus sind es nur wenige Schritte in die Fußgängerzone, wo der „Hofer Wärschtlamo“ anzutreffen ist – ein Muss bei jedem Besuch in Hof. Er steht für die ausgezeichneten Hofer Wurst- und Brotwaren. Im Süden der Stadt breitet sich der Untreusee aus – ein Traum für alle Naturfreunde und Wassersportler.

Im erholsamen HofBad

findet man alles, was man zu einem Kurzurlaub braucht: Erlebnisbecken für Groß und Klein, Rutsche, Strömungskanal, Dampfbad und Caféteria. Aktiv schwitzen, den Kreislauf in Schwung bringen oder einfach mal ausspannen – das kann man direkt daneben in der Hof Sauna mit verschiedenen Saunen, Ruheräumen und einem Wellnessbereich. Träume aus tausend und einer Nacht verspricht das separat mietbare orientalische Rasulbad.

„Manchmal weiß ich gar nicht, was ich Gästen zuerst empfehlen soll: Kulinarische Genüsse, Einkaufen in den vielen Geschäften, Theater, Hofer Symphoniker oder das reichhaltige Programm der Freiheitshalle.“

Dr. Harald Fichtner, Oberbürgermeister

→ Leipzig 1h 40 min → Chemnitz 1h 5min → Gera 1h 10 min

EMPFEHLENSWERT

- 21 Museum Bayerisches Vogtland Hof
- 81 Theater Hof & Hofer Symphoniker
- 190 Zoologischer und Botanischer Garten im Bürgerpark Theresienstein
- 272 Internationale Hofer Filmtage 25.–30.10.2016
- 499 Brauerei Meinel Bräu Hof
- 658 Freiheitshalle Hof
- 681 HofBad & HofSauna Hof
- Hofer Rathaus
- St. Michaeliskirche
- Fernwehpark – Signs of Fame
- St. Marienkirche in der Altstadt
- „Hofer Wärschtlamo“
- Untreusee mit Labyrinth und Kletterpark
- Saaleauen

TOURIST-INFORMATION STADT HOF
Ludwigstraße 24,
95028 Hof, Tel.: 09281 / 8157777,
www.hof.de

HOFBAD UND HOFSAUNA
Oberer Anger 4, 95028 Hof,
Tel.: 09281 / 812-440,
www.hofbad.de,
www.hofsauna.de

HOF IN BAYERN GANZ OBEN

Hofer Symphoniker Impressionen

Theater Hof

Theater Hof „Ein Sommernachtstraum"

Hofer Symphoniker

Ballett „Schwanensee" begleitet von Hofer Symphonikern

EINZIGARTIGE HOFER MUSIK- UND THEATERLANDSCHAFTEN

Das Theater Hof und die Hofer Symphoniker verbinden frischen, kreativen Mut zu Visionen und qualitätsbewussten Umgang mit Traditionen. Mit ihrer unverwechselbaren Leidenschaft für Spiel und Publikum haben sie sich fest im kulturellen Leben Bayerns und Deutschlands etabliert.

Im Theater Hof

erwartet den Besucher ein genauso spannender wie unterhaltsamer Spielplan mit etwa 20 Produktionen pro Spielzeit aus den Bereichen Oper, Musical, Operette, Schauspiel, Ballett sowie Kinder- und Jugendtheater. In der deutschen Theaterlandschaft sorgt es regelmäßig als Ort erfolgreicher Uraufführungen, deutschsprachiger Erstaufführungen und großer Theatertreffen (z.B. 2017 erneut die Bayerischen Theatertage) für Aufsehen. Darüber hinaus ist es mit Sonderveranstaltungen, Ausstellungen, Workshops, Schulkooperationen und Matineen fest mit dem regionalen Kulturleben verwoben. Die Kulturkantine mit ihrem einzigartigen Flair ermöglicht die Begegnung zwischen Künstlern und Besuchern wie an kaum einem anderen Theater.

Die Hofer Symphoniker

Neben eigenen Konzertreihen und der Verpflichtung am Hofer Theater sowie in ARD- und ZDF-Fernsehproduktionen, gastierte das Orchester an zahlreichen berühmten Orten, wie z.B. dem Leipziger Gewandhaus und der Alten Oper Frankfurt oder auf großen Festivals, wie den Thurn und Taxis Festspielen in Regensburg. International renommierte Künstler wie Elina Garanca, Jonas Kaufmann, Hilary Hahn, Baiba Skride und Alice Sara Ott treten immer wieder mit dem Orchester auf. Orchestereigene Musikschule, Suzuki-Akademie und Kunstschule stehen für ein nachhaltiges Engagement für musische Bildung, die 2010 mit dem ECHO Klassik Sonderpreis für Nachwuchsförderung und dem Kulturpreis 2010 der Bayerischen Landesstiftung ausgezeichnet wurde.

Theater Hof „Rocky Horror Show"

THEATER HOF

HOFER SYMPHONIKER
Kultur und Bildung im Einklang

THEATER HOF
Kulmbacher Straße 5, 95030 Hof,
Tel.: 09281 / 70700, www.theater-hof.de

HOFER SYMPHONIKER
Klosterstr. 9-11, 95028 Hof,
Tel.: 09281 / 72000, www.hofer-symphoniker.de

Gemälde von Johann Christian Reinhart

Tobias Ott Cyanotypie

Roland Spanger auf der Leipziger Buchmesse

Tobias Ott landart

Jean Paul

Grafik von Evi Thurnberger

Hofer Biedermeierviertel

HOFER KUNST UND LITERATURSCHÄTZE IN DER BUCHGALERIE IM ALTSTADTHOF

Im Hofer Stadtkern, der laut ZEIT-Magazin zu den 300 bedeutsamsten historischen Stadtkernen Deutschlands gehört, kann man neben kleinen Cafés auch spannende Buchhandlungen und Galerien entdecken. Neben dem Altstadthof mit Buchgalerie zählen Kafé Kampschulte sowie die von der Hofer Künstlerin Evi Thurnberger gestaltete Seitenwand in der Kreuzsteinstraße zu den besonderen Geheimtipps, welche zeigen: Nicht nur in der Vergangenheit, sondern auch in der Gegenwart besitzt Hof eine reiche Kunst- und Literaturlandschaft. Eine spannende Kombination aus regionaler Verwurzelung, Innovationsfreude und internationaler Strahlkraft bieten im Hofer Kulturleben das Theater, die Hofer Symphoniker und jedes Jahr im Oktober die Internationalen Hofer Filmtage.

Literatur von Jean Paul und Roland Spanger

Der zwischen Klassik und Romantik angesiedelte Erfolgsautor Jean Paul gehört zu den bis heute einflussreichsten Dichtern. Als Sohn eines Organisten und Dorfpfarrers 1763 in Wunsiedel geboren, besuchte er vor dem Studium in Leipzig und der Lehrertätigkeit in Schwarzenbach/Saale das Gymnasium in Hof. Bis zum Erfolg seiner Bücher und dem anerkannten Wirken in Weimar, Berlin, Meiningen und Coburg war sein Leben durch Armut geprägt, der er in Leben und Werk mit geistreichem Humor, tiefem menschlichen Feingefühl und lustvoller Geselligkeit entgegentrat. Die Kunst für überraschende Effekte, Überschneidungen mit komplexen Handlungsräumen besitzt auch der zeitgenössische Hofer Krimiautor Roland Spanger, dessen Roman KRIEGSGEBIETE als packender Thriller zu den weltweiten Krisenherden mit dem Friedrich-Glauser-Preis 2013 in der Sparte „Bester Roman“ ausgezeichnet wurde. Ebenfalls nominiert wurde seine Short-Story „C“ (veröffentlicht in „Tatort Franken No. 6“) in der Kategorie „Bester Kurzkrimi“.

Malerei, Grafik und Fotografie von J.C. Reinhart und Tobias Ott

Der 1938 in Hof geborene Dieter Richter war bis 2004 Professor für Kritische Literaturgeschichte an der Universität Bremen und ist Autor zahlreicher, in Deutschland und Italien erschienener, Bücher zur europäischen Kulturgeschichte. Er ist Mitautor des Buches „Johann Christian Reinhart aus Hof. Aquarelle, Radierungen, Zeichnungen“. Johann Christian Reinhart war einer der großen Landschaftsmaler und Radierer der Goethezeit. Geboren 1761 als Sohn eines Pfarrers im kleinen oberfränkischen Hof, führte ihn sein Weg über Leipzig, Dresden und Meiningen 1789 nach Italien, wo er als lebensfroher Künstler, bayr. Hofmaler und streitbarer Freigeist 58 Jahre lebte, arbeitete und mit berühmten Persönlichkeiten wie Schiller korrespondierte. Die gelungene Verbindung von Kunst und Wort zeichnet auch den zeitgenössischen Hofer Künstler, Grafiker und Fotografen Tobias Ott aus, der sich mit spannenden Projekten zwischen neuen und hist. Fototechniken, Kunst, Landart, Buchgestaltung und Mediendesign bewegt.

ⓘ www.stadt-hof.de
www.jean-paul-portal.uni-wuerzburg.de
www.roland-spranger.de
www.transit-verlag.de
www.tobiasott.de

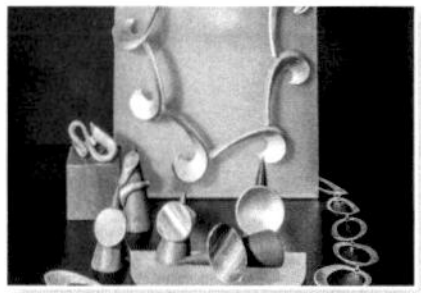

Season

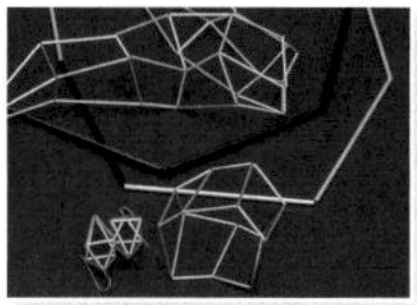

Jnikum

Unikum

Tante Emma Laden

Season

Season
RESTAURANT | LOUNGE

DESIGN UND GENUSSHIGHLIGHTS IN DER LUDWIGSTRASSE

Dass Hof auch überregional viele Designliebhaber anzieht, hat seinen Grund. Die feine Einkaufsadresse ‚Ludwigstraße' mit hochwertigen Restaurants, Einrichtungs- und Modeläden ist das Herzstück der spätmittelalterlichen Gründerstadt, die nach einem Brand 1823 als bis heute erhaltenes, einzigartiges Biedermeierensemble wieder aufgebaut wurde.

UNIKUM Schmuck + Design

Betritt man das schöne Geschäft von Dr. Rolf Pöhlmann, glaubt man sich angesichts der einmaligen Schmuckauswahl nach Paris, Berlin oder Mailand versetzt. Und doch sind es die fränkischen Porzellangene, der mit seiner Familie verbundenen und nach dem Studium von ihm geleiteten Kronester-Porzellanfabrik, die seine Leidenschaft für Ästhetik und Funktion formten. Verbindet man mit dem Wort Design oft Worte wie kühl, reduziert und puristisch, wird dieser Begriff bei UNIKUM neu definiert: Hier verschmilzt Design mit Emotion zu einem sinnlichen Genuss von Schönheit. Das sorgfältig zusammengestellte Sortiment an eleganten Schmuckstücken, Taschen und Wohnaccessoires beeindruckt durch seine Vielfalt – die Kunden schätzen es, hier nicht nur die Schmuckstücke renommierter Hersteller, sondern auch Kreationen von spannenden Jungdesignern zu finden. Die Freude am Schönen steht an erster Stelle. So ist es keine Überraschung, dass UNIKUM Schmuck + Design zu den führenden DesignerJuwelieren im deutschsprachigen Raum zählt.

SEASON Restaurant

Leidenschaft und Gründergeist ihrer dt. Vorfahren, die vor 200 Jahren nach Russland und später unter Stalin nach Kasachstan auswanderten, haben sich zweifellos auch auf Eduard und Eugenie Stähle vererbt, welche in Hof eine der spannendsten Gourmetadressen schufen. Nach seiner Kochausbildung arbeitete Eduard in Gourmetrestaurants in Frankreich und der Schweiz sowie bei dem ihn besonders prägenden Gary Danko in San Francisco. Hierhin folgt ihm Eugenie, bis der familiäre Pioniergeist erwacht. Zurück in Hof bauen sie mit Familie und Freunden in drei Jahren ihr Restaurant „Season" auf. „Aus Liebe zum Essen – aus Liebe zum Gast" lautet das Konzept, das von der spektakulären Küche und den ausgewählten Weinen über die innovative Einrichtung bis zum leidenschaftlichen Personal auch weitgereiste Gourmets überzeugt. Hier wird den Jahreszeiten kulinarisch auf das Beste zugehört. Ihr Wunsch, das weiterzugeben, was die Natur an saisonalen Höhepunkten und die Heimat an regionalen Produkten schenkt, entfaltet sich auch im „Tante Emma"-Laden mit selbstgefertigten Feinkostartikeln. Besonders empfehlenswert ist „Emmas Dressing", dessen Erlös in den nächsten Lebenstraum fließt: ein eigenes Hotel.

„Wir nennen unseren Stil gerne die Poesie der Dinge – Ein Besuch bei UNIKUM soll inspirieren und dazu einladen, Neues zu entdecken. Schmuck und Design sollen Spaß machen, bunt und aufregend sein!"

Dr. Rolf Pöhlmann, Inhaber Unikum

UNIKUM SCHMUCK + DESIGN
Ludwigstraße 59, Tel.: 09281 / 143730,
www.unikumhof.de

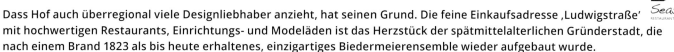

SEASON RESTAURANT
Ludwigstraße 36, 95028 Hof, Tel.: 09281 / 5915460,
www.season-hof.de

Freiheitshalle Hof

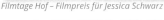

Filmtage Hof – Filmpreis für Jessica Schwarz

Hotel Central

Helene Fischer im Konzert

Hotel Central

Hotel Central

INTERNATIONALES KINO UND TAGUNGSHIGHLIGHTS IM HOFER GENUSSPAKET

→ Berlin 3h → München 2h 30min
→ Prag 3h

Wie ein Magnet ziehen Hofer Filmtage und Hofer Freiheitshalle mit ca. 250 Veranstaltungen jährlich über 300.000 Gäste in die nördlichste Frankenmetropole. Nach beeindruckenden Shows und Businessevents oder einfach nur privatem Wellness-Shoppingtrip sind Sie bestens aufgehoben im edlen Hotel Central.

Freiheitshalle Hof ... und Sie mittendrin

Die Freiheitshalle Hof ist das Veranstaltungszentrum Hofs, das weit über die Stadtgrenzen wirkt. Show und Unterhaltung, Tagungen, Messen und gesellschaftliche Anlässe – dafür bietet sie den idealen Rahmen und den Gästen eine anspruchsvolle Atmosphäre. 2012 wurde der spektakuläre Neubau mit dem atemberaubenden Tourstart von Helene Fischer eröffnet. Und gerade dann, wenn sich Menschen aus Bayern, Sachsen und Thüringen bei Konferenzen treffen, ist die Freiheitshalle Hof der richtige Ort.

Internationale Hofer Filmtage

Wer sich für Kino interessiert, kennt die Internationalen Hofer Filmtage. Seit 1967 treffen sich hier Ende Oktober die Fachleute der Branche mit Filmenthusiasten aus Hof und aller Welt. Der große Wim Wenders ist wie viele andere mit dem Festival eng verbunden und hat „Hof" zur Abkürzung von „Home of films" erklärt.

Wellness und Genuss im Hotel Central

Erleben Sie garantiert erstklassigen Service im 4-Sterne-Wellnesshotel direkt an der Freiheitshalle: 103 luxuriös eingerichtete Hotelzimmer, Suiten, modern ausgestattete Konferenzräume. Dazu kulinarische Highlights im Restaurant Kastaniengarten, Entspannung pur in der Spa-Lounge und 50 verschiedene Plätze beim Indoor-Golf.

www.hofer-filmtage.de
www.freiheitshalle.de
www.hotel-central-hof.de

„Kultur wird in Hof groß geschrieben. Neben den Highlights Hofer Filmtage, Theater Hof und Hofer Symphoniker blüht eine spannende Szene mit Ausstellungen, Kleinkunst und ..."

Kulturamtsleiter Peter Nürmberger

FREIHEITSHALLE HOF
... UND SIE MITTENDRIN

HOTEL CENTRAL ★★★★
HOF · AN DER FREIHEITSHALLE

Kastanien Garten
RESTAURANT

Relexa Bad Steben

Zimmerbild Relexa Bad Steben

Restaurant Relexa Bad Steben

Spielbank Bad Steben

Spielbank Bad Steben

STILVOLL RELAXEN MIT MODERNEM MONTE CARLO FEELING IN BAD STEBEN

Mit dem Kauf der Heilquellen und Kuranlagen 1832 durch das Königreich Bayern begann der Aufschwung Bad Stebens als Bayrisches Staatsbad. Unter dem Prinzregenten Luitpold von Bayern entstanden Park und Architekturlandschaft, zu welcher auch das Relexa Hotel gehört. Prickelndes Highlight bei jedem Aufenthalt ist ein Besuch des Spielcasinos.

Im romantischen Kurpark, in welchem jeden 4. Sonntag mit Reifrock und Zylinder an das glanzvolle Flair des Königl. Biedermeierbades erinnert wird, befindet sich das

Relexa-Wellnesshotel

das zu jeder Jahreszeit Wohlfühlangebote für Wellness, Beauty, Gesundheit und Romantik bietet. Die großzügige Bade- und Saunalandschaft auf 1.200 m² und kulinarische Highlights in den Restaurants lassen keine Wünsche offen. Die umfangreichen Beauty- und SPA-Angebote reichen von pflegenden und entspannenden Kosmetikbehandlungen über wohltuende Ganzkörperarrangements und Massagen bis hin zu entspannenden und vitalisierenden Aromabädern. Genießen Sie allein, zu zweit oder mit der Familie Ihre ganz persönliche Wohlfühlzeit. Erstklassiges Entertainment bietet die

Spielbank Bad Steben

Casinos faszinieren nicht nur als Kulisse von Kinofilmen, sie sind auch im realen Leben ein Schauplatz für außergewöhnliche Momente. Unter dem Stararchitekten Meinhard v. Gerkan entstand symbolisch bezogen auf das Auf und Ab des Glücks in Bad Steben eine beeindruckende Architektur aus Wellen, Glas und Licht. In dieser wird längst mehr als nur gepflegtes Glücksspiel geboten. Neben Roulette, Black Jack, Poker und Automatenspiel schätzen die Gäste die köstlichen Angebote an der Bar und im Restaurant „relexa´s rouge et noir“. Der Eventbereich CasinoLIVE begeistert mit Kabaretts, Lesungen, Konzerten oder der sehr empfehlenswerten monatlichen Veranstaltungsreihe After Work LIVE.

RELEXA HOTEL BAD STEBEN
Badstraße 26 – 28, 95138 Bad Steben,
Tel.: 09288 / 720, www.relexa-hotel-bad-steben.de

SPIELBANK BAD STEBEN
Casinoplatz 1, 95138 Bad Steben,
Tel.: 09288 / 92510,
www.spielbankenbayernblog.de

SPIELBANK BAD STEBEN

relexa hotels
Die feine Art
Bad Steben

relexa's
ROUGE ET NOIR

Säulenwandelhalle

denkmalgeschützte Parkanlage

BAD STEBEN
Bayerisches Staatsbad

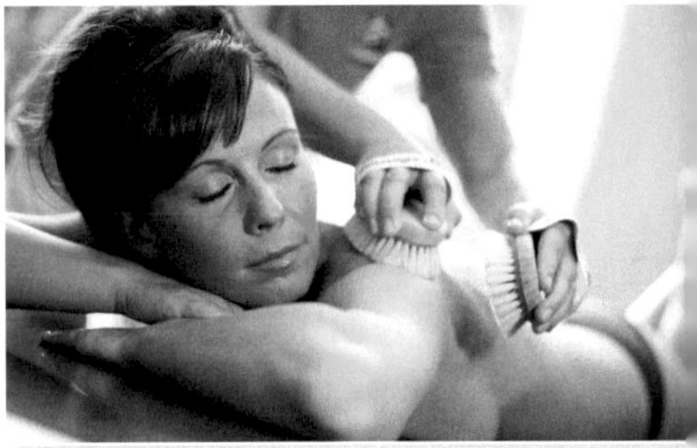

Bürstenmassage im Wellnesszentrum der Therme

BAD STEBEN

Romantisch, natürlich, gesund – Zwischen Tradition und Moderne ist das elegante Staatsbad mit mediterranem Flair eine echte Perle im Frankenwald.

→ Leipzig 1h 40 min → Weimar 1h 30 min → Naumburg 1h 30 min

BAD STEBEN – Das höchst gelegene Bayerische Staatsbad (600 m) ist seit über 180 Jahren ein weithin anerkanntes Mineral- und Moorheilbad. Heute verbinden sich in dem beschaulichen Kurort Gesundheitskompetenz, Tradition sowie modernes Wohlfühl-Ambiente und machen Bad Steben zu einem Geheimtipp inmitten des Naturparks Frankenwald. Zum Verweilen lädt der 40 ha große Kurpark des Staatsbades ein, in dem Springbrunnenfontänen, liebevoll angelegte Parterres und Parkanlagen das Herz höher schlagen lassen.

Einzigartige Heilmittelkombination

Bei einem Spaziergang durch den denkmalgeschützten Park fällt die großartige Bäderarchitektur des Leo von Klenze (1784 – 1864) auf, der als Hofbaumeister von König Ludwig I. berühmt wurde. Im Kurpark entspringen auch zwei der Bad Stebener Heilquellen. Aus ihnen werden die wertvollen Heilmittel Radon und Kohlensäure gewonnen. Zusammen mit dem Bad Stebener Naturmoor bilden sie eine jahrzehntealte Quelle für Gesundheit und Wohlbefinden. Während die Bäder mit dem seltenen Edelgas Radon Wirbelsäulen- und Gelenkschmerzen lindern, sorgen ein modernes Ambiente und verschiedene Lichtstimmungen im Gesundheitszentrum für ein ganzheitliches Wohlgefühl. Auch die wohltuende Wirkung einer Packung mit Naturmoor spürt man sofort. Mit der einzigartigen Heilmittelkombination aus Radon, Kohlensäure und Naturmoor nimmt Bad Steben in weiten Teilen Europas eine Sonderstellung unter allen Heilbädern ein.

Genuss mit allen Sinnen

Die an das Gesundheits-Zentrum angeschlossen Therme des Staatsbades wartet unter dem Motto „mit allen Sinnen genießen" mit vielfältigen Attraktionen auf. Einzigartige Klang- und Lichterlebnisse in den Wasserwelten, eine große Badehalle mit Whirlpool, ein Entspannungs-Sole-Außenbecken und ein Außenströmungskanal mit Aroma-Duftgrotte bereiten eine entspannende Auszeit für Körper und Seele. Im weitläufigen Saunaland mit Erd- und Feuer-Sauna sowie der Bio-Kräutersauna und Aufguss-Sauna ist Wohlfühlen

„Diesseits des Meeres finde ich wohl nie so einen Ort wieder!"

Alexander von Humboldt, der große Naturforscher, hat mehrere Jahre in Bad Steben gelebt und hier eine Bergbau-Schule gegründet

Therme Bad Steben

Maulaffenbecken im Wellness-Dome

Feuersauna

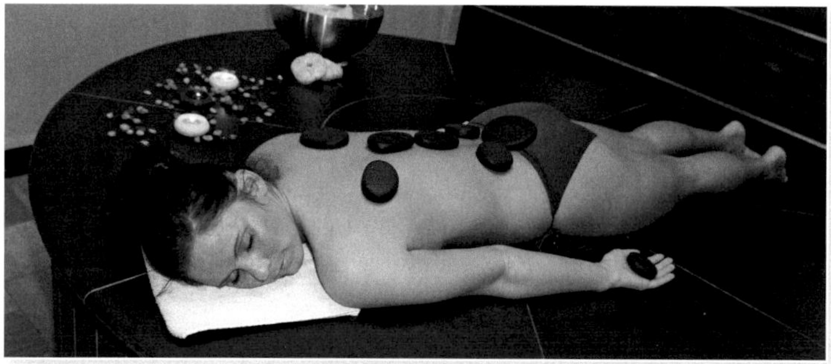

Entspannung bei der heißen Schieferstein-Massage

pur angesagt. Gemütliche Ruhemöglichkeiten findet man in Hängematten, auf Wasserbetten und in einer Salzgrotte. Im Wellness-Dome der Therme bringt ein modernes Kneippbecken den Kreislauf wieder in Schwung. Gekrönt wird das Medical-Wellness-Erlebnis mit verschiedenen Sole-Becken, einer Wasserfalldusche sowie einer Sand-Licht-Loggia.

Vielfältige Wellness-Angebote

Wer damit noch nicht genug hat, kann sich nach Herzenslust im Wellness-Zentrum der Therme verwöhnen lassen. Duftende Aroma-Massagen, Paar-Anwendungen oder ein Schiefer-Rasul versprechen Entspannung und Wohlgefühl. Auch regionale, authentische Angebote, wie zum Beispiel eine Hot-Stone-Massage mit heißen, aus dem Frankenwald stammenden Schiefersteinen, sind Verwöhnung pur.

EMPFEHLENSWERT

- Denkmalgeschützter Kurpark des Staatsbades
- Therme Bad Steben
- Radon – seltenes, schmerzlinderndes Heilmittel
- Alte Wehrkirche & Lutherkirche
- Geologisch-bergbaukundlicher Lehrpfad (ab Rathaus)
- Regionale, fränkische Küche

BAYERISCHES STAATSBAD BAD STEBEN GMBH,
Badstraße 31, 95138 Bad Steben,
Tel.: 09288/960-0, Fax: 09288/960-10,
info@bad-steben.de, www.therme-bad-steben.de,
www.bad-steben.de,
THERME BAD STEBEN
Öffnungszeiten: Wasserwelten tägl. 9-22 Uhr,
Saunaland & Wellness-Dome tägl. 10-22 Uhr

Salzgrotte

Sauna und Naturbadeteich

Felsenlabyrinth Luisenburg

Porzellanikon

Fichtelgebirgsmuseum Wunsiedel

Fichtelgebirge genießen

Das Fichtelgebirge ...sagenhaft!

DAS FICHTELGEBIRGE – SAGENHAFTE NATUR TRIFFT PORZELLAN UND EDLEN KRÄUTERGENUSS

Die wildromantische Ferienregion Fichtelgebirge in Oberfranken / Nordbayern ist schon lange kein Geheimtipp mehr. Von stolzen Bergen, klaren Gewässern und märchenhaften Wäldern durchzogen, reicht sie von Bayreuth im Westen bis zur tschechischen Grenze im Osten, im Norden bis nach Hof und im Süden bis nach Waldsassen in der nördlichen Oberpfalz.

Natur entdecken

Das wald- und gesteinsreiche Fichtelgebirge erhebt sich hufeisenförmig auf bis zu 1.000 Meter und gilt als eine der schneesichersten Landschaften Deutschlands. Der Ochsenkopf lockt ganzjährig Urlauber in das beliebte Natur- und Aktivgebiet zum Skifahren und Mountainbiking. Entlang des Fränkischen Gebirgsweges sowie des Main-Radweges erstreckt sich die unberührte Natur- und Felsenlandschaft des Geoparks Bayern-Böhmen. Wanderer und Radler nutzen das Netz an Fahrradbussen im weitverzweigten Wegnetz der Region.

„Das Fichtelgebirge gibt mir so viele Möglichkeiten zu genießen, dass ich es teilen will."

Ferdinand Reb, Geschäftsführer der Tourismuszentrale Fichtelgebirge

Kultur erleben

Kulturliebhabern ist die Region insbesondere durch die jährlich stattfindenden Wagner- und Luisenburg-Festspiele bekannt. Genussreisende werden verwöhnt mit lokalen Speisen wie Sauerbraten mit Lebkuchensoße oder mit Kräuterspezialitäten von den Partnern des „Essbaren Fichtelgebirges". Ob Lebkuchen, Kartoffeln oder das berühmte Kronfleisch, das Fichtelgebirge ist für Genießer ein Muss. Die Augenfreuden werden entlang der Porzellanstraße durch berühmte Hersteller wie Rosenthal, Schönwald oder Hutschenreuther erhöht, welche Einblicke in die lange Tradition der Porzellanherstellung geben und hochwertiges Porzellan im Direktverkauf bieten. Sehr verdient um die Pflege regionaler Kräuterküche hat sich der Verein „Essbares Fichtelgebirge e.V." gemacht.

ⓘ TOURISMUSZENTRALE FICHTELGEBIRGE
Gablonzer Straße 11, 95686 Fichtelberg,
Tel.: 09272 / 96903-0, www.tz-fichtelgebirge.de

EMPFEHLENSWERT

- 21 Museum Bayerisches Vogtland Hof
- 22 Museenlandschaft auf der Plassenburg Kulmbach
- 26 Rogg Inn Museum Weissenstadt
- 27 Fichtelgebirgsmuseum Wunsiedel
- 37 Porzellanikon Selb / Staatl. Museum für Porzellan Hohenberg
- 76 Luisenburg Festspiele Wunsiedel
- 81 Theater Hof & Hofer Symphoniker
- 190 Zoologischer und Botan. Garten Theresienstein Hof
- 123 Rosenthal Outlet Center Selb
- 124 Faktory In Villeroy & Boch Outlet Selb
- 170 Barbara Flügel Porzellan
- 173 BHS tabletop ProfiTable-Outlet Selb & Schönwald
- 497 Museen im Kulmbacher Mönchshof
- 499 Brauerei Meinel Bräu Hof
- Dreifaltigkeitskirche Kappl
- Basilika Waldsassen
- Festspielhaus u. Opernhaus Bayreuth
- Luisenburg Felsenlabyrinth Wunsiedel
- Fränkischer Gebirgsweg
- Gartenschaugelände Auenpark Marktredwitz
- Wintersportgebiet Bischofsgrün
- Lohengrin Therme Bayreuth
- Bäderhaus Alexandersbad
- Kurzentrum Weissenstadt
- Sommerrodelbahn am Ochsenkopf

Essbares Fichtelgebirge e. V.“

Wirtshaus Im Gut

Wirtshaus Im Gut

Hotel Schönblick

Hotel Schönblick

Wirtshaus Im Gut

ESSBARES FICHTELGEBIRGE – FRÄNKISCHE SPITZENKÖCHE BEGEISTERN MIT FEINSTER KRÄUTERKÜCHE

Über 1.000 verschiedene Wildpflanzen und Kräuterarten wachsen im Fichtelgebirge und ermöglichen unerschöpfliche Kreationen, Kombinationen und vielfältigste Produktvarianten. Die engagierten Köche vom Verein „Essbares Fichtelgebirge e.V.“ greifen das über Jahrhunderte gewahrte Kräuterwissen der Region auf und halten die Tradition mit innovativen modernen Rezepten und Anwendungsgebieten, spannenden Veranstaltungen, Seminaren und Kräuterwanderungen lebendig.

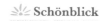

Die enge Zusammenarbeit von Gastronomen mit Jägern, Bauern, Fischern und Experten aus Medizin, Biologie und Food-Styling ermöglicht gesunde und innovative Geschmackserlebnisse. In der gesamten Region des Fichtelgebirges verwöhnen die „wilden“ Köche in Hotels, Pensionen und Gaststätten ihre Gäste mit vergessenen Kräuterschätzen und ausgefallenen neuen Kreationen. Initiiert wurde das Projekt von Jutta Hecht-Heusinger, der Chefin vom

Wildkräuterhotel Schönblick,

die sich schon vor der Vereinsgründung 2012 mit Kräuterpädagoginnen, Kräuterfrauen, Köchen und Landschaftsarchitekten zum Projekt beriet. In dem liebevoll eingerichteten Wohlfühlhotel spielen die Kräuter seit 15 Jahren eine Rolle. Neue Inspirationen wie z.B. der „Brödel“ – eine Kombination aus Bratwurst, Bier und Knödel – kreiert auch Tochter Fritzi Heusinger.

Wirtshaus im Gut

Schon als Junge kochte Roland Gläßl auf dem Bauernhof seiner Eltern für die Feriengäste aus Berlin oder von der Küste. Die bis heute enge Verbindung zu Tier, Natur und Kochtopf mündet als Geschmackssinfonie in seinem Wirtshaus, welches sowohl der Gault Millau-Reiseführer als auch der Guide Michelin zu den besten Lokalen Bayerns zählt. Mit den reichen Gaben von Wald, Wasser, Feld und Garten aufgewachsen, komponiert er aus frischen Kräutern und den Produkten befreundeter Erzeuger respektvoll kreative Huldigungen an seine Heimat, welche die Stimmungen von Jahreszeiten, Mentalitäten und (Wein-) Jahrgängen auf das Köstlichste spiegeln. Egal, ob hausgemachte Brotzeit oder aufwändige Mehrgang-Menüs – wer einmal der Küche von Roland Gläßl verfallen ist, kommt immer wieder.

EMPFEHLENSWERT

386	Wirtshaus Gläßl im Gut Göpfersgrün
384	Gasthaus Pension Entenmühle
371	Gasthof Haueis Hermes
615	Wildkräuterhotel Schönblick
502	Sacks´s Destille Weißenstadt
389	Puchtler´s Deutscher Adler Bischofsgrün
	Gasthof Pension Waldfrieden
	Gasthof-Pension „Zum Loisl“
	Brauerei-Gasthof Schnupp
	Gasthof Goldener Hirsch
	Café Pension Mordlau

WIRTSHAUS IM GUT
Göpfersgrün 2, 95632 Wunsiedel
Tel.: 09232 / 917769, www.wirtshausimgut.de

HOTEL SCHÖNBLICK
Gustav-Leutelt-Straße 18, 95686 Fichtelberg
Tel.: 09272 / 97800, www.hotel-schoenblick.de

ESSBARES FICHTELGEBIRGE E.V.
Hofer Str. 20, 95326 Kulmbach,
Tel.: 09221 / 40782-31
www.essbares-fichtelgebirge.de
www.genussregion.oberfranken.de

Porzellanwelt Selb

Wochen des Weißen Goldes im Rosenthal-Theater

Rosenthal-Outlet Selb

Porzellanglocken Selb

Porzellan-Flohmarkt in Selb

Porzellanwelt Selb

EINKAUFEN, GENIEẞEN UND RELAXEN IN DER PORZELLANWELT SELB

→ Leipzig 2 h → Kahla 1 h, 40 min → Bayreuth 1 h

Selb in Bayern

Porzellan aus Selb findet man auf allen Tischen der Welt. Doch hier in der „Porzellanmetropole" können es die Besucher nicht nur bewundern, sondern viel mehr günstig einkaufen! Bei einem Einkaufstrip im Factory-In-Outlet oder im Rosenthal-Outlet findet man garantiert ein Schnäppchen.

Daneben bietet Selb Cafés, Restaurants und Gasthäuser, die mit regionalen Spezialitäten das Einkaufserlebnis erst so richtig abrunden. Auf keinen Fall sollte man versäumen, das Porzellanikon zu besuchen. Im Staatlichen Museum für Porzellan erfahren Sie, mit wie viel Aufwand aus unscheinbaren Rohstoffen die schönen und praktischen Porzellanerzeugnisse entstehen. Neben zahlreichen Porzellansehenswürdigkeiten entlang des „Roten Fadens" in der Innenstadt, wie dem Porzellangässchen oder auch dem Porzellanbrunnen, ist ein weiterer Mosaikstein eine Kanne, die ein Symbol dafür ist, dass auf allen Kontinenten der Welt Porzellan aus Selb benutzt wird. Die Kanne befindet sich an exponierter Stelle, unmittelbar an der Autobahnauffahrt Selb-Nord und begrüßt dort die Gäste der Stadt Selb wie auch die Reisenden von und in die nahe gelegene Tschechische Republik.

Interessante Ausstellungen und Veranstaltungen begleiten das Jubiläum zu Phillip Rosenthal (1916–2001), der 2016 seinen 100. Geburtstag feiern würde. Die Visionen und Ideen des Unternehmerpioniers, welche Rosenthal und die Stadt Selb nachhaltig prägten, haben nicht nur das Bild deutscher Tisch- und Lebenskultur verändert, sondern mit ihrem konsequenten Einbeziehen neuer ästhetischer, funktionaler und künstlerischer Ansprüche das internationale Porzellandesign nachhaltig beeinflusst. Spannende Designimpulse und international erfolgreiches Design erwarten die Porzellanfreunde in Selb mit dem Rosenthal Outlet-Center, dem Factory In mit dem Villeroy & Boch Outlet und dem Flügel Laden von Barbara Flügel Porzellan. Auch in anderen namhaften Porzellanorten, wie z.B. Schönwald mit dem Unternehmen BHS tabletop und den Marken Schönwald, Bauscher und Tafelstern finden sich interessante Angebote für Porzellanliebhaber. Natürlich hat Selb neben dem Porzellan noch vieles mehr zu bieten. So liegt die Stadt eingebettet in die wunderbare landschaftliche Umgebung des Fichtelgebirges und besonders Naturfreunde finden Entspannung bei einem Spaziergang auf den zahlreichen Wald- und Wanderwegen oder bei einer Radtour ins romantische Weller- und Egertal. Eine einzigartige Attraktion bietet das nahegelegene Naturschutzgebiet Häuselloh sowie das Waldbad „Langer Teich", das Badefreuden in herrlicher Umgebung möglich macht.

EMPFEHLENSWERT

37	Porzellanikon Selb / Staatl. Museum für Porzellan Hohenberg
123	Rosenthal Outlet Center Selb
123	NOBASICS MODEFABRIK
124	Faktory In mit Villeroy & Boch Outlet Selb
173	BHS tabletop ProfiTable-Outlet Selb & Schönwald
170	Barbara Flügel Porzellan
	Hohenberger Tapetenmanufaktur GmbH
	Dibbern Outlet Hohenberg
	Porzellangässchen & Porzellanbrunnen
	Naturschutzgebiet Häuselhoh

n der Gießbar im Porzellanikon Selb

Mokkatasse – Marktredwitz Jäger & Co., München-Nymphenburg, um 1926, Aufglasur- und Goldbemalung, Porzellanikon Inv. Nr. 23623/12

Treppenhaus mit Blick auf Tassenwand Portraittassen – Sammlung Heine, Dauerleihgabe Oberfrankenstiftung Bayreuth

Innenraum Porzellanikon

Abdrehen im Porzellanikon Selb

weitere Exponate Porzellanikon

DAS LEBENDIGE MUSEUM – PORZELLANIKON – STAATLICHES MUSEUM FÜR PORZELLAN, HOHENBERG A. D. EGER / SELB

Über 200 000 Exponate aus 300 Jahren deutscher Porzellanherstellung mit Schwerpunkt auf der Fabrikation in Oberfranken und Oberpfalz, faszinieren auf rund 10 000 Quadratmetern in dem einzigartigen Museumskomplex.

Porzellanikon Hohenberg a. d. Eger

dem 1982 eröffneten Mutterhaus in der ehem. Direktorenvilla des Hutschenreuther Unternehmens in Hohenberg an der Eger, begeben Sie sich auf eine Reise durch die Kulturgeschichte des Porzellans im deutschsprachigen Raum vom 18. Jahrhundert bis 1989. Dabei begeistern nicht allein schöne Stücke in den Vitrinen des Museums – Szenographien stellen das Produkt in den Kontext des Gebrauchs, während audiovisuelle Medien zum Staunen und Mehr-Erfahren einladen. Mit welchem Aufwand die Herstellung von Porzellan von den Rohstoffen bis zum fertig dekorierten Stück verbunden ist, das wird begreif- und erfahrbar im

ⓘ PORZELLANIKON – IN HOHENBERG A. D. EGER, Schirndinger Straße 48, 95691 Hohenberg a. d. Eger, Tel.: 09233 772211, Fax: 09233 7722-18,dpm@porzellanikon.org

Porzellanikon Selb

wo man auch selbst Hand anlegen und den Werkstoff hautnah entdecken kann. Neben der Herstellung wird im Porzellanikon in Selb auch das Thema „Design" groß geschrieben, unter anderem in der Rosenthal-Abteilung im Brennhaus der ehemaligen Rosenthal-Fabrik in Selb mit ihrem imposanten Rundofen. Bekannte Dekore aus der Firmengeschichte zieren die 44 Fenster der Halle und geben ihr den Charakter einer Industriekathedrale. Mehrere Themeninseln beleuchten in einer Gegenüberstellung von Vater und Sohn die Geschichte des Unternehmens und die Produktinnovationen vor dem Hintergrund der Entwicklung der Tischkultur der jeweiligen Zeiten. Auch werden die Bestrebungen beider Männer, Kunst zu schaffen, eindrucksvoll vor Augen geführt. Zur ständigen Ausstellung kommen die wechselnden Präsentationen: Lifestyle, Kunst, Design in Vergangenheit, Gegenwart und Zukunft. Aber auch das Gebiet der technischen Keramik wird nicht ausgespart: Ob mannshohe Mischbehälter für die chemische Industrie, Tauchformen für die altbekannten Latexhandschuhe, Elektroisolatoren und Kondensatoren oder modernste Produkte für den Bereich der Biomedizin, Computertechnik und den Automobilbau – all dies wurde und wird von deutschen Herstellern produziert und ist hier versammelt.

ⓘ PORZELLANIKON SELB
Werner-Schürer-Platz 1, 95100 Selb,
Tel.: 09287 918000, Fax: 09287 91800-30,
info@porzellanikon.org,
www.porzellanikon.org,
www.facebook.com/porzellanikon

Wochen des Weißen Goldes

Porzellanikon Selb

Die Porzellanstraße entdecken

Porzellanikon Selb

BHS tabletop AG

ProfiTable Selb

Porzellanstraße

VON SELB – DER WELTSTADT DES PORZELLANS – DIE PORZELLANSTRASSE IN BAYERN UND TSCHECHIEN ENTDECKEN

Den Grundstein für die Region als Zentrum der deutschen Porzellanindustrie legte 1814 mit der ersten Porzellanfabrik Nordostbayerns in Hohenberg a. d. Eger der aus Wallendorf / Thür. stammende Carolus Magnus Hutschenreuther, dessen Sohn Lorenz Hutschenreuther 1856 in Selb ein Unternehmen gründete. Dort befindet sich heute nicht nur der Sitz der bayr. tschech. Porzellanstraße, sondern wird auch das deutschlandweit größte Porzellinerfest gefeiert.

Angestachelt von dem Erfolg der Hutschenreutherfamilie und dem Bau der Eisenbahnlinie Hof-Eger erfolgten weitere Gründungen von Jacob Zeitler & Co (1868) in Selb und Goebel (1871) in Oeslau. Auch das heutige Unternehmen BHS, wo B für Bauscher (1881), H für Tafelstern (vormals Hutschenreuther Hotel) und S für Schönwald (1879) stehen. Es folgten Arzberg (1887), Rosenthal (1891) in Selb, Retsch (1891) in Wunsiedel, Jaeger (1897) in Marktredwitz, Schirnding (1901), Winterling (1903) in Marktleuthen und Seltmann Weiden (1910).

Wochen des Weißen Goldes & Porzellinerfest

Die Porzellanindustrie entwickelt sich Ende des 19. Jh. zu einer weltweit exportierenden Branche, die nach Kriegen und Wirtschaftskrise ab den 1950er Jahren einen Aufschwung zur Massenware erlebt. Der branchenerhaltende Aufbruch im Design in den 1970/80er Jahren wird von spektakulären Messeauftritten begleitet. Um den interessierten Firmenmitarbeitern, Einheimischen und Gästen der Stadt auch ohne einen Besuch der Frankfurter Messe die neuen Produktwelten zu zeigen, präsentieren sich die Porzellanunternehmen der Region seit 1988 jährl. von Juli bis August bei den „Wochen des Weißen Goldes“ mit einer hochkarätigen Leistungsschau im Rosenthal Theater Selb. Ein weiteres Highlight für Sammler und Liebhaber des weißen Goldes ist das „Fest der Porzelliner“ das immer am 1. Sa im August stattfindet und mit Europas größtem Porzellanflohmarkt Gäste aus nah und fern in die Porzellanstadt lockt.

Die Porzellanstraße in Bayern und Tschechien

führt Sie von der Wiege der nordbayerischen Porzellanproduktion im Fichtelgebirge durch das Stiftland und den Oberpfälzer Wald, die Fränkische Schweiz und den Steigerwald über das Obere Maintal-Coburger Land in den Frankenwald und das Bayerische Vogtland bis in den Kaiserwald im benachbarten Tschechien, wo in Horní Slavkov die erste Porzellanfabrik Böhmens gegründet wurde. In der Heimat des weißen Goldes erleben Sie einzigartigen Kulturgenuss, vielfältige Gastlichkeit, besondere Shoppingerlebnisse, Spaß mit der ganzen Familie oder romantische Stunden zu zweit. Bei der Entdeckung der Porzellanstraße ganz individuell und grenzüberschreitend auf den Spuren eines Industriezweiges und Kunsthandwerks mit langer Tradition in atemberaubend schöner Landschaft wird Ihnen der neue Porzellanstraßen-Reiseführer ein hilfreicher Begleiter sein.

PORZELLANSTRASSE E. V.
C/O PORZELLANIKON SELB,
Werner-Schürer-Platz 1, 95100 Selb,
Tel.: 09287 / 91800 34, www.porzellanstrasse.de

illeroy & Boch Outlet: Service mariefleur

Villeroy & Boch Outlet

Factoria

Modewerk

Barbara Flügel Shop

Heinrich's Coffee & Food

FACTORY IN OUTLET CENTER – VILLEROY & BOCH, LIVINGTRENDS, MODE UND MEHR ERLEBEN

Villeroy & Boch 1748 | FACTORY IN OUTLET CENTER SELB

Das 1999 von Villeroy & Boch an seinem ehemaligen Produktionsstandort entwickelte Umnutzungskonzept zu einem Erlebniseinkaufareal orientiert sich konsequent an der Geschichte des Ortes. Schon die hier 1896 gegründete HEINRICH-Porzellanfabrik stand als Lieferant zahlreicher Königshäuser, eigener Kunstabteilung am Chiemsee, sowie der 1951 auf der Mailänder Trienale ausgezeichneten Form „Anmut" für Qualität, Modernität und Kreativität. Mit der Übernahme durch Villereoy & Boch 1976 begann HEINRICH 1980 als erster Porzellanhersteller auf dem europäischen Festland von Bone China. Nach der Verlagerung der Produktion ins Saarland zogen in die einstigen Produktionshallen traumhafte Tafeln, elegantes Modedesign und raffinierter Genuss ein.

Villeroy & Boch

Acht Generationen der Familien haben über 250 Jahre in einem der ältesten europäischen Industrieunternehmen eine Tradition des Fortschrittes geschaffen. Für zeitlose Eleganz und formschöne Qualität steht das Unternehmen seit 1748. Auf ca. 7.000 m² Verkaufsfläche erleben Sie im FACTORY IN die Tischkulturwelten von Villeroy & Boch mit passendem Glas und Besteck zu Outlet-Preisen, anspruchsvoll arrangiert nach Festtagen und Designthemen im gemütlichen Ambiente. Die Grundsätze des Familienunternehmens: unternehmerische Flexibilität, künstlerische Kompetenz, technische Innovation und soziales Engagement prägten nicht nur zahlreiche technische Errungenschaften und Designinnovationen, sondern auch das Nutzungskonzept vom FACTORY IN mit 30 hochwertigen Partnern aus dem Bereich.

Mode, Design und Genuss

Namhafte Marken, wie z.B. Silit, Rösle, Küchenprofi, Goebel Porzellan, WMF, ProfiTable (Bauscher, Tafelstern, Schönwald), Blank Home, Gubor u.v.m. bieten in der Ladenpassage attraktive Outletpreise. Außergewöhnliche Porzellanprodukte findet man im Barbara Flügel Laden, wo hochwertiges, handbemaltes Hartporzellan mit sinnlichen Formen aus Märchenträumen und mystischer Fabelwelt den Betrachter in seinen Bann zieht. Im Modewerk, rund um den 42 m hohen Fabrikschornstein, findet man ein hochwertiges Angebot an Mode für Damen, Herren und Kinder. Neben dem Heinrich's Coffee & Food werden Sie kulinarisch in der Factoria verwöhnt. Das wunderschöne, vom Inhaber selbst gebaute, Feinkost begeistert neben Weinen aus Italien und Südafrika sowie mediterranen Köstlichkeiten auch mit legendären Verkostungen und Folkabenden. Außergewöhnliche Konzerte, Märkte und Ausstellungen kann man in der Eventhalle erleben. Die Mischung aus Spannung und Entspannung, die Kombination von Einkaufen, Unterhaltung und Gastronomie machen das FACTORY IN zu einem Ort, an dem man sich wohl fühlt.

EMPFEHLENSWERT

124	Factory In mit Villeroy & Boch Outlet Selb
173	ProfiTable Selb & Schönwald
170	Barbara Flügel Porzellan
503	Faktoria Selb
	Heinrich´s Coffee & Food

FACTORY IN OUTLET CENTER SELB, Vielitzer Straße 26, 95100 Selb, Tel.: 09287 / 998078, www.factory-in.de, Mo – Sa 9.30 Uhr – 18 Uhr

Essentials von Tafelstern

Showroom Bauscher

Hotelausstattung

Produktion

Shabby Chic von Schönwald

BHS TABLETOP BITTET DIE WELT ZU TISCH

BHS TABLETOP AG

Tradition vereint mit technischer Exzellenz. 200 Millionen Menschen essen täglich auf der ganzen Welt vom Geschirr der BHS tabletop AG. Das traditionsreiche Unternehmen aus Selb in Oberfranken verkauft mit seinen Marken Bauscher, Schönwald und Tafelstern pro Jahr rund 40 Millionen Geschirre.

Die BHS konzentriert sich auf den Bereich der Außer-Haus-Verpflegung. Die Kollektionen der drei Marken verbinden dabei durchdachtes Design, Ästhetik und Funktionalität. Die BHS bekennt sich noch heute zu 100% zum Standort Deutschland und hat ihre Produktionsstätten in Schönwald und Weiden in den vergangenen Jahren zur modernsten Produktion für die Herstellung von Hartporzellan weltweit ausgebaut. Mit ihrem besonderen Geschäftsmodell ist die BHS tabletop AG heute Weltmarktführer für Profiporzellan. International führend ist die BHS auch bei der Nachhaltigkeit der Produktion: Als erstes Unternehmen der Porzellanbranche weltweit hat das Unternehmen das renommierte Zertifikat ISO 50001 erhalten. Das hochwertige Porzellan, das sonst nur den Gastronomie-Profis vorbehalten ist, können Privatpersonen bei ProfiTable in Selb und Schönwald kaufen.

ⓘ BHS TABLETOP AG, Ludwigsmühle 1
95100 Selb, Tel.: 09287 / 730,
Fax: 09287 73 / 1114,
E-Mail: kontakt@bhs-tabletop.de

AUF EINEN BLICK

Mehr als 135 Jahre Erfahrung, Qualität Made in Germany, Zertifiziert nach DIN EN ISO 14001 und 50001, Export in über 120 Länder, Versand von bis zu 40 Millionen Teilen pro Jahr, International renommierte Designauszeichnungen

An den besten Adressen weltweit zuhause

Emirates Towers Hotel, Dubai
Tantris, München
Hilton Garden Inn, Frankfurt Airport
Villa Hassler, Rom (spanische Treppe)
Falkenstein Grand Kempinski, Königstein
AIDA Cruises
Hotel Sacher, Wien
Burj Al Arab, Dubai
Caesar's Palace, Las Vegas

„Wir sind ein modernes Industrieunternehmen, das mit Porzellan arbeitet. Von Oberfranken aus beliefern wir die Welt. Mit intelligenten Porzellanlösungen sind wir seit Jahrzehnten vielfach ausgezeichneter Trendsetter für internationale Speisekultur."

Christian Strootmann, Vorstandsvorsitzender der BHS tabletop AG

WHITEPOOL® – DIE DESIGNPOOLMARKE

Design – Porzellan – Swimming Pool – Wellness Aus einem Swimming Pool wird mein Pool! Mein vertrauter, individueller Rückzugsort in die Welt der Entspannung und des Feinsinns. Den Sinnen Schönheit geben, um Energie für den Alltag zu finden. Echtes Porzellan ist das erwählte, exklusive Material, mit dem die hochwertigen Außen- und Innenpools ausgekleidet werden.

whitepool® gestaltet Ihren individuellen Wohlfühlbereich. Vom Bad und Saunabereich bis hin zum Pool – Wände, Gänge bis hin zu Wasserspielen und Gartenhighlights.

Design – Porzellan – Gestaltung mit Reliefs, Farbe oder doch etwas mehr? Gold und Platin? „Made in Germany" mit dem Charme des handwerklichen Könnens – Lebendigkeit im Ausdruck durch die individuelle Handfertigung.

Porzellan gibt den Ton im Wellnessbereich an. Weiß – Elegant – von bestechender Optik – begehrlicher Haptik – spürbarer Eleganz.

ⓘ WHITEPOOL® SHOWROOM,
Schützenstraße 20, 95173 Schönwald,
Anmeldung unter: Tel.: 09287 / 78099,
info@whitepool.com, www.whitepool.com

WHITEPOOL® GARANTIERT:

- Made in Germany
- Echtes Harporzellan gebrannt bei 1400°
- Individuelles exklusives Design
- Handmalerei in Unter- und Aufglasur
- Gold- und Platinauflagen bei 850° eingebrannt
- whitepool® Porzellan ist absolut frostsicher und chemisch resistent

Felsenlabyrinth Luisenburg

spektakuläre Flugshows im Greifvogelpark

Brunnenfest alljährlich am Wochenende vor Johanni (24.Juni)

Koppentor – Wahrzeichen der Stadt Wunsiedel

DIE FESTSPIELSTADT WUNSIEDEL UND EUROPAS GRÖẞTES FELSENLABYRINTH ENTDECKEN

Eingebettet in den sanften Hügeln des Fichtelgebirges, bietet Jean Pauls Geburtsstadt Wunsiedel ein vielfältiges Angebot für Natur- und Kulturbegeisterte. Die Luisenburg-Festspiele wurden 2016 als „Deutschlands ältestes Freilichttheater" für ihr einzigartige Kombination aus anspruchsvollem Theater und historischen Felsenlabyrinth in den renommierten „1000 Places To See Before You Die" Reiseführer aufgenommen.

2008 als familienfreundlichste Stadt und 2012 als nachhaltigste Kleinstadt Deutschlands ausgezeichnet, bietet Wunsiedel zahlreiche Familien-Freizeitmöglichkeiten. In der klassizistischen Altstadt mit ihren besonderen Sehenswürdigkeiten und Geschichten können Sie auf den Spuren von Jean Paul wandern, die vielfältigen Gesteins- und Mineraliensammlung des Fichtelgebirgsmuseums erkunden und in den romantischen Gässchen mit urigen Kneipen und Wirtshäusern verweilen. Ein jährliche Veranstalltungs-Highlight ist das Wunsiedler-Brunnenfest, bei dem um 35 liebevoll mit Blumen und Lichtern geschmückte Brunnen bis spät in die Nacht Sänger und Musikanten aufspielen. Das Brunnenfest wurde in die Liste des immateriellen Kulturerbes der UNESCO mit aufgenommen.

Das Felsenlabyrinth Luisenburg

ein Meisterwerk, welches Natur und Mensch gleichermaßen geschaffen haben, ist zugleich das größte Felsenlabyrinth seiner Art in Europa. Die atemberaubende Landschaftskulisse, in der sich gigantische Felsformationen mit Schluchten, Höhlen und Grotten abwechseln, zog bereits Berühmtheiten wie Königin Luise und J. W. Goethe in den Bann. Ein eigens angelegter Rundgang entführt in die Welt von 300 Millionen Jahre alten Granitsteinblöcken, die sich zu mystisch erscheinende Monstern auftürmen und als kolossale Steinhaufen an die Märchen- und Sagen des Fichtelgebirges erinnern. Die Auszeichnung als „Nationaler Geotop" unterstreicht die erdgeschichtliche Bedeutung dieser seltenen Naturlandschaft.

Der Bürgerpark Katharinenberg mit Greifvogelpark und Falknerei

In der ältesten von Bürgern errichteten bayrischen Parkanlage – dem Bürgerpark Katharinenberg – mit Rotwildgehege, Aussichtsplattform, Umweltstation „Lernort Natur-Kultur" und Abenteuerspielplatz, ist es vor allem der fortschrittlichste Greifvogelpark Europas, der mit seiner begehbaren Großvoliere, seiner Artenvielfalt und insbesondere mit seinen spektakulären Flugvorführungen die Besucher begeistert. Hier erleben Sie die hohe Kunst der Falknerei hautnah. Auf 20.000 qm Fläche können 61 Vögel von mehr als 23 versch. Arten bestaunt werden. Der Streichelzoo läßt besonders Kinderherzen höher schlagen.

„Ich bin gerne in Dir geboren, du kleine, aber gute, lichte Stadt."
Jean Paul, Schriftsteller

olkstheater „Brander Kasper" 2009/10/15

Musical „CATS" 2016/17

Musical „Anatevka" 2004/05

nach der Modernisierung 2013

Die Luisenburg-Festspiele

Die Naturbühne auf der Luisenburg zählt zu der schönsten und zugleich ältesten professionell bespielten Freilichtbühne Deutschlands. Pittoresk gelegen zwischen imposanten Granitblöcken treffen sich hier seit 125 Jahren namenhafte Schauspieler, um die Besucher der Festspiele mit ihren Darbietungen zu begeistern. In dem mit avantgardistischer Architektur überdachten Zuschauerraum mit fast 2000 Sitzplätzen, erleben alljährlich ca. 140.000 Besucher in wildromantischer Kulisse Schauspiel, Familienstück, Musical, Operette und Oper. Als wahrer Glücksgriff erwies sich der von den großen dt. Bühnen 2004 zu den Luisenburg-Festspielen als Intendant gestoßen Michael Lerchenberg, welcher den Festspielen mit einem abwechslungsreichen Programm zu immer neuen Besucherrekorden verholfen hat. Neben den großen Sprechtheater-Klassikern hat Lerchenberg den Spielplan um die Sparte Musical erweitert. Konsequent und erfolgreich ist es dadurch gelungen, die Luisenburg-Festspiele als erste Adresse für anspruchsvolles, gut gemachtes zeitgenössisches Volkstheater zu etablieren. Gemeinsam transportiert das leidenschaftliche Schauspieler-Ensemble mit Originalität, Charme, Humor und Tiefe das einzigartige „Luisenburg-Gefühl", daß das heftig mitgehende Publikum zu wahren Begeisterungsstürmen hinreist.

TOURIST-INFORMATION WUNSIEDEL,
Jean-Paul-Str. 5, 95632 Wunsiedel,
Tel.: 0923 2/ 602 162, www.wunsiedel.de
LUISENBURG-FESTSPIELE WUNSIEDEL,
Luisenburg 2, 95632 Wunsiedel, Tel.: 09232 / 602162,
www.luisenburg-aktuell.de
GREIFVOGELPARK MIT FALKNEREI KATHARINENBERG,
95632 Wunsiedel, Tel.: 0 9232 / 8819999,
www.falknerei-katharinenberg.de

→ Chemnitz 1h 30 min, Jena 1 h 30 min,
→ Bayreuth: 45 min,

EMPFEHLENSWERT

- 27 Fichtelgebirgsmuseum Wunsiedel
- 76 Luisenburg-Festspiele
- Bürgerpark Katharinenberg mit ehem. Wallfahrtskirche St. Katharina
- Felsenlabyrinth Luisenburg
- Naherholungszentrum „Am Eisweiher"
- Kletterhalle „Zuckerhut"
- FreiZEIT-Bad
- Jean-Paul-Rundweg & Hauptweg
- Brückenradweg Bayern Böhmen
- Erlebnisregion Ochsenkopf
- Wunsiedler Brunnenfest
- 615 Golfhotel Fahrenbach
- 615 Wildkräuterhotel Schönblick
- 617 Hotel Alexandersbad
- 391 Kulturkneipe & Bar Zur Ewigen Baustelle Wunsiedel
- 386 Wirtshaus Gläsl im Gut Göpfersgrün
- 390 Teschner's Herrschaftliche Gastwirtschaft, Schwarzenbach

Kurzentrum Weißenstadt am See

Gasthaus Egertal

Sack's Destille

Sack's Destille, Gerald Kastl

Gasthaus Egertal

Gasthaus Egertal

Theodor Rupprecht Senior und Junior

→ Hof 40 min → Jena 1h, 30 min → Leipzig 2h

WEISSENSTADT – WOHLFÜHLKURORT MIT MODERNER KUNST, BROTKULTUR UND SPITZENGENÜSSEN

Idyllisch am See gelegen, harmonisch eingebettet in das Tal der Eger, spiegelt das beliebte Kurzentrum Weißenstadt am See die wohltuende Wirkung des mittelalterlichen Bergbauortes wider. Ab Herbst 2016 begleitet das Siebenquell® GesundZeitResort, Gesundheits- und Thermenresort einer neuen Dimension mit bundesweit einmaligem Balneo Angebot, Übernachtungs- und Tagesgäste auf eine GesundZeitReise durch die Bäder jahrtausendealter Kulturen.

Auf eine Reise zu immer wieder neuen Geschmacksoffenbarungen erwartet Sie das

Gasthaus Egertal

Das untrennbare Dreigestirn aus dem tiefsinnig charmanten Hausgastgeber Theodor Rupprecht sen., seinem Neffen und Küchenstolz, Chefkoch Theodor Rupprecht jun., sowie Ehefrau und Saloniere im Feinschmeckerrestaurant Dorle Rupprecht schliessen den Gast gleichzeitig in ein wohliges Zuhause und einen besonderen Genussort ein. Ein virtuoser Spagat, der sich gelungen zwischen locker unkompliziertem franz. feinen Bistro und elegantem Gourmetrestaurant-Salon entspannt. Seit der Gründung des Egertals 1964 von Theodor Rupprecht mit seinem mittlerweile verstorbenen Bruder und Sternekoch Peter, ist der Ort seiner Zeit immer um echte und unverbogene Geschmackslängen voraus. Eine Einladung zu Authentizität, die nicht nur bei Zutaten, Zubereitung und Weinauswahl, sondern auch bei Gästen und Gastgebern die Lust und Laune, in sich genießend und manchmal auch melancholisch macht. Im Humor vom Seniorchef vereinen sich all diese Nuancen im ausgewogenen Wechselspiel zu seinem Neffen, welcher am liebsten in und mit seiner herausragenden Küche für wohlkomponierte Harmonien und Kontraste sorgt. Beste Zutaten sind auch das Geheimnis von

Sack's Destille

wo seit mehr als 150 Jahren typische Fichtelgebirgs-Spirituosen in echtem Handwerk hergestellt werden. Die Ausstattung reicht von musealem Ambiente bis hin zu modernen Apparaten. Für die Herstellung aller Schnäpse gilt das selbst auferlegte Reinheitsgebot, das neben den Beeren und Kräutern nur reinen Alkohol und das sehr weiche Wasser Weißenstadts zulässt. Künstliche Zusätze werden strikt abgelehnt. Zehn Sorten umfasst das Sortiment: vom legendären Magenbitter Fichtelgold bis zum Bärwurz sowie einen edlen Bio-Kümmel. Der FEINSCHMECKER zählt die Destille und das Restaurant Egertal zu den besten Adressen Bayerns.

KURZENTRUM WEIßENSTADT AM SEE, Im Quellenpark 1, 95163 Weißenstadt, Tel.: 09253 / 9545 0, www.kurzentrum.com

Eröffnung Herbst 2016: SIEBENQUELL GESUNDZEITRESORT, Tel.: 09253 / 9540 705, www.siebenquell.com

GASTHAUS EGERTAL, Theodor Rupprecht e.K., Wunsiedler Straße 49, 95163 Weißenstadt, www.gasthaus-egertal.de

SACK'S DESTILLE, Kirchenlamitzer Straße 12/ Eingang Schulstraße, 95163 Weißenstadt, Tel.: 09253 / 954809, www.destillerie-sack.de

„Auf fruchtbarem Boden soll der Samen für Kultur aufgehen und Früchte tragen"

Dr. Laura Krainz-Leupoldt, Geschäftsführende Gesellschafterin PEMA Vollkorn-Spezialitäten Heinrich Leupoldt KG

EMA Concept Store

PEMA Geschenkauswahl

WEISSENSTÄDTER ÜBERRASCHUNGEN

verbergen sich in der Fichtelgebirgsstadt nicht nur in dem von uralten Bergkristallstollen durchzogenen Untergrund. Einen Lebenstraum hat sich dort Dr. Laura Krainz-Leupoldt, die geschäftsführende Gesellschafterin der PEMA Vollkorn-Spezialitäten Heinrich Leupoldt KG, erfüllt, als sie gemeinsam mit dem weltberühmten italienischen Architekten und Designer Professor Marcello Morandini das „Kleine Museum" konzipierte, das hochaktuelle zeitgenössische Kunst präsentiert.

Auslöser für drei Schätze in Weißenstadt, die nicht im Untergrund liegen, ist die Unternehmerfamilie Leupoldt. Franz H. Leupoldt und seiner Frau Dr. Laura Krainz-Leupoldt reichten die vielen Auszeichnungen für die schmackhaften Lebkuchen und die weltweit geschätzten PEMA Vollkorn-Spezialitäten nicht. Sie schufen in Weißenstadt zum einen mit dem „Kleinen Museum" einen Anziehungspunkt für Kunstfreunde aus ganz Deutschland und darüber hinaus.

Zum anderen entstanden das Rogg-in und der Concept Store. Der Begriff Rogg-in steht für Roggen-Informationszentrum. Die pädagogisch-poetisch konzipierte Einrichtung soll Erwachsene und Kinder mit der Bedeutung dieser Getreideart für die Region vertraut machen. Das von Experten aus dem In- und Ausland viel bestaunte Info-Zentrum ist mit einem künstlerisch gestalteten Roggen-Garten verbunden. Nur wenige Meter entfernt macht der Concept Store mit innovativem Design, Vollkorn-Produkten und schmackhaften Gerichten „Lust auf Vollkorn".

Rogg in

PÄDAGOGISCH-POETISCHES
INFORMATIONSZENTRUM FÜR ROGGEN-KULTUR

95163 Weissenstadt
Goethestrasse 25
Telefon 09253/9546224

ERLEBEN SIE
DAS GOLD
DER REGION

PEMA

Lust auf Vollkorn

PEMA® Vollkornbrote · LEUPOLDT® Süße Welt

Concept Store
Auch Montag geöffnet!

95163 Weissenstadt
Goethestrasse 23
Telefon 09253/89-54

DAS KLEINE MUSEUM
KULTUR AUF DER PEUNT

Museum für
zeitgenössische
Kunst

95163 Weissenstadt
Goethestrasse 15
Telefon 09253/954672

ÖFFNUNGSZEITEN

Januar bis September: Dienstag - Samstag: 10 - 17 Uhr
Oktober bis Dezember: Dienstag - Samstag: 11 - 18 Uhr

Gruppen nach tel. Vereinbarung auch außerhalb der Öffnungszeiten

Jugendstil-Fassade auf dem Kaßberg

Villa Esche in Chemnitz

Chemnitzer Innenstadt

Chemnitzer Innenstadt

CHEMNITZ – WILLKOMMEN IN DER STADT DER MODERNE.

CHEMNITZ STADT DER MODERNE

Ende des 19 Jh. zu den reichsten dt. Städten gehörend, erstrahlt die sächsische Metropole vor den Toren des Erzgebirges heute wieder im neuen Glanz. Wo nach der Wende noch Beton die Mitte von Chemnitz prägte, haben namhafte Architekten wie H. Kollhoff, H. Jahn und C. Ingenhoven mit der neuen Innenstadt ein urbanes Herz entwickelt, welches von traumhaften Parklandschaften und erstklassigen Kulturangeboten umschlossen ist.

Neben der aktuellen Baukunst, Schmuckstücken der Moderne, des Bauhauses und dem mittelalt. Schloßchemnitz begeistern die Jugendstil- und Gründerzeitarchitektur im sanierten Schloßbergviertel und auf dem Kaßberg. Ein besonderes Kleinod ist dabei die Villa Esche.

Kunst und Kultur

Glanz und Kultiviertheit der zur industr. Revolution schwungvoll aufgestiegenen Stadt spiegeln sich nicht nur in der Architektur. Modern und vielseitig ist auch die Kunst- und Kultur in Chemnitz: in der Vergangenheit mit dem in Chemnitz geb. Expressionisten Karl Schmidt-Rottluff, oder der Bauhaus-Ikone Marianne Brandt. Und in der Gegenwart mit dem Museum Gunzenhauser, dass neben der weltgrößten Dix-Sammlung rund 2500 Werke der klassischen Moderne beherbergt sowie den Kunstsammlungen der Stadt, welche mit spektakulären Ausstellungen national und international von sich reden machen. Nicht nur deutschlandweit geschätzt sind auch die Städtischen Theaterbühnen mit ihren einzigartigen Aufführungen und Inszenierungen, mit der Robert-Schumann-Philharmonie sowie dem Figurentheater.

Genuss, Landschaft und Industriekultur

Zahlreiche Restaurants, Bars, Cafés und Clubs spiegeln Lebenslust und Vielfalt der Stadt wider. Aber Chemnitz ist auch eine grüne Stadt. Nur einen Katzensprung vom Erzgebirge entfernt, durchzogen von grünen Oasen wie den Parks um Schloßbergviertel und Wasserschloß, ermöglicht Chemnitz Naturgenuss pur. Dies war in Chemnitz als Zentrum des Maschinenbaus nicht immer der Fall. In der Stadt der Ingenieure stehen heute traditioneller Erfindergeist, gepaart mit High-Tech-Unternehmen, Universitätscampus und Gründerzentrum für eine der 10 wachstumsstärksten Städte Deutschlands.

EMPFEHLENSWERT

- 39 Staatliches Museum für Archäologie Chemnitz smac
- 40 Sächsisches Industriemuseum und Museum für sächsische Fahrzeuge
- 58 Villa Esche
- 80 Theater Chemnitz
- 93 Kunstsammlungen Chemnitz, Museum Gunzenhauser
- Schloßbergviertel / Kaßbergviertel
- Neue Mitte mit altem und neuem Rathaus, Gläs. Kaufhaus und „Galerie Roter Turm“, Kulturkaufhaus DAStietz

„Für Industrie, Handwerk und starke mittelständische Unternehmen ist Chemnitz ein gefragter Ort – dafür ist die Stadt bekannt. Aber kann man hier genießen? Ja, sehr gut sogar! Kulturelles Leben in Museen, im Theater, eine experimentierfreudige Subkultur, spannende Architektur vom Jugendstil bis zur Postmoderne und viel Grün gehören zu dieser Stadt. Lassen Sie sich doch überraschen!“

Barbara Ludwig, Oberbürgermeisterin der Stadt Chemnitz

TOURIST-INFORMATION CHEMNITZ
Markt 1, D-09111 Chemnitz,
Tel.: 0371 / 690680, www.chemnitz-tourismus.de
Mo – Fr 9 – 18 Uhr, Sa 9 – 16 Uhr,
So & Feiertage: geschlossen

Mendelsohn-Bau „Kaufhaus Schocken" beheimatet das Museum smac

Erlebnisort smac

Salman Schocken

40 m lange Vitrinenwand

Bronzedepot

Blick in die Ausstellung

INNOVATIVE HANDELS- UND MUSEUMSWELTEN IN DER NEUEN MITTE CHEMNITZ

smac staatliches museum für archäologie chemnitz

Der Aufstieg von Chemnitz zur reichsten Textilindustriemetropole Deutschlands spiegelte sich Anfang des 20.Jh. auch im Glanz und Glamour neuer Shoppingwelten wie dem 1913 eröffneten Kaufhaus „H. & C. Tietz" und dem 1930 eröffneten Kaufhaus Schocken. Auch heute prägen mit dem Gläsernen Kaufhaus „Galeria Kaufhof", der „Galerie Roter Turm" und dem Kulturkaufhaus „DAStietz" innovative Einkaufs- und Kulturorte die in den 90er Jahren geschaffene und 2006 mit dem FIFA Award ausgezeichnete neue Mitte Chemnitz. Auch das ehemalige Kaufhaus Schocken ist nun zur Kulturadresse geworden: Seit Mai 2014 präsentiert es als „smac – Staatliches Museum für Archäologie Chemnitz" die 300.000-jährige Kulturgeschichte Sachsens.

Kaufhaus Schocken – Eine Ikone der Moderne

Als Simon Schocken 1901 seinen kunstsinnigen Bruder Salman Schocken bat, ihm bei dem von ihm geleiteten Zwickauer Kaufhaus zu unterstützen, ahnte noch niemand, dass beide binnen zweier Jahrzehnte an 20 Standorten den viertgrößten Kaufhauskonzern Deutschlands schufen. Salman Schocken, der neben seiner kaufmännischen Tätigkeit als global operierender Verleger und Kunstsammler agierte, entwickelte zusammen mit seinem Bruder nicht nur neue, die Branche revolutionierende Verkaufs- und Geschäftsstrategien mit einem qualitätvollen, aber erschwinglichen Warensortiment, sondern auch ein modernes Unternehmensdesign und funktionale Baukonzepte. Dabei arbeitete er eng mit dem weltberühmten Architekten Erich Mendelsohn zusammen, der 1930 für Chemnitz das schönste Schocken-Kaufhaus konzipierte. Kraftvoll und sinnlich schwingt sich das Warenhaus um eine Straßenecke und hebt seine Vorhangfassade mit Baldachindach zugleich mit unerhörter Leichtigkeit und Dynamik in die neue Zeit. Statt elitäre Abgrenzung eröffnen großzügige Schaufenster ihr einladendes Sortiment schon dem Passanten. Zwischen den ersten Chemnitzer Rolltreppen taucht der Kunde in unverstaubt klare und ehrliche Produkt- und Erlebniswelten ein. Nach Arisierung, DDR Kaufhaus und Leerstand erfuhr der Ort 2014 eine Neunutzung als Archäologiemuseum.

smac – Staatliches Museum für Archäologie Chemnitz

Das sanierte Kaufhaus bietet eine beeindruckende Anknüpfung an die ursprüngliche Philosophie des Hauses, qualitätvolle Inhalte wegweisend und modern einer breiten Öffentlichkeit zu präsentieren. Auf 3000 Quadratmetern wird eine Zeitspanne von rund 300.000 Jahren Kulturgeschichte Sachsens von den Jägern und Sammlern der Altsteinzeit bis zum Beginn der Industrialisierung präsentiert. Neben einer linearen Bodengrafik prägen Installationen und Landschaftspanoramen die Raumbilder der Ausstellungsebenen, welche vertikal mit zwei großen Inszenierungen verbunden sind: das schwebende, zeitdynamische Sachsenmodell im Zentrum der Ausstellung und der beeindruckende Aufgangsbereich, der von einem 21 Meter hohen stratigrafischen Diorama begleitet wird. Die nicht nur für Mitteldeutschland Maßstäbe setzende Ausstellung bildet eine gelungene Synthese aus Kultur-, Bildungs- und Erlebnisort.

SMAC – STAATLICHES MUSEUM FÜR ARCHÄOLOGIE CHEMNITZ
Stefan-Heym-Platz 1, 09111 Chemnitz,
Tel.: 0371 / 9119990, www.smac.sachsen.de

www.dastietz.de, www.galerie-roter-turm.de
www.galeria-kaufhof.de/filialen/chemnitz/

Die Meistersinger von Nürnberg

Opernhaus

Der Besuch der alten Dame

Schauspielhaus

Eugen Onegin

Der Froschkönig

Robert-Schumann-Philharmonie

DAS SÄCHSISCHE BAYREUTH HAT FÜR JEDEN ETWAS ZU BIETEN

Mit seinen fünf Sparten ist das Theater in Chemnitz so vielseitig wie kaum ein anderes. Wozu man dadurch in Chemnitz in der Lage ist, stellen nicht zuletzt die opulenten Wagnerinszenierungen unter Beweis.

Vielfalt, die begeistert

Der Theaterplatz beeindruckt bereits auf den ersten Blick. Links die Kunstsammlungen, rechts das Hotel Chemnitzer Hof, die St. Petrikirche und in der Mitte das Opernhaus. Es beherbergt die Oper, das Ballett und die Robert-Schumann-Philharmonie. Zusammen mit dem Schauspiel und dem Figurentheater bilden sie das Fünf-Sparten-Haus der Theater Chemnitz.

In dieser Form gibt es städtische Theater hierzulande nur noch sehr selten. Chemnitz bietet mit seiner imposanten Vielfalt jedem etwas: dem kleinsten Besucher genauso wie dem Konzertliebhaber. Das sehr junge Ballett und das ebenfalls junge Schauspiel bringen stets neue Impulse in die Stadt. Währenddessen spielt die Robert-Schumann-Philharmonie mit Leidenschaft und Exzellenz Stücke von Mahler über Strauss bis hin zu Wagner.

Das Sächsische Bayreuth

Nicht ohne Grund trägt Chemnitz den Beinamen „Sächsisches Bayreuth“. Auf dem Programm stehen „Die Meistersinger von Nürnberg“, „Parsifal“ und „Tannhäuser“. Mit großer Spannung blicken alle bereits auf 2018, das komplett im Zeichen des „Rings“ stehen wird. Alle vier Teile des Opernzyklus „Der Ring des Nibelungen“ von Richard Wagner sollen dann auf die Bühne gebracht werden. Das ist etwas ganz Besonderes für die Theater Chemnitz und für die Oper mit ihrer über 100-jährigen Geschichte sowie für Wagnerliebhaber in ganz Deutschland!

DIE THEATER CHEMNITZ
www.theater-chemnitz.de
Tickethotline: 0371-4000430

Opernhaus, Theaterplatz 2, 09111 Chemnitz

Schauspielhaus, Zieschestraße 28, 09111 Chemnitz

Figurentheater im Schauspielhaus
Zieschestraße 28, 09111 Chemnitz

Stadthalle Chemnitz/Philharmonie
Theaterstraße 3, 09111 Chemnitz

unstsammlungen Chemnitz

Schloßbergmuseum

Henry van de Velde-Museum – Villa Esche

ınstsammlungen Chemnitz

Kunstsammlungen Chemnitz

Kunstsammlungen Chemnitz

Schloßbergmuseum

Museum Gunzenhauser

VON DER ROMANTIK INS HIER UND JETZT

Mit den Kunstsammlungen Chemnitz verfügt die Stadt über eine beeindruckende Sammlung von Werken aus kunsthistorisch bedeutenden Epochen. Der Blick auf die zeitgenössische Kunst kommt dabei nicht zu kurz.

Kunstliebhaber kennen die Kunstsammlungen weit über die Grenzen von Chemnitz hinaus. Sie locken mit ihren vier Museen Besucher aus der ganzen Welt. In den Kunstsammlungen auf dem beeindruckenden Theaterplatz befindet sich eine umfangreiche Sammlung mit Werken aus der Romantik bis in die Neuzeit. Eine der weltweit größten Otto Dix Sammlungen wartet im Museum Gunzenhauser auf die Besucher. Kunst und Architektur treffen in der Villa Esche eindrucksvoll aufeinander. Das Henry van de Velde-Museum gewährt Besuchern einen Einblick in das Schaffen des vielseitigen Künstlers. Zwischen gotischen Skulpturen aus Sachsen und Dokumenten der Chemnitzer Stadtgeschichte kann der Besucher im Schloßbergmuseum dann wieder ein bisschen zur Ruhe kommen.

International und vielfältig

Die vielen Sonderausstellungen bieten stetig Abwechslung. Demnächst steht eine Kooperation mit der Akademie der Künste an. Vom 25.9. bis zum 20.11.2016 sind Künstler wie Jim Dine, Katharina Grosse und Tony Cragg zu sehen. Im Anschluss daran stehen Werke russischer Avantgardisten im Mittelpunkt. Vom 11.12.2016 bis zum 12.3.2017 werden Werke von Wassily Kandinsky, El Lissitzky und vielen weiteren Künstlern zu sehen sein.

Eine große Vielfalt für alle – dieser Herausforderung stellen sich die Kunstsammlungen Chemnitz immer wieder aufs Neue. Das Ergebnis kann der Besucher in allen vier Museen täglich erleben.

(i) KUNSTSAMMLUNGEN CHEMNITZ
Theaterplatz 1, 09111 Chemnitz,
Tel.: 0371 / 4884424, Di – So, Feiertag: 11 – 18 Uhr,
www.kunstsammlungen-chemnitz.de

MUSEUM GUNZENHAUSER
Stollberger Straße 2, 09119 Chemnitz,
Tel.: 0371 / 4887024, Di – So, Feiertag: 11 – 18 Uhr

SCHLOSSBERGMUSEUM
Schloßberg 12, 09113 Chemnitz,
Tel.: 0371 / 4884501, Di – So, Feiertag: 11 – 18 Uhr

HENRY VAN DE VELDE-MUSEUM – VILLA ESCHE
Parkstraße 58, 09120 Chemnitz,
Tel.: 0371 / 4884424, Mi, Fr – So: 10 – 18 Uhr

INDUSTRIEKULTUR – WAS IST DAS EIGENTLICH?
INDUSTRIEARCHITEKTUR! KULTUR IN INDUSTRIEOBJEKTEN!
INDUSTRIE UND KULTUR! IN CHEMNITZ ALLES!

Industrie und Kultur gehören zusammen – zumindest in Chemnitz. In einer der ehemals reichsten Kommunen Deutschlands laden erfolgreiche Bürger seit Mitte des 19. Jahrhunderts Künstler zu sich ein, vergeben Auftragsarbeiten an Architekten, Designer, Musiker, initiieren die Gründung von Bildungseinrichtungen, sammeln und stiften Kunst- und Naturschätze, lassen Stadtviertel von außerordentlicher Schönheit entstehen, bauen Bäder, Opernhaus und Museen. Kultur ist in Chemnitz auch Industriekultur. Und das über alle gesellschaftlichen Zäsuren hinweg: Kontinuierlich seit zwei Jahrhunderten ist Chemnitz wirtschaftlicher Motor in Sachsen und Deutschland. Das spiegelt sich im Gesicht der Stadt: Prachtvolle Unternehmervillen und Gründerzeitviertel sowie Fabrikhallen, die heute als Museen, Kulturareale, Restaurants, Lofts und zum Arbeiten genutzt werden, finden sich neben sozialistisch geprägten Karrees und jungen Bauten international renommierter Architekten. Sie machen Chemnitz zu einem faszinierenden Abbild deutscher Industrie- und Gesellschaftsgeschichte(n), das von Vergangenheit und Moderne, von Aufbruch und Umbruch erzählt.

Collage: Haus E - Mit freundlicher Genehmigung durch die CWE; detaillierter Bildnachweis siehe S. 362-363

Kulturstiftung des Freistaates Sachsen

CHEMNITZ TO GO

ROUTEN DER INDUSTRIEKULTUR

Der wohl charmanteste und leichteste Einstieg in die facettenreiche Industriekulturlandschaft der Stadt beginnt auf Ihrem Handy: Mit der Smartphone-App Chemnitz to go. Damit laden Sie sich unter anderem Ihren Multimedia-Guide für die Route der Industriekultur direkt auf Ihr Handy oder Tablet. Entlang von zahlreichen Stationen verschaffen Sie sich so einen ersten, mal spannenden, mal überraschenden, mal beeindruckenden Überblick über die vielfältigen Areale, Kulissen, Projekte und Protagonisten der sächsischen Industriemetropole.

Für Apple- und Android Smartphones

INDUSTRIEVEREIN SACHSEN 1828

Günnewig Hotel – Außenansicht bei Nacht

Chemnitz Theaterplatz Panorama

Willkommen im Günnewig Hotel

Günnewig Hotel – Zimmer

Elegante Veranstaltungsräume

GÜNNEWIG HOTEL CHEMNITZER HOF – IN STILVOLLER NACHBARSCHAFT ZU KULTUR- UND NATURGENUSS

GÜNNEWIG
Hotel CHEMNITZER HOF
★★★★ Superior

Einzigartig gelegen am architektonisch schönsten Platz von Chemnitz – direkt neben der Petrikirche blickt das 4-Sterne-Superieur-Haus auf eine große Geschichte zurück. Im mondänen Bauhausstil geplant, zeugt das vor 86 Jahren von Chemnitzer Industriellen für ihre internationalen Gäste eröffnete Haus im Ensemble mit der Oper und den Kunstsammlungen von Glanz und Kultiviertheit der Chemnitzer Wirtschaft Anfang des 20. Jh. Betritt man heute die stilvolle Lobby mit Lichthof, spürt man den Geist großer Feste und Empfänge, welche das Haus bis heute prägen.

Von 1929–30 nach Plänen des Berliner Architekten Prof. Dr.-Ing. Heinrich Straumer im Bauhaustil errichtet, sollte die in Marmor, Sandstein und Messing gehaltene Architektur Eleganz, Modernität und Fortschritt ausstrahlen. Einem Anspruch, dem sich auch die Günnewig Hotelgruppe gemeinsam mit Hoteldirektor Ron Spies verpflichtet fühlt. Anknüpfend an die große Tradition des Hauses wird die das Hotel prägende Eleganz und Klarheit mit den neuen Zimmern stilvoll und modern in die Zukunft interpretiert. Die Modernisierung beinhaltete neben der Möblierung und dem Umbau der Bäder auch ein neues Farbkonzept. Mit der zentralen Lage, kostenfreiem WLAN und direkten Zugang zur städtischen Tiefgarage genießen Sie bequemen Komfort. Das Restaurant Opera mit Terasse präsentiert internationale Küche und eine erlesene Auswahl an Weinen aus der ganzen Welt. Fünf Veranstaltungsräume mit Tageslicht bieten den stimmungsvollen Rahmen für einzigartige Feste, Events und Tagungen bis zu 350 Personen. Ein besonderes Schmuckstück ist die Veranstaltungslobby im Innenhof mit Dach zum Öffnen.

Chemnitzer Kulturhighlights und das Erzgebirge entdecken

Die direkte Nähe zu Kunstsammlungen und Oper garantiert besten Kulturgenuss. Im nahen Erzgebirge laden romant. Wanderwege, über 100 Museen, hist. Bergstädte, Burgen, Schlösser und trad. Handwerkskunst zu zahlreichen Entdeckungen ein. Genießen Sie Eleganz und Luxus eines 4-Sterne-Hotels mit der Schönheit beeindrucken Erzgebirgs-Landschaften oder dem Annaberger Weihnachtsmarkt.

GÜNNEWEG HOTEL CHEMNITZER HOF,
Theaterplatz 4, 09111 Chemnitz,
Tel.: 0371 / 6840,
Günnewig Restaurant-Betriebe GmbH,
Tel.: 0371 / 6840, www.guennewig.de

Schlosshotel Wasserschloß Klaffenbach – Genußvoll im Winter

Schlosshotel Wasserschloß Klaffenbach – Gastraum

Schlosshotel Wasserschloß Klaffenbach – Zimmer und Außenansicht

Schlosshotel Wasserschloß Klaffenbach

SCHLOSSHOTEL WASSERSCHLOSS KLAFFENBACH – IHR VERWÖHNURLAUB IN CHEMNITZ

WASSERSCHLOSS KLAFFENBACH

Das Vier-Sterne-Schlosshotel im Areal des Wasserschloßes Klaffenbach in Chemnitz ist eine Top-Adresse für Business-, Verwöhn- und Golfurlaub, Hochzeiten und Events der besonderen Art. Das Hotel ist eine echte Oase mit vielen Möglichkeiten der Erholung, der Kunst und Kultur in Chemnitz als Stadt der Moderne. Sie wohnen buchstäblich mitten im Grünen im historischen Wasserschloß, das in seiner bemerkenswerten Architektur seinesgleichen sucht und sind doch in nur wenigen Autominuten mitten in Chemnitz.

Idyllisch am Stadtrand von Chemnitz gelegen laden im Schlosshotel Klaffenbach 47 individuell gestaltete Zimmer zum Verweilen und Träumen ein. Ausgesuchtes Mobiliar finden Sie auch in den beiden Hochzeitssuiten, die Ihnen das besondere Flair des Hauses näher bringen. Alle Zimmer verfügen über WLAN, Telefon, moderne LCD-TV-Geräte mit Sky-TV sowie Badezimmer, teilweise mit Badewanne oder Dusche ausgestattet. Das Gewölberestaurant besitzt ein einmaliges Flair. Die individuelle Atmosphäre, gepaart mit feinen Speisen und erlesenen Weinen, lädt zu Hochzeiten, Banketten, Firmenessen, Familienfeiern und romantischer Zweisamkeit ein. Die Köche um Chefkoch Jens Herrmann haben sich über die Region hinaus einen guten Ruf „erkocht". Ausgewählte Zutaten aus der Region prägen die regionale Schlossküche. Wert wird auf eine stets saisonale Ausrichtung der Speisenangebote gelegt.

Lassen Sie sich verführen – unsere fachkundigen Mitarbeiter empfehlen Ihnen ganz sicher einen Wein nach Ihrem Geschmack aus der hauseigenen Vinothek. Natürlich können Sie sich auch gern selbst in der Vinothek umsehen. Unter einem Dach vereint Schloss Klaffenbach in seinen historischen Mauern verschiedene Kultur-, Kunst-, Sport- und Gastronomie-Einrichtungen, welche vielfältige Angebote für Touristen, Ausflügler, Kulturinteressierte und Sportler schaffen. Golfplatz, Reiterhof, Abenteuerspielplatz, wechselnde Ausstellungen im Schloss, attraktive Angebote der umliegenden Kreativ-Ateliers und Open-Air-Veranstaltungen im Schlosshof sowie verschiedene Restaurants machen den Schlosskomplex zu einem beliebten Ausflugsziel. Das besondere Ambiente des Areals wird ergänzt durch das Atelierhaus mit den Künstlerateliers „Faden und Spiel", „Porzellanstudio", „Silberschmiede", „Glasgalerie" und „Kerzenladen".

» Das Leben ist wunderschön, man muss nur einfach daran teilnehmen ...

Gästebucheintrag Mario Barth, deutscher Komiker und Synchronsprecher «

SCHLOSSHOTEL WASSERSCHLOSS KLAFFENBACH, Wasserschloßweg 6, 09123 Chemnitz, Tel.: 0371 / 26110, www.schlosshotel-chemnitz.de

Lindenau-Museum

Blick über die Dächer

Kartenmacherwerkstatt

Alexandrazimmer im Schloss

DIE SPIELKARTENSTADT ALTENBURG LOCKT MIT KUNST- UND KULINARIKSCHÄTZEN

→ Leipzig 45 min → Gera 40 min
→ Chemnitz 55 min

Wer kennt Altenburg nicht als Deutschlands Spielkartenhauptstadt? Seit 500 Jahren werden hier Spielkarten produziert und vor 200 Jahren das Skatspiel erfunden. Kartenfans pilgern ins Spielkartenmuseum auf dem Schloss oder kramen nach Raritäten im Spielkartenladen am Markt, wo man auch die legendären Altenburger Spezialitäten findet.

Altenburg als ehemalige Stauferpfalz und Residenz der Wettiner Fürsten im Süden Leipzigs ist ein unerwartetes Schatzkästchen. Ein Spaziergang durch die liebevoll restaurierte Altstadt ist eine genießerische

Zeitreise durch 1000 Jahre Geschichte

Kaiser Friedrich Barbarossa ließ die „Roten Spitzen" erbauen. Das imposante Schloss überrascht mit prächtigen Räumen und seiner Porzellansammlung. Das prunkvolle Theater wurde nach Plänen der Dresdner Semperoper erbaut. Historische Parks, der Botanische Garten und die grüne Oase am Großen Teich sind Orte, um die Seele baumeln zu lassen. Am Fuße des Schlossparks befindet sich das 1876 eröffnete

Lindenau-Museum

„Italien beginnt in Altenburg" – 180 kostbare Tafeln früher italienischer Malerei begründen den internationalen Rang des Museums. Sie sind dem Naturwissenschaftler, Staatsmann und Mäzen Bernhard August von Lindenau (1779–1854) zu verdanken und seit 1848 der Öffentlichkeit zugänglich. Lindenau trug außerdem 2500 Jahre alte griechische und etruskische Keramiken sowie Gipsabgüsse nach berühmten Plastiken der Antike und der Renaissance zusammen. Im Museum werden seine Sammlungen gemeinsam mit Plastiken des 19./20. Jh. und deutscher Malerei des 16. Jh. bis zur Gegenwart gezeigt. Ein Schwerpunkt, auch der Graphischen Sammlung, liegt auf der Kunst der 1920er Jahre.

ALTENBURGER TOURISMUS-INFORMATION
Markt 17, 04600 Altenburg,
Tel.: 03447 / 512800,
www.altenburg-tourismus.de

„Altenburg ist Geschichte genießerisch. Unser Trumpf? Wir sind mittendrin zwischen Leipzig, Zwickau, Gera und Chemnitz."

Christine Büring, Geschäftsführerin der Altenburger Tourismus GmbH

Altenburg reizt

ltenburg Theatersaal

Musiktheater „Jekyll & Hyde“

Schauspiel „Tod eines Handlungsreisenden“

Landestheater Altenburg

BÜHNEN DER STADT GERA
LANDESTHEATER ALTENBURG

DAS LANDESTHEATER ALTENBURG BIETET ALS „KLEINE SEMPEROPER“ THEATERERLEBNIS PUR

In der Residenzstadt Altenburg, wo mit Kaiser Barbarossa, Prinzenraub und Reformation auf faszinierende Weise auch echte Geschichte spielte, hat das Theater seit Jahrhunderten Tradition. 1871 ließ Herzog Ernst I. angelehnt an die 1842 errichtete Dresdner Semperoper von einem Schüler Gottfried Sempers das neue Herzogliche Hoftheater bauen.

1871 wurde das Theater im Stil der Neorenaissance mit „Der Freischütz“ von Carl Maria von Weber eingeweiht und erfuhr 1995 eine Verjüngungskur. Aus der Fusion des Landestheaters Altenburg mit den Bühnen der Stadt Gera im Jahr 1995 entstand die TPT Theater und Philharmonie Thüringen GmbH.
Theater und Philharmonie Thüringen bietet ein Angebot von Oper, Schauspiel, Musical und Operette, Puppentheater für Groß und Klein, experimentelle Produktionen und anspruchsvolle Tanzproduktionen des größten Thüringer Ballettensembles, dem Thüringer Staatsballett. Darüber hinaus bietet Theater&Philharmonie Thüringen mit der TheaterFABRIK ein lebendiges, theaterpädagogisches Angebot für Kinder und Jugendliche.

In Altenburg werden drei Spielstätten mit einem großen Saal von 492 Plätzen bespielt. Zusammen mit den Bühnen der Stadt Gera ist Theater&Philharmonie Thüringen mit circa 140.000 Besuchern jährlich das Theater mit den meisten Zuschauern in Thüringen.

Tipp: Pauschalangebot für 119 € – Theatererlebnis und Hotelübernachtung inkl. Frühstück für 2 Personen.

TPT THEATER UND PHILHARMONIE THÜRINGEN GMBH, Landestheater Altenburg, Theaterplatz 19, 04600 Altenburg
Tel.: 03447 / 585177, www.tpthueringen.de

EMPFEHLENSWERT

41	Lindenau-Museum
72	Burg Posterstein
59	Bartholomäikirche Altenburg
71	Residenzschloss Altenburg
77	Landestheater Altenburg
127	Altenburger Genusskiste am Markt
176	Altenburger Spielekartenladen
177	DZA Druckerei zu Altenburg
505	Altenburger Ziegenkäse
506	Altenburger Erlebnisbrauerei
506	Altenburger Destillerie & Liqueurfabrik
508	Weltmeister Senfladen Altenburg

Senfonie Kochkurs

Weltmeister-Camembert aus Thüringen

Senfonie Erlebnisveranstaltung

Senfladen Altenburg

Käserei Altenburger Land – Qualitätskontrolle

Altenburger Brauerei Sudhaus

ALTENBURGER SPEZIALITÄTEN SIND IMMER EINE VERSUCHUNG WERT

Der Senfladen

KOCHSCHULE Senfonie

ALTENBURGER ORIGINAL

ALTENBURGER ZIEGENKÄSE seit 1897

Rotkäppchen TRADITION seit 1926

Nirgendwo sonst in Thüringen sind so viele legendäre Köstlichkeiten in einer Stadt vereint. Probieren kann man die Altenburger Spezialitäten direkt in der Touristeninformation am Markt oder bei den Genussvirtuosen selbst. Entdecken Sie 100 Sorten Spirituosen in der Altenburger Destille im Biermuseum und Jugendstil-Sudhaus der Altenburger Brauerei, über 300 Sorten Senf und Gewürze bei Altenburger Senf sowie die Heimat des Altenburger Ziegenkäses.

In der Käserei Altenburger Land

werden unter der Marke „Rotkäppchen“ und der Ziegenkäsemarke „Der Grüne Altenburger“ vielfältige, genussvolle Weichkäsespezialitäten sowie rahmige Brotaufstriche aus frischer Kuh- und Ziegenmilch hergestellt. Insgesamt werden rund 16 Spezialitäten gekäst. In diesem Jahr wurde die Käserei Altenburg zum sechsten Mal mit dem Bundesehrenpreis mit der dementsprechenden Silbermedaille ausgezeichnet. Rotkäppchen „Der Cremige“ wurde im März 2016 zum wiederholten Mal beim „World Championship Cheese Contest“, dem wichtigsten Wettbewerb für Käsereien, in der Kategorie Camembert zum Weltmeister gekürt. Weitere Highlights aus Altenburg sind der berühmte Altenburger Senfladen der dazugehörenden Senfonie Kochschule.

KÄSEREI ALTENBURGER LAND GMBH & CO. KG,
Theo-Nebe-Straße 1, 04626 Lumpzig-Hartha,
Verkaufspavillon der Käserei (direkt ab Werk)
Mo – Fr: 9 – 17 Uhr, Sa: 9 – 12 Uhr, Tel.: 034495 / 77019,
www.kaeserei-altenburger-land.de

Altenburger Senfladen und Senfonie Kochschule

Firmen, Familien und Vereine sind begeistert von den unvergesslichen Kochevents und Seminaren in geselliger Runde in der Altenburger Kochschule Senfonie. Individuell können Sie das exklusive Event mit Verkostungsangeboten und Filmvorführung buchen. Eine breite Palette von 350 Sorten Senf, Dips, Saucen, Gewürzen und weiteren Spezialitäten von scharf bis süß und fruchtig erwartet Sie im Werksverkauf vor Ort oder im Weltmeister-Senfladen direkt am Altenburger Markt. Dort können alle Senfsorten probiert oder gleich auf einer frisch gebratenen Original Thüringer Bratwurst verspeist werden.

ⓘ ALTENBURGER SENF & FEINKOST GMBH & CO. KG, Remsaer Str. 21a, 04600 Altenburg, Tel.: 03447 / 85260, E-Mail: buero@senf.de, Öffnungszeiten: Mo – Fr 8 – 17 Uhr, www.senf.de

SENFLADEN IM ZENTRUM VON ALTENBURG
über 350 Sorten Senf, Dips, Saucen und Gewürze:
Moritzstraße 1, 04600 Altenburg,
Tel.: 03447 / 892219

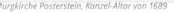

urgkirche Posterstein, Kanzel-Altar von 1689

Burg Posterstein

Burg Posterstein

Herzogin Anna Dorothea von Kurland

Hotel zur Burg – Bauernzimmer

Hotel zur Burg – Buffett

VON RITTERN UND SALONDAMEN – AUF BURG POSTERSTEIN WIRD GESCHICHTE LEBENDIG

Die über 800 Jahre alte Burg thront hoch über Posterstein mit seinen reizvollen Fachwerkhäusern und dem Kunst- und Kräuterhof. Das Burgmuseum berichtet eindrucksvoll, wie sich in der Region europäische Geschichte kreuzte – von den Postersteiner Burgherren, der Kulturgeschichte des Altenburger Landes bis zur Salonkultur im frühen 19. Jahrhundert.

Die Burg Posterstein – das Museum

Sehr empfehlenswert ist die Ausstellung über den Musenhof der Herzogin Anna Dorothea von Kurland (1761–1821), welche als schöne und begehrte Dame des herrschenden europäischen Adels zu den bekannten Salonieren des 19. Jahrhunderts gehörte. Als Herzogin erhielt sie Zugang zu den Höfen in Berlin, St. Petersburg und Paris: Metternich, Alexander I., Friedrich Wilhelm III., Napoleon und Tal-leyrand kannte sie persönlich. Dieser Umstand ermöglichte ihr einen ganz speziellen Anteil an der Gestaltung europäischer Geschichte. Neben Altenburger Regionalgeschichte bietet das Museum wechselnde Sonderausstellungen, Kinderführungen, Ritterspiele und Trauungen. Unbedingt anschauen sollte man sich auch die prachtvolle barocke Burgkirche.

Das Hotel zur Burg

befindet sich am Fuße der Burg Posterstein. Mit seinen 16 Zimmern und insgesamt 38 Betten ist es ideal für Geschäftsreisende und Erholungssuchende. Beliebt für Feiern und Bankette sind neben den stilvollen Gasträumen der Rittersaal, das Jagdzimmer, der Schlosspavillon, die Fallada-Stube und die Sonnenterrasse. Die Karte bietet saisonale Spezialitäten vom original Argentinischen Parrilla-Grill, mediterrane Gerichte und eine gehobene Auswahl traditioneller Thüringer Speisen. Einzigartig ist das Herzogin-von-Kurland-Mahl und die stimmungvollen Ritteressen in den Gewölben der Burg Posterstein.

ⓘ MUSEUM BURG POSTERSTEIN
Burgberg 1, 04626 Posterstein,
Tel.: 034496 / 22595,
www.burg-posterstein.de,
www.burgposterstein.wordpress.com

HOTEL ZUR BURG
Dorfstraße 13, 04626 Posterstein,
Tel.: 034496 / 6510, www.hotel-posterstein.de

Mutzbratenkönig André Schakaleski mit Bürgermeisterin a. D. Kathrin Lorenz und heimischen Gastronomen von Hotel Bellevue und Hotel Reussischer Hof

Mutzbraten, Reussischer Hof

Musikschule mit Brauereiteich

Ernst-Agnes-Turm

Stadtpark mit Turm

KNOPFSTADT SCHMÖLLN – LIEBENSWERTE HEIMAT DES THÜRINGER MUTZBRATENS

→ Erfurt 1 h 15 min → Leipzig 50 min
→ Gera 25 min

Schmölln ist eine sehenswerte und facettenreiche Stadt in Ostthüringen. Die rüstige alte Dame feiert im Jahr 2016 ihre 950-jährige Entstehung mit vielen Höhepunkten.

Entdecken Sie Spuren der deutschen Kultur- und Technikgeschichte und bummeln Sie durch kleine Parkanlagen oder über den Schmöllner Markt mit dem wunderschönen Kirchwinkel oder dem gotischen Rathaus. Warum Schmölln eine

Traditionsreiche Knopfstadt

ist, erfahren Sie im Knopf- und Regionalmuseum. Und wer hoch hinaus will, der darf sich den Aufstieg zum Ernst-Agnes-Turm nicht entgehen lassen. Für Erholungssuchende empfehlen wir unser Wellness- und Freizeitbad „TATAMI“ oder für Wander- und Fahrradfreunde den naturnahen Wassererlebnispfad sowie den „Thüringen Radweg“. Bei allen Aktivitäten darf für die Gaumenfreude der, liebevoll von regionalen Gastronomen und Fleischern zubereitete,

» Es ist besser, zu genießen und zu bereuen, als zu bereuen, dass man nicht genossen hat. von Giovanni Boccaccio «

Sven Schrade, Bürgermeister von Schmölln

Original Schmöllner Mutzbraten

nicht fehlen. Die deutschlandweite Anerkennung verdankt die am Spieß gebratene Schweinefleisch-Spezialität dem (laut MDR Fernsehen) „König des Mutzbratens“ André Schakaleski. Seit 20 Jahren nutzt er jede Möglichkeit, den schmackhaften Braten weit nach vorne in die Riege der deutschen Grillspezialitäten zu bringen – mit Erfolg. So begleitete er mit seinen Mutzbraten 1991 die Eröffnung der Thüringer Vertretung in Bonn und ist seit 1994 mit Mutzbraten, Bratwurst, Bier und Co. sogar im europäischen Ausland unterwegs. Speziell Italien hat es ihm angetan. Hier nimmt er regelmäßig an sogenannten Europamärkten teil. In Thüringen braucht man bei Veranstaltungshighlights, wie dem Krämerbrückenfest Erfurt, Zwiebelmarkt in Weimar, TFF Rudolstadt u. v. m. einfach nur der (Mutzbraten) Nase zu folgen bis man beim verschmitzten Lächeln des Schmöllner Genussbotschafters landet.

STADTINFORMATION SCHMÖLLN
Markt 1, Tel.: 034491 / 76-260/121
www.schmoelln.de

MARKT- & REISEGASTRONOMIE
Schaustellerbetrieb, André Schakaleski e.K.,
Lohsenstr. 5, 04626 Schmölln, Tel.: 034491 / 81500
www.mutzbraten.eu

Blick auf den Nichtschwimmerbereich

Das Freizeitbad Tatami bei Nacht

Asiatischer Saunagarten

→ Jena 45 min → Chemnitz 40 min
→ Altenburg 20 min

tatami
FREIZEITBAD . SAUNA . SCHMÖLLN

FREIZEITBAD TATAMI SCHMÖLLN – ENTSPANNUNG PUR IM ASIATISCHEN FLAIR

Eingebettet im asiatischen Stil bietet Ihnen das Freizeitbad Tatami Schmölln jede Menge Bade- und Saunavergnügen auf ca. 5.300 m². Seit der Eröffnung im Jahr 2006 erfreut es sich größter Beliebtheit in der Region und punktet besonders durch seine einzigartige Saunalandschaft, die in malerischer Architektur zum Wohlfühlen und Relaxen einlädt.

Wohlfühlen und Stärken

können Sie sich im Nichtschwimmerbereich auf Sprudelliegen, Massagedüsen oder in der Dampfsauna. Schwimmen Sie im 25-Meter-Becken in Ruhe Ihre Bahnen oder stärken Sie Ihre Gesundheit noch aktiver durch eines unserer vielen Kursangebote, durchgeführt vom freundlichen und qualifizierten Fachpersonal.

„In unserer Sauna schmelzen Sie dahin – einzigartig in der Region – saunieren im asiatischen Flair."

Jürgen Ronneburger, Geschäftsführer Stadtwerke Schmölln GmbH

Das badeigene Bistro/Restaurant lässt zudem keine Wünsche offen und sorgt für die Stärkung zwischendurch, so dass Sie Ihren Aufenthalt im Freizeitbad Tatami mit der ganzen Familie genießen können. Das besondere Highlight ist unser traumhaft schöner

Asiatischer Saunagarten

Nach einem schweißtreibenden Saunagang in einer unserer 4 Saunen (80° C Licht-Klang-Sauna, 60° C Kirschblüten-Sauna, 105° C Kelo-Kamin-Sauna und Aufgusssauna) können Ihre Gedanken im Außenbereich auf die idyllische Reise ins ferne Japan gehen. Parken können Sie selbstverständlich kostenlos direkt vor unserem Bad. Das Tatami-Team freut sich auf Ihren Besuch.

Kamin-Holzsauna

Sprudelliegen

See

FREIZEITBAD TATAMI
Ronneburger Straße 65, 04626 Schmölln,
Tel.: 034491 / 583366, www.freizeitbad-tatami.de,
Kursangebote: Babyschwimmen, Aqua-Fitness, Aqua-Jogging, Aquarobic, Rückenschule, Wellnessmassagen, Kinderschwimmlernkurs

Romantik Hotel Schwanefeld Außenansicht

Restaurant Schwanefeld

Hotel Reussischer Hof – Außenansicht

Schwanefeld Scheune

Doppelzimmer im Romantik Hotel Schwanefeld Meerane

Hotel Reussischer Hof – Hochze

VON REUSSENS TAFELFREUDEN UND ROMANTISCHEN SCHOKOLADENTRÄUMEN

ROMANTIK
Hotel Schwanefeld
★★★★

Eine tapfere Lanze für die Hebung thüringisch-sächsischer Tischkultur schlagen Bernd Adam vom Hotel Reussischer Hof und Andreas Barth vom Romantik Hotel Schwanefeld Meerane mit allen Ihnen zur Verfügung stehenden gastronomischen Mitteln. Durchleuchtet und interpretiert B. Adam mit Historikern u. Autoren erlebnisreich reussische Küchengeheimnisse, so läd A. Barth in sein Hotel auch zu Schokoladenentdeckungen ein. Nicht nur Genussreisende, Hochzeitsgäste und Unternehmen schätzen das

Romantik Hotel Schwanefeld Meerane

als ein Haus mit Stil, Eleganz und romantischer Atmosphäre – sowie einer Tradition seit 1692, welche durch die bes. Lage geprägt ist. Bis heute verläuft die Landesgrenze zwischen Sachsen und Thüringen mitten durch das Hotel. Gastgeber A. Barth und sein Team widmen sich mit Herz und Ideenreichtum der Aufgabe, Ihren Aufenthalt zu einem Erlebnis werden lassen. Genießen, wohlfühlen, erholen und die Seele baumeln lassen gelingt im Romatik Hotel Schwanefeld genauso gut wie ein erfolgreicher Arbeitsaufenthalt oder ein unvergessliches Fest. In der Schokoladenmanufaktur werden in sorgfältiger Handarbeit hochwertige Schokoladen aus fair gehandelten Zutaten und ausgefallene Pralinéskreationen hergestellt. Die Villa Il Mio im toskanischen Stil bietet neben feiner italienischer Küche & Cocktails auch Bowling für ein aktives Freizeitvergnügen.

Hotel Reussischer Hof Schmölln

Mit seiner Leidenschaft für Harald Sauls Reussische Kochbücher und seine bis auf die letzte Messerposition gelebte Verneigung vor Tischfreuden und Tischregeln steckt B. Adam nicht nur thür. Gastronomienachwuchs sondern vor allem seine begeisterten Gäste an. Sein buchb. Angebot „Reussische Küche" mit dazu passendem Geschirr und Tafelkulturgeschichten entführt zu einer rustikale Genussreise ins Mittelalter. Das familiengeführten traditionsreiche Haus steht für herzliche Atmosphäre, Kinderfreundlichkeit und Regionalität. Ausflugsgünstig im Altstadtherzen der Knopfstadt gelegen, umgeben vom idyll. Sprottetal laden nach abwechslungsreichen Touren Stadtrestaurant, Wintergarten u. Reussenstube mit heimischen Spezialitäten und Zutaten zur Einkehr ein. Der Original Schmöllner Mutzbraten schmeckt am besten frisch vom Spieß im gemütlichen Hofgarten.

HOTEL REUSSISCHER HOF SCHMÖLLN
Gößnitzer Straße 14,
04626 Schmölln / Thüringen,
Tel.: 034491 23108,
www.hotel-reussischer-hof.de

ROMANTIK HOTEL SCHWANEFELD
Schwanefelder Straße 22,
08393 Meerane,
Tel.: 0 37 64 /40 50,
www.schwanefeld.de

Wein- und Sektgut Triebe

Feinkost Dünewald

Wein- und Sektgut Triebe

Wein- und Sektgut Triebe

Wein- und Sektgut Triebe

Wein- und Sektgut Triebe

Dünewald Fisch & Feinkost

Saale - Unstrut
Wein- & Sektgut Hubertus Triebe
Zeitz • OT Würchwitz

GENUSSVOLLE MEERES- UND TOSKANAGRÜSSE MITTEN IN THÜRINGEN

Wer glaubt, dass man für hervorragenden Meeresfisch und köstliche Saale-Unstrut-Weine mit zwingender Notwendigkeit an die Küste oder wenigstens an die Saale fahren müsste, wird bei Feinkost Dünewald in Altenburg und dem Weingut Triebe in Würchwitz mit qualitätvoll gefüllten Weinkellern und Fischtheken schnell vom Gegenteil überzeugt.

Feinkost Dünewald Altenburg

Schon in seiner Jugend waren Fische für Karl Friedrich Dünewald der Inbegriff von weiter Welt. Für sein legend. Fischfachgeschäft ist es ein Glücksfall, dass ihn 1975 nicht der Jugendtraum Meeresbiologie sondern der Studiengang „Technologie der Fischverarbeitung" an das Thema heranführte. Und so findet man bei ihm heute vom Loup de Mer, über Austern, Muscheln, Forelle, Hummer u.v.m. beste Fisch- und Feinkostprodukte, welche vom Produzenten eingekauft und meisterhaft filetiert, auf Wunsch vom Chef frisch in der Pfanne zubereitet und mit den besten Tropfen der Region serviert werden. Z.B. dem fischschmeichelnden „Ortega" vom

Wein- und Sektgut Hubertus Triebe Würchwitz.

Mit dem Umzug des 1999 gegründeten Weingutes 2009 auf den seit 1795 in Familienbesitz befindlichen Bauernhof, wurde nicht nur in der eigenen Familienchronik sondern auch der Zeitzer Weinbaugeschichte ein bedeutendes neues Kapitel geschrieben. Mit beispiellosem Engagement der Familie Triebe und ihrer Mitarbeiter ist das Weingut heute längst über den Status des Geheimtipps hinausgewachsen und setzt vor allem auf fruchtig elegante nicht zu säurebetonte Weine, wie den Müller-Thurgau, den äußerst aromatischen Bacchus oder den Kerner mit seinen Rieslingeigenschaften. Begünstigt wird die Qualität der mehrfach ausgez. Weine durch die hervorragenden Klima- und Bodenbedingungen am südlichsten Weinberg Sachsen Anhalts den „Salsitzer Englischer Garten" bei Zeitz. Die von Kellermeister H. Duchrow komponierten Sekte sind auch bei den Feiern und Hochzeiten auf dem Weingut sehr beliebt. In Vinothek, Weinstube, Gartenhäuschen, Freisitz und Festhalle mit Kamin finden 6-100 Gäste Platz, welche von echt Bürgeler Keramik speisen können.

DÜNEWALD FISCH UND FEINKOST OHG
Weibermarkt. 2, 04600 Altenburg,
Tel.: 03447 / 31 40 00,
www.duenewald-fisch.de

WEIN- UND SEKTGUT HUBERTUS TRIEBE
Mittelweg Nr. 18, 06712 Würchwitz,
Tel.: 034426 21420,
www.weingut-triebe.de

Gondwanaland – im Zoo Leipzig

Mädler-Passage

Petersbogen – Blick zum Neuen Rathaus

LEIPZIG – STADT DER SUPERLATIVE

→ Jena 1h → Chemnitz 1h → Berlin 1h

LEIPZIG REGION
BURGEN | SEEN | HEIDE | CITY

Leipzig ist nicht nur die älteste Messestadt und eine der traditionsreichsten Musikstädte, sondern auch Anziehungspunkt für Genießer, Unternehmer und Kreative.

Die 1000-jährige Stadt

blickt auf eine bewegte Geschichte zurück. Das 1497 verliehene Messeprivileg machte Leipzig schnell zu einer bedeutenden Handels- und Bürgerstadt. An der zweitältesten Universität Deutschlands, gegründet 1409, studierten, lehrten und forschten bisher 30 Nobelpreisträger. Aber auch als europäische Musikstadt macht sich Leipzig einen Namen – begründet durch die hier wirkenden Komponisten, das Gewandhausorchester und die Oper Leipzig, nach Mailand und Hamburg immerhin drittälteste Musikbühne Europas. Auch entwickelte sich Leipzig im 19. Jh. zu einem Weltzentrum des Buchhandels. Im Stadtteil Plagwitz entstand das erste planmäßig entwickelte großräumige Industriegebiet Deutschlands. Weltberühmt wurde Leipzig 1989 zudem als Ausgangspunkt der „Friedlichen Revolution", welche den Grundstein für die deutsche Wiedervereinigung legte.

TOURIST-INFORMATION LEIPZIG
Katharinenstr. 8, 04109 Leipzig,
Tel.: 0341 / 7104-260, info@ltm-leipzig.de,
www.leipzig.de,
www.leipzig.travel

Leipzig ist vielfältig, ist überraschend, ist überwältigend und jederzeit ein Genuss für die Sinne. Ich freue mich immer wieder, die Stadt neu zu entdecken und die genussvollen Seiten zu erleben. Wann begegnen Sie Leipzig?

Oberbürgermeister der Stadt Leipzig Burkhard Jung

Pulsierende Gegenwart

Mit der Ansiedlung von Unternehmen wie DHL, BMW und Porsche, dem Ausbau der Mitte-Deutschland-Verbindung und dem Landschaftswandel im Leipziger Neuseenland konnte Leipzig seine Vorrangstellung als Wirtschafts-, Verkehrs- und Tourismusstandort ausbauen. In der beeindruckend sanierten Innenstadt laden Geschäfte, Restaurants und Hotels zum Verweilen ein. Im Zoo Leipzig findet man neben der weltweit größten Menschenaffenanlage „Pongoland" auch die Tropenerlebniswelt GONDWANALAND. Abends lockt die „Kabarett-Hauptstadt" mit der größten Kabarettdichte pro Kopf. Die Stadt ist weltweit für ihre dynamische Kunst-, Musik-und Festivalszene bekannt. Ob Kultur, Design, Literatur oder Szene – Leipzig setzt Trends.

eipzig bei Nacht – Blick vom City-Hochhaus

City-Hochhaus mit Gewandhaus

Bereich St. Petersburg – Panorama Tower Restaurant

Auerbachs Keller

Figurengruppe Faust – Mephisto

Völkerschlachtdenkmal

LEIPZIG VON OBEN NACH UNTEN GENIESSEN

Die Entdeckung der berühmten Leipziger Wahrzeichen Auerbachs Keller, Völkerschlachtdenkmal und City-Hochhaus führt die begeisterten Besucher tief unter und hoch über die Erde der Messestadt.

Das Panorama Tower Restaurant,

„Plate of Art", welches sich im 1972 von H. Henselmann erbauten City-Hochhaus befindet, ist das höchste Lokal Mitteldeutschlands. Ein Mittagessen oder romantischer Abend sowie exklusive Events werden in 120 m Höhe zum Erlebnis! Den beeindruckendsten Blick über Leipzig genießt man auf der Aussichtsplattform über dem Restaurant in 130 Metern Höhe.

Das monumentale Völkerschlachtdenkmal,

mit einem ebenfalls phänomenalen Blick auf die Stadt, erinnert an die Völkerschlacht von 1813, welche zu einer Niederlage Napoleons gegen die Truppen Österreichs, Preußens, Russlands und Schwedens und zum Verlust seiner Vorherrschaft in Europa führte. In die europäische Literaturgeschichte ging in Verbindung mit Goethes Legende von Faust und Mephisto ein anderer beliebter Ort von Leipzig ein:

Auerbachs Keller

Das bei Gästen aus Nah und Fern sehr beliebte Restaurant Auerbachs Keller befindet sich in der vornehmen Mädler Passage und unterteilt sich in drei Bereiche: Die Historischen Weinstuben bieten ihren Gästen eine gehobene feine Küche. Im Großen Keller steht die sächsische Küche im Vordergrund. Die Mephisto Bar lädt tagsüber zum gemütlichen Verweilen ein und lockt abends mit Cocktails und Livemusik. Sehr beliebt sind Gruppenarrangements wie z.B. die „Fasskellerzeremonie" oder „Mephistos Gastpaket".

ⓘ MUSEUM FORUM 1813 AM VÖLKERSCHLACHT-DENKMAL, Straße des 18.Oktober 100, 04299 Leipzig, Tel.: 0341 / 2416870

PANORAMATOWER-PLATE OF ART,

Augustusplatz 9, 04109 Leipzig, Tel.: 0341 / 7100590

AUERBACHS KELLER LEIPZIG,

Grimmaische Straße 2–4, 04109 Leipzig, Tel.: 0341 / 216100, www.auerbachs-keller-leipzig.de, info@auerbachs-keller-leipzig.de, www.voelkerschlachtdenkmal.de, www.panorama-leipzig.de

PANORAMA TOWER
RESTAURANT BAR LOUNGE

Auerbachs Keller
Leipzig

EMPFEHLENSWERT

- 43 Museum der bildenden Künste Leipzig
- 44 Museen im GRASSI Leipzig
- 45 Bach- u. Mendelssohn-Haus Leipzig
- 45 Schumann-Haus
- 46 Richard-Wagner-Museum Leipzig
- 60 Nikolaikirche Leipzig
- 82 Schauspiel Leipzig
- 83 Gewandhaus & Oper Leipzig
- 84 Krystallpalast Varieté Leipzig
- 95 Kunsthalle Leipzig
- 96 Leipziger Baumwollspinnerei
- 191 Zoo Leipzig
- 192 Belantis
- 204 Leipziger Neuseenland
- Panometer Leipzig
- Kabarett „academixer", Leipziger „Pfeffermühle", „Sanftwut", „Leipziger Funzel" und Leipziger Central Kabarett

Thomaner vor Thomaskirche

Opernhaus Leipzig

Konzertsaal im Gewandhaus zu Leipzig

Büste im Museum des Mendelssohn-Hauses

DIE MUSIKSTADT LEIPZIG ENTLANG DER LEIPZIGER NOTENSPUR ENTDECKEN

Leipziger Notenspur · Gewandhaus Orchester / OPER LEIPZIG

Kaum eine andere deutsche Stadt kann auf eine so große und lebendige Musiktradition verweisen wie Leipzig. Hier wirkte Johann Sebastian Bach 27 Jahre als Thomaskantor, schrieb Robert Schumann seine Frühlingssinfonie, feierte Clara Wieck als Pianistin große Erfolge, wurde Richard Wagner geboren, leitete Felix Mendelssohn Bartholdy viele Jahre das Gewandhausorchester und und und. Mit einem einzigartigen Wegeleitsystem macht die Leipziger Notenspur 800 Jahre Musikgeschichte erlebbar.

Thomaskirche und Thomanerchor

Diese Geschichte begann mit der Stiftung des Gotteshauses 1212 von Markgraf Dietrich an die Augustiner Chorherren. Aus der dazugehörigen Stiftschule ging später der Thomanerchor hervor, welcher, 27 Jahre von Johann Sebastian Bach geleitet, bis heute zu den berühmtesten Knabenchören weltweit gehört. Seit dem frühen 13. Jh. entwickelte sich Leipzig schnell zum wichtigsten Zentrum des musikalischen Lebens in Deutschland.

Gewandhausorchester und Oper Leipzig

Mit dem „Großen Concert", das aus 16 Musikern bestand und von Leipziger Bürgern 1743 gegründet wurde, begann die Geschichte des heute weltberühmten Gewandhausorchesters. Die Geburtsstunde der Oper Leipzig schlug bereits im Jahre 1693, womit sie nach Mailand und Hamburg die drittälteste bürgerliche Musiktheaterbühne Europas ist. Im Jahre 1843 gründete Felix Mendelssohn Bartholdy, in Leipzig als Gewandhauskapellmeister von 1835 bis 1847 tätig, mit Hilfe Robert Schumanns das erste deutsche Konservatorium zur professionellen Ausbildung junger Musiker. Es ist nach dem Pariser das zweitälteste in Europa.

Musikalische Museen- und Festivalvielfalt

Mit dem Bach-Museum, dem Mendelssohn-Haus, der Thomaskirche, der Alten Nikolaischule mit Wagner-Museum, dem Schumann-Haus und der Grieg-Begegnungsstätte verfügt Leipzig über zahlreiche authentische und touristisch bedeutsame Wirkungsstätten berühmter Komponisten. Auch heute noch wird in Leipzig Musikgeschichte geschrieben. Spektakuläre Aufführungen der Oper Leipzig und des Gewandhausorchesters sowie internationale Festivals wie das Bachfest Leipzig, die Mendelssohn-Festtage, die Schumann-Festwoche und die Wagner-Festtage zeigen, dass in Leipzig die glanzvolle Vergangenheit zugleich Grundstein für eine lebendige „musikalische" Gegenwart ist. Um die Musikgeschichte für Besucher noch besser erlebbar zu machen, führt seit Mai 2012 die sogenannte „Notenspur" durch die Stadt. Der 5 Kilometer lange Rundweg verbindet mit 155 Bodenintarsien 23 berühmte Standorte und vermittelt Wissenswertes über die Komponisten und die Musikgeschichte der Stadt.

→ Eisenach 2h → Weimar 1h 20 min
→ Bayreuth 1h 50 min

LEIPZIGER NOTENSPUR
Notenspur Förderverein e. V.,
Ritterstraße 12, 04109 Leipzig,
www.notenspur-leipzig.de,
www.oper-leipzig.de, www.gewandhausorchester.de
www.thomaskirche.org

„Wo lässt sich das Erbe der Leipziger Komponisten angemessener erleben als an jenen Orten, die für viele von ihnen Zentrum ihrer Kunst waren? Natürlich im Gewandhaus und auf der Opernbühne."

Prof. Ulf Schirmer, Intendant und Generalmusikdirektor der Oper Leipzig

SEASIDE PARK HOTEL – Hoteleingang

SEASIDE PARK HOTEL – Foyer

SEASIDE PARK HOTEL – Außenansicht

Wagner–Portrait im Stadtgeschicht-lichen Museum

Restaurant STEAKTRAIN

Restaurant STEAKTRAIN

SEASIDE PARK HOTEL – DIREKT AN DER RICHARD-WAGNER-STRASSE IN LEIPZIG

Richard-Wagner-Verband Leipzig e. V.

Seaside Hotel Leipzig

Mitten im Zentrum von Leipzig, mit exklusiver Lage unmittelbar an der bekannten Nikolaistraße und gegenüber dem Leipziger Hauptbahnhof, steht eines der wohl schönsten Privathotels von Leipzig, das Seaside Park Hotel.

Jugendstilhotel im Art-decó-Stil

Die Jugendstilfassade des über 100 Jahre alten Gebäudes ist denkmalgeschützt, die gesamte Ausstattung ist im Art-decó-Stil gehalten. Seit 1995, nach liebevoller Sanierung, zählt das 4-Sterne-Haus zur Seaside Gruppe. Das Park Hotel unterstützt den Richard-Wagner-Verband Leipzig e.V. als Vereinsmitglied. Dies nicht zuletzt aufgrund der Lage des Hauses – direkt an der Richard-Wagner-Straße. Im First Class Hotel der Seaside Gruppe mit 288 Zimmern genießen die Gäste in einer geschichtsträchtigen Atmosphäre alle Annehmlichkeiten. Dazu gehören das NIKOLAI BISTRO, 6 Tagungsräume und ein Wellnessbereich. Für kulinarische Höhepunkte sorgt das hoteleigene Restaurant STEAKTRAIN im Souterrain – eine ganz besondere Empfehlung, ein Gourmetrestaurant im Design eines historischen Luxusspeisewagens der 1920er Jahre.

Buchbare Angebote

Auf Anfrage kann man ein spezielles RICHARD-WAGNER-MENÜ buchen. Für Kenner vermittelt das Hotel eine individuelle Führung mit der Wagnerautorin Ursula Oehme vom Richard-Wagner-Verband e.V. oder eine Notenspurführung mit Birgit Leinhoss vom Verein Notenspur (ab 10 Personen) in der Innenstadt. Empfehlenswert sind die diversen Pakete für verschiedene Anlässe: das „Leipzig Erlebnispaket“, das „Sorglospaket“ und das „Schnupperpaket“.

EMPFEHLENSWERTE MUSIKORTE

44 GRASSI Museum für Musikinstrumente
45 Bach-Museum & Mendelssohn-Haus
45 Schumann-Haus
46 Richard-Wagner-Museum Leipzig
60 Nikolaikirche Leipzig
83 Gewandhaus & Oper Leipzig

Thomaskirche & Thomanerchor
Grieg-Begegnungsstätte
Highlights: Bachfest Leipzig, Mendelssohn-Festtage, Richard-Wagner-Festtage, Classic Open

SEASIDE PARK HOTEL
Richard-Wagner-Str.7, 04109 Leipzig,
Tel.: 0341 / 985270, www.parkhotelleipzig.de,
www.wagner-verband-leipzig.de

„Folgen Sie Richard Wagner in seine Geburtsstadt, gönnen Sie sich ein Genusswochenende im Seaside Park Hotel, Sie werden es nicht bereuen.“

Thomas Krakow, Vorsitzender Richard-Wagner-Verband Leipzig

Zoo Leipzig – Gondwanaland

Belantis

Zoo Leipzig

Belantis – HURACAN die Mega Achterbahn

ZOO LEIPZIG UND BELANTIS – FAMILIENAUSFLUGSZIELE VOLLER SPASS, EXOTIK UND PHANTASIE

→ Erfurt 1h 35 min → Halle 45 min
→ Chemnitz 1h

Der Zoo Leipzig zählt heute zu den modernsten Tiergärten der Welt und hat, wie auch der größte Freizeitparkt Mitteldeutschlands, Belantis, von Anfang an Maßstäbe gesetzt. Beide avancierten schnell zu den beliebtesten Ausflugzielen der Region und bieten auch als Tagungs- und Eventlocation einen passenden Rahmen.

Zoo Leipzig

Eine Reise in einem Tag um die Welt – das ist im Zoo Leipzig möglich! Der größten Katze der Welt in der Tiger-Taiga tief in die Augen schauen oder den Badefreuden der Elefanten beiwohnen, das bietet Ihnen der Themenbereich Asien. Afrikaliebhaber kommen u.a. in der Löwensavanne und Kiwara-Savanne auf ihre Kosten. Im Gondwanaland können Sie sich der Faszination des Regenwaldes aus ganz unterschiedlichen Perspektiven hingeben. Zum Abschluss der Reise wartet Südamerika auf seine Entdecker. Die Weltreise kann beginnen!

ZOO LEIPZIG
Pfaffendorfer Str. 29,
04105 Leipzig,
Tel.: 0341 / 5933-500/-303,
www.zoo-leipzig.de

ZOO LEIPZIG – Der Natur auf der Spur.

Freizeitpark BELANTIS – Das AbenteuerReich

Acht BELANTIS-Themenwelten entführen die BELANTIS-Gäste auf eine Reise durch Raum und Zeit. Bei BELANTIS stehen Familien im Mittelpunkt: Egal, ob beschwingter Fahrspaß, magische Shows oder interaktive Attraktionen – für jedes Alter gibt es viel zu entdecken. Den mutigen Adrenalin-Fans garantieren die zahlreichen rasanten Fahrattraktionen einen Tag voll Nervenkitzel. Und in der neuen Familienachterbahn, der „Cobra des Amun Ra“, können Familien mit Kindern ab vier Jahren einen fantastischen Ritt auf dem Rücken der Schlange wagen.

BELANTIS
Zur Weißen Mark 1,
04249 Leipzig,
Tel.: 0314 / 91033333,
www.BELANTIS.de

BELANTIS – Das AbenteuerReich

HITS FÜR KIDS

- 191 Zoo Leipzig
- 192 Belantis
- 48 Bergbau-Technik-Park Großpösna
- 45 Bach, Mendelssohn- und Schumann-Haus
- 204 Leipziger Neuseenland
- 129 Kleine Träumerei-Laden
- 695 Kanupark Markkleeberg mit Wildwasseranlage
- 696 CAMP DAVID SPORTRESORT by ALL-ON-SEA am Schladitzer See
- 432 Cupcakecafé Mintastique
- 437 Restaurant GreenSoul
- Leipziger Kinderrestaurant
- Sachsentherme
- Panometer Leipzig
- Schmetterlingshaus im Bot. Garten
- Stadtgarten Connewitz
- Cityfarmers Leipzig
- Haustierfarm Leipzig
- Schmuckgeschäft Perlentaucher
- Spieleladen Capito

afé Mintastique – Cupcake Catering

Café Mintastique – Innenansicht

Markkleeberger See

Kinder beim Paddeln

Café Mintastique – Leckermäulchen

Restaurant GreenSoul

Panometer Leipzig

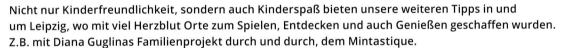

WEITERE HIGHLIGHTS FÜR KINDER UND ERWACHSENE

Mintastique®
ladencafé | catering | kurse
cupcakes | lollycakes | kaffeespezialitäten

Nicht nur Kinderfreundlichkeit, sondern auch Kinderspaß bieten unsere weiteren Tipps in und um Leipzig, wo mit viel Herzblut Orte zum Spielen, Entdecken und auch Genießen geschaffen wurden. Z.B. mit Diana Guglinas Familienprojekt durch und durch, dem Mintastique.

Cupcake-Café Mintastique

Die gebürtige Bulgarin, gelernte Geigerin und Mama kreierte gemeinsam mit ihrer Tochter und ihrem Schwiegersohn das erste Leipziger Cupcake-Café, welches, angefangen von kleinen Leckermäulern, über lockere Studenten bis hin zu elegantem Businessklientel, sehr kontrastreiche Liebhaber der süßen Verführungen anzieht. In der stil- und liebevoll gestalteten Atmosphäre des Cafés in warmen Creme- und Beerentönen, kann man in Hülle und Fülle veganes Bio-Eis sowie Kaffee- und Tee-Spezialitäten aus der Siebträgermaschine probieren. Nicht nur bei der traumhaften Cupcake-Auswahl achtet die Inhaberin auf höchste Qualität, perfekte Ausführung und frische natürlich Zutaten. Davon kann man sich auch bei den Cupcake-Deko-Kursen sowie dem leckeren Veranstaltungscatering überzeugen.

Noch mehr Familienausflugsziele

Neben dem 2015 eröffneten Riesenrundbild „Great Barrier Reef" im Asisi Panometer Leipzig empfehlen wir echten Entdeckerfamilien den Bergbau-Technik-Park am Störmthaler See sowie die Mitmachmuseen zu Bach und Mendelssohn. Für Sport & Spaß sorgen die Wildwasser-Anlage Kanupark Markkleeberg, das CAMP DAVID SPORTRESORT by ALL-ON-SEA am Schladitzer See, der Markkleeberger und Cospudener See oder die Sachsentherme. Kindgerechte Naturbegeisterung wird im Schmetterlingshaus des botanischen Gartens, im Connewitzer Stadtgarten sowie bei der Haustierfarm und den Cityfarmers geweckt. Zur Stärkung von Groß und Klein empfehlen wir das kinderfreundliche GreenSoul. Gesunde Ernährung als Schulklassenevent bietet das Leipziger Kinderrestaurant.

MINTASTIQUE MANUFAKTUR | LADENCAFÉ | CATERING, Straße des 17. Juni 11, 04107 Leipzig
Tel.: 0163 / 2617359, www.mintastique.de,
www.asisi.de, www.leipzigerneuseenland.de,
www.sachsen-therme.de,
www.bergbau-technik-park.de,
www.restaurant-greensoul.de,
www.leipziger-kinderrestaurant.de
www.campdavid-sportresort.de
www.kanupark-markleeberg.com

© Lutz Zimmermann
Leipziger Messegelände / Außenansicht Glashalle

MESSESTADT LEIPZIG – WIRTSCHAFTSMOTOR IN MITTELDEUTSCHLAND

→ Erfurt 1h 35 min → Halle 45 min → Chemnitz 1h

Leipzig ist Messe und Messe ist Leipzig. Über die 850 Jahre lange Messetradition hinweg brachten Händler und Gäste frischen Wind in die Stadt – aber auch neue Ideen in die Töpfe der Leipziger Gastronomen. Genau der richtige Ort also für die neue Fachmesse für Gastgewerbe und Ernährungshandwerk: ISS GUT!

Seit der Gründung der Stadt Leipzig an der Kreuzung der beiden europäischen Handelsstraßen Via Regia und Via Imperii sind Handel und Stadt auf das Engste verbunden. Die Verleihung des kaiserlichen Messeprivilegs durch Maximilian I. im Jahre 1497 machte Leipzig zu einer Messestadt von europäischem Rang. Die vielen Messehäuser und Passagen, die meist Ende des 19. Jahrhunderts entstanden, sind eine Architekturspezialität Leipzigs. Nach Ausrichtung der ersten Mustermesse der Welt 1895 begann ein wahrer Boom, welcher die Stadt bis zum Beginn des zweiten Weltkrieges zu einer internationalen Führungsmesse und in DDR-Zeiten zum beeindruckenden Schaufenster in den Westen machte.

Das 1996 eröffnete neue Messegelände umfasst fünf miteinander verbundene Ausstellungshallen von jeweils 20.500 Quadratmetern Fläche, eine zentrale Glashalle und das Kongresszentrum „Congress Center Leipzig" (CCL). Dazu kam die neu eröffnete Kongresshalle am Zoo Leipzig. Jährlich finden circa 40 Messen, 100 Kongresse und andere Veranstaltungen mit insgesamt 10.000 Ausstellern und 1,3 Millionen Besuchen statt. Das CCL wurde vom britischen Fachmagazin „Business Destinations" zum „Besten Kongresszentrum Europas" gekürt. Die spektakuläre Glashalle erhielt 2000 den Outstanding Structure Award der IABSE.

Leipzig – IS(S)T GUT!

Seit über 20 Jahren holt die Leipziger Messe GmbH mit ihren zahlreichen Veranstaltungen und Kongressen internationale Gäste für die Gastronomie- und Hotellerieszene nach Leipzig. Zugleich bietet sie die Plattform für die wichtigste Fachmesse der Gastronomen und Hoteliers in den neuen Bundesländern. Mit der ISS GUT! startete im November 2015 eine neue Fachmesse für das Gastgewerbe und Ernährungshandwerk.

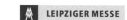

LEIPZIGER MESSE

MESSEN & VERANSTALTUNGEN **2016/2017**

30.09.-03.10. 2016	**modell-hobby-spiel** Ausstellung für Modellbau, Modelleisenbahn, kreatives Gestalten und Spiel **www.modell-hobby-spiel.de**
11.02.-19.02. 2017	**HAUS-GARTEN-FREIZEIT** Die große Verbraucherausstellung für die ganze Familie **www.haus-garten-freizeit.de**
23.03.-26.03. 2017	**Leipziger Buchmesse / Lesefest Leipzig liest** **www.leipziger-buchmesse.de**
05.11.-07.11. 2017	**ISS GUT!** Fachmesse für Gastgewerbe und Ernährungshandwerk **www.iss-gut-leipzig.de**

Auszug · Änderungen vorbehalten **www.leipziger-messe.de**

LEIPZIGER MESSE GMBH ISS GUT! MESSE
Messe-Allee 1, 04356 Leipzig,
Tel.: 0341 / 678-8064,
www.leipziger-messe.de,
www.iss-gut-leipzig.de

sterlofts

Quartier M

Wohlfühlaufenthalt pur

Elsterlofts

Haus Feuerbach

Quartier M

Quartier M

TRINOM
BUSINESS APARTMENTS

IN LOFTS UND APARTMENTS INMITTEN HISTORISCHER GRÜNDERZEITARCHITEKTUR SCHLUMMERN

Mit 15.672 Kulturdenkmälern ist Leipzig Deutschlands Denkmalhauptstadt. Der mit 80% größte Reichtum an Bauten der Gründerzeit liegt im erstaunlichen Wachstum & explodierender Einwohnerzahl der Stadt zwischen 1871 und 1914 begründet. Diese Villenviertel erstrahlen heute wieder im alten Glanz. Eine Übernachtung in edlen Lofts und Apartments mit Gründerzeitcharme ermöglicht die TRINOM Business Apartments.

Haus Feuerbach

Haus Feuerbach liegt im größten erhaltenen Gründerzeitensemble Europas: dem Waldstraßenviertel mit aufwendig gestalteten Fassaden voller faszinierender Details des Klassizismus, Historismus und Jugendstils. Egal ob für Tage, Wochen oder Monate, allein oder mit der ganzen Familie – in einem Serviced Apartment haben Sie das Gefühl, auch in der Fremde zu Hause zu sein. Das gemütliche Apartmenthaus bietet Ihnen 26 Wohnungen und drei unterschiedliche Grundrisstypen von 40 bis 65 m². Das angrenzende grüne Rosental lädt zu Bewegung und Entspannung ein. Die großzügig geschnittenen

Elster Lofts

befinden sich im größten Industrie-Denkmal Deutschlands, die zu Gründerzeiten des Industriepioniers Karl Heine erbaut wurde. Im Südwesten der Stadt in den ehemaligen Buntgarnwerken, lädt die ruhige Anlage mit 27 Apartments rund um einen tropenartig bepflanzten Innenhof zum exklusiven zentrumsnahen Wohnen ein. Die stilvoll eingerichteten Lofts begeistern Geschäftsreisende und Städtetouristen gleichermaßen.

Quartier M

Zwischen Rathaus und Thomaskirche gelegen, vereint das Apartmenthotel im Herzen der Stadt das Flair vergangener Zeiten mit persönlicher Gastfreundschaft und modernstem Wohnkomfort. Äußerlich präsentiert sich das Herzstück der TRINOM Business Apartments mit historischen Balkonen, geschwungenen Fensterbögen und verzierten Erkern im Glanz des 19. Jh. Im Inneren erwarten Sie 48 Apartments in geschmackvollem Design, die Ihnen in Größen von 30 bis 60 m² als echte Alternative zum Hotel, Individualität und Komfort bieten. Im Untergeschoss befindet sich das Macis Restaurant mit angeschlossenem Biomarkt.

„Ankommen, wohlfühlen & genießen, dafür sind wir bei unseren internationalen Gästen bekannt."

Katharina Schaller, Managing Director, TRINOM Business Apartments

GRÜNDERZEITARCHITEKTUR ERLEBEN

633	Apartmenthotel Quartier M
634	Haus Feuerbach
634	Elsterlofts
631	Hotel Michaelis Leipzig
629	Seaside Park Hotel Leipzig
625	Hotel Fürstenhof Leipzig
416	Restaurant Macis
435	Café Grundmann
433	Café Maître
421	Auerbachs Keller
414	MAX ENK im Städtischen Kaufhaus
	Mädlerpassage & Speck´s Hof
	Kaffeehaus Riquet im Riquethaus
	Restaurant Drogerie

TRINOM BUSINESS APARTMENTS
Marktgrafenstraße 10, 04109 Leipzig,
Tel.: 0341 / 21338800, www.apartment-leipzig.de

Skyline von Leipzig

Gourmet-Restaurant FALCO

Barfußgässchen

The Westin Hotel Leipzig

Nachtleben in Leipzig – Bar

Gottschedstraße Kneipenmeile

Zum Arabischen Coffe Baum

GENUSSSTADT LEIPZIG – WO GASTLICHKEIT SEIT JEHER EINEN HOHEN STELLENWERT HAT

→ Erfurt 1h 35 min → Halle 45 min → Chemnitz 1h

In der Messestadt hat sich eine Gastronomiekultur entwickelt, die Wert auf regionale Spezialitäten legt und gleichzeitig offen für Einflüsse aus der ganzen Welt ist. So entstanden zum Beispiel nach Wiener Tradition Kaffeehäuser wie das Restaurant „Zum Arabischen Coffe Baum", das eines der ältesten durchgängig betriebenen Kaffeehäuser Europas ist.

„Leipzig genießt"-Festival

Damit entwickelte sich in Leipzig eine anregende Mischung von Kultur und Kulinarik, an welche die Stadt heute immer noch anknüpft: So zelebrieren beim vom DEHOGA Sachsen und Regionalverband Leipzig e.V. mitinitiierten Festival „Leipzig genießt", Gastronomen gemeinsam mit Stadtführern und Kulturschaffenden den Genuss mit allen Sinnen. Die Genussstadt Leipzig besticht mit einem vielfältigen Angebot von Gourmet-, Trend- sowie Szenegastronomie und hoher Qualität: Das FALCO im Hotel The Westin Leipzig ist das einzige sächsische Restaurant mit zwei Michelin-Sternen. Beim Schnupperangebot DER! TISCH können Gäste in überraschender Tafelmischung ein 4-Gang-Menü von Chef Peter Maria Schnurr genießen.

Ein starker Partner – DEHOGA Leipzig

Als Vertreter des Gastgewerbes setzt sich der DEHOGA Leipzig stets für die Interessen der Branche ein, wie zum Beispiel für die Erhaltung der Leipziger Freisitzkultur und für die Verbesserung der Ausbildung von Fachkräften im Gastgewerbe. In Vernetzung mit wichtigen touristischen Leistungsträgern arbeitet man daran, dass sich in Leipzig die Verbindung von spannender Gastronomie und kulturellem Erlebnis auch in Zukunft positiv entwickelt.

„**Ich möchte Sie dazu einladen, die Leipziger Gastlichkeit und Esskultur zu erleben und Ihren Gaumen für Genüsse aus unserer Region zu öffnen.**"

Holm Retsch, Geschäftsführer DEHOGA Leipzig

DEHOGA SACHSEN Regionalverband Leipzig e.V.

EMPFEHLENSWERT

426	Zum Arabischen Coffe Baum
409	Restaurant FALCO
410	Restaurant Stadtpfeiffer
412	Restaurant Die Residenz
413	Restaurant Münsters
419	Restaurant Weinstock
417	Brasserie Le Grand
414	Restaurant MAX ENK
424	Restaurant Creme BRÜHLé
423	Restaurant Steak Train
411	Restaurant Villers
430	Café und Weinbar Wagner
	Kneipenmeile Barfussgäßchen
	Kneipenmeile Gottschedstraße
	Kneipenmeile „KarLi"

COFFE BAUM | THE WESTIN LEIPZIG

DEHOGA REGIONALVERBAND LEIPZIG E.V.
Rosa-Luxemburg-Straße 23-25 / EG Listhaus, 04103 Leipzig, Tel.: 0341 / 39135 47, www.dehoga-leipzig.de, www.falco-leipzig.de www.westin-leipzig.de, www.coffe-baum.de

Schloss Güldengossa

Hotel Michaelis Leipzig

Salles de Pologne

Hotel Michaelis – Zimmeransicht

Tagen in der Alten Essig-Manufactur

Events im Da Capo Oldtimermuseum

WOHLFÜHLHOTEL MICHAELIS BELEBT HISTORISCHE GENUSS- UND INDUSTRIEKULTURORTE

Genuss und Service, Gastlichkeit und Qualität verbinden sich mit dem Namen Michaelis an vielen Orten in und um Leipzig. Barocke Schmuckstücke und außergewöhnliche Industriekulturorte mit Genuss, Kultur und Events zu beleben, hat sich der hat sich der Geschäftsführer Michael Reinhold dabei besonders auf die Fahne geschrieben.

Hotel Michaelis GmbH – Genuss verbindet

Der Ursprung begann 1997 im privat geführten Hotel und Restaurant Michaelis im südlichen Zentrum Leipzigs mit einem vielfach ausgezeichneten Restaurant und kleinen Räumlichkeiten für Feierlichkeiten jeder Art. Über die Jahre sind weitere ausgefallene Eventlocations dazugekommen, die vom Michaelis als Betreiber engagiert geführt werden. Als Caterer ist Michaelis an weiteren kulturvollen Orten aktiv, wie im Gewandhaus, im Mediencampus Villa Ida und im Museum der bildenden Künste in Leipzig. Einen historischischen Rahmen für glanzvolle Feste bieten die Salles de Pologne und Orangerie Schloss Güldengossa.

HOTEL MICHAELIS GMBH
Paul-Gruner-Straße 44,
04107 Leipzig,
Tel.: 0341 / 26780,
www.michaelis-leipzig.de

MICHAELIS
Hotel | Restaurant | Catering | Event

Salles de Pologne und Orangerie Schloss Güldengossa

Nach liebevoller Sanierung erstrahlen im ehemaligen Hôtel de Pologne die prachtvollen Säle unter dem Namen Salles de Pologne wieder im neobarocken Glanz. Der opulente Barocksaal und der Schwanensaal stehen als Eventlocation für einzigartige Galaveranstaltungen, ausgelassene Bälle oder einfach unvergessliche Abende zur Verfügung. Das spätbarocke Schloss Güldengossa ist vor allem als romantische Hochzeitslocation aber auch für Tagungen und Firmenevents gefragt.

Alte Essig-Manufactur & Da Capo Oldtimermuseum mit Eventhalle

locken als Eventlocations mit Industriedesign und niveauvollem Ambiente. Die Veranstaltungslocation „Alte Essig-Manufactur“ mit Lounge und Gewölbekeller ist über den Laubengang direkt mit dem Hotel verbunden. Inmitten der größten Oldtimersammlung Mitteldeutschlands inszeniert das Da Capo-Team in einer restaurierten Fabrikhalle Bankette, Galas, Präsentationen und Tagungen für bis zu 500 Personen.

INDUSTRIEKULTUR-GENUSS

418	Da Capo-Oldtimermuseum und Eventhalle
418	Tagungslocation Alte Essig-Manufactur
436	Restaurant La Fonderie
415	Restaurant Stelzenhaus
540	Weinhandel En Gros & En Detail
96	Leipziger Baumwollspinnerei
634	Elsterlofts
128	Intershop Interdisciplinaire Leipzig
512	Egenberger Lebensmittel & Lipz Schorle

In bester Form, Blick in die Ausstellung

Saxonia Paper II, Blick in die Ausstellung

Kunsthalle der Sparkasse Leipzig

SPANNENDE BEGEGNUNGEN – DIE KUNSTHALLE DER SPARKASSE LEIPZIG

Die Sparkasse Leipzig besitzt nicht nur die größte Sammlung von Werken der Leipziger Schule überhaupt. In ihrer Kunsthalle präsentiert sie den Besuchern regelmäßig auch beeindruckende Ausstellungen zum künstlerischen Schaffen in Leipzig.

Größte Sammlung Leipziger Schule

Mit dem Anspruch, das hohe bildkünstlerische Potenzial der Leipziger Region zu fördern, zu bewahren und zu dokumentieren, baut die Sparkasse Leipzig seit über 20 Jahren eine Kunstsammlung zur Leipziger Schule auf. Die Sammlung umfasst rund 3.000 Exponate der Malerei, Grafik, Fotografie sowie Zeichnungen und bildhauerische Objekte. Neben Werken der alten Meister wie Wolfgang Mattheuer, Werner Tübke und Bernhard Heisig finden auch die Arbeiten der jungen Generation der Leipziger Schule wie Tilo Baumgärtel, Christoph Ruckhäberle und Titus Schade Eingang in die Sammlung.

KUNSTHALLE der sparkasse leipzig

Sparkasse Leipzig

Die Kunsthalle – Mehr als ein Ausstellungsraum

In ihrer 2001 eingerichteten Kunsthalle am Pleißemühlgraben präsentiert die Sparkasse Leipzig in wechselnden Ausstellungen unterschiedliche Aspekte des Leipziger Kunstschaffens in Vergangenheit und Gegenwart. Neben ausgewählten Arbeiten aus der eigenen Sammlung ermöglichen Leihgaben internationaler Museen und privater Sammler spannende Begegnungen mit Kunst und Künstlern. Mit drei kuratierten Expositionen pro Jahr leistet die Kunsthalle einen bedeutenden Beitrag zur öffentlichen Wahrnehmung der Leipziger Schule. Die Ausstellungen werden flankiert von Musik- und Literaturveranstaltungen, Führungen sowie kunstpädagogischen Programmen für Kinder.

KUNSTHALLE DER SPARKASSE LEIPZIG
Otto-Schill-Straße 4 a, 04109 Leipzig,
Tel.: 0341 986 9898, www.kunsthalle-sparkasse.de,
Di, Do – So und Feiertag 10 – 18 Uhr, Mi 12 – 20 Uhr

Konspirationen, Blick in die Ausstellung

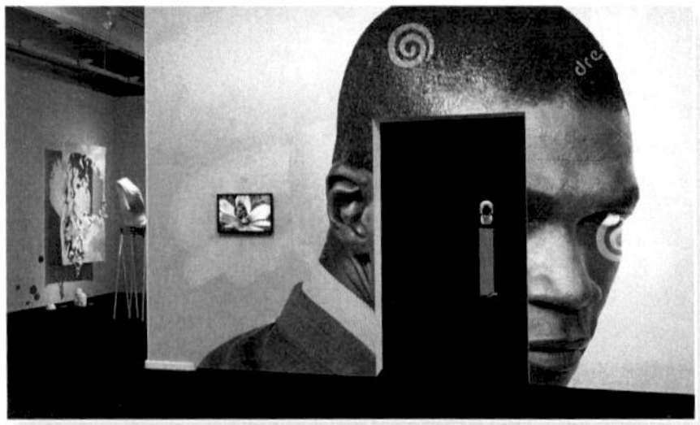

Konspirationen, Blick in die Ausstellung

Konspirationen, Blick in die Ausstellung

listorische Ansicht

eit für Kunst

Halle 14

Galerie EIGEN_ART, Ausstellung Stella Hambergliebe HÖLLE

Johannes Rochhausen in seinem Atelier

Christiane Baumgartner

KUNST ZWISCHEN HOCH- UND SUBKULTUR

Nirgendwo sonst in Mitteldeutschland trifft künstlerische Tradition so spannungsreich auf moderne Szene wie in Leipzig. Spektakuläre Kunstsammlungen im Museum der bildenden Künste, Kunsthalle und GRASSI Museum bilden einen spannenden Kontrast zu Galerien und Künstlern der Kreativräume bzw. Kunstzentren Leipziger Baumwollspinnerei, WESTWERK und Tapetenwerk.

Die Leipziger Baumwollspinnerei

wurde 1884 vom industriellen Visionär Dr. Carl Heine gegründet und seit den 1990ern von visionären Kreativen erobert und später in einer Betreibergesellschaft als künstlerischer Produktions- und Ausstellungsort entwickelt. Internationale Aufmerksamkeit erfuhr der Ort durch die Neue Leipziger Schule u. a. mit Neo Rauch. Aber auch ohne diesen Hype lohnt das beeindruckende Gelände von 20 Gebäuden auf 10 Hektar mit 100 Künstlerateliers, elf Galerien, Werkstätten, Architekten, Designern und v.m. immer einen Besuch.

Kunststadt Leipzig

Neben weiteren kreativ genutzten Industriebauten im WESTWERK und Tapetenwerk, besticht Leipzig mit einzigartigen Kunstsammlungen. Das Museum der bildenden Künste, als eines der ältersten und größten bürgerlichen Kunstsammlungen Deutschlands, umfasst Gemälde Alter Meister ebenso wie führende Vertreter von Moderne und Neuzeit. Spektakuläre Kunstschätze präsentiert das GRASSI Museum. Raum für zeitgenössisches Schaffen bieten viele Galerien und die traditionsreiche Hochschule für Grafik und Buchkunst.

ⓘ LEIPZIGER BAUMWOLLSPINNEREI
Verwaltungsgesellschaft mbH,
Spinnereistraße 7, 04179 Leipzig,
Tel.: 03 41 / 4 980200, www.spinnerei.de

spinnerei
from cotton **to culture**

EMPFEHLENSWERT

43	Museum der bildenden Künste Leipzig
44	GRASSI Museum Leipzig für Angewandte Kunst
95	Kunsthalle der Sparkasse Leipzig
96	Leipziger Baumwollspinnerei
237	Hochschule für Grafik und Buchkunst HGB
	WESTWERK Leipzig
	Tapetenwerk Leipzig
	Galerie für Zeitgenössische Kunst Leipzig
	Museum für Druckkunst Leipzig
	Antikenmuseum der Universität Leipzig
	Designers´ Open (jährl. Okt.)
	GRASSIMESSE (jährl. Okt.)
	F/Stop- Fotografiefestival (alle 2 Jahre)
	DOK LEIPZIG – Dokfilmfestival (jährl Okt/Nov)
	G2 Kunsthalle

Museum der bildenden Künste

GRASSI Museum

naTo – Außenansicht

naTo – Konzert

naTo – Nigel Kennedy, Begleitung Stephan König

UT Connewitz

naTo – Seifenkistenrennen

naTo – Badewannenrennen

UT Connewitz – Zirkus

EXPERIMENTELLE FILM- UND MUSIKSZENE AN GESCHICHTSTRÄCHTIGEN ORTEN

Pflegte man in Leipzigs rebellischem Süden mit der naTo schon vor der friedlichen Revolution mit internationalen Stars aus Musik und Literatur eine reichhaltige Subkulturszene, schlummerte das UT Connewitz nach der friedlichen Revolution 1989 zunächst im Dornröschenschlaf und besitzt heute eine ganz eigene Mischung aus morbidem Charme und Glanz vergangener Zeiten.

UT Connewitz

Im ältesten noch original erhaltenen Lichtspieltheater Deutschlands flimmerte 1912 der erste Film über die Leinwand. Den Anfang des 20. Jh. im Connewitz stattfindenden Kinowettkampf entschied Max Künzel zu seinem Gunsten und benutzte dabei einen Werbetrick: Die Abkürzung UT fungierte als bewusste Assoziation an die damals schnell und erfolgreich expandierende Union Theater-Kinokette. Obwohl das Haus zwei Weltkriege, die Inflation und auch die Zeit des großen Kinosterbens ab 1960 erfolgreich überlebte, schloss es 1992 die Türen, welche erst 2001 beim 10. Connewitzer Straßenfest auf Drängen der Bürger für die Öffentlichkeit wieder geöffnet wurden. Selbige gründeten auch den Verein zur Rettung des Kinos. Dank unzähliger Unterstützer kann man heute im UT Connewitz ein anspruchsvolles Programm aus Film, Musik und Kunst erleben.

naTo

Der Beginn der Zusammenarbeit zwischen dem ehemaligen Jugendclub „Arthur Hoffmann" und dem Kulturhaus „Nationale Front" im Jahr 1982 war die Geburtsstunde eines der wichtigsten Zentren alternativer Kultur in Leipzigs Süden. Schon vor 1989 standen in der naTo Musiker aus aller Welt auf der Bühne. Nach der Wende kamen zur Subkultur soziokulturelle Projekte und Popkultur dazu, sodass neben AG Geige, DEKAdance, Wigald Boning, Olaf Schubert, dem Urauftritt von Rammstein auch Nigel Kennedy hier spielten. Die ausgewogene Mischung wird bis heute mit Jazz, osteuropäischer Musik, Soziokultur, Chansons, Popmusik, internationalen Kinoprogramm, experimentellen Theater und Performances beibehalten.

ⓘ UT CONNEWITZ E.V.
Wolfgang-Heinze-Str. 12a,
04277 Leipzig, www.utconnewitz.de
SOZIOKULTURELLES ZENTRUM DIE NATO E.V.
Karl-Liebknecht-Str. 46, 04275 Leipzig

KINOS, CLUBS & FESTIVALS

275	UT Connewitz
274	naTo
	Kinobar Prager Frühling
	Distillery
	Conne Island
	Werk II
	Luru – Kino in der Baumwollspinnerei
	Theater der jungen Welt
	Neues Schauspiel Leipzig
	Lofft
	Café Schwarz Session im Neuen Schauspiel
	Ilses Erika
	Wave-Gotik-Treffen (jährlich Pfingsten)
	Alternatives Musikfestival „Pop-Up"
	„Westbesuch" Straßenfest

Distillery Leipzig

10 in der Beethovenstraße 10

Barcelona Bar – Jan Berger und Bea Wolf

süß + salzig

10 – Weinbar und Restaurant

Barcelona Bar

GreenSoul

süß + salzig

AUSSERGEWÖHNLICHE LEIPZIGER GENUSSORTE

Abseits vom Leipziger Ring und noch nicht ganz „ver-hypzigt", finden sich zwischen Industrie- und Gründerzeitcharme verborgene kulinarische Perlen voller Innovations- und Experimentierfreude.

Barcelona Bar

Schmal und langgestreckt entfaltet die Bar ihre ganz eigene Schönheit, die ohne Schauspielerei ein genauso interessantes wie kontrastreiches Publikum anzieht. Dank der Inhaber Bea Wolf und Jan Berger zählen bei dem leckeren Essen, dem echten Personal, dem authentischen Ambiente und den gnadenlos guten Getränken mehr das Sein als der Schein. Mut zum eigenen Charakter kommt nicht nur den seltenen Sherry-, Rum-, Wein- und Whiskysorten, sondern auch der jazzig-souligen Musikauswahl und dem hervorragenden Tapas-Angebot zugute. Unbedingt probiert haben sollte man den Sonntagsbrunch.

B10 & La Fonderie

Internationales „Big City"-Flair bringt der Australier Paul Berry nach Leipzig. In seinem B10 gibt es neben ausgewählten Weinen und guten Drinks vor allem eines: super-leckeres Essen! Egal, ob Lunch oder Dinner, Menü oder „Daily Specials" – jeder, der einmal hier war, kommt wieder. Der frische Mix aus asiatischen Aromen, mediterranen Zutaten und authentischem „Aussie-Charme" macht das B10 zum No.1-Lieblingsplatz für Genießer. Was passiert, wenn junge Köche aus der Sternegastronomie sich mit portugiesischen Bartendern und einer vietnamesischen Design- und Gastroexpertin in einer denkmalgeschützten Industriehalle zusammentun, um dort Streetcooking in ein modernes Gastronomiekonzept zu übersetzen, kann man in der La Fonderie herausfinden.

Vegetarischer und veganer Genuss

Das aus der Schweiz zurückgekehrte Gastronomenpaar Corinna Köhn und Mustafa Türker lädt im vegetarisch-veganen Restaurant GreenSoul zu einer aufregenden Reise in die fleischlose Küche ein. Dabei bestechen Gerichte von Businesslunch bis Kinderkarte mit handgemachten Zutaten. Und im separaten Spielzimmer mit integrierter Still- und Wickelmöglichkeit kommt keine Langeweile auf. Leckere vegane Kuchen und selbst kombinierbare Aufläufe sowie ein vegetarisches/veganes Sonntagsbuffet bietet das süß + salzig. Für gemischte Gruppen mit und ohne Fleischverzicht empfiehlt sich auch PEKAR mit schönem Ambiente in der Nähe vom Lindenauer Markt.

EMPFEHLENSWERT

276	Barcelona Tapas Bar
434	Restaurant B10
436	Restaurant La Fonderie
443	Restaurant süß + salzig
437	Restaurant GreenSoul
438	Restaurant PEKAR Leipzig
433	Café – Bistro – Pâtisserie Maître
427	Restaurant Bustamante
416	Biorestaurant Macis
444	Restaurant Poniatowski
440	Restaurant Meins Deins Unser
442	Kneipe Noch besser Leben
441	Restaurant Hotel Seeblick
441	Café Fleischerei
129	Geschäft Kleine Träumerei
	Restaurant Chinabrenner
	Vleischerei – veganer Imbiss
	Burgermeister – Imbiss

ⓘ BARCELONA TAPAS-BAR
Gottschedstr. 12, 04109 Leipzig,
Tel.: 0341/2126128

www.the-b10.com, www.lafonderie.de, www.suesssalzig.de, www.restaurant-greensoul.de, www.wir-sind-pekar.de

Restaurant Poniatowski – Innenansicht

Poniatowski – Anna Gorski & Thomas Zelek

Restaurant Poniatowski – Veranstaltung

Reclam Haus

Restaurant Poniatowski – Wodka-Tasting

Restaurant Poniatowski – Polnische Pierogi

Haus des Buches

Museum für Druckkunst in Plagwitz

LEIPZIGS GROSSE BUCHKULTUR UND POLNISCHE HELDENGENÜSSE IM GRAFISCHEN VIERTEL ENTDECKEN

Vor dem 2. Weltkrieg entwickelte sich Leipzig zur bedeutendsten Buchmetropole Deutschlands. 1900 gab es in der Stadt allein 2.200 Firmen aus allen Zweigen des Buchhandels und Buchgewerbes, darunter 848 Verlage und Buchhandlungen, 201 Buchbindereien und 189 Druckereien. Davon hatten 95 Prozent ihren Sitz im Graphischen Viertel. Beeindruckende Industriepaläste von Firmen wie Brockhaus, Teubner und Reclam trugen hier zum Ruf von Leipzig als Buchstadt bei.

Leipzig als Buchstadt

Bis heute sind Stadt und Buchkunst eng verbunden, lebendig gepflegt in zahlreichen Buchhandlungen und Antiquariaten, weltweit präsentiert auf der Leipziger Buchmesse und beeindruckend gesammelt in der Deutschen Nationalbibliothek. In Leipzig gibt es eine breit gefächerte literarische Ausbildung, zentraler Ort der Begehrlichkeiten ist dabei das Deutsche Literaturinstitut. Vom früheren Glanz einer weltweit einzigartigen Verlags- und Druckereikonzentration zeugen im Grafischen Viertel heute viele repräsentative Industriegebäude. Mit dem 1996 eröffneten „Haus des Buches", erbaut auf dem Grund des zerstörten Buchhändlerhauses, verfügt der Stadtteil über eine lebendige Begegnungsstätte mit Sitz zahlreicher Verlage und bietet eine in Deutschland einzigartige Verbindung von Kunst, Kultur und Kommerz unter einem Dach. Einen Katzensprung entfernt, liegt ein ebenso kultur- wie genussvoller Ort.

Restaurant Poniatowski

Auf die Spuren des legendären Fürsten Józef Antoni Poniatowski – polnischer Aristokrat, Feldherr, Kriegsminister des Herzogtums Warschau und Marschall von Frankreich, welcher 1813 beim Rückzug aus Leipzig verstarb – begibt sich das Restaurant Poniatowski. Mit leckeren polnischen Pierogi, Barszcz, gegrillten Oscypek, Bigos, Haselnuss-Wodka u.v.m. erobern Anna Gorski und Thomas Zelek 200 Jahre später nicht nur die Leipziger Herzen. Neben leckerer trad. polnischer Küche und unbekannten Wodka-Sorten der neuen lokalen Marke „Stiler Josef" spiegeln durchdachtes Design und gastfreundschaftliche Atmosphäre, ansprechende Musikauswahl den modernen Geist Polens wider. Sehr empfehlenswert sind die von Jolanta Drywa organisierten Kleinkunst-, Musik- und Literaturveranstaltungen, so z.B. die offene Bühne „Open Mic!" mit internationalen Künstlern vom Leipzig Writers e.V. und dem Deutsch-Polnischen Literatursalon gemeinsam mit dem Verein Städtepartnerschaft Leipzig-Krakau.

LEIPZIGER BÜCHERSPUREN

- 228 Leipziger Messe / Buchmesse
- 237 Hochschule für Grafik & Buchkunst
- 141 Connewitzer Verlagsbuchhandlung
- Museum für Druckkunst
- Deutsche Nationalbibliothek
- Geographische Zentralbibliothek
- Frauenbibliothek MONAliesA
- Haus des Buches
- Reclam-Carrée
- Deutsches Literaturinstitut Leipzig (Ausbildungsort für erzählerische Theorie)
- Autorenschule „Textmanufaktur" (praktische Ausbildung der Verlagslektoren)
- Literaturzeitschrift EDIT
- Werner Bräunig Literaturpreis
- MDR Literaturpreis
- Poetenladen Verlag

PONIATOWSKI POLSKI BAR & RESTAURACJA
Kreuzstraße 15, 04103 Leipzig, Tel.: 0341 / 99858340, www.poniatowski-bar.de
www.buchbewegt-leipzig.de
www.haus-des-buches-leipzig.de

eipziger Auenwald

Botanischer Garten – Palmenhaus

Stelzenhaus – Innenraum mit Aquarium

Stelzenhaus mit Karl-Heine-Kanal

Stelzenhaus – Elemente Erde und Wasser auf d. Speisekarte

ENTSPANNUNG UND GENUSS MIT LEIPZIGS PARKS, GÄRTEN, FLÜSSEN UND KANÄLEN

STELZENHAUS RESTAURANT

Einst galt Leipzig als Seestadt und war auf alten Stichen aus dem 19. Jahrhundert von viel Wasser umgeben. Pleiße, Parthe und Elster prägten das Stadtbild und noch heute soll die Stadt mehr Brücken als Venedig besitzen. Der vom gleichnamigen Industriellen im 19. Jahrhundert angelegte Karl-Heine-Kanal sollte bis an die Elbe eine Anbindung nach Hamburg ermöglichen. Auch wenn Leipzigs Flüsse und Kanäle heute die Touristen statt zur Hansestadt zum Leipziger Neuseenland führen, verbinden Hamburg und Leipzig Europas spektakulärste Auenwälder und zeigen:

Leipzig ist eine Park- und Wasserstadt!

Ein grünes Band aus Parks, Waldabschnitten und großen Wiesen bildet quer durch die Stadt ein endloses Paradies für Spaziergänger und Montainbiker. Die schönste Grünanlage von allen, der Clara-Zetkin-Park, zieht besonders Familien an. Aber auch der Botanische Garten mit seinen subtropischen Gewächshäusern ist zusammen mit dem Duft- und Tastgarten im angrenzenden Friedenspark zu empfehlen. Beliebt bei Studenten ist der Johannapark. Der Mariannenpark lockt mit Spiel- und Sporteinrichtungen sowie Staudengärten. Ebenfalls anschauenswert sind agra-Park, Südfriedhof und Rosental. Leipzig lässt sich dank seiner zahlreichen Flüsse und Kanäle auch ganz romantisch mit einer Gondel, dem Ruderboot, Kajak oder Kanadier entdecken. Wer eine Wassertour auf dem Karl-Heine-Kanal unternimmt, dem wird eines der faszinierendsten Industriegebäude von Plagwitz ins Auge fallen.

Restaurant Stelzenhaus

In dem 2003 wiedereröffneten Restaurant lässt sich bei anspruchsvoller kreativer Küche und sorgfältig ausgewählten Weinen der beste Kanalblick genießen. Ebenfalls in 2003 wurde die puristische Komposition aus Restaurant, Bar, Bistro und Biergarten mit dem Leipziger Architekturpreis ausgezeichnet. Thomas Langer und Uwe Wolf haben hier als Küchenvisionäre mit Leidenschaft ein von Michelin, Gault Millau und dem Feinschmecker-Magazin empfohlenes Vorreiterkonzept geschaffen. Gekocht wird aber nicht für Gastrokritiker, sondern mit ehrlicher Liebe zu Gästen, Zutaten und Erzeugern, welche man wie die Winzerfamilien Böhme & Töchter und Gussek auch persönlich kennt. Dabei lässt die exklusive Käse-Auswahl die Herzen von Gourmets höher schlagen. Sehr beliebt sind auch Mittagsbuffet, Quicklunch und Sonntagsbrunch.

PARK & WASSER EMPFEHLUNGEN

415	Restaurant Stelzenhaus
707	Rana Boot Markkleeberg
204	Leipziger Neuseenland
	Leipziger Auwald, Clara Zetkin Park, Johannapark, Botan. Garten, Palmengarten, Rosental, Friedenspark, Mariannenpark, Stadtgarten Connewitz, Südfriedhof, Agra-Park, Landschaftsgarten zu Machern
	Kleingartenanlage Dr. Schreber, Kleingärtner-Museum
	MS Weltfrieden
	Bootsverleih Herold
	Lindenauer Hafen
	Leipziger Wasserfest (jährlich im August)

RESTAURANT STELZENHAUS
Weißenfelser Straße 65, 04229 Leipzig,
Tel.: 0341 / 4924445, www.stelzenhaus-restaurant.de

agra-Park Leipzig-Markkleeberg

Cospudener See

Cospudener See, Sauna im See

Sauna im See

Cospudener See, Hafen Zöbigker

Markkleeberger See, Strand Markkleeberg-Ost

MARKKLEEBERG – SEENSATIONELL IN SACHSEN

→ Leipzig 15 min → Jena 1h
→ Erfurt 1h 30 min

MARK KLEE BERG

Mit dem Cospudener und Markkleeberger See ist Markkleeberg idealer Ausgangspunkt für Entdeckungsreisen, Aktiv- und Erholungsurlaube im Leipziger Neuseenland.

Geschichte, Landschaft und Kultur

Die Vielfalt der Stadtstruktur Markkleebergs mit seinem Gründerzeit-Stadtkern, sieben Rittergütern/Herrenhäusern und Villenensembles lässt sich am besten per Rad erleben. Unterwegs können Sie in den großen Parkanlagen (agra-Park und Kees'scher Park) verweilen oder die Weite am Cospudener und am Markkleeberger See genießen. Künstler aus aller Welt begeistern an imposanten Spielstätten wie dem Schloss Markkleeberg, der Orangerie Gaschwitz, der Kirchenruine Wachau oder im vergoldeten Spiegelsaal des Weißen Hauses. Den Spuren der Völkerschlacht bei Leipzig 1813 können Sie in den Museen der Torhäuser Markkleeberg und Dölitz nachspüren.

Sport- und Saunaerlebnis im maritimen Flair

Häfen und Strände am Cospudener und Markkleeberger See verleihen Markkleeberg ein maritimes Flair. Im Kanupark, einer der modernsten Wildwasseranlagen weltweit, trainiert und wetteifert die Kanu-Elite. Direkt am Pier 1 gelegen, bietet die Sauna im See einzigartiges Saunavergnügen mit direkter Erfrischung im Cospudener See. Abgerundet wird das Angebot mit vier verschiedenen Saunen, darunter einer Panoramasauna mit Blick über den See, Badezuber, Ruheraum mit offenem Kamin, Wellnesslounge mit attraktiven Massagen und leichten, feinen Speiseangeboten.

TOURIST-INFORMATION MARKKLEEBERG UND LEIPZIGER NEUSEENLAND
Rathausstraße 22, 04416 Markkleeberg,
Tel.: 0341 / 33796718, www.markkleeberg.de,
www.markkleeberger-see.de,
www.leipzigseen.de,
www.sauna-im-see.de,
www.kanupark-markkleeberg.com

„Ein Blick über die Seen und man fühlt sich gleich wie im Urlaub."

Karsten Schütze, Oberbürgermeister Stadt Markkleeberg

EMPFEHLENSWERT

- 47 Deutsches Fotomuseum Markkleeberg
- 204 Leipziger Neuseenland mit Neuseenland-Radroute und Wanderweg „Rund-um-Leipzig"
- 684 Strände und Sauna Cospudener See
- 695 Wildwasseranlage Kanupark Markkleeberg
- 696 All-on-Sea Wassersportstation am Markkleeberger See
- 706 Neuseenland Personenschifffahrt
- 707 RANAboot GmbH
- 708 Amphibientouren zur Vineta
- 7-Seen-Wanderung und Cross de luxe
- agra-Park Leipzig-Markkleeberg mit Weißem Haus
- Historisches Ensemble Auenkirche, Schloss und Torhaus Markkleeberg mit Museum der Völkerschlacht und Rhododendronpark
- Kees'scher Park mit Martin-Luther-Kirche und Adlertor
- Neue Harth – Bergbaufolgelandschaft mit Rundwanderwegen

Eingangsbereich Atlanta Hotel

Smokers Lounge

Wellnessbereich mit Whirlpool

Frühstücksraum

Zimmeransicht

ATLANTA HOTEL INTERNATIONAL – ELEGANT UND GENUSSVOLL DAS LEIPZIGER NEUSEENLAND ENTDECKEN

Wellness, kulinarischer Genuss und traumhafte Erholung. Das Atlanta Hotel International in Markkleeberg verwöhnt seine Gäste von Nah und Fern.

Ankommen – Einchecken – Abschalten

Das 1993 erbaute 4-Sterne-Hotel verfügt über 191 Komfort- und Deluxe-Zimmer sowie fünf Suiten, welche mit modernen Designer-Möbeln und luxuriösen Carrara-Marmorbädern ausgestattet sind. Für den erholsamen und kostengünstigen Familien- oder Langzeitaufenthalt mit Wohlfühlcharakter, bietet das mit dem Hotel verbundene Atlanta Boardinghouse weitere 70 Ein- und Zweiraum-Apartments. Der ideale Ort für Tagungen, Konferenzen und Familienfeiern ist das Atlanta Hotel mit seinen variablen Veranstaltungsräumen.

ATLANTA HOTEL INTERNATIONAL LEIPZIG
Südring 21, 04416 Leipzig/Wachau,
Tel.: 0341 / 41 46 00, www.atlanta-hotel.de

Entspannen in Leipzigs höchstgelegenem Wellnessbereich

Neben den verlockenden „All-in-Preisen" mit reichhaltigem Frühstücksbuffet, Minibargetränken und Telefongesprächen ins dt. Festnetz, bietet das Hotel auch kostenfreie Wellnessbereich-Nutzung an. Hier können Sie sich im Fitnessbereich auspowern oder Sie relaxen in der finnischen Sauna und genießen dann den einmaligen Ausblick auf Leipzigs Skyline direkt vom Whirlpool aus.

„Wir wollen nicht nur, dass Sie sich wohl fühlen, wir wollen, dass Sie wiederkommen."

Thomas Moors, Direktor Atlanta Hotel International Leipzig

Kulinarische Highlights

Nationale und regionale Speisen erwarten Sie im Restaurant, das sowohl den anspruchsvollen Feinschmecker, als auch den bewussten Genießer anspricht. Die Atlanta Bar und auch die moderne Smokerslounge im Herzen der weitläufigen Hotellobby bilden den krönenden Abschluss eines unvergesslichen Hotelaufenthalts.

Atlanta Hotel
International Leipzig

CAMP DAVID Sport Resort by ALL-on-SEA am Schladitzer See

Segeln am Cospudener See

Der Kanupark liegt direkt am Markkleeberger See

Bootstouren der RANAboot GmbH

DUO-Rafting im Kanupark Markkleeberg

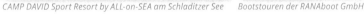

WASSER- UND TRENDSPORTREGION LEIPZIGER NEUSEENLAND

Die seenreiche Region um Leipzig ist zum magischen Anziehungspunkt für Wasser- und Erlebnissportler geworden. Aber auch bei Radfahrern, Inlineskatern und Wanderern ist das Leipziger Neuseenland sehr beliebt.

LEIPZIGER NEUSEENLAND

Traditionelle Angebote wie Segeln, Surfen, Kitesurfen, Tauchen, Wakeboarden werden ergänzt durch Wildwasser-Rafting, Stand-up-Paddling, Segways und sogar schwimmende Grillinseln auf dem Cospudener See.

Auf den Flüssen und Kanälen in Leipzig

sind Wasserwanderer ebenso begeistert unterwegs wie die Gäste in Gondeln, auf Flößen und in den LeipzigBooten. Der Wasserkurs 1 verbindet beispielsweise den Stadthafen Leipzig mit dem Cospudener See. An einer Erweiterung der schiffbaren Kurse ins Leipziger Neuseenland wird intensiv gebaut.

Auch an Land können Sie

Sport und Spaß im neuen Kletterpark, beim Bogenschießen und Axtwerfen auf dem Erlebnisparcours des Störmthaler Sees, im CAMP DAVID Sport Resort by ALL-on-SEA am Schladitzer See, beim Beachvolleyball-Turnier oder auf dem Outdoorfitness-Parcours erleben.

KANUPARK MARKKLEEBERG
WILDWASSERANLAGE
Wildwasserkehre 1,
04416 Markkleeberg,
OT Auenhain, Tel.: 034297 / 141291,
www.kanupark-markkleeberg.com

KANUPARK am Markkleeberger See

Wildwasserspaß im Kanupark Markkleeberg

bietet das beliebte Ausflugsziel direkt am Markkleeberger See – eine eine der modernsten Wildwasseranlagen der Welt. Im Kanupark Markkleeberg können Abenteurer die Kraft des Wassers hautnah spüren! Beim Wildwasser-Rafting kann sich jeder ab zwölf Jahren mit dem Schlauchboot in die Fluten stürzen. Gemeinsam im Team werden die Stromschnellen und Walzen des Kanuparks bezwungen – Spaß und Action sind garantiert! Außerdem können sich hier mutige Freizeitsportler beim POWER- oder NACHT-Rafting sowie beim DUO-Rafting, Hydrospeed und Wildwasser-Kajak austoben.

estaurant Seeperle

Seepark Auenhain

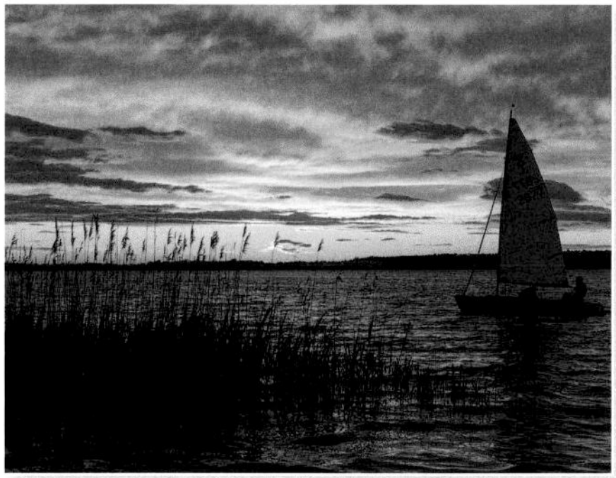
Markkleeberger See

benteuerspielplatz im Seepark

Seeperle

Zimmeransicht Ferienhaus

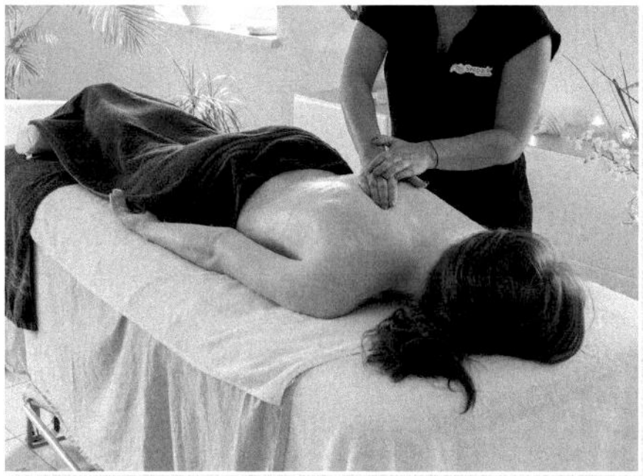
Seestern Wellnessbereich

SEEPARK AUENHAIN – FAMILIÄRE WOHLFÜHLPERLE AM MARKKLEEBERGER SEE

Urlaub und Entspannung am See und trotzdem nichts vom Trubel der Leipziger Großstadt verpassen? Der Seepark Auenhain mit seinen ganzjährig nutzbaren 32 Ferienhäusern und 12 Ferienappartements schafft diesen Spagat spielerisch.

Idyllisch fügt sich das fünf Hektar große Ferienresort in die Landschaft des Markkleeberger Sees ein und ist wegen seiner unmittelbaren Nähe zu Leipzig ein idealer Ausgangspunkt für die Erkundung des Leipziger Neuseenlandes ebenso wie von Leipzig selbst. Zu den besonderen Highlights des Seeparks Auenhain gehört die

Wellnessoase „Haus Seestern"

mit ihren vier verschiedenen Themensaunen und einem 28-Quadratmeter-Indoor-Pool. Ein hauseigener Friseur „Salon am See" sowie der Massage- und Beautybereich „Vital am See" runden das vorhandene Angebot ab und sorgen so für ein Rundum-Wohlgefühl der Gäste. Aber auch Kinderfreundlichkeit wird im Seepark Auenhain groß geschrieben. So stehen für die jüngsten Gäste das „Haus Seepferdchen" und ein eigener Kinderspielplatz zur Eroberung bereit, sodass Langeweile im Seepark Auenhain ein Fremdwort ist. Auf der Sonnenterrasse des

Restaurant Seeperle,

mit zauberhaftem Blick über den Markkleeberger See, können Sie neben dem traumhaften Urlaubsfeeling ein köstliches Speisenangebot aus sächsisch regionaler und internationaler Küche genießen. Ob Gerichte von der monatlich wechselnden Spezial-Speisekarte, Bisonfleisch (übrigens das Highlight der Seeperle), frische Torten und Kuchen, leckere Eisbecher oder das selbstgemachte Tartufo – im Restaurant Seeperle findet jeder Gaumen etwas für seinen Geschmack.

SEEPARK AUENHAIN
Am Feriendorf 2, 04416 Markkleeberg,
Tel.: 034297 / 98680, www.seepark-auenhain.de

Bergbau-Technik-Park

Schloss Güldengossa

Störmthaler See

Gasthof Alter Kuhstall

Gasthof Alter Kuhstall

Gasthof Alter Kuhstall

GROSSPÖSNA AM STÖRMTHALER SEE

→ Leipzig 20 min → Chemnitz 1h
→ Weimar 1h 15 min

Großpösna bietet nicht nur mit dem 730 Hektar großen Störmthaler See, dem Ferienresort und Segelhafen LAGOVIDA, dem einmaligen Ausflugsziel VINETA und dem detailgetreu restaurierten Barockschloss Güldengossa vielfältige Erholungs- und Entspannungsmöglichkeiten.

Störmthaler See

In der Gemeinde laden Sie das wunderschöne Waldgebiet Oberholz und der traditionsreiche Botanische Garten zu ausgedehnten und erholsamen Spaziergängen ein. Ländliche Idylle finden Sie in Dreiskau-Muckern, das als eines der „Schönsten Dörfer Sachsens" prämiert ist.

Rittergut und Gasthof Alter Kuhstall

Im einstigen Rittergut begeistert Gastgeber Daniel Roddeck im Gasthof Alter Kuhstall Einheimische, Leipziger und Urlauber mit einem geschicktem Spagat aus regionaler Kochkunst und raffiniert mediterranen Geschmacksentdeckungen. Ausgehend von seinem kulinarischem Wirken an internationalen Genußorten, verbindet er durchdacht die unterschiedlichsten Kochstile, was ihm eine hohe Nachfrage bei Hochzeiten und anderen familiären Feierlichkeiten beschert. Vor oder nach einem gutem Essen im Gasthof Alter Kuhstall empfehlen wir Ihnen je nach Programm die beliebten Veranstaltungen des Soziokulturellen Zentrum KuHstall e.V.

GEMEINDE GROSSPÖSNA
Im Rittergut 1, 04463 Großpösna,
Tel.: 034297 7180, www.grosspoesna.de,
www.stoermthaler-see.info,
www.bergbau-technik-park.de,
www.gasthof-alter-kuhstall.de
www.kuhstall-ev.de

„Ich genieße nach einer langen Wanderung am See den Sonnenuntergang und den Blick auf die beleuchtete Vineta bei einem leckeren Essen im LAGOVIDA."

Dr. Gabriela Lantzsch, Bürgermeisterin Großpösna

Sächsische Industriekultur entdecken – der Bergbau-Technik-Park

Das Leipziger Neuseenland verdankt seine Entstehung der jahrhundertelangen Gewinnung, Veredelung und Nutzung der Naturressource Braunkohle. Daran erinnert der Bergbau-Technik-Park. Auf 5,4 ha präsentiert er für große und kleine Besucher authentisch und nachvollziehbar den kompletten Förderzyklus in einem Braunkohlentagebau. Kernstücke der Ausstellung sind zwei Tagebaugroßgeräte, ein Schaufelradbagger und ein Absetzer.

BERGBAU-TECHNIK-PARK
Der Park ist von Mitte März bis Mitte November geöffnet, Tel.: 034297 / 140127,
www.bergbau-technik-park.de,
info@bergbau-technik-park.de

BERGBAU TECHNIK PARK im Leipziger Neuseenland

Gasthof Alter KuHstall

AGOVIDA Ferienresort

VINETA

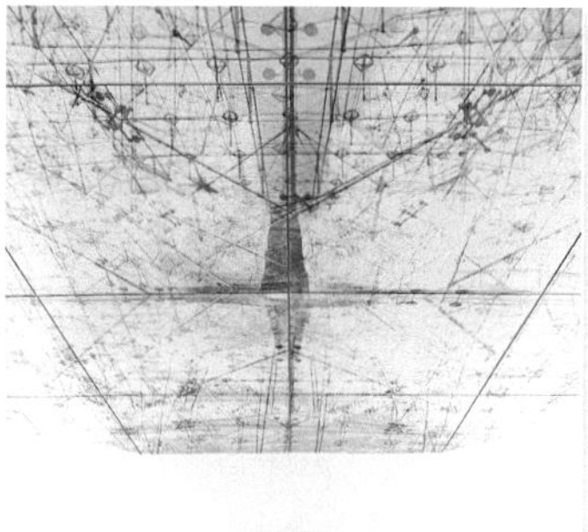

estaurant Casa Marina

Krystallpalast Varieté Leipzig

Hochzeit in der VINETA auf dem Störmthaler See

LAGOVIDA – Das Ferienresort am Störmthaler See

bietet Ihnen eine Auszeit vom Alltag. Getreu dem Wortlaut LAGOVIDA – Leben am See, genießen Sie von jeder Unterkunft garantiert Seeblick. Im Zentrum von LAGOVIDA befindet sich der Sportboothafen. In der Casa Marina stehen Ihnen täglich ein breit gefächertes gastronomisches Angebot, sowie Übernachtungs- und Tagungsmöglichkeiten zur Verfügung. Die komfortablen 37 Hafen- und Dünenhäuser mit offenem Wohn-Essbereich, Seeterrasse und Sauna zeichnen sich durch individuelle Architektur aus. Der moderne Wohnmobilhafen bietet auf bis zu 90 Stellflächen einen einmaligen Blick auf den Störmthaler See.

LAGOVIDA

LAGOVIDA – DAS FERIENRESORT
Hafenstraße 1, 04463 Großpösna,
Tel.: 034206 / 7750, www.lagovida.de,

Casa Marina – Das Herzstück von LAGOVIDA

verfügt über 36 Classic-, Deluxe- oder Grand Deluxe Zimmer von bis zu 30 m² Wohnfläche mit Hafen- oder Seeblick. Das Restaurant „Casa Marina" bietet Ihnen mit 200 Restaurant- und Terrassenplätzen, Bar und Biergarten genügend Raum für individuellen kulinarischen Genuss. Die Küche reicht von raffiniert regional bis hin zu mediterranen Kreationen aus saisonalen und regionalen Produkten.

„Manchmal kann Urlaub viel näher sein als Sie denken."

René Maksimcev, Hotelmanager LAGOVIDA

Die VINETA

auf dem Störmthaler See gilt mit einer Höhe von 15 m derzeit als höchstes schwimmendes Bauwerk auf einem deutschen See. Als einmaliges Kunstobjekt bietet es eine ganz besondere Location für Hochzeiten, Kulturveranstaltungen und exklusive Events aller Art. Zusammen mit dem original restaurierten Amphibienfahrzeug DUKW 353 wird jedes Event zu einem Ereignis. Beide Objekte werden vom Krystallpalast Varieté Leipzig betrieben, welches erstklassige Unterhaltung mit außergewöhnlichem Live-Entertainment, Weltklasse-Artistik und kulinarischen Genüssen verbindet.

KRYSTALLPALAST VARIETÉ LEIPZIG, Magazingasse 4, 04109 Leipzig, Tel.: 0341 / 140660, www.krystallpalastvariete.de

VINETA auf dem Störmthaler See, Alte F95/ Magdeborner Halbinsel, 04463 Großpösna, Tel.: (April bis Oktober): 034206 / 209906, www.vineta-störmthal.de

KRYSTALLPALAST VARIETÉ

VINETA auf dem Störmthaler See

Albrechtsburg und Dom

Stadt Meißen

Meissener Porzellan

Staatliche Porzellan-Manufaktur Meissen – Handgemacht

Stadt Meißen – Stadtansicht

Staatliche Porzellan-Manufaktur Meissen

PORZELLAN- UND WEINSTADT MEISSEN – VIELFÄLTIGER GENUSS IN DER „WIEGE SACHSENS“

MEISSEN
1710

Eingebettet in die malerische Kulisse des sächsischen Elblandes liegt die Porzellan- und Weinstadt Meißen. Schon von weitem grüßt der Meißner Burgberg mit seinem imposanten Ensemble aus gotischem Dom und Albrechtsburg.

→ Dresden 40 min, → Leipzig 1h 10 min, → Weimar 1h 50 min

Am Fuße des Berges liegt die idyllische Altstadt mit ihren verwinkelten Gassen, einladenden Restaurants und kleinen Boutiquen. Nicht nur für Gourmets und Shoppingliebhaber hat Meißen viel zu bieten. Galerien, Museen, Konzerte und Festivals machen die Stadt zu einem Anziehungspunkt für Kulturbegeisterte. Neben dem Porzellan ist Meißen auch für seine über 800 Jahre währende Weinbautradition bekannt. Historische Weingüter, umringt von malerischen Weinbergen, gemütliche Straußenwirtschaften sowie die typischen Weinhäuser in den Gassen der Altstadt zeugen von dieser Tradition und laden zu sächsischem Goldriesling, Schieler oder Helios ein.

Die Porzellan-Manufaktur Meissen

steht seit ihrer Gründung im Jahre 1710 für einzigartiges Kunsthandwerk und exklusive Ästhetik. MEISSEN® gehört zu den ältesten und international bekanntesten deutschen Marken, unverwechselbar zu erkennen an den bis heute handgemalten gekreuzten blauen Schwertern. Das Geheimnis von Meissener Porzellan® liegt vor allem am Anteil von 65 Prozent Kaolin aus dem eigenen Bergwerk. Zudem verfügt die Manufaktur mit 700.000 Vorlagen über den größten und weltweit ältesten Bestand an Modellen und Modellformen. In Verbindung mit den über 10.000 möglichen Farbrezepturen aus eigenem Labor und der einzigartigen Handwerkskunst entstehen handgefertigte Kunstwerke aus Meissener Porzellan, die für besondere Werthaltigkeit und erstklassige Qualität stehen.

EMPFEHLENSWERT

- 35 Albrechtsburg Meißen
- 36 Museum of Meissen Art®
- 180 Staatliche Porzellan-Manufaktur Meissen
- 179 Bildhauerin Malgorzata Chodakowska
- 536 Sächsische Winzergenossenschaft Meißen
- 538 Weingut Tim Strasser
- 539 Weingut Zimmerling
- 647 Romantik Hotel Burgkeller Meißen
- Dom zu Meißen
- Klosterruine Heilig Kreuz
- Frauenkirche mit Porzellan-Glockenspiel
- Theater Meißen
- Meißner Stadtmuseum
- Galerie der Künstlergruppe Weißer Elephant im Torhaus der Albrechtsburg
- Thürmer Pianoforte Museum

Veranstaltungshighlights: Literaturfest Meißen, Lange Nacht der Kunst, Kultur und Architektur, Burgfestspiele Meißen, Kunstfest Meißen-Cölln, Weinfest, Meißner Weihnacht

omantik Hotel Burgkeller & Residenz Kerstinghaus Meißen – Ausblick

Romantik Hotel Burgkeller & Residenz Kerstinghaus Meißen – Zimmeransicht

Winzergenossenschaft Meißen

in-Yang-Badewanne

Romantik Hotel Burgkeller & Residenz Kerstinghaus Meißen

Winzergenossenschaft Meißen

Winzergenossenschaft Meißen

Romantik Hotel Burgkeller & Residenz Kerstinghaus Meißen

Hoch über den Dächern der Stadt in traumhaft ruhiger Lage auf dem Burgberg bietet das 4-Sterne-Hotel einen mit geschichtl. Bezügen und mod. Meissner Interieurdesign inspirierten Übernachtungskomfort mit traumh. Ausblick. Neben den klass. Zimmern im Hotel Burgkeller erwarten Sie im frisch eröffneten Kerstinghaus 14 neugestaltete Komfort- und Deluxe-Zimmer sowie 2 Suiten, von denen keines dem anderen gleicht. Hist. Kreuzgewölbedecken, freigelegtes Mauerwerk und Stuckelemente in Kombination mit exklusiven Designdetails von Meissen Couture® und ein Hauch Luxus, wie zum Beispiel in den Raum integrierte freistehende Badewanne, verleihen den Räumen eine Mischung aus Eleganz, Lifestyle und Gemütlichkeit. Im „Rosen-Spa“ erwarten Sie versch. Relax-, Beauty- und Massageanwendungen. Die verschiedenen Restaurants, welche das historische Flair der Stadt widerspiegeln, überzeugen mit herzlichem Service, kulinarischer Vielfalt und wunderschönen Aussichten im besonderen Ambiente.

Winzergenossenschaft Meißen

WeinGenuss und WeinKultur im sächsischen Elbtal. In der Winzergenossenschaft Meißen finden die Besucher die gelungene Verbindung von 300-jähriger Tradition und Moderne. Sie bietet den passenden Rahmen für spannende Kellerführungen, fröhliche Weinproben und vielfältige Kulturveranstaltungen. Der großzügig gestaltete Arkadenhof im mediterranen Ambiente ist der perfekte Ort für Sommerfeste und Konzerte oder lädt einfach zum Verweilen ein. Auch für die schönen Künste bietet die WeinErlebnisWelt den passenden Rahmen, beispielsweise in wechselnden Ausstellungen in der Galerie im Obergeschoss der Vinothek.

ROMANTIK HOTEL Burgkeller Residenz Kerstinghaus ★★★★ MEISSEN

WINZER MEISSEN

Stadt Meißen

TOURIST-INFORMATION MEISSEN
Markt 3, 01662 Meißen, Tel.: 03521 / 41940,
www.touristinfo-meissen.de

STAATLICHE PORZELLAN-MANUFAKTUR MEISSEN GMBH, Talstraße 9, 01662 Meißen, Tel.: 03521 / 4680,
www.meissen.com

SÄCHSISCHE WINZERGENOSSENSCHAFT MEISSEN EG Bennoweg 9, 01662 Meißen, Tel.: 03521 / 780970,
www.winzer-meissen.de

ROMANTIK HOTEL BURGKELLER & RESIDENZ KERSTINGHAUS, Domplatz 11, 01662 Meißen, Tel.: 03521 / 41400, www.hotel-burgkeller-meissen.de

EMPFEHLENSWERT

MUSEEN & AUSSTELLUNGEN

1 ANGERMUSEUM ERFURT

Der ehem. kurmainzische Pack- und Waagehof beherbergt heute das Kunstmuseum der Landeshauptstadt mit einer Mittelaltersammlung, einer Gemäldegalerie, Kunsthandwerk und historischen Zimmern, dem Heckelraum, der Grafischen Sammlung sowie Sonderausstellungen.

Anger 18, 99084 Erfurt, Tel.: 0361 / 6551640, www.angermuseum.de, Di – So 10 – 18 Uhr

3 MUSEUM FÜR THÜRINGER VOLKSKUNDE UND GARTENBAU-MUSEUM ERFURT

FASZINATION ALLTAG Hochkarätige Ausstellungen zur Alltagskultur bis zurück in die Mitte des 18. Jhs. garantieren in einem der größten Volkskundemuseen Deutschlands Wissenszuwachs, Emotion, Spannung und Kurzweil! In der Cyriaksburg im egapark bietet das Gartenbaumuseum eine einzigartige Ausstellung zur Geschichte des Gartenbaus.

Museum für Thüringer Volkskunde
Juri-Gagarin-Ring 140a, 99084 Erfurt,
Tel.: 0361 / 6555607,
www.volkskundemuseum-erfurt.de,
Di – So 10 – 18 Uhr,

Deutsches Gartenbaumuseum Erfurt
Gothaer Straße 50, 99094 Erfurt,
www.gartenbaumuseum.de,
März – Okt: Di – So 10 – 18 Uhr,
Juli – Sep: auch Montag 10 – 18 Uhr,
Nov – Feb: nach Vereinbarung

2 NATURKUNDEMUSEUM ERFURT

In einem restaurierten Waidspeicher gibt die Dauerausstellung Einblicke in die Lebenswelt der Landschaften Thüringens mit den Themen Erdgeschichte, Wald, Feldflur und Stadt. Die „Arche Noah“ zeigt die weltweite Artenvielfalt und deren Gefährdung.

Große Arche 14, 99084 Erfurt,
Tel.: 0361 / 6555680,
www.naturkundemuseum-erfurt.de,
Di – So 10 – 18 Uhr

4 STADTSCHLOSS WEIMAR MIT SCHLOSSMUSEUM

Die klassizistischen Prunkräume in der ehemaligen Residenz der Herzöge von Sachsen-Weimar und Eisenach mit Festsaal, Gentz'schem Treppenhaus und Großer Galerie gehören zu den schönsten in Europa. Das Schlossmuseum beherbergt eine hochkarätige Sammlung europäischer Kunst von der Reformationszeit bis zum Beginn des 20. Jahrhunderts.

Burgplatz 4, 99423 Weimar,
Tel.: 03643 / 545400,
www.klassik-stiftung.de,
31.03. – 26.10.: Di – So, Fr 9.30 – 18 Uhr,
27.10. – 30.03.: Di – So 9.30 – 16 Uhr

5 BAUHAUS-MUSEUM WEIMAR

Weimar ist Gründungsort des Staatlichen Bauhauses, der berühmten Designhochschule des 20. Jahrhunderts mit weltweiter Ausstrahlung. Arbeiten von Bauhausmeistern und Bauhausschülern können besichtigt werden.

Theaterplatz 1, 99423 Weimar,
Tel.: 03643 / 545400,
www.klassik-stiftung.de,
ab letztem So im März: Mi – Mo 10 – 18 Uhr,
ab letztem So im Okt: Mi – Mo 10 – 16 Uhr,
Wechsel der Sommer- und Winteröffnungszeiten mit Umstellung der Uhrzeit.

6 NEUES MUSEUM WEIMAR

Im repräsentativen, 1863 bis 1869 erbauten, Neorenaissancebau des ehemaligen Großherzoglichen Museums befindet sich heute das erste Museum für zeitgenössische Kunst in den neuen Bundesländern. Die Werke internationaler Avantgarde und zeitgenössischer Kunst aus verschiedenen Sammlungen werden durch Sonderausstellungen von der Moderne bis zur Gegenwart ergänzt.

Weimarplatz 5, 99423 Weimar,
Tel.: 03643 / 545400,
www.klassik-stiftung.de,
ab letztem So im März: Mi – Mo 10 – 18 Uhr,
ab letztem So im Okt: Mi – Mo 10 – 16 Uhr,
Wechsel der Sommer- und Winteröffnungszeiten mit Umstellung der Uhrzeit. Bei Sonderausstellungen gelten gesonderte Öffnungszeiten.

12

7

Entdecken Sie mitteldeutsche Geschichte von alten Siedlungen über prunkvolle Residenzen bis zum modernen Bauhaus. Erfahren Sie mehr zu Wein- und Salzherstellung.

7 GLOCKENSTADTMUSEUM APOLDA

Im GlockenStadtMuseum erfahren die Besucher Wissenswertes zur Kulturgeschichte der Glocke, zu Inschriften und Verzierungen, zu Glockenmusik und zur Technologie des Glockengusses. Außerdem wird die 400-jährige Entwicklung des örtlichen Textilgewerbes dokumentiert. Mehrere Sonderausstellungen im Jahr erweitern das Angebot des Museums an seine Gäste.

Bahnhofstraße 41, 99510 Apolda,
Tel.: 03644 / 5152571,
www.glockenmuseum-apolda.de,
Di – So 10 – 17 Uhr (auch an Feiertagen)

8 GOETHE GARTENHAUS 2 BAD SULZA

In idyllischer Parklandschaft liegt das Goethe Gartenhaus Bad Sulza – die exakte Kopie des Weimarer Originals. Das Goethe Gartenhaus 2 ist der ideale Ort für besondere Veranstaltungen und Feste. Die 1:1-Nachbildung ist zu besichtigen, dient Ausstellungszwecken und ist als einzigartige Hochzeitskulisse nutzbar.

Wunderwaldstr. 2a, 99518 Bad Sulza,
Tel.: 036461 / 91040,
www.goethegartenhaus.de,
Do – So 12 – 16 Uhr
Nov – März: geschlossen
Gruppen auf Anfrage

9 TRINKHALLE, SALINE-MUSEUM UND GRADIERWERK BAD SULZA

Die heilsame Bad Sulzaer Sole kann im beeindruckenden Gradierwerk mit Zerstäuberhalle inhaliert und in der Trinkhalle getrunken werden. Das Saline- und Heimatmuseum vermittelt in der ehemaligen Salineschenke noch heute die ins Jahr 1064 zurückreichende Tradition des Salzsiedens.

Tourist-Information, Kurpark 2,
99518 Bad Sulza, Tel.: 036461 / 8210,
info@bad-sulza.de, www.bad-sulza.de

10 KUTSCHENMUSEUM AUERSTEDT

In den ehemaligen Stallungen von Schloss Auerstedt wird der noch erhaltene Fuhrpark der Herzöge und Großherzöge von Sachsen-Weimar und Eisenach präsentiert. Die Kutschensammlung der Klassik-Stiftung Weimar umfasst Staats-, Hochzeits-, Stadt-, Reise- und Jagdwagen, hergestellt in Thüringen, Wien, Amsterdam und St. Petersburg. Erleben Sie Kutschen, die europäische Geschichte schrieben.

Heimat- und Traditionsverein Auerstedt e.V.,
Schlosshof 6, 99518 Auerstedt,
Tel.: 036461 / 23983
www.klassik-stiftung.de,
Di, Do, Fr, Sa, So je 2 Führungen:
1. Führung 10.30 – 12 Uhr
2. Führung 14.30 – 16 Uhr
Weitere Führungen gern auf Anfrage.

11 WEINMUSEUM SCHLOSS NEUENBURG

Der über tausendjährigen Weinbautradition an Saale und Unstrut ist die facettenreiche kulturhistorische Präsentation „Zwischen Fest und Alltag" in der Neuenburg verpflichtet. Genießen Sie im historischen Ambiente des Weinmuseums eine Verkostung ausgewählter Weine der Saale-Unstrut-Region.

Schloss 1, 06632 Freyburg (Unstrut),
Tel.: 034464 / 35530,
www.schloss-neuenburg.de,
Apr – Okt: Mo – So tägl. 10 – 18 Uhr,
Nov – März: Di – So 10 – 17 Uhr

12 FRIEDRICH-LUDWIG-JAHN-MUSEUM FREYBURG

Das Wohnhaus des „Turnvater Jahn" ist Ort der Begegnung mit der deutschen Geschichte. Kern der ständigen Ausstellung ist neben dem Leben Friedrich Ludwig Jahns die Entstehung der Turnbewegung, die von Anfang an mit der frühen Nationalbewegung verknüpft war.

Schlossstraße 11, 06632 Freyburg,
Tel.: 034464 / 27426,
www.jahn-museum.de,
Nov – April: Di – Sa 10 – 16 Uhr,
Mai – Okt: Di – So 10 – 17 Uhr

8

10

9

11

17

15

15

13

14

14

18

16

MUSEEN & AUSSTELLUNGEN

13 PHYLETISCHES MUSEUM JENA

Die Sammlungsgeschichte des von Ernst Haeckel begründeten Evolutionsmuseums geht bis Goethes Zeit zurück. Schwerpunkt der Ausstellung ist die Stammesgeschichte des gesamten Tierreichs, vom Badeschwamm bis zum Quastenflosser. Jährlich werden ein bis zwei neue Sonderausstellungen präsentiert.

Vor dem Neutor 1, 07743 Jena,
Tel.: 03641 / 949180,
www.phyletisches-museum.uni-jena.de,
tägl. 9 – 16.30 Uhr

14 OPTISCHES MUSEUM & SCHILLERHAUS JENA

Im Optischen Museum erleben Sie eine Zeitreise durch fünf Jahrhunderte Entwicklungsgeschichte optischer Instrumente. Lassen Sie sich in die Welt der Mikroskope, Fernrohre, Ferngläser, Kameras und Brillen entführen. Friedrich Schillers Gartenhaus mit „Gartenzinne“, Steintisch und Küche bilden einen wichtigen Ort deutscher und europäischer Kultur um 1800. Auf Ernst Abbes Veranlassung entstehen Teile des südlichen Anbaus und die Veranda.

Opt. Museum: Carl-Zeiß-Platz 12,
07743 Jena,Tel.: 03641 / 443165,
www.optischesmuseum.de,

Schillers Gartenhaus, Schillergäßchen 2,
07745 Jena, Tel.: 03641 / 931188,
www.uni-jena.de/Gartenhaus.html,

15 PORZELLANWELTEN LEUCHTENBURG

Das auf der Burg umgesetzte und deutschlandweit herausragende Ausstellungskonzept „Porzellanwelten Leuchtenburg“ schickt die Besucher mit sieben einzigartigen Porzellan-Erlebniswelten auf eine medial-sinnliche Reise und erzählt ihnen spannende Geschichten rund ums Porzellan. Besondere Attraktionen bilden die weltweit kleinste Porzellankanne und die größte Porzellanvase der Welt sowie der gläserne Steg der Wünsche.

Dorfstraße 100, 07768 Seitenroda,
Tel.: 036424 / 713300,
www.leuchtenburg.de,
Apr – Okt: tägl. 9 – 19 Uhr,
Nov – März: tägl. 10 – 17 Uhr

16 MUSEUM FÜR NATURKUNDE & BOTANISCHER GARTEN GERA

Im „Schreiberschen Haus“, dem ältesten erhaltenen Bürgerhaus Geras, befindet sich das Naturkundemuseum. Sonderausstellungen und Konzerte im Barocksaal des Hauses sind besondere Anziehungspunkte. Der nahegelegene Botanische Garten zeigt in verschiedenen Themenbereichen die vielfältigen Pflanzenwelten Ostthüringens.

Nicolaiberg 3, 07545 Gera,
Tel.: 0365 / 52003, Botanischer Garten: Zugang Nicolaistraße und Schillerstraße,
07545 Gera, www.gera.de,
Mi – So und an Feiertagen 12 – 17 Uhr

17 STADTMUSEUM UND BERGKIRCHE ST.MARIEN SCHLEIZ

Eine Dauerausstellung und wechselnde Ausstellungen kann man im Stadtmuseum alte Münze erleben. Die Bergkirche St. Marien diente über 400 Jahre als Begräbniskirche des Fürstenhauses Reuß und gilt als eine der sehenswertesten Kirchen im Südosten Thüringens. Ins Auge fallen die reiche barocke Ausschmückung und die prächtigen Blumenornamente am gotischen Gewölbe.

Stadtmuseum in der „Alten Münze“,
Neumarkt 13, 07907 Schleiz,
Tel.: 03663 / 428735, www.schleiz.de
Bergkirche St. Marien, Bergstraße 11,
07907 Schleiz, Tel.: 03663/422666,
www.bergkirche-schleiz.de,
1.05. – 31.10.: Di – So 14.30 – 16.30 Uhr,
Winter: nach Vereinbarung

18 TECHNISCHES SCHAUDENKMAL LOHGERBEREI WEIDA

In der ehemaligen Gerberei der Familie Francke kann man ein Industriemuseum der besonderen Art erleben. Beim geführten Rundgang wird die jahrhundertealte Tradition der Lederherstellung in Weida gezeigt und Sie können sich von der Funktionsfähigkeit der Originalmaschinen wie Lohmühle, Rindenbrecher, Lederwalze oder drehbaren Holzfässern überzeugen.

Untere Str. 6, 07570 Weida,
Tel.: 036603 / 71350, www.weida.de,
Apr – Okt: Do – So 10 – 18 Uhr,
Nov – März: Do – So 10 – 16 Uhr

19

23

Lassen Sie sich in den Bann ziehen von einzigartigen Glas- und Porzellanwelten, spannender Technik und Naturkunde sowie kostbaren Kunstwerken.

19 STÄDTISCHES MUSEUM ZEULENRODA

Seit 1927 beherbergt das frühere Wohnhaus des Strumpfwarenverlegers Ferdinand Schopper im Stil der Neorenaissance das Städtische Museum. Schwerpunkt der Dauerausstellung sind die Stadtgeschichte Zeulenrodas, traditionelles Kunsthandwerk sowie Stilmöbel verschiedener Epochen, diese inszeniert in authentischen Wohnsituationen.

Aumaische Straße 30, 07937 Zeulenroda-Triebes, Tel.: 036628 / 64135, www.zeulenroda-triebes.de, Di – Fr 9 – 16 Uhr, Do 9 – 18 Uhr, So 13 – 16 Uhr

20 MUSEEN DER SCHLOSS- UND RESIDENZSTADT GREIZ

Das Obere und das Untere Schloss bestimmen das Stadtbild von Greiz. Heute befinden sich in beiden Schlössern die Museen der Schloss- und Residenzstadt Greiz. Die Dauerausstellungen der Museen bilden eine kulturgeschichtliche Symbiose mit den bauhistorischen Raumfassungen der Greizer Residenzschlösser und vermitteln somit ein umfassendes kulturgeschichtliches Erlebnis.

Burgplatz 12 (Unteres Schloss), 07973 Greiz, Tel.: 03661 / 703411, www.greiz.de, Di – So 10 – 17 Uhr

21 MUSEUM BAYERISCHES VOGTLAND HOF

Neben der eindrucksvollen Sammlung zur Stadt- und Textilgeschichte Hofs und den umfangreichen naturkundlichen Beständen steht die neue Ausstellung „Flüchtlinge und Vertriebene in Hof“ im Mittelpunkt des Interesses. Auf drei Etagen wird das Schicksal der in Folge des 2.Weltkrieges ansässig gewordenen Neubürger beleuchtet.

Sigmundsgraben 6, 95028 Hof, Tel.: 09281 / 815 2700, www.museum-hof.de, Di – Fr 10 – 16 Uhr, Sa, So und an Feiertagen 13 – 18 Uhr

22 MUSEENLANDSCHAFT AUF DER PLASSENBURG KULMBACH

Die Hohenzollernresidenz mit tollem Ausblick auf die Stadt beheimatet vier Museen: das Landschaftsmuseum Obermain mit Wissenswertem zu Burg und Region, das Dt. Zinnfigurenmuseum mit ca. 150 Einzeldioramen, das Hohenzollernmuseum mit historischen Markgrafenräumen und das Armeemuseum „Friedrich der Große“ mit der Sammlung Bernd Windsheimers.

Tourismus & Veranstaltungsservice Kulmbach, Buchbindergasse 5, 95326 Kulmbach, Tel.: 09221 / 95880, www.kulmbach.de, Apr – Okt: tägl. 9 – 18 Uhr Nov – März: tägl. 10 – 16 Uhr

23 EUROPÄISCHES FLAKONGLASMUSEUM

In diesem schönen Museum gewinnen Sie in einer einzigartigen Flakonglas-Sammlung Einsichten in sinnliche Duft- und Pflegekultur von einst und heute, gehen auf eine spannende Entdeckungsreise von 5000 Jahren Glasgeschichte und erleben Einblicke in die hochmoderne Flakonglas-Produktion der Firma HEINZ-GLAS.

Glashüttenplatz 1 – 7, 96355 Kleintettau, Tel.: 09269 / 77100, www.flakonglasmuseum.eu, Mo – Fr 8 – 17 Uhr (letzter Einlass 16 Uhr), Sa 10 – 16 Uhr (letzter Einlass 15 Uhr), Glasmacher-Vorführungen jeden 1. Sa im Monat von 12 – 15 Uhr

24 SCHIEFERMUSEUM LUDWIGSSTADT

Im Thüringisch-Fränkischen Schiefergebirge wurde Schiefer in seiner ganzen Vielfalt abgebaut und genutzt. Besonders bedeutend war die Herstellung von Schiefertafeln. Das Museum zeigt eindrucksvoll die Gewinnung und Verarbeitung des „Blauen Goldes“ zu Schiefertafeln, Griffel und zum berühmten Dachschiefer.

Lauensteiner Str. 44, 96337 Ludwigsstadt, Tel.: 09263 / 974541, www.schiefermuseum.de, Di – So 13 – 17 Uhr

20

21

22

24

26

30

28

29

25

31

27

MUSEEN & AUSSTELLUNGEN

25 OBERFRÄNKISCHES TEXTILMUSEUM HELMBRECHTS

Das oberfränkische Textilmuseum vermittelt einen tiefen Einblick in die Entwicklung von Hand- und mechanischer Weberei sowie der Textilindustrie der Region. Zur Ausstellung gehören z. B. eine originalgetreue Handweberstube, Zunftgegenstände, Textilien aus dem „Kleiderschrank der Welt“ und eine Sammlung einzigartiger Musterbücher.

Münchberger Straße 17, 95233 Helmbrechts, Tel.: 09252 / 92430, www.textilmuseum.de, März – Nov: Di – Fr, 10 – 12 Uhr, 14 – 16 Uhr, WE u. Feiertage 10 – 16 Uhr, Dez – Febr: WE u. Feiertage 10 – 16 Uhr

26 ROGG-IN MUSEUM WEISSENSTADT

Im ROGG-IN können Besucher den Roggen, das „Gold der Region“, vielseitig erleben. Einzelne Stationen vermitteln im Wechselspiel sinnliches Erleben und philosophischen Sichtweisen zum einzigartigen Brotgetreide und dessen Kostbarkeit. Der 2.000 qm große Roggengarten lädt zum Verweilen ein. Auf Kinder wartet der Professor ROGGIN.

Goethestr. 25, 95163 Weißenstadt, Tel.: 09253 / 9546224, www.rogg-in.de, Di – Sa 11 – 17 Uhr, ab August auch So: 14 – 17 Uhr

27 FICHTELGEBIRGSMUSEUM WUNSIEDEL

Mit 2.900 qm ist es das größte Regionalmuseum in Bayern. Von steinzeitlichen Funden bis zu Kunstwerken der Gegenwart reicht das Spektrum der Ausstellungsstücke. Aktive Werkstätten, Kinder- und Spielwelten und z. B. ein Färberhaus geben Einblicke in die Umwelt, Geschichte und das Brauchtum der Bewohner des Fichtelgebirges.

Spitalhof 5, 95632 Wunsiedel, Tel.: 09232 / 2032, www.fichtelgebirgsmuseum.de, Di – So 10 – 17 Uhr

28 SCHAUWERKSTÄTTEN DER ERLEBNISWELT MUSIKINSTRUMENTENBAU®, MUSIK- UND WINTERSPORTMUSEUM KLINGENTHAL

Das Museum Klingenthal vereint die Themen Musikinstrumentenbau und die Geschichte des Skisports. In den Schauwerkstätten der Erlebniswelt können Besucher erleben, wie Streichinstrumente von Hand hergestellt werden – Anfassen und Ausprobieren sind ausdrücklich erwünscht.

Erlebniswelt Musikinstrumentenbau®, J.-S.-Bach-Straße 13, 08258 Markneukirchen, Tel.: 037422/402940, www.erlebniswelt-musikinstrumentenbau.de, Musik- und Wintersportmuseum, Schloßstraße 3, 08248 Klingenthal, Tel.: 037467 / 64827, www.klingenthal.de

29 PERLMUTTER- UND HEIMATMUSEUM, BOT. GARTEN, „KLEIN-VOGTLAND“ ADORF

Erleben Sie die 700-jährige Stadtgeschichte und mit über 700 Exponaten Deutschlands größte Perlmuttsammlung. Der Botanische Garten zeigt mit über 1000 Pflanzen die Vielfalt und Schönheit der alpinen Flora. Das Vogtland im Überblick sehen Sie beim Miniaturpark „Klein Vogtland“.

Perlmutter- und Heimatmuseum, Freiberger Str. 8, 08626 Adorf, Tel.: 037423 / 2247, www.museum-adorf.de; Bot. Garten und „Klein-Vogtland“, Waldbadstr. 7, 08626 Adorf, www.botanischer-garten-adorf.de, www.klein-vogtland.de

30 SÄCHSISCHES BADEMUSEUM BAD ELSTER

Das Bademuseum präsentiert eine komplett neue Ausstellung über die einst weltbekannte sächsisch-böhmischen Bäderregion. Erleben Sie die Entwicklung „Vom Weberdorf zum Weltbad“. Erhalten Sie lohnende Einblicke in „Quellen der Gesundheit“, indem Sie z. B. im „Untergrund“ nach der heilenden Kraft von Mineralwasser und Moor forschen.

Badstr. 6, 08645 Bad Elster, Tel.: 037437 / 53900, www.saechsisches-bademuseum.de, Mi, Do u. Fr 14 – 17.30 Uhr, Sa, So u. Feiertage 09.30 – 12 Uhr, 14 – 17.30 Uhr

38

34

35

Erfahren Sie, wie Manufakturen und Industriekultur, aber auch bedeutende Musiker, Maler und Kunstsammler die Geschichte Mitteldeutschlands prägten.

31 DEUTSCHE RAUMFAHRT-AUSSTELLUNG MORGENRÖTHE-RAUTENKRANZ, BESUCHERBERGWERK „GRUBE TANNENBERG“, MINERALIENZENTRUM

Erleben Sie die Faszination Raumfahrt und Weltraumforschung im Heimatort des ersten deutschen Kosmonauten, Dr. Sigmund Jähn. Im Besucherbergwerk begeistert der unterirdische See. Das Mineralienzentrum zeigt seltene kristalline Schätze.

Dt. Raumfahrtausstellung: Bahnhofstr. 4, 08262 Muldenhammer, Tel.: 037465 / 2538, www.deutsche-raumfahrtausstellung.de
Besucherbergwerk und Vogtl. Böhm. Mineralienzentrum: Zum Schneckenstein 42, 08262 Muldenhammer/OT Tannenbergsthal, Tel.: 037465 / 41993, www.schneckenstein.de

32 FREILICHTMUSEUM EUBABRUNN, VOGTL. FREILICHTMUSEUM LANDWÜST

Die Anlage in Eubabrunn umfasst 3 orig. eingerichtete Höfe und Gärten und zeigt das Dorfleben im Rhythmus der Jahreszeiten. In Landwüst erleben Sie Einblicke in die Geschichte des vogtländischen Lebens zwischen Feldarbeit und Instrumentenbau.

Freilichtmuseum Eubabrunn, Waldstraße 2A, 08265 Erlbach / OT Eubabrunn, Tel.: 037422 / 6536, www.freilichtmuseum-eubabrunn.de
Freilichtmuseum Landwüst, Rohrbacher Str. 4, 08258 Landwüst, Tel.: 037422 / 2136, www.museum-landwuest.de

33 HERMANN-VOGEL-HAUS KREBES

Das Hermann-Vogel-Haus in Burgstein/Krebes bei Plauen widmet sich dem bek. Künstler, der als ein bed. Zeichner und Illustrator spätrom. Prägung unvergessen ist. Im einstigen Wohnhaus des vogtländischen Künstlers wird an sein Leben und Werk erinnert. Genaue Beobachtungen inspirierten ihn zu brillant gezeichneten, meist humorvollen Bildern, die sein inniges Verhältnis zur Natur und Geschichte seiner Heimat widerspiegeln. Sein idyllisch gelegenes Wohnhaus im Burgsteingebiet bot ihm beides.

Burgsteinstraße 5, 08538 Krebes, Tel.: 037433 / 5902, www.plauen.de, Do – So 10 – 12 Uhr, 13 – 16.30 Uhr, Feiertage nach Vereinbarung

34 TEPPICHMUSEUM OELSNITZ

Das neue Teppichmuseum präsentiert im Schloss Voigtsberg eine Reise durch Jahrhunderte der Teppichherstellung im Vogtland. Erleben Sie wundervolle Räume mit viel Licht, die die Exponate perfekt zur Geltung bringen. Die Dauerausstellung zeigt bisher noch nie gezeigte Unikate von Teppichmustern aus mehreren Jahrhunderten.

Schloßstr. 32, 08606 Oelsnitz, Tel.: 037421 / 729484, www.teppichmuseum-oelsnitz.de, Di – So 11 – 17 Uhr

35 ALBRECHTSBURG MEISSEN

Hoch über der Elbe steht die Albrechtsburg – Deutschlands ältester Schlossbau. Einst prächtige Residenz der sächsischen Herzöge, später Produktionsstätte der Porzellan-Manufaktur Meissen. Sehen Sie eine Ausmalung mit 32 monumentalen Wandgemälden und die Ausstellung „Albrechtsburg Meißen. Trendsetter seit 1471 – Entdecken Sie das älteste Schloss Deutschlands.“ Mit ihrer mod. multimed. Ausstellungsarchitektur präsentiert sich das Museum als Trendsetter in musealer Inszenierung.

Staatliche Schlösser, Burgen und Gärten Sachsen gGmbH, Albrechtsburg Meissen, Domplatz 1, 01662 Meißen, Tel.: 03521 / 47070, www.albrechtsburg-meissen.de, März – Okt: tägl. 10 – 18 Uhr, Nov – Feb: 10 – 17 Uhr

36 ERLEBNISWELT HAUS MEISSEN®

Das in der Erlebniswelt HAUS MEISSEN® befindliche Meissen Porzellan-Museum ist die umfangreichste Sammlung Meissener Porzellane aus mehr als drei Jahrhunderten. In den Schauwerkstätten kann man außerdem erleben, wie Meissener Porzellan® entsteht, geformt und bemalt wird.

Staatliche Porzellan-Manufaktur Meissen GmbH, Talstraße 9, 01662 Meißen, Tel.: 03521 / 468600, www.meissen.com, Mo 1.5. – 31.10.: So 9 – 18 Uhr, 1.11. – 30.4.: 9 – 17 Uhr, 31.12 – 1.1.: 10 – 16 Uhr, 24.,25., u. 26.12. geschlossen

33

32

36

37

39

38

42

40

41

MUSEEN & AUSSTELLUNGEN

37 STAATLICHES MUSEUM FÜR PORZELLAN, HOHENBERG A. D. EGER / SELB

In Europas größtem Spezialmuseum für Porzellan dreht sich an seinen beiden Strandorten alles um dieses Thema. Gebäude, die den Atem der Geschichte spüren lassen. Ausstellungen, die auf rund 10.000 Quadratmetern modern und besucherorientiert, Menschen faszinieren.

Werner-Schürer-Platz 1, 95100 Selb,
Tel.: 09287 / 918000,
Schirndinger Straße 48, 95691 Hohenberg,
www.porzellanikon.org, Di – So 10 – 17 Uhr,
Mo Ruhetag, An Feiertagen 10 – 17 Uhr
geöffnet (außer 24.12. und 31.12.)

38 PLAUENER SPITZENMUSEUM UND VOGTLANDMUSEUM PLAUEN

„Plauener Spitze" war und ist ein Begriff für sächsische Qualität und exklusive Mode. Das Spitzenmuseum präsentiert diese einzigartige Branche und veranschaulicht deren historischen Wandel. Das Vogtlandmuseum gehört mit seiner reichhaltigen Sammlung zu den bedeutendsten Regionalmuseen in Mitteldeutschland.

Plauener Spitzenmuseum, Altmarkt im Alten Rathaus, 08523 Plauen, Tel.: 03741 / 222355,
www.plauen.de/spitzenmuseum,
Di – Fr 10 – 17 Uhr Sa – So 10 – 16 Uhr, an Feiertagen geschlossen, Gruppen auf Anfrage

Vogtlandmuseum Plauen,
Nobelstraße 7 – 13, 08523 Plauen,
Tel.: 03741 / 2912410, www.plauen.de / vogtlandmuseum, Di – So 11 – 17 Uhr,
feiertags 11 – 17 Uhr

39 STAATLICHES MUSEUM FÜR ARCHÄOLOGIE CHEMNITZ

Als Museumshighlight präsentiert das archäologisch-kulturhistorische Landesmuseum des Freistaats Sachsen ein beeindruckendes Ausstellungskonzept zu rund 300.000 Jahren menschlicher Geschichte in Sachsen, aber auch die Historie des Kaufhauses und seines Gründers Salman Schocken.

Stefan-Heym-Platz 1, 09111 Chemnitz,
Tel.: 0371 / 9119990, www.smac.sachsen.de,
Di – So 10 – 18 Uhr, Do 10 – 20 Uhr

40 SÄCHSISCHES INDUSTRIEMUSEUM UND MUSEUM FÜR SÄCHSISCHE FAHRZEUGE E.V. CHEMNITZ

Ein besonderer Höhepunkt der Sammlung des Industriemuseums in einer ehemaligen Maschinenbauhalle ist eine funktionsfähige Dampfmaschine von 1896. Das Museum für sächsische Fahrzeuge e.V. präsentiert rund 200 Exponate zur sächsischen Fahrzeugbaugeschichte in den hist. Stern-Garagen, einer der ältesten erhaltenen Hochgaragen Deutschlands.

Sächsisches Industriemuseum, Zwickauer Str. 119, 09112 Chemnitz, Tel.: 0371 / 3676140,
www. saechsisches-industriemuseum.com,
Mo – Do 9 – 17 Uhr, Sa, So, Feiertag 10 – 17 Uhr
Fahrzeugmuseum, Zwickauer Str. 77,
09112 Chemnitz, Tel: 0371 / 2601196,
www.fahrzeugmuseum-chemnitz.de,
Di – So, Feiertage 10 – 17 Uhr

41 LINDENAU-MUSEUM ALTENBURG

Das Museum steht für bedeutende kunsthistorische Sammlungen, aber auch zeitgenössische Kunst. Vor allem die Kollektion früher italienischer Tafelmalerei (13.–16. Jh.) als größte europäische Spezialsammlung nördl. der Alpen bestimmt heute den internationalen Rang des Hauses. Zu den Beständen des Museumsgründers B. A. von Lindenau gehören auch eine Kunstbibliothek und Sammlungen antiker Keramik und Gipsabgüsse.

Gabelentzstraße 5, 04600 Altenburg,
Tel.: 03447 / 89553,
www.lindenau-museum.de,
Di – Fr 12 – 18 Uhr, Sa, So, Feiertage 10 – 18 Uhr

42 KNOPFMUSEUM SCHMÖLLN

Kennen Sie die Steinnuss? Und wie kann daraus ein Knopf entstehen? Alles Wissenswerte über die Geschichte der weltweit erfolgreichen Schmöllner Knopfindustrie, der Vielfalt und der Herstellung können Sie sich in diesem besonderen Museum „vorknöpfen". Empfehlenswert sind auch die Museen zu Technik- und Regionalgeschichte.

Schmöllner Knopf- und Regionalmuseum,
Sprottenanger 2,
Tech. Museum, Ronneburger Straße 90,
04626 Schmölln,
Tel.: 034491 / 76260 oder 76121,
Fr, So 13 – 16 Uhr, Sa 13 – 18 Uhr,
(Indiv. Termine tel. vereinbar)

48

44

Erfahren Sie, wie Manufakturen und Industriekultur, aber auch bedeutende Musiker, Maler und Kunstsammler die Geschichte Mitteldeutschlands prägten.

43 MUSEUM DER BILDENDEN KÜNSTE LEIPZIG

1848 eröffnet, präsentiert das Museum der bildenden Künste heute eine umfangreiche Sammlung an Gemälden, Grafik und Skulpturen bis zur zeitgenössischen Kunst. Das Museum geht auf die Gründung des Leipziger Kunstvereins durch Leipziger Kunstsammler wie Maximilian Speck von Sternburg und Alfred Thieme zurück. 2004 wurde ein moderner Museumsneubau auf dem ehemaligen Sachsenplatz wiedereröffnet.

Katharinenstraße 10, 04109 Leipzig, Tel.: 0341 / 216990 www.mdbk.de, Di, Do – So 10 – 18 Uhr, Mi 12 – 18 Uhr, Mo Ruhetag

44 GRASSI MUSEUM LEIPZIG

Das GRASSI Museum mit seinen begrünten Innenhöfen und dem angrenzenden parkähnlichen Friedhof ist inmitten der Stadt ein Ort der Entspannung und Inspiration. Unter seinem Dach finden sich das GRASSI Museum für Angewandte Kunst, das GRASSI Museum für Völkerkunde und das GRASSI Museum für Musikinstrumente mit seinen eindrucksvollen Sammlungen und spannenden Sonderausstellungen.

Johannisplatz 5 – 11, 04103 Leipzig, Tel.: 0341 / 2229100, www.grassimuseum.de, Di – So, Feiertage 10 – 18 Uhr, Mo sowie am 24.12. und 31.12. geschlossen

45 BACH-MUSEUM, MENDELSSOHN-HAUS UND SCHUMANN-HAUS LEIPZIG

Alle drei Museen punkten mit interaktiven und multimedialen Ausstellungskonzepten zu Leben und Wirken der großen Leiziger Komponisten. Während im Bach-Museum Forschungslabor, klingende „Orgelpfeifen“ und ein virtuelles Orchester zum Entdecken einladen, begeistert das Mendelssohn-Haus neben spannenden Themenräumen als Highlight mit einem Effektorium.

Mendelssohn-Haus, Goldschmidtstraße 12, 04103 Leipzig, tägl. 10 – 18 Uhr, So 11 Uhr Konzerte, www.mendelssohn-haus.de, www.mendelssohn-stiftung.de
Bach-Museum, Thomaskirchhof 15/16, 04109 Leipzig, www.bachmuseumleipzig.de Di – So 10 – 18 Uhr
Schumann-Haus, Inselstraße 18, 04103 Leipzig, Tel.: 0341 / 3939620, www.schumann-verein.de

46 RICHARD-WAGNER MUSEUM LEIPZIG

Richard Wagner, bedeutender deutscher Dramatiker, Komponist und Dirigent, ging in Leipzig zur Schule. Ab 1831 studierte er an der Universität in Leipzig Musik und nahm Kompositionsunterricht. Seine Heimatstadt richtete ihm zu Ehren ein nach ihm benanntes Museum ein.

Nikolaikirchhof 2, 04109 Leipzig, Tel.: 0341 / 2118518, www.kulturstiftung-leipzig.de

47 DEUTSCHES FOTO-MUSEUM MARKKLEEBERG

Fotofaszination in Guggenheim-Architektur. Das Museum zeigt die Geschichte der Fotografie von den Anfängen bis zur Gegenwart. Zu sehen sind Höhepunkte historischer und künstlerischer Fotografie sowie Kameras von 1850 bis heute sowie wechselnde Sonderausstellungen zu international bekannten Fotografen.

Raschwitzer Straße 11b, 04416 Markkleeberg, Tel.: 0341 / 6515711, www.fotomuseum.eu, Di – So 13 – 18 Uhr

48 BERGBAU-TECHNIK-PARK GROSSPÖSNA

Das Leipziger Neuseenland verdankt seine Entstehung der jahrhundertelangen Gewinnung, Veredelung und Nutzung der Naturressource Braunkohle. Daran erinnert der Bergbau-Technik-Park. Auf 5,4 ha präsentiert er für große und kleine Besucher authentisch und nachvollziehbar den kompletten Förderzyklus eines Braunkohlentagebaus. Kernstücke der Ausstellung sind zwei Tagebaugroßgeräte, ein Schaufelradbagger und ein Absetzer.

PARKADRESSE Am Westufer 2, 04463 Großpösna, VERWALTUNG Hauptstraße 19, 04463 Großpösna, Tel.: 034297 / 140127, www.bergbau-technik-park.de, Mitte März – Mitte Nov: Do – Fr 10 – 17 Uhr, Sa, So, Feiertage 10 – 18 Uhr, Schulferien Di – So 10 – 18 Uhr

45

47

46

45

43

53

52

51

49

50

54

KIRCHEN & BAUDENKMÄLER

49 DOMBERG MIT DOM ST.MARIEN UND SEVERIKIRCHE ERFURT

Das imposante Ensemble zweier katholischer Kirchen auf dem Domberg zählt zu den Wahrzeichen Erfurts. Im mittleren Turm befindet sich die größte freischwingende mittelalterliche Glocke der Welt, die „Gloriosa". Anders als der Dom St. Marien, dessen verschiedene Bauphasen aus der Romanik und der Gotik im Bauwerk zu erkennen sind, ist die Severikirche in der Spätgotik zu einem fünfschiffigen Hallenkirchenraum gewachsen.

Domstufen 1, 99084 Erfurt,
Tel.: 0361 / 6461265, www.dom-erfurt.de,
Mai – Okt: Mo – Sa 9.30 – 18 Uhr,
So 13 – 18 Uhr,
Nov – Apr: Mo – Sa 9.30 – 17 Uhr,
So 13 – 17 Uhr

50 KRÄMERBRÜCKE ERFURT

Auf der mit 120 m längsten, komplett mit Häusern bebauten, Brücke Europas boten schon im Mittelalter Händler ihre Waren feil. Heute befinden sich hier gemütliche Galerien und Lädchen, die zum Verweilen und zum Entdecken der Historie einladen.

Krämerbrücke Erfurt,
www.erfurt-tourismus.de

51 HERZOGIN ANNA AMALIA BIBLIOTHEK WEIMAR

Das „Grüne Schloss" ließ Herzogin Anna Amalia 1761 bis 1766 zur Bibliothek mit einem repräsentativen dreigeschossigen Saal im Stil des Rokoko umgestalten. Nach dem verheerenden Brand im Jahr 2004 besitzt die Bibliothek noch etwa 900.000 Druckschriften, darunter kostbare Inkunabeln, Buchhandschriften, Sammlungen von Flugblättern aus der Reformationszeit, Bibeln, Karten und Globen.

Platz der Demokratie 1, 99423 Weimar,
Tel.: 03643 / 545400, www.klassik-stiftung.de,
Rokokosaal: ganzjährig Di – So 9.30 – 14.30 Uhr für Einzelbesucher, eine Reservierung wird empfohlen, Renaissancesaal (wechselnde Ausstellungen): Di – So 9.30 – 17 Uhr

52 SCHILLERS WOHNHAUS WEIMAR

1802 erwarb Friedrich Schiller das spätbarocke Haus an der Weimarer Esplanade. Hier wohnte er mit seiner Familie bis zu seinem Tode 1805.
Die Einrichtung verbindet authentische Nachlassstücke mit analogen Ergänzungen und zeitgenössischem Interieur. An einer Medienstation und in der Dauerausstellung „Schiller in Thüringen" kann man sich über Leben und Wirken des Dichters informieren.

Schillerstraße 12, 99423 Weimar,
Tel.: 03643 / 545400, www.klassik-stiftung.de,
ab letztem So im März: Di – So 9.30 – 18 Uhr,
ab letztem So im Okt: Di – So 9.30 – 16 Uhr

53 NAUMBURGER DOM

Der Naumburger Dom zählt zu den bedeutendsten Kulturdenkmälern des europäischen Hochmittelalters und ist der Besuchermagnet an der „Straße der Romanik". Die größte Anziehungskraft geht von Uta, der vom Naumburger Meister geschaffenen Stifterfigur aus.

Besucherservice Naumburger Dom,
Domplatz 16 / 17, 06618 Naumburg,
www.naumburger-dom.de,
März – Okt: Mo – Sa 9 – 18 Uhr,
So, kirchl. Feiertage 11 – 18 Uhr,
Nov – Feb: Mo – Sa 10 – 16 Uhr,
So, kirchl. Feiertage 12 – 16 Uhr

54 LUTHERKIRCHE APOLDA

Die Apoldaer Lutherkirche entstand in den Jahren 1890-1894 und stellt zugleich das größte und markanteste Bauwerk der Stadt dar. Die für Thüringen und Mitteldeutschland untypische Backsteinkirche wurde durch einen der bekanntesten Kirchenbaumeister des Historismus, Johannes Otzen, im neugotischen Stil erbaut. Von dem über 70m hohen Kirchturm erklingen Glocken aus drei Jahrhunderten der Apoldaer Glockengießer Rose, Ulrich und Schilling.

Melanchthonplatz, 99510 Apolda,
Tel.: 03644 / 562650,
www.kirche-apolda.de,
Tel.: 03644 / 562650, Juni – Sep:
Mo – Fr. 10 – 16 Uhr, Sa, So 13 – 17 Uhr

Spannende historische Bauwerke, beeindruckende Kirchen und interessante Van de Velde Villen laden zu vielfältigen Erkundungsreisen ein.

55 STADTKIRCHE ST. MICHAEL JENA

Die evangelische Stadtkirche St. Michael prägt als dreischiffige Hallenkirche seit 750 Jahren das Stadtbild Jenas. Das Bauwerk wurde von 1380–1508 im spätgotischen Stil erbaut, der 75m hohe Turm wurde 1556 vollendet. Gläubige und Gäste werden regelmäßig zu Gottesdiensten und kirchlichen Veranstaltungen wie Luther und Orgelkonzerten eingeladen.

August-Bebel-Straße 17, 07743 Jena,
Tel.: 03641 / 63699 45,
www.stadtkirche-jena.de,
Ostern – Okt: Mo 12 – 16 Uhr,
Di – Sa 11 – 16 Uhr,
Mitte Mai – Mitte Okt:
Kirchenführungen Do 14.30 – 16 Uhr

56 HAUS SCHULENBURG GERA

Haus Schulenburg ist heute die wahrscheinlich einzig komplett erhaltene Jugendstilvilla des belgischen Architekten Henry van de Velde. Die originalgetreu vom Ehepaar Kielstein restaurierte Villa beherbergt heute ein Veranstaltungszentrum, eine Cafeteria und ein Van-de-Velde-Museum. Sehr beliebt ist sie auch für einzigartige Hochzeitsfeiern.

Straße des Friedens 120, 07548 Gera,
Tel.: 0365 / 826410,
www.haus-schulenburg-gera.de,
Nov – März: Mo – Fr 10 – 16 Uhr, Sa, So und Feiertags 14 – 17 Uhr, Apr bis Okt: Mo – Fr 10 – 17 Uhr, Sa, So und Feiertags 14 – 17 Uhr

57 FRANKENWALDDOM BUCHBACH

Die St. Laurentius Kirche stellt mit ihrem modernen und symbolträchtigen Baustil einen Kontrast zu den traditionellen Kirchen dar. Die sechseckige Bauform erinnert an eine Bienenwabe und damit an den Fleiß der Bevölkerung, die unter Pfarrer R. Goldmann in viel ehrenamtlicher Arbeit beim Bau mitgeholfen hat. Die Form des Turmes symbolisiert einen Nadelbaum des Frankenwaldes.

Katholisches Pfarramt St. Laurentius,
Laurentiusstraße 11 a, 96361 Buchbach – Steinbach/Wald, Tel.: 09269 / 9526,
www.kirche-buchbach.npage.de

58 VILLA ESCHE CHEMNITZ

Die Villa wurde vom belgischen Architekten Henry van de Velde in den Jahren 1902/1903 erbaut. Das Haus für den Textilfabrikanten Herbert Eugen Esche gilt als erster Wohnhausauftrag van de Veldes in Deutschland. Heute befindet sich in dem Haus u. a. das Henry van de Velde-Museum. Überregional geschätzt ist die Villa Esche zudem als exzellentes Veranstaltungspodium und gefragte Tagungs- wie auch als Trauungslocation.

Parkstr. 58, 09120 Chemnitz,
Tel.: 0371 / 5331088, www.villaesche.de,
Mi, Fr, Sa, So 10 – 18 Uhr

59 ST. BARTHOLOMÄIKIRCHE ALTENBURG

Sie ist die älteste und bedeutendste Stadtkirche Altenburgs und zugleich wichtigster steinerner Zeuge der Reformation. Martin Luther predigte mehrmals hier und Georg Spalatin wirkte als Stadtpfarrer und Superintendent ebenfalls in St. Bartholomäi. Die Kirche wurde 2011 thüringenweit neben sechs weiteren von bundesweit insgesamt 22 Stätten der Reformation mit dem Europäischen Kulturerbe-Siegel ausgezeichnet.

Burgstraße, 04600 Altenburg,
Tel.: 03447 / 4336, www.evangelische-kirchgemeinde-altenburg.de,
Mai bis Okt: tägl. 10 – 17 Uhr

60 NIKOLAIKIRCHE LEIPZIG

Die Nikolaikirche ist die größte Kirche Leipzigs und neben der Thomaskirche die bekannteste Kirche der Stadt. Der ursprünglich romanische Sakralbau ist die Hauptkirche der Evang.-Luth. St. Nikolai-St. Johannis Kirchengemeinde Leipzig. Im Herbst 1989 war die Nikolaikirche der zentrale Ausgangspunkt der friedlichen Revolution in der DDR.

Nikolaikirchhof 3, 04109 Leipzig,
Tel.: 0341 / 124538-0,
www.nikolaikirche-leipzig.de

65

61

67

62

63

64

SCHLÖSSER & BURGEN

61 SCHLOSS BELVEDERE WEIMAR

Im Süden von Weimar erhebt sich auf einer Anhöhe das von Herzog Ernst August von Sachsen-Weimar erbaute Schloss Belvedere, umgeben von einem 43 Hektar großen Park. In dem eleganten Lustschlösschen zeigt eine Ausstellung eine Sammlungsauswahl exquisiten Kunsthandwerks mit kostbarem Porzellan, Fayencen, Gläsern und erlesenen Möbeln aus dem späten 17. bis zum 19. Jahrhundert.

Weimar-Belvedere, 99425 Weimar,
Tel.: 03643 / 545400,
www.klassik-stiftung.de,
ab letztem So im März: Di - So 11 - 17 Uhr,
ab letztem So im Okt: geschlossen

62 SCHLOSS TIEFURT BEI WEIMAR

Das Landschlösschen am Rande einer „Englischen" Parkanlage war als Sommersitz Herzogin Anna Amalias in den Jahren 1781 bis 1806 ein Ort literarisch-geselligen Lebens. Der Park am Ilmbogen mit seinen Sichtachsen, Denkmälern und Architekturen, wie z. B. dem „Musentempel", erinnert noch heute an die Zeit Anna Amalias.

Hauptstraße 14, 99425 Weimar-Tiefurt,
Tel.: 03643 / 545400,
www.klassik-stiftung.de,
ab letztem So im März: Di - So 11 – 17 Uhr,
ab letztem So im Okt: geschlossen

63 SCHLOSS NEUENBURG FREYBURG

Die größte Burg der Thüringer Landgrafen wurde um 1090 durch Ludwig den Springer gegründet. Die Neuenburg war einst Zentrum mittelalterlich-höfischer Kultur und wurde später barockes Wohn- und Jagdschloss der sächsischen Fürsten. Architektonisches Kleinod ist die romanische Doppelkapelle mit ihrer außergewöhnlichen Bauzier.

Schloss 1, 06632 Freyburg (Unstrut),
Tel.: 034464 / 35530,
www.schloss-neuenburg.de,
Apr - Okt: tägl. 10 – 18 Uhr,
(Mo nur Museum in der Kernburg),
Nov - März: Di – So 10 - 17 Uhr

65 LEUCHTENBURG KAHLA

400 m hoch über dem Tal gelegen und weithin sichtbar, zählt die Leuchtenburg als „Königin des Saaletals" zu den schönsten Höhenburgen Deutschlands. Neben der Historie und den Porzellanwelten begeistern Spektakel, Konzerte und Kabaretts jedes Jahr tausende Besucher. Kulinarische Thüringer Köstlichkeiten bietet die Burgschänke.

Dorfstraße 100, 07768 Seitenroda,
Tel.: 036424 / 713300,
www.leuchtenburg.de,
Apr – Okt: tägl. 9 – 19 Uhr,
Nov - März: tägl. 10 – 17 Uhr

64 DORNBURGER SCHLÖSSER

Die Dornburger Schlösser waren einst die Sommerresidenz der Großherzöge von Sachsen-Weimar-Eisenach. Oberhalb des Saaletales findet sich ein einzigartiges Ensemble mit Altem Schloss, Rokoko- und Renaissanceschloss, verbunden durch die Schlossgärten. Die traumhaft zwischen natürlicher Romantik und eleganter Exotik angelegte Parkanlage mit weitem Saaletalblick zieht nicht nur im Sommer Rosenfreunde in ihren Bann.

Dornburg-Tourist,
07774 Dornburg-Camburg,
Tel.: 036427 / 20934,
www.dornburg-schloesser.de,
Apr - Okt: Mo - So 10 - 17 Uhr,
Mittwoch Ruhetag

67 OSTERBURG WEIDA

Die Burg entstand im 12. Jh. und war bis ins späte Mittelalter der Regierungssitz der Vögte von Weida – die Namensgeber des Vogtlandes. In der Remise, dem Alten Schloss und im Burgturm erwarten Sie interessante Ausstellungen. Eine Besteigung des Burgturmes ist bis zum zweiten Zinnenkranz möglich. Zudem bietet die „Wirtschaft zur Osterburg" eine zünftige Stärkung.

Schlossberg 14, 07570 Weida,
Tel.: 036603 / 62775,
www.osterburg-vogtland.eu,
Apr – Okt: Do – So 10 – 18 Uhr,
Nov - März: Do – So 10 – 16 Uhr

68

71

Prunkvolle Burgen, märchenhafte Schlösser mit interessanten Ausstellungen und romantische Schlossparks faszinieren große und kleine Besucher.

66 OBERES UND UNTERES SCHLOSS, SOMMERPALAIS GREIZ

Sowohl das Obere Schloss Greiz als Wahrzeichen hoch über der Stadt gelegen, als auch das Untere Schloss, neben der Stadtkirche St. Marien erbaut, zeigen heute die Museen wechselnde und interessante Ausstellungen. Das Sommerpalais beherbergt die Staatliche Bücher- und Kupferstichsammlung und das Satiricum.

Oberes Schloss, Schlossberg, 07973 Greiz,
Tel.: 03661 / 689815, Unteres Schloss, Burgplatz 12, 07973 Greiz, Tel.: 03661 / 703411,
www.greiz.de; Di - So 10 – 17 Uhr
Sommerpalais im Greizer Park,
Postfach 1146, 07961 Greiz,
www.sommerpalais-greiz.de,
Tel.: 03661 / 70580, Apr – Sept: 10 – 17 Uhr,
Okt - März: 10 - 16 Uhr

68 FESTUNG ROSENBERG KRONACH

Steil über der Altstadt von Kronach erhebt sich die ehemalige Bambergische Bischofsburg und spätere Landesfestung auf dem Rosenberg. Neben der Fränkischen Galerie und Wechselausstellungen sind das prächtige barocke Festungstor und das ausgedehnte unterirdische Gangsystem von besonderem Reiz.

Festung 1, 96317 Kronach,
Tel.: 09261 / 60410, www.kronach.de,
Festungsführungen: März - Okt: tägl., außer Mo 11 Uhr, 12.30 Uhr, 14 Uhr und 15.30 Uhr,
Nov – Feb: tägl., außer Mo 11 u. 14 Uhr

69 SCHLOSS AUGUSTUSBURG

Das monumentale Renaissanceschloss Augustusburg wurde von Kurfürst August in den Jahren 1568 bis 1572 hoch über dem Zschopautal errichtet und ist weithin sichtbar. Die Schlossanlage beherbergt neben Gaststätten und einer Jugendherberge ein Motorradmuseum, ein Kutschenmuseum sowie ein Museum für Jagdtier- und Vogelkunde sowie die Schlosskirche mit Cranach-Altar.

Schloss 1, 09573 Augustusburg,
Tel.: 037291 / 3800,
www.die-sehenswerten-drei.de,
Apr – Okt: tägl. 09.30 – 18 Uhr,
Nov – März: tägl. 10 – 17 Uhr

70 WASSERSCHLOSS KLAFFENBACH CHEMNITZ

Idyllisch am südlichen Stadtrand von Chemnitz gelegen, verzaubert das Wasserschloß Klaffenbach seine Besucher vom ersten Moment an. Parallel zum Flüsschen Würschnitz entfaltet sich der Gesamtkomplex aus Schlossgebäude, Hotel, Restaurants und Kunsthandwerk-Ateliers inmitten eines Landschaftsparks aus grünen Wiesen, attraktivem Golfplatz und beliebten Spazierwegen.

Wasserschloßweg 6, 09123 Chemnitz,
Tel.: 0371 / 266350,
www.wasserschloss-klaffenbach.de,
Okt – März: Di - So, Feiertage: 11 – 17 Uhr,
Apr – Sep: Di – Fr 11 - 17 Uhr
Sa, So, Feiertage: 11 – 18 Uhr

71 RESIDENZSCHLOSS ALTENBURG

Auf einem Porphyrfelsen thront seit über 1.000 Jahren das Altenburger Schloss. Das Schloss- und Spielkartenmuseum umfasst mehr als 6.000 historische Kartenspiele aus 5 Jahrhunderten. Zu empfehlen ist auch eine Besichtigung der prachtvollen Festsäle.

Schloss 2 – 4, 04600 Altenburg,
Tel.: 03447 / 512712,
www.residenzschloss-altenburg.de,
Di – So, Feiertage 9.30 – 17 Uhr

72 BURG POSTERSTEIN

Die über 800 Jahre alte Burg thront auf einer Anhöhe hoch über dem thüringischen Sprottental. Im Museum kann man die Regionalgeschichte von den Postersteiner Burgherren, der Kulturgeschichte des Altenburger Landes bis zur Salonkultur im frühen 19. Jahrhundert ergründen. Führungen, Angebote für Kinder mit „Posti und Stein" sowie Ritterspiele runden das Angebot ab. Sehr sehenswert ist auch die sagenumwobene barocke Pracht in der Burgkirche.

Burgberg 1, 04626 Posterstein,
Tel.: 034496 / 22595,
www.burg-posterstein.de,
Di - Sa 10 - 17 Uhr, So, Feiertag: 10 – 18 Uhr,
Nov – Feb: um eine Stunde verkürzt,
Himmelfahrt, Heiligabend, Silvester und Neujahrstag: geschlossen

66

69

70

72

73

77

74

75

75

76

78

THEATER & MUSIK

73 THEATER ERFURT

Sehenswert sind nicht nur die Inszenierungen, die u.a. in Zusammenarbeit mit int. Opernhäusern entstehen, sondern auch die Architektur des Gebäudes selbst. Zu den ca. 480 Veranstaltungen im Jahr – opulente Opern und Operetten, festliche Konzerte, anspruchsvolle Schauspielproduktionen und mehr – strömen Kulturliebhaber aus nah und fern.

Theaterplatz 1, 99084 Erfurt,
Tel.: 0361 / 2233155,
www.theater-erfurt.de, www.domstufen.de

74 DEUTSCHES NATIONALTHEATER UND STAATSKAPELLE WEIMAR

Das geschichtsträchtige Theater und das traditionsreiche Orchester prägen mit ihrem vielfältigen Angebot den kulturellen Veranstaltungskalender der Klassikerstadt. Im Schauspiel und Musiktheater sowie in den Programmen der hochkarätig besetzten Konzerte spannen sie den Bogen vom klassischen Repertoire bis hin zu zeitgenössischen Werken.

Theaterplatz 2, 99423 Weimar,
Tel.: 03643 / 755334,
www.nationaltheater-weimar.de

75 JENAER PHILHARMONIE UND THEATERHAUS JENA

Die Jenaer Philharmonie, gegr. 1934, begeistert als Thüringens größtes Konzertorchester unter Generalmusikdirektor Marc Tardue auch internationales Publikum. Das 1991 gegründete Theaterhaus Jena steht als Forschungslabor für zeitgenössische Theaterstrukturen und für eine neue Theatersprache.

Jenaer Philharmonie, Carl-Zeiß-Platz 15,
07743 Jena, Tel.: 03641 / 498101,
www.jenaer-philharmonie.de
Theaterhaus Jena GmbH, Schillergässchen 1,
07745 Jena, Tel.: 03641 / 88690,
www.theaterhaus-jena.de

76 KÖNIG ALBERT THEATER & NATURTHEATER BAD ELSTER, LUISENBURG FESTSPIELE WUNSIEDEL

In der Kultur- und Festspielstadt Bad Elster mit über 100-jähriger Theatertradition brilliert der ganzjährig. weit ausstrahlende Spielplan mit zahlr. Festspielen und Themenwochen. Mit dem 1911 erbauten NaturTheater Bad Elster gibt es eine ergänzende Open-Air-Arena in natürlicher Vogtland-Kulisse. Im 40 km entfernten Fichtelgebirge locken die Luisenburg-Festspiele zwischen imposanten Felsen seit 125 Jahren zahlreiche Besucher an.

www.koenig-albert-theater.de,
www.naturtheater-badelster.de,
www.luisenburg-aktuell.de

77 BÜHNEN DER STADT GERA UND LANDESTHEATER ALTENBURG

Das 1871 erbaute Altenburger Neorenaissance-Theater und das 1902 in Gera erbaute Jugendstiltheater bieten in 5 Sparten vielfältigen Theatergenuss.

TPT Theater und Philharmonie Thüringen GmbH, Bühnen der Stadt Gera, Theaterplatz 1, 07548 Gera, Tel.: 0365 / 8279105,
www.tpthueringen.de, Di, Mi, Fr 10 – 17 Uhr, Do 10 – 19 Uhr, Landestheater Altenburg, Theaterplatz 19, 04600 Altenburg,
Tel.: 03447 / 585177, Mi, Do, Fr 10 – 13 Uhr u. 14 – 17 Uhr, Di 10 – 13 Uhr u. 14 – 19 Uhr

78 VOGTLANDHALLE GREIZ UND VOGTLAND PHILHARMONIE

Das multifunktionale Veranstaltungshaus ist überregional beliebt für seine vielseitigen Kulturevents und guten Tagungsmöglichkeiten. Regelmäßig begeistert die Vogtland Philharmonie hier ein Publikum jeden Alters mit ihrer großen Bandbreite von klassischen Sinfoniekonzerten über festliche Galas bis hin zu modernsten Cross-Over-Events mit Filmleinwand.

Vogtlandhalle Greiz,
Carolinenstraße 15, 07973 Greiz,
Tel.: 03661 / 62880, www.vogtlandhalle.de,
Kasse: Mo – Do 9 – 18 Uhr, Fr 9 – 12 Uhr
Vogtland Philharmonie Greiz/Reichenbach,
Wiesenstraße 62, 08468 Reichenbach i. V.,
Tel.: 03765 / 13470,
www.vogtland-philharmonie.de

81

80

79

Lassen Sie sich verzaubern von glanzvollen Opern, spannendem Ballett und Theaterstücken, energiegeladenen Konzerten und schillerndem Varieté.

79 THEATER PLAUEN ZWICKAU

Die Stadt Plauen besitzt eine mehr als hundertjährige Theatertradition die bis heute gemeinsam mit dem Theater Zwickau in einem erfolgreichen 4-Sparten-Theater gewahrt wird. Beide Häuser zeigen zahlreiche Vorstellungen in den Bereichen Musik, Schauspiel, Puppentheater und Ballett.

Theater Plauen-Zwickau g GmbH,
Vogtlandtheater Plauen,
Theaterplatz, 08523 Plauen, Tel.: 03741 / 28134830, Karten 03741 / 28134847
Theater Zwickau, Gewandhausstr. 7, 08056 Zwickau, Tel.: 0375 / 274114630,
www.theater-plauen-zwickau.de

81 THEATER HOF U. HOFER SYMPHONIKER

Der vielfältige Spielplan des Theaters Hof mit über zwanzig Produktionen pro Saison aus den Bereichen Oper, Musical, Operette, Schauspiel, Ballett sowie Kinder- und Jugendtheater begeistert Musik- und Theaterliebhaber genauso wie die Konzerte der mehrfach ausgezeichneten Hofer Symphoniker mit ihrer orchestereigenen Musikschule.

Theater Hof, Kulmbacher Straße 5,
95030 Hof, Tel.: 09281 / 7070290,
www.theater-hof.de,
Hofer Symphoniker GmbH, Klosterstr. 9 – 11,
95028 Hof, Tel.: 09281 / 72000,
www.hofer-symphoniker.de

80 THEATER CHEMNITZ

Die Theater Chemnitz sind ein Fünfspartentheater und bestehen aus der Oper, dem Ballett, der Philharmonie, dem Schauspiel und dem Figurentheater. Es wurde von 1906 bis 1909 errichtet. Der Theaterplatz mit dem Opernhaus, dem König-Albert-Museum und der Petrikirche gehört zu den schönsten baulichen Ensembles in Chemnitz. Seit seiner Sanierung gilt das Opernhaus als eines der modernsten in Deutschland und Europa.

Theaterplatz 2, 09111 Chemnitz,
Tel.: 0371 / 4000430,
www.theater-chemnitz.de

82 SCHAUSPIEL LEIPZIG

Das Schauspiel Leipzig ist ein Eigenbetrieb der Stadt Leipzig und bietet auf verschiedenen Bühnen monatlich wechselnde Theateraufführungen klassischer und moderner Inszenierungen an. Neben eigenen Theaterproduktionen gibt es auch Konzerte und Gastspiele anderer Theater. Seit 2013/14 wirkt Enrico Lübbe als Intendant des Schauspiels Leipzig.

Bosestraße 1, 04109 Leipzig,
Tel.: 0341 / 1268168,
www.schauspiel-leipzig.de

83 OPER LEIPZIG UND GEWANDHAUS ZU LEIPZIG

Die Oper Leipzig steht für Leidenschaft und Sinnlichkeit, große Gefühle und große Stimmen. Mit einem internationalen Ensemble und dem weltberühmten Gewandhausorchester ist sie ein Garant für unvergessliche Stunden. 1981 wurde in Leipzig das 3. Gewandhaus vom damaligen Kapellmeister Kurt Masur eingeweiht. Seit der Saison 2016/17 wirkt hier der Gewandhauskapellmeister Andris Nelson.

Oper Leipzig, Augustusplatz 12,
04109 Leipzig, Tel.: 0341 / 1261261,
www.oper-leipzig.de
Gewandhaus Leipzig, Augustusplatz 8,
04109 Leipzig, Tel.: 0341 / 1270280,
www.gewandhaus.de

84 KRYSTALLPALAST VARIETÉ LEIPZIG

Erstklassige Unterhaltung im Zentrum von Leipzig bietet der Krystallpalast, und kulinarische Köstlichkeiten warten im Varietérestaurant! Präsentiert werden international ausgezeichnete Artisten und Comedians, erstklassige Musiker und Conférenciers. Und auch während der Varietéshows wird der Gast kulinarisch verwöhnt.

Magazingasse 4, 04109 Leipzig,
Tel.: 0341 / 140660,
www.krystallpalastvariete.de

THEATER & MUSIK

84

83

83

82

76

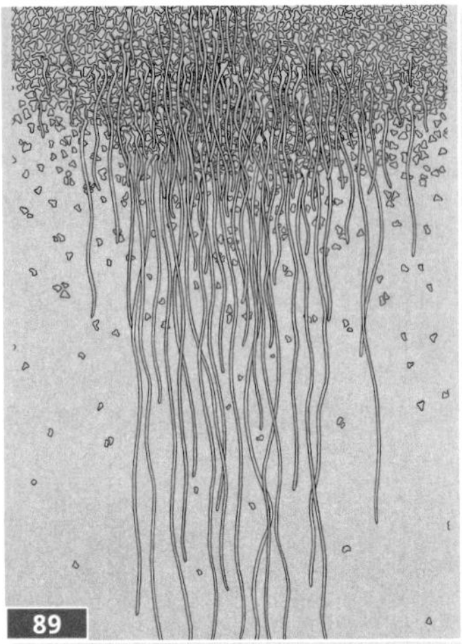
89

87

86

85

88

89

90

KUNSTSAMMLUNGEN & GALERIEN

85 KUNSTHALLE ERFURT

Die Kunsthalle Erfurt liegt mitten in der historischen Altstadt Erfurts in einem 1562 im Stil der Renaissance umgebauten Patrizierhauses. Wechselausstellungen von Kunst und Fotografie nationaler und internationaler Provenienz tragen zum überregional wirksamen kulturellen Erscheinungsbild Erfurts bei.

Haus zum Roten Ochsen, Fischmarkt 7, 99084 Erfurt, Tel.: 0361 / 6555660, www.kunsthalle-erfurt.de, Di – So 11 – 18 Uhr, Do 11 – 22 Uhr

86 ACC GALERIE WEIMAR

Das ACC ist ein Zentrum für den interdisziplinären Austausch und eine kritisch praktizierende Kommunikations- und Produktionsplattform. Für seine engagierte und innovative Arbeit erhielt das ACC 1995 den Thür. Kulturpreis, 1998 den Weimar-Preis und 2006 den ersten ADKV-ART COLOGNE Preis. Zum Galeriprofil zählen neben einem Int. Atelierprogramm (mit seit 1994 drei Künstlern jährlich) vier bis fünf, teils internationale Ausstellungen pro Jahr.

ACC Weimar e.V., Burgplatz 1+2, 99423 Weimar, Tel.: 03643 / 851261262, www.acc-weimar.de, Mo – So 12 – 18 Uhr, Fr, Sa 12 – 20 Uhr

87 KUNSTHAUS APOLDA AVANTGARDE

Deutschlandweit stark beachtete Ausstellungen wie zum Beispiel „Alberto Giacometti“, „Max Ernst“, „Camille Claudel“, „Feininger und das Bauhaus“, „Max Klinger“, „Gerd Mackensen“, „William Turner“, „Karl Lagerfeld“, „Pablo Picasso“ und „Helmut Newton“ haben dazu beigetragen, dass seit 1995 über 460.000 Besucher den Weg in die thüringische Kreisstadt Apolda gefunden haben.

Bahnhofstraße 42, 99510 Apolda/ Thüringen, Tel.: 03644 / 515364, www.kunsthausapolda.de, Di – So 10 – 17 Uhr (auch an Feiertagen), Mo nach Vereinbarung

88 STADTMUSEUM & KUNSTSAMMLUNG DER STADT JENA

Das Profil der Kunstsammlung wurde in den 1930er-Jahren wesentlich durch die vom Kunstverein Jena (1903 – 1949) übernommene Sammlung geformt. Neben Werken der Klassischen Moderne bilden die Kunst der DDR, aber auch aktuelle Kunstströmungen Schwerpunkte in der heute etwa 5.000 Werke zählenden Sammlung.

Markt 7, 07743 Jena, Tel.: 03641 / 498250,* www.kunstsammlung.jena.de, Di, Mi, Fr 10 – 17 Uhr, Do 15 – 22 Uhr, Sa, So 11 – 18 Uhr

89 GALERIE PACK OF PATCHES JENA

Die 2008 gegründete Galerie „pack of patches“ zeigt konzeptuelle Einzel- und Gruppenausstellungen (ca. 10 im Jahr) und ist auf zahlreichen internationalen Messen vertreten. Ihr Fokus richtet sich dabei auf work in progress, konzeptuelle, konkrete und konstruktive Kunst. Junge japanische Positionen gehören genauso zum Programm wie neue Bauhaus-Künstler.

Lutherstraße 160, 07743 Jena, Tel.: 03641 / 543457, www.packofpatches.com, Mo – Fr 12 – 18 Uhr, Di, Do, Fr 10 – 18 Uhr, Sa 10 – 14 Uhr

90 OTTO DIX HAUS & ORANGERIE GERA

Im malerischen Untermhaus-Viertel beheimatet das Geburtshaus des Maler und Grafikers Otto Dix eine der bedeutendsten Dix-Sammlungen mit Werken aus allen Schaffensphasen. Die Geraer Orangerie, eine spätbarocke Zweiflügelanlage im ehem. Küchengarten der Fürsten Reuß jüngere Linie beherbergt seit 1972 einen Teil der Kunstsammlung Gera.

Otto Dix Haus, Mohrenplatz 4, 07548 Gera, Tel.: 0365 / 8324927, www.gera.de, Mi, So und Feiertage 12 – 17 Uhr, Orangerie, Orangerieplatz 1, 07548 Gera, Tel.: 0365 / 8384250, www.gera.de

93

94

Traditionsreiche Meisterwerke, innovative Ausstellungskonzepte und kraftvolle, junge Kreative spiegeln die Energie und Reichhaltigkeit einer einzigartigen Kunstregion.

91 M1 KUNSTZONE GERA

Mit der Galerie als Podium für regionale und auswärtige Künstler schufen die Initiatoren Sven Schmidt und Winfried Wunderlich einen inhaltl. und räuml. Bogen zum Kunstareal Osterstein. In dem für das Reußische Justizamt errichteten Gebäude wird aktuelle Gegenwartskunst präsentiert, darunter Malerei, Grafik, Plastik, Textil und Glaskunst.

Galerie/Verkaufsausstellung,
Mohrenplatz 1, 07548 Gera,
Tel.: 0365 / 8006175,
Di – So 12 – 18 Uhr
kontakt@galerie-m1.de,
www.galerie-m1.de,
www.kunstzone-gera.de

92 FRÄNKISCHE GALERIE KRONACH

Majestätisch thront die Festung Rosenberg über der Altstadt Kronachs. Sie steht heute für Kunstgenuss und lebendige Geschichte. Die Fränkische Galerie, Teil des Bayerischen Nationalmuseums, zeigt Höhepunkte fränk. Kunst aus Spätgotik und Renaissance. Auch die Architektur der Festungsanlage ist von besonderem Reiz.

Festung Rosenberg, 96317 Kronach,
Tel.: 09261 / 60410, www.kronach.de,
März – Okt: tägl., außer Mo,
09.30 – 17.30 Uhr,
Nov – Feb: geschlossen

93 KUNSTSAMMLUNGEN CHEMNITZ UND MUSEUM GUNZENHAUSER

Die Kunstsammlungen Chemnitz beherbergen 70.000 Objekte des 16. bis 21. Jh. Spektakulär sind die regelmäßigen Sonderausstellungen. Das Museum Gunzenhauser umfasst als Kunstmuseum der Klassischen Moderne die aus 2.459 Werken von 270 Künstlern des 20. Jh. bestehende Sammlung des Münchner Galeristen Alfred Gunzenhauser.

Kunstsammlungen Chemnitz, Theaterplatz 1,
09111 Chemnitz, Tel.: 0371 / 4884424,
www.kunstsammlungen-chemnitz.de,
Di – So, Feiertag 11 – 18 Uhr
Museum Gunzenhauser, Stollberger Str. 2,
09119 Chemnitz

94 NEUE SÄCHSISCHE GALERIE CHEMNITZ

Dieses Museum für zeitgenössische Kunst in Trägerschaft des Vereins Neue Chemnitzer Kunsthütte e.V. wurde 1990 als eine Städtische Sammlung für sächsische Kunst nach 1945 gegründet. In wechselnden Ausstellungen wird zeitgenössische regionale und nationale Kunst der bildenden und angewandten Bereiche präsentiert.

Moritzstraße 20, 09111 Chemnitz,
Tel.: 0371/3676680,
www.neue-saechsische-galerie.de,
Mo, Do, Fr, Sa, So 11 – 17 Uhr, Di 11 – 19 Uhr,
Mi geschlossen

95 KUNSTHALLE LEIPZIG

Anlässlich ihres 175-jährigen Bestehens eröffnete die Sparkasse Leipzig ihre Kunsthalle im Februar 2001 mit dem „blick in die sammlung/1“. In mittlerweile über 30 Ausstellungen wurden nicht nur eigene Bestände präsentiert, sondern auch Sonderschauen zur Leipziger Kunstentwicklung der letzten 70 Jahre gezeigt.

Otto-Schill-Straße 4a, 04109 Leipzig,
Tel.: 0341 / 9869898,
www.kunsthalle-sparkasse.de,
Di, Do bis So und Feiertage 10 – 18 Uhr,
Mi 12 – 20 Uhr

96 LEIPZIGER BAUMWOLLSPINNEREI

Auf dem in den 90er Jahren von Kreativen eroberten ehem. Industriegelände findet man auf 10 Hektar mit 20 Gebäuden 100 Künstlerateliers, elf Galerien, Werkstätten, Architekten, Designer, ein Programmkino, gastr. Einrichtungen und vieles mehr.

www.spinnerei.de

96 DAS KLEINE MUSEUM WEIßENSTADT

Das von dem Designer und Architekten Marcello Morandini konzipierte Museum präsentiert hochaktuelle zeitgenössische Kunst.

www.kleinesmuseum-weissenstadt.de

91

92

96

96

95

SCHÖNE DINGE

97 ARNSTADT KRISTALL WERKSVERKAUF

Im großzügigen Werksverkauf erwartet Sie eine riesige Auswahl an faszinierenden Bleikristall-Trinkgläsern und Geschenkartikeln in zauberhaften Farben und funkelnden Dekoren. Neben den aktuellen Kollektionen präsentieren wir Ihnen auch exklusive Einzelstücke und fertigen Gläser nach Ihren individuellen Wünschen. Folgen Sie einfach Ihrem Geschmack!

Bierweg 27, 99310 Arnstadt,
Tel.: 03628 / 66000,
www.arnstadt-kristall.com,
Mo – Fr 10 – 17 Uhr, Sa 10 – 14 Uhr

98 ANGELA LANZ FLORISTIK ERFURT

Auf der Suche nach einem erstklass. Blumenladen mit komp.Beratung ist man bei Angelika Lanz und ihren Team genau richtig. Die gelernte Gärtnerin arbeitet mit Blumen aus Leidenschaft und entwickelt für Sie, egal, ob für Zuhause, Firma oder ein bes. Event, einzigart. Arrangements in bester Qualität. Im Laden findet man neben spann. Dekoanregungen auch schöne Accessoires.

Neuwerkstr. 1, 99084 Erfurt,
Tel.: 0361 / 7312122, www.angela-lanz.de,
Mo – Fr 9 – 18 Uhr, Sa 10 – 18 Uhr,
Jun – Sep: Sa 10 – 16 Uhr

99 BENDLER SHOWROOM ERFURT

Das einzigartige Modegeschäft lädt mit Loungebereich und Sonnenterasse nicht nur zum Shoppen, sondern auch zum Verweilen ein und bietet Raum für umfangreiche Gespräche über Mode und Lifestyle. Mit ihrem Spürsinn für Trends und int. Designer, ihrer hervorragenden Beratung und der inspirierenden, qualitätvollen Auswahl gehört Anette Bendler zu den 100 Top Einkaufsadressen.

Bendler Showroom, Lange Brücke 18-20,
99084 Erfurt, Tel.: 0361 / 6546992,
www.bendler-showroom.de,
Mo – Fr 10 – 19 Uhr u. Sa 10 – 17 Uhr

100 STILLEBEN ERFURT

Bei Stilleben findet man Produkte mit Seele, welche hohen Gebrauchswert mit zeitl. Ästhetik verbinden. Während das Accessoireshaus die neuesten Trends fürs Wohnen, Kochen und Schenken von bes.Manufakturen präsentiert, bietet das Einrichtungshaus neben exkl. Möbeln und Accessoires maßgeschn. Planungs- und Einrichtungskonzepte.

Stilleben Wohnaccesoires, Krämerbrücke 33, 99084 Erfurt, Tel.: 03 61 / 5612926, Mo – Fr 11 – 19 Uhr, Sa 10 – 16 Uhr, Stilleben Einrichtungshaus, Schlachthofstraße 81, 99085 Erfurt, Tel.: 0361 / 5664436, Mo – Sa 10 – 19 Uhr, Jan – Apr: Mo – Sa 10 – 18 Uhr
www.stilleben-online.de

101 KAKTEEN-HAAGE ERFURT

Bei Kakteen-Haage, der ältesten Kakteengärtnerei der Welt, gibt es unzählige Kakteen, Sukkulenten, Tillandsien und Epiphyten sowie passend dazu Werkzeug, Fachliteratur und Spezialerden. Lassen Sie sich von traumhafter Blütenschönheit verzaubern, schwelgen Sie im exotischen Formenreichtum dieser ganz besonderen Pflanzen oder genießen sie das einzigartige Kakteenessen an einem Sommerabend im Gewächshaus.

Blumenstraße 68, 99092 Erfurt,
Tel.: 0361 / 2294000, www.kakteen-haage.de,
Mo – Fr 7 – 18 Uhr, (Okt – Feb: 8 – 16 Uhr)
Sa 10 – 15 Uhr

102 MEISSEN SHOP AM SCHILLERHAUS

Die Krone des Porzellans, MEISSENER Kunstwerke, finden Sie in exklusiver Komposition, gestaltet und liebevoll dekoriert, vis-a-vis des Schillermuseums. Filigrane Figuren und Plastiken, perfekt von Hand ausgeführte Dekore, dies alles zeugt von höchstem künstlerischen Anspruch der ältesten europäischen Porzellanmanufaktur. Sie sind herzlich eingeladen, sich verzaubern zu lassen.

Neugasse 1, 99423 Weimar,
Tel.: 03643 / 501171, www.meissen.com,
weimar@meissen.com,
Mo – Fr 10 – 19 Uhr, Sa 10 – 16 Uhr

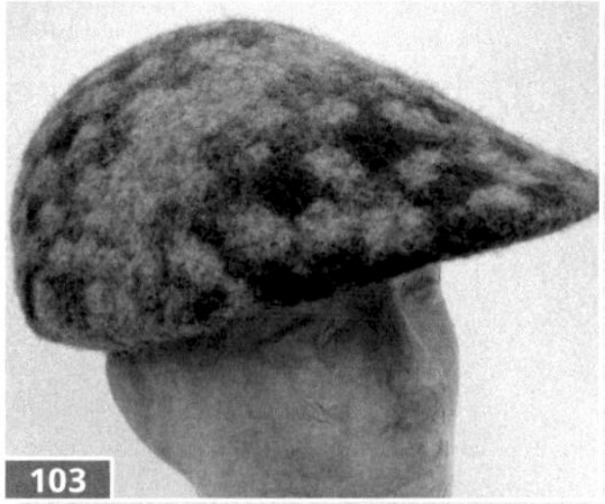

Kostbares Porzellan und Kristallglanz, sinnliche Mode und moderne Einrichtungs- und Wohnaccessoires laden zum Entdecken ein.

103 UNIKAT LADEN WEIMAR

In dem entdeckungsreichen Laden finden Sie ausgewähltes Kunsthandwerk, Schmuck und Unikate von über 30 besonderen Ateliers und Werkstätten aus Holz, Glas, Leder, Porzellan und Papier. Im Filz- und Färbeatelier PinkUin im Hinterhof fertigen Torsten Haag und Annegret Garbuszus aus naturgefärbter Wolle formschöne Herrenmützen und Damenhüte in angenehmen Farben.

Marktstraße 5, 99423 Weimar,
Tel.: 03643 / 778548,
www.unikat-einladen.de,
Mo – Fr 10 – 18 Uhr, Sa 10 – 16 Uhr

104 CARA APFELKERN WEIMAR

Mit feinem Gespür für Stoffe, Schnitte und Details entwickelt die Dipl. Kostümdesignerin und Gewandmeisterin auf die Persönlichkeit Ihrer Kundinnen zugeschnittene indiv. Kreationen. Gern auch mit Elementen aus versch. Zeitepochen. Wichtig ist ihr, daß die Kleidungsstücke, egal ob für den Alltag oder einen besonderen Anlass, Poesie besitzen und verzaubern.

Marktstraße 9, 99423 Weimar,
Tel.: 03643 / 814896, 0177 / 2002977,
www.cara-apfelkern.de, Di – Sa 11 – 16 Uhr,
Sa 11 – 15 Uhr

105 GINKGO LADEN WEIMAR

Als Heinrich Becker sich nach deutsch-amerikanischen Wanderjahren in seine Frau und Weimar verliebte, verwirklichten sich beide in dem liebevoll rest. Haus zw. Markt und Frauenplan mit Ginkgoladen u. Ginkgomuseum einen Lebenstraum. Das wohlsortierte Angebot aus hochw. Ginkgopflanzen und dem Thema gewidm. Büchern, Schmuck, Geschirr u. Spezialitäten ist seit damals sehr begehrt.

Windischenstraße 1, 99423 Weimar,
Tel.: 03643 / 805453, www.ginkgoland.de,
tägl. ab 10 Uhr

106 DAGMAR WINTER MODEDESIGN

Nach dem Abschluss als Dipl.-Modedesignerin an der Hochschule für Kunst und Design Burg Giebichenstein in Halle zog es Dagmar Winter zurück nach Weimar. Hier entwickelt sie in ihrem Hofatelier aus hochwertigen Stoffen Mode zum Träumen – individuell und detailgenau nach Maß. Die klare Formensprache unterstreicht wirkungsvoll die Persönlichkeit der Trägerin.

Atelier im Hofgebäude, Erfurter Str. 15,
99423 Weimar, Termine nach Absprache,
Offenes Atelier: Jeden ersten Samstag
des Monats. Tel.: 0172 / 3644183,
www.dagmarwinter.de

107 WEIBO MANUFAKTUREN

Einkaufen wird zum Erlebnis in diesem außergewöhnlichen Fachgeschäft im Herzen der Altstadt Weimars. Begeben Sie sich in die Welt edler Manufakturen aus Porzellan, Glas und Erzgebirgischer Volkskunst, welche, begleitet von Lifestyleprodukten besonders ausgesuchter Hersteller, einzigartig in Szene gesetzt werden.

Schillerstraße 2, 99423 Weimar,
Tel.: 03643 / 510712,
www.weibo-manufakturen.de,
weibo.manufakturen@gmail.com,
Mo – Fr 10 – 18 Uhr, Sa 10 – 16 Uhr,
März – Okt: So 11 – 16 Uhr

108 MEYER FLORISTIK

Auf dem Weg vom Markt zum Herderplatz kommt man an Ulrike Meyers Blumengeschäft nicht einfach vorbei. Die in Köln ausgebildete Floristikmeisterin überschreitet sinnlich und unorthodox die Grenzen zwischen Floristik & Botanik, Architektur & Dekoration, Objektdesign und Naturkunst. Ideenreich entwickelt sie für jeden Kunden, Ort und Event etwas Besonderes.

Brauhausgasse 2, 99423 Weimar,
Tel.: 03643 / 811999,
www.blumenladen-weimar.de,
Mo – Fr 9 – 18.30 Uhr, Sa 9 – 15 Uhr

109

113

114

110

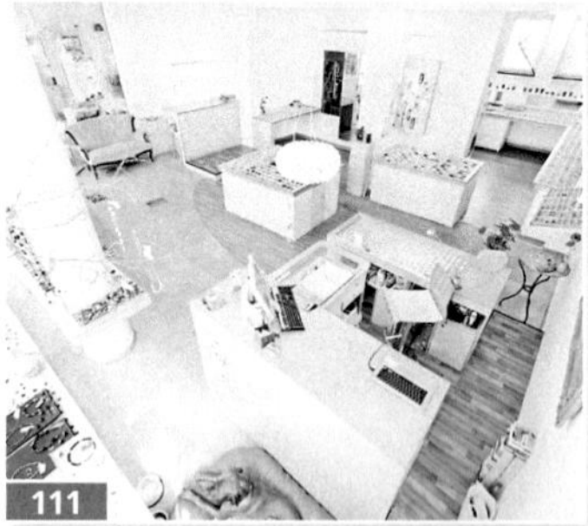
111

112

113

112

SCHÖNE DINGE

109 GALERIE SCHWING JENA

Liebhaber einzigartiger Kunstobjekte und feiner Wohnaccessoires zieht es magisch in die Galerie gegenüber vom Johannistor. Neben einer breiten Auswahl an zeitg. Kunst und Werken der klassischen Moderne mit hervorragender Rahmenwerkstatt, bietet die Galerie faszinierende Schmuckunikate, edle Wohnaccessoires, exklusive Silberobjekte, fesselnde Bildbände und feine Papeteriewaren.

Johannisplatz 10, 07743 Jena,
Tel.: 03641 / 449208, www.galerie-schwing.de,
Di – Fr 10 – 18 Uhr, Sa 10 – 14 Uhr

110 HANDWERT JENA – MÖBEL UND ACCESSOIRES.

Naturholzmöbel der Firma Team7 sind das Aushängeschild des Fachgeschäfts in Jena. Sie sind auf der Suche nach einer individuellen Einrichtung? HANDWERT steht für ein ausgewähltes Sortiment und kompetente Beratung! Accessoires regionaler Hersteller und internationaler Designmarken bieten eine Vielzahl an Impulsen für Ihr Zuhause. Auf der Suche nach einem Geschenk oder neuem Tisch, ein Besuch bei HANDWERT, in der Nähe des Marktes, lohnt sich immer.

Unterm Markt 8, 07743 Jena,
Tel.: 03641 /443382, www.handwert.de,
Mo – Fr 10 – 18.30 Uhr, Sa 10 – 15 Uhr

111 GLASHÜPFER JENA

In der Schweiz wurde Katharina Lewin so süchtig nach dem dortigen Perlengeschäft, dass sie, zurück in der Heimat, beschloss, auch in Jena außergewöhnlichen Perlen aus Glas, Silber, Halbedelsteinen, Koralle und Holz sowie eigenen Schmuckkreationen ein stilvolles Zuhause zu geben. Bei Kursen, Geburtstagen und Firmenfeiern hat man die Möglichkeit, Schmuck selber zu fertigen.

Johannisstraße 23, 07743 Jena,
Tel.: 03641 / 628363, www.glashuepfer.de,
Mo – Fr 10 – 19 Uhr, Sa 10 – 16 Uhr

112 TRENDGLAS JENA WERKSVERKAUF

Um 1920 wurde in Jena erstmals hitzebest. Hauswirtschaftsglas hergestellt. Das von Otto Schott entw. Borosilikatglas eroberte nach Labor und Industrie auch schnell die Haushalte. Seit 2005 finden Sie hitzebeständ. Glas, u.a. aus den Jenaer Original-Formen, in der Trendglas Jena GmbH. Schlichte Ästhetik und hohe Funktionalität zeichnen das breite Sortiment aus.

Westbahnhofstr. 8, 07745 Jena,
Tel.: 03641 / 534455, www.trendglas-jena.com,
Mo – Fr 10 – 18 Uhr, Sa 10 – 13 Uhr

113 KUNST UND MODE GERA

Nicht nur die Modeliebhaberinnen aus Gera lieben Ulrike Weißenborns puristisch edles Geschäft mit hochwertiger Mode namenh. Hersteller wie Strenesse, Max Mara, Turnover, Hugo Boss und Kathleen Madden. Kompetent und freundlich findet die Inhaberin zwischen klaren bis sinnlichen Modellen genau Ihr Kleidungsstück mit perfekt. Harmonie aus Stoff, Form und Schnitt.

Große Kirchstr. 17, 07545 Gera,
Tel.: 0365 / 52779, Mo – Fr 10 – 18 Uhr,
Sa 10 – 13 Uhr

114 SIEBEN – LADEN & CAFÉ WEIDA

Egal, ob Sie sich die Wartezeit auf Ihren Café versüßen wollen oder einfach nur zum Stöbern im Laden vorbeikommen, entdecken Sie hier seltene italienische und französische Kochbücher, spannende Kalender, formschöne Keramik, hausgemachte Konfitüren, verschiedene Sorten Tee und Schokolade sowie andere Kleinigkeiten für sich und zum Verschenken.

Kanalstraße 7, 07570 Weida,
Tel.: 036603 / 44233,
www.cafe-sieben-weida.de,
Di – Fr 12.30 – 18 Uhr, Sa, So 14 – 18 Uhr

Lassen Sie sich begeistern von ausgewählten Kunst- und Manufakturschätzen, italienischer Designermode und einzigartigem Perlenschmuck.

115 VALENTINO BRAUT-MODEN SAALFELD

Den ersten Schritt auf dem Weg zum vielleicht schönsten Tag Ihres Lebens sollten Sie in diesem traumhaften Geschäft beginnen. Auf 2 Etagen finden Sie nicht nur betörende Brautkleider internationaler Designer einschl. der passenden Accessoires, Bräutigamausstattung und stilvolle Festgarderobe, sondern auch beste indiv. Beratung von Martina Zahn und ihrem kompetenten Team.

Schulplatz 2, 07318 Saalfeld,
Tel.: 03671 / 526969,
www.valentino-brautmoden.de,
Mo – Fr 10 – 18 Uhr, Sa 9.30 – 12.30 Uhr

116 GLASKÜNSTLERIN DORIT SNICINSKI

Bereits in der dritten Generation wird in der Familie von Dorit Snicinski Glas verarbeitet. Die gelernte Glasbläserin mit einem Meisterbrief für Glasgestaltung ist in ihrem Betrieb auf die Gestaltung von Massivglas spezialisiert. So stellt sie Tiere und menschliche Figuren sowie Märchenfiguren her. Märchenhafter Schmuck aus Glas ergänzt die vielfältige Produktpalette.

Glaswerkstraße 68, 98724 Lauscha,
Tel.: 036702 / 20319, snicinski@web.de,
Mo – Fr 9 – 17.30 Uhr

117 SCHEUNENMARKT PICCOLO SCHLEIZ

Liebhaber von Dekorationsartikeln im Landhausstil stöbern gerne im großzügigen Scheunen-Geschäft im mediteranen Flair vom Hotel Piccolo zwischen Saalburg und Schleiz. Ob zauberhafte Wohn- und Gartenaccessoires, schönes Geschirr, Leuchter, Festtagsdeko oder kreative Geschenkideen, alles wurde von Inhaberin Desire Eismann liebevoll ausgesucht und dekoriert.

Stauseestraße 6, 07907 Schleiz,
Tel.: 036647 / 29899, www.hotel-piccolo.de,
Mo – Fr 16 – 22 Uhr, Sa, So ab 11 Uhr

118 DIE HERZENSWERKSTATT

Mit Herz und Hand entwirft und fertigt die leidensch. Porzellanmalererin Irina Kroop traumhafte Tischkarten, Speisekarten und Glückwunschkarten, welche kleinen und großen Festen den besonderen Akzent mit Seele geben. Alle Papeterie-Artikel werden indiv. nach Ihren Vorstellungen von Hand gefertigt. Durch liebevolle Details wird jedes Stück etwas ganz Besonderes.

Hammerrödchen 25, 98544 Zella- Mehlis,
Tel.: 03682 / 453471,
www.die-herzenswerkstatt.de

119 HOLLARIX KINDERMODE

Unter dem Label HOLLARIX von Ulrike Schmiedel findet man handgemachte Unikate und Kleinserien für alle, die Wert auf Individualität legen. Alle Artikel werden in liebevoller Handarbeit in der kleinen Waldstein Manufaktur hergestellt oder veredelt. 1000 Dinge, die das Auge ansprechen und das Herz begehrt, ansprechende Kleidung und Accessoires für Groß & klein.

Reinersreuth 93, 95234 Sparneck,
Tel.: 09257 / 960837, www.hollarix.de

120 BLUMENLADEN KNUT FLORISTIK

Als Sandra Bauers floristische Dekorationen ihrer stilvollen Knut Events Veranstaltungen in Schlössern & Burgen immer erfolgreicher wurden, entstand daraus nicht nur eine eigene Eventfloristiksparte, sondern auch dieses schöne Geschäft. Hier findet man nicht nur wunderschöne Blumenarrangements, stilvolle Wohnaccessoires, sondern auch fränkisch freche Geschenkideen.

Johann-Nikolaus-Zitter- Str. 41,
96317 Kronach, Tel.: 09261 / 965553,
www.knut-events.de,
Mo – Fr 9 – 18 Uhr, Sa 9 – 13 Uhr

121

123

122

125

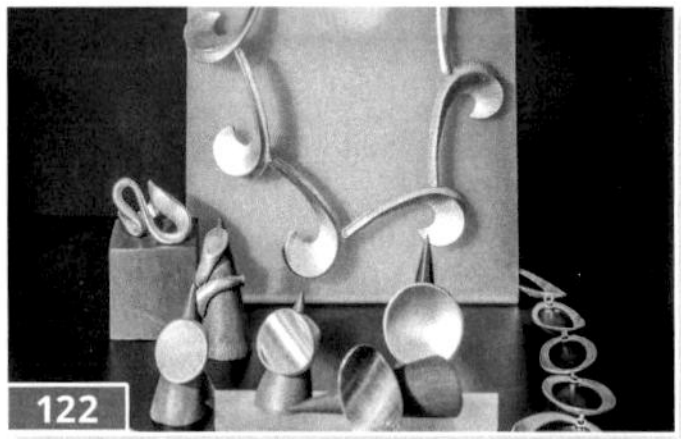
122

122

121

121

124

126

SCHÖNE DINGE

121 DIE SCHWE STERN KRONACH

Eine schicksalshafte Ergänzung fanden die Diplom Textildesignerin Anna Lena Jeske und ihre Schwester die Damenmaßschneiderin Nora Jeske in ihren eigenen Dirndllabel „Die schwe stern“ wo sie mit handbedruckten innov. Kollektionen frischen Wind in die fränk. Nationaltracht bringen. Ein besonderes Baukastensystem ermöglicht die vielf. Verwendung als Braut- und Festleid oder Alltags- und Abendkleid.

Amtsgerichtsstr.11, 96317 Kronach, Tel.: 09261 / 92992, www.schwe-stern.de, Mo – Mi 10 – 12 Uhr u. 14 – 18 Uhr, Do – Fr 14 – 18 Uhr o. nach Vereinb.

122 UNIKUM HOF

Dass hochwertiges Design keineswegs nur kühl, reduziert und puristisch sein muß, sondern auch lebensfroh und poetisch sein kann, beweist Dr. Rolf Pöhlmann mit seinem einzigartigen Geschäft UNIKUM. Traumhaft schöne handgefertigte Schmuckkollektionen herausragender Designer, edle und außergewöhnliche Taschen, Uhren für's Handgelenk oder die eigenen Wände, Designaccessoires zum Wohnen und Kochen – hier findet jeder etwas Besonderes.

UNIKUM Ludwigstraße 59, 95028 Hof, Tel.: 09281 / 16373, www.unikumhof.de, Mo – Fr 9 – 19 Uhr, Sa 10 – 18 Uhr

123 ROSENTHAL OUTLET CENTER SELB

In der ehemaligen Ofenhalle bietet sich ein einmaliges Einkaufserlebnis auf 4.000 m². Besucher finden einen Großteil der Porzellan-Kollektionen, teilweise mit kleinen Mängeln, Muster-Unikate oder auch Restbestände ausgelaufener Serien. Farbe, Licht und Stil prägen das authentische Ambiente. Dies zog auch die NoBasics Modefabrik, Gastronomie mit dem FabrikCafé und renommierte Marken wie Bassetti, Mac, Trigema, Vossen, Kunert & Hudson, Lambert & WMF an.

Philip-Rosenthal-Platz 1, 95100 Selb, Tel.: 09287 / 72490, Mo – Sa 10 – 18 Uhr, www.rosenthal-outlet-center.de, www.nobasics.eu

124 FACTORY IN MIT VILLEROY & BOCH OUTLET SELB

Porzellan trifft Mode auf ca. 7.000 m² Verkaufsfläche auf dem Fabrikgelände von Villeroy & Boch. Genießen in der Factoria und im Heinrich's mit Biergarten im Innenhof. Porzellan von Barbara Flügel, BHS (Profitable), Goebel und Villeroy & Boch – perfekt ergänzt durch Sortimente von Rösle, Silit und WMF. Mode für die ganze Familie.

Vielitzer Straße 26, 95100 Selb, Tel.: 09287 / 998078, www.factory-in.de, Mo – Sa 09.30 – 18 Uhr

125 BETI LUE. GESCHÄFT IN CHEMNITZ UND LEIPZIG

THÜRINGER GENUSS

Seit 2004 werden in der Beti Lue. Salbenmanufaktur Chemnitz in liebevoller Handarbeit individuelle Naturkosmetika und Pflegeprodukte gefertigt. Neben Chemnitz können Sie nun auch im Leipziger Geschäft duftende Seifen, nat. Kinderpflege, die gesundheitl. wirksame Sanddornserie, wertvolle Körperpflegeprodukte und anregende Badepralinen entdecken. Kurse runden das Angebot ab.

Beti Lue. Chemnitz, Limbacher Straße 74, 09113 Chemnitz, Tel.: 0371 / 9094686, Mo – Fr 10 – 18 Uhr
Beti Lue. Leipzig, Könneritzstr. 61, 04229 Leipzig, Tel.: 0341 / 92712597, Di – Fr 10 – 18 Uhr, www.salbenmanufaktur.eu

126 WELTLADEN CHEMNITZ

Die Wurzeln des ersten ostdeutschen Weltladens liegen in der 1975 in Karl Marx Stadt gegründeten INKOTA Ortsgruppe, welche sich aktiv für 3. Welt-Unterstützung einsetzte. Nach dem Umzug in DAStietz werden nun auf 100 m² fair gehandelte Genuss- und Lebensmittel, Kunsthandwerk, Glaswaren, Lederwaren, Tücher, Musikinstrumente, Spielzeug, Schmuck, Kerzen, Schreibwaren u.v.m. angeboten.

DAStietz, Moritzstraße 20, 09126 Chemnitz, Tel.: 0371 / 6513880, www.weltladen-chemnitz.de, Mo – Fr 11 – 19 Uhr, Sa 11 – 16 Uhr

127

129

129

130

130

Porzellan, Mode und Schmuck, deutscher und internationaler Designer, fränkischer Dirndl-Chic und Altenburger Spezialitäten treffen auf Leipziger Blumenschätze.

127 ALTENBURGER GENUSS-KISTE AM MARKT

Wer regionale Spezialitäten wie Ziegenkäse, Senf oder Liköre verkosten und mehr über Altenburger Traditionen erfahren will, ist im liebevoll eingerichteten Laden genau richtig. Lokale Erzeuger präsentieren sich mit Produkten wie selbstgemachter Marmelade, kleinen Kunstwerken der vielen Töpfer oder handgearbeiteten Ziegenseifen. Verkostungen spontan vor Ort oder mit Vorbestellung.

Altenburger Tourismus GmbH, Markt 17, 04600 Altenburg, Mo – Fr 10 – 18 Uhr, Sa 10 – 14 Uhr, Tel.: 03447 / 512800, www.altenburg-tourismus.de

128 INTERSHOP INTERDISCIPLINAIRE LEIPZIG

Wer sich für avantgardistische Mode interessiert ist bei Louise Walleneit in der Spinnerei genau richtig. Ihr zwischen Design, Kunst, Soziologie und Medienwissenschaft interdisziplinäres Label Birthday Suits wird auf den Fashion Weeks in Paris, London, Berlin und Wien gezeigt. Daneben begeistert ihr Geschäft mit dt. und int. Designer wie BRACHMANN Menswear, ERB & BOE u. Kaseee sowie disziplinübergreifenden Projekten u. Ausstellungen.

Spinnereistr. 7, Halle 10, 04179 Leipzig, Tel.: 0341 / 12693575, www.birthdaysuits.de, www.inter-disciplinary-shop.org, Do, Fr 11 – 18 Uhr, Sa 12 – 16 Uhr

129 KLEINE TRÄUMEREI LEIPZIG

Direkt am Lindenauer Markt verwirklichte Anke Hartmann ihren Traum von einem kleinem Laden. In dem zauberhaften Geschäft findet man nicht nur ihre liebevoll von Hand bemalten Dosen, Broschen und Ohrringe, Küchenaccessoires, selbsthergestellte Postkarten, Geschenkpapiere, Spiele, Malhefte und Kinderbücher sondern auch von Künstlerfreunden gefertigte Kuscheltiere, Schmuck u. Keramik.

Rietschelstraße 2, 04177 Leipzig, Mo, Di, Do 9 – 15 Uhr, Fr 12 – 18 Uhr, 2016 wegen Babyzeit verkürzte Öffnungszeiten, Infos unter Kleine Träumerei Facebookseite

130 SALTOFLORALE LEIPZIG

Betritt man den paradiesähnlichen Hinterhof und das barocke Kreuzgewölbe von saltoflorale taucht man ein in eine märchenhafte Oase von seltenen Blumen und Pflanzen voller verzaubernder Farben und Düfte. Altes und Neues, Exotisches und Natürliches vermischt Birgit Steinhage mit leidenschaftlicher Experimentierfreude und höchster Handwerkskunst zu absolut individueller Floristik.

Katharinenstr. 11, 04109 Leipzig, Tel.: 0341 / 1498923, www.saltoflorale.com, Mo – Sa 10 – 19 Uhr

131 A PRIORI LEIPZIG

Dieses vom dt. Branchenverband ausgez. Geschäft fühlt sich mit seinen hochw. Sortiment ganz dem Koch- und Küchenkult verpflichtet. Fast alle der 7000 Artikel rund um die Zubereitung von Speisen und Getränken wurden vom Inhaberpaar Löffler persönlich getestet. Sie müssen aus edlen und ästhetischen Materialien und in hoher Qualität gefertigt sein. Wer Genuss und Design liebt ist hier genau richtig.

Gottschedstraße 12, 04109 Leipzig, Tel.: 0341 / 9809303, www.a-priori.de, Mo – Fr 10 – 19 Uhr, Sa 10 – 16 Uhr

132 STIL – CONCEPTSTORE LEIPZIG

In diesem tollen Geschäft für Möbel und Wohnaccessoires gibt es handverlesene Produkte von skandinavischen und mitteleuropäischen Manufakturen sowie regionalen und überregionalen Designern zu entdecken. Wohnlich und im besten Sinne reduziert arrangiert, präsentiert der Store zugleich zauberhafte Blumenarrangements, Lektüre und feine Delikatessen und lädt dazu ein, Kaffee, Süßes, Wein und Sekt gleich im integrierten Café zu genießen.

Nikolaistraße 22, 04109 Leipzig, Tel.: 0341 / 35584150, www.stilconceptstore.de, Mo – Sa 11 – 19 Uhr und nach Absprache

128

128

128

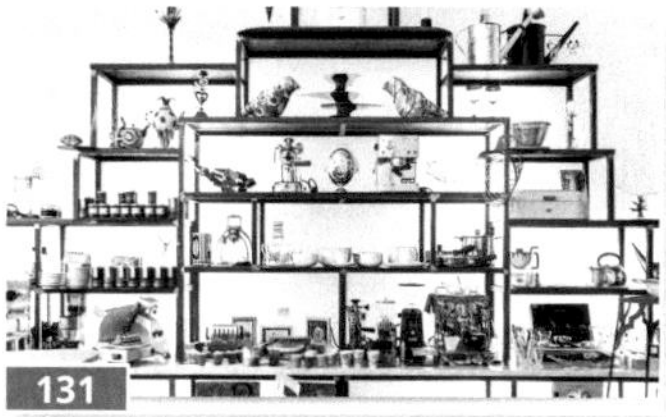
131

132

134

135

133

136

137

138

BUCHHANDLUNGEN & ANTIQUARIATE

133 BUCHHANDLUNG PETERKNECHT ERFURT

Die 1805 gegr. und seit 1935 im Besitz der Familie Peterknecht befindl. Buchhandlung ist spezialisiert auf die Themen Jura, Kinderbuch, Belletristik und Sprachen. Egal, ob zur umfangreiche Juraabteilung, den schönen Kinder- und Jugendbüchern, spann. Romanen und Science Fiction Büchern, der großen Reise- und Fachbücherabteilung berät Sie fachkundiges Personal gerne.

Anger 28, 99084 Erfurt, Tel.: 0361 / 244060, www.peterknecht.de, Mo – Fr 9 – 19 Uhr, Sa 9 – 18.30 Uhr

134 ALTSTADT ANTIQUARIAT BODE ERFURT

Das Sortiment umfasst Landeskunde von Thüringen, Gartenbau, Architektur, Geschichte, Geographie, Naturwissenschaften, Technik, u.v.m. Die eigene Galerie präsentiert Original-Graphik, wie historische Stadtansichten, Landkarten sowie ausgewählte Künstlergraphiken. Einrahmungen werden in der hauseigenen Rahmenwerkstatt mit hochwertigen Bilderleisten ausgeführt.

Benediktsplatz 2, 99084 Erfurt, Tel.: 0361 / 5400444, Mo – Fr 10 – 13 Uhr, 14 – 18 Uhr, Sa 10 – 14 Uhr, www.altstadtantiquariat.de

135 DIE EULE – KNABES VERLAGSBUCHHANDLUNG WEIMAR

Mitten im Herzen der Kulturstadt Weimar liegt sie: „Die Eule – Knabes Verlagsbuchhandlung". Im Juli 2015 übernahmen Verleger Steffen Knabe und Juliane Bleis die bereits etablierte Buchhandlung. Auf gut 120 qm finden sich neben Büchern aus dem Knabe-Verlag ausgewählte Klassiker, aktuelle Bestseller, Regionalia sowie eine gut sortierte Krimi- und Jugendbuchabteilung.

Frauentorstraße 9-11, 99423 Weimar, Tel.: 03643 / 850388, Mo – Fr 9 – 19 Uhr, Sa 9 – 18 Uhr, So 12 – 18 Uhr, www.buchhandlung-weimar.de

136 JENAER BÜCHERSTUBE

In der 1929 von der Anthroposophischen Gesellschaft als „Goetheanum" gegr. Bücherstube am Johannestor hütet Gunther Philler seit über 30 Jahren ausgewählte Literaturschätze. Im warmen Ton wie das orig. erhaltene Mobiliar streift seine Stimme mit Anekdoten außergewöhnliche Bücher und Autoren. 2015 erhielt er den dt. Buchhandelspreis als besonders herausragende Buchhandlung.

Johannisplatz 28, 07745 Jena, Tel.: 03641 / 444294, buecherstube@gmx.net, Mo – Fr 9 – 18 Uhr, Sa 9 – 12.30 Uhr

137 JENAER UNIVERSITÄTS-BUCHHANDLUNG THALIA

Auf zwei Etagen erwarten den Besucher u.a. eine ausgewählt abwechslungsreiche Belletristik-Abteilung und ein ambitioniertes Sach- und Fachbuchangebot. Die Buchhandlung organisiert Lesungen und engagiert sich sehr in der Region. Sehr ansprechende Thalia-Buchhandlungen finden Sie auch in der Jenaer Goethe Galerie, den Gera Arcaden und in Chemnitz („Roter Turm" und „Sachsenallee")

Jenaer Universitäts-Buchhandlung Thalia , „neue Mitte", Leutragraben 1, 07743 Jena, Tel.: 03641 / 45460, www.thalia.de, Mo – Sa 9 – 20 Uhr

138 BRENDELS BUCHHANDLUNG GERA

Mit seinem 2012 begangenen 170jährigen zählt das Geschäft zu den sieben ältesten Buchhandlungen in Europa. Seit Rosemarie Züge-Gutsche die Buchhandlung 1989 übernahm, verkauft sie dort nicht nur Bücher. Für besondere Lese- und Genussveranstaltungen belebte sie 2007 den Höhler unter dem Geschäft als Buchkeller und eröffnete 2011 das Café Rose mit Buchantiquariat.

Große Kirchstraße 12, 07545 Gera, Tel.: 0365 / 23401, Mo – Fr 9 – 18 Uhr, Sa 9 – 13 Uhr, www.brendels-buchhandlung.de

139

143

141

Einen reichen Schatz historischer Bücher, aktueller Bestseller, fesselnder Krimis und Romane sowie vielfältiger Fachliteratur findet man an diesen schönen Orten.

139 BUCHANTIQUARIAT BUCH UND WEIN GERA

Nicht nur bei seltenen Bücherschätzen, auch bei franz. Weinen, Likören und Olivenölen gehört Ulrich Schmeißner zu den Jägern und Sammlern, welcher sein Auge auf das Besondere richtet. Da er sich nicht entscheiden konnte, entfaltet sein Reich Geist und Geschmack zugleich. Besonders interessieren ihn bei Büchern Raritäten, Subskriptionen und Sammlerstücke.

Kurt-Keicher-Straße 53, 07545 Gera,
Tel.: 0365 / 5512028, Di – Fr 11 – 13 Uhr,
14 – 19 Uhr, Sa 10 – 13 Uhr,
Buch-und-wein@t-online.de

140 BUCHGALERIE IM ALTSTADTHOF HOF

Wer den Reichtum und die Schönheit regionaler Kunst und Literatur von Hof und Oberfranken kennenlernen möchte, ist bei Marlene Hoffmann genau richtig. Neben Roland Spangers Krimis, Tobias Ott´s Cyanotypien, Evi Tumbergers Grafiken und Jean Paul Literatur bietet das Geschäft aber auch hervorragende internationale Autoren sowie eine sehr gut sortierte Kinder- und Jugendbuchecke.

Altstadt 36, 95028 Hof/Saale,
Tel.: 09281 / 5406622, buchgalerie@gmx.de,
Mo – Fr 10 – 18 Uhr, Sa 10 – 16 Uhr

141 CONNEWITZER VERLAGSBUCHHANDLUNG LEIPZIG

Die von Peter Hinke geführte Buchhandlung gilt seit ihrer Gründung 1990 als die erste literarische Adresse der Stadt, mit einem schönen Ambiente und persönlicher Beratung. Man findet hier ein anspruchsvolles literarisches Sortiment, englischsprachige Bücher sowie das eigene bibliophile, mehrfach ausgezeichnete Verlagsprogramm.

Schuhmachergässchen 4, 04109 Leipzig,
Tel.: 0341 / 96 03 446, www.cvb-leipzig.de,
Mo – Fr 10 – 20 Uhr, Sa 10 – 17 Uhr,
Dependance in der Südvorstadt: Wörtersee,
Peterssteinweg 7, 04107 Leipzig,
Tel.: 0341 / 2248783, Mo – Fr 10 – 19 Uhr,
Sa 10 – 14 Uhr

142 LEHMANNS BUCHHANDLUNG LEIPZIG

Drei Etagen voller Bücher lassen Leserherzen höher schlagen! Bei Lehmanns Media Leipzig gibt es Belletristik, Kinder- & Jugendliteratur, Lektüre zu Reisen und Hobbys, verschiedenste Fachbücher, Souvenirs und noch vieles mehr zu entdecken. Besuchen Sie auch eine unserer zahlreichen Lesungen.

Grimmaische Str. 10, 04109 Leipzig,
Tel.: 0341 / 33975000, www.lehmanns.de,
Mo – Sa 9.30 – 20 Uhr

143 BAHNHOFSBUCHHANDLUNG LUDWIG LEIPZIG

LUDWIG ist die Buchhandlung im Leipziger Hauptbahnhof mit dem besonderen Ambiente. Die ganze Welt der Bücher, eine riesige Auswahl an nationalen und internationalen Zeitungen und Zeitschriften, 365 Tage im Jahr geöffnet. Hier finden regelmäßig Lesungen bekannter Autoren und Veranstaltungen rund um aktuelle Buchthemen statt.

Promenaden Hauptbahnhof, Willy-Brandt-Platz 5, 04109 Leipzig, Tel.: 0341 / 26846600,
www.buchhandlung-ludwig.de,
Mo – Fr 5 – 22 Uhr, Sa 6 – 22 Uhr,
So, Feiertag 7 – 22 Uhr

144 HUGENDUBEL LEIPZIG

Die Leipziger Hugendubel Filiale am Markt bietet auf vier Etagen die ganze Welt der Bücher. Stöbern Sie in dem umfangreichen Angebot, werden Sie inspiriert von den persönl. Empfehlungen der versierten Buchhändler oder entspannen Sie im Café oder in den Leseinseln. Lassen Sie sich in der Tolino-Welt komp. beraten, nutzen Sie unser kostenloses WLAN und den Ticketservice.

Hugendubel Leipzig, Filiale am Markt,
Petersstraße 12 – 14 , 04109 Leipzig,
Tel.: 0341 / 14909784, Mo – Sa 9.30 – 20 Uhr,
Filiale im Paunsdorfcenter, Paunsdorfer
Allee 1, 04329 Leipzig, Hugendubel Erurt,
Filiale am Anger 62, 99084 Erfurt,
www.hugendubel.de

141

140

142

144

146

148

148

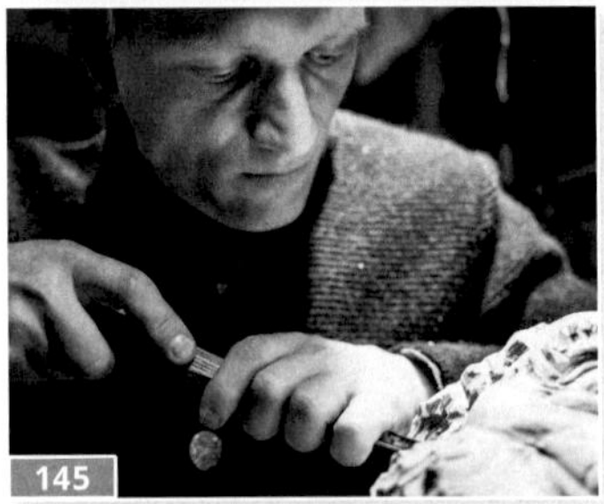
145

147

149

150

HANDWERK & MANUFAKTUREN

145 PUPPENSCHNITZER MARTIN GOBSCH ERFURT

Da er sich schon seit seiner Kindheit eng mit dem Theater verbunden fühlte, begann Martin Gobsch nach seiner Lehre als Möbeltischler am Erfurter Puppentheater eine Ausbildung zum Theaterplastiker. Auf der Krämerbrücke kann man ihm bei seinem kunstvollen Handwerk zwischen vielschichtig erzählenden Puppenfiguren, kraftvollen Skizzen und seinem Theatrum Mundi über die Schulter schauen.

Martin Gobsch, Krämerbrücke 2, 99084 Erfurt, Tel.: 0151 / 43105552, www.martin-gobsch.de

147 WEIMAR PORZELLAN BLANKENHAIN

Seit über 225 Jahren besteht die Marke Weimar Porzellan als Garant für höchste Qualität und handwerkliches Können und ist Inbegriff prachtvoller Porzellanherstellung und Veredelung. Man wählt aus 3 klassischen Geschirrserien KATHARINA, CHATEAU und BELVEDERE sowie der modernen FORM 21. Diese Serien werden durch passenden Tafelschmuck, zauberhafte Geschenke und farblich abgest. Figuren ergänzt.

Werksverkauf Weimar Porzellan, Christian-Speck Straße 5, 99444 Blankenhain, Tel.: 036459 / 60194, Mo – Fr 9 – 18 Uhr, Sa 9 – 16 Uhr, www.weimar-porzellan.de

149 GLASMANUFAKTUR HARZ-KRISTALL DERENBURG

Die Glasmanufaktur Harzkristall ist eine der wenigen noch in Deutschland produzierenden Glashütten. In der Erlebnisführung „manufaktOur" erfahren Sie alles Wissenswerte zum Thema Glas. Es besteht ebenfalls die Möglichkeit, selbst eine Kugel am Hüttenofen zu blasen. Neben den Einkaufswelten und integriertem Café lädt das liebevoll gestaltete Außengelände zum Verweilen ein.

Im Freien Felde 5, 38895 Blankenburg – OT Derenburg, Tel.: 039453 / 6800, www.harzkristall.de, Jan – März: 10 – 17 Uhr, Apr – Dez: 10 – 18 Uhr

146 BLAUDRUCKWERKSTATT SIGRITT WEIß ERFURT

In Erfurt, der mittelalterlichen Metropole des Waidanbaus, wird seit 1973 von Sigritt Weiß das alte Handwerk des Blaudrucks wiederbelebt. Die Blaudruckmeisterin und Kunsthandwerkerin ist eine der letzten in Mitteleuropa, die noch mit „Modeln" nach eigenen Entwürfen traditionell handdruckt und mit Indigo färbt. Die dekorativen Tischdecken, Kissen und Gardinen können in ihrer Schauwerkstatt erworben werden.

Mühlburgweg 32, 99094 Erfurt, Tel.: 0361 / 2252430, nach Vereinbarung

148 ARTOGRAPHIE-WERKSTATT WEIMAR

Dass Ordnung und Büro nicht nur praktische, sondern auch sehr sinnliche Themen sein können, beweist Christiane Werth in ihrem ästhetischen Werkstattgeschäft, das Erfindungsraum, Produktionsort und Schaufenster zugleich ist. Hier entsteht gut durchdachte, formschöne Papeterie vom einfachen Notizzettel, über Menükarten, detailreiche Kalender bis hin zur Geschäftsausstattung.

Karlstraße 6, 99423 Weimar, Tel.: 03643 / 4433366, www.artographie-werkstatt.com, Mo u. Sa 10 – 15 Uhr, Di – Fr 10 – 19 Uhr

150 KÖSENER SPIELZEUG MANUFAKTUR

Seit über 100 Jahren wird in Bad Kösen Spielzeug hergestellt – bis 1949 auch die weltberühmten Käthe-Kruse Puppen. Unter der Familie Schache ist die Kösener Spielzeug Manufaktur heute der letzte hochwertige Plüschtierhersteller, der in Deutschland produziert. In der Gläsernen Manufaktur, im Werksmuseum, Werksverkauf, Bastel- und Spielzimmer können Sie sich selbst davon überzeugen.

Rudolf- Breitscheid-Straße 2, 06628 Bad Kösen, Tel.: 034463 / 330, www.koesener.de, Mo – Fr 10 – 18 Uhr, Sa – So 10 – 16 Uhr, Täglich 14 Uhr Führung duch die Manufaktur

Lassen Sie sich faszinieren von jahrhundertealter Glas- und Porzellantradition, kuscheligen Spielzeuggefährten sowie modernem Mode- und Papierdesign

151 ÖLMÜHLE EBERSTEDT UND MASKENMANUFAKTUR BAD SULZA

In der historischen Mühle Eberstedt wird noch wie in alten Zeiten Senföl gepresst und abgefüllt. Erfahren Sie mehr über die traditionelle Herstellung bei einer Führung durch Mühle und Mühlenladen und erhalten Sie Einblick in die über 400-jährige Geschichte. Seit 20 Jahren stellt Familie Rudel in aufwändiger Handarbeit Karnevalsmasken, Perücken u.v.m. her.

Ölmühle Eberstedt, Dorfstr. 28-29, 99518 Eberstedt, Tel.: 036461 / 87463, www.oelmuehle-eberstedt.de, Apr – Okt: 8 – 20 Uhr, Nov – März: 10 – 18 Uhr, Maskenmanufaktur Bad Sulza, Salzstraße 17, 99518 Bad Sulza, Tel.: 036461 / 20435, www.maskenmanufaktur.de

152 KERAMIK-MUSEUM BÜRGEL UND DORNBURGER BAUHAUSTÖPFEREI

Inmitten der für „Bürgeler Blau Weiß" bekannten Töpferstadt zeigt das Keramik-Museum die Geschichte des regionalen Töpferhandwerkes auf, welche eng mit Namen C. Fischer, W. Gebauer aber auch H. van de Velde verbunden ist.

Keramik Museum Bürgel, Am Kirchplatz 2, 07616 Bürgel, Tel.: 036692 / 37333, www.keramik-museum-buergel.de, Di – So 11 – 17 Uhr, Dornburger Werkstätten, Ulrich Körting, Max-Krehan-Straße 1, 07778 Dornburg

153 PORZELLANMANUFAKTUR REICHENBACH

In der Porzellanmanufaktur Reichenbach paart sich ein tradiertes Handwerk mit kreativer Lust an modernem Design. Auf die Exklusivität und Funktionalität der Designentwürfe wird großer Wert gelegt. Die Firmengeschichte reicht über 180 Jahre zurück. Seither hat sich vieles verändert, doch vom Qualitätsmerkmal der Handarbeit und dem Prinzip 100 % Made in Germany wurde nicht ein Pinselstrich abgewichen.

Werksverkauf, Fabrikstraße 29, 07629 Reichenbach, Tel.: 036695/ 8800, www.porzellanmanufaktur.net, Mo – Fr 9 – 17 Uhr, Sa 9 – 13 Uhr

154 KAHLA PORZELLAN / THÜRINGEN

Multifunktionale Porzellanartikel, sinnliches sowie sinnvolles Design, spannende Oberflächengestaltung und eine nachhaltige Herstellung in Deutschland bündelt das Familienunternehmen KAHLA. Mehr als 95 internationale Designpreise bestätigen den Erfolg. Im Werksverkauf finden Sie eine große Auswahl aus allen KAHLA Serien mit kleinen und kleinsten Schönheitsfehlern.

Werksverkauf, Christian-Eckardt-Str. 38, 07768 Kahla, Tel.: 036424 / 79279, www.kahlaporzellan.com, Mo – Sa 10 – 18 Uhr

155 FASHION FLOW GERA / MÜNCHEN

Fashion Flow ist eine kreative Entwicklungs- und Produktionsmanufaktur für indiv. Damen und Herrenmode. Hochwertige Materialien, perfekte Schnitte, beste Handwerkskunst und modischer Chic machen die Blazer, (Hosen-) Anzüge, Mäntel, Kleider etc. zu Lieblingsteilen. In den hauseig. Ateliers in Gera und München können Sie den Designern, Schnittmachern und Modellnäherinnen über die Schultern schauen, die Kollektion dir. erwerben oder eine indiv. Beratung erfahren und Ihre spez. Maßanfertigung in Auftrag geben.

Schülerstraße 40, 07545 Gera, Tel.: 0365 / 8001241, www.fashion-flow.de

156 THOREY GERA TEXTILVEREDELUNG GMBH

Technische Textilien sind aus Autos, Medizin, Flugzeugen heute nicht mehr wegzudenken. Eine führende Rolle als Veredelungsfirma spielt Thorey Gera – ehemals größter europäischer Gardinenveredeler. Das auch heute europaweit erfolgreiche Unternehmen besitzt modernste Maschinentechnik und eine eigene Entwicklungsabteilung, welche eng mit Forschungsinsituten, Fachschulen und Universitäten zusammenarbeitet.

Lange Straße 71, 07551 Gera, Tel.: 0365 / 735240, www.thotex.de

157

160

159

159

158

158

161

162

HANDWERK & MANUFAKTUREN

157 ESCHENBACH PORZELLAN TRIPTIS

Eschenbach Porzellan steht für hervorragende Qualität, mod. Technik, kurze Lieferzeiten und Kundenservice für Endkunden ebenso wie für Gastronomen und Hoteliers. Das PORZELLANIUM bietet neben der Möglichkeit, preiswert einzukaufen, auch spannende Einblicke in die Geschichte der Fabrik und rundet den Besuch mit Galerie, Museum, Café und Atelier eindrucksvoll ab.

Porzellanium: Puschkinstr. 12, 07819 Triptis, Tel.: 036482 / 884922, Mo – Fr 9 – 18 Uhr, Sa 9 – 13 Uhr, www.porzellanium.de, www.eschenbachporzellan.com

158 ROLAND MÜLLER HOLZKUNSTARBEITEN SCHÖNECK UND TAULIN ERZGEBIRGSKUNST OBERWIESENTHAL

In dem „Musterstübl" von R. Müller erhalten Sie feinste Holzkunstarbeiten sowie eine schöne Auswahl an vogtl. und erzgeb. Holzkunst. Die Taulin Erzgebirgskunst mit 2 Fachgeschäften bietet 700 liebevolle Kunstwerke wie Schwibbögen.

R. Müller Holzkunstarbeiten „Musterstübl", Am Stadtpark 30, 08261 Schöneck/Vogtl., Tel.: 037464 / 88370, www.laubsaegearbeiten-mueller.de, Mo – Fr 9 – 12, 14 – 18 Uhr, Sa 9 – 12 Uhr, Taulin: Schwibbogenwelt mit Schauwerkstadt: Annaberger Str. 50, 09484 Oberwiesenthal, Tel.: 037348 / 7001, Pyramidenwelt: Karlsbader Str. 12, 09484 Oberwiesenthal, Tel.: 037348 / 23150, www.taulin.de

159 GEBR. MÖNNIG HOLZBLASINSTRUMENTE GMBH

Bereits seit 1875 produziert die Fa. Gebrüder Mönnig in reiner Handarbeit in einem wohl einzigartigen Zusammenspiel von Tradition und modernster Technik Holzblasinstrumente in höchster Qualität. Nach Absprache können Instrumente probiert und interessante Einblicke in den Manufakturbereich des Unternehmens gewonnen werden. Weitere Werkstätten des „Musikwinkels" können über Erlebniswelten Musikinstrumentenbau® Musicon Valley® e.V. besichtigt werden.

Pestalozzistr. 19, 08258 Markneukirchen, Tel.: 037422 / 2615, www.moennig-adler.de, www.erlebniswelt-musikinstrumentenbau.de

160 MODESPITZE PLAUEN

Seit der Firmengr. von Max Bruno Meyer vor 120 Jahren werden in mittlerw. 4. Generation gestickte Spitzen liebevoll und aufwändig als Gardinen und Tischwäsche produziert. Das neue Modeaccessoire-Label „Frieda & Elly" ist eine traumhaft schöne Hommage an die Plauener Spitze und die Töchter des Firmengründers. Die hochwertigen Materialien und die prächtige Stickerei verleihen eine unvergleichlich verführerische Ausstrahlung.

Werksverkauf, Annenstraße 9, 08523 Plauen, Tel.: 03741 / 222554, Mo – Fr 9 – 17 Uhr www.modespitze.de

161 PIANO CENTRUM LEIPZIG

Direkt am Leipziger Innenstadtring gelegen, unterstützt Sie das Geschäft mit individueller und kompetenter Beratung bei der Suche nach dem passenden Instrument. Ob anspruchsvolle Konzertflügel, Einsteiger-Piano, vielseitiges E-Piano oder leicht zu transportierendes Profi-Keyboard: Überzeugen Sie sich von der qualitätvollen Auswahl an Instrumenten, die Sie vor Ort auf Herz und Nieren prüfen können.

im Fürstenhof, Löhrstraße 2, 04105 Leipzig, Tel.: 0341 / 3086767, www.piano-centrum-leipzig.com, Mo – Fr 11 – 19 Uhr, Sa 10 – 16 Uhr

162 MARTIN BÄREN MANUFAKTUR SONNEBERG

In dem Sonneberger Familienunternehmen werden heute noch wie in alter Zeit Teddybären in limitierten Auflagen gefertigt. Liebevolle Handarbeit und hochwertige Materialien wie Holzwolle, Mohair, Waschleder oder Glasaugen zeichnen die begehrten Martin-Bären aus. Vor Ort freuen sich hunderte Teddys im Teddybärenmuseum und eine gemütliche Ferienwohnung auf Ihren Besuch.

Bahnhofsstraße 29, 96515 Sonneberg, Tel.: 03675 / 702008, www. martinbaeren.de, Laden: Mo – Fr 9 – 17 Uhr, Sa 11 – 14 Uhr

163

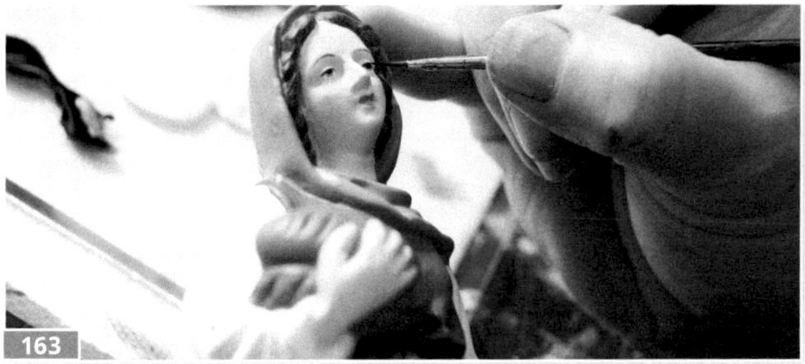
163

165

auchen Sie ein in eine Welt betörender Spitzenkreationen, klangvoller Instrumente, raditionsreicher Holz- und Krippenkunst und faszinierender Glasobjekte.

163 RICHARD MAHR KRIPPEN-MANUFAKTUR MAROLIN STEINACH

Seit mehr als 112 Jahren stellt man hier in Steinach die in aller Welt bekannten Krippenfiguren, beliebtes Krippenzubehör, Nostalgiespielzeug sowie hochwertige Weihnachts- und Osterdekorationen in manufaktureller Fertigung her. Sämtliche Artikel werden von Hand geformt und sind handbemalt. Sehr empfehlenswert ist auch das liebevoll eingerichtete Museum.

Räumstraße 35, 96523 Steinach,
Tel.: 036762 / 32310, www.marolin.de,
Werksverkauf: Mo – Fr 9 – 18 Uhr,
Im Advent auch Sa 10 – 15 Uhr

164 GLASKÜNSTLER FALK BAUER LAUSCHA

Lassen Sie sich entführen in die faszinierende Welt der gläsernen Insekten, Käfer und Vögel, die der Glaskünstler Falk Bauer gem. mit seiner Frau Christin Bauer in originalgetreuer Filigranität mit beeindruckender Farben- und Formenvielfalt herstellt. Seit 1989 werden in der Werkstatt Massivglasfiguren und Hohlgläser durch Meisterhand gefertigt.

Köppleinstraße 60, 98724 Lauscha,
Tel.: 036702 / 21635, www.falkbauer.de,
nach tel. Vereinbarung

165 ELIAS GLASHÜTTE-FARBGLASHÜTTE LAUSCHA GMBH

Mit ihrer über 155-jährigen Geschichte ist die Farbglashütte Lauscha das glühende Herz der Glasbläserstadt Lauscha. Auch heute kann man im spannenden Erlebnisrundgang durch Hütte, Erlebnis- und Einkaufswelt erleben, wie in Handarbeit traditionelles Waldglas, mod. Glasdesign und exklusive Studioglas- Kunstwerke entstehen. Sehr empfehlenswert sind auch das Glasmuseum und die Veranstaltungen.

Straße des Friedens 46, 98724 Lauscha,
Tel.: 036702 / 179970, Mo – So 10 – 17 Uhr,
www.farbglashuette.de

166 DER CHRISTBAUM GREINER-MAI GMBH

Bereits 1830 fertigte ein Vorfahre der Familie Greiner Glasfrüchte, woraus später der bekannte Lauschaer Christbaumschmuck entstand. Noch heute werden in der traditionsreichen Manufaktur wie vor 150 Jahren Repliken von Christbaumschmuck aus alten Familienbesitz liebevoll in traumhaften Form- und Farbvariationen gefertigt. Tauchen Sie ein in DIE Thüringer Weihnachtswelt.

Am Herrnberg 8, 98724 Neuhaus am Rennweg, Tel.: 03679 / 725194,
Mo – Fr 10 – 18 Uhr, Sa, So 10 – 17 Uhr,
www.derchristbaum.com

167 KATI ZORN

Die in Lichte und in Meißen ausgebildete Porzellankünstlerin ist durch nationale und internationale Ausstellungen weit über Thüringen hinaus bekannt. In ihrer Porzellanmanufaktur mit Galerie kann man die schönen, oft erotischen, mystischen und heiteren Figurenplastiken und Zierartikel kennenlernen und sehen wir die außergewöhnlichen Stücke entstehen.

Treibe 19, 98744 Cursdorf,
Tel.: 036705 / 61150, täglich 9 – 18 Uhr,
Sonderführungen auf Anfrage,
www.katizornporzellan.de

168 GLÄSERNE MANUFAKTUR RUDOLSTADT

In der Porzellanmanufaktur der „Aeltesten Volkstädter Porzellanmanufaktur“ können Sie den kompletten Fertigungsablauf der hochwertigen Figurenherstellung erleben. In unserem Shop finden Sie kostbare Kunstwerke von vier weiteren legendären Manufakturen aus Unterweißbach, Plaue, Scheibe Alsbach sowie den Schwarzburger Werkstätten. Letztere machen durch Unikate neuer Künstler auf sich aufmerksam.

Breitscheidstr. 7, 07407 Rudolstadt,
Tel.: 03672 / 48020,
www.glaeserneporzellanmanufaktur.com,
Mo – Fr 10 – 17 Uhr, Sa 10 – 15 Uhr

166

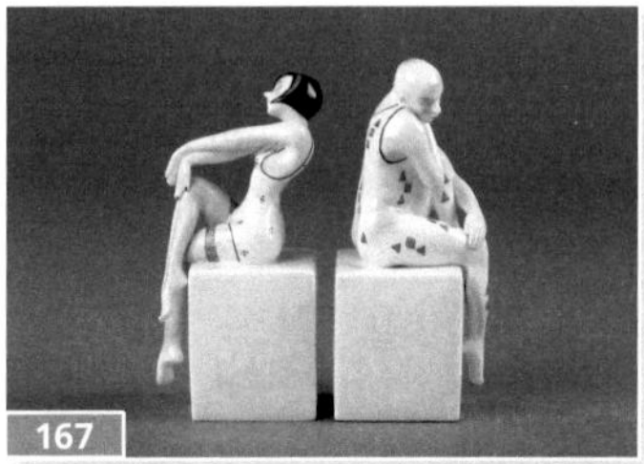
167

164

168

171

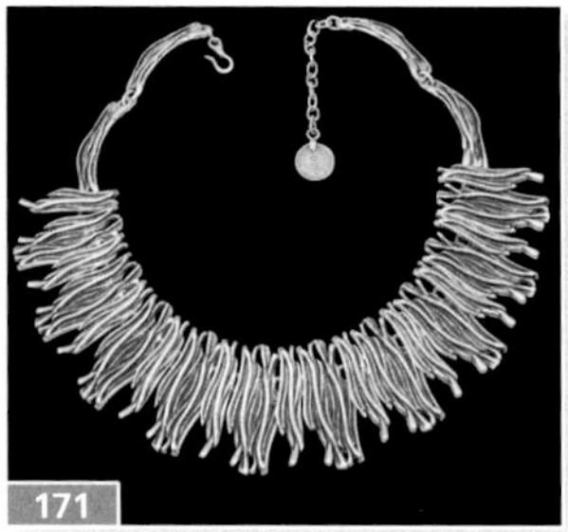
171

169

169

HANDWERK & MANUFAKTUREN

170

172

174

173

169 KERAMIK JANA KALISCH MAUERSBERG

Als japanische Raku-Technik bezeichnet man sowohl die spezielle Tonmasse als auch das Fertigungsverfahren im Freibrandofen. Eine wahre Meisterin in dem Fach ist die Keramikerin Jana Kalisch im erzgebirgischen Mauersberg. Ihre formschönen Rakugefäße, Steinzeugplastiken und Porzellanobjekte kann man in der Galerie bewundern und erwerben. Zu Raku, Erdbrand und Töpfern werden verschiedene Kurse angeboten.

Hauptstraße 37, 09518 Mauersberg/Erzg., Tel.: 03735 / 90586, nach tel. Vereinb., www.keramik-kalisch.de

170 BARBARA FLÜGEL PORZELLAN

Barbara Flügel Porzellan – edelstes deutsches Hartporzellan – Handarbeit made in Germany. Viele Themenwelten mit aufwendigen Maltechniken und Veredelung mit hochprozentigem Poliergold und Platin. Der Flügel-Showroom in Schönwald lädt ein zum Eintauchen in die magische Porzellanwelt von Barbara Flügel. Hier können Sie sich auch zu WHITEPOOL – dem Swimmingpool aus Porzellan – beraten lassen.

Barbara Fluegel Porzellanmanufaktur, Schuetzenstraße 20/22, 95173 Schoenwald, Tel.: 09287 / 78099, Laden im Factory Inn, Vielitzer Straße 26, 95100 Selb, www.fluegel-porzellan.de, www.whitepool.com, Tel.: 09287 / 800932, Mo – Fr 10 – 18 Uhr, Sa 10 – 16 Uhr

171 LILLY THOR SCHMUCKMANUFAKTUR

Die 1924 geb. gelernt. Hamburger Schneiderin Lilly Thor begann in den 50er Jahren mit einem sächs. Handschuhmacher Accessoires zu entwickeln. Die Lilly Thor Manufaktur bewahrt das Erbe mit einzigartigen indiv. Schmuckstücken, hergestellt aus versilbertem Zamak. Die sinnlich außergew. Formen orientieren sich an hist. Vorlagen, osman. Techniken und innov. Materialien wie z.B. Motorradketten.

Beyerstr. 18, 08451 Crimmitschau, Tel.: 0162 / 4959743, ww.lillythor.de

172 FRAAS – THE SCARF COMPANY

Seit der Gründung 1880 durch Valentin Fraas stellt das Unternehmen in Familientradition hochwertige Schals her, die auf der Welt ihresgleichen suchen. Schals, in denen man die besondere Liebe zum Detail fühlt. Entwickelt von Designteams in Wüstenselbitz, New York, Paris, Düsseldorf und Shanghai, entstehen vom preisw. Acrylschal über Jacquardgewebe bis zum luxuriösen Kaschmirschal jährl. 500–700 neue Artikel.

Factory Outlet, Kulmbacher Straße 208, 95233 Helmbrechts/Wüstenselbitz, Tel.: 09252 / 703140, Mo – Fr 11 – 18 Uhr, Sa 10 – 13 Uhr, Flagship Stores: Berlin, Dresden und Lüneburg, www.fraas.com

173 PORZELLAN-OUTLETSHOP PROFITABLE SELB UND SCHÖNWALD

ProfiTable ist das preisgünstige Outlet des Weltmarktführers für Profi-Porzellan, der BHS tabletop AG. ProfiTable bietet deutsches Markenporzellan der Marken Bauscher, Tafelstern und Schönwald, das in der Top-Gastronomie der Welt seinen Einsatz findet. Außerdem erwarten die Kunden Accessoires, Trinkgläser, Bestecke und Tischwäsche.

ProfiTable Selb im Factory In, Vielitzer Straße 26, 95100 Selb, Tel.: 09287 / 9652167, Mo – Sa 9.30 – 18 Uhr,
ProfiTable Schönwald, Rehauer Straße 44 – 54, 95173 Schönwald, Tel.: 09287 / 562345, Mo – Fr 9 – 18 Uhr, Sa 9 – 13 Uhr, www.profitable.de

174 PORZELLANMANUFAKTUR KÖNIGLICH TETTAU

Schon Anfang des 19 Jh. galt feines Tettau-Porzellan bei Hofe als Ausdruck vollendeter Tischkultur. Erleben Sie im Werksverkauf höchste Porzellankultur, Geschenkobjekte und Künstlersortimente in einer faszinierenden Vielfalt aus der heute ältesten Porzellanfabrik Bayerns, gegründet 1794 unter der Mitwirkung des berühmten Naturforschers Alexander von Humbolt.

Werksverkauf, Fabrikstraße 1, 96355 Tettau, Tel.: 09269 / 980261, Mo – Fr 9 – 17 Uhr, Sa 9 – 13 Uhr, www.koeniglich-tettau.com

177

178

178

178

ielfältige Porzellankostbarkeiten, Buchdruck- und Spielkartentradition und modernes las- und Textildesign laden zum Erkunden ein.

175 STÖLZLE LAUSITZ GMBH GLAS AUS DER OBER-LAUSITZ

Die sächsische Marke Stölzle Lausitz steht für Innovation und Qualität. Die bleifreien Kristallgläser bestechen durch höchste Brillianz, hohe Bruch- und Spülmaschinenbeständigkeit und einem optimalen Preis-Leistungsverhältnis. Mit modernsten Fertigungsmethoden werden formschöne und kristallklare Wein- und Sektgläser sowie Becher produziert.

Werksverkauf, Berliner Str. 22 – 32, 02943 Weißwasser, Tel.: 03576 / 268268, Mo – Fr 9 – 18 Uhr, Sa 9 – 14 Uhr, www.stoelzle-lausitz.de

176 ALTENBURGER SPIELKARTENLADEN

Wer die Spielkartenstadt Altenburg besucht, sollte unbedingt den größten Spielkartenladen Deutschlands am Markt sehen. Nach Herzenslust kann man hier zwischen Skat-, Rommé-, Bridge- oder Quartettkarten in zahllosen Varianten stöbern. Dazu gibt es Zubehör, Bücher und ein immer wieder überraschendes Antiquariat. Stadtführungen Mo – Sa um 14 Uhr.

Spielkartenladen Altenburg, Markt 17, 04600 Altenburg, Tel.: 03447 / 512800, Mo – Fr 10 – 18 Uhr, Sa 10 – 14 Uhr, www.spielkartenladen.de

177 DZA DRUCKEREI ZU ALTENBURG

„Alles aus einer Hand" das ist das Motto der 400-jähr. Druckerei zu Altenburg. Modernste, industrielle und spezialisierte Fertigung ermöglicht es, Druckprodukte individuell in Form, Grafik und Haptik, in kleinen bis mittleren Auflagen, anzufertigen. Die gemeinsam mit Kunst-, Fotografie- und Architekturverlagen entwickelten Bücher erhalten jährlich bis zu 25 Fachauszeichnungen.

Gutenbergstraße 1, 04600 Altenburg, Tel.: 03447 / 5550, www.dza-druck.de

178 RUDOLF KÄMMER PORZELLANMANUFAKTUR

Die von Hannes Kämmer geleitete Rudolf Kämmer Porzellanmanufaktur machte sich international mit den märchenhaften Blumenketten zur Wunderkind-Kollektion von Wolfgang Joop einen Namen. Models trugen sie bei den Modenschauen in Paris, Mailand und New York. Bei Porzellanfreunden beliebt ist die Manufaktur aber auch wegen Ihren außergewöhnlichen Plastiken von Reiterbildern bis zur Spitzentänzerin und dem romantischen Tafelschmuck.

Breitscheidstraße 98, 07407 Rudolstadt, Tel.: 03672 / 352920, Mo – Fr 9 – 18 Uhr, Sa 9 – 13 Uhr, www.porzellankaemmer.de

179 MALGORZATA CHODAKOWSKA BILDHAUERIN

Die Künstlerin thematisiert in ihren, aus dem Holz entwurzelter Bäume herausgearbeiteten, anmutigen und grazilen Skulpturen, die Sehnsucht nach innerer Ruhe und Gleichgewicht als gesellschaftl. Traum und spirituelle Wirklichkeit zugleich. Fasziniert vom Wasser und dessen Symbolkraft schafft die in Warschau und Wien ausgeb. Bildhauerin Wasserspiele mit Bronzeplastiken.

Bergweg 27, 01326 Dresden, Tel.: 0351 / 2618752, www.skulptur-chodakowska.de

180 STAATLICHE PORZELLANMANUFAKTUR MEISSEN

1708 gelang es am Hof des Kurfürsten August des Starken von Sachsen erstmals, Porzellan in Europa zu produzieren. Zwei Jahre später entstand die erste europ. Porzellanmanufaktur, welche bis heute für höchsten Qualitätsanspruch steht. Das HAUS MEISSEN® verbindet Schauwerkstätten, Kunst der Vergangenheit und Gegenwart, Shopping und lässt das weltbekannte Meissener Porzellan® erlebbar werden.

Erlebniswelt Haus MEISSEN®, Talstraße 9, 01662 Meißen, www.meissen.com, tägl. 9 – 18 Uhr (1.5. – 31.10.), 9 – 17 Uhr (1.11. – 30.4.), 10 – 16 Uhr (31.12. – 1.1.), 24. – 26.12. geschlossen

175

179

179

180

176

181

187

187

182

183

186

184

185

189

189

KINDERANGEBOTE

181 THÜRINGER ZOOPARK ERFURT

Der „Zoo der großen Tiere" beherbergt zusammen mit dem Aquarium mit dem Aquarium 326 Tierarten aller Erdteile. Aus nächster Nähe kann man die Tiere vor allem in den begehbaren Anlagen wie dem Lemurenwald, dem Berberaffenberg, dem Känguruland, dem Damhirschwald und der Ibisvoliere betrachten.

Am Zoopark 1, 99087 Erfurt,
Tel.: 0361 / 751880, www.zoopark-erfurt.de,
Mrz – Okt: tägl. 9 – 18 Uhr,
Nov – Feb: tägl. 9 – 16 Uhr

182 ABENTEUERSPIELPLATZ EGAPARK

Auf dem egapark-Gelände befindet sich der größte und schönste Spielplatz Thüringens mit Kletterpyramiden, einer Seilbahn, Fitnesscenter, Kleinkindspielplatz, Bauernhof und Planschbecken mit Riesen-Wasserrutsche und Matschplatz. Auf dem Parkgelände laden Gärten, Schmetterlings- und Tropenhaus sowie Aussichtsturm zum Entdecken ein.

Gothaer Straße 38, 99094 Erfurt,
Tel.: 0361 / 5643737,
www.egapark-erfurt.de,
Mitte März – Okt: tägl. 9 – 18 Uhr,
Nov – Mitte März: tägl. 10 – 16 Uhr

183 FREIZEITSPASS ECKARTSBERGA

Ein Ausflugsziel für die ganze Familie: Miniaturgolf-Anlage, Burgenland, Bungee-Trampolin springen, Irrgarten, Geister- und Spielehaus, DinoWeltWäldchen und vieles mehr laden neben der idyllischen Eckartsburg Klein und Groß zu Spaß und Erholung ein. Zu Speis und Trank lädt der Rodler-Treff ein.

Burgstraße 1, 06648 Eckartsberga
www.freizeitspass-eckartsberga.de,
Irrgarten, Burgenland, DinoWeltWäldchen,
Tel.: 036840 / 40153,
Rodler-Treff: Tel.: 034467 / 90745,
1.4. – 31.10.: tägl. 10 – 17/18 Uhr

184 TIERPARK BAD KÖSEN

Seit mehr als 52 Jahren begeistert der Tierpark Groß und Klein, Jung und Alt. Über 220 Tiere in mehr als 50 Arten – von heimischen Haus- und Wildtieren bis hin zu verschiedenen Affenarten, Bären, Papageien, Lamas und Alpakas – sind hier auf ca. 0,45 ha zu Hause.

Freunde des Tierparkes Bad Kösen e.V.,
Parkstraße 5, 06628 Bad Kösen,
Tel.: 034463 / 27354,
www.tierpark-badkoesen.de,
Apr – Okt: 9 – 18 Uhr, Nov – März: 9 – 16 Uhr,
ab Feb: Sa u. So 9 – 17 Uhr

185 ZEISS PLANETARIUM JENA

Kinder, Jugendliche und Erwachsene sind bis heute begeistert von dem ganz besonderen Ort, welcher 1926 als weltweit erstes Projektionsplanetarium errichtet, Fixsterne und Planeten auf die Innenseite einer weißen Kuppel projiziert. Die spannenden Programme drehen sich nicht nur um Astrologie. Besondere Publikumsmagneten sind die Musikshows „Queen Heaven – The Original", „Pink Floyd Reloaded" und „Star Rock Universe".

STERNEVENT GmbH / ZEISS-PLANETARIUM JENA, Am Planetarium 5, 07743 Jena,
Tel.: 03641 / 885488,
www.planetarium-jena.de,
Vorstellungen Di – So 6 x täglich

186 BUGA ERLEBNISSPIELOVAL HOFWIESENPARK

Eine Riesenvogelwelt lädt hier zum Spielen und Toben ein. Die Topografie des Geländes ist der Form eines liegenden Huhns nachempfunden. Um den Hügel herum gibt es neben drei großen Kletter-Eiern, Aussichtstürmen, einem Wasser- und Sandspielplatz, Schaukeln und Hängematten noch viele weitere Spielangebote für kleine und große Abenteurer.

Hofwiesenpark Gera,
www.hofwiesenpark-gera.de

iel Abenteuer, Action, Spaß und Entdeckerfreude könnt Ihr in Freizeitparks, oo-Erlebniswelten, Kletter- und Spielarealen, Höhlen und Märchenparks erleben.

187 TIERPARK GERA

Der Tierpark liegt mitten im Stadtwald im landschaftlich reizvollen „Martinsgrund". Hier leben etwa 1000 Tiere in rund 80 Arten. Für die kleineren Besucher sind ein Besuch im Streichelgehege des Bauernhofes, des begehbaren Affenwaldes sowie der Känguruanlage ein Erlebnis. Und als Highlight lockt eine Fahrt mit der Parkeisenbahn.

Straße des Friedens 85, 07548 Gera,
Tel.: 0365 / 810127,
März – Okt: tägl. 9 – 17.30 Uhr,
Nov u. Feb: 9 – 16.30 Uhr,
Dez u. Jan: 9 – 15.30 Uhr,
www.unser-waldzoo-gera.de

188 SAALBURG – EIN PARADIES FÜR KINDER

Ein buntes Märchenparadies mit ca. 40 liebevoll gestalteten Märchenszenen, Spielmöglichkeiten und Wildgehege erwartet Sie in Saalburg. Kletterfreunde können ihr Talent auf abwechslungsreichen 7 Parcours im Kletterwald unter Beweis stellen oder auf der Sommerrodelbahn rasant ins Tal fahren. Von deren Bergstation bietet sich ein herrlicher Blick über den Stausee.

Tourist-Information, Markt 1, 07929 Saalburg-Ebersdorf, Tel.: 036647 / 29080 oder 29060, www.saalburg-ebersdorf.de

191 ZOO LEIPZIG

Gehen Sie 365 Tage im Jahr auf Entdeckertour in sechs faszinierenden Themenwelten und erforschen Sie rund 850 Tierarten in ihren natürlichen Lebensräumen. Der Bärenburg-Spielplatz mitten im Zoo bietet mit zahlreichen Spielgeräten und Drachen-Klettergerüst spielerische Wissensvermittlung und Spaß für die Jüngsten.

Pfaffendorfer Str. 29, 04105 Leipzig,
Tel.: 0341 / 5933385, www.zoo-leipzig.de,
21.3. – 30.4.: 9 – 18 Uhr,
1.5. – 30.9.: 9 – 19 Uhr,
1.10. – 31.10.: 9 – 18 Uhr,
1.11. – 20.3.: 9 – 17 Uhr

190 ZOOLOGISCHER UND BOTANISCHER GARTEN THERESIENSTEIN HOF

Im Bürgerpark Theresienstein findet man neben Labyrinth, Spielplätzen und Geologischem Garten ein wahres Kleinod für die ganze Familie: den Botanischen Garten mit Rosarium, Alpinum, Seerosenteich und weitläufigen Prachtstaudenflächen. Im Zoologischen Garten locken viele gezottelte und gefiederte Freunde zum Besuch. Seine jüngsten Besucher lieben das Bauernhof-Streichelgehege mit Zwergziegen, Schafen, Ponys, Kaninchen, Gänsen u. v. m.

Zoo Hof, Am Theresienstein 6, 95028 Hof,
Tel.: 09281 / 85429, www.zoo-hof.de,
www.theresienstein.de

189 DRACHENHÖHLE SYRAU UND FREIZEITPARK PLOHN

Begleiten Sie den Drachen Justus durch Sachsens einzige Schauhöhle! Seine geheimnisvolle Welt liegt in 16 m Tiefe und führt auf einem 350 m langen Weg vorbei an Stalaktiten und kristallklaren Seen.
Der 25 km entfernte Freizeitpark Plohn begeistert seine Gäste mit über 70 verschiedenen Attraktionen.

Drachenhöhle Syrau, 08548 Syrau,
Parken: Paul-Seifert-Straße,
Tel.: 037431 / 3735, www.syrau.de,
täglich geöffnet

Freizeitpark Plohn, Rodewischer Straße 21,
08485 Lengenfeld/Plohn,
Tel.: 037606/ 866500,
www.freizeitpark-plohn.de

192 BELANTIS – DAS ABENTEUERREICH

Eine Weltreise mit Kindern – kein Problem: Der Freizeitpark BELANTIS bietet mit seinen 8 Themenwelten und mehr als 60 Attraktionen für die ganze Familie viel Spaß und Abwechslung bei einer Reise durch Raum und Zeit. Der Freizeitpark im Herzen des Leipziger Neuseenlandes zählt damit zu den Top 10 unter den 75 deutschen Freizeitparks.

Zur Weißen Mark 1, 04249 Leipzig,
Tel.: 0341 / 91033333, www.BELANTIS.de

197

198

193

194

195

196

GÄRTEN & WANDERWEGE

193 EGAPARK ERFURT

Der Garten Thüringens gilt als bedeutendstes Gartendenkmal der 1960er Jahre. Jahre. Highlights sind das größte ornamental bepflanzte Blumenbeet Europas, zahlreiche Themengärten, tropische Pflanzenschauhäuser wie Schmetterlings-, Tropen- und Kakteenhaus, der Skulpturengarten, das Deutsche Gartenbaumuseum und der Japanische Garten. Kinder lieben die große Spiel- und Erlebniswelt.

Gothaer Straße 38, 99094 Erfurt,
Tel.: 0361 / 5643737,
www.egapark-erfurt.de,
Mitte März – Okt: tägl. 9 – 18 Uhr,
Nov – Mitte März: tägl. 10 – 16 Uhr

194 LUTHERWEG

Der Lutherweg ist ein Gemeinschaftsprojekt von Kirchen, Tourismusverbänden, Kommunen und weiteren Trägern aus Mitteldeutschland. Er führt als Pilger- und Wanderweg zu mehr als 30 Thüringer Orten, die mit dem Leben und Wirken des Reformators Martin Luther verbunden sind. Auch in Sachsen-Anhalt, Sachsen und Bayern lassen sich auf Lutherwegen viele faszinierende Orte zu Martin Luther und seiner Frau Katharina von Bora entdecken.

www.lutherweg.de

195 ILMTAL-RADWEG

Natur, Geschichte und Kultur: Der Ilmtal-Radweg ist mit 123 Kilometern nicht lang, bietet dafür aber eine Fülle von reizvollen Schlössern, Burgen, Museen und Mühlen – darunter in Weimar zahlreiche UNESCO-Welterbestätten. Wie an einer Perlenschnur reihen sich die kleinen Städte auf: von Ilmenau, Stadtilm, Kranichfeld über Bad Berka nach Weimar vorbei an Apolda bis nach Bad Sulza. Ausgezeichnet als ADFC-Qualitätsradroute mit 4-Sternen ist er Thüringens beliebtester Radweg.

www.ilmtal-radweg.de

196 GOETHE-WANDERWEG

Weimar steht für 200 Jahre reichhaltige Kulturgeschichte, deren Spuren die Besucher nicht nur in der Stadt, sondern auch im Weimarer Land finden. Mit etwas Zeit kann man die Spuren von Goethe auf Schusters Rappen erkunden. Nach eigenen Angaben hat Goethe die Strecke zwischen Weimar und Großkochberg zu seiner Geliebten Charlotte von Stein in vier Stunden zurückgelegt. Durch das Thüringer Becken führt der Weg von Weimar über Neckeroda nach Schloss Kochberg.

www.im-weimarer-land.de/de/aktiv/wandern/goethe-wanderweg

197 BOTANISCHER GARTEN JENA

Als zweitältester botanischer Garten Deutschlands gehört der Botanische Garten Jena zu den schönsten in Thüringen – vom gebirgsartigen Alpinum über den romantischen Seerosenteich bis hin zu dschungelartigen, beheizten Gewächshäusern – begeistern auf 4,5 Hektar mit etwa 10.000 verschiedenen Pflanzen.

Fürstengraben 26, 07743 Jena, Tel.: 03641 / 949274, www.botanischergartenjena.de, ganzjährig täglich geöffnet, Apr – Okt: 10 – 19 Uhr, Nov – März: 10 – 18 Uhr

198 SAALERADWEG

Der Saaleradweg mit faszinierenden Ausblicken auf kontrastreiche Wasserlandschaften verläuft durch die Bundesländer Bayern (Fichtelgebirge, Frankenwald), Thüringen (Thüringer Schiefergebirge) sowie Sachsen-Anhalt und gilt als einer der anspruchsvollsten Fluss-Radwege Deutschlands. Auf 409 Kilometer erleben Sie faszinierende und abwechslungsreiche Natur, stolze Geschichte, spannende Kultur und herzliche Gastfreundschaft.

www.saaleradweg.de

200

202

Traumhafte Gärten, erlebnisreiche Rad- und Wanderwege durch kulturrreiche Berg- und Wasserlandschaften lassen das Herz eines jeden Naturliebhabers höher schlagen.

199 BUGA GELÄNDE HOFWIESENPARK & NEUE LANDSCHAFT RONNEBURG

Der 43 Hektar große, wunderschön gestaltete Hofwiesenpark mit seinen weiten Blumen- und Grünflächen bietet Platz für Erholung, Entspannung und vielfältige Freizeitaktivitäten. 2007 war der Park Ausstellungsbereich der Bundesgartenschau. Ebenfalls im Zuge der Buga entstand in Ronneburg eine gigantische neugeschaffene Landschaft auf renaturiertem ehem. Bergbaugebiet.

Hofwiesenpark 2, 07545 Gera,
www.gera.de,
Stadtverwaltung Ronneburg,
Markt 1, 07580 Ronneburg,
Tel.: 036602 / 53615, www.ronneburg.de

200 „THÜRINGER STÄDTEKETTE" UND ELSTER-RADWEG

Die Thüringer Städtekette verbindet sieben der schönsten Thüringer Städte und deren historische Innenstädte entlang reizvoller Landschaften: von Eisenach über Gotha, Erfurt, Weimar, Jena, Gera bis hin nach Altenburg. In Gera kreuzt er sich mit dem Elster-Radweg, welcher entlang der weißen Elster auf 250 km Tschechien, Sachsen, Thüringen und Sachsen-Anhalt durchquert.

www.thueringer-staedtekette.de,
www.elsterradweg.de

201 VOGTLAND PANORAMAWEG

Entdecken Sie die schönsten 220 Kilometer durch das sächsische Vogtland – eine Region, deren vielfältige Natur aber auch Kultur ihr den Ruf einer Bilderbuchlandschaft der tausend Gesichter eingetragen hat. Der Weg ist gekennzeichnet durch 280 Landschaftswechsel und 82 Panorama-Aussichten, die dem Wanderweg den Namen gaben.

www.vogtland-tourismus.de

202 FRANKENWALD: DREHKREUZ DES WANDERNS

Wandern im Frankenwald ist mehr als nur entspannte Fortbewegung: Es ist die stete Berührung mit reicher Geschichte, Tradition und Kultur. Im Norden Bayerns bilden Frankenweg, Rennsteig, Kammweg, FrankenwaldSteig und Fränkischer Gebirgsweg ein vielseitiges und naturnahes Drehkreuz des Wanderns, welches die Herzen von Naturliebhabern wie Aktivtouristen gleichermaßen höher schlagen lässt.

Frankenwaldverein e. V., Karlsgasse 7,
95119 Naila, Tel.: 09282 / 3646,
www.frankenwaldverein.de,
www.frankenweg.de, www.rennsteig.de,
www.fraenkischer-gebirgsweg.de,
www.kammweg.de,
www.frankenwaldsteig.de

203 KLEIN EDEN TROPENHAUS

Erleben Sie auf 3.500 m² die Vielfalt subtropischer und tropischer Nutzpflanzen mit über 220 verschiedenen Gattungen und Arten. Im kleinen Teich tummeln sich tropische Fische und Schildkröten. Im eigenen Forschungsbereich werden exotische Früchte und tropische Speisefische in Bio-Qualität gezüchtet.

Klein Eden 1, 96355 Tettau,
Tel.: 09269 / 77143,
www.tropenhaus-klein-eden.eu

204 LEIPZIGER NEUSEENLAND MIT RADROUTE & WANDERWEG „RUND UM LEIPZIG"

Wandern und Radfahren rings um die Stadt Leipzig ist geprägt von Seen, Wasserwegen, Auenwäldern, vielfältiger Bergbaufolgelandschaft und reicher Kulturgeschichte. Auf der 100 km langen Neuseenland-Radroute erleben Sie den imposanten Landschaftswandel, während Sie der Wanderweg „Rund um Leipzig" 80 km lang auf schönen Pfaden durch die Dörfer am Stadtrand führt.

Touristinformation Leipziger Neuseenland,
Rathausstraße 22, 04416 Markkleeberg,
Tel.: 0341 / 33796718,
www.leipzigerneuseenland.de

201

199

199

203

204

206

205

209

208

209

207

210

IT´S A MAN´S WORLD

205 VINTAGE VDB UHREN ERFURT

Ein Mann, eine Uhr. Die Uhren der Erfurter Uhrenschmiede VDB bieten eine seltene Kombination von hoher Handwerkskunst – Handmade in Germany, einzigartigem Design und unverwüstlicher Robustheit, gepaart mit sportlicher Eleganz, abseits des Mainstream. Für Gründer und Inhaber Stephan Obst arbeitet ein erlesenes Team der besten Uhrmacher Deutschlands.

Vertrieb: Christian Seidel, Karl-Marx-Platz 3, 99084 Erfurt, Tel.: 0160 / 94636579, christian.seidel@vintage-vdb.com, www.vintage-vdb.com

206 BMW AUTOHAUS FIEBIG JENA

Wenn Sie ein Auto für den gehobenen Anspruch, mit sportlicher Fahrfreude und einzigartigen Design suchen, sind Sie beim BMW Autohaus Fiebig genau richtig. Ob Sie sich für einen neuen BMW begeistern, einen Gebrauchtwagen oder Zubehör für Ihren BMW suchen oder aber einen Service-Termin vereinbaren möchten, hier unterstützt Sie ein zuverlässiges Team mit Kompetenz und Leidenschaft.

Göschwitzer Str. 2, 07745 Jena, Tel.: 03641 / 22300, www.bmw-fiebig.de, Mo – Fr 8 – 18 Uhr, Sa 9 – 12 Uhr

207 ASCHENBRENNER WHISKY & WEIN NORDHAUSEN

Für Genießer ein Paradies: In diesem Nordhäuser Fachgeschäft für intern. Whiskys, Spezialtabake und Weine finden Sie wahre Raritäten von renommierten Destillerien, die sogar echten Kennern die Augen leuchten lassen. Im stilvollen Laden-Ambiente oder bei Events können Sie bei einer spannenden Tasting-Reise feinste Single Malts, Irish & Blended Whiskys und Bourbon verkosten und erhalten so machen Insider-Tipp.

Kornmarkt 1, 99734 Nordhausen, Tel.: 03631 / 990172, www.aschenbrenner-genusscompany.de, Di – Fr 9 – 18 Uhr, Sa 9 – mind. 13 Uhr

208 S & S HERRENAUSSTATTER JENA, GERA, CHEMNITZ

Individualität und Geschmack kleiden jeden Mann gut. Der stilvolle S & S Herrenausstatter in Jena, Gera und Chemnitz bietet neben „Anzug nach Maß" und Maßkonfektion auch ein umfangreiches Sofort- und Baukastenprogramm an. Zudem steht Ihnen für Feierlichkeiten, Business und Freizeit eine große Auswahl an Hemden, Krawatten, Gürteln, Herrenschuhen und vielen anderen Accesoires zur Verfügung.

Jena: Oberlauengasse 5, 07743 Jena, Tel.: 03641 / 597479, Gera: Humboldtstraße 9, 07545 Gera, Chemnitz: Innere Klosterstraße 6, 09111 Chemnitz Mo – Fr 10 – 18 Uhr, Sa 10 – 14 Uhr, www.herrenmode-jena.de

209 SCHLEIZER DREIECK

Die älteste Naturrennstrecke Deutschlands und der Geburts
ort der Deutschen Motorradstraßenmeisterschaft lockt mit jährl. stattfindenden int. Motorsportveranstaltungen. Als Saisonhöhepunkt gilt der Lauf der Internationalen Deutschen Motorradmeisterschaft (IDM). Alljährlich findet außerdem das Schleizer Dreieck Jedermannrennen für Radsportler Mitte Mai bzw. Anfang Juni statt.

Betreibergesellschaft Schleizer Dreieck, Am Stadtweg 17, 07907 Schleiz, Tel.: 03663 / 421620, www.schleizer-dreieck.de

210 OUTDOOR FACHGESCHÄFT WANDERPARADIES BAD STEBEN MIT BIO-COFFEESHOP

Hier finden Wander- und Outdoorprofis nicht nur Sport-, Funktions- und Freizeitkleidung von allen führenden Herstellern, sondern den wahrscheinlich besten Kaffee von Bad Steben. Vor Ort gemahlen in bester Bio- Qualität wie auch die frisch gepressten Säfte u.a. Biospeisen.

Badstraße 5, Bad Steben, Tel.: 09288 / 550365, www.wanderparadies-badsteben.de, Mo – Sa 9.30 – 18 Uhr, So u. Feiertage 13 – 17 Uhr

212

213

214

214

211

215

216

Rasante Automobil- und Motorradlegenden, gehaltvolle Zigarren- und Whiskyschätze sowie innovative Uhren und Herrengarderobe versprechen Spaß und Genuss zugleich.

211 SPIELBANK BAD STEBEN

Kasinos faszinieren nicht nur als Kinokulisse, sie sind auch im realen Leben ein Schauplatz für außergew. Momente. Gepflegtes Glücksspiel auf höchsten Niveau garantiert Bayerns jüngste Spielbank. Neben Roulette, Black Jack, Poker und Automatenspiel schätzen die Gäste das köstl. Bar- und Restaurantangebot. Veranstaltungen der Extraklasse gibt es im Eventbereich CasinoLIVE.

Casinoplatz 1, 95138 Bad Steben, Tel.: 09288 / 92510, Automatenspiel tägl. 13 – 2 Uhr, Großes Spiel tägl. 18 – 2 Uhr, www.spielbankenbayernblog.de (Bitte gültigen Lichtbildausweis nicht vergessen!)

212 HARLEY-DAVIDSON ERFURT

Eine Harley Davidson fährt man nicht nur ... man erlebt sie. Die Begeisterung für die Freiheit und Kraft von Motorradlegenden steckt Horst und Monika Henkel in den Genen. Schon ihr Großvater baute 1923 die leg. „Krieger Gnädig" mit 1. deutschen Kardantrieb. Aber auch zu allen anderen Modelle werden Sie bei Kauf, Vermietung, Reparatur oder Zubehörteilen bestens beraten.

Binderslebener Landstraße 93, 99092 Erfurt, Tel.: 0361 / 2227802, Mo – Fr 9 – 18 Uhr, Sa 10 – 14 Uhr, www.harley-davidson-erfurt.de

213 CIGARRENCONTOR CHEMNITZ

Es war Liebe „auf den ersten Zug", als Jörg Churfürst-Pille 1999 in Kuba seine erste Zigarre rauchte. Mit seinem Cigarrencontor-Reich aus würz. Düften, edlen Tropfen und weichen Ledersesseln holte er Lateinamerika nach Chemnitz. In dem liebev. eingerichteten Ladengeschäft finden sich neben erlesenen Zigarren auch eine hochw. Whisky- und Rumauswahl und wahre Preziosen. Naßrasur-Podukte von Mühle, Füllfederhalter von Cleo Skribent und Geldbörsen von Golden Head runden das Angebot stilvoll ab.

Theaterplatz 4, 09111 Chemnitz (im Hotel Chemnitzer Hof), Tel.: 0371 / 9098916, www.cigarrencontor.de, Mo – Fr 11 – 19 Uhr, Sa 11 – 14 Uhr

214 HERMAN LEIPZIG

Dass zeitgenössische Männerbekleidung nicht langweilig sein muss, beweist das innovative Ladenkonzept herMAN mit vielf. Auswahl. Der sportl.-unkomplizierte Typ findet hier genauso sein Lieblingsshirt, wie der modisch wagemutige Mann stilvolle Mode in ausgefallener Schnitttechnik oder tapferen Farben.

Karl-Liebknecht-Straße 52, 04275 Leipzig, www.herman-leipzig.de, Tel.: 0341 / 3067822, Mo – Fr 12 – 20 Uhr, Sa 11 – 15 Uhr

215 VERKEHRSANWALT UWE STEINMETZ

Der Verkehrsanwalt Uwe Steinmetz verbindet seine Kenntnisse als ehemaliger Fahrlehrer um Fahrzeuge und Technik und die Kenntnisse um das Verkehrsrecht zu maximaler Fachgebietskompetenz und Erfolgseffizienz. In seiner zweiten Leidenschaft, dem Reisen, besuchte er mit den verschiedensten Verkehrsmitteln vom brasil. Linienbus über exot. Motorräder bis zum Atomeisbrecher wirklich alle Kontinente.

Schützenhausstraße 2, 04315 Leipzig, Tel.: 0341 / 2348667, www.bikeranwalt.com, www.anwaltskanzlei-steinmetz.de

216 JAGUAR UND LAND ROVER REICHSTEIN & OPITZ JENA

Genießen und Erleben – dafür stehen die Marken Jaguar und Land Rover. Genießen Sie atemberaubende Performance & außergewöhnlichen Luxus und erleben Sie die Faszination von Offroad & Abenteuer bei der Reichstein & Opitz GmbH. Das renommierte Markenautohaus mit Standorten in Jena, Saalfeld und Apolda ist Ihr Jaguar & Land Rover Partner in Thüringen. Vertrieben werden zudem Ford und Volvo.

Hauptbetrieb, Amsterdamer Str. 1, 07747 Jena, Tel.: 03641 / 375959, www.reichstein-opitz.de, Verbrauchs-/ Emissionswerte Jaguar F-PACE: Kraftstoffverbrauch (l/100 km) innerorts 12,2-5,7, außerorts 7,1-4,5, kombiniert 8,9-4,9. CO2-Emissionen: 209-129 g/km, Effizienzklasse: E–A. Messverfahren: RL80/1268/EWG

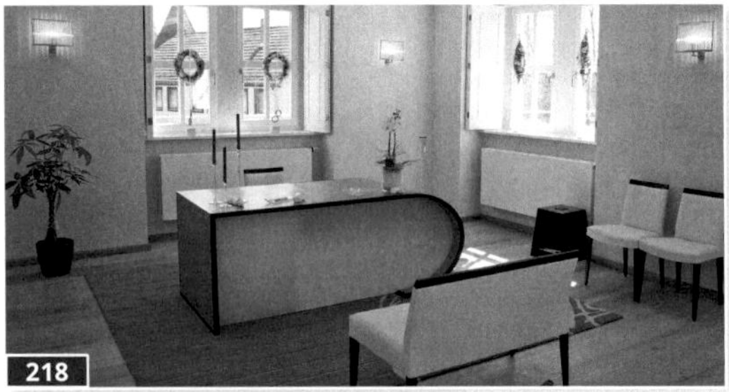
218

220

217

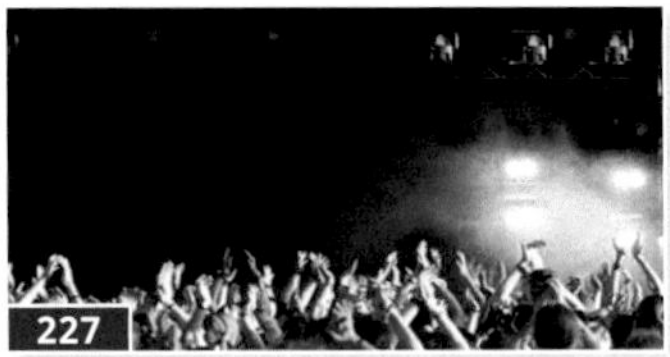
227

219

222

221

221

MARKETING, MERCHANDISING & INTERIEUR

217 OMEGA VERANSTALTUNGS-TECHNIK WEIMAR

Mit seinem vor über 30 Jahren gegründeten Meisterbetrieb für Veranstaltungstechnik besitzt der Inhaber und zweifache VA-Meister Jürgen Schneider große Erfahrung und Kreativität in allen Eventarten. Mit Leidenschaft, Kreativität und Zuverlässigkeit plant und liefert er mit seinem Team professionell und zuverlässig die VA-Technik für Tagungen und Kongresse, Messe- und Sportevents, Gala- und Firmenevents, Klassik- und Rockkonzerte sowie Stadt- und Volksfeste jeder Größe.

Döbereinerstraße 26, 99427 Weimar,
Tel.: 03643 / 426624, www.omega-weimar.de

218 INNENARCHITEKTIN CARLA FEHR EISENACH

Thüringer Genuss

Ein feines Händchen für die Entwicklung harmonischer Innenraumkonzepte für Hotels, Restaurants, Büros, Läden und Banken besitzt die Innenarchitektin Carla Fehr. Sie liebt es, das historische Ambiente eines Ortes aufzunehmen und in eine moderne Sprache zu übersetzten. Mit Eleganz und Stilsicherheit gibt sie auch Privatwohnungen und -häusern mit hochwertigen Bädern, Küchen u. Wohnbereichen den letzten Schliff.

Otto-Speßhardt-Str. 1, 99817 Eisenach,
Tel.: 03691 / 742176, www.carla-fehr.de

219 E-NETWORKERS GRAFIK- & WEBDESIGN IT-SOLUTIONS

Ihr Webauftritt ist Ihr Statement: Die e-Networkers GmbH entwickelt maßgeschneiderte digitale Lösungen, von der Website bis zum Webshop – perfekt auf Ihre Bedürfnisse zugeschnitten. Von der strategischen Beratung und Analyse bis zur technischen Umsetzung bleibt bei uns alles in einer Hand. Wir sind Ihr starker Partner in Sachen Webentwicklung, IT-Betreuung, sowie Grafik- und Webdesign.

Buchaer Straße 6, 07745 Jena,
Tel.: 03641 / 554000, www.e-networkers.de

220 KNOBLAUCH LADENBAU GERA

Knoblauch realisiert anspruchsvolle Raum- und Markenkonzepte für lokale und internationale Kunden aus Mode, Sport, Hotelerie, Bäckerhandwerk und Gastronomie. Das Portfolio reicht von Entwurf und Planung, über Fertigung und Installation bis hin zur Generalunternehmung. Internationale und deutsche Unternehmen wie Ralph Lauren, René Lezard und Sport Luck gehören zu seinem anspruchsvollen Kundenstamm.

Knoblauch GU Team GmbH, Schülerstr. 40,
07545 Gera, Tel.: 0365 / 516188810,
www.knoblauch.eu

221 MERCHANDISEMICH® GERA

Schon über seinen Crimmitschauer Urgroßvater W. Kürzel besitzt Sebastian Donath Franke unternehm. Baumwollgene. Mit seinem Label MERCHANDISEmich® entwickelt er in Gera mit persönl. Farb-, Schnitt- und Funktionsdetails individualisierte Bekleidung für Unternehmen, Vereine u. Sportclubs. Hochw. Materialien, professionelle Verarbeitung und lange Haltbarkeit prägen die in seiner portug. Partnermanufaktur hergestellten Premium Qualitätstextilien.

3E-Textil GmbH, Greizer Straße 74 – 76,
07545 Gera, Tel.: 0365 / 8320659,
www.3e-textil.de

222 CORNELIA MATTERT DESIGN GERA

Wir lieben Werbegrafik und Gestaltung – Werbung, die sich für den Kunden auszahlt – wir leben unsere Arbeit! Auch Manufakturen und Museen schätzen unsere Leistungen. Dabei sind Produktpräsentation (Showroom-, Laden- und Messegestaltung) sowie Ausstellungsgestaltung mit der entsprechenden Print- und Außenwerbung besonders hervorzuheben. Alles komplett aus einem Haus – mit Liebe zum Detail und Sinn für das Wesentliche.

Aga Zeitzer Straße 10, 07554 Gera,
Tel.: 036695 / 22446, Mobil: 0151 / 17612647,
www.mattert-design.de

226

223

Für kundenbegeisterte Events, Marketing und IT-Designlösungen, professionelles Interieur Design und kreatives Merchandising finden Sie hier die richtigen Partner

223 MEDIENAGENTUR JAHREISS. HOHENBERG

Die deutschlandweit agierende Agentur hilft Ihnen, Ihr Unternehmen in das Licht zu rücken, das es verdient. 25 Jahre Erfahrung im Bereich B2C- & B2B-Marketing machen sich hier wohltuend bemerkbar. Schritt für Schritt begleitet man Sie von der Ideenfindung bis zum fertigen Kommunikationsprodukt, ganz auf Ihre Bedürfnisse maßgeschneidert. „Geht nicht" gibt es dabei nicht.

Langer Weg 8, 95691 Hohenberg, Tel.: 09233 / 40070, www.jahreiss.com

224 GSD SOFTWARE® STOCKHEIM-NEUKENROTH

GSD Software® in Stockheim-Neukenroth bei Kronach ist einer der führenden Hersteller und Anbieter hochleistungsfähiger Business-Software in Deutschland. Von Dokumenten- (DMS / ECM) und Kundenbeziehungs-Management (CRM) über ERP- bis hin zu Finanzbuchhaltungs- und Business Intelligence-Systemen unterstützen die Softwarelösungen betriebswirtschaftliche Prozesse durchgängig.

Ludwigsstädter Str. 95 + 97, 96342 Stockheim – Neukenroth, Tel.: 09265 / 9550, www.gsd-software.com

225 FILZMAXX HOF

Unter dem Label filzMAXX produziert und vertreibt die MAXX Factory GmbH Promotion-Artikel aus feinstem Naturwollfilz. Entsprechend Ihren Wünschen und Vorgaben bietet das Unternehmen für Gastronomie, Office und Living eine grenzenlose Vielfalt an innov. Werbeprodukten von Nordic Design bis Alpenstyle.

Nußhardtstr. 7-9, 95032 Hof, Tel.: 09281 / 8500380, www.filzmaxx.de

226 AGENTUR HAUS E CHEMNITZ

2006 schlossen sich die Werbeagentur alltag & anders, Exelsior Events und der Filmemacher Tilo Koch zum mitteldeutschen Kommunikations-Flaggschiff Haus E zusammen. Ein 22-köpfiges Team begeistert Kunden aus Handel, Tourismus, Industrie und Verwaltung mit Leidenschaft für Kreation und dem Maßstab der perfekten Story. Ist diese gefunden, wird sie mit handw. Präzision in alle Medien verpackt. Gewissenhaftigkeit bis ins Detail erfahren große Kampagnen ebenso wie einzigartige Produkte.

Brückenstr. 13, 09111 Chemnitz, Tel.: 0371 / 909850, www.haus-e.de

227 LICHT & TON LEIPZIG

Als techn. Leiter des jährl. stattfindenden Tanz- und Folkfestivals mit 150 Bands auf 30 Bühnen, kennt sich Thomas Hauff mit Planung und Durchführung von Veranstaltungen jeglicher Größenordnung aus. Neben seinem deutschlandw. Veranstaltungsengagement bietet er Vermietung, Beratung und Verkauf professioneller Licht-, Ton- und Videotechnik an und besitzt ein eigenes digitales Tonstudio.

Göschenstr. 2, 04317 Leipzig (Reudnitz-Thonberg), Tel.: 0341 / 9608631, 0172 / 6796072, www.ltl1000.de

228 LEIPZIGER MESSE

Die Leipziger Messe gehört zu den zehn führenden deutschen Messegesellschaften und den Top 50 weltweit. Durch Erfolgsformate wie z.B. der Leipziger Buchmesse wird die 850-jährige Messetradition fortgeführt. Mit dem stetig ansteigenden Potenzial des Außer-Haus-Marktes beschäftigt sich die ISS GUT!. Sie bietet als spannende Fachmesse mit attraktivem Rahmenprogramm die ideale Plattform für Gastronomen, Hoteliers und Gemeinschaftsverpfleger sowie Bäcker, Fleischer und Konditoren.

Messe-Allee 1, 04356 Leipzig, Tel.: 0341 / 6780, www.leipziger-messe.de, www.iss-gut-leipzig.de

228

225

225

224

231

232

232

229

230

233

234

LEHRE & FORSCHUNG

229 UNIVERSITÄT ERFURT

Die Universität Erfurt ist eine geisteswissenschaftliche Hochschule mit kultur- und gesellschaftswissenschaftlichem Profil. 1379 als älteste Universität im heutigen Deutschland gegründet, ist sie nach ihrer Wiedergründung 1994 mit den Schwerpunkten „Bildung" und „Religion" sowie weiteren Profilierungsbereichen fest etabliert. Alle Studiengänge, auch für das Lehramt, sind als „best practice"-Modelle für die Umsetzung des Bologna-System anerkannt.

Nordhäuser Str. 6, 99089 Erfurt,
Tel.: 0361 / 7370, www.uni-erfurt.de

230 FACHHOCHSCHULE ERFURT – UNIVERSITY OF APPLIED SCIENCES

Die Fachhochschule Erfurt verbindet wissenschaftliche Ausbildung und praxisorientierte Anwendungen durch ein breites und diversifiziertes Lehr- und Studienangebot sowie anwendungsbezogene und innovative Forschung. Die Studienangebote Bachelor und Master garantieren ein effektives, straffes Studium.
Im Oktober 1991 gegründet, ist sie heute eine etablierte Hochschule mit vorderen Plätzen in nationalen Rankings.

Altonaer Straße 25, 99085 Erfurt,
Tel.: 0361 / 67000, www.fh-erfurt.de

231 BAUHAUS-UNIVERSITÄT WEIMAR

Architektur und Urbanistik, Bauingenieurwesen, Gestaltung sowie Medien – mit ihren Fakultäten und Arbeitsgebieten verfügt die Bauhaus-Universität über ein einzigartiges Profil mit ca. 40 Studiengängen. Der Begriff „Bauhaus" steht heute für Experimentierfreudigkeit, Kreativität, Nähe zur industriellen Praxis und Internationalität.

Geschwister-Scholl-Straße 8, 99423 Weimar,
Tel.: 03643 / 581112, www.uni-weimar.de

232 HOCHSCHULE FÜR MUSIK FRANZ LISZT WEIMAR

Die Hochschule in der Klassikerstadt Weimar ist eine traditionsreiche Ausbildungsstätte für junge Musiker, Wissenschaftler und Musikvermittler aus der ganzen Welt. Sie setzt auf ein starkes Miteinander im Unterrichten wie Musizieren, im Dialog mit Wissenschaft und Forschung und in vielfältigen Kooperationen mit der Berufspraxis. Die Hochschule ist dem Selbstverständnis von Franz Liszt verpflichtet und misst sich an den bedeutendsten Musikhochschulen der Welt.

Platz der Demokratie 2/3, 99423 Weimar,
Tel.: 03643 / 555 0, www.hfm-weimar.de

233 FRIEDRICH-SCHILLER-UNIVERSITÄT JENA

Die 1558 gegründete Universität Jena ist Thüringens einzige Volluniversität. Ihren über 18.000 Studierenden bietet sie mehr als 200 Studienmöglichkeiten. Die Forschung ist auf „Light – Life – Liberty" fokussiert. Der wissenschaftliche Nachwuchs wird an der Universität Jena beispielgebend durch die Graduierten-Akademie gefördert.

Fürstengraben 1, 07743 Jena,
Tel.: 03641 / 9300, www.uni-jena.de

234 ERNST-ABBE-HOCHSCHULE JENA – UNIVERSITY OF APPLIED SCIENCE

Die Hochschule bietet in neun Fachbereichen der Ingenieurwissenschaften, Betriebswirtschaft sowie Sozial- und Gesundheitswissenschaften ein wissenschaftlich fundiertes, interdisziplinäres und sehr praxisnahes Studium. 1991 als erste Bildungseinrichtung ihrer Art in den neuen Bundesländern gegründet, hat sie heute 4.682 Studierende, davon mehr als 13% aus dem Ausland.

Carl-Zeiss-Promenade 2, 07745 Jena,
Tel.: 03641 / 205100, www.eah-jena.de

236

238

238

240

Erleben Sie zwischen Tradition und Innovation eine reichhaltige mitteldeutsche Bildungs- und Forschungslandschaft mit internationaler Prägung.

235 DUALE HOCHSCHULE GERA-EISENACH

Die Duale Hochschule Gera-Eisenach bietet Studieninteressierten dreijährige duale Bachelor-Studiengänge mit monatlicher Vergütung, abwechselnden Theorie- und Praxisphasen sowie besten Übernahmechancen. Bisher wurden hier über 5000 Betriebswirte, Ingenieure, Sozialpädagogen und Informatiker nach dem dualen Studienmodell ausgebildet.

Berufsakademie Gera, Weg der Freundschaft 4A, 07546 Gera, Tel.: 0365 / 43410, www.ba-gera.de, Berufsakademie Eisenach, Am Wartenberg 2, 99817 Eisenach, Tel.: 03691 / 62940, www.ba-eisenach.de

236 TECHNISCHE UNIVERSITÄT CHEMNITZ

Im Zentrum der Chemnitzer Region ist die Technische Universität mit acht Fakultäten die Heimat von mehr als 11.000 Studierenden aus 90 Ländern. In Forschung und Lehre steht sie für die Kernkompetenzen „Materialien und intelligente Systeme", „Effiziente und flexible Produktion" sowie „Mensch und Technik", in denen wichtige Zukunftsfragen bearbeitet werden.

Straße der Nationen 62, 09111 Chemnitz, Tel.: 0371 / 53110000, www.tu-chemnitz.de

237 HOCHSCHULE FÜR MUSIK UND THEATER „FELIX MENDELSSOHN BARTHOLDY" (HMT) / HOCHSCHULE FÜR GRAFIK & BUCHKUNST (HGB) / LEIPZIG

Nach der Gründung 1843 durch F. M. Bartholdy entwickelte sich die HMT Leipzig als erstes deutsches Konservatorium zu einer führenden Lehranstalt Europas. Die HGB, 1764 gegründet, ist eine der ältesten staatlichen Kunsthochschulen mit ca. 616 Studenten in den Studiengängen Malerei/Grafik, Buchkunst/Grafik-Design, Fotografie und Medienkunst.

HMT „Felix Mendelssohn Bartholdy" Leipzig, Grassistraße 8, 04107 Leipzig, Tel.: 0341 / 214455, www.hmt-leipzig.de, HGB Leipzig, Wächterstr. 11, 04107 Leipzig Tel.: 0341 / 2135 0, www.hgb-leipzig.de

238 UNIVERSITÄT LEIPZIG

Seit sechs Jahrhunderten bereichert die Universität Leipzig das kulturelle Leben der Stadt. Mit über 150 Studiengängen bietet sie eine in Mitteldeutschland einmalige Fächervielfalt. An 14 Fakultäten und 150 Instituten gibt es ein breites Forschungsspektrum in den Lebens-, Geistes- und Naturwissenschaften.

Ritterstraße 26, 04109 Leipzig, Tel.: 0341 / 97108, www.zv.uni-leipzig.de

239 HTWK HOCHSCHULE FÜR TECHNIK, WIRTSCHAFT UND KULTUR LEIPZIG

Die HTWK Leipzig wurde 1992 gegründet. Als Hochschule der Angewandten Wissenschaften (HAW) setzt sie die lange Tradition der ingenieurtechnischen Bildungseinrichtungen und der Lehrstätten für Bibliothekare, Buchhändler und Museologen fort. Mit über 6.000 Studierenden gehört sie zu den größten HAW Sachsens.

Karl-Liebknecht-Str. 132, 04277 Leipzig, Tel.: 0341 / 30760, www.htwk-leipzig.de

240 BURG GIEBICHENSTEIN KUNSTHOCHSCHULE HALLE

Die BURG – eine der größten Kunsthochschulen in Deutschland – feierte 2015 ihr 100-jähriges Bestehen. Sie bietet ihren über 1.000 Studierenden aus vielen Ländern der Welt eine von Tradition, Moderne und zeitgenössischem Diskurs geprägte Kunst- und Designausbildung in 9 Studiengängen und 15 fachspezifischen Studienrichtungen. Sie erfreut sich eines internationalen Renommees und verfügt über gut ausgestattete Ateliers und Werkstätten.

Neuwerk 7, D-06108 Halle (Saale), Tel.: 0345 / 775150, www.burg-halle.de

239

235

239

241

241

246

246

242

243

243

243

244

245

DESIGNER & KREATIVE

241 ANNE GORKE GREEN FASHION WEIMAR

Anne Gorke – die Modedesignerin aus Weimar steht mit ihrem Namen für die Marke. Ihre Mode zeichnet sich durch ihre Qualität sowie die Herkunft und Nachhaltigkeit der Materialien aus. Ihre auch auf der Berliner Fashion Week gezeigten Kollektionen vereinen Eleganz und Funktionalität, sind unkompliziert und gleichzeitig modern und zeitlos: Für starke und selbstbewusste Frauen, die unbeirrt ihren Weg gehen.

99432 Weimar, Ackerwand 23,
Tel.: 0176 / 60922067, nach tel. Vereinbarung,
www.annegorke.com

242 SCHMUCK MANUFAKTUR SEYFARTH

Anziehende Schmuckobjekte mit Suchtgefahr werden von Mario und Luise Seyfarth in der Schmuckmanufaktur Seyfarth hergestellt. Kühle Präzision und graf. Abstraktion treffen auf detaillierte Raffinesse mit romant. Sinnlichkeit eine Designkomposition der Extraklasse, die Präsentationen und Ausstellungen mit weiteren spannenden Künstlern nicht scheut.

Brühl 3, 99438 Bad Berka,
Tel.: 036458/49414,
www.marioseyfarth.com,
Mo – Fr 11 – 18 Uhr, Sa 10 – 16 Uhr

243 KASEEE MODELABEL APOLDA

Asymm., verwandlungsfähige, innovative und leichte Mode für Individualisten, das ist der Anspruch von KASEEE. Das Label wurde 2007 von der in Finnland und Deutschland studierenden Modedesignerin Katrin Sergejew gegründet. Die avantgardistischen und tragbaren Kollektionen mit Kunst als Grundlage für Flächengestaltung und Schnittkonstruktion errangen bereits zahlreiche Auszeichnungen, u.a. den Baltic Fashion Award.

Bukarester Str. 13, 99510 Apolda,
Tel.: 03644 / 516393, www.kaseee.de, jeden 1. Sonntag im Monat Atelier Modebrunch

244 LICHTGESTALTEN FEUERTANZ

Wirbelnde Lichter, feurige Tänze und atemberaubende Choreografien – wo die Lichtgestalten Aliane und Line tanzen, da beginnt die Luft zu flimmern. In ganz Thüringen und darüber hinaus verzaubern die Feuertänzerinnen mit ihrer Kunst. Auf hohem technischen Niveau, konzipiert und inszeniert zu stimmungsvoller Musik, wird jede Feuershow zu einem einzigartigen, knisternde Erlebnis.

www.lichtgestalten-feuertanz.de,
Tel.: 0176 / 96919575

245 LABEL FREUDE AM TANZEN JENA

Von der Party zum Label, vom Tanzboden auf die Bühne, von der Idee zum gelebten Traum. Das ist die Geschichte von Freude am Tanzen. Mitte der Neunziger aus einer Partyidee erwachsen, entstand daraus ein Musik-Label, eine Booking Agentur und ein Schallplattenladen.

Schillergässchen 5, 07745 Jena,
Tel.: 03641 / 353802 (label & Agentur),
03641 / 353800
(Schallplattenladen Fatplastics),
www.freude-am-tanzen.com,
www.fatplastics.com

246 LICHTPAPIER ANKE NEUMANN CHEMNITZ

Der Stellenwert von Papier liegt in der westl. Kultur, im Gegensatz zur jap. Tradition, die Papier als etwas Edles und Poetisches begreift, eher im prakt. Gebrauch. Anke Neumann gelingt es, mit intern. gefragten Licht- und Materialkompositionen Papier wieder „salonfähig" zu machen. Die zus. mit Kunden, Architekten und Lichtplanern entwickelten Objekte spielen in ihrer zarten Filigranität wirkungsvoll mit dem Kontrast zu Beton, Holz, Glas oder Stahl.

Nachfragen und Bestellungen an: Anke Neumann, Forststraße 4a, 09130 Chemnitz,
Tel.: 0170 / 7070229, www.lichtpapier.de,
Sehen u. Erwerben kann man Lichtobjekte auch im Licht & Möbel Atelier Broy, Leipzig

248

248

251

249

ntdecken Sie eine pulsierende mitteldeutsche Kreativlandschaft mit spannenden lodedesignern, Schmuckkünstlern, Handwerkern, Choreografen und Musikern

247 FLORA METAPHORICA TINA ALTUS LEIPZIG

Die Leipziger Künstlerin Tina Altus verwandelt Brautsträuße, Blüten und Blumen in Bilder für die Ewigkeit. Sie fertigt bizarre Kunstwerke aus gepressten und getrockneten Blütenblättern – einmalig, extravagant, individuell, geschützt. Ob Brautstrauß, runder Geburtstag, Taufe, aus all dem Blütenmaterial können Sie sich Ihr individuelles Bild fertigen lassen.

Tel.: 0178 / 3028355,
post@flora-metaphorica.com,
www.flora-metaphorica.com

248 FASHION DESIGN OLIVER VIEHWEG LEIPZIG

Oliver Viehweg absolvierte seine Ausbildung zum Maßschneider an der Oper Leipzig und führt seit 2011 eine Werkstatt mit eigenem Label. Seine Arbeiten konzentrieren sich auf zeitgemäße Mode, besondere Schnitttechnik und hochwertige Verarbeitung. Die exklusiven Einzelstücke sind handgefertigt und werden von ausgewählten Boutiquen geführt.

Braustraße 11, 04107 Leipzig,
Tel.: 0341 / 2235578,
www.oliverviehweg.com,
www.maat-store.de

249 CHOREOGRAFIN MONTSERRAT LEON LEIPZIG

Egal, ob in ihrer spanischen Heimat, in Paris, in Leipzig oder auch an Thüringer Theatern – lebt und verwirklicht sich Montserrat León in Tanz und Choreografie. In dem von ihr geleiteten „Internationalen Choreografischen Zentrum" wird neben Ballettunterricht eine choreografische Suche und kreative Zusammenarbeit bei einem anspruchsvollen Ausbildungsprozess vermittelt.

Internationales Choreografisches Zentrum Leipzig (ICZ), Leipziger Baumwollspinnerei, Spinnereistr. 7, 04179 Leipzig,
Tel.: 0176 / 96693338, www.icz-leipzig.de

250 KOMPONIST UND PIANIST STEPHAN KÖNIG LEIPZIG

Neben seiner Lehrtätigkeit an der Hochschule für Musik und Theater Leipzig führen den Komponisten, Pianisten, Dirigenten und Gründer des LeipJAZZig-Orchesters und des Kammerorchesters „artentfaltung" Konzertreisen durch Mittelamerika, Asien und ganz Europa. Der mehrfache Preisträger nat. und int. Wettbewerbe liebt die virtuose Kombination aus feinnuancierter kraftvoller Klassik mit frei improvisiertem Jazz.

Kurt-Eisner-Str. 92, 04275 Leipzig,
Tel.: 0341 / 5906040, www.st-koenig.de

251 PORZELLAN-KÜNSTLERIN CLAUDIA BIEHNE LEIPZIG

Wer sich in die Baumwollspinnerei als renommiertes Kunstareal begibt, sollte keinesfalls den Besuch des Ateliers von Claudia Biehne versäumen. Ihre eigenwilligen Porzellankreationen sind auf Ausstellungen rund um den Erdball zu finden, doch nirgends so intensiv zu erleben wie hier. Bei einem ersten Besuch, wird man kaum glauben, dass es tatsächlich Porzellan ist, was man da vor sich sieht.

Porzellanatelier Claudia Biehne & Stefan Passig, Leipziger Baumwollspinnerei, Spinnereistraße 7, Haus 10, 04179 Leipzig,
www.biehne-porzellan.de,
Di – Sa 11 – 18 Uhr

252 MALERIN JEANNETTE PIETROWSKI SIEFKE LEIPZIG

Ihre Acryl-Malerei fordert absolute Realität und schönen Schein: Populär, witzig, sexy, spielerisch und auffallend statten die Werke der Leipziger Künstlerin Ihre Räumlichkeiten aus oder lassen sich die von Ihnen gewünschten Portraitaufträge ausführen. Gerne können Sie diese Werke auch mieten.

Tel.: 0175 / 4582874,
www.jps-art.de, jps_leipzigkultur@web.de

251

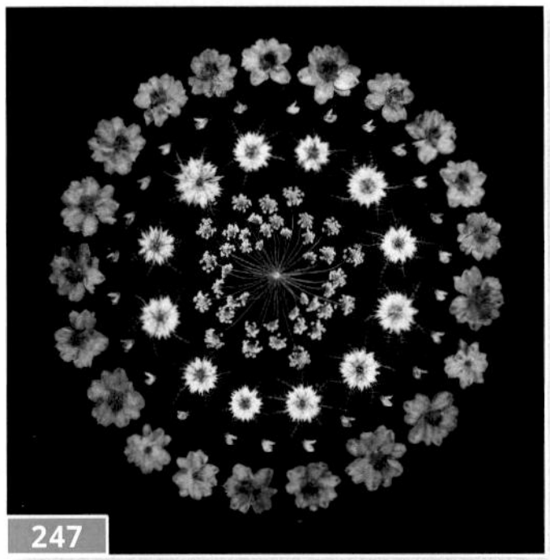
247

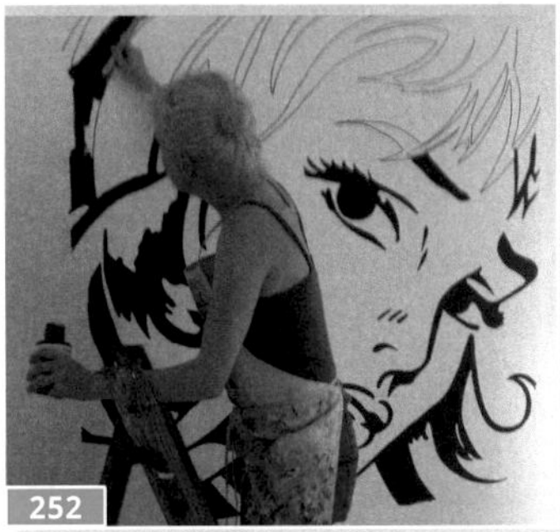
252

250

253

253

255

254

257

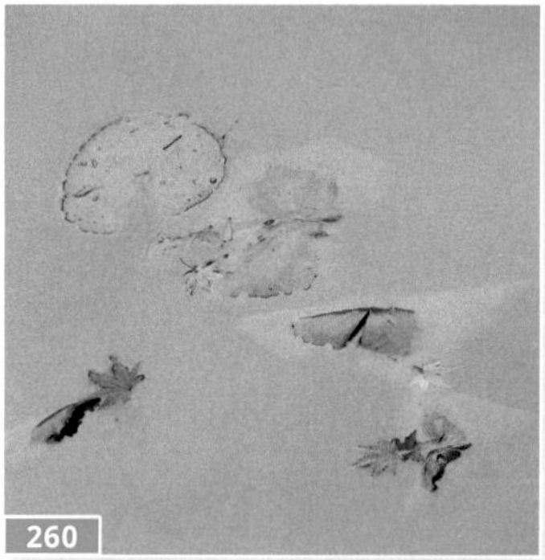
260

253

260

258

FOTOGRAFEN

253 PIERRE KAMIN APOLDA

Der in Südthüringen geborene Food-art-, Interieur- und Personalityspezialist ist seit 10 Jahren für deutschlandw. Fachpresse, Manufakturen und Spitzenköche im Einsatz. Neben spannungsr. promin. Porträts faszinieren ihn vor allen Dingen freie künstl. Projekte mit Fokus auf Dokumentationen und bildl. „Erzählcontainern". Seine stilvoll ehrlichen Inszenierungen besitzen nat. Leichtigkeit und Tiefe.

An der Karlsquelle 6, 99510 Apolda,
Tel.: 0160 / 4359515,
www.erfurt-foto.de/galerie/pierre-kamin/

254 FRANK HAUSDÖRFER

ist im Grenzgebiet in der Rhön aufgewachsen und war in den 90ern als freier Journalist tätig. Er bereiste bisher mehr als 30 Länder. Bei seiner Konzentration auf Reise- und Modelfotografie gelingen ihm durch den ge-schickten Einsatz der Schärfentiefe sowie dem Spiel von Licht und Schatten ganz besondere Moment-aufnahmen. Sein Bild „Göttlich", wurde vom STERN zum Link für die „View-Spotlight" 06/2012 gewählt. 2015 gewann er 121 int. Foto-Awards auf vier Kontinenten.

Jägerstraße 8, 98544 Zella-Mehlis,
Tel.: 03682 / 42317, 0152 /31838397,
www.fotoskreativ.de

255 TORSTEN BIEL NAUMBURG

Visuell hochwertig und professionell ist das Fotodesign von Torsten Biel aus Naumburg. Von ästhetischer Porträtfotografie, Pressereportagen, professionellen Gruppenbildern und emotionalen Hochzeitsreportagen bis hin zu klaren Architekturaufnahmen und hochwertiger Produktfotografie – mit seiner langjährigen Erfahrung und Kreativität setzt er Ihr Motiv eindrucksvoll in Szene.

Reußenplatz 11, 06618 Naumburg,
Tel.: 0171 / 7557530, www.biel24.de

260 RAMON F. MILLER GERA

Der in Hannover geb. und in Gera lebende Fotograf hält es gerne mit Henri Cartier-Bresson: „Das eine Auge des Fotografen schaut weit geöffnet durch den Sucher, das andere, das geschlossene, blickt in die eigene Seele." Er fotografiert gerne alles, was ihn umgibt, hauptsächlich Architektur, Bau- und Gartenkunst. Mit außergewöhnlichen Lichtstimmungen, feinnuancierter Farbgebung und geistvollem Sinn fürs Detail drücken seine Bilder Schönheit, Erhabenheit und Natürlichkeit aus.

Weinbergstraße 11, 07548 Gera,
Tel.: 0160 / 97987444,
www.ramonmiller.com

257 MATTHIAS ECKERT WEIMAR

In seinen freien künstlerischen Arbeiten legt Matthias Eckert großen Wert darauf, einen ganz besonderen, persönlichen Blick auf die Männer vor seiner Kamera zu wagen. Dabei zeigt er sie sowohl stark als auch verletzlich, gleichzeitig kraftvoll und sensibel, oft mit einem Hauch Melancholie umgeben und immer mit ganz viel Sinnlichkeit. Er fotografiert die Menschen von innen, ohne ihnen ihr äußerliches Geheimnis zu nehmen.

Scherfgasse 1, 99423 Weimar,
Tel.: 0160 / 97918232,
www.matthiaseckert.net,
Mo – Fr 9 – 18 Uhr (und nach Vereinbarung)

258 SEBASTIAN REUTER JENA

Technik & Präzision in Wissenschaft & Industrie, lichtdurchflutete urbane City-Bilder sind für den stud. Dipl. Ing. nicht nur in Jena seine Lieblingsthemen. Neben seiner Tätigkeit im Marketing arbeitet er als freier Werbe, Produkt- und Eventfotograf für namhafte Firmen. Engagiert leitet er den „Jenaer Fotoclub" und gibt Fotokurse an der Volkshochschule Jena.

Stadtgraben 2, 07747 Jena,
Tel.: 03641 / 295833, 0171 / 1427636,
www.sebastian-reuter.de

261

259

263

259

Lassen Sie sich berühren von beeindruckenden Landschafts- und Architekturaufnahmen, sinnlicher Modeinszenierung, romantischen Hochzeitsbilder und authentischen Reportageportraits

259 JENNIFER LIND UND MODEL ROMY DA FARYA JENA

Durch ihr Studium der Kunstgeschichte liegt Jennifer Linds Fokus auf philosoph. inszenierter Modelfotografie. Das Erschaffen ganz eigener Welten und Geschichten ist dabei das Anliegen, nicht das Reflektieren der Wirklichkeit. So verschwimmen die Grenzen zwischen Phantasie und Alptraum, Liebe und Hass, Ewigkeit und Vergänglichkeit. Gemeinsam mit dem Model Romy da Farya wurde sie in Musikmagazinen, Artkalendern und der dt. Vogue vorgestellt.

www.facebook.com/UnholyBeautyFotodesign/photos_stream, www.facebook.com/DaFarya.1/photos_stream

256 TINE DREFAHL / LOVELY BIRDS JENA

LOVELY BIRDS, das sind Tine Drefahl, Illustratorin und Fotografin mit jahrelanger Erfahrung in den Bereichen Fashion, Styling und Editorial in Paris sowie René Gumpert, Grafikdesigner und Fotograf. Hochzeitsfotografie ist ihr Spezialgebiet. Sie arbeiten zu zweit und kombinieren in einem Stil Dokumentarfilm, Editorial und formale Portraitfotografie.

Altlobeda, 07747 Jena, Tel.: 0176 / 56852748, www.lovelybirds.squarespace.com

261 MANFRED JAHREISS FOTOGRAFIE HOHENBERG

Zusammen mit einem komp. Team aus Fotografen, jeder einzelne ein Spezialist auf seinem Gebiet, erwartet Sie Manfred Jahreiss in seiner Medienagentur. Von „A" wie „Architektur", über „P" wie „Porzellan" bis „Z" wie „Zanderfilet" ist den Profis kein Motiv fremd. Ausgestattet mit dem aktuellsten Stand der Technik, freut sich das Team, Ihr Anliegen im Studio oder „on-site" für die Ewigkeit festzuhalten.

Langer Weg 8, 95691 Hohenberg, Tel.: 09233 / 40070, www.jahreiss.com

262 A – ANDREAS HUB

Nach seinem Fotodesign-Studium arbeitete Andreas Hub († 08.07.2016) über 20 Jahre als Fotojournalist u. Autor. Bei Dortmund lebend, hinterließ er auch in Thüringen und Franken branchenpräg. Spuren in seinen Kernthemen Reise, Kultur u. Wissenschaft.

www.andreashub.de

262 B – TINA CASSATI

Die Fotokünstlerin kreiert für ihre einzigartigen Bildkompositionen kunstvolle Kostüme. Die Techniken der Collage und der Bildbearbeitung verschmelzen in einen Kosmos aus realer Fotografie und surrealer Kunst.

www.tinacassati.com

263 SARAH STORCH ALTE EULE PHOTOGRAPHY LEIPZIG

Die in Gotha geb. und in Leipzig lebende Sarah Storch ist eine Virtuosin der Kontraste, der kleinen und großen Verrücktheiten, immer aber in Kombination mit außergew. Eleganz und Tiefe. Proffesionell bis ins letzte Detail setzt sie die im surrealen Kopfkino entstandenen Bilder aufwändig mit Profiteams um. Ihre Mode-, Beauty-, Kunst- und Portrait-Fotos wurden in versch. Magazinen (u.a. Kaltblut Magazin, Indie Mag, Glassbook, Europa Visa, Superior Magazine) veröffentlicht.

www.sarahstorch.com

264 KAI UND KRISTIN FOTOGRAFIE LEIPZIG

Ein Fotografenpaar mit 2 Blickwinkeln und lebendigem Fotografengespür. Kai und Kristin fotografieren deutschlandweite Hochzeitsreportagen und Werbeaufträge. In ihrem Fotoatelier in Leipzig haben sie sich mit ganzem Herzen der Portraitfotografie verschrieben. Deutschlandweit begleiten sie Hochzeitspaare mit zwei Kameras und Blickwinkeln an ihrem ganz besonderen Tag.

Anna-Kuhnow-Straße 16, 04317 Leipzig, Tel.: 0341 / 92789807, www.kaiundkristin.de

263

256

264

262 B

262 A

267

271

269

274

267

267

266

268

265

BARS, CLUBS & PROGRAMMKINOS

265 MODERN MASTERS ERFURT BAR & LOUNGE

Lassen Sie sich von Gastgeber Torsten Spuhn – einem der Trendsetter in der Bar-Szene – in seinem zeitlos eleganten und gemütlichen Kleinod der Barkultur auf charmante Art entführen: Viele spannende Spirituosen in erlesener Auswahl und aufregende Drinks, deren Bandbreite von historisch bis hin zu modern und visionär reicht, versprechen viel Genuss und laden zu einer Zeitreise durch die Jahrhunderte ein.

Michaelisstraße 48, 99084 Erfurt,
Tel.: 0361 / 5507255,
www.modern-masters.de, Di – Sa 18 – 2 Uhr

266 SHAKERIA COCKTAIL-CATERING WEIMAR

Mit seinem Team zelebriert Jan Walther genussv. Cocktails: bundesweit, auf Firmen-Events, priv. Feiern, Hochzeiten und Messe-Präsentationen. Dazu bringen sie mit: ihre mobile Bar, Gläser, Eis, Spirituosen und natürlich gute Laune! Mit dem Cocktail Catering bieten die Barenthusiasten von der Planung bis zur Umsetzung erstkl. Service durch ausgewiesene Profi-Barmixer. Besonderes Highlight sind Cocktailkurse und molekulare Cocktails.

Am Teichdamme 76, 99428 Weimar,
Tel.: 03643 / 778990, 0173 / 5726848,
www.myshakeria.de,

267 BAR IN DER WEINTANNE JENA

Für Danny Müller, den Vors. der dt. Barkeeper Union e.V., Sektion Thüringen, ist Genuss, Leidenschaft und Hingabe für Barkultur zur Berufung geworden. Seine Weintanne überzeugt mit regionalen mediterranen Leckerbissen, bester Getränkeauswahl und bes. Jazzkonzertperlen. Die Cocktailkarte stellt mit ihren genussvollen Offenbarungen einen reichhaltigen Abriss der Epochen der Trinkkultur dar, durch die der Service kompetent und freundlich navigiert. Be Modern, Drink Old Fashioned!

Jenergasse 13, 07743 Jena,
Tel.: 03641 / 7968702, 0152 / 22545248,
www.weintanne-jena.de, Di – Sa ab 18 Uhr

269 KASSABLANCA JENA

Das Kassablanca ist ein soziokulturelles Zentrum in Jena. Neben festen Clubabenden, z.B. in den Bereichen Techno, Drum 'n' Bass und Hip Hop, gibt es zahlreiche Konzerte jeglicher musikalischer Couleur. Zum offenen und vielseitigen Charakter des Hauses gehören auch Workshops, Lesungen, Kinoabende und ein tagsüber geöffnetes Café, mit einem grandiosen Blick über ganz Jena.

Kassablanca Gleis 1, Felsenkellerstraße 13a,
Tel.: 03641 / 28260, 07745 Jena, Turmkaffee:
Mo – Sa 14 – 20 Uhr, www.kassablanca.de,
www.facebook.com/kassablancajena

268 KINO IM SCHILLERHOF JENA

Das beliebte Programmkino bietet seit 1999 ein abwechslungsreiches und ausgezeichnetes Arthouseprogramm. In gemütlicher Atmosphäre und verteilt auf zwei Säle, können insgesamt 130 Gäste ein werbefreies Kinoerlebnis genießen. Hier befinden sich modernste digitale Projektionstechnik und traditionelle 35mm-Projektion unter einem Dach. Vor und nach dem Kino lädt das angrenzende Café Schillerhof zum Verweilen ein.

Helmboldstraße 1, 07749 Jena,
Tel.: 03641 / 523653, www.schillerhof.org,
Mo – Fr ab 12 Uhr, Sa & So ab 14 Uhr

270 QUEENS – WHISKEY PUB IN GERA

In gemütlichem Ambiente bietet Ihnen das Queens eine erlesene und umfangreiche Auswahl an Whiskeys und anderen Getränken, sowie Spezialitäten aus heimischer und internationaler Küche. Einmal im Monat können Sie an Whiskey-Verkostungen teilnehmen. Für individuelle Verkostungen oder Feiern können separate Räume angemietet werden.

Rittergasse 8, 07545 Gera,
Tel.: 0365 / 5514047, www.queens-gera.de,
Di – Do 18 – 1 Uhr und Fr, Sa, Feiertag von 19 – 2 Uhr

275

267

276

Erleben Sie liebevoll restaurierte Programmkinos, kuschelige bis coole Bars, schillernde Filmfestivals und subkulturelle Clubkultur.

271 METROPOL KINO GERA

Das charmante Kino hat zwei Säle mit gesamt 148 Plätzen und zeigt Kinder- und Arthouse-Filme sowie Dokus – ohne Popcorn und ohne Werbung! Im Foyer des METROPOL gibt es außerdem eine gemütliche Kinokneipe, die zum Verweilen einlädt. Hier finden auch das Frühstückskino und die „Filmgespräche", die das METROPOL plant, statt. So kann man sowohl miteinander als auch mit Regisseuren und Schauspielern über die aktuellen Filme ins Gespräch kommen.

Leipziger Straße 24, 07545 Gera,
Tel.: 0365 / 20448460,
www.metropolkino-gera.de

273 CLUBKINO SIEGMAR CHEMNITZ

Für echte Kinoliebhaber: Das Clubkino Siegmar zeigt ausgesuchte Filme und Dokus außerhalb des Mainstreams – gemütlich im kultigem Ambiente mit viel Charme und Stil und guten Getränken von der integrierten Bar. Es gehört zur Chemnitzer Filmwerkstatt, die 1991 gegründet wurde und seitdem viele Film- und Videoprojekte verwirklicht.

Zwickauer Straße 425, 09117 Chemnitz,
Tel: 0371 / 851971, tägl. ab 16 Uhr,
www.filmwerkstatt.de/kino

272 HOFER FILMTAGE, DOK LEIPZIG UND KINDERFILMFESTIVAL GOLDENER SPATZ

Seit 1967 treffen sich bei den Intern. Hofer Filmtagen die Branchenfachleute mit Filmenthusiasten aus Hof und aller Welt. Als größtes dt. und zweitgrößtes europ. Festival für den künstl. Dokumentarfilm findet das Intern. Leipziger Festival für Dokumentar- und Animationsfilm DOK Leipzig seit 1955 statt. Die beim Kinderfilmfestival Goldener Spatz in Gera und Erfurt gezeigten Filme werden von einer Kinder- und Fachjury bewertet und ausgezeichnet.

www.hofer-filmtage.de, www.dok-leipzig.de,
www.goldenerspatz.de

274 NATO LEIPZIG

Die naTo ist bekannt als Forum für Jazz, Theater und spannende Musik. Die Macher vom Kultur- und Kommunikationszentrum naTo e.V. verstehen sich als leidenschaftliche Anstifter von künstlerischen Experimenten. Zudem steht die naTo für soziokulturelle Basisarbeit im Kiez. Alljährlich findet das Seifenkistenrennen am Fockeberg statt, das tausende Menschen in seinen Bann zieht.

Karl-Liebknecht-Straße 46, 04275 Leipzig,
Tel.: 0341 / 301439798, www.nato-leipzig.de

275 UT CONNEWITZ

Im Jahr 2001 gründete sich der Verein UT Connewitz e.V. mit dem Ziel, das deutschlandweit älteste noch erhaltene Lichtspieltheater als wichtige Kulturstätte wieder zugänglich zu machen und die Bausubstanz zu erhalten. Seitdem findet ein regelmäßiger Kulturbetrieb mit Konzerten, Kinovorführungen, Lesungen, Theater und Extras statt.

Wolfgang-Heinze-Straße 12a, 04277 Leipzig,
Tel.: 0341 / 4626776, www.utconnewitz.de

276 BARCELONA BAR LEIPZIG

Leipziger Nachtschwärmer mit Sinn für das Besondere zieht es nachts in die Barcelona Bar. Die schlauchig lange Tapas-Bar mit hohen Decken ist mit zeitlos schönen Details ausgestattet. Schwarze Lederbänke, mondäne Lampenklassiker, mattglänzend warme Farben mischen sich mit musikalisch geschmacklichen Wohlfühlklängen. Das authentische Personal berät freundlich zu spannenden Tapas und exquisiter Getränkekarte mit ausgefallenen Sherry-, Rum- und Ginsorten.

Gottschedstraße 12, 04109 Leipzig,
Tel.: 0341 / 2126128, Mo – Sa ab 17 Uhr,
So ab 11 Uhr, am 1. Sonntag eines jeden Monats ab 10 Uhr Frühstücksbuffett

272

270

274

273

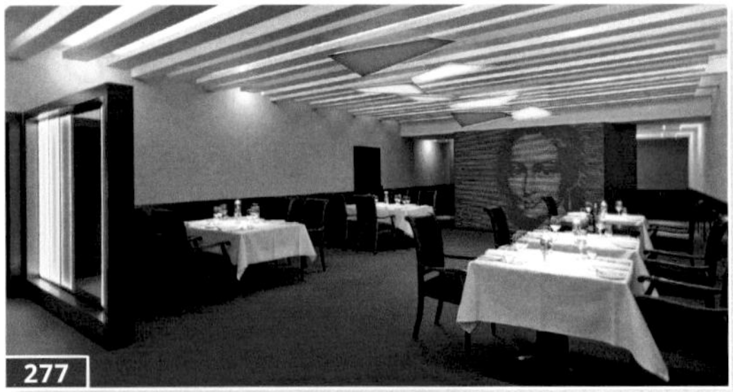
277

280

283

281

279

281

282

283

CAFÉS & RESTAURANTS

277 RESTAURANT CLARA IM KAISERSAAL ERFURT

Johannes Wallner und sein Team setzen im Gourmetrestaurant Clara (1 Michelin-Stern) die kulinarische Vielfalt Thüringens und überraschende Kombinationen von nah und fern geschmacklich und visuell überzeugend in Szene. Die Weinkarte mit über 250 Positionen, edle Trinkessige und ausgewählte Digestifs runden das Geschmackserlebnis ab.

Futterstraße 15/16, 99084 Erfurt,
Tel.: 0361 / 5688207, Di – Sa ab 18.30 Uhr,
www.restaurant-clara.de

278 RESTAURANT ZUM ALTEN SCHWAN ERFURT

Das gotische Bauwerk wurde vermutlich im 15. Jahrhundert als Bürgerhaus „Güldener Strauß“ gebaut. Die feminine und auffallend grazile Inneneinrichtung steht im wirkungsvollen Kontrast zu den wuchtigen Feldsteinmauern. Im Sommer können Sie sich auf der Sonnenterasse mit region. und intern. Köstlichkeiten verwöhnen lassen, wie z.B. der nach hauseigenem Rezept hergestellten Thüringer Bratwurst.

Gotthardtstraße 27, 99084 Erfurt,
Tel.: 0361 / 67400,
www.hotel-kraemerbruecke.de
Mo – So 11.30 Uhr – 17 Uhr, 18 – 20.30 Uhr

279 RESTAURANT BACHSTELZE ERFURT

Als Sterneköchin Maria Gross mit ihrem Partner und Grillexperten Matthias Steube die Flügel zu einem pers. Entfaltungsort ausbreitete, landete, Sie auf einem rom. Anwesen in der Nähe von Erfurt. Hier verwöhnt sie ihre Gäste in modern gemütlicher Einrichtung mit einem genauso schlichten wie überragenden Gastrokonzept aus einem 3-Gang-Menü auf Wunsch auch vegetarisch und perfekter Weinbegleitung.

Hamburger Berg 5, 99094 Erfurt,
Tel.: 0361 / 7968386, Mi – So 17 – 23 Uhr,
www.bachstelze-erfurt.de

280 IL CORTILE RESTAURANT ERFURT

Im Hofe königlich italienisch speisen kann man bei Denise König und Andreas Schöppe. Über einen rom. bewachsenen Innenhof gelangt man in die stilvoll komponierten Räume im rustikalen südländischen Flair. Zwischen liebevoll gedeckten Tischen und rauh verputzten Wänden locken die entdeckungsreiche Vorspeisenvitrine, eine außergewöhnliche Karte und besondere Tropfen.

Johannesstraße 150, 99084 Erfurt,
Tel.: 0361 / 5664411, www.ilcortile.de,
Di – Sa 12 – 14 Uhr, 18 – 23 Uhr

281 CAFÉ & RESTAURANT ROMMEL

Im ältesten Wiener Caféhaus in Erfurt erwarten Sie zwischen echtem Jugendstil Ambiente ausgez. Kuchen- und Tortenspezialitäten, feines bis herzhaftes Frühstück und vom Thüringer Meisterkoch Thomas Abel individuell zubereitete Gerichte vom Flammkuchen bis zu Feinschmeckerkreationen. Sehr empfehlenswert ist auch die Feinkosttheke mit leckeren selbst hergestellten Schinken, Knack- und Bratwürsten.

Johannesstr. 34, 99084 Erfurt,
Tel.: 0361 / 65781302,
www.café-rommel-erfurt.de,
Di – Sa: 9 – 22 Uhr, So 10 – 18 Uhr

282 BRASSERIE BALLENBERGER ERFURT

Dass eine Mahlzeit mehr sein kann als ein Energiezufuhr: Auszeit vom Alltag und Wohlfühlmoment beweist Kristin Ballenberger in ihrem wunderschönem kleinem Restaurant am Ufer der Krämerbrücke. Mediteran franz. Genüsse und europäische Landküche werden hier lustvoll interpretiert und kombiniert. Dazu gibt es ein gutes Feinkost- und Cateringangebot.

Gotthardtstraße 25/26, 99084 Erfurt,
Tel.: 0361 / 64456088, Mo – Sa 9 – 22 Uhr,
www.das-ballenberger.de

287

284

286

285

n Erfurt bringen leidenschaftliche Food Entertainer, Genußspezialitäten und Spitzenköchinnen
rische, Kreativität und Lebendigkeit in die traditionsreiche Thüringer Küche.

283 CAFÉ GOLDHELM & MUNDLANDUNG

Das Goldhelm-Werkstattcafé verführt mit handgeschöpften Schokoladen, Pralinen, Trüffeln, Kuchen und selbstgemachtem Eis zum Genuss. In der Werkstatt kann man den Chocolatiers bei der Arbeit zusehen oder süße Veranstaltungen buchen. Französische Momente pur mit feinsten, herzhaften Geschmacksentdeckungen garantiert das Bistro Mundlandung mit selbstgem. Feinkostempfehlungen.

Goldhelm Werkstattcafé, Kreuzgasse 5, 99084 Erfurt, Mo – So 12 – 18 Uhr, www.goldhelm-schokolade.de, Mundlandung – Feinkost & Bistro, Krämerbrücke 28, 99084 Erfurt, Mo – So 9 – 22 Uhr Tel.: 0361 / 6443844, www.mundlandung.de

284 RASSMANN´S IN DER SACKPFEIFENMÜHLE

Im Herzen der hist. Altstadt von Erfurt begeistert das „Rassmann's in der Sackpfeifenmühle" mit seinem reizvollen Zusammenspiel aus stylisch-gemütlichem Interieur, mittelalterlicher Architektur und erfrischender Uferterrasse. In der ehem. Wassermühle, die zu den ältesten Gebäuden der Stadt gehört, kredenzt das Team von Ulrich Rassmann beste Thüringer Speisen aus heim. Zutaten.

Lange Brücke 53, 99084 Erfurt, www.rassmanns-sackpfeifenmuehle.de, Di – Do 11.30 – 22 Uhr, Fr, Sa 11.30 – 23 Uhr, So 11.30 – 15 Uhr

285 TRADITIONSGASTHAUS HOPFENBERG

Süffiges Bier und charmante Mädels, bodenständige Küche aus dem Thüringer Land, Spezialitäten: geschmorte Ochsenbacke und knusprige Bauernente, Biergartengenuss unter alten Kastanien – Im Hopfenberg werden thüringische Traditionen auf´s herzhafteste gepflegt. Das von Denis König geführte Hopfenberg steht für eine gekonnte Mischung aus traditioneller und ehrl. Gasthaus-Kultur mit bodenständiger Ausstrahlung.

Am Hopfenberg 14, 99096 Erfurt, Tel.: 0361 / 2625000, www.hopfenberg.de, Küche 11 – 21.30 Uhr

286 WALDGASTHAUS STIEFELBURG

In dem charmanten Waldgasthaus bei Erfurt mit angeschlossenem Hotel vereinen der Erfurter Kochvirtuose Denis König gemeinsam mit der virtuosen Gastgeberin Yvonne König ihre Liebe zu mediterranen Genüssen mit ihrer geschmacksstarken Verwurzelung in der Thüringer Küche. Egal, ob nach einem wohltuenden Wanderausflug vom nahem Stausee Hohenfelden, bei romantischen Dinner oder bei geselliger Feier, Genuss ist garantiert.

Stiefelburg 53, 99448 Nauendorf, Tel.: 036209 / 43480, www.stiefelburg.de, Mi – Sa 11 – 20 Uhr, So 11 – 18 Uhr oder nach Vereinbarung

287 GERMAN FOOD ENTERTAINMENT UND HANS AM SEE

Genießen Sie ein ganzes Menü voller Möglichkeiten! Ideal für Event oder Incentive. Ob Live-Kochshow, hochkarätige Privat- und Firmenevents oder Kochkurse unter der Leitung der Food Entertainer. Besuchen Sie Hans C. Marcher und Anke Heyer in der Foodwerkstatt, über den Dächern Erfurts oder direkt am Stausee Hohenfelden im „Hans am See", ihrer Privatlocation mit direktem Seezugang für geschlossene Veranstaltungen.

www.foodentertainment.de, www.hans-am-see.de

288 BACHMANN BEST CATERING

Ob ausgelassene Familienfeier, romantische Hochzeit oder exklusive Tagung: Liebe geht durch den Magen. Das Bachmann-Team weiß, dass das auch für die Zufriedenheit ihrer Kunden gilt. Bei dem Angebot ist deshalb für jeden Geschmack etwas dabei. Egal, ob Fingerfood, originelles Gläschenbuffet, 4-Gang-Menü oder individueller Imbiss mit 10 oder 1000 Gäste – überzeugen sie mit Professionalität und Können.

Binderslebener Landstraße 100, 99092 Erfurt, Tel.: 0361 / 658881102, info@best-catering.de, www.bachmann-hotels.de

288

286

278

287

291

292

295

289

289

293

293

299

299

CAFÉS & RESTAURANTS

289 GOURMETRESTAURANT ANNA AMALIA WEIMAR

Anna Amalia ist ein Gourmet-Ort höchster kulinarischer Genüsse. Das Gourmetrestaurant von Chefkoch Marcello Fabbri ist das erste Restaurant im Freistaat Thüringen, das jedes Jahr mit einem Michelin-Stern ausgezeichnet wurde. Seit mehr als 320 Jahren wird im Hotel Elephant die Kunst der Gastlichkeit am historischen Marktplatz mit berühmten Gästen gepflegt.

Markt 19, 99423 Weimar, Tel.: 03643 / 8020,
www.restaurant-anna-amalia.com,
Di – Sa 18.30 – 23.30 Uhr,
Winterpause Jan u. Feb

290 RESTAURANT ANASTASIA WEIMAR

„Höfische Atmosphäre, gediegene Eleganz im klassischen Stil“ so beschreibt der GAULT MILLAU das Anastasia. Mit Kreativität, Freude an der Arbeit und Liebe zum Detail servieren Stefanie und Andreas Scholz edle Speisen wie „Bouillabaisse mit gebratenen Edelfischwürfeln“. Eine sich ständig wechselnde Speise- sowie eine generöse Weinkarte mit 38 offenen Weinen runden das Angebot stilvoll ab.

Goetheplatz 2, 99423 Weimar,
Tel.: 03643 774814,
www.restaurant-anastasia.info,
Di – So, 18 – 23 Uhr

291 LE GOULLON IM DOROTHENHOF WEIMAR

Anlässlich der 3. Tafelrunde der GAD (Gastronomischen Akademie Deutschlands) und der Brillat Savarin-Stiftung erhielt das Restaurant im Hotel Dorotheenhof 2005 den Namen von FRANÇOIS RENÉ GOULLON, einem verdienten Küchenmeister im klass. Weimar. Dessen großer Tradition bewußt, formt Hoteldirektor Claus Alboth das Restaurant unter Leitung von Küchenmeister Jan Großheim zum neuem Aushängeschild des Hotels.

Dorotheenhof 1, 99427 Weimar,
Tel.: 03643 / 4590, Di – Sa 8 – 23 Uhr,
www.dorotheenhof.com

292 GRETCHENS RESTAURANT & CAFÉ WEIMAR

Im Erdgeschoss des Familienhotels verwöhnt Küchenchef Christian Franz, der Wert auf die Herkunft von Zutaten legt, mit geschmackvoller Kreativität und Leidenschaft. Während die Eltern plaudern, können die Kinder die Kletterhöhle des Restaurants entdecken. Die Dachterrasse mit Lavendelfeld und Spielplatz ist schon längst kein Geheimtipp mehr.

Seifengasse 8, 99423 Weimar,
Tel.: 03643 / 4579877,
www.gretchens-weimar.de,
tägl. 9 – 23 Uhr

293 RESTAURANT LA TARTE & CAFÉ DU JARDIN MIT VINOTHEK WEIMAR

Keinesfalls sollten Sie sich die Genussperlen der Bretonin Elizabeth Leroy-Maaß entgehen lassen. Genießen Sie im Restaurant LA TARTE großartige Flammkuchen, kunstvolle Menüs oder eine crêation du chef. Direkt gegenüber können Sie im wunderschönen CAFÉ DU JARDIN französische Pâtisserie, kleine Herzhaftigkeiten, Weimarer Wein und den historischen Garten genießen.

Restaurant La Tarte, Jakobstraße 5 – 7, 99423 Weimar, Tel.: 03643 / 2117326, tägl. 11.30 – 14.30 und ab 18 Uhr (Küchenschluss: 22 Uhr), Café du Jardin im Kirms-Krackow-Haus, Jakobstraße 10, 99423 Weimar,
Tel.: 03643 / 217631, Mi – So 10 – 19 Uhr,
im Sommer bis 21 Uhr, www.latarte.eu

294 RISTORANTE VERSILIA

Der beste Italiener Weimars lockt mit in offener Küche aus frischen italien. Zutaten hergestellter traditionelle Steinofen-Pizza, hausgemachten Pastaspezialiäten und vorzüglichen Fisch- und Fleischgerichten, wie dem im Haus gereiften Dry Age Steak. Mit einer Vinothek von über 100 Weinen aus allen italien. Weinregionen und schöner Kinderspielecke eigenet sich das Versilia auch für gemütliche Familienfeiern, Firmenevents und große Feiern bis 160 Gäste.

Frauentorstraße 17, 99423 Weimar,
Tel.: 03643 / 770359, www.ristorante-versilia.de,
Mo – So 12 – 23 Uhr

294

300

Schon zu Goethes Zeiten stand Weimar in privaten Salons für besondere Genuss- und Gastkultur und auch heute sorgen beste Meisterköche für eine gelungene Mischung aus Tradition und Moderne.

295 CAFÉLADEN WEIMAR

Inmitten der quirlig das Auge erfreuenden Atmosphäre zwischen kaufbaren ital. und skand. designten Zubereitungsequipment fühlt man sich schnell in ein kaffeeduftendes Paradies irgendwo zwischen Barcelona und Paris versetzt. Die Leidenschaft des Teams für besondere Zutaten, Mischungen und Kontraste bei Kaffespezialitäten, Pralinen, Weinen und Gästen sorgen für ein Wohlgefühl zwischen Anregung und Vertrautheit.

Karlstraße 8, 99423 Weimar,
Tel.: 03643 / 495850, täglich 9 – 19 Uhr,
jahreszeitlich bedingte Abweichungen möglich, www.cafeladen.de

296 MONTAG CATERING IN DER VILLA HAAR

In der nach dem Vorbild der Villa d´Este in Tivoli erbauten Villa Haar erwartet die Gäste von montag catering + service eine einmalige Kulisse für romantische Hochzeiten, stilvolle Bankette und Tagungen. Seit 25 Jahren versorgt das versierte Team exklusive Veranstaltungen in ganz Thüringen und darüber hinaus. Mit montag catering + service haben Sie einen erfahrenen und kreativen Partner für Ihre Eventplanung an der Seite.

Dichterweg 2a, 99425 Weimar,
Tel.: 03643 / 779880, www.villahaar.de
Besuchen Sie unser Café d'Este von Ende März bis Oktober immer sonntags von 13 – 18 Uhr

297 WEIMARER KAFFEERÖSTEREI

Direkt am Herderplatz im hist. Zentrum von Weimar lädt Sie Sabine Zotzmann in eine genussvolle Reise in die Welt des Kaffees ein. Nach dem Diplom beim Wiener Kaffeeprofessor L.Edelbauer röstet sie hier eine Vielfalt von sortenreinen Rohkaffees, die als Kaffee, Espresso oder Capuccino verkostet werden können. Dazu schmecken die leckeren Kuchen, Torten- und und Pralinenspezialitäten.

Herderplatz 16, 99423 Weimar,
Tel.: 03643 / 801973,
www.weimarer-kaffeeroesterei.de,
Mo – Fr 9.30 – 18.30 Uhr, Sa 9.30 – 18 Uhr,
So 13 – 18 Uhr

298 ACC CAFÉ-RESTAURANT

An Goethes ersten Weimarer Wohnsitz mitten in der Stadt mit schönem Schlossblick findet man das ACC. Hier verbinden sich spannende Kunstausstellungen mit junger europäischer Küche und guter Musik. Fair gehandelter Kaffee und Bio-Weine sind genauso im Angebot wie Weimarer Bier und hausgebackene Kuchenleckereien. In der 1. Etage residiert die legendäre ACC-Galerie.

Burgplatz 1, 99423 Weimar,
Tel.: 03643 / 851161, www.acc-cafe.de,
tägl von 11 bis „25" Uhr, Sa, So und an Feiertagen ab 10 Uhr, die Galerie hat täglich von 12 – 18 Uhr geöffnet, am Fr u. Sa 12 – 20 Uhr

299 GASTHAUS ZUM WEIßEN SCHWAN & ELEPHANTENKELLER

Hier erwarten Sie hist. Flair und 450 Jahre gelebte Gastlichkeit. Schon Goethe schrieb im Jahre 1827: „Der weiße Schwan begrüßt dich jederzeit mit offenen Flügeln" – und so ist es bis heute geblieben. Gemeinsam mit dem im Hotel Elephant befindlichen Elephantenkeller ergänzen beide Orte mit thüringischer Küche das kulinarische Angebot des Hotels.

Gasthaus Zum Weißen Schwan, Frauentorstraße 23, 99423 Weimar, Tel.: 03643 / 908751,
Di – Sa 12 – 22 Uhr, www.weisserschwan.de
Elephantenkeller im Hotel Elephant, Markt 19, 99423 Weimar, Tel.: 03643 / 8020,
Do – Mo 12 – 15 Uhr u. 18 – 22 Uhr,
www.hotelelephantweimar.com

300 RESTAURANT ALTE REMISE TIEFURT

In unmittelbarer Nachbarschaft zu Schloss und Park Tiefurt, ist ein Besuch des Restaurants Alte Remise absolut empfehlenswert. In dem in gelungener Mischung aus Modernität und Geschichte liebevoll restaurierten Restaurant im ehem. hist. Kammergut können Sie sich vom jungen, kreativen Team um Küchenchef Peter Scheller mit region. Frischeküche verwöhnen lassen

Im Kammergut Tiefurt, Hauptstraße 14, 99425 Tiefurt, Tel.: 03643 / 908116, Mo u. Di 11 – 17 Uhr, Mi – So 11 – 22 Uhr,
www.alte-remise-tiefurt.de

295

296

297

298

290

303

305

304

301

304

302

306

CAFÉS & RESTAURANTS

301 ALTES BRAUHAUS BAD BERKA

Erleben Sie echte Thüringer Gastfreundschaft in der gemütlichen Atmosphäre der Schankräume oder in einem der schönsten Biergärten des Weimarer Landes im Bad Berkaer 'Klein Venedig'. Hier verwöhnt man Sie an sieben Tagen der Woche mit hausgebrautem Bier, regionalen Spezialitäten, saisonalen Genüssen aus unserem kulinarischen Kalender und Köstlichkeiten aus der sportlich-leichten Vitalküche.

Brauhausstr. 3, 99438 Bad Berka,
Tel.: 036458 / 30616, Mo – Sa 11 – 23 Uhr,
So 11 – 17 Uhr, www.montag-brauhaus.de

302 BELLA VISTA SEETERRASSEN HOHENFELDEN

Wo die Natur zum Träumen einlädt und Wasser auf Land trifft serviert Ihnen am Stausee Hohenfelden das italienisch maritime Restaurant kulinarische Köstlichkeiten. Bei schönem Wetter lädt die Außenterrasse zum Verweilen in der Sonne ein. Den unvergleichlichen Panoramablick über den Stausee können Sie aber auch im Innenbereich genießen. Ob als Abrundung eines Stauseebesuches oder als Zwischenstop vom Autobahnanschluss werden Sie hier bestens bedient.

Am Stausee 2, 99448 Hohenfelden, Tel.: 036450 / 42397, So – Do 11 – 22 Uhr, Fr – Sa 11 – 23 Uhr,
www.bellavista-hohenfelden.de

303 RESTAURANT IM HOTEL AM SCHLOSS APOLDA

In der Küche des Hotel am Schloß werden klassische Gaumenfreuden mit neuen Tendenzen der Kochkunst vereint. Vom Frühstücksbuffet bis zum festlichen Abendessen finden Sie alles, was Sie von einem **** Hotel erwarten. Unsere Weinkarte wird Ihnen Freude bereiten. Sie verzeichnet viele Gewächse von herausragender Qualität, darunter auch eine Auswahl Thüringer Weine.

Jenaer Straße 2, 99510 Apolda,
Tel.: 03644 / 5800, www.hotel-apolda.de,
Mo – So 7 – 22 Uhr

304 THÜRINGER WEINSTUBE IM WEINGUT ZAHN

Von März bis Dezember begrüßt Sie Elvira Zahn-General am Ufer der Saale, wo Terrasse und Kaminzimmer zum Genießen und verweilen einladen. Als Ausflugslokal, Weinrestaurant & Event-Location verwöhnen sie und ihr Team die Gäste mit moderner regionaler Küche, überwiegend heimischen Zutaten und genussvollen Veranstaltungen.

Weinbergstr. 16 | 99518 Großheringen,
Tel.: 034466 / 20356, www.weingut-zahn.de,
März – Okt : Mi – Do 11 – 18 Uhr, Fr – Sa
11 – 22 Uhr, So 11 – 18 Uhr, Nov – Dez:
Do – Sa 17 – 23 Uhr, So 11 – 16 Uhr

305 RESTAURANT „REINHARDT'S IM SCHLOSS“

Großherzogliches Ambiente, bodenständige Preise, inspirierte Gastronomie und Geheimtipp-Weine. All das, und noch viel mehr, im historischen Schloss des Weltkulturdorfs Auerstedt! Im Museumscafé und Restaurant mit Freiterasse beleben Kati und Frank Reinhardt das liebevoll restaurierte Auerstedter Schloss mit Stil, Geschmack und Enthusiasmus.

Schlosshof, 99518 Auerstedt,
Tel.: 036461 / 87762,
www.reinhardts-im-schloss.de

306 RESTAURANT MÜHLENSCHENKE IN ÖLMÜHLE EBERSTEDT

Eine gehobene regionale Küche erwartet Sie in der liebevoll restaurierten Mühlenschänke, wo es angefangen vom frischem Fisch aus hauseigenen Gewässern bis zu leidenschaftlich zubereiteten Speisen aus dem selbst gepressten Senföl der Mühle aller Hand zu bieten gibt. Deftige Deutsche Küche und zuvorkommender Service erwartet Sie in der gemütlichen Gaststätte.

Dorfstr. 28 – 29, 99518 Eberstedt,
Tel.: 036461 / 87463,
www.oelmuehle-eberstedt.de,
ganzjährig: Mi – Mo 11 – 22 Uhr, Di Ruhetag

312

312

308

ie Saale-Unstrut-Region und das Weimarer Land locken mit einzigartigen Tropfen, rigen Gasthäusern und traumhaften Landschaften.

311

311

307 RESTAURANT HOTEL EDELACKER FREYBURG

Genießt man bei einem guten heim. Tropfen, den traumhaften Ausblick über die Saale Unstrut Landschaft, braucht man fast nicht viel mehr. Und doch begeistert Jan Thyen nicht nur mit Lage und phantastischer Weinkarte Gäste für seine Heimat und deren Weine. Perfekt abgestimmte Themenmenüs und Hotelarrangements wie „Winzerträume" und „Wein & Romantik" machen Lust auf mehr.

Schloss 25,06632 Freyburg, Tel.: 034464 / 350, www.edelacker.de, Apr – Okt: So – Do 11.30 – 22 Uhr, Fr u. Sa 11.30 – 23 Uhr, Nov – März: So – Do, 11.30 – 21 Uhr, Fr u. Sa 11.30 – 22 Uhr

308 ALTDEUTSCHE WEINSTUBEN ZUM KÜNSTLERKELLER FREYBURG

Die liebev. Pflege über 100 jähr. Gastkultur durch Sabine und Peter Kannetzky wurde 2009 mit der Auszeichnung als „Schönstes altes Wirtshaus in Sachsen Anhalt" honoriert. Die orig. erhaltenen Weindiele aus den 30er Jahren erinnert mit kunstv. verzierten Wände und Fässern an die bis heute ungebrochene Anziehungskraft von Saale Unstrut Wein und Künstlerkeller-Spezialitäten.

Breite Straße 14, 06632 Freyburg/Unstrut, Tel.: 034464 / 70750, www.kuenstlerkeller.de, Nov – Apr: 11 – 21 Uhr, Mai – Okt: 11 – 22 Uhr

309 FREYBURGER WEIN- UND SEKTSALON STEINWEIN

Eleganz, Geschmack und Kreativität treffen sich in Robert Sanders modernen Konzept einer einzigartigen Weinlounge. Der gelernte Barkeeper- und Restaurantmeister mit Ausbildung zum Somelier mixt sein gastronomisches Wissen und die Kenntnis regionaler Weinaromen und im histor. Schützenhaus gekonnt mit buchbaren Weingenuss- Veranstaltungsmöglichkeiten.

Schützenstr. 6, 06632 Freyburg, Tel.: 034464-365064, www.steinwein-freyburg.de, Mi, Fr, Sa ab 18 Uhr, andere Termine nach Vereinb., ganzjährig geöffnet

310 RESTAURANT RITTERKLAUSE IM HOTEL MUTIGER RITTER BAD KÖSEN

Der „Mutige Ritter" ist ein traditionsr. Hotel, welches nach liebev. Sanierung auf 7.500 m^2 aufwendig renov. Gästezimmer und vielseitige Tagungs- und Veranstaltungsmöglichkeiten bietet. Im hist. Tonnengewölbe aus dem 17. Jh. können Sie sich im Restaurant „Ritterklause" kulinarisch verwöhnen lassen. Empfehlenswert sind auch das Palmencafé und der Platanen-Biergarten.

Rudolf-Breitscheid-Straße 2, 06628 Naumburg (Saale)/ OT Bad Kösen, Tel.: 034463 / 6370, Mo – Fr 18 – 22 Uhr, Sa 11.30 – 14.30 Uhr, 18 – 22 Uhr, So 11.30 – 14.30 Uhr

311 BURGRESTAURANT RUDELSBURG BAD KÖSEN

Genießen Sie in einer der bek. Burgen der „Straße der Romantik" einen traumhaften Ausblick, z. B. auf Bad Kösen und die Burg Saaleck. Im hist. Ambiente des Burgrestaurants, in der „Kuno-Klause" oder in „Samiel's Gewölbe" erwarten Sie eine Vielfalt kulinar.Spezialitäten der Region mit Weinen aus dem Saale-Unstrut Anbaugebiet. Unser Geheimtipp: Das Rittermahl.

Am Burgberg 33, 06628 Naumburg/ Bad Kösen (OT Saaleck), Tel.: 034463 / 27325, www.rudelsburg.com, Täglich 10 – 17 Uhr, Im Winter Mo u. Di Ruhetag, Mi – So ab 10 Uhr geöffnet (genaue Zeiten telef. zu erfragen)

312 GASTHAUS ZUR HENNE NAUMBURG

Lassen Sie sich im stilv. Ambiente des 1889 erb. Hauses mit gutbürg. Köstlichkeiten verwöhnen. In dem familiär geführten Hotel können Sie seit inzwischen 11 Jahren direkt an der Saale speisen und die hiesigen Saale Unstrut Weine oder das hauseigene Hennebräu genießen. Treu nach dem Motto: „Von allem etwas mehr!" freut sich Familie Schmidt und das gesamte Team auf Ihren Besuch.

Henne 1, 06618, Naumburg/OT Henne, Tel.: 03445 / 23260, www.gasthaus-zur-henne.de, tägl. ab 11 Uhr durchgehend warme Küche

307

309

310

313

314

315

316

317

317

318

CAFÉS & RESTAURANTS

313 SCALA TURMRESTAURANT JENA

Romantisch über den Wolken bei einem einzigartigen Panoramablick in 128 m Höhe über Jena erwartet Sie in dem mehrfach ausgezeichneten Restaurant Küchenchef Christian Hempfe mit höchster Kochkunst voller Frische, Kreativität und Raffinesse. Egal ob Businesslunch, Candlelight Dinner, Tagung oder Event – hier wird Ihr Aufenthalt zu einem Genuss für alle Sinne.

JenTower 27. – 29. OG, Leutragraben 1, 07743 Jena, Tel.: 03641 / 3566666, www.scala-jena.de, Warme Küche: 12 – 14 Uhr, 18 – 22 Uhr

314 RESTAURANT STILBRUCH JENA

Inmitten der beliebten Jenaer Kneipenmeile Wagnergasse schuf Heiko Krabbes in liebevoller Sanierung ein besonderes Kleinod, die mit seinem unverwechselbaren Charme den Charakter der Gasse bis heute prägt. Zwischen mediterraner Leichtigkeit und thüringer Tiefe verzaubert die Karte mit leckeren Frühstücksvariationen, spannenden region. und exot. Speisen und Getränkevielfalt.

Wagnergasse 1 – 3, 07743 Jena, Tel.: 03641 / 827171, www.stilbruch-jena.de, Mo – Do 8.30 – 2 Uhr, Fr 8.30 – 3 Uhr, Sa 9 – 3 Uhr, So 9 – 2 Uhr, vor Feiertagen jeweils bis 3 Uhr

315 HAUS IM SACK JENA

Durch seine Eltern von Jenaer Gastronomen-Genen geprägt, zog es André Böhmer zunächst in deutschlandweite Spitzenhotels. Den perfekten Jenaer Anker für seine Version von hochwertiger thüringer Küche, modern und doch bodenständig interpretiert, fand er im traumhaften Ambiente vom „Haus im Sack", wo sich familiäre Gastfreundschaft, Ästhetik und Genuss auf das Beste ergänzen.

Oberlauengasse 14 – 17, 07743 Jena, Tel.: 03641 / 637400, www.haus-im-sack.de, tägl. 11 – 24 Uhr

316 RESTAURANT BAUERSFELD JENA

Mit vielen sorgsam gesammelten original Einrichtungsdetails im Stil der 1920er Jahre erinnert das schöne Art Déco-Restaurant im Zeiss Planetarium Jena an die glanzvolle Gründungszeit des heute dienstältesten Planetariums der Welt. Lassen Sie sich in der Planetariumslounge, dem Palmengarten, im Kaminzimmer, der Galerie oder auf der Terrasse mit kreativen Köstlichkeiten verwöhnen.

Am Planetarium 5, 07743 Jena, Tel.: 03641 / 885450, www.cafe.bauersfeld-jena.de, Di – Sa 11:30 – 23 Uhr, So 10 – 15 Uhr

317 GASTHAUS & BAR WEINTANNE JENA

Ein kunstvoll arrangierter, harmonischer und zugleich spannungsvoller Genusscocktail erwartet Sie in dem kleinen feinen Restaurant in der Jenergasse. Mit Inhaber Danny Müller und Küchenchef Marco Kühl begegneten sich zwei begnadete Geschmacksvirtuosen in Sachen Bar- und Esskultur, deren Twist in Glas und Kochtopf ab und zu auch von Jazzkonzerten begleitet wird.

Jenergasse 13, 07743 Jena, Tel.: 03641 / 7968702, www.weintanne-jena.de, Di – Sa ab 18 Uhr, ab 21 Uhr Barbetrieb

318 KAFFEERÖSTEREI MARKT 11 JENA

Wie schnell aus einer gelungenen Café-Architektur eine Leidenschaft für frisch geröstete Kaffeebohnen werden kann, beweist der Architekt Andreas Raab, die sich 2005 vom Sohn des Bauherrn von München nach Jena locken ließ. Direkt am hist. Markt verwöhnen beide mit über 20 handgerösteten Kaffees und Kaffeeraritäten aus aller Welt, hausgebackenen Kuchen und leckeren Tagesgerichten.

Markt 11, 07743 Jena, Tel.: 03641 / 356703, www.markt11.de, Mo – Sa 9 – 19 Uhr, So und feiertags jeweils bis 19 Uhr

323

319

322

320

ena als traditionsreiche Unistadt, moderner Hochtechnologie-Standort und weltoffenes Kulturparadies strahlt auch an seinen Genussorten Geselligkeit, Geist und Vielfalt aus.

319 RESTAURANT KARDAMOM

Im Restaurant Kardamom des Steigenberger Esplanade Jena genießt man das Beste aus zwei Kulturkreisen. Vertraute europäische Gerichte kombiniert mit interessanten Gewürznuancen des Orients zaubern wunderbare Geschmackserlebnisse. Eine umfangreiche Weinkarte mit europäischen und arabischen Spezialitäten lassen das Weinkennerherz höher schlagen.

im Steigenberger Esplanade Jena, Carl-Zeiss-Platz 4, 07743 Jena, Tel.: 03641 / 8000, www.steigenberger.com, Mo – Sa 18 – 23 Uhr (Küche bis 22:30 Uhr), So 12 – 14:30 Uhr Sonntagsbrunch, Feiertage geschl.

320 ROTER HIRSCH UND WIRTSHAUS ALT JENA, RESTAURANT JEMBOPARK

Die urgemütliche Atmosphäre des über 500-jährigen Gasthauses Roter Hirsch strahlt mit seinen verwinkelten Räumen und der raffinierten thür. Küche eine lange Geschichte aus. Zünfiges Wirtshausambiente mit dem Charme der Gründerzeit begrüßt die Gäste im altehrwürdigen Alt Jena am Markt. Das im engl. Stil eingerichtete Restaurant im Jembo Park lockt mit großer Gartenterrasse und spannenden Themenwochen.

Roter Hirsch, Holzmarkt 10, 07743 Jena, Tel.: 03641 / 443221, Alt Jena, Markt 9, 07743 Jena, Tel.: 03641 / 443366, Jembopark, Rudolstädter Straße 93, 07745 Jena, Tel.: 03641/6850

321 MUSEUMSCAFÉ PHILISTERIUM IM STADTMUSEUM JENA

Zu einem genussvollen Eintauchen in Jenaer Geschichte(n) lädt Brigitte Haucke in ihr bezauberndes Museumscafé ein. Versunken in ein altes Plüschsofa, umgeben vom Interieur vergangener Zeiten, kann man sich mit „Goethes Durstlöscher", „Minchen Herzliebs Seelentrost", „Schaeffers Ideentrunk" oder einer „Kulinarischen Hommage an Henry van de Velde" Jenaer Geschichte „auf der Zunge zergehen lassen".

Markt 7, 07743 Jena, Tel.: 03461 / 498252, www.philisterium-jena.de, Di, Mi, Fr 11 – 17 Uhr, Do 15 – 22 Uhr, Sa, So 11 – 18 Uhr

322 PICI CAFÉ & VINOTHEK

Das Genussvolle der ungarischen Lebensart hat in Jena einen Platz: das Pici. Györgyi Bede bedient dort nicht die üblichen Klischees von Ungarn, sondern bietet eine zeitgemäße Version von ung. Speisen & sowohl traditionelle als auch moderne Weine an. Zusammen mit seinen musik. Veranstaltungen ist das Pici zu einer festen Größe im kulturellen Leben von Jena geworden.

Westbahnhofstraße 5, 07745 Jena, Tel.: 03641 / 2682130 oder 0162 2686010 www.pici-cafe-vinothek.de, Mo – Fr 11 – 23 Uhr, Sa 19 – 23 Uhr und bei Feiern, etc. nach Wunsch

323 CAFÉ IMMERGRÜN JENA

Jenas erste Café-Kneipe nach der Wende war trotz seiner Rolle als „zweites Wohnzimmer der Uni", vielen ausländischen,d fachspezif. Stammtischen und locker akademischen Personal schon immer mehr als eine Studentenkneipe. Egal, ob bei vielfält. Gästen, internat. Küche, selbstgeb. Kuchen, Sonntagsbrunch oder wechselnden Ausstellungen liebt und pflegt man in der grünen Oase Kontraste.

Jenergasse 6, 07745 Jena, Tel.: 03641 / 447313, Mo – Sa 11 – 1 Uhr, So ab 10 Uhr, www.cafe-immergruen.de

324 RESTAURANT „ZUR WEINTRAUBE"

Familie Lobedas Leidenschaft für region. Küche, Geschichte und Bausubstanz fand eine würdige Herausforderung in der aufwändigen Sanierung der traditionsr. „Weintraube". Gemeinsam mit dem Team verwöhnen sie die Gäste mit familiären Leibgerichten, kulinarischem Kalender, hervorragendem Fischangebot, hauseigenem Bier und hochwertig gefülltem Weinkeller.

Rudolstädter Str. 76, 07745 Jena, Tel.: 03641 / 605770, www.weintraube-jena.de, Mo – Sa 11 – 22.30 Uhr, So u. Feiertags 11 – 17 Uhr

320

320

324

324

321

330

327

327

327

329

328

326

325

CAFÉS & RESTAURANTS

325 BRAUGASTHOF PAPIERMÜHLE

Seit über 100 Jahren ist die Papiermühle in Jena als gutbürgerl. Gasthaus für sein gutes Bier bekannt, und 2015 lobt auch der Feinschmecker: „In der Papiermühle wird das vielleicht beste Bier Thüringens gebraut – ob Burschenpils oder das fast schwarze Jenaer Schellenbier.“ Dazu munden leckere Salate, deftige thür. Hausmannskost und raffinierte Kreationen aus regionalen Zutaten der Saison.

Erfurter Straße 102, 07743 Jena, Tel.: 03641 / 459898, www.papiermuehle-jena.de, Fr – Sa 11.30 – 24 Uhr, So – Do bis 23 Uhr

326 HOFCAFÉ IM LEHMHOF LINDIG

In dem liebevoll restaurierten Lehmhof lädt das idyll. Hofcafé mit 36 Sitzplätzen und bei schönem Wetter noch 54 weiteren Plätzen ein. Auf Hoch- und Gartenterrasse genießt man frischen selbstgebackenen Kuchen, frisch zubereiteten Kaffee oder Tee oder aber auch eine leckere Kräutersuppe. Ein neugestalteter hölzerner Lindwurm ermöglicht in seinem Inneren unvergessliche Betriebs- und Familienfeste.

Dorfstraße 39, 07768 Lindig, Tel.: 036424 / 76991, www.lehmhof-lindig.de, FW ab 55 €

327 BURGSCHÄNKE, BISTRO UND PORZELLANLOUNGE AUF DER LEUCHTENBURG

In der rustikalen Burgschänke auf der Leuchtenburg können Sie mit gastfreundlichen Mägden und Knechten urig speisen und feiern. Das Bistro im Besucherzentrum bietet während der Öffnungszeiten der Porzellanwelten-Ausstellung Kaffee, Kuchen und Getränke an. Für exklusive Tagungen und Events stehen der Rittersaal, das Torhaus und die Porzellanlounge zur Verfügung.

Dorfstraße 100, 07768 Seitenroda, Tel.: 036424 / 713300, Burgschänke (im eintrittspflichtigen Burgareal) täglich geöffnet, www.leuchtenburg.de

328 MIEZE FEINE KOST BAD KLOSTERLAUSNITZ

Benannt nach der einzigartigen Erdbeere „Mieze Schindler“, steht das Feinkostgeschäft mit Café & Catering für in liebevollem Handwerk verarbeitete regionale und internationale Köstlichkeiten, die geschmacklich delikat und hochwertig sind. Das umfangreiche Angebot der feinen Wurst- und Käsetheken und die breite Wein- und Whiskey-Auswahl können Sie mitnehmen oder direkt im Café genießen.

Jenaische Straße 18, 07639 Bad Klosterlausnitz, Tel.: 036601 / 932631, Mo – Fr 7 – 12 Uhr, 14 – 18 Uhr, Sa – So 7 – 11 Uhr, 13 – 18 Uhr, www.miezefeinekost.de

329 LUMMERSCHES BACKHAUS GERA

Direkt neben der Marienkirche im idyll. Stadtteil Alt Untermhaus befindet sich Geras exklusivste Genussadresse – das Lummersche Backhaus. Lassen Sie sich im eleganten Ambiente des 250 Jahre alten Ensembles auf der Terrasse oder im Brückencafé von Sven Arnold und Kay Zimmermann mit beeindruckender Kochkunst aus exzellenten Zutaten und spannender Weinauswahl verwöhnen.

Gries 1, 07548 Gera, Tel.: 0365 / 77316959, www.lummersches-backhaus.de, Di – Fr 17 – 23 Uhr, Sa – So u. Feiertags 12 – 23 Uhr

330 THEATERRESTAURANT SZENARIO GERA

Unter dem Motto „Momente für die Sinne“ eröffnete zeitgleich mit der Wiedereröffnung des Geraer Theaters 2007 das neue ‚Szenario’ mit moderner, edler Gestaltung, welche mit kreativen Genussevents einen spann. Kontrast zu histor. Jugendstilarchitektur des Hauses bildet. Die Karte beeindruckt mit einer vielfält. und aufwändigen Ausrichtung – leicht, mediterran bis klassisch und auf hohem Niveau.

Theaterstraße 1, 07548 Gera, Tel.: 0365 / 8279118, www.szenario-gera.de, Mi – Do 17 – 23 Uhr, Fr – Sa 17 – 24 Uhr, So 10 – 21 Uhr

Von Jena über das Saale-Holzland bis Gera trifft man auf traditionsreiche Gasthöfe, innovative Cafés und elegante Restaurants– was sie vereint, ist die Liebe zu Handwerk und Zutaten.

331 CAFÉ MITTENDRIN GERA

Klein, gemütlich und individuell lädt das Café zum Frühstücken, Brunchen, Kaffeetrinken, Ausspannen und Abtauchen ein. Frische Produkte, gesunde Speisen und persönlicher Kontakt zum Gast sind bei Ramona Metz Herzenssache. Angefangen von den Kaffeespezialitäten über alte. thür. Kuchenrezepte und Parfaits bis zu den beliebten Limonaden ist hier alles mit Liebe handgemacht.

Laasener Str. 6, 07545 Gera,
Tel.: 0365 / 22768180,
www.cafe-mittendrin-gera.de,
Mo – Fr 9 – 17 Uhr

332 KÖSTRITZER BIERHAUS GERA

Frische und Qualität aus der Region sind die Grundlage der liebevoll zubereiteten Speisen im Köstritzer Bierhaus, das mit innovativem Einrichtungsdesign das Image von Bierrestaurants gründlich entstaubt. Egal, ob Frühstücksbuffet, Mittagessen oder entspannter Tagesausklang – das Bierhaus bietet den ganzen Tag genussvolle Thüringer Gastlichkeit. Feiern erhalten hier das besondere Etwas. Ein Highlight für Vereine und Firmenfeiern ist der drehbare Stammtisch zum Selberzapfen.

Schlossstraße 10, 07545 Gera,
www.koestritzer-bierhaus.de,
Mo – Do 9 – 23 Uhr, Fr – Sa 9 – 24 Uhr,
So 9 – 22 Uhr

333 APOSTO RESTAURANT GERA

Italienisch genießen – das heißt im Aposto Lebensfreude, mediterrane Küche und leckere Getränke zelebrieren. Das offene Bar- und Restaurantkonzept lädt zu hausgemachter Pasta, knusprigen Pizzen aus dem Steinofen, Steaks vom Lavagrill, Cocktails und Lavazza-Spezialitäten. Ausgesuchte Weine, z.B. aus der Toskana, Südtirol oder Emilia-Romagna, runden das Angebot ab.

Parkstraße 10, 07548 Gera,
Tel.: 0365 / 83200832, www.gera.aposto.eu,
Mo – So 11.30 – 22 Uhr

334 KAFFEERÖSTEREI MAHLWERK

Feinster, frisch gerösteter Kaffee und eine geballte Ladung Passion und Kompetenz in Sachen Kaffee machen es zu dem Ort mit dem besten Kaffee der Stadt. Es gibt hier leckere Kaffeesorten, die direkt vor Ort geröstet werden. Man bekommt den Kaffee mitunter direkt am Platz aufgebrüht und der Inhaber gibt Hintergrundwissen zum Kaffee. Kaufen kann man den Kaffee als Bohnen oder gemahlen, wenn man mag.

Kornmarkt 4, 07545 Gera,
Tel.: 0365 / 20435120, Mo – Fr 10 – 18 Uhr,
Sa 10 – 16 Uhr, www.mahlwerk-gera.de

335 RESTAURANT 1880 IN ALTER BRAUEREI GERA

In der eindrucksvoll sanierten Alten Brauerei treffen nicht nur traditionsreiche Mauern auf modernstes Designinterieur, sondern auch gehobene Veranstaltungen auf ein Gastronomiekonzept der Extraklasse. Während das Restaurant 1880 in der alten Braumeisterstube frische kreative Mittelmeerküche, Steaks und Steinofenpizza offeriert, lockt die stylische Lounge Bar mit leckeren Cocktails.

Stadtgraben 14, 07545 Gera,
Tel.: 0365 / 214711166, www.1880.one,
tägl. ab 17 Uhr

336 SALSA VERDE CATERING

SalsaVerde bietet Ihnen in Mittel-/deutschland von Hochzeiten bis Festivalcatering maßgeschneiderte Buffets Fingerfood oder Canapees, Cross Over oder Klassisch, Kalt oder Warm – Sie haben die Wahl. Egal, ob kleine Feier mit 20 Gästen oder eine Firmenpräsentation für 1000 Personen – SALSA VERDE kommt gut. Neben Buffets frei Haus, All Inclusive-Betreuung oder Front Cooking können Getränke, Service und Equipment gestellt werden.

August-Bebel-Str. 13A, 07629 Hermsdorf,
Tel.: 0178 / 4783131, www.salsa-verde.com

337

339

341

337

338

340

342

CAFÉS & RESTAURANTS

337 SIEBEN – LADEN & CAFÉ WEIDA

Tauchen Sie in gemütlicher Café-Atmosphäre in eine Welt aus kleinen Köstlichkeiten und regionalen Besonderheiten ein und genießen Sie diese im Café oder im Sommer im angrenzenden Hof. Das Angebot reicht von herzhaften Gerichten wie Suppen über Crêpes und süchtig machenden selbstgebackenen Kuchen bis hin zu einer großen Auswahl an Kaffee, Tee- und Schokoladenspezialitäten.

Kanalstraße 7, 07570 Weida,
Tel.: 036603 / 44233, Di – Fr 12.30 – 18 Uhr,
Sa – So 14 – 18 Uhr, www.cafe-sieben-weida.de

338 WIRTSCHAFT ZUR OSTERBURG WEIDA

Nach dem Abstellen der motorisierten Droschken am Fuße der Osterburg erreicht man nach einem kurzen Aufstieg zur Burg über den Burghof direkt das historische Tonnengewölbe der Wirtschaft zur Osterburg. Hier kredenzen und reichen freundliche Mägde und Knechte mit einer Vielzahl von handgefertigten Suppen, Fleisch, Geflügel, Fisch oder Süßem einen Gaumenschmaus der besonderen Art.

Schlossberg 14, 07570 Weida,
Tel.: 036603 / 6248, Mai – Sept.: Fr u. Sa ab 18 Uhr, So 11.30 – 14 Uhr, Okt. – Apr.: Mi – Sa ab 17 Uhr, So 11.30 – 14 Uhr, 17 – 21 Uhr,
www.wirtschaft-zur-osterburg.de

339 PANORAMA RESTAURANT IM BIO-SEEHOTEL ZEULENRODA

Genießen Sie in der Panorama-Restaurantetage bei phantastischem Ausblick über das Zeulenrodaer Meer und die Umgebung kulinarische Spezialitäten. Es erwartet Sie regionaltypische, nationale und internationale Küche in zertifizierter Bio-Qualität, zubereitet aus frischen Zutaten, entsprechend der natürlichen Saison- und Erntezeit, mit einer hervorragenden regionalen und internationalen Weinauswahl.

Bauerfeindallee 1, 07937 Zeulenroda-Triebes,
Tel.: 036628 / 98153, Mo – Sa 6.30 – 24 Uhr,
So 7 – 24 Uhr, www.bio-seehotel-zeulenroda.de

340 PATISSERIE BERGMANN ZEULENRODA

In einem mit franz. Ästhetik und Lebensart angereicherten vogtländ. Vierseitenhof verwöhnt Doreen Bergmann ihre Gäste mit verführerischen Kuchen- und Tortenkompositionen, lecker gefüllten Petit Fours, Cupcakes, Crêpes, wechselnden Tagessuppen und anderen herzhaften und süßen Köstlichkeiten. Empfehlenswert sind die Pralinen-, Brotback- und Pizzakurse.

Stelzendorf 15, 07937 Zeulenroda-Triebes,
Tel.: 036628 / 97670, Mi – Fr 9 – 17 Uhr,
Sa – So u. Feiertage ab 14 Uhr,
www.patisserie-bergmann.de

341 RESTAURANT & CAFÉ ZELLREDER ZEULENRODA

Im Herzen der Stadt Zeulenroda, direkt auf dem Marktplatz, schuf Familie Rocktäschel sich und den Gästen ein elegant-gemütliches Genussreich, in dem aus hochwertigen Zutaten thüringer Küche kreativ und kontrastreich abgewandelt und Wert auf hervorragende region. Weine gelegt wird. Im schön gestalteten Café mit liebevollen Details entspannen Sie mit Eis und selbstgeb. Kuchen.

Schleizer Straße 2, 07937 Zeulenroda-Triebes,
Tel.: 036628 / 954293, Mo 11.30 – 14.30 Uhr,
Di – Fr ab 11.30 Uhr, 17.30 – 22.30 Uhr,
Sa 17.30 – 22.30 Uhr, So 11.30 – 17.30 Uhr,
www.restaurant-zellreder.de

342 SCHLOSSCAFÉ & RESTAURANT HARMONIE GREIZ

Zum fürstlichen Genießen der frisch zubereiteten Speisen aus traditioneller vogtländischer und moderner Küche, erlesenen Weinen sowie hausgebackenen Kuchen und Torten, lädt Sie das schöne Cafégewölbe im Greizer Residenzschloss ein. Im Sommer können Sie sich auf der romant. Balkonterrasse mit Blick auf den Greizer Schloßgarten, die Weiße Elster und das Obere Schloss verwöhnen lassen.

Burgplatz 12 / Unteres Schloss, 07973 Greiz,
Tel.: 03661 / 3866, Mi – So ab 11.30 Uhr,
www.harmonie-geniessen.de

346

344

343

ingebettet in eine wunderschöne Landschaft, erwarten Sie im Vogtland Gastgeber mit eidenschaft und Sinn für gesunde und heimische Zutaten.

343 FRIESISCHE BOTSCHAFT & HOTELRESTAURANT PARKHOTEL PLAUEN

Neben dem modernen Hotelrestaurant mit vogtl. und internat. Spezialitäten, begeistert das Parkhotel Plauen mit der „Friesischen Botschaft". Lichten Sie in uriger Seemanns-Atmosphäre die Anker zu einem genussvollen Nordseeurlaub mit frisch zubereiteten, küstentypischen Fischgerichten, inspirierenden Salaten, Grillgerichten und saftigen Steaks vom südamerik. Angus-Ochsen.

Rädelstraße 18, 08523 Plauen, Tel.: 03741 / 20060, Hotelrestaurant: tägl. ab 18 Uhr, Küche bis 22 Uhr, Mittagstisch: Mo, Di, Do, So 11 – 14 Uhr, Friesische Botschaft: tägl. ab 18 Uhr, Küche bis 22 Uhr, www.parkhotel-plauen.de

344 GASTHAUS MATSCH PLAUEN

Vogtländische Dolce Vita inmitten der Plauener Innenstadt bietet das Restaurant Matsch als älteste Gastwirtschaft von Plauen. Direkt hinter der alten Stadtmauer befindet sich in einem wunderschön restaurierten Innenhof ein traumhafter Biergarten. Hier und in den urigen Gasträumen lädt das Ehepaar Floss zu deftiger vogtl. Küche, den typ. Bambesgerichten und leichten mediterranen Köstlichkeiten ein.

Nobelstr. 1 – 5, 08523 Plauen, Tel.: 03741 / 204807, Mo – Fr 7 – 23 Uhr, Sa – So 7 – 24 Uhr, www.matsch-plauen.com

345 RESTAURANT ROYAL, CAFÉSTÜBCHEN WIEN & BLUE BAR PLAUEN

Im Hotel Alexandria lädt das elegante Restaurant „Royal" mit wunderschönen Kristallüstern und Gastfreundschaft vom Herzen zu kulinarischen Köstlichkeiten der regionalen und internationalen Küche ein. Am Nachmittag bietet das Caféstübchen „Wien" eine süße Auszeit im Hotel. Ein beliebter Treffpunkt, vor wie nach dem Essen, ist die „Blue Bar" mit stilvoller Cocktailauswahl.

Bahnhofstraße 17, 08523 Plauen, Tel.: 03741 / 71951, Café tägl. 10.30 – 18 Uhr, Restaurant tägl. 10.30 – 15 Uhr u. 17.30 – 24 Uhr, Bar Mo – Sa 18 – open end, www.hotel-alexandra-plauen.de

346 NEUE KAFFEERÖSTEREI PLAUEN

Bei Kaffeeröstung, Gastfreundschaft und Ladeneinrichtung läßt Daniel Zeller keine Retorte gelten. Die einzigart. Herkunftsaromen der handverlesenen Bohnen aus kl. Dörfern in den besten Kaffeeregionen der Welt werden von ihm mit heller Profilröstung zu einem harmon. Ganzen austangiert. Individuell wertgeschätzt, entfalten im Ladencafé nicht nur die frischen Brühkaffees, sondern auch die Gäste wohlig ihre Kontraste.

Gottschaldstr. 1a, 08523 Plauen, Tel.: 0176 / 24032266, www.pl-kaffee.de, Di – Fr 11 – 18 Uhr, Sa 11 – 14 Uhr

347 KLEINE FINESSEN PLAUEN

Zu einer kulinarischen Reise in die verschiedenen Genussregionen Frankreichs lädt das charm. Restaurant „Kleine Finessen" in Plauen. Angelehnt an die franz. Bistro-Kultur, bietet die Speisekarte täglich frische, aus besten saisonalen Zutaten zubereitete Köstlichkeiten – von herzhaften Tartes und Quiches über feine Suppen und Salate bis hin zu pfiffigen Pasta-Gerichten. Gerne auch als Cateringangebot.

Bahnhofstraße 26, 08523 Plauen, Tel.: 03741 / 2762727, www.kleine-finessen.de, Mo – Fr 10 – 18 Uhr, Sa 10 – 14 Uhr

348 RESTAURANT LANDHOTEL PLAUEN GASTHOF ZWOSCHWITZ

Vielfältig wie die sie umgebende Landschaft präsentieren die Gastgeber vom Gasthof Zwoschwitz mit viel Liebe vogtl. Spezialitäten als genussvolle Verbindung von alten region. Rezepten und neuer, leichter Küche. Dabei dürfen legendäre Klassiker wie „Griene Klies" (Grüne Klöße), „Bambes" (Kartoffelpuffer), vogtl. Sauerbraten ebenso wenig fehlen wie „Bruetsupp" (Brotsuppe) und „Spalken" (Eintopf).

Zwoschwitz Talstraße 1, 08525 Plauen, Tel.: 03741 / 300680, Mo – Do ab 16 Uhr, Fr – Sa ab 11 Uhr, So 11 – 14 Uhr, www.landhotel-plauen.de

345

345

348

347

343

350

349

349

350

352

351

353

354

CAFÉS & RESTAURANTS

349 RESTAURANT 1850 SCHÖNBRUNN & BAYERISCHER HOF GRÜNBACH

Inmitten der traumhaften Landschaft des Vogtlandes zelebrieren die „Jungen Wilden" – engagierte Spitzenköche mit Erfahrungen aus den besten internationalen Häusern – eine gelungene Komposition frischer kreativer Spitzenküche, stilvollem Ambiente und leidenschaftlicher Gastfreundschaft. Der Bayrische Hof lockt mit vogtl. Küche, BBQ und Festsaal.

Hauptstraße 4, 08485 Schönbrunn, Tel.: 037606 / 2229, Mi – So 17.30 Uhr – 22 Uhr, www.restaurant1850-schoenbrunn.de
Bayerischer Hof: Muldenberger Str. 19, 08223 Grünbach, Tel.: 03745 / 789760, Mo – Fr 17.30 – 22 Uhr, Sa – So 11.30 – 21 Uhr, www.bayerischerhof-gruenbach.de

350 RESTAURANT HOTEL KÖNIG ALBERT

Kulinarischer Genuss mit vielfältigen Akzenten erwartet Sie im a la Carte Restaurant des 4-Sterne-Superior Hotel König Albert in Bad Elster. In dem stilvoll und modern gestalteten Restaurant mit 190 Sitzplätzen und großzügigem Außenbereich laden offene Tafelbereiche und private Nischen zum Genießen und Entspannen ein. Empfehlenswert ist der Genießer-Brunch jeden Sonntag.

Carl-August-Klingner-Straße 1, 08645 Bad Elster, Tel.: 037437 / 5400, Mo – Sa 12 – 14 Uhr, 18 – 21.30 Uhr, So 11.30 – 14 Uhr (Brunch), 18 – 21.30 Uhr, www.hotelkoenigalbert.de

351 ALBERTS PARK-RESTAURANT IM PARKHOTEL HELENE

Im direkt am großzügigen Albert-Park gelegenen 3-Sterne-Superior PARKHOTEL Helene erwarten Sie nicht nur individuell gestaltete geräumige Komfortzimmer und umfangreiche Gesundheitspakete. Auch im Restaurant nimmt die Liebe des Inhabers zu persönlicher vogtländischer Gastlichkeit mit region. und internation. Spezialitäten aus erstklassigen, gesunden und regionalen Zutaten viel Raum ein.

Parkstraße 33, 08645 Bad Elster, Tel.: 037437 / 500, www.parkhotel-helene.de, Mo – So ab 7 Uhr, Mittwoch: Themenbuffettag

352 ANTIKCAFÉ BAD ELSTER

Die erfolgreiche Reminenz an histor. Kaffeehauskultur in der Kur- und Festspielstadt Bad Elster mit einer Extraportion Genuss, Romantik und Gastgeberleidenschaft ist für Lidia Lavrinet mit ihren tschechoslowakischen Wurzeln absolute Herzensangelegenheit. Nicht nur Pärchen lieben es, im traumhaft antiken Ambiente in den weichen Sofas zu versinken und die süßen und herzhaften Leckereien zu genießen.

Badstraße 15, 08645 Bad Elster, Tel.: 037437 / 532695, Di – So 13 – 22 Uhr, www.antikcafe-badelster.de

353 HOTEL & RESTAURANT ZUM POSTILLION KLINGENTHAL

Eingebettet in die „Klingenden Täler" direkt am Fuße des Aschberges, zwischen Vogtland und Erzgebirge, bietet das urig einger. Traditionshaus mit 300-jähriger Geschichte von Herzen kommende Gastfreundschaft. Selbstgekocht von der Chefin, offenbaren die vogtl. Hausrezepte Liebe zu regionaler Lebensart und Zutaten. Das Ansetzen der ebenfalls köstlichen Wurzelschnäpse übernimmt der Wirt selbst.

Auerbacher Str. 146, 08248 Klingenthal, Tel.: 037467 / 5400, www.zum-postillion.de, Di – Do 11.30 – 14, 17 – 21 Uhr, Fr 11.30 – 14 Uhr, 17 – 22 Uhr, Sa 11 – 22.30 Uhr, So 11 – 15 Uhr

354 HOTEL & RESTAURANT FORSTMEISTER SCHÖNHEIDE

Gesunder Genuss & Wohlbefinden werden in dem naturnah gelegenen Hotel nicht nur mit Kräutergarten, Panorama-Sauna, Heilfasten- und Ayurveda-Angeboten, Naturkosmetik u.v.m. groß geschrieben. Auch die Küchenchefin schlägt als zertifizierte Kräuterpädagogin mit einer Vielzahl region. Gerichte aus besten heimischen Zutaten eine genussvolle Lanze für vitale Ernährung.

Auerbacherstr. 15, 08304 Schönheide, Tel.: 037755 / 630, www.forstmeister.de, Mo 11.30 – 23 Uhr, Di – Mi 17 – 23 Uhr, Do 11 – 23 Uhr, Fr – Sa 11.30 – 24 Uhr, So 11.30 – 22 Uhr

357

358

wischen den Bergen und Tälern vom Vogtland und Thüringer Wald warten ußergewöhnliche Kochkunstorte darauf, von Genießern entdeckt zu werden.

355 GASTHAUS HOTEL KRANICH SAALBURG

Das schon von weitem erkennbare geschichtsträchtige Hotel Kranich liegt direkt an der Schiffsanlegestelle. Genießen Sie im gemütlichen Restaurant mit Erkersitzecke echte thüringer Küche von Saalburger Dammwildbraten über das Kranich-Pfännchen bis zur Forelle „Müllerin Art“. Besonders beliebt ist die beheizte Terrasse und der Wintergarten mit Blick auf den größten Stausee Deutschlands.

Markt 59, 07929 Saalburg-Ebersdorf, Tel.: 036647 / 22448, tägl. ab 8 Uhr, www.gasthaus-kranich.de

356 RESTAURANT PICCOLO GRÄFENWARTH

In dem etwas anderen Restaurant mit mediterranem Biergarten können Sie sich ganz im Sinne von La Dolce Vita verwöhnen lassen. Genießen Sie verführerische, monatlich thematisierte Köstlichkeiten wie Steaks, Pasta, Eis – abgerundet durch eine intern. Getränkekarte. Bei Kerzenschein und ausgew. Weinschätzen können Sie den Tag im ältesten Gewölbe des Ortes bei einer genussvollen Verkostung ausklingen lassen.

Stauseestraße 6, 07907 Schleiz, Tel.: 035547 / 29899, www.hotel-piccolo.de, Mo – Fr 16 – 22 Uhr, Sa u. So ab 11.30 Uhr

357 RESTAURANT IM HOTEL VILLA ALTENBURG

Das Restaurant und die Bar des Hotels Villa Altenburg im thüringischen Pößneck begeistert seine Gäste mit frischer exklusiver Küche, erlesenen Weinen aus aller Welt, gehobenem Service und einzigartigem Ambiente im modern interpretierten 1920er Jahre Stil. Mirko Kretschmer und sein Team bezaubern die Gäste mit erlesenen Menüs und einer saisonal wechselnden Speisekarte.

Str. des Friedens 49, 07381 Pößneck, Tel.: 03647 / 5042888, www.villa-altenburg.de, Mo – Sa 17 – 0 Uhr, So 11.20 – 21 Uhr

358 RESTAURANT MARIENTURM RUDOLSTADT

Bei einem spektakulären Ausblick über das Saaletal den Alltag vergessen – das kann man im Restaurant Marienturm. Die geschmackvoll dekorierten Zimmer und Gasträume bieten Komfort und gastfreundliche Behaglichkeit. Von feinen Delikatessen über deftige Speisen bis hin zu leichten Gerichten – das umfangreiche Angebot des engagierten Küchenteams lässt keinen Ihrer kulinarischen Wünsche offen.

Marienturm 1, 07407 Rudolstadt, Tel.: 03672 / 43270, www.marienturm.de, tägl. 11.30 – 22 Uhr, im Winter (1.11. – 20.3.) Mo u. Di ab 18 – 22 Uhr

359 SINNESLUST CATERING & RATSKELLER SAALFELD

Die Inszenierung eines perfekten Catering spricht alle Sinne an – begeben Sie sich mit Sinneslust-Catering auf eine Genussreise voller Sinnesfreuden. Denn: Gutes Eventcatering soll nicht nur satt machen, es ist vor allem ein kulinarisches Souvenir. Die Leidenschaft des Teams für kreative Esskultur aus region. und saison. Produkten hat nun im Ratskeller Saalfeld einen würdigen Heimathafen gefunden.

Sinneslust Catering: August-Bebel-Str. 11a, 07333 Unterwellenborn, Tel.: 03671/ 5252111, www.sinneslust-catering.de, Ratskeller: Markt 1, 07318 Saalfeld, Tel.: 03671 / 2988, www.ratskeller-saalfeld.de, täglich ab 11.30 Uhr

360 RESTAURANT SCHIEFERHOF NEUHAUS

Das Restaurant im Schieferhof, ein Betrieb der Chaîne des Rôtisseurs, von den Testern des Gaullt Millau mit 13 Punkten bewertet, gehört zu den Top 10 in Thüringen. Besuchen Sie auch das GenussReich im Gewölbe und lassen sich vom GourmetAnders Küchenkonzept „Neuhausln“ und außergewöhnlichem Thüringer Designglas überraschen.

Eisfelder Straße 26, 98724 Neuhaus am Rennweg, Tel.: 03679 / 7740, www.schieferhof.de, Restaurant: Mo – So ab 18 Uhr, GenussReich: Di – Sa ab 18 Uhr, max. 13 Personen (nur mit Reservierung)

359

357

356

355

360

364

370

372

CAFÉS & RESTAURANTS

362

371

363

365

361 BASTION MARIE KRONACH

Mit Herzblut, Kreativität und Können trägt die fesche Kronacher Wirtin Sandra Bauer fränk. Küche und Kronacher Kultur liebevoll in die Herzen ihrer Gäste. In dem romantisch auf der Festung Rosenberg gelegenen Gasthof besteht bei raffinierten Köstlichkeiten wie Schwellenhupfer, Seelenspitzen, Schweinekrustenbraten und Kronacher Schmäußbräu besteht höchste Suchtgefahr.

Festung 1, 96317 Kronach, Tel.: 09261 / 500700, www.bastion-marie.de, Öffnungszeiten: tägl. ab 11 Uhr, Mo Ruhetag

362 BRAUEREIGASTHOF ANTLABRÄU KRONACH

Das Restaurant mit Erlebnischarakter und einem großzügigen Braugarten lädt zum gemütlichen Verweilen ein. Die hauseigene Brauerei Antla knüpft an die fast 1000 Jahre alte Tradition des Bierbrauens in der „Oberen Stadt" an, mit schmackhaften „ehrlichen" Bieren, hergestellt nach alter handwerklicher Tradition, ganz gegensätzlich zur Brauindustrie. Monatlich erwarten Sie hier neue Bierspezialitäten mit passenden Gaumenfreuden.

Amtsgerichtsstraße 21, 96317 Kronach, Tel.: 09261 / 5045950, www.antla.de, Mo ab 17 Uhr, Mi – Fr 11 – 14 Uhr und ab 17 Uhr, Sa, So und Feiertage ab 11 Uhr, Di Ruhetag

363 KARTOFFELRESTAURANT ANNO DOMINI TETTAU

Mit pfiffigen Ideen lockt Michael Kaiser seine Gäste in einem liebevoll gestalteten Ambiente zur kulinarischen Rast. Neben originell zubereiteten Kartoffel-Spezialitäten steht beispielsweise auch eine „Karre Mist" auf der Speisekarte. Ein hölzerner Spielzeug-Leiterwagen verbirgt sich dahinter, köstlich gefüllt mit Schweinefilets und Gemüse.

Marktplatz 12, 96355 Tettau, Tel.: 9269 / 943624, www.annodomini-tettau.de, Mo, Mi, Do, So: 11 – 14 Uhr sowie 17 – 23 Uhr, Fr u. Sa. 17 – 23 Uhr

364 CAFÉ & WINTERGARTEN CONFISERIE BAUER LAUENSTEIN

Feinste Pralinenspezialitäten – von Hand geschöpft! Nahe der hist. Burg Lauenstein liegt mit der Frankenwald Confiserie Bauer eine wahrhaft süße Adresse. Neben Führungen und Werksverkauf locken Café und Wintergarten mit 100 Plätzen Familien und Reisegruppen an. Genießen Sie hausg. Kuchen und Torten, herzhafte region. Brotzeiten, exot. Eisbecher und „fürstliche" Maxi- und XXL Windbeutel.

Orlamünder Str. 39, 96337 Lauenstein, Tel.: 09263 / 215, www.c-bauer.de, Apr – Okt: Di – So 13 – 18 Uhr, Nov – März: Sa – So 13 – 18 Uhr

365 RESTAURANT ANTIK-HOTEL STEINBACHER HOF

Mit einem herzl. Willkommen und „Grüß Gott" begrüßt Sie Familie Bauer im Antikhotel Steinbacher Hof. Unter dem Leitspruch „Antikes trifft Moderne", möchten sie Traditionelles bewahren und Neues hinzufügen. Lassen Sie sich von der Leichtigkeit und kulinarischen Vielfalt der Gerichte inspirieren. Hier kocht man mit frischen regionalen Produkten und Begeisterung zum Beruf.

Kronacher Straße 3, 96361 Steinbach am Wald, www.antikhotel-steinbacher-hof.de, Tel.: 09263 / 9924976, Mo, Di und Do – Sa ab 17 Uhr, So 11.30 – 14 Uhr

366 GASTHOF-BAUERNHANNLA IN EICHENBÜHL

Ihre Liebe zu Franken und Österreich entfaltet Familie Bauer in dem wunderschön restaurierten Gasthof mit Bergterrasse in jedem Detail. Helle, beheizte Lehmbänke treffen auf rustik. Eichenparkett und kleine gemütliche fränk. Fenster. Ob aufwändig von der Wirtin gefertigte Klöse, die Braten vom heim. Wild, hausg. Kuchen und die große Dessertkarte – gekocht wird hier mit Herz statt Tüte.

Eichenbühl 82, 96352 Wilhelmsthal/Steinberg, www.bauernhannla.de, Tel.: 09260 / 9639399, tägl. 11.30 – 24 Uhr, So u. Feiertage 9.30 – 24 Uhr, Warme Küche durchgehend bis 21.30 Uhr

367

361

m Frankenwald gibt es eine einzigartige Vielfalt an Brauereien, Bäckereien und Metzgereien.)ie können Sie mit modern interpretierten Familienrezepten in urigen Gasthäusern entdecken.

367 LANDGASTHOF DETSCH

In dem schönem Landgasthof erwartet Sie Familie Detsch mit nach Slow Food Kriterien gekochten Köstlichkeiten. Die sorgfältige Zubereitung aus regionalen Zutaten wie Angus-Fleisch, Täubchen, Kartoffeln (alle aus eig. Zucht und Anbau) sorgen für besten Geschmack. Für Feste und Sommergenuss stehen 3 Veranstaltungsräume und ein Biergarten unter Kastanienbäumen zur Verfügung.

Coburger Straße 9, 96342 Haig/Stockheim, www.landgasthof-detsch-haig.de, Tel.: 09261 / 62490, Di – Sa ab 18 Uhr, So mittag

368 RESTAURANT HARMONIE LICHTENBERG

Am beliebten Feinschmeckerort kochen und servieren Iris Steiner, Susanne Däumer-Lentz, Maik Däumer und Team in wohliger Atmosphäre eine der Jahreszeit angepasste Küche, die Ihnen das Regionale genauso bietet wie das Moderne und Mediterrane. Die frischen Produkte, wie z. B. Kartoffeln, Saiblinge, Karpfen und Wild werden, soweit es möglich ist, aus dem nahen Umkreis bezogen. Spezialitäten sind u. a. die fränkische Schiefertrüffelsuppe oder das Saiblingsfilet.

Schloßberg 2, 95192 Lichtenberg, Tel.: 09288 / 246, www.harmonie-lichtenberg.com, Do – So 11.30 – 14 Uhr sowie abends ab 17.30 Uhr, Mi ab 17.30 Uhr

369 GLASCAFÉ NEBEN DEM EUROPÄISCHEN FLAKONGLASMUSEUM KLEINTETTAU

Herzlich willkommen zu einer guten Tasse Kaffee mit selbstgebackenem Kuchen und hausgemachter Torte. Oder lieber etwas Herzhaftes? Dann bereiten die Glascafé-Damen liebevoll für Sie kalte und warme Speisen zu, frisch und lecker „wie bei Muttern". Im angegliederten Hofladen können Sie Wurstspezialitäten aus Hochlandrindfleisch probieren – und natürlich auch kaufen.

Glashüttenplatz 1 – 7, 96355 Kleintettau, Tel.: 09269 / 77104, glascafe@heinz-glas.com, Mo – Fr 11 – 17 Uhr, Sa 10 – 16 Uhr, Marktsonntag: 13 – 17 Uhr

370 RESTAURANT URSPRUNG IN PRESSECK

Die Rückkehr von Alexander & Claudia Schütz nach gastr. Wanderjahren in Topgastronomien zum elterlichen Familiengasthof war nicht nur familiär ein „Zurück zum Ursprung". Virtuos pflegt Familie Schütz beste fränk. Gastfreundschaft mit „gscheit gmachter" ehrlicher Frischeküche aus besten heim. Zutaten.

Wartenfels 85, 95355 Presseck, Tel.: 09223 / 229, www.berghof-wartenfels.de, Mi – Sa ab 11 Uhr, So ab 9 Uhr

371 GASTHOF HAUEIS HERMES

Das seit Jahrhunderten im Familienbesitz befindliche Gasthaus mit orig. erhaltenen Bauernmöbeln bietet Regeneration sowie gute fränkische Küche mit den kulinarischen Spezialitäten aus eigener Landwirtschaft, Forellenzucht und Jagd. Dass für die Seniors Tradition nicht Asche, sondern Feuer zum Weitertragen ist, beweist ihr Stolz auf den von Weltreisen zurückgekehrten Sohn. Dieser wirkt für Kreativität und Können als regelrechter Genießermagnet.

OT Hermes, 95352 Marktleugast-Hermes, Tel.: 09255 / 245, www.landgut-hermes.de, Mo, Di ab 17 Uhr, Mi – So 7 – 24 Uhr, Feb: geschlossen

372 RESTAURANT REBHAN'S STOCKHEIM

Lassen Sie sich in Rebhan's Wellnesshotel kulinarisch verwöhnen – sei es mit trad., region. Spezialitäten, intern. Gerichten oder einem exzellenten Gourmetmenü. Ob Hochzeiten, Firmenfeiern oder andere Festlichkeiten, das Rebhan's hält für jeden Anlass die passenden Angebote und Räumlichkeiten bereit. Zum Verweilen und Träumen lädt die Sonnenterrasse im toskanischen Stil ein.

Ludwigsstädter Straße 95 u. 97, 96342 Stockheim-Neukenroth, Tel.: 09265 / 9556000, www.hotel-rebhan.de, Mo – Sa 12 – 14 Uhr, So 11.30 – 14 Uhr, Mo – So 18 – 22 Uhr

370

368

366

369

374

374

377

373

373

375

376

CAFÉS & RESTAURANTS

373 RESTAURANT KASTANIENGARTEN HOF

Freuen Sie sich in dem mondän gestalteten Restaurant auf kulinarische Spezialitäten aus aller Welt und regionale Highlights im neuen Stil. Besonderen Wert legt Küchenchef Ralph Gelder auf saisonale Gerichte, entwickelt für Sie ständig neue, leckere Kreationen und verwöhnt Sie mit Ihren Lieblingsgerichten. Zu Ihrem Essen empfiehlt man Ihnen gerne einen guten Tropfen aus dem gutsortierten Weinkeller.

Kulmbacher Straße 4 – 9, 95930 Hof,
Tel.: 09281 / 6050, www.hotel-central-hof.de,
tägl. 12 – 14 Uhr, 18 – 0 Uhr

374 RESTAURANT BAR SEASON HOF

Was passiert, wenn junge Topgastronomen nach ihren Wanderjahren durch die Schweiz, Amerika und Frankreich die gehobene Küche ihrer fränkischen Heimat rocken, kann man im Hofer Season erleben. Mit Leidenschaft für Kreativität u. Qualität werden süchtigmachende Menüs, überraschende Weinreisen und gute Cocktails kreiert. Die selbstgemachten Spezialitäten kann man im Laden erwerben.

Ludwigstraße 36, 95028 Hof,
Tel.: 09281 / 5915460, www.season-hof.de,
Di – Do 17 – 22 Uhr, Fr – Sa 17 – 23 Uhr

375 BIERSALON TROMPETER HOF

Wer vielfältigen Biergenuß, chillig moderne Baratmosphäre und entsp. Geselligkeit mag, ist im Biersalon Trompeter genau richtig. Mischten die Töchter der Hofer Meinel Brauerei schon mit ihrem Frauenbier „Holla die Bierfee" die deutsche Getränkeszene auf, so geht es nun mit der Hofer Nachtkultur im Trompeter weiter. Ehrliche, handfeste Mahlzeiten, hammermäßige Meinel Biere und gute Konzerte begeistern die Gäste hier nicht nur für den Gerstensaft.

Bismarckstraße 10, 95028 Hof,
Tel.: 09281 / 9286277, Di – Sa ab 18 Uhr,
www.biersalon-trompeter.de

376 PEMA CAFÉ WEIßENSTADT

Im Concept Store von PEMA Weißenstadt befindet sich auch ein modern eingerichtetes Café. Das Angebot umfasst warme und kalte Vollkorn-Köstlichkeiten, die in der hauseigenen Küche in den Varianten herzhaft, vegetarisch und auch süß frisch zubereitet werden. Dazu schmeckt ein erfrischendes Waldsteinwasser aus dem Urgestein des Fichtelgebirges und nach dem Essen ein anregender Espresso.

Goethestraße 23, 95163 Weissenstadt,
Tel.: 09253 / 8954, www.lustaufvollkorn.de,
Mo – Sa 10 – 17 Uhr

377 VITALBOX-VEGETARISCHES BISTRO HOF

Nicht nur für Liebhaber von vegetarischer und veganer Küche, sondern auch für Freunde von echtem, frischem Geschmack ist die Vitalbox in Hof eine sehr empfehlenswerte Adresse für leckere Frühstücks- und Mittagsgerichte. Die im modernen Ambiente angebotenen Suppen und Salate aus wertvollen Zutaten und Ölen, die leckeren Smoothies, Obstkuchen, Desserts und Vollwertgerichte sind nicht nur gesund, sondern schmecken auch toll.

Ludwigstraße 91, 95028 Hof,
Tel.: 0171 / 9932119, Mo – Fr 11 – 15 Uhr,
Ruhetage: Sa, So

378 MEINELS BAS HOF

Der Name einer der ältesten Hofer Schankwirtschaften, welche bis heute Tradionsausschank der Meinel Brauerei ist, stammt von der im 19. Jh. populären Wirtin Kunigunda Barbara Meinel, welche liebevoll „Bas" genannt wurde. In der gemütlichen Gaststätte erwartet Sie vom Weißwurst oder Genießerfrühstück bis zum Grillabend gutbürgerliche bayrische Küche. Der Biergarten bietet bis zu 500 teilweise überdachte Sitzplätze.

Vorstadt 13, 95028 Hof, Tel.: 09281 / 141366,
www.meinels-bas.eu, Mo – So 9 – 0 Uhr

381

379

380

378

Während Sie in Hof kreative Gastronomie-Konzepte erwarten, überzeugt die mondäne Kurstadt Bad Steben mit feinen Bio-Genüssen.

379 RESTAURANT IM RELEXA HOTEL BAD STEBEN

In dem schönsten Hotel des bayer. Staatsbades Bad Steben finden Sie wohltuende Wellness, eleganten Übernachtungskomfort und vielfältige Kulinarik unter einem Dach. Lassen Sie sich in 3 Restaurants inklusive Wintergarten mit Außenterrasse sowie der Hotelbar mit Gartenbereich vom Vitalfrühstück bis zum Kerzenschein-Menü kulinarisch verwöhnen.

Badstraße 26 – 28, 95138 Bad Steben, www.relexa-hotel-bad-steben.de, Tel.: 09288 / 720, Restaurants: Mo – Fr 7 – 10.30 Uhr, Sa, So. 7 – 11 Uhr, tägl. 12 – 14 Uhr, 18 – 21 Uhr, Hotelbar: Mo – Sa 17.30 Uhr – open End

380 RISTORANTE LA PIAZETTA BAD STEBEN

Der im sonnig mediterranen Bad Steben nicht einzige, aber beste Italiener, bezieht sein Gemüse und einige Getränke von verschiedenen Bio-Anbietern. In dem im Stil eines ital. Marktplatzes gestalt. gemütlichen Restaurant mit Wintergarten erwarten Sie Mario Daniele mit frisch zubereiteten Fleisch, Fisch- und Pastagerichten. Die wunderschöne Außenterrasse ist an einem kleinen Bach gelegen.

Geroldsgrüner Straße 10, 95138 Bad Steben, Tel.: 092888 / 957575, www.facebook.com/pages/Ristorante-La-Piazzetta.de, Mo – Mi 11 – 14, 17 – 23 Uhr, Fr – So 11 – 14, 17 – 23 Uhr

381 RESTAURANT ROUGE ET NOIR BAD STEBEN

Relexa´s rouge et noir Restaurant befindet sich in der Spielbank Bad Steben. Genießen Sie das Casinoflair der Spielbank, die zu den schönsten und modernsten der bayrischen Spielbanken gehört und entdecken Sie das vielfältige à la carte Angebot. Auf Wunsch kredenzt man Ihnen gerne Erlebnispakete und Spezialmenüs mit Spielbankführungen für Gruppen- und Familienfeiern.

Casinoplatz 1, 95138 Bad Steben, www.relaxa-hotel-bad-steben.de, Tel.: 09288 / 720, tägl 18 – 23 Uhr

382 BIO-CAFÉ FREIRAUM BAD STEBEN

Dieses schöne Café für gesundheitsbewusste Genießer bietet neben einem gutsortierten Ladenangebot Köstlichkeiten der vegetarischen low carb Kochkunst in 100% Bio-Qualität für den kleinen und großen Hunger. Das sehr empfehlenswerte Brot, aber auch Kuchen, Torten und Brötchen, werden vor Ort aus Demeter-Dinkelvollkornmehl der Region gebacken. Täglich außer Sonntag und Montag erfreut ein 3-gängiges Mittagsmenü.

Wenzstraße 4, 95138 Bad Steben, Tel.: 09288 550495, www.freiraum-bad-steben.de

383 CAFÉ MUSIKANTEN-SCHENKE

20 Jahre lang war die gleichnamige Sendung mit insgesamt 92 Mio Zuschauern und 3500 Musikanten eine der erfolgr. deutschen Fernsehformate. Gemeinsam mit dem Autor und Redakteur Jochen Seiferth erinnert Manuela Wolf vom legend. singenden Geschwisterpaar Andrea & Manuela in ihrem gemütlichen Café mit zahlr. Autogrammschätzen sowie hand- und hausgemachten Spezialitäten an diese wunderschöne Zeit.

Kirchgasse 12, 95138 Bad Steben, Ortsmitte unterhalb der Kirche, Tel.: 09288 / 9250330, www.harmonika.de, tägl. 13 – 18 Uhr (außer 24.12.), Jan, Feb Sa, So 13 – 18 Uhr

384 GASTHAUS PENSION ENTENMÜHLE

Die Entenmühle liegt ruhig und idyllisch an der Oelschnitz, welche reich an Forellen und Krebsen ist. Seit vielen Generationen befindet sich die ehemalige Getreidemühle im Besitz der Familie Timm. Als engagiertes Mitglied im Verein „Essbares Fichtelgebirge“ ergänzt Alexander Timm seine Fisch- und Fleischspezialitäten aus eig. Gewässern und heim. Jagdgründen mit frischen Fichtelgebirgskräuern.

Entenmühle 6, 95482 Gefrees, Tel.: 09254 260, Ab 19. Okt – 25. März: Mi – Fr 10 – 14 Uhr, 17 – 21 Uhr, Sa u. So 10 – 23 Uhr, 26. März – 18. Okt: Mi – So 10 – 23 Uhr, www.gasthof-pension-entenmuehle.de

383

384

382

389

389

390

385

386

387

388

CAFÉS & RESTAURANTS

385 RESTAURANT ROSENTHAL CASINO

In den von Philipp Rosenthal gestalteten Räumen schaffen edle Materialien eine stilvolle Wohlfühl-Atmosphäre. Extravagante Kunstobjekte wie die, exklusiv für das Restaurant entworfene, beleuchtete Bierflaschenwand bilden Highlights. In der Casino-Küche zelebriert man aus hochwertigen heimischen Zutaten und exklusiven Luxusgütern regionale und internationale Frischeküche auf höchstem Niveau.

Kasinostraße 3, 95100 Selb, Tel.: 09287 / 8050, www.rosenthal-casino.de, Mo – Fr 11 – 14 Uhr, 18 – 22 Uhr, Sa 18 – 22 Uhr

386 WIRTSHAUS GLÄSL IM GUT GÖPFERSGRÜN

Dass ein urfränkisches Wirtshaus mit einfacher und ehrlicher Küche auch die hohen Weihen von Michelin, Gusto und Varta empfangen kann, beweist Familie Gläßl mit großer Leidenschaft für Zutaten und Jahreszeiten. Hier wird der Gast mit raffiniert zubereiteten fangfr. Forellen, Wild aus gutseigener Jagd und Rind sowie edlen Weinen, Obstbränden u.a. region. Schmankerln verwöhnt.

Göpfersgrün 2, 95632 Wunsiedel, Tel.: 09232 / 917767, Mo 11 – 14 Uhr, Mi – Sa 11 – 14 Uhr und ab 17 Uhr, So und Feiertags durchgehend ab 11 Uhr, www.wirtshausimgut.de

387 GASTHAUS EGERTAL WEISSENSTADT

Mit Theodor und Peter begann vor über 30 Jahren das sternegekrönte Egertal-Zeitalter mit einer Gastronomie, die immer einen Schritt voraus ist, wo in persönlicher Atmosphäre ganz besondere kulinar. Erlebnisse bereitet werden. Bester Nachwuchs trat in die Stapfen von Peter, sodass bis heute im mod. Bistro und eleganter Rupprechtstube lockere Gastkultur mit außergew. Spitzenküche gepflegt wird.

Wunsiedler Straße 49, 95163 Weissenstadt, Tel.: 09253 / 237, www.gasthaus-egertal.de, tägl. ab 18 Uhr, So und Feiertags 12 – 18 Uhr

388 VÖLKENREUTHER WIRTSHAUS

Dass der gastronom. Apfel nicht weit vom Stamm fällt, beweist Florian Heinold. Wie seine, mit fränk. Traditionsküche bestens vertraute Mutter, wollte er schon als Kind Gastwirt werden. Nach seiner Ausbildung und Tätigkeit in Südtirol und der MS Europa, krönte er die traditionsreiche Küche mit raffinierten italien. und franz. Einflüssen. Nicht entgehen lassen sollte man sich die Themenwochen.

Völkenreuth 3, 95126 Schwarzenbach an der Saale, Tel.: 09284 / 8520, Mi – So und Feiertags ab 11.30 Uhr, Mi – Fr Küchenschluss 21 Uhr, So und Feiertags Küchenschluss 20 Uhr, www.voelkenreuther-wirtshaus.de

389 RESTAURANT PUCHTLERS DEUTSCHER ADLER GASTHOF UND HOTEL BISCHOFSGRÜN

Im Deutschen Adler wird in respektvoller Weitergabe des Feuers die Tradition von 4 Generationen liebevoll in Küche und Einrichtung aufgegriffen. Seit über 100 Jahren steht der Gasthof und das Hotel Puchtlers Deutscher Adler unter dem Namen Puchtler. Hier erleben Sie lebendige Tradition, neue kreative Ideen und charmante Gastlichkeit. Restaurant, Weinstube, Adlerstube und Bar strahlen Modernität und familiäre Gemütlichkeit aus und bilden die perfekte Bühne für vorzügliche regionale Fleisch-, Fisch- und vegetarische Gerichte.

Kirchenring 4, 95493 Bischofsgrün, Tel.: 09276 / 926060, www.puchtlers.de, tägl. 11 – 14 Uhr und ab 17.30 Uhr warme Küche, in der Nebensaison Di Ruhetag

390 TESCHNER´S HERRSCHAFTLICHE GASTWIRTSCHAFT

Tradition trifft Moderne – Unter diesem Motto zelebrieren Christoph Teschner und Dana Teschner-Herrmann in Teschner‘s Herrschaftlicher Gastwirtschaft in Förbau bei Schwarzenbach regionale, ehrliche u. unkomplizierte Gastfreundschaft. Frischer Fisch und bestes Fleisch bilden die Grundlage für das hohe Niveau bei selbstgem. Pasta, Steaks, Mo-Burgern oder Sushi-Abenden.

Seulbitzer Str. 3, 95126 Schwarzenbach a. d. Saale, Tel.: 09284 / 8012588, Mo – Sa ab 16 Uhr, So ab 11 Uhr, www.teschners-herrschaftliche.de

391

394

394

Spannende Designrestaurants, ausgezeichnete Landgasthöfe und schräge Kulturkneipen schließen sich im märchenhaften Fichtelgebirge ebenso wenig aus wie im modernen Chemnitz.

391 KULTURKNEIPE & BAR ZUR EWIGEN BAUSTELLE WUNSIEDEL

Als der mit Kasseler Freigeist beseelte German Schlaug nach berufl. Wurzelfindung in Wunsiedel ein hist. Bauwerk zum gastron. Hoch- und Subkulturort wachküssen wollte, ahnte weder die Stadt noch er das Bau-Ausmaß. Nach 7 Jahren öffnete die behutsam restaur. Schönheit mit urig urbanem Charme. I-Tüpfelchen und, neben dem Bauherrn, Seele des Hauses ist Vollblut-Gastgeberin Molo Meyerhoefer.

Breite Str. 3, 95632 Wunsiedel, Tel.: 09232 / 917337, www.ewigebaustelle.de, Di – So 17 – 1 Uhr, Mo Ruhetag

392 RESTAURANT VILLA ESCHE CHEMNITZ

Im mondänen Chemnitzer Schlossbergviertel, in direkter Nachbarschaft zur Villa Esche, vereinigt das junge Küchenteam ausgezeichnete internat. Frischküche und region. Spezialitäten zu einer geschmackvollen, kreativen Symbiose. Große Weine von anerkannten Winzern und Châteaus haben auf der Weinkarte ebenso ihren Platz wie wohlschmeckende Tropfen aus den sächsischen Anbaugebieten.

Parkstraße 58, 09120 Chemnitz, Tel.: 0371 / 2361363, Di, Do 12 – 15 Uhr & 18 – 22 Uhr, Mi, Fr, Sa 12 – 22 Uhr, So 12 – 18 Uhr, www.restaurant-villaesche.de

393 RESTAURANT & CAFÉ HECKART CHEMNITZ

Art meets Food –Wenn sich Galerie und Restaurant ein Gebäude teilen, könnte die Kunst zum dekorativen Rahmen oder das Essen zum nützlichen Inhalt werden. Nicht so im Heckart – hier zelebrieren die Künstler an den Kochtöpfen gemeinsam mit den Künstlern an den Wänden einen für Auge und Gaumen veritablen Genussgroove, der mit 13 Punkten auch die Tester vom Gault & Millau überzeugte.

Mühlenstraße 2, 09111 Chemnitz, Tel.: 0371 / 6946818, Di – Sa 11 – 23 Uhr, So u. Mo 11 – 21 Uhr, www.restaurant-heck-art.de

394 RESTAURANT JANSSEN CHEMNITZ

Als Katrin und Marco Dressler nach ihrem Berliner Wirken Ende der 1990er auf das neue Nutzungskonzept der ehem. Strumpfwirkerei William Janssen stießen, war das gastron. Schicksal von ihnen und den am Wasser liegenden Räumen des Industriegebäudes besiegelt. Die bis heute innovative Einrichtung und die, sowohl Vegetarier als auch Fleischfans begeisternde Karte, beweisen genussvolle Kontraste bei Publikum und Zutaten.

Schloßstraße 12, 09111 Chemnitz, Tel.: 0371 / 4590950, Mo – Sa 11 – 24 Uhr, So 11 – 21 Uhr, www.janssen-restaurant.de

395 RESTAURANT LICHTBLICK LICHTENWALDE

In romantischer Nähe zum Barockschloss Lichtenwalde lockt im modern gestalteten Best Western Schlosshotel das elegante Restaurant Lichtblick mit Panorama-Ausblicken in den Park. Warme Holztöne und ausgez. Service schaffen Gemütlichkeit. Küchenchef Christian Mehner kocht für Sie mit Herz und Seele frische saisonale und regionale Köstlichkeiten, abgestimmt mit hervorragender Weinauswahl.

August-Bebel-Straße 1, 09577 Lichtenwalde, Tel.: 037206 / 8820, tägl. 12 – 22 Uhr, www.hotel-lichtenwalde.de

396 RESTAURANT OPERA CHEMNITZ

Im „OPERA" Restaurant & Lounge erwartet Sie ein stilvolles, helles und modernes Ambiente. Von der anliegenden Terrasse genießen Sie einen traumhaften Blick auf einen der architektonisch schönsten Plätze in Chemnitz – den Theaterplatz. Lassen Sie sich mit kulinarischen Spezialitäten der gehobenen internationalen Küche verwöhnen und mit ausgesuchten Cocktails entspannt Ihren Tag ausklingen.

Theaterplatz 4, 09111 Chemnitz, Günnewig Restaurant-Betriebe GmbH, Tel.: 0371 / 6840, www.guennewig.de

395

392

393

396

398

398

399

397

400

401

402

CAFÉS & RESTAURANTS

397 GEWÖLBERESTAURANT WASSERSCHLOSS KLAFFENBACH

In dem wunderschön gelegenen Schloss Klaffenbach besitzt das Gewölberestaurant des Schlosshotels ein einmaliges Flair. Das Team um Chefkoch Jens Herrmann hat sich über die Region hinaus einen guten Ruf „erkocht". Ausgewählte Zutaten aus der Region prägen die feinen Gerichte der saisonalen Schlossküche. Erlesene Tropfen hält die hauseigene Vinothek bereit.

Wasserschlossweg 6, 09123 Chemnitz, Tel.: 0371 / 26110, tägl. ab 11 Uhr, www.schlosshotel-chemnitz.de

398 RESTAURANT LAURUS VITAL HARTMANNSDORF

Nicht nur die Tester von Slow Food und Gusto, auch sächs. und thür. Genießer pilgern begeistert in das kleine Hartmannsdorf bei Chemnitz, wo mit Restaurant, Kochschule und Kräutergarten ein gastronomisches Ausnahmekonzept entstanden ist, welches mit gesunder offener Küche, mod. Tischkultur, Frontcooking, Chefs-Table und Ausnahmeweinen frischen, modernen und ehrlichen Genuss vereint.

Limbacher Str. 19, 09232 Hartmannsdorf, Tel.: 03722 / 505210, www.laurus-vital.de, Di 17 – 23 Uhr, Mi – Sa 11.30 – 23 Uhr

399 KELLERHAUS CHEMNITZ

Im mittelalterl. Schlossteichviertel gelegen, können Sie sich in einem der schönsten und ältesten Gebäude von Chemnitz auf eine romantische Zeitreise entführen lassen, bei der kulinarisch keine Wünsche offen bleiben. Die Karte schwingt von Pasta mit Muscheln, über Surf & Turf, Ochsenfilet bis zu hochwertiger Roulade genussvoll zwischen sächs. und mediterr. Köstlichkeiten.

Schloßberg 2, 09113 Chemnitz, Tel. 0371 / 3351677, tägl. ab 11 Uhr, www.kellerhaus-chemnitz.de

400 TILLMANN´S & PENTAGON3 CHEMNITZ

Egal ob mit Freundinnen, Kumpels oder Kollegen – im Tillmans ist mit Cocktail Happy Hour, Aperitivo Afterwork, Tillmann´s Menüabend oder Freundinnen-Frühstück – für jede Konstellation etwas dabei. Schick und stilvoll ausgehen kann man in der dazugehörigem Event- und Tagungslocation Pentagon3, welche unter der Glaskuppel zu Tanzabenden, Salsa-Night u.v.m. einlädt.

Tillmann´s: Im Terminal 3, Brückenstraße 17, 09111 Chemnitz, Tel.: 0371 / 355 87 63, www.tillmanns-chemnitz.de, Mo – Fr ab 11 Uhr, Sa ab 9 Uhr, So & Feiertags ab 10 Uhr, Pentagon3: Brückenstraße 17, 09111 Chemnitz, Tel.: 0151 / 26574198, www.pentagon3.de

401 CAFÉ ANKH CHEMNITZ

Im Café ankh, der „etwas" anderen Kneipe auf dem Areal der Schönherrfabrik, finden Sie den Charme eines gemütl. Lesecafés, die Geselligkeit einer Kneipe sowie eine gute Auswahl an mediterranen Leckerbissen. Die versch. Biere, Cocktails, ankh-Eistee und zahlreiche Teesorten auf der Getränkekarte sind so vielfältig wie die vom Chemnitzer Fotoclub gestalteten Wände.

Schönherrstraße 8, 09113 Chemnitz, Tel.: 0371 / 4586949, www.cafeankh.de, Mo – Fr ab 17 Uhr, Sa ab 16 Uhr, So ab 10 Uhr (Brunch)

402 RESTAURANT ROMANTIK HOTEL SCHWANEFELD MEERANE

Im stilvollen Restaurant oder in der gemütlichen Kutscherstube – hier kümmert sich der Service liebevoll. Das Küchenteam verwöhnt mit anspruchsvoller, regional geprägter Küche. Auf der Weinkarte befinden sich natürlich auch sächsische Spitzenweine. Zusätzlich gibt es feine italienische Küche und Cocktails in der „Villa Il Mio". Die vielfältigen Räumlichkeiten mit ihren außergewöhnlichen Möglichkeiten bieten Platz für Hochzeiten, Firmenevents und Familienfeiern.

Schwanefelder Straße 22, 08393 Meerane, Tel.: 03764 / 4050, www.schwanefeld.de, tägl. 11 – 22:30 Uhr

403

406

405

Chemnitz und das Altenburger Land besitzen einzigartige Locations für unvergessliche Hochzeiten, Familienfeiern, Firmenevents oder romantische Abende zu Zweit.

403 BRUNELLO & RATSKELLER ALTENBURG

Der Name des hochwertigsten toskan. Weines passt perfekt zu dem, in einer wunderschönen Villa gelegenen, Restaurant Brunello. Es erwarten sie Kreationen italienischer, spanischer und französischer Speisen, verbunden mit entsprechenden Weinen und auserw. Spirituosen. Der historische Ratskeller lockt im urigigen Ambiente mit deftiger regionaler Küche.

Brunello : Friedrich-Ebert-Str. 14, 04600 Altenburg, Tel.: 03447 / 890077, Mi – Fr 17.30 – 23 Uhr, Sa u. Feiertag 11 – 23 Uhr, So 11 – 16 Uhr, www.brunello-altenburg.de, Ratskeller: Markt 1, 04600 Altenburg, Tel.: 03447 / 311226, Mo – Sa ab 10 Uhr, So ab 11 Uhr, www.ratskeller-altenburg.de

404 KONDITOREI & KAFFEEHAUS VOLKSTÄDT ALTENBURG

Die im ältesten Café Thüringens in der 5. Generation seit über 137 Jahren nach uralten Rezepten hergestellten Köstlichkeiten vom Kaffeehaus Volkstedt, sind weit über die Altenburger Landesgrenzen hinaus bekannt. In der Altstadt verwöhnt Kay Mellwitz seine Gäste mit Torten, Gebäcken, Kuchen, hausg. Eis und fast vergessenen Klassikern, wie LPG Kuchen oder Eisbombe.

Burgstraße 13, 04600 Altenburg, Tel.: 03447 / 311318, kay.melwitz@t-online.de, Laden: Mo 13.30 – 17 Uhr, Di – Fr 9.30 – 17 Uhr, Sa 9.30 – 12 Uhr, So 13 – 16.30 Uhr, Café: Mo 14 – 17.30 Uhr, Di – Fr 10 – 17.30 Uhr, So 14 – 17 Uhr, Juni – Aug.: So geschlossen

405 RESTAURANT REUSSISCHER HOF SCHMÖLLN

Mit seinem Einsatz für thür. Tischkultur und die region. Tafelgeschichte, ist Bernd Adam im Altenburger Land so etwas wie ein gastronom. Urgestein. Neben geselligen reussischen Themenabenden, bietet auch sein Restaurant mit schöner Außenterasse stete Abwechslung. Dafür sorgen schon alleine die genussvollen Ideen und Kreationen, mit denen Küchenchef Thomas Pößiger brilliert.

Gößnitzer Straße 14, 04626 Schmölln / Thür, Tel.: 034491 / 23108, tägl. 6.30 – 24 Uhr (warme Küche 11 – 14.30 Uhr u. 18 – 22 Uhr), www.hotel-reussischer-hof.de

406 RESTAURANT BELLEVUE SCHMÖLLN

Im einmaligen Ambiente des in einem Park hoch über Schmölln gelegenen 3-Sterne-Superior-Hotels Bellevue genießen Sie im Hotelrestaurant wohlige Entspannung. Gönnen Sie sich den besonderen Genuss, der mit Liebe zubereiteten Gerichte aus der kreativen und ambitionierten Küche, welche in dem pers. geführten Haus genauso indivuduell ist, wie die schönen Zimmer.

Am Pfefferberg 7, 04626 Schmölln, Tel.: 034491 / 7000, www.bellevuehotel.de, tägl. 11 – 22 Uhr (14 – 18 Uhr kleine Karte)

407 GASTWIRTSCHAFT KULISSE ALTENBURG

Auch wenn in der Altenb. Szene-Gastwirtschaft Gäste und Mitarbeiter in ihrem vielfältgen Mix eine große Familie sind, fühlt sich auch neuer Zuwachs bei gutem Essen, Bier und Gesprächen schnell wohl. Dank Kathrin Meier und ihrem Team, welche den Gästen zwischen Biergarten und Kamin, int. Inspirationen und heim. Spezialitäten, z. B. Rind vom Hof Rauschenbach immer wieder Neues bieten.

Theaterplatz 18, 04600 Altenburg, Tel.: 03447 / 500939, www.kulisse-abg.de, tägl. ab 17 Uhr

408 RESTAURANT „ZUR BURG" POSTERSTEIN

Die einzigartige Lage unter der Burg Posterstein und seine internat. versierte Ausbildung in Füssen, der Schweiz und England, bilden beim leidenschaftlichen Gastgeber Dirk Illgen den Grundakkord für eine schmackhafte Karte und kreative Tanz- und Spezialitätenabende. Wie z.B. dem Captains Dinner im Queen Viktoria Stil oder dem Herzogin-von-Kurland-Mahl im 20er Jahre Ambiente.

Dorfstraße 13, 04626 Posterstein / Thür., Tel.: 034496 / 6510, Di – Fr 12 – 14 Uhr u. 17.30 – 22 Uhr, Sa, So, Feiertag ab 11 Uhr, warme Küche bis 21.30 Uhr, www.hotel-posterstein.de

408

403

407

404

410

409

411

410

412

413

414

416

CAFÉS & RESTAURANTS

409 RESTAURANT FALCO LEIPZIG

Mit seinen zwei Michelin-Sternen zählt das FALCO in Leipzig zu den besten Gourmetrestaurants in Deutschland. In der 27. Etage des The Westin Hotel Leipzig gelegen, besticht es durch einen beeindr. Panoramablick, elegant-modernes Design und niveauvollen Service. Die preisgekrönte „cuisine passion légère©“ von Sternekoch Peter Maria Schnurr kommt frisch und unangestrengt daher und zieht Gourmetliebhaber aus ganz Deutschland an.

im The Westin Leipzig (27. Etage), Gerberstraße 5, 04105 Leipzig, Tel.: 0341 / 9882727, www.falco-leipzig.de, Restaurant: Di – Sa ab 19 Uhr, Bar & Lounge: Di – Sa ab 18 Uhr

410 RESTAURANT STADTPFEIFFER LEIPZIG

Im Stadtpfeiffer in Leipzig, diesem schönen Gourmetrestaurant im Gewandhaus, genießen Sie mit allen Sinnen hervorragende Sterneküche. Lassen Sie sich von Petra und Detlef Schlegel und ihrem besonderen Team zu einem einzigartigen Genuss-Konzert aus phantasievollen Vorspeisen, beeindruckenden Hauptgängen und betörenden Desserts, begleitet von besten Weinen, entführen.

im Gewandhaus, Augustusplatz 8, 04109 Leipzig, Tel.: 0341 / 2178920, www.stadtpfeiffer.de, Di – Sa ab 18 Uhr

411 RESTAURANT VILLERS LEIPZIG

Ein Genuss für Gaumen und Augen. Im eleganten, klassizistischen Ambiente eines Salons aus dem 18. Jahrhundert kredenzt Chef de Cuisine, Hannes Schlegel, exklusive Menüs aus erlesenen regionalen und internationalen Spezialitäten. Rund 200 ausgewählte Weine mit Schwerpunkt Sachsen und Saale/Unstrut komplettieren den Genuss.

im Hotel Fürstenhof, Leipzig, Tröndlinring 8, 04105 Leipzig, Tel.: 0341/ 1400, www.restaurant-villers.de, Mo – Sa 18.30 – 23 Uhr

412 RESTAURANT DIE RESIDENZ LEIPZIG

Das unter Denkmalschutz stehende Anwesen im Norden von Leipzig wurde zu einem echten kulinarischen Kleinod umgestaltet. Im Gourmetrestaurant „Die Residenz“ wird eine exklusive Produktpalette in detailgenauer Zubereitung, unbedingter Ehrlichkeit und Aromendichte geboten. Jeweils ein bretonisches und ein deutsches Menü, begleitet von einer hochwertigen Weinkarte, stehen zur Wahl.

Bucksdorffstraße 43, 04159 Leipzig, Tel.: 0341 / 91878387, www.herrenhaus-leipzig.de

413 RESTAURANT MÜNSTER'S LEIPZIG

Trotz 14 Punkten im Gault Michelin und begeisterten Kritikerstimmen, die seine Küchencrew gar zu den „Jungen Wilden“ zählen, gehört André Münsters Gastronomenherz in erster Linie seinen Gästen. Diesen macht er mit aus frischen Produkten liebevoll zubereiteten Gerichten und 150 hervorragenden Weinen im franz. Ambiente Lust auf gutes Essen und Trinken.

Platnerstraße 13, 04159 Leipzig, Tel.: 0341 / 5906309, www.münsters.com, Mo – Sa 18 – 24 Uhr

414 MAX ENK LEIPZIG

Das MAX ENK ist ein 2012 eröffnetes Restaurant im Herzen der Leipziger Innenstadt. Das Ziel, einfach gute Gastronomie zu machen, wird durch herzliche, ernsth. Gastgeberschaft, inspirierte Erarbeitung internat. Klassiker und der Verwendung von frischen, regionalen Produkten umgesetzt. Das elegant gestaltete Restaurant mit Freisitz und Bar ist ein Genuss für Augen und Gaumen.

im hist. Städtischen Kaufhaus, Neumarkt 9 – 19, 04109 Leipzig, Tel.: 0341 / 99997638, www.max-enk.de, Mo – Fr 12 – 14 Uhr, 18 – 1 Uhr, Sa 12 – 1 Uhr, So 11.30 – 16 Uhr

418

412

417

Mehrfach ausgezeichnete Spitzenköche kreieren in hervorragenden Leipziger Gourmetrestaurants aus wertvollen Zutaten mit höchster Handwerkskunst wahre kulinarische Meisterwerke.

415 RESTAURANT STELZENHAUS LEIPZIG

Direkt am Karl-Heine-Kanal in einem Industriedenkmal befindet sich das 2002 eröffnete und mehrfach ausgez. Restaurant. Hier kreieren Thomas Langer & Uwe Wolf saisonal orientierte Speisen mit geradlinigem Charakter, ohne Überbau, internat. und regional authentisch. Beste Zutaten werden mutig miteinander kombiniert und mit innov. Weinen und Getränken ergänzt.

Weißenfelser Straße 65, 04229 Leipzig, Tel.: 0341 / 4924445, www.stelzenhaus-restaurant.de, Mo – Sa 11 – 1 Uhr, So 9 – 1 Uhr

416 RESTAURANT MACIS LEIPZIG

In dem 2009 eröffn. Restaurant, Café und Biomarkt werden kontrollierte Bio-Produkte aller Art verkauft, verarbeitet und serviert. Die region. Produkte werden vorrangig von Bio-Produzenten aus dem Umland direkt ins Macis geliefert. Genießen Sie im Gründerzeitbauwerk in elegant unaufgeregter Atmosphähre saisonale Frischeküche, die offen für regionale und überregionale Einflüsse ist.

Markgrafenstraße 10, 04109 Leipzig, Tel.: 0341 / 22287520, www.macis-leipzig.de, Mo – Sa 8 – 14.30 Uhr, 17.30 – 22.30 Uhr

417 BRASSERIE LE GRAND LEIPZIG

Feinste Küche, ausgesuchte Weine und ein außergewöhnliches Interieur erwarten Sie im Restaurant des Steigenberger Grandhotel Handelshof Leipzig. Das ambitionierte Küchenteam lädt Sie auf eine kulinar. Reise ein, die Ihren Gaumen verzaubern wird. Das Serviceteam wählt für Sie aus zahlreichen Weinen den passenden Tropfen aus. Sehr empfehlenswert ist auch die Tea Time in der Le Grand Bar von Oktober bis April.

im Steigenberger Grandhotel Handelshof Leipzig, Salzgäßchen 6, 04109 Leipzig, Tel.: 0341 / 3505810, www.leipzig.steigenberger.com, Brasserie: Mittags: Mo – Sa 11.30 – 15 Uhr, Abends: So – Do 18 – 22.30 Uhr, Fr – Sa 18 – 23.30 Uhr

418 RESTAURANT MICHAELIS

Lassen Sie sich von der Philosophie „Kochen ist eine Kunst!“ überzeugen und genießen Sie die exquisiten Gaumenfreuden der Gourmetküche im mehrfach ausgezeichneten Restaurant Michaelis.
Neben der klassischen Hotellerie gehört das Michaelis in Leipzig zu einer festen Größe im Event Catering und überzeugt in 7 weiteren Outlets mit seiner gleichbleibenden Qualität.

im Hotel Michaelis, Paul-Gruner-Str. 44, 04107 Leipzig, Tel: 0341 / 26780, www.michaelis-leipzig.de, Mo – Fr 12 – 14 Uhr, 18 – 22 Uhr, Sa 18 – 22 Uhr

419 RESTAURANT WEINSTOCK LEIPZIG

Direkt am Marktplatz gelegen ist das Restaurant die perfekte Adresse, um während des Stadtbummels zu entspannen oder den Opernabend gepflegt ausklingen zu lassen. Lassen Sie sich im eleganten Ambiente mit region. und internat. Köstlichkeiten aus der kreativen Küche des Hauses verwöhnen. Im Weinstock können Sie im Herzen Leipzigs bei dezenter klass. Musik und einem edlen Tropfen stilvoll und gekonnt genießen.

Markt 7, 04109 Leipzig, Tel.: 0341 / 14060606, www.restaurant-weinstock-leipzig.de, So – Do 11 – 3 Uhr, Fr – Sa 11 – 1 Uhr

420 RESTAURANT DIE BRENNEREI LEIPZIG

Im Herrenhaus Möckern, aufwändig zu einem Schmuckstück in barockem Stil saniert, findet man eine ehrliche Küche ohne viel Schnörkel. Größter Wert wird hier auf die kompromisslos gute Qualität und Verarbeitung der vorwiegend regionalen Produkte gelegt. Das perfekte Restaurant für jeden, der „einfach gut essen“ möchte.

Bucksdorffstraße 43, 04159 Leipzig, Tel.: 0341 / 91878387, www.herrenhaus-leipzig.de

420

412

415

419

421

423

422

424

423

423

426

CAFÉS & RESTAURANTS

421 AUERBACHS KELLER LEIPZIG

Im ältesten Teil von Auerbachs Keller, den Historischen Weinstuben, kommen nicht nur Geschichtsliebhaber auf ihre Kosten, auch der Gaumen wird von feiner saisonaler Küche mit internationalen Einflüssen verwöhnt. Im Großen Keller mit Platz für bis zu 450 Personen und einer klassisch-regionalen Küche findet jeder Gast das Passende für sich.

Grimmaische Straße 2 – 4, 04109 Leipzig, Tel.: 0341 / 216100, Großer Keller: tägl. 12 – 24 Uhr, Hist. Weinstuben: Mo – Sa 18 – 24 Uhr, (So, Feiertags geschlossen) Küchenschluss jeweils 22 Uhr, www.auerbachs-keller-leipzig.de

422 RESTAURANT PANORAMA TOWER – PLATE OF ART

In der 29. Etage des City-Hochhauses genießen die Gäste im höchsten Restaurants Mitteldeutschlands einen atemberaubenden Weitblick sowie eine junge und freche Küche, die Bekanntes und Neues, Nahes und Fernes geschmackvoll vereint und neu interpretiert. Das Highlight für Leipzigbesucher: Auf der Aussichtsplattform in 130 Metern Höhe ist der Puls der Stadt Tag und Nacht fühlbar.

Augustusplatz 9, 04109 Leipzig, Tel.: 0341 / 7100590, www.panorama-leipzig.de, Mo – Do 11.30 – 23 Uhr, Fr, Sa 11.30 – 24 Uhr, So 9 – 23 Uhr

423 RESTAURANT STEAKTRAIN LEIPZIG

Für kulinarische Höhepunkte sorgt das Restaurant STEAKTRAIN im Seaside Park Hotel. Feinste Steaks werden auf dem 300° heißen Lavagrill, mit offenem Feuer zubereitet und überzeugen mit unvergleichlichen Grillgeschmack. Dazu munden diverse Saucen und frische Beilagen. Das Genussangebot, das edle Ambiente sowie die Nachempfindung eines historischen Luxusspeisewagens, garantieren einen besonderen Abend.

im Seaside Park Hotel, Richard-Wagner-Str. 7, 04109 Leipzig, Tel.: 0341 / 985270, www.parkhotelleipzig.de, Mo – So 18 – 0 Uhr

424 RESTAURANT CREME BRÜHLÉ

In stilvollen Ambiente in der 1.Etage des Mariott Hotels bietet Ihnen das außergewöhnlich designte Restaurant „Creme BRÜHLé“ eine feine, reichhaltige Speisekarte mit frischen, saisonalen Gerichten aus regionalen Produkten. Verschieden gestaltete Bereiche mit insgesamt 120 Sitzplätzen ermöglichen den offenen Blick ins Restaurant oder nach draußen sowie eine private Lounge-Atmosphäre.

Leipzig Marriott Hotel, Am Hallischen Tor 1, 04109 Leipzig, Tel.: 0341 / 96530, www.leipzigmarriotthotel.de, Mo – Sa 6.30 – 11 Uhr, 12 – 15 Uhr, 18 – 23 Uhr, So 6.30 – 14 Uhr

425 RESTAURANT WEINWIRTSCHAFT LEIPZIG

Frisches Konzept, flotter Service und exzellente Küche am Thomaskirchhof. Hier macht der gute Ton die Musik. Das schöne Restaurant mit locker gemütl. Atmosphäre ist mit den in der Showküche zubereiteten region. Köstlichkeiten, Businesslunch, hervorragenden Weinangeboten mit angeschl. Weinhandel und Terrasse ein beliebter Treff für Kulturverliebte, Reisende und natürlich Leipziger.

im arcona LIVING BACH14 Hotel, Thomaskirchhof 13/14, 04109 Leipzig, Tel.: 0341 / 496140, tägl. 7 – 23 Uhr, www.weinwirtschaft-leipzig.de

426 ZUM ARABISCHEN COFFE BAUM LEIPZIG

Der Coffe Baum ist das zweitälteste Kaffeehaus Europas und bietet gehobenen kulinar. Genuss in mehreren Bereichen: die Rustikale Stuben im Erdgeschoss, das Restaurant Lusatia im 1., und im 2. Stockwerk ein Arabisches Café, ein Wiener Café und ein Café Francaís – allesamt in einem Raum. Ganz oben begeistert das Kaffeemuseum mit über 500 Exponaten – von orient. Küche bis hin zur Meissener „Blümchenkaffee“-Schale.

Kleine Fleischergasse 4, 04109 Leipzig, Tel.: 0341 / 9610060/61, www.coffe-baum.de, Mo – So von 11 – 24 Uhr, wechselnde Zeiten in den versch. Stuben, Cafés und Restaurant

425

431

428

Leipzigs berühmteste Orte verbinden gekonnt Tradition und Moderne, aber auch die neuen Highlights sollte man unbedingt probiert haben.

427 BUSTAMANTE LEIPZIG

Überwältigt vom authentischen Ambiente, mit andalusischen Impressionen der spanischen Enklave, präsentiert Robert Greissers Bustamante spanische Spezialitäten um das Küchenfeuer. Ob am Kamin, in der Bodega, romantischen Patio oder in der gemütlichen Küche, genießen Sie fantastische Tapas und außergewöhnliche Weine aus dem Direktimport. Koch- und Themenveranstaltungen über das ganze Jahr.

Windorfer Straße 92, 04229 Leipzig, Tel.: 0341/ 42038038, Mi – Sa 17 – 22 Uhr, www.el-bustamante.de

428 CAFÉ IM GRASSI MUSEUM LEIPZIG

Innovativ, modern, lebendig und mit viel Spaß bei der Sache – so ist der Küchenchef und „Profi am Herd", Heiko Arndt, vom Café im GRASSI Museum am besten zu beschreiben. Neben deutschlandw. Veranstaltungen wie Frontcooking mit Stefan Marquard, Christoph Brand oder anderen weltw. Spitzenköchen, steckt er seine ungebändigte Kreativität kunstvoll in das schöne Museumscafé.

im GRASSI Museum, Johannisplatz 5 – 11, 04103 Leipzig, Tel.: 0341 / 2229330, www.café-im-grassi.de, Di – So 10 – 18 Uhr

429 RESTAURANT APELS GARTEN

Dem Ruf des Sachsen als weltoffen, kommunikativ und bodenständig, macht Maik Quinque auch als Koch und Gastgeber alle Ehre. In seinem traditionsreichen Restaurant zelebriert er liebevoll sächsische Küche auf moderne Art. Selbstgemachte Klöße, sächsischer Sauerbraten, Wild aus dem Colditzer Forst und Leipziger Lerche treffen genussvoll auf Leipziger Allasch und sächsische Antipasti.

Kolonnadenstraße 2, 04109 Leipzig, Tel.: 0341 / 9607777, www.apels-garten.de, Mo – Sa 11 – 24 Uhr, So 11 – 15.30 Uhr

430 CAFÉ WAGNER – CAFÉ & WEINBAR

In bester Lage direkt am Wagnerplatz zelebriert die charismatische Vollblutgastgeberin Celina Cutylio im barock puristischen Ambiente klass. Wiener Kaffeehauskultur mit poln. Pep und franz. Eleganz. Medienleute, Touristen, Kulturliebhaber, Unternehmer und Familien schätzen die hervorrag. Kuchen und Torten, die köstlichen Piroggen und Antipasti sowie die hochw. Weinauswahl.

Richard-Wagner-Platz 1, 04109 Leipzig, Tel.: 0341 / 99994948, www.wagner-cafe.de, Mo – Sa 9 Uhr – open End, So 11 – 18 Uhr

431 THEATERKNEIPE PILOT LEIPZIG

Aus dem Theater wächst eine Bühne heraus, offen für alle. Das Projekt PILOT im Schauspielhaus steht für Entwicklung, Veränderung, Diskurs und Klarheit. Aus dem Theater in die Kneipe – von der Kneipe auf die Bühne. Die Szene und ihr kontrastreiches Publikum, die pers. Karte und angenehmes Personal sorgen schnell dafür, daß man sich wohlfühlt.

Bosestraße 1, 04109 Leipzig, Tel.: 0341 / 96289550, www.enk-leipzig.de, Mo – Do 8 – 0.30 Uhr, Fr u. Sa 9 Uhr – open End, So 9 – 0.30 Uhr

432 CAFÉ MINTASTIQUE

Im ersten und besten Cupcake Café in Leipzig erleben Sie süßsinnliche Momente. Im elegant in Pink und Schokobraun gehaltenen Ambiente kann man charmante Cupcake-Kreationen und zartschmelzende Lolly Cakes genießen – tägl. frisch, handgemacht und garantiert MAMAmade! Neben der Chai- und Coffeebar überzeugen die Trinkschokoladen und hausg. Limonaden. Ein Renner sind die buchb. Cupcake-Events und Kurse.

Straße des 17. Juni 11, 04107 Leipzig, www.mintastique.de, Di – So 12 – 18 Uhr und nach Vereinbarung

427

429

430

432

436

436

434

433

435

437

437

437

CAFÉS & RESTAURANTS

433 CAFÉ MAÎTRE LEIPZIG

Seit 1904 wird dieses kleine Jugendstil-Café mit Konditorei bereits betrieben. Im Jahr 2011 ist ein stilechtes französisches Bistro hinzugekommen und die Konditorei wurde um einen großen Ladenbereich erweitert. Küche und Pâtisserie sind französisch geprägt, umfangreiches Frühstücksangebot, wechselnde Mittags- und Abendkarte. Bestes Sauerteig-Baguette und andere Köstlichkeiten aus der Pâtisserie.

Karl-Liebknecht-Str. 62, 04275 Leipzig, Tel.: 0341 / 30328924, www.cafe-maitre.de, Mo – Fr 8 – 24 Uhr, Sa 9 – 24 Uhr, So 9 – 22 Uhr

434 RESTAURANT B10 LEIPZIG

Nach den Küchen Kaliforniens, Barcelonas u. Südfrankreichs enterte der Australier Paul die Leipziger Beethovenstraße 10. Seine Kochleidenschaft wurde sowohl von den Pfannkuchen seiner Oma wie als auch von der fundierten Hyatt-Ausbildung geprägt. Beide Einflüsse, die einf. Küche mit pers. Gastfreundschaft sowie Eleganz u. Professionalität, mischt er im B10 wohltuend mit seinen weltw. Inspirationen.

Beethofenstraße 10, 04107 Leipzig, Tel.: 0341 / 64086440, www.the-b10.com, Mo – Sa 17.30 Uhr – 1 Uhr

435 CAFÉ GRUNDMANN LEIPZIG

Im 1880 im neoklassizistischen Stil errichteten Eckgebäude befindet sich bereits seit 1919 ein Kaffeehaus. Im Jahr 1930 im Art Deco Stil umgebaut. Das historische Ambiente wird durch die originale Möblierung ergänzt, damit ist ein, ganz seltener Innenraum des Art Deco erhalten geblieben. Große Zeitschriftenvielfalt, opulente Frühstücksangebote sowie Klassiker der alpenländisch/sächsischen Küche, eigene Konditorei.

August-Bebel-Straße 2, 04275 Leipzig, www.cafe-grundmann.de, Mo – Fr 8 – 24 Uhr, Sa 9 – 24 Uhr, So 9 – 19 Uhr

436 RESTAURANT LA FONDERIE LEIPZIG

Mit Spitzenköchen und Bartendern zaubert die vietnamesische Genußspezialistin Minh Chau Le Thi in dem kreativen Erlebnisrestaurant täglich einen raffinierten Twist aus den Straßenküchen der Welt auf gehobene Küche und herzhaften Fonduegenuss interpretiert. Der Küchenchef Alexander Damm beweist dabei feines Gespür für beste Zutaten und feinste Zubereitung.

Gießerstraße 12, 04229 Leipzig, Tel.: 0176 / 23489256, Winter: Mo – Fr 11.30 – 15 Uhr, Mo – Sa, 17.30 – 0 Uhr, Sommer: Mo – So 11.30 – 0 Uhr www.restaurant.lafonderie.de

437 RESTAURANT GREENSOUL

Nach vielen Jahren im Ausland, Reiseerfahrungen und persönlichen Erfahrungen, reiften bei Mustafa Türker und seiner Partnerin Corinna Köhn die Idee zum Konzept für ein vegetarisch/veganes Restaurant, in dem sich Genießer, Familien und Geschäftsleute gleichermaßen wohlfühlen. Mit fleischlos kreativen Speisen, Kinderkarte und separaten Spielzimmer im gemütlichen Shabby Chic Ambiente gelingt dies bestens.

Johannisallee 7, 04317 Leipzig, Tel.: 0341 / 35055591, Di – Sa 11.30 – 22 Uhr, www.restaurant-greensoul.de

438 RESTAURANT PEKAR

PEKAR ist ein Restaurant im Herzen von Leipzig-Lindenau. Eine einfache wie überraschende Küche mit regionalem und saisonalem Bezug bestimmt hier die Karte, bestehend aus zehn Pizzen und zehn kleinen Gerichten. Essen ist hier eine soziale Angelegenheit, alle Gerichte können und sollen gerne geteilt werden. Nicht zuletzt ein Ort mit ganz eigenem Ambiente.

Odermannstr. 11, 04177 Leipzig, Tel.: 0314 / 97587784, Di – So 17 – 0 Uhr, Küche bis 22 Uhr, www.wir-sind-pekar.de,

439

442

438

Leipzigs geheime Orte sind oft keine Geheimtipps mehr. Und doch überraschen sie mit immer neuen kulinarischen und kulturellen Facetten, weil sie neben der Karte auch ein Lebensgefühl transportieren.

439 BARCELONA TAPAS BAR

Die Bar in der Gottschedstraße ist schon lange kein Geheimtipp mehr. Hier kann man stundenlang die versch. Tapas Spezialitäten oder Wein- und Spirituosenraritäten genießen, welche Bea Wolf kriminalistisch aufspürt. Jan Berger beherrscht dazu den perfekten Küchengroove, der auch im traumhaften Innenhof und beim legendären Sonntagsbrunch mundet.

Gottschedstr. 12, 04109 Leipzig,
Tel.: 0341/2126128,
Mo – Sa 17 – 0 Uhr, So 9 – 0 Uhr

440 KNEIPE MEINS DEINS UNSER LEIPZIG

Den mutigen Angriff auf das schlechte Image geliebter Kindheitsgerichte wollte Franziska Meissner an einem Wohnzimmerort starten, wo sich alle Menschen wohlfühlen, auch die Mitarbeiter. Denn ein bisschen Meins, viel Deins und vor allem Unser, prägt die Freude des Teams. Altenburger Ziegenkäse, Jägerschnitzel, Borschtsch und Königsberger Klopse mit Liebe zubereitet, überzeugen den Gast.

Weißenfelser Straße 25, 04229 Leipzig,
Tel.: 0341 / 26552163, www.meins-leipzig.de,
Mo – Fr Warme Küche 17 – 22 Uhr anschl. Bar, Sa, So Frühstück 9 – 14 Uhr, Warme Küche 12 – 22 Uhr anschließend Bar

441 RESTAURANT HOTEL SEEBLICK & CAFÉ FLEISCHEREI

Als sich nach Verhypzigung und Kunstblase die Leipziger Szene vom Süden in den Westen bewegte, blieb sich das Restaurant „Hotel Seeblick“ auf der Karli-Meile treu. Es erfreut mit Authentizität bei Einrichtung, Bedienung und Karte echte Leipziger und Individualisten. Sehr empfehlenswert ist auch das Café Fleischerei mit orig. Jugendstilfliesen und spann. Karte.

Hotel Seeblick: Karl-Liebknecht-Straße 125, 04277 Leipzig, Tel.: 0341 / 2253952, www.hotel-seeblick-leipzig.de, Mo – So 9 – 23 Uhr, Café Fleischerei: Jahnallee 23, 04109 Leipzig, Tel.: 0341 / 96257848, Mo – Sa 9 – 1 Uhr, So 10 – 18 Uhr

442 KNEIPE & PENSION NOCH BESSER LEBEN

Olaf Walters Wurzeln als Theatertechniker erkennt man noch heute am kunstv. Flaschenaufzug und Musiksalonprogramm. Leipzigs Kulturaufbruch nach der Wende prägte er in naTo und Pfeffermühle entscheidend mit. Im Noch besser Leben verkauft er nicht nur tschech. Flaschenbiere u. Karlsbader Schnitte, sondern auch ein Lebensgefühl, ganz ohne Schauspiel und doch mit großer Bühne.

Merseburger Str. 25, 04229 Leipzig,
Tel.: 0341 / 9757330, tägl. ab 19.30 Uhr,
Sommer Freisitz bis 22 Uhr,
www.nochbesserleben.com

443 RESTAURANT SÜß UND SALZIG LEIPZIG

In dem liebev. einger. Café fröhnen Verika Stojan und Felix Henneberger aufs Leckerste ihrer Liebe zu Süßem und Salzigem. Zwischen hellen Holzmöbeln und Salatsieblampen munden frisch gebackener Kuchen, Tarte au chocolat und Himbeermilchshake ebenso wie MerseBurger, selbst kombinierbare Aufläufe und viele andere Köstlichkeiten – immer auch in veget. und vegan. Variante.

Merseburger Straße 44, 04177 Leipzig,
www.suesssalzig.de, Tel.: 0341 / 49300365,
Di – Do 10 – 0 Uhr, Fr – Sa 10 – 1 Uhr,
So 10 – 0 Uhr

444 PONIATOWSKI – POLSKI BAR I RESTAURACJA

Heldenhaft wie der poln. Fürst und Feldherr Poniatowski erobert Anna Gorki mit poln. Küche, Handwerk und Kultur die Herzen der Leipziger. Dabei ist ihnen von leckeren poln. Pierogi, unschlagbarem hauseigenem Wodka (z.B. Holunderwodka) bis zum gegrillten Oscypek-Käse jeder Trumpf recht. Das polnische Handwerk auf den Tischen begeistert ebenso wie die Literatur- und Musikkultur im Keller.

Kreuzstraße 15, 04103 Leipzig,
Tel.: 0341 / 99858340, tägl. ab 17.30 Uhr
sowie wochentags 12 – 14 Uhr,
So 17.30 – 23 Uhr, www.poniatowski-bar.de

441

441

440

443

444

450

448

446

454

447

446

449

CAFÉS & RESTAURANTS

445 CAFÉ GLORIA LEIPZIG

Nach Geist und Musik in den rund um den Thomaskirchhof geleg. Wirkungsstätten von Johann Sebastian Bach, lädt das liebevoll ausgest. Café des Bach-Museums zum irdischen Genuss: Erlesene Kaffees, exot. Schokoladen, feine Praline`s, frisch gebackener Kuchen und kleine, leichte Speisen bieten Einkehr und Stärkung inmitten geschichtsträchtiger Häuser im Schatten der Thomaskirche.

im Bachmuseum Leipzig, Thomaskirchhof 15, 04109 Leipzig, Tel.: 0341 / 30868920, www.gloria-leipzig.de, Di – So 10 – 18.30 Uhr

446 RESTAURANTS IM ZOO LEIPZIG

Bei einem Zooausflug kann man sich auch kulinarisch auf Urlaubsreise begeben. Ob Genießer-Frühstück in der Hacienda Las Casas, fernöstliche Genüsse im Restaurant Patakan, exotische Eisbecher im Bärenburg-Café, regionale Spezialitäten im Palmensaal, Snacks im Urwalddorf oder afrikanisches Buffet in der Kiwara-Lodge: in jeder Themenwelt gibt es Leckeres zu entdecken.

Pfaffendorfer Straße 29, 04105 Leipzig, Tel.: 0341 / 5933377, www.zoo-leipzig.de, 21.3. – 30.4.: 9 – 18 Uhr, 1.5. – 30.9.: 9 – 19 Uhr, 1.10. – 31.10.: 9 – 18 Uhr, 1.11. – 20.03.: 9 – 17 Uhr

447 RESTAURANT ALT CONNEWITZ LEIPZIG

Dass man bei seinem Leipzig-Aufenthalt nicht nur Kultur und Kunst, sondern unbedingt auch regionale Küche und heimische Zutaten kennenlernen sollte, beweist das Restaurant Alt-Connewitz eindrucksvoll mit seiner abwechslungsreichen Wochen- und Saisonkarte ebenso wie mit dem buchbaren Schlemmerreise-Paket. Dazu erfreuen einheimische Weine, Biere und Limonaden.

Meusdorfer Straße 47a, 04277 Leipzig, Tel.: 0341 / 3013770, www.alt-connewitz.de, Di – Sa ab 17 Uhr, So u. Mo geschlossen

448 ORANGERIE UND SCHLOSS GÜLDENGOSSA

Eingebettet in das Leipziger Neuseenland ist das Schloss Güldengossa ein entdeckenswertes Barockjuwel. In den liebev. restaurierten Räumen können Sie stilv. unterstützt von Michaelis Catering – unvergesssene Hochzeiten, Events und Tagungen durchführen. Seit 2012 läßt sich der Sonntagsausflug ins Neuseenland in der Orangerie des Schlosses mit einem Brunch oder Cafébesuch kombinieren.

Schulstraße 11, 04463 Güldengossa, Tel.: 034297 / 775140, jeden So Brunch 10 – 14 Uhr, Cafébetrieb 15 – 18 Uhr, www.michaelis-leipzig.de

449 RESTAURANT GASTHOF ALTER KUHSTALL GROSSPÖSNA

Der Alte Kuhstall in Großpösna ist eine tolle Adresse für frische Speisen, modern interpretiert. Die gemütl. Atmosphäre und die Herzlichkeit lädt von Mittwoch bis Sonntag zum Verweilen ein. Auch Feiern wie Hochzeiten oder Geburtstage sind hier ideal untergebracht. „Die Liebe zum Geschmack" ist im Rittergut Großpösna DAS Merkmal für exzell. Essen und immer einen Abstecher wert.

Im Rittergut 3, 04463 Großpösna, www.gasthof-alter-kuhstall.de, Tel.: 034297 / 41292, Mi – Fr ab 17 Uhr, Sa ab 11.30 Uhr, So 11.30 – 16 Uhr, jeder letzte So im Monat Brunch: 10 – 14 Uhr

450 RESTAURANT CASA MARINA IM LAGOVIDA RESORT GROSSPÖSNA

Mit einem traumhaftem Blick über den Störmthaler See ist das Restaurant Casa Marina das Herzstück des mondän am Hafen gelegenen Lagovida Ferienresorts mit Hotel. Inmitten des Leipziger Neuseenlands bieten 200 Restaurant- und Terrassenplätze, Bar und Biergarten genügend Raum für den individuellen kulinarischen Genuss an der Marina.

Hafenstraße 1, 04463 Großpösna, Tel.: 034206 / 7750, www.lagovida.de, ganzj. geöffnet

445

452

455

ußergewöhnliche Locations in Leipzig und dem Neuseenland treffen auf eschichtsträchtige Orte in Meißen und dem Altenburger Land.

451 LOEWEN RESTAURANT BAR & LOUNGE MARKKLEEBERG

Wer zwischen Cospudener- und Markkleeberger See unweit von Leipzig entfernt den perfekten Ort für ein opulentes Frühstück, einen süßen Terrassenkaffee, ein romantisches Mehrgangmenü oder einen stilvollen Cocktailabend sucht, ist im LOEWEN genau richtig. Im edlen, klaren Ambiente zaubert unser Küchenchef kreative, leichte Gerichte aus traditionellen regionalen Spezialitäten.

im Hotel Markkleeberger Hof, Städtelner Straße 122 – 124, 04416 Markkleeberg, Tel.: 034299 / 70580, Mo – Fr ab 18 Uhr, Sa – So ab 12 Uhr, Frühstück tägl. 6 – 10 Uhr, www.markkleeberger-hof.com

452 BISTRO GARDEN IM ATLANTA HOTEL INTERNATIONAL LEIPZIG

Im „Bistro Garden" genießen Sie delikate Gerichte aus intern. und region. Küchen. Es erwarten Sie kulinar. Raffinessen für den geschmacksverwöhnten Gaumen, welche vollständig frisch im Haus zubereitet werden. Im Herzen des Hotels befinden sich die „Atlanta Bar" und die „Smokers Lounge" – die Treffpunkte, um Kontakte zu knüpfen oder den entspannten Tag ausklingen zu lassen.

Südring 21, 04416 Leipzig/Wachau, Tel.: 0341 / 414600, www.atlanta-hotel.de, Restaurant tägl. 6 – 22 Uhr, Bar 11 – 1 Uhr

453 RESTAURANT SEEPERLE MARKKLEEBERG

Im Restaurant Seeperle mit seiner großz. Sonnenterrasse, zauberhaftem Seeblick und Abenteuerspielplatz können Sie neben dem traumh. Urlaubsfeeling auch ein köstliches Speisenangebot aus sächsisch region. und intern. Küche genießen. Ob Gerichte der monatlich wechselnden Spezialspeisekarte, Bisonfleisch, frische Torten oder das selbstgemachte Tartufo – hier findet jeder Gaumen etwas für seinen Geschmack.

Am Feriendorf 2, 04416 Markkleeberg, Tel: 034297 / 9868888, Sommer: 11.30 – 23 Uhr, Fr, Sa 11.30 – 24 Uhr, So 11.30 – 21.30 Uhr, Winter: Di – Do 12 – 21 Uhr, Fr, Sa 12 – 22 Uhr, So 11.30 – 21 Uhr www.seepark-auenhain.de

454 ROMANTIK HOTEL BURGKELLER & RESIDENZ KERSTINGHAUS MEISSEN

Kulinarische Vielfalt, herzlicher Service im Restaurant Böttgerstube und Wiener Café mit wunderschönem Ausblick sowie in der historischen Burggrafenstube oder auf einer der Terrassen. Regionale und internationale Spezialtiäten werden immer frisch zubereitet. Auf der Weinkarte findet man natürlich auch Meißner Weine.

Domplatz 11, 01662 Meißen, Tel.: 03521 / 41400, tägl. 11 – 22 Uhr, www.hotel-burgkeller-meissen.de

455 CAFÉ & RESTAURANT PORZELLAN-MANUFAKTUR MEISSEN®

Erleben Sie einen kulinar. Hochgenuss im Besuchercafé des Eingangsbereichs der Erlebniswelt MEISSEN®. Im stilvollen Ambiente mit Außenterrasse können Sie eine feine Auswahl an Kaffee- und Teegetränken, Kuchen und Torten genießen. Ein besonderes Highlight ist die MEISSEN® Torte mit dem weltberühmten Meissener Markenzeichen. Das Angebot wird durch frische Speisen, Desserts und saisonal wechselnde Menüs abgerundet.

Talstraße 9, 01662 Meißen, Tel.: 3521 / 468730, www.meissen.com, Nov – Apr: tägl. 10 – 17 Uhr, Mai – Okt: 9.30 – 18 Uhr

456 RESTAURANTS IM SCHLOSSHOTEL PILLNITZ

Auch kulinarisch ist das Schloss Hotel Dresden-Pillnitz an der Elbe erste Wahl. Feinschmecker lassen sich am Abend im gemütl. Kaminrestaurant oder im Sommer auf der Schlossterrasse verwöhnen. Köstliche sächs. Bistroküche genießen Sie tagsüber und am Abend im Wintergarten-Café und der angrenzenden Café-Terrasse. Von April bis Okt. lockt der Schlossbiergarten mit deftiger Küche.

August-Böckstiegel-Straße 10, 01326 Dresden, 0351/ 26140, Kaminrestaurant & Schlossterasse tägl. ab 18 Uhr, So Ruhetag, Wintergarten-Café tägl. ab 11 Uhr, Schlossbiergarten Apr – Okt: tägl. 10 – 18 Uhr, www.schlosshotel-pillnitz.de

456

456

451

453

466

459

457

458

460

461

462

457

BIERGÄRTEN, STRANDBARS & FREILUFTSITZE

457 TRADITIONSGASTHAUS HOPFENBERG & WALDGASTHAUS STIEFELBURG

Denis König verwöhnt in seinen Gasthäusern Hopfenberg und Stiefelburg die Gäste mit frischer region.Küche. Diese schmeckt mit einem Frischgezapften am besten im Hopfenberg-Biergarten oder in der idyllisch in der Natur gelegenen Stiefelburg mit weitem Blick übers Land. Beide Biergärten besitzen einen Spielplatz.

Traditionsgasthaus Hopfenberg, Am Hopfenberg 14, 99096 Erfurt, Tel.: 0361 / 2625000, www.hopfenberg-erfurt.de, Mi – So 11 – 23 Uhr, Waldgasthof Stiefelburg, Stiefelburg 53, 99448 Nauendorf, Tel.: 036209 / 43480, www.stiefelburg.de, Mi – Sa 11 – 22 Uhr, So 11 – 18 Uhr

458 MANDALA BEACH CLUB IN VILLA HAAGE ERFURT

Entdecken Sie die perfekte Location für den Urlaub zwischendurch. Am Restaurant Villa Haage im Kressepark lädt der Mandala Beach Club mit Pool, Strandbar, Sonnenliegen und Sandflächen zum Cocktailschlürfen ein. Ob Barbecue-Abend, Afterwork-party oder buchbare Feier, für jeden Geschmack ist etwas dabei.

Restaurant & Café Villa Haage, Motzstraße 8, 99096 Erfurt, Tel.: 0361 / 7894413, www.kressepark-erfurt.de, Mandala Beach Club: bei schönem Wetter ab 16 Uhr, Restaurant Villa Haage tägl. ab 11.30 Uhr

459 SAALHÄUSER WEINSTUBEN IM WEINGUT KLOSTER PFORTA

Das im Weinberg gelegene Gutsrestaurant bietet Ihnen neben kulinarischem Genuss und Kellerführungen eine der schönsten Aussichten an Saale-Unstrut. Hier kann Ihr Blick hinüber zum ehemaligen Kloster über die rebenbedeckten Lande schweifen. Freuen Sie sich auf beste Weingutstropfen und eine regionale Küche mit internationaler Note.

Saalberge 73, 06628 Naumburg/OT Bad Kösen, Tel.: 034463 / 30023, www.saalhaeuser-weinstuben.de, Ostern bis Ende Okt: ab 11 Uhr, Mo u. Mi Ruhetag

460 BRÜCKENBIERGARTEN „FEIßE" IN DER ZEDDENBACHER MÜHLE

Die Zeddenbacher Mühle ist ein funktionst. 120-jähriges Mühlengebäude, das als letzter Bestandteil des alten Zeddenbach erhalten geblieben ist. Im einzigartigen Ambiente des Restaurants 'Feiße' mit seinem Brückenbiergarten über der Unstrut können Sie region. Speisen und Getränke genießen, an Weinverkostungen teilnehmen oder sich Ihre nächste Familienfeier ausrichten lassen.

Mühle Zeddenbach 1, 06632 Freyburg, www.muehle-zeddenbach.de, Tel.: 034464 / 27380, Fr, Sa 12 – 22 Uhr, So 11 – 21 Uhr

461 RODLER-TREFF IM FREIZEITSPASS ECKARTSBERGA

Im Freizeitspass Eckartsberga nahe der Minigolfanlage und dem Bungee-Trampolin heißt Sie Familie Schumacher im Rodler-Treff herzlich Willkommen. Genießen Sie bei schöner Aussicht leckere selbstgemachte Speisen, Kuchen, Eis- und Kaffeespezialitäten, rote Brause oder ein frisch Gezapftes. In Sichtweite können Ihre Kinder auf dem Spielplatz toben.

Burgstraße 2, 06648 Eckartsberga, Tel.: 034467 / 90745, www.rodler-treff.de, 1. Apr – 31. Okt: tägl. 10 – 18 Uhr

462 BIERGARTEN UND STRANDBAR AM WEHR JENA BURGAU

Auf der Brücke des heute mitten in der Stadt liegenden Dorfes Burgau trafen sich im Mittelalter die Handelswege und fand geselliges Treiben statt. Den schönsten Blick auf das hist. Bauwerk geniesst man mit kühlem Bier und deftig rustik. Gerichten im idyll. am Wasser gelegenen Biergarten am Wehr. Nicht nur Kinder lieben den Kleintierzoo und die Strandbar mit Beachvolleyballfeld.

Göschwitzerstraße 11, 07745 Jena, Tel.: 03641 / 618658, www.am-wehr.de, ab Mai: tägl. 11 – 23 Uhr, So, Mo bis 21 Uhr, ab Nov: Di – Sa 11 – 21 Uhr, So 11 – 20 Uhr, Mo Ruhetag

463

464

459

n Sommer bestens entspannen kann man in traumhaft gelegenen Biergärten an Flüssen und een. Coole Strandbars und lauschige Waldgasthöfe laden zum Genießen ein.

463 BRÜCKENCAFÉ LUMMERTSCHES BACKHAUS

Den schönsten Geraer Blick auf die weiße Elster, den Hofwiesenpark und Alt-Untermhaus genießt man vom Brückencafé des Lummerschen Backhauses aus. Neben der Marienkirche gelegen, empfiehlt. sich vor oder nach den leckeren Kuchen- und Kaffeespezialitäten, kühlem Köstritzer oder Lillet Berry, ein Spaziergang zum Buga Park oder auf Schloss Osterstein.

Gries 1, 07548 Gera, Tel.: 0365 / 77316959, www.lummersches-backhaus.de, Di – Fr 17 – 23 Uhr, Sa, So, Feiertag 12 – 23 Uhr

464 STRANDBAR VOM BIO-SEEHOTEL ZEULENRODA

Liebevoll angelegt und mit einer traumhaften Aussicht ist dieser Biergarten eigentlich auch ein Kaffee- & Kuchen-Garten, ein Spiel-Garten, ein Sonnenplatz-Garten, und wenn Sie im Strandkorb sitzend auf das Zeulenrodaer Meer schauen, auch ein romantischer Urlaubs-Garten. Für Familien gibt es einen kleinen Spielplatz direkt am Biergarten.

Bauerfeindallee 1, 07937 Zeulenroda-Triebes, www.bio-seehotel-zeulenroda.de, Tel.: 036628 / 980, Mo – Sa 11.30 – 24 Uhr, So 11.30 – 24 Uhr

465 BIERGARTEN BRAUHAUS ERLBACH

Im Herzen des Vogtlandes wird im Brauereigasthof Erlbach, dessen Tradition bis 1563 zurückreicht, Braukunst liebevoll in Familienhand gepflegt. Im gemütl. Biergarten kommen fröhliche Leute zu einem guten Bier zusammen. Dazu wird vogtländische Hausmannskost gereicht. Drinnen im Gasthof kann man neben den Braukesseln speisen oder spannende Bierveranstaltungen erleben.

Klingenthaler Str. 12, 08258 Markneukirchen/ OT Erlbach, Tel.: 037422 / 6384, www.brauhaus-erlbach.de, tägl. 12 – 22 Uhr, Mi Ruhetag

466 BIERGARTEN BASTION MARIE KRONACH

Romantisch auf der Festung Rosenberg gelegen, können Sie bei einem zauberhaften Blick über das Kronacher Land und die Dächer von Kronach die Seele baumeln lassen. Raffinierte fränkische Gerichte und Brotzeiten, selbstgebackener Kuchen, frischer Cappuccino u.v.m. laden ein zum Stärken & Erfrischen, zum Rasten & Verweilen, als Auftakt oder Abschluss einer Besichtigung der Festung.

Festung 1, 96317 Kronach, Tel.: 09261 / 500700, geöffnet tägl. ab 11 Uhr, Mo Ruhetag, www.bastion-marie.de

467 BIERGARTEN MEINELS BAS HOF

Ab Ostersamstag mit den ersten Bratwürsten auf dem Holzkohlegrill beginnt im legend. Hofer Biergarten Meinels Bas die Biergarten- und Grillsaison. Hofer und Zugereiste, Alt und Jung, Studierte und vor allem Studierende bevölkern dann wieder in Scharen den schön gelegenen Biergarten und lassen sich dort frischgezapftes Hofer Meinels Bräu und deftige fränk. Küche schmecken.

Vorstadt 13, 95028 Hof, Tel.: 09281 / 141366, www.meinels-bas.eu, Mo – So 9 – 0 Uhr

468 TERRASSE CAFÉ WAGNER LEIPZIG

Die schönste innerstädtische Freiluftterrasse bietet einem tollen Blick auf Naturkundemuseum, Kaufhaus Brühl und die vom Leipziger Bildhauer Harry Müller geschaffenen Pusteblumen-Brunnen. Liebevoll von Gastgeberin Celina Kutylo serviert, kann man hier mediterrane und polnischen Speisen, tolle Weine und Kaffeespezialitäten oder das leckere Kuchen- und Frühstücksangebot genießen.

Richard-Wagner-Platz 1, 04109 Leipzig, Tel.: 0341 / 99994948, www.wagner-cafe.de, Mo – Sa 9 Uhr – open End, So 11 – 18 Uhr

467

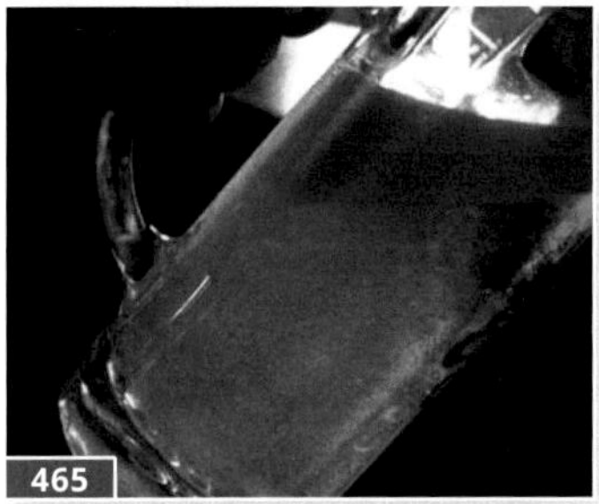
465

468

469

471

473

474

469

472

470

REGIONALE & INTERNATIONALE SPEZIALITÄTEN

469 GOLDHELM SCHOKOLADEN MANUFAKTUR ERFURT

Mit viel Liebe zum Detail verzaubert Chocolatier Alex Kühn Ihren Gaumen mit Produkten aus besten Kakaobohnen. Die Schokoladen, Pralinen und Trüffel sind ausnahmslos handgemacht. Seit November 2015 hat direkt neben dem Goldhelm Schokoladen-Laden auf der Krämerbrücke auch der neue Eiskrämer Laden mit selbstgemachtem Eis geöffnet.

Goldhelm Laden, Krämerbrücke 12 – 14, 99084 Erfurt, Tel.: 0361 / 6609851, www.goldhelm-schokolade.de, tägl. 10 – 18 Uhr

470 THÜRINGER SPEZIALITÄTEN ERFURT & WEIMAR

Wer Thüringens bekannte und verborgene Spezialitätenschätze kennenlernen möchte, ist in dem traumhaften Geschäft von Bettina Vick genau richtig. Mit orig. Thür. Wurst & Käse, Weinen, Likören, Konfitüren, Aufstrichen und Süßwaren macht sie jeden Besucher süchtig nach ihren region. Leckereien.

Geschäft in Erfurt: Krämerbrücke 19, 99084 Erfurt, Tel.: 0361 / 3463495, Mo – Sa 10 – 18 Uhr, So 11 – 17 Uhr
Geschäft in Weimar: Kaufstraße 9, 99423 Weimar, Tel.: 03643 / 204670, Mo – Fr 10 – 18 Uhr, Sa 10 – 17 Uhr, www.thueringer-spezialitaeten.de

471 BÄCKEREI ROTH ERFURT

Egal, ob man sich von Konditormeister Torsten Roth eine einzigartige Torte, sinnlich phantasievolle Marzipanfiguren oder leckeres Partygebäck kreieren läßt, heraus kommt wie bei seinen leckeren Brot- und Kuchensorten immer etwas absolut Unverwechselbares mit konsequentem Anspruch an Qualität. Schon lange kein Geheimtipp mehr ist sein Eis, welches zu dem Besten in Erfurt zählt.

Magdeburger Allee 129, 99086 Erfurt, Tel.: 0361 / 7312439, www.baeckereiroth.de, Mo – Fr 6 – 18 Uhr, Sa 6 – 12 Uhr

472 FISCH HOFLADEN KRESSEPARK ERFURT

Der Fisch-Hofladen im Kressepark Erfurt lädt Sie ein, feinsten Fisch aus eigener Thüringer Zucht (Forellenhof Themar) bei uns zu genießen. Unser Angebot reicht von fangfrischen Regenbogen-, Gold-, Lachsforellen, Bachsaiblingen und Karpfen über täglich frisch geräucherten Fisch, Fischbrötchen, Fisch-Feinkost und leckere Fischgerichte.
Wir freuen uns auf Sie!

Motzstr. 8, 99094 Erfurt, Tel.: 0361 / 7894773, www.fisch-hofladen.de, Mo – So 10 – 18 Uhr, Sa 9 – 18 Uhr, Feiertags: 10 – 18 Uhr

473 DIE THÜRINGER & THÜFLEIWA APOLDA

„Die Thüringer“ mit Standorten in Dornheim und Heilbad Heiligenstadt zeichnet Tradition, handwerkliches Können und thüringische Spitzen- qualität aus: Ihr Meisterstück ist die original Thüringer Rostbratwurst. Die Thürfleiwa verarbeitet nur Fleisch aus der Region und stellt daraus regionale Wurst- und Fleischwaren her. Ihre neueste Spezialität ist die Rostbratwurst aus der Dose.

Die Thüringer Fleisch- und Wurstspezialitäten Rainer Wagner GmbH, Am Lohfeld 1, 99310 Dornheim, www.die-thueringer.de
Thüfleiwa Thüringer Fleischwaren Produktions- und Vertriebs AG, Buttstädter Straße 26, 99510 Apolda, www.thuefleiwa.de

474 ECHTER NORDHÄUSER TRADITIONSBRENNEREI NORDHAUSEN

An diesem Ort der über 500-jährigen Kornbrenntradition in Nordhausen kann der Besucher bei Führung und Verkostung zahlreiche edle Kornbrände sowie abwechslungsreiche Likörspezialitäten kennenlernen und im Museums-Shop erwerben.

Grimmelallee 11, 99734 Nordhausen, Tel.: 03631 / 636363, www.traditionsbrennerei.de, Brennerei und Hofladen: Mo – Sa 10 – 16 Uhr, Führungen: Mo – Sa 14 Uhr – ohne Voranmeldung, Gruppenführungen nach Vereinbarung

475

477

unstvolle Chocolatiers, Konditoren und Kaffeeröstereien laden ebenso zum Probieren ein wie raditionsreiche Brauereien, Käsereien und Metzgereien zwischen Erfurt und Apolda.

475 KLOSTERGUT MÖNCHPFIFFEL GARTEN DER MÖNCHE

Thüringer Genuss

Das Klostergut Mönchpfiffel, das bereits im Jahre 786 erstmalig Erwähnung fand, hat sich heute auf den Obstanbau spezialisiert: Ob Mostäpfel, schwarze Johannisbeeren, Holunder oder Rhabarber: Aus den edlen Früchten werden in Manufakturen feine Gaumengenüsse wie Aufstriche, Sirup, Secco oder Brände hergestellt und im eigenen Hofladen und Onlineshop angeboten.

Triftweg 2, 06556 Mönchpfiffel, www.klostergut-moenchpfiffel.de, Tel.: 034652 / 6650 Hofladen: Di – Do 8 – 13 u. 15 – 18 Uhr, Fr 8 – 18 Uhr, Sa 8 – 12 Uhr

476 HOFKÄSEREI BÜTTNER HOHENLEUBEN

Thüringer Genuss

Die als Familienbetrieb geführte Käserei überzeugt jeden Käseliebhaber: Aus region., qualitativ hochwertigen Zutaten werden u. a. Räucherkäse, Frisch- und Hirtenkäse, Mozzarella und verschiedene Buttervariationen hergestellt, die durch beste Kräuter und Gewürze einzigartig im Geschmack sind. Am besten, man probiert sie gleich im Hofladen, der ebenso regionale bäuerliche Produkte anbietet.

Oststraße 2, 07958 Hohenleuben, Tel.: 0172 / 3578564, www.hofkäserei-büttner.de, Hofladen: Mo – Fr 8 – 18 Uhr, Sa 8 – 12 Uhr

477 KUNST- UND SENFMÜHLE KLEINHETTSTEDT

Thüringer Genuss

Der aus dem 16. Jh stammende Mühlen-Fachwerkkomplex beinhaltet eine vollständige historische Mühleneinrichtung mit 18 Walzenstühlen, Wasserkraftantrieb, Dampfmaschine und Francis-Turbine. Hier werden hochwertige Senfsorten hergestellt und zum Verkauf angeboten.

Kleinhettstedt 44, 99326 Ilmtal, Tel.: 03629 / 3596 od. 03629 / 801037, www.premiumsenf.de, Apr – Nov: Di – Sa 10 – 18 Uhr, So 10 – 17 Uhr, Dez – März: Di – So 10 – 16.30 Uhr, Mo Ruhetag

478 GREUSSENER SALAMI

Thüringer Genuss

Seit 140 Jahren wird in Greußen Salami hergestellt. Langjährige Erfahrung und Tradition, hochwertige Rohstoffe und das milde Thüringer Becken-Klima tragen zum charakteristischen Geschmack dieses Originals bei. Greußener Salami steht für kulinarischen Hochgenuss. Hergestellt aus region., hochwertigem Rind- und Schweinefleisch sowie Speck, verfeinert mit Pfeffer und natürlichen Gewürzen, wird die Salami schonend verarbeitet, geräuchert und lange gereift.

Vor dem Warthügel 9, 99718 Greußen, Tel.: 03636 / 76160, www.greussener.de, Werksverkauf: Mo – Fr 7.30 – 16.30 Uhr

479 WEIMARER KAFFEERÖSTEREI

Nach der Ausbildung beim „Wiener Kaffeeprofessor" Leopold J. Edelbauer eröffnete Sabine Zotzmann am Herderplatz die Weimarer Kaffeerösterei. Die hier verarbeitete große Vielfalt sortenreiner Rohkaffees aus den versch. Ländern und Lagen kann man im gemütl. Ladencafé frisch geröstet bei 25 ausgesuchten Kaffeesorten, 22 Kaffeespezialitäten und Kuchenleckereien genießen.

Herderplatz 16, 99423 Weimar, Tel.: 03643 / 801973, www.weimarer-kaffeeroesterei.de, Mo – Fr 9.30 – 18.30 Uhr, Sa 9.30 – 18 Uhr, So 13 – 18 Uhr

480 VEREINSBRAUEREI APOLDA

Qualität durch edelste Braukunst mit einheim. Rohstoffen ist unser Anspruch. Erleben Sie den ausgez. Frischegeschmack der 14 Apoldaer Bierspezialitäten bei einem Rundgang durch die Brauerei. „Das Bier aus Thüringen – Apoldaer" Ein Prost auf Thüringen. Zum 2. Mal in Folge erhielt das „Apoldaer Glocken Pils" 2015 beim Superior Taste Award die höchste Auszeichnung mit 3 Sternen.

Topfmarkt 14, 99510 Apolda, Tel.: 03644 / 84840, www.apoldaer.de, Fan-Shop: Mo – Fr 8 – 12 u. 13 – 16 Uhr

480

479

478

476

482

481

486

484

485

483

486

REGIONALE & INTERNATIONALE SPEZIALITÄTEN

481 KULINARISCHE ZEITREISEN IN HEICHELHEIM

Alte Rezepturen und Herstellungsmethoden, fast vergessene Früchte und Getreidearten, aber auch Küchengeschichten sind die Basis für erlesene handgemachte Spezialitäten, die hier seit 2005 entstehen und z.B. von Goethes Rosen, Schillers Quitten, Luthers gewürzten Äpfeln oder vom Rosenwunder der Heiligen Elisabeth erzählen. Probieren Sie die Köstlichkeiten im gemütlichen Manufakturladen.

Natur- und Feinkost Manufaktur,
99439 Heichelheim, Hauptstr. 1,
Tel.: 03643 / 773294,
www.kulinarische-zeitreisen.com,
ganzjährig geöffnet nach Vereinbarung

482 CAFÉ UND KONDITOREI SCHOPPE BAD KÖSEN

Schon im 19.Jh. folgten gekrönte Häupter dem hervorragenden Ruf des Kaffeehauses. Heute verwöhnen im liebevoll restaurierten Café Holger und Steffi Elm die begeisterten Gäste mit süßen verführerischen Köstlichkeiten aus ihrer hauseigenen Konditorei, wie dem schon bei Königin Louise beliebten Hämmerlingschen Matzkuchen u.a. Torten-, Kuchen- und Eiskreationen.

Naumburger Straße 1, 06628 Bad Kösen,
Tel.: 034463 / 28585, www.cafe-schoppe.de,
tägl. 7 – 18 Uhr

483 ZEDDENBACHER MÜHLE

Gutes Mehl braucht wie ein guter Brotteig vor allem Zeit. Volker Schäfer – ein Müller aus Leidenschaft – nimmt sich diese und mahlt auf uralte Weise in seiner Wassermühle Weizen und Roggen zu gutem Mehl. Dieses und gesunde Dinkel- und Nudelprodukte, Weine und Naschereien erhält man im Mühlenladen.

Mühle Zeddenbach 1, 06632 Freyburg,
Tel.: 034464-27380,
www.muehle-zeddenbach.de,
Mühlenladen: Di – Fr 9 – 12 u. 13 – 17 Uhr,
Sa 9 – 15 Uhr u. nach Vereinbarung

484 FRANZ. BOULANGERIE & PATISSERIE CARLOS P. JENA

Fast wie in Paris fühlen sich die Liebhaber französischer Backkunst in dem an die Backstube angeschlossenen Vintage-Ladengeschäft. Hier findet man neben einzigart. Sauerteigprodukten, wie dem bis zu 18 Stunden gereiften Brotteig oder Brötchen, Baguettes, Focaccias, Quiches, auch ausgew. Patisserie wie z.B. Himbeer-, Apfel- oder Mango-Tarte.

Grietgasse 10, 07743 Jena,
Tel.: 03641 / 8761799,
www.facebook.com/pages/Carlos-P/482678678472762,
Grietgasse: Mo – Fr 7 – 18 Uhr, Sa 7 – 13 Uhr,
Goethe Galerie: Mo – Sa 10 – 20 Uhr,
Ab 7 Uhr tägl. Frühstück oder mittags eine Tagessuppe, tägl. Softeis-Creme

485 GÖNNATALER PUTENSPEZIALITÄTEN

Getreu dem Motto „Alles aus einer Hand“ werden in Altengönna Puten und Gänse verantwortungsbewusst aufgezogen, geschlachtet und zu köstlichen Putenspezialitäten verarbeitet. Die mehrfach ausgezeichnete, regionale Vielfalt wird mit der hauseigenen Wildverarbeitung durch viele Köstlichkeiten in den Filialen Weimar, Jena, Gotha, auf den Wochenmärkten und im Partyservice ergänzt.

Filiale Jena: Grietgasse 25/26, 07743 Jena,
Tel.: 03641 / 441722,
www.goennataler-puten.de,
Mo – Fr 8 – 18 Uhr

486 KONDITOREI UND KAFFEEHAUS GRÄFE IN JENA

Exklusive Köstlichkeiten garantieren feinsten kulinarischen Genuss: vom traditionellen Blechkuchen über regionalem Prophetenkuchen bis hin zu internationalen Torten- und Pralinenkreationen oder selbsgemachtem Eis. Kombiniert mit einem liebevollen Service und stilvollen Ambiente erleben Sie ein unverwechselbares Erlebnis.

Johannisplatz 8, 07743 Jena,
Tel.: 03641 / 229374,
www.kaffeehausgraefe.de,
Mo – So 8 – 19 Uhr

488

491

Die Saale-Unstrut-Region, das Saaleland und das Vogtland stehen nicht nur für traumhafte Natur und traditionelles Handwerk, sondern auch für höchsten Spezialitätengenuss.

487 BUCH UND WEIN GERA

In dem, zu den 130 besten dt. Rotweinhandlungen zählenden, Buchantiquariat bewahrt Ulrich Schmeissner wahre Schätze, wie den Rivesaltes Grand Reserve von 1959, aber auch Weine aus aktuellen franz. Geheimtippweingütern wie Berta-Maillol in der Region um Banyuls-sur-Mer. Ebenso zieren Olivenöle und Liköre sowie Absinth und Vermouth auf höchstem Niveau seine Regale. Als frankophiler Genussmensch kennt und besucht er seine Winzer und Produzenten persönlich.

Kurt-Keicher-Straße 53, 07545 Gera,
Tel.: 0365 / 5512028,
Buch-und-wein@t-online.de,
Di – Fr 11 – 13 u. 14 – 19, Sa 10 – 13 Uhr

488 KÖSTRITZER SCHWARZBIER-BRAUEREI

Der Namensgeber für eine der modernsten Thür. Brauereien und zugleich Synonym für ihr dt. Marktführersegment ist das Köstritzer Schwarzbier. Darüber hinaus umfasst das Portfolio u.a. die Sorten Kellerbier, Edel Pils, Spezial Pils, Red Lager, Köstr. Meisterwerke und Bibop Cola.

Heinrich-Schütz-Str. 16, 07586 Bad Köstritz,
Tel.: 036605 / 2000,
www.info@koestritzer.de,
Fanshop: Mo – Do 15 – 17 Uhr,
Besichtigungen: Mo 17 Uhr, Do 15 u. 17 Uhr

489 SÄCHSISCH-THÜRINGISCHE SCHOKOLADEN-MANUFAKTUR

In der auf dem Gelände des Romantik Hotel Schwanefeld in Meerane befindlichen Manufaktur werden aus ausgewähltem und fair gehandeltem sortenreinen Kakao mit viel Liebe zum Detail in Handarbeit qualitativ hochwertige Schokoladen und ausgefallene Pralinékreationen hergestellt. Das angeschlossene Geschäft ist ein wahres Schokoladenparadies.

Schwanefelder Straße 22, 08393 Meerane,
Tel.: 03764 / 4050, www.schwanefeld.de,
info@schwanefeld.de, Mo – Sa 9 – 18 Uhr

490 DORFLADEN IM ERLBACHER BRAUHAUS

Neben den hausgebrauten Spezialitäten wie dem Zwickelbier, Werbematerialien und Treberbrot finden Sie hier eine reiche Vielfalt besonders schmackhafter vogtländischer und sächsischer Spezialitäten von regionalen Bauern, Wurst- und Käseherstellern, Destillerien, Nudelherstellern und weiteren Produzenten.

Klingenthaler Straße 12,
08258 Markneukirchen OT Erlbach,
Tel.: 037422 / 6384,
Mo, Di, Do 7 – 13 Uhr u. 15 – 18 Uhr,
Mi 7 – 13 Uhr, Fr 7 – 18 Uhr, Sa 7 – 11 Uhr

491 WERNESGRÜNER BRAUEREI GUTSHOF

Wie aus Getreide schließlich Bier wird, das kann man in der Wernesgrüner Brauerei hautnah miterleben. Wie es sich gehört, sind auch echte Brauereipferde dabei, die für eine gemütliche Kremserfahrt mit der ganzen Familie bereitstehen. Und wer alles ganz genau angeschaut hat, darf sich noch in der urig-vogtländischen Gastwirtschaft verwöhnen lassen!

Bergstraße 2, 08237 Steinberg/Wernesgrün,
Tel.: 037462 / 280411,
www.brauerei-gutshof.de, Brauerei Shop:
Mo – Do 11 – 17 Uhr, Fr 11 – 16 Uhr

492 NATURFLEISCH GMBH „RENNSTEIG" OBERWEIßBACH

THÜRINGER GENUSS

Höchste Qualität aus garantierter regionaler Herkunft, beste Verarbeitung und ein attraktives, vielfältiges Sortiment für Familien und Gourmets sind das Geheimnis der ersten Adresse für Thüringer Fleisch- und Wurstspezialitäten von klassisch bis innovativ.

Lichtenhainer Str. 8/9, 98744 Oberweißbach,
Tel.: 036705 / 62147, Fax: 036705 / 62149,
www.naturfleisch-oberweissbach.com,
Mo – Fr 6 – 18 Uhr, Sa 6 – 12 Uhr

487

489

492

490

496

495

498

498

494

493

497

REGIONALE & INTERNATIONALE SPEZIALITÄTEN

493 SCHOTTISCHE HOCHLAND RINDERZUCHT FRANKENWALD GMBH & CO. KG

„Wuschelkühe!“ Rund um das Glasmacherdorf Kleintettau weiden mehr als 140 schottische Hochlandrinder. Imposante Bullen, zottelige Kühe und süße Kälber pflegen im nördlichen Landkreis Kronach die Landschaft. Ein „Hofladen“ und das damit verbundene Glas-Café bieten auch Hochlandrinder-Wurstspezialitäten an. Deren Fleisch ist von sehr hoher Qualität, feinfaserig und von hervorragendem Geschmack.

www.frankenwald-highlander.de, glascafe@heinz-glas.com, Hofladen im Glascafé, Glashüttenplatz 1 – 7, 96355 Kleintettau, Tel.: 09269 / 77104, Mo – Fr 11 – 17 Uhr, Sa 10 – 16 Uhr, Markt 13 – 17 Uhr

494 WELA SUPPEN

Entdecken und genießen Sie traditionelle Brühen, raffiniert abgestimmte Soßen, leichte wie deftige Suppen. Viele leckere Rezepte für die herzhafte wie kreative Küche, für den klassischen Suppenliebhaber und für Gourmets stehen für Sie bereit.

Wela-Trognitz Fritz Busch GmbH & Co. KG, Alte Poststr. 12 – 13, 96337 Ludwigsstadt, Tel.: 09263 / 942421, www.wela-suppen.de, Fabrikverkauf: Mo – Do 7 – 16 Uhr u. Fr 7 – 13 Uhr

495 KAISERHOF BRAUEREI KRONACH

Beste Zutaten und beste Zubereitung als Grundlage für höchste Qualität und echten Biergenuss ist seit mehr als 130 Jahren die Maxime der Kronacher Familienbrauerei. Nicht nur die Beibehaltung einer traditionellen handwerklichen Offengärung, sondern auch die Abfüllung des Bieres in Eichenfässer und der Verzicht auf Hopfenextrakte sind hier gelebte Tradition. Für Innovationsfreude stehen das neue Goldhopfen- und Mehrkornbier.

Friesener Straße 1, 96317 Kronach, Tel: 09261 / 628000, Mo – Fr 8 – 12 Uhr, 13 – 17 Uhr sowie Sa. 8 – 12 Uhr, Führungen ab 25 Pers. nach Vereinb. möglich, www.kaiserhofbraeu.de

496 CONFISERIE BAUER LAUENSTEIN

Die handgeschöpften Pralinenspezialitäten lassen kleine und große Naschkatzen im siebten Himmel schweben. Weit über 100 Sorten entstehen hier in handwerklicher Perfektion. Genießen Sie anschließend im Café die spektakulären Riesenwindbeutelkreationen.

Orlamünder Str. 39, 96337 Lauenstein, Tel.: 09263 / 215, www.c-bauer.de, Werksverkauf: Mo – Fr 8 – 18 Uhr, Sa, So 13 – 18 Uhr

497 MUSEEN IM KULMBACHER MÖNCHSHOF

Im Kulmbacher Mönchshof sind das Bayerische Brauereimuseum, das Bayerische Bäckereimuseum und das Deutsche Gewürzmuseum beheimatet. Unter dem Motto „Kultur & Genuss“ laden die MUSEEN IM MÖNCHSHOF zu einer kulturellen und genussreichen Reise nach Kulmbach ein.

Hofer Straße 20, 95326 Kulmbach, Tel.: 09221 / 80514, www.kulmbacher-moenchshof.de

498 PEMA CONCEPT STORE WEISSENSTADT

Der Concept-Store besticht und verblüfft mit seiner klaren Linienführung und ist im übrigen gänzlich auf die PEMA-Produkt-Palette zugeschnitten. Alles, was das Unternehmen produziert und vertreibt, z.B. PEMA Vollkornbrote und LEUPOLDT Pfefferkuchen kann man hier kaufen – und noch viel mehr. Denn der Concept-Store verwöhnt auch direkt vor Ort die Gaumen der Besucher, zum Beispiel mit kleinen, aber feinen Gerichten aus der hauseigenen Küche – ganz nach dem Firmenmotto „Lust auf Vollkorn“.

Goethestraße 23, 95163 Weißenstadt, Tel.: 09253 / 890, www.pema.de, Jan – Sep: Mo – Sa 10 – 17 Uhr, Okt – Dez: Mo – Sa 10 – 18 Uhr

503

502

501

Basierend auf familiärer Leidenschaft, besitzt der Frankenwald nicht nur die größte Dichte, sondern auch den höchsten Genussfaktor mit zahlreichen Metzgereien, Bäckereien und Brauereien.

499 BRAUEREI MEINEL BRÄU HOF

Bereits in 12. Generation wird die Familienbrauerei von Gisela Meinel-Hansen und Hans-Joachim Hansen geführt. Gemeinsam mit ihren Töchtern Moni und Gisi Meinel entwickeln sie neben klass. Hefeweizen, Hellem Doppelbock, Classic Pilz, Märzen, Körnla und Weizenbock kreative Brauspezialitäten wie Gold Lager, Mephisto und Holla, die Bierfee sowie hauseigene Brennereiprodukte.

Alte Plauener Straße 24, 95028 Hof,
Tel.: 09281/ 3514, www.meinel-braeu.de

500 METZGEREI KRAUSE KRONACH

Mit Qualitätsanspruch und Drang nach Innovationen pflegt Metzgermeister Eberhard Kraus das sorgsam überlieferte Familienhandwerk in 4. Generation. Aus dem ausgew. Fleisch heim. Zuchtbetriebe und region. Weidelandinitiativen kreiert er neue Ideen, wie z.B. die sensation. Bierwürmer – lange dünne Minisalamis ohne Haut, die RiKa, eine Wurst aus Rind und Kalb oder die Hochlandrinderzipfeln.

Strauer Straße 3, 96317 Kronach,
Tel.: 09261 / 61636, www.metzgereikraus.de,
Mo – Fr 8 – 18 Uhr, Sa 8 – 12.30 Uhr

501 BÄCKEREI ÖSTERLEIN KRONACH

Zweimal in Kronach, einmalig im Geschmack, interpretiert der Bäcker Georg Oesterlein 500 jährige fam. Backtradition in köstliche innov. Produkte. Die ausgez. Brote und Vollkornbackwaren werden seit 2004 unter dem Bioland-Siegel mit Sauerteig aus in eigener Mühle gemahlenem heim. Getreide hergestellt. Aber auch die süßen Versuchungen wie Seelenspitzen, Bienenstich und Schwarzala sind eine Entdeckung wert.

Klosterstr. 2, 96317 Kronach,
Tel.: 09261 / 3637, Mo – Fr 6 – 18 Uhr,
Sa 6 – 13 Uhr, www.baeckerei-oesterlein.de

502 SACK´S DESTILLE WEISSENSTADT

Handwerkliche Tradition seit mehr als 150 Jahren: Nach alten Rezepten und mit modernem Know-How werden feinste Spirituosen hergestellt, nach einem selbst auferlegten Reinheitsgebot, das nur Wasser, Alkohol und die Beeren und Kräuter des Fichtelgebirges zulässt, aber keine Chemie – garantiert. Der FEINSCHMECKER zählt die Destille zu den besten Adressen Bayerns.

Kirchenlamitzer Straße 12/ Eingang Schulstraße, 95163 Weißenstadt,
Tel.: 09253 / 954809, Verkauf:
Mo – Sa 10 – 12 Uhr, www.destillerie-sack.de

503 FACTORY-IN SELB

In dem elegant umfunktionierten Inventar der ehem. Heinrich Porzellanfabrik hütet Andreas Steidl Feinkostschätze aus Italien, Südafrika und Franken. Neben komp. Beratung kann man in der Probierecke bei Prosecco, Wein oder Espresso wunderbar entspannen und sich von der angebotenen Fülle mediterraner Genüsse inspirieren lassen. Sehr empfehlenswert sind auch die Weinverkostungen und Folk-Konzerte.

Vielitzer Straße 16, 95100 Selb,
Tel.: 09287 / 889999, www.factory-in.de,
Mo – Sa 9.30 – 18 Uhr

504 MIUU SCHOKOLADEN-MANUFAKTUR CHEMNITZ

Handgeschöpfte Schokolade, individuell veredelt aus frei wählbaren Zutaten, ist die Spezialität der Chocolatiers der Miuu Schokoladenmanufaktur. Die edlen Kakaosorten ausgewählter Plantagen aus allen Anbauregionen der Welt und mehr als 200 Zutaten gestatten ungeahnte Kompositions- und Gestaltungsmöglichkeiten, die in liebevoller Handarbeit zu Tafelschokoladen, Pralinen oder Trüffel kreiert werden. Erleben kann man diese Vielfalt vor Ort in Seminaren und Verkostungen.

Theaterstraße 13, 09111 Chemnitz,
Tel.: 0371 / 69578751, www.miuu.de,
Mo – Fr 10 – 18 Uhr, Sa 10 – 16 Uhr

504

500

499

508

505

506

509

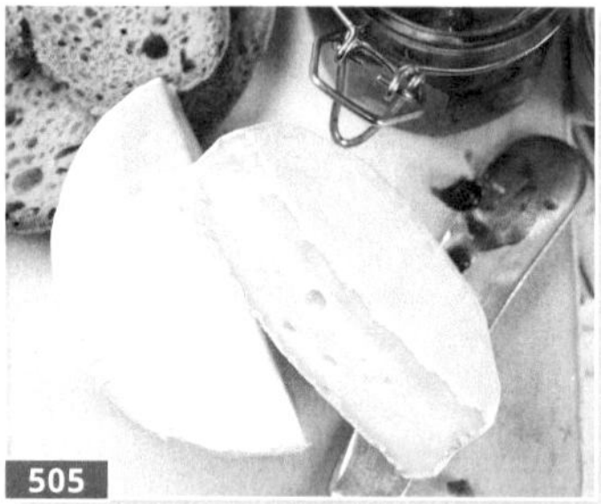

505

507

510

REGIONALE & INTERNATIONALE SPEZIALITÄTEN

505 ALTENBURGER ZIEGENKÄSE

Seit Generationen wird er in der privaten Käserei Altenburger Land mit viel Liebe nach alter Tradition hergestellt. Die einmalige traditionelle Rezeptur aus heimischer Kuh- (85%) und Ziegenmilch (15%) mit feinem Kümmel verfeinert, verleiht dem Altenburger Ziegenkäse seinen milden und aromatischen Geschmack.

Käserei Altenburger Land,
Theo-Nebe-Straße 1, 04626 Lumpzig/Hartha,
Tel.: 034495 / 77019,
www.kaeserei-altenburger-land.de,
Werksverkauf: Mo – Fr 9 – 17 Uhr,
Sa 9 – 12 Uhr

506 ALTENBURGER ERLEBNIS-BRAUEREI UND ALTENBURGER DESTILLERIE & LIQUEURFABRIK

In der Brauerei zu Altenburg wird seit 1871 nach deutschem Reinheitsgebot gebraut. Seit über 60 Jahren genießen die Altenburger Destillerie & Liqueurfabrik und deren über 100 versch. Produkte einen hervorragenden Ruf weit über die Grenzen Thüringens hinaus.

Altenburger Brauerei GmbH, Brauereistraße 20, 04600 Altenburg, Tel.: 03447 / 31290, Museum: Sa, So 11 – 17 Uhr, Altenburger Destillerie & Liqueurfabrik, Am Anger 1 – 2, 04600 Altenburg, Tel.: 03447 / 55460, www.destillerie.de, Werksverkauf: Mo – Fr 10 – 18 Uhr, Sa 10 – 13 Uhr
Beide: Führungen und Verkostungen n. V.

507 FEINKOST DÜNEWALD ALTENBURG

Dass Familie Dünewald nicht nur von der Ostsee, sondern auch vom Fach kommt, spürt man nicht nur bei den nach geschickter Filetierung frisch zubereiteten Fischgerichten, zu denen ein Tropfen vom Weingut Triebe mundet. Auch an der Fisch- und Feinkosttheke geht dem Genießer und Feinschmecker das Herz auf beim Anblick von Forellen, Austern, Muscheln, Hummer, Loup de Mer u.v.m.

Weibermarkt. 2, 04600 Altenburg,
Tel.: 03447 / 314000,
www.duenewald-fisch.de,
Mo – Fr 7 – 18 Uhr, Sa 7 – 13 Uhr,
bes. Vereinb. nach Abspr. möglich

508 WELTMEISTER SENFLADEN ALTENBURG

Von scharf bis süß und fruchtig bietet der Weltmeister-Senfladen eine breite Palette an Senf. Mehr als 350 Sorten Senf, Dips, Soßen und Salze aus eigener Herstellung zum Probieren erwarten Sie. Perfekt als Geschenk oder einfach zum selbst genießen.

Moritzstraße 1, 04600 Altenburg,
Tel.: 03447 / 892219, www.senf.de,
Mo – Fr 9 – 18 Uhr, Sa 9 – 17 Uhr,
So 10.30 – 16 Uhr

509 SPEZIALITÄTEN & FEINKOSTGESCHÄFT WINKLER

Auch wenn die leckeren Thüringer Wurst-, Fleisch- und Grillspezialitäten der Fleischerei Winkler schon alleine überzeugen, lockt das Geschäft darüber hinaus mit Köstlichkeiten aus ganz Europa. Staunen Sie neben südafrikanischen Tropfen über eine genussvolle Vielfalt an ital. u. franz. Wein-, Wurst- und Käsespezialitäten, Gebäck- und Pastaprodukten, Likören, Grappas, Antipasti u.v.m.

Markt 16, 04626 Schmölln,
Tel.: 034491 / 58406,
Mo – Fr 8.30 – 18 Uhr, Sa 8 – 12 Uhr

510 MILCHSCHÄFEREI DEUTSCHER

Die kleine Käserei nahe Altenburg fertigt auf einem alten Gutshof vorzüglichen Käse aus 100% Schafsmilch von ostfriesischen Milchschafen. Schafskäse enthält sehr viele Vitamine und stellt mit seiner Eignung für Allergiker eine gute Alternative zu Kuhmilchkäse dar. Von Februar bis Anfang Dezember sind erhältlich: verschiedene Sorten Schnitt- und Hartkäse, Weichkäse in Öl sowie Salzlakenkäse.

04639 Gößnitz/OT Koblenz Nr. 35,
Tel.: 034493 / 71249, www.schafkaese.de,
Hofverkauf: Mo – Sa. 8 – 12 Uhr u.
15 – 19 Uhr

511

512

Wer ins Altenburger Land oder nach Leipzig reist, kommt nicht umhin, neben den vielfältigen Kulturschätzen auch die reiche Fülle regionaler Spezialitäten zu genießen.

511 ORIGINAL SCHMÖLLNER MUTZBRATEN

Die in Schmölln erfundene legendäre Grillspezialität wird aus Schweinekamm, Schweineschulter und magererem Schweinebauch portioniert, mit Salz, Pfeffer und Majoran gewürzt und über Birkenholzfeuer gegrillt. Der Mutzbratenexperte André Schakaleski begeistert mit der begehrten Spezialität nicht nur auf Thüringer Festen, sondern auch im europäischen Ausland.

Markt-und Reisegastronomie André Schakaleski e.K., Lohsenstr. 5, 04626 Schmölln, www.mutzbraten.eu

512 EGENBERGER LEBENSMITTEL & LIPZ SCHORLE LEIPZIG

Aufgewachsen zwischen dem Lebensmittelgeschäft und den Streuobstwiesen seines Opas, fand Thilo Egenberger mit Frau Julia Wolff und der in der Küche kredenzten Bio Lipz Brause zu region. Biobauern zurück. Weitere Renner im Sortiment sind u.a. Robusta Kaffee, MAKI Mate, Hirschlein Bier und Ginger Cat Likör.

www.egenberger-lebensmittel.de, www.lipz-schorle.de

513 CAFÉ MAÎTRE - PÂTISSERIE

In dem kleinem Ladengeschäft neben dem Café erwarten Euch liebevoll und ohne Zusätze gebackene Torten, Tartes, Macarons, Gebäck, Quiches und riesige Baiser, sowie ein großes Sortiment an Schokolade, LOV- und KUSMI Tee und hausgemachter Feinkost. Jeden Tag frisch wie in Frankreich: Baguettes, Brioches und Croissants; handgemacht, mit viel Erfahrung und Sorgfalt nach franz. Originalrezepturen hergestellt und gebacken.

Karl-Liebknecht-Str. 62, 04275 Leipzig, Tel.: 0341 / 30328925, www.cafe-maitre.de oder www.cafe-maitre-patisserie.de, Mo – Fr 11 – 18 Uhr, Sa, So 9 – 18 Uhr

514 GOETHE CHOCOLATERIE LEIPZIG

THÜRINGER GENUSS

In der Marktgalerie im Zentrum der Stadt finden Sie dieses schöne Schokoladengeschäft mit einer Schokoladen-Schauproduktion. Alle Pralinen, Trüffel, Schokoladentafeln, brotaufstriche und -spezialitäten werden hier vor Ort frisch produziert.

Markt 11 – 15 / Marktgalerie, 04109 Leipzig, Tel.: 0341 / 2689449, www.goethe-schokoladentaler.de, Mo – Sa 10 – 20 Uhr

515 BÄCKEREI STEUERNAGEL LEIPZIG

Außen knusprig und innen saftig – wie früher – sind die Brötchen vom Bäckermeister Jörg Steuernagel. Bei dem mit viel Zeit und Handarbeit hergestellten Natursauerteigbroten ist, angefangen vom Oliven- bis zum Sauerkrautbrot, keine Zutat vor ihm sicher. Aber auch die Leipziger Lerchen, Festtagstorten und sächs. Blechkuchen sind bei den Kunden sehr gefragt.

Hauptstraße 8, 04288 Leipzig-Holzhausen, www.baeckerei-steuernagel.de, Tel.: 034297 / 42181, Mo – Fr 6 – 18 Uhr, Sa 7 – 11 Uhr

516 FLEISCHEREI MATERNE LEIPZIG

Leidenschaft und Kreativität. Den hervorragenden Ruf der hausgemachten Fleisch- und Wurstwaren ergänzt Michael Materne mit der Verfeinerung des Cateringangebotes und internationalen Fleischspezialitäten, wie dem bis zu 21 Tagen gereiften Dry Aged Beef. In der 2. Filiale erwartet den Kunden zusätzlich ein Mittagsangebot.

Filiale Probstheidaerstraße 74, 04277 Leipzig, Tel.: 0341 / 3391757, Di – Fr 8 – 18 Uhr, Sa 8 – 12 Uhr, Filiale Jahnallee 17, 04109 Leipzig, Tel.: 0341 / 23068100, Di – Do 9 – 19 Uhr, Fr 9 – 20 Uhr, Sa 8 – 19 Uhr, www.materne-catering.de, www.materne-fleischerei.de

513

516

514

515

522

517

522

520

519

518

521

WEINE & WINZER

517 WINZERVEREINIGUNG FREYBURG-UNSTRUT

Mitten im Herzen des nördlichsten Qualitätsweinanbaugebietes Europas ist die Winzervereinigung zu Hause: Rund 400 Winzer bewirtschaften gut 400 ha Rebfläche. Das Ergebnis sind regional- und sortentypische Weine, wie Müller-Thurgau, Weißburgunder und Silvaner. Erleben Sie die Weinvielfalt von Saale-Unstrut und einen der schönsten und größten Holzfasskeller in Deutschland.

Querfurter Str. 10, 06632 Freyburg,
Tel.: 034464 / 3060, Mo – Fr 7 – 18 Uhr,
Sa 10 – 18 Uhr, So 10 – 16 Uhr,
www.winzervereinigung-freyburg.de

518 WEINGALERIE IM SCHWEIGENBERG

Die Leidenschaft von Sven Lützkendorf für Weinaromen und die Liebe seiner Frau Gudrun Bertling-Lützkendorf zur mitteldeutschen Kunstlandschaft führte zu diesem wunderschönen Galerie-Café, in dem Wein, Kunst und leckere Holzofenspezialitäten gleichermaßen genossen werden können.

Schweigenberge 2, 06632 Freyburg,
Tel.: 034464 / 28914,
www.weingalerie-schweigenberg.de,
Straußwirtschaft:
Apr – Okt: Fr – So 11 – 20 Uhr

519 WEINGUT FAMILIE LÜCKEL GBR

Wenn ein ehem. Sternekoch aus dem Sauerland sich zusammen mit seiner Frau und Winzerin Andrea Lückel in der Saale-Unstrut-Region nicht gehob. Gourmetküche, sondern erdnahem Weinbau widmet, geschieht dies etwas anders, aber nicht minder leidenschaftlich. Schon der erste Rotwein erhielt 2011 eine Goldmedaille. Auf den Steillagen und im Keller schenkt Jörg Lückel dem Wein Geduld zur Entfaltung des eigenen Geschmacks. Das spürt man auch beim Portwein.

Schlossstraße 21, 06632 Freyburg,
Tel.: 034464 / 359160,
www.weingut-lueckel.de

520 WEINGUT KLAUS BÖHME

Im idyllischen Unstrutdorf Kirchscheidungen baut Klaus Böhme seine Weine mit sehr viel Frische, lagenrein mit sortentypischer Frucht und absoluter Klarheit aus. Beginnend mit dem 1. großen Jahrgang 1994 entwickelte sich das Weingut zu einem Vorzeigebetrieb der Saale-Unstrut-Region, dessen Weine die Karten berühmter Gourmetrestaurants in ganz Deutschland schmücken.

Lindenstraße 42, 06636 Kirchscheidungen,
Tel.: 034462 / 20395,
www.weingut-klaus-boehme.de

521 WEINGUT THÜRKIND

Das in drei Generationen betriebene Weingut wurde als eines der ersten im Saale-Unstrut-Gebiet von Mario Thürkinds Vater gegründet. Dessen Erfahrung als ehem. Kellermeister der Winzergenossenschaft Freyburg und die Leidenschaft von Sohn Mario für einen gepflegten Weinberg und qualitativ ausgewähltes Lesematerial, sind die Basis für traumhaft filigrane Weine. Als erster ostdeutscher Vertreter erhielt das Weingut den Bundesehrenpreis.

Neue Dorfstraße 9, 06632 Mücheln/OT Gröst, Tel.: 034633 / 22878,
www.weingut-thuerkind.de, Verkauf:
Mo – Sa 9 – 12 Uhr, 13 – 18 Uhr, So 9 – 11 Uhr

522 WEINGUT BÖHME & TÖCHTER

Auf dem mittlerweile von drei Generationen bewirtschafteten Weingut werden auf einer Rebfläche von 4 ha 14 verschiedene Rebsorten angebaut, darunter Bacchus, Kerner, Spätburgunder, Chardonnay, Weißburgunder, Riesling und Dornfelder. Neben zahlr. Auszeichnungen bei der Landesweinprämierung Saale Unstrut konnte das Weingut Böhme im Jahr 2011 den begehrten Eintrag im „Gault Millau“ Wein Guide Deutschland erringen.

Ölgasse 11, 06632 Gleina,
Tel.: 034462 / 22043,
www.boehme-toechter.de,
Verkauf: Mo – Fr 9 – 18 Uhr, Sa 10 – 16 Uhr

527

526

Wie kaum eine andere Kulturregion ist das Saale-Unstrut-Gebiet durch den Wein geprägt. Märchenhafte Landschaften, stolze Kulturorte und leidenschaftliche Winzer laden zum Entdecken ein.

523 WEINGUT HERZER

Als die Eltern von Frau Herzer 1992 ihren priv. Weinberg mit größeren Lagen ergänzten, holten sie aus der Pfalz einen erfahrenen Winzer. Dieser verliebte sich nicht nur in die Weinberge, sondern auch in die Tochter des Hauses. Das bei Gastronomen beliebte Familienweingut steht für naturnahe Weine mit feinnuancierter Fruchtigkeit. Eine Rarität ist die Rebsorte André – eine Schwesternkreuzung des Blauen Zweigelt, die 1961 in der ČSSR entstanden ist.

Am Leihdenberg 7, 06618 Naumburg/OT Roßbach, Tel.: 0344 / 202198, www.weingut-herzer.de, Verkauf: Mo – Fr 8 – 17 Uhr, Sa 10 – 14 Uhr

524 WINZERHOF GUSSEK

Mit der Erfahrung aus 20 Jahren als Kellermeister im Landesweingut Kloster Pforta und seit 2002 als selbständiger Winzer widmet sich André Gussek mit besonderer Leidenschaft u. handw. Finesse dem Ausbau von großen Terroirweinen im Barrique. Seine auf Muschelkalkverwitterungsböden gedeihenden fruchtbetonten Guts-, Orts- und Lagenweine überzeugen mit feiner Säurestruktur und komplexen, vollmundigen Aromen.

Kösener Straße 66, 06618 Naumburg, Tel.: 03445 / 7810366, www.winzerhof-gussek.de, Verkauf: Mo – Fr 9 – 17 Uhr, Sa, So 14 – 18 Uhr

525 NAUMBURGER WEIN & SEKT MANUFAKTUR

Seit 2002 hat sich die Naumburger Wein & Sekt Manufaktur im Gebäude der 1824 gegr. ersten Sektfabrik Deutschlands mit der Herstellung von hervorragenden Weinen und Premium Sekten etabliert. In einem der ältesten Sektkeller Deutschlands entstehen in ausschließl. Flaschengärmethode feinste Sekte in Champagner Qualität.

Blütengrund 35, 06618 Naumburg Ortsteil Henne, Tel.. 03445 / 202042, www.naumburger.com, Verkauf: Mo – Fr 8 – 18 Uhr, Sa, So 11 – 18 Uhr

526 ROTKÄPPCHEN SEKTKELLEREI

Ein Besuchermagnet in Freyburg ist die traditionsreiche Rotkäppchen Sektkellerei mit dem größten Cuvéefass Deutschlands. Prickelnde Erlebnisse und vielseitige Veranstaltungen laden auf dem beeindruckenden Sektkellereigelände zum Staunen und Genießen ein.

Sektkellereistraße 5, 06632 Freyburg, Tel.: 034464 / 340, www.rotkaeppchen.de, Sektshop: Mo – Sa 10 – 18 Uhr, So 11 – 18 Uhr, 24., 25., 26., 31.12 u. 1.1.: 10 – 14 Uhr Führungen tägl. 11 u. 14 Uhr, 24., 25., 26., u. 31.12. sowie 1.1.: 11, 12 u. 14 Uhr ohne Anmeldung

527 LANDESWEINGUT KLOSTER PFORTA

Mit der Erfahrung aus über 850 Jahrgängen kultivieren wir 17 verschiedene Rebsorten zu anspruchsvollen Weinen direkt am Ursprungsort unserer Geschichte. Erleben Sie ein traditionsreiches Weingut mit Gutsrestaurant, idyllisch inmitten der Saalhäuser Weinberge gelegen.

Saalberge 73, 06628 Naumburg/OT Bad Kösen, Tel.: 034463 / 30023, Vinothek im Torhaus der Landesschule Pforta: tägl. 10 – 18 Uhr, Online-Shop: www.kloster-pforta.de/shop

528 WEINGUT UWE LÜTZKENDORF

Als Uwe Lützkendorf nach seinem Getränkeingenieurstudium die fam. Weinbautradition 1991 auf den zurückerhaltenen Weinbergen wiederbelebte, bewies er Charakter, Mut und Pioniergeist zugleich. Schon nach 4 Jahren wurden seine Weine mit dem VDP-Adler geadelt. Seiner Leidenschaft für große Terroirweine fröhnt er auf der hist. Lage Hohe Gräte, deren aufgewallte Doppelquarzitböden den mehrf. ausgez. Tropfen eine authentische, vielschichtige Mineralität verleihen.

Saalberge 31, 06628 Naumburg/OT Bad Kösen, Tel.: 034463 / 61000, www.weingut-luetzkendorf.de, Mo – Fr nach Vereinb. Sa – So 10 – 18 Uhr

523

528

525

524

529

534

530

532

532

530

533

531

WEINE & WINZER

529 THÜRINGER WEINGUT ZAHN

Das Thüringer Weingut Zahn wird heute in dritter Generation von André Zahn geführt. Ihrem Charakter entsprechend werden die Weine im großen Holzfass, in temperaturgesteuerten Edelstahltanks und seit 2005 auch in Barrique ausgebaut. Das Ergebnis sind filigrane und frische Weißweine sowie elegante und vollmundige Rotweine.

Weinbergstr. 16, 99518 Großheringen, www.weingut-zahn.de, Nov – Dez: Di – Fr 9 – 11.30 Uhr, 13 – 16 Uhr, Sa u. So 10 – 16 Uhr, März – Okt: Di – Do 9 – 18 Uhr, Fr – Sa 10 – 22 Uhr, So 10 – 18 Uhr

530 THÜRINGER WEINGUT BAD SULZA

Mit 5 x Gold, 7 x Silber und 2 x Bronze schnitten die Weine vom Thüringer Winzer Andreas Clauß auf der Saale-Unstrut-Gebietsweinprämierung 2015 hervorragend ab. Auf den Weinbergslagen Bad Sulzaer Sonnenberg, Auerstedter Tamsel, Dornburger Schloßberg und Jenaer Grafenberg reifen gebietstypische Gutsweine, hervorragende „Excellence"-Lagenweine und exklusive „CP"-Kultweine.

Dorfstraße 17, 99518 Bad Sulza OT Sonnendorf, Tel.: 036461 / 20600, www.thueringer-wein.de, Verkauf: Mo – Fr 10 – 18 Uhr, Sa 10 – 16 Uhr, So u. Feiertag 10 – 13 Uhr

531 WEIN- & SEKTGUT HUBERTUS TRIEBE

Zu den Spezialitäten des im schönen Schnaudertal bei Zeitz gelegenen Weingutes zählen Dornfelder, Müller-Thurgau, Bacchus und Weißburgunder, ausgez. auf der Lage Salsitzer Englischer Garten gedeihen auch Kerner und Ortega. Weinproben mit region. Köstlichkeiten, Themenabende mit Fisch, Käse oder Filmprogramm, Sonderabfüllungen und -etikettierungen, Vinothek und Festhalle für bis zu 100 Pers. runden das Angebot ab.

Mittelweg 18, 09712 Zeitz OT Würchwitz, Tel.: 034426 / 21420, www.weingut-triebe.de, Verkauf: Di 10 – 18 Uhr, Fr, Sa 14 – 18 Uhr

532 WOLFRAM PROPPE – WEINBAU IM GLEISTAL

Der großen Aufgabe Jenas Weinbaugeschichte auf hist. Rebhängen neues Leben einzuhauchen, stellt sich von allen Akteuren Wolfram Proppe mit ganz besonders hoher Qualität und Leidenschaft. Aus Riesling, Kerner, Chardonnay, Auxerrois, Bacchus, Cabernet Blanc und Cabernet Jura, handverlesen auf dem Golmsdorfer Gleisberg, erzeugt er mit versiertem Handwerk und schonender Kelterung fruchtig hochwertige Premiumweine.

Im Kleinen Dorf 12, 07646 Laasdorf bei Jena, Tel.: 036428 / 547600, www.wolfram-proppe.de

533 WEINGUT RAINER SAUER

„Moderne Weine nach trad. Rezepten" sind das Ziel von Rainer und Helga Sauer, welche vom onolog. ausgebildeten Sohn Daniel im Keller unterstützt werden. Nach selektiver Handlese entstehen lebendige und lagerfähige Weine, die mit ausgeprägtem Sortencharakter und betont vielschichtigen Fruchtaromen alle Merkmale von Jahrgang und Lage in sich vereinen.

Bocksbeutelstraße 15, 97332 Escherndorf, Tel.: 09381 / 2527, www.weingut-rainer-sauer.de, Vinothek: Mo – Fr 9 – 12 Uhr, 13 – 18 Uhr, Sa 9 – 17 Uhr

534 WEINGUT RUDOLF FÜRST

Nachweislich seit 1638 betreibt Familie Fürst im westlichen Teil des Frankenlandes den Weinbau. Im Jahre 1979 errichteten Paul & Monika Fürst die neuen Gutsgebäude in den Weinbergen des Centgrafenbergs, ein idealer Standort für Spätburgunder- und Rieslingreben. Die naturgemäße Bewirtschaftung, gestaffelte und selektive Traubenlese sind ihre Garanten für erstklassig Weine.

Hohenlindenweg 46, 63927 Bürgstadt am Main, Tel.: 09371 / 8642, www.weingut-rudolf-fuerst.de, Mo – Fr 9 – 12 Uhr u. 14 – 18 Uhr, Sa 10 – 15 Uhr

537

537

535

Neben den großen Weinen der Saale-Unstrut-Region haben auch das sächsische Elbland rund um Meißen und der Frankenwald ausgezeichnete Tropfen zu bieten.

535 WEINGUT BÖCKING

Mit Liebe zum Spitzenriesling, mit Verantwortung u. neuen Visionen führen Freiherrin Leweke von Marschall und ihr Team die bis 1624 zurückreichende große fam. Weinbautradition zur Renaissance. Die unnachahmliche Kombination aus weinhist. Mosel-Spitzensteillagen, alte, wurzelechte Rieslingreben und die schwierige Kunst des Wartens führt zu einem filigranen Wein mit originärem Charakter.

Schottstraße 12 – 14,
56841 Traben-Trarbach, Tel.: 06541 / 9385,
www.weingut-boecking.de

536 SÄCHSISCHE WINZERGENOSSENSCHAFT MEISSEN

Über 1.500 Winzer – eine Gemeinschaft authentischer Menschen mit Liebe zum Weinbau. Weine aus nahezu allen sächsischen Einzellagen werden hier in die „Sachsenflasche" gefüllt. Vom ehrlichen, unkomplizierten sächsischen Landwein über die sortenreinen Qualitätsweine des Bereichs Meißen bis zu den Prädikatsweinen der Steillagen Sachsens.

Bennoweg 9, 01662 Meißen,
Tel.: 03521 / 780970,
www.winzer-meissen.de,
Vinothek: Jan – März: Mo – Fr 9 – 18 Uhr,
Sa 10 – 16 Uhr, Apr – Dez: Mo – Fr 9 – 18 Uhr,
Sa, So 10 – 18 Uhr

537 ERLEBNISWEINGUT SCHLOSS WACKERBARTH

Ein Ort mit 850-jähriger Weinbau-Geschichte und 180-jähriger Sekt-Tradition. Feine sächsische Lebensart, hier ist sie zu Hause. Wo schon der Hof Augusts des Starken rauschende Feste feierte, begrüßt Sie heute täglich Europas erstes Erlebnisweingut mit einer romantischen Schloss- und Gartenanlage und einer modernen Wein- und Sektmanufaktur.

Wackerbarthstraße 1, 01445 Radebeul,
Tel.: 0351 / 89550,
www.schloss-wackerbarth.de,
Markt: tägl. 10 – 20 Uhr,
Gasthaus: Mo Ruhetag,
Di – Sa 12 – 22 Uhr, So 10 – 18 Uhr

538 WEINGUT TIM STRASSER

Kenner sind sich einig, dass hier zwischen hist. Mauern und alten Steinrosetten, die zum Wahrzeichen des Weingutes wurden, mit dem Winzer Tim Strasser ein wahres Juwel der Elbregion heranwächst. Angereichert mit ungar. Weingenen und Kellererfahrung vom Weingut Schloß Wackerbarth, lässt er in hochmod. Tankanlagen fruchtig-frische Qualitätsweine reifen – den nur in Sachsen angeb. Goldriesling und Helios, eine für Meissener Weine einmalige Rarität.

Lehmberg 4, 01662 Meißen,
Tel.: 03521 / 7545467, www.rothesgut.de

539 WEINGUT ZIMMERLING

Auch wenn die auf dem königl. Weinberg angebauten VDP- Prädikatsweine von Quereinsteiger Klaus Zimmerling mittlerweile auf Staatsbanketten ausgeschenkt werden, ist und bleibt der Winzer ein Freigeist. Eigenwillig, wagemutig und konsequent ökologisch erzeugt er Weine mit enormer Strahlkraft, Frische und Cremigkeit, welche verziert mit den Plastiken seiner Frau Malgorzata Chodakowska auch äußerlich echte Kunstwerke sind.

Bergweg 27, 01326 Dresden-Pillnitz.
Tel.: 0351/ 8301147,
www.weingut-zimmerling.de, Vinothek & Galerie: Fr 10 – 18 Uhr, Sa 10 – 13 Uhr

540 WEINGESCHÄFT EN GROS & EN DETAIL

Die Räume von EN GROS & EN DETAIL, das ist gelebter Umgang mit Wein, das ist Handel, Import und Auslieferung. Die einzelne Flasche, die Verkostung, der Genuss und die Leidenschaft. Was wollen wir kochen? Frei in der Entscheidung, für den Erhalt von Rebsorten und geschmacklicher Vielfalt, seien Sie gespannt!

Spinnereistraße 7, 04179 Leipzig,
Tel.: 0341 / 9261715, www.weine-leipzig.de,
Fr 14 – 19 Uhr, Sa 11 – 18 Uhr

540

538

536

539

HOTELS, APARTMENTS & PENSIONEN

541 RADISSON BLU ERFURT

Das VDR-zertifizierte Business-, Conference- und Green Hotel Radisson Blu Erfurt ist ein Full-Service-Hotel in der malerischen Altstadt Erfurts. Die 282 modern gestalteten Zimmer und Suiten mit Kaffee- und Teebar, Flat-Screen TV und kostenfreiem Internet besitzen einen atemberaubenden Ausblick über die turmreiche, mittelalterliche Stadt und deren Sehenswürdigkeiten.

Juri-Gagarin-Ring 127, 99084 Erfurt,
Tel.: 0361 / 55100, www.radisson-erfurt.de,
EZ ab 88 €, DZ ab 116 € (inkl. Frühst.)

542 HOTEL AN DER KRÄMERBRÜCKE

Direkt an der Krämerbrücke erleben Sie in dem hist. Hotel mit seinem Restaurant „Zum alten Schwan" den Charme von historischen Mauern und mod. Design. Exzellenter Service, viel Raum für Tagungen und Bankette mit bis zu 120 Personen, sowie eine gastronomische Vielfalt, die keine Wünsche offen lässt, bilden eine Symbiose aus herzlicher Gastlichkeit und exklusiver Hotelkultur.

Gotthardtstraße 27, 99084 Erfurt,
Tel.: 0361 / 67400,
www.hotel-kraemerbruecke.de,
EZ ab 91 €, DZ ab 121 €

543 H+ HOTEL ERFURT

Das 4-Sterne-Hotel liegt idyllisch am Linderbach. Wer nicht nur Action am Filmset, sondern auch Entspannung in modernem, lockerem Ambiente erleben möchte, bucht hier direkt und geniesst die Ruhe auf der grünen Terrasse.

Auf der großen Mühle 4, 99098 Erfurt,
Tel.: 0361 / 43830,
www.bachmann-hotels.de/h-hotel-erfurt,
EZ ab 80 €, DZ ab 100 €

544 HOTEL WEISSER SCHWAN ERFURT

Das 3 Sterne Hotel Weisser Schwan finden Sie inmitten schöner Natur. Es verfügt über einen Clubraum und ein wunderschönes Restaurant mit Sommerterrasse. Das Hotel spiegelt den Einklang von Natur und Gastronomie in einem gewachsenen und familiär geführten Haus wieder. Besonders beliebt bei Familienfeiern, Betriebs- und Vereinsausflügen sind die zwei Kegelbahnen im Haus. Genießen Sie in dem Wohlfühl-Landhotel eine entspannte Auszeit im ruhigen Umfeld, ohne auf Bequemlichkeit und Komfort zu verzichten.

Zum Sulzenberg 1, 99198 Erfurt,
Tel.: 036203 / 580, www.weisser-schwan.de,
EZ ab 65 €, DZ ab 85 €

545 AIRPORT HOTEL ERFURT

Unterschätzt und oft unentdeckt liegt das Hotel, umgeben von einem grünen Mantel, leicht erhaben über der Stadt. Durch die perfekte Verkehrslage lassen sich die Stadt und die Region spielend leicht erkunden – und das mit einem Ruheversprechen für alle Gäste. Was will man mehr?!

Binderslebener Landstraße 100, 99092 Erfurt, Tel.: 0361/ 658880,
www.airport-hotel-erfurt.de,
EZ ab 75 €, DZ ab 95 €

546 HOTEL AM KAISERSAAL ERFURT

Ahhh! Erfurt! Ein bisschen Weltstadt, ein bisschen provinziell. Von allem ist genug da. Direkt im historischen Stadtzentrum von Erfurt, nur wenige Schritte entfernt von der bekannten Krämerbrücke und dem Fischmarkt mit dem Erfurter Rathaus, passt das Hotel garni inmitten der Altstadt wunderbar. Zahlreiche Kulturorte, Restaurants und Geschäfte rund um die historische Krämerbrücke laden zum Entdecken und Genießen ein.

Futterstraße 8, 99084 Erfurt,
Tel.: 0361 / 658560,
www.hotel-am-kaisersaal.de,
EZ ab 89 €, DZ ab 109 €

551

548

547

Die Landeshauptstadt Erfurt und die Klassik-Stadt Weimar punkten bei ihren internationalen Gästen mit Eleganz, Luxus und Komfort.

547 EVANGELISCHES AUGUSTINERKLOSTER UND GÄSTEHAUS NIKOLAI

Die Tagungs- und Begegnungsstätte weiß sich in klösterlicher Tradition einem zurückhaltenden Lebensstil verbunden. Die ruhige und friedliche Atmosphäre in unseren schlichten und hell möblierten Zimmern bietet Raum zum Abschalten nach einem erfüllten Tag. Wir bieten Ihnen 51 Gästezimmer, 2 Gästehäuser mit jeweils 17 Gästezimmern sowie 12 Tagungsräume verschiedener Größe.

Evangelisches Augustinerkloster zu Erfurt,
Augustinerstraße 10, 99084 Erfurt,
Tel.: 0361 / 576600,
www.augustinerkloster.de

548 VICTOR´S RESIDENZ HOTEL ERFURT

Es gibt Hotels, die für Arbeit & Vergnügen gleichermaßen den perfekten Rahmen bieten. In Thüringens Hauptstadt findet man eines davon: Das Victor's Residenz-Hotel Erfurt. Vor allem Geschäftsreisende schätzen die sehr großzügig geschnittenen Zimmer und Suiten sowie das kostenfr. WLAN, SkyTV und weltw. Telefonieren in alle Fest- und Handynetze. Kulinar. lockt die bayrische Stube.

Victor's Residenz-Hotel Erfurt,
Häßlerstraße 17, 99096 Erfurt,
Tel.: 0361 / 65330, www.victors.de,
EZ ab 94 €, DZ ab 114 €, Suite ab 139 €
(inkl. Frühst.)

549 VILLA AM PARK ERFURT

Dass die Inhaberin dieser wunderschönen Pension Grafikerin ist, erkennt man schon an den geschmackvoll und durchdacht ausgewählten Farben und Formen von Zimmern und Frühstücksraum, welche zusammen mit dem romantischen Garten sofort für Wohlfühlatmosphäre sorgen. Hier entstand ein kleines Paradies!

Tettaustraße 5, 99094 Erfurt,
Tel.: 0361 / 7894860, Mobil: 0173 / 6059645,
www.villa-am-park-erfurt.de,
EZ ab 43 €, DZ ab 55 € (exkl. Frühst./ 8 €)

550 WALDGASTHAUS & HOTEL STIEFELBURG

Das liebevoll von Denis und Yvonne König zwischen Erfurt und dem Stausee Hohenfelden betriebene 100 jährige Wirtshaus eignet sich perfekt als Familienhotel. Gemütlich eingerichtete Zimmer mit schönem Blick in die Natur, Schafe, Spielplatz, die Nähe zu Erfurt, Weimar und den Stausee Hohenfelden mit Ardesia Thermen sowie ein gutes Wanderwegenetz garantieren Erholung pur.

Stiefelburg 53, 99448 Nauendorf,
Tel.: 036209 / 43480,
www.stiefelburg.de,
EZ ab 49 €, DZ ab 69 € (inkl. Frühst.)
Apr – Okt: tägl. 9.30 – 17 Uhr
Nov, Feb, März: tägl. 10 – 16 Uhr

551 HOTEL ELEPHANT WEIMAR

Das Hotel Elephant, in unmittelbarer Nähe der wichtigsten Sehenswürdigkeiten Weimars gelegen, ist wie kein anderes Hotel mit der Geschichte der Stadt verbunden. Vollendeter Service gepaart mit kulturellen und kulinarischen Glanzlichtern machen das Hotel am Markt zur ersten Adresse in Weimar.

Markt 19, 99423 Weimar,
Tel.: 03643 / 8020,
www.hotelelephantweimar.com,
EZ ab 115 €, DZ ab 130 €,
Suite ab 290 € exkl. Frühst. (p.P. 25 €)

552 HOTEL AMALIENHOF WEIMAR UND BOARDINGHOUSE

Das 1826 erbaute Haus mit Bick auf das Wieland-Denkmal atmet mit feiner Handschrift Weimars Kultur und Gastlichkeit. Nicht nur mit liebevoll ausgewählten Stoffen und Tapeten in den Goethefarben Weinrot und Taubenblau, passend zum Jugendstilinterieur, kann man hier das Weimar von früher erspüren. Auch die romantisch geistvollen Themenpakete sind eine Entdeckung. Geschäftsleuten sei das neue Boardinghouse empfohlen.

Amalienstraße 2, 99423 Weimar,
Tel.: 03643 / 5490,
www.amalienhof-weimar.de,
EZ ab 57 €, DZ ab 77 €, Suite ab 115 € (inkl. Frühst.), AP ab 60 € (exkl. Frühst.)

549

550

552

552

553

557

563

555

558

554

556

HOTELS, APARTMENTS & PENSIONEN

553 HOTEL DOROTHEENHOF WEIMAR

Das 4-Sterne-Superior-Hotel mit hervorr. Küche und wunderschön gestalteten Zimmern und Wellnessbereich liegt idyllisch im eigenen Park und doch den Kulturstätten ganz nah. Im traditionsr. Romantik Hotel Dorotheenhof Weimar werden Sie sich als Gast wie zu Hause bei Freunden fühlen. Sie wohnen in traumh. Lage und sind auf Schritt und Tritt mit der Klassikerstadt Weimar verbunden.

Dorotheenhof 1, 99427 Weimar,
Tel.: 03643 / 4590, www.dorotheenhof.com,
EZ ab 50 €, DZ ab 70 €,
Suite ab 120 € (inkl. Frühst.)

554 FAMILIENHOTEL WEIMAR

2013 mit dem Thür. Tourismuspreis ausgezeichnete Hotel vereint Familienurlaub und Kulturtourismus in einem einzigartigen Konzept. Die zentrale Lage neben dem Goethehaus überzeugt ebenso wie die ideenreiche Orientierung auf Familien und die bewußt ökologisch gehaltene Holzbauweise. Eine kindgerechte Dachterrasse und ein genussintensives Restaurant runden das Angebot ab.

Seifengasse 8, 99423 Weimar,
Tel.: 03643 / 4579888,
www.familienhotel-weimar.de,
FW ab 75 € (exkl. Frühst.)

555 PENSION LA CASA DEI COLORI WEIMAR

Außen im modernen Bauhausstil gestaltet, entfaltet die Pension im Inneren ein individuell abgestimmtes Konzert an italienisch inspirierten Farben und Mustern, die sich zusammen mit vielen schönen Details zu einem geschmackvoll eleganten Gesamtkunstwerk verbinden. Nach einem reichhaltigen Frühstück kann man fußläufig die Weimarer Sehenswürdigkeiten entdecken.

Eisfeld 1a, 99423 Weimar,
Tel.: 03643 / 489640, www.casa-colori.de,
EZ ab 79 € (inkl. Frühst.), DZ ab 95 € (inkl. Frühst.)

556 GINGKO FERIEN-WOHNUNGEN WEIMAR

Direkt am hist. Markt im modern und freundlich renovierten Gingkohaus zeichnen sich die Apartments durch stilvolles Ambiente, modernen Komfort und individuelle Behaglichkeit aus. Zu den Vorzügen gehört neben der komfortablen Ausstattung der Räumlichkeiten die zentrale Lage in der Stadt und die unmittelbare Nähe des Ilmparks, der zum erholsamen Spaziergang einlädt.

Windischenstr. 1, 99423 Weimar,
Tel.: 03643 / 805452,
www.ginkgo-ferien.de, AP ab 52,50 €

557 HOTEL SCHLOSS ETTERSBURG WEIMAR

Neben dem hervorragenden Ruf des Hotels Schloss Ettersburg als stilvoll modernes Hochzeits- und Tagungshotel können Sie inmitten der schönen Architektur und Parklandschaften auch bestens „individuell“ übernachten. Die Einzel- und Doppelzimmer im Alten Schloss sowie die Suiten im barocken Neuen Schloss sind zeitlos elegant eingerichtet und modern ausgestattet.

Am Schloss 1, 99439 Ettersburg,
Tel.: 03643/ 7428420,
www.schlossettersburg.de,
EZ ab 79 €, DZ ab 95 € (inkl. Frühst.)

558 VILLA HENTZEL WEIMAR

In direkter Nähe zum Park an der Ilm und der berühmten Bauhausuniversität befindet sich die im angedachten Klassizismus erbaute Ville, wo Größen wie Rudolf Steiner gelebt haben und in der auch die chilenischen Botschaft residierte. In ruhiger und doch zentraler Lage erwarten Sie individuelle, gemütliche und geschmackvoll eingerichtete Zimmer mit reichhaltigem Frühstücksangebot

Bauhausstraße 12, 99423 Weimar,
Tel.: 03643 / 86580,
www.hotel-villa-hentzel.de,
EZ ab 54 €, DZ ab 85 € (exkl. Frühst.)

564

562

Wunderschön im Park gelegene Hotels, romantische Stadtpensionen und Ferienresorts von höchster Qualität bieten naturnahen Urlaub mit vielen Erlebnismöglichkeiten.

559 SCHWIMMENDES HÜTTENDORF UND PENSION HISTORISCHE MÜHLE EBERSTEDT

Erleben Sie einen Aufenthalt im deutschlandweit einzigartigen Hüttendorf oder in einem der individuell eingerichteten Landhaus-Zimmer der historischen Mühle. Lassen Sie abseits von Lärm und Hektik die Seele baumeln oder nehmen Sie an einer der unzähligen Aktivitäten, wie Segway-Touren oder Kanufahrten im Umkreis teil.

Dorfstr. 28-29, 99518 Eberstedt,
Tel.: 036461 / 87463, Apr – Okt: 8 – 20 Uhr,
Nov – März: 10 – 18 Uhr, FW ab 56 € exkl.
Frühst. und Endreinigung, Hütte ab 24 € (exkl.
Frühst./ 8 €), www.oelmuehle-eberstedt.de

560 HOTEL AM SCHLOSS APOLDA

Das Hotel am Schloss Apolda bietet Ihnen alle Annehmlichkeiten eines 4-Sterne-Hotels, von Hotelbar bis Sonnenterrasse, von Sauna bis zum bequemen Parken in der Tiefgarage. Unsere 112 stilvoll und gemütlich eingerichteten Zimmer und Appartements verfügen über TV, Telefon und kostenfreies WLAN. Gönnen Sie sich Ruhe und Entspannung in unserem Beauty- & Massagesalon.

Jenaer Straße 2, 99510 Apolda,
Tel.: 03644 / 5800, www.hotel-apolda.de,
EZ ab 70 €, DZ ab 90 €,
Appartement ab 110 € (inkl. Frühst.)

561 HOTEL RESORT SCHLOSS AUERSTEDT

Komfortabel und modern sind die Betten in den Apartments am Schloss. Sie genießen die ländliche Ruhe und das stylische Interieur. Und mit ein paar Schritten landen Sie wahlweise im historischen oder im Weltkulturdorf Auerstedt.

Schlosshof, 99518 Auerstedt,
Tel.: 036461 / 92000,
www.auerstedt.org

562 HOTEL AN DER THERME BAD SULZA

Fast schweben Sie, wenn Sie sich nach einem entspannten Bad in der Therme über den Bademantelgang in Ihr Hotelzimmer begeben – „bequem" ist dafür beinahe untertrieben… Hotel an der Therme – der Name ist Programm! Freundliche, helle Zimmer, weite Blicke ins Grüne, herrliche, liebevoll gepflegte Gartenanlagen, tolle Restaurants mit fortschrittlicher Vollwertküche, paradiesische Wellness- und Spa-Angebote und faire, familienfreundliche Preise sind nur einige der vielen Gründe für Ferien im Hotel an der Therme.

Rudolf-Gröschner-Straße 11,
99518 Bad Sulza, Tel.: 036461 / 92000,
www.toskanaworld.net

563 PREMIUM-FERIENHÄUSER STAUSEE HOHENFELDEN

Am idyllischen Nordufer des Stausees Hohenfelden sind 2015 Premium-Ferienhäuser entstanden. Die Häuser verfügen über geräumige Wohn- und Schlafzimmer, eine vollausgestattete moderne Küche, Kaminofen und eine großzügige Terrasse mit hochwertigen Terrassenmöbeln und direktem Seeblick. Am Südufer erwartet Sie ein mit 4 Sternen klassifizierter Campingplatz.

Am Stausee 3, 99448 Hohenfelden,
Tel.: 036450 / 42081,
www.campingplatz-hohenfelden.de,
ab 90 € pro Nacht/Haus

564 BERGHOTEL ZUM EDELACKER FREYBURG

Das 1996 eröffnete 4-Sterne-Hotel mit fantastischem Blick auf das Unstruttal und Schloss Neuenburg erwartet seine Gäste mit 83 komforttabel eingerichteten Zimmern. Das Haus verfügt über eine Sauna, ein Dampfbad, einen Tagungsbereich mit moderner Technik und Tageslicht, Außenterrasse und verschiedene Restaurants mit hervorragender Speisen- und Weinauswahl.

Schloss 25, 06632 Freyburg,
Tel.: 034464 / 350, www.edelacker.de,
EZ ab 70 €, DZ ab 105 € (inkl. Frühst.)

561

560

563

559

562

574

570

568

565

569

567

566

HOTELS, APARTMENTS & PENSIONEN

565 HOTEL ALTDEUTSCHE WEINSTUBEN FREYBURG

Traditionsreiche Gemütlichkeit und moderner Komfort erwarten Sie in dem familiengeführten Haus, welches nicht nur als Wiege des Winzerfestes eng mit der 1000-jährigen Geschichte Freyburgs verbunden ist. Ruhig im Zentrum gelegen, atmet das Hotel mit Weinkeller, historischen Gasträumen und romantischen Innenhöfen stimmungsvolle Geselligkeit und wohlige Entspannung.

Breite Straße 14, 06632 Freyburg,
Tel.: 034464 / 70750,
www.kuenstlerkeller.de,
EZ ab 58 €, DZ ab 88 €

567 HOTEL REBSCHULE FREYBURG

Der malerische Ausblick auf das Unstruttal und die absolut ruhige Lage inmitten der Weinberge verleihen dem Hotel ein besonderes Flair. Durch die enge Verbindung des Hauses mit dem Saale-Unstrut-Weinanbau finden Sie im Restaurant und den Weinkellern eine exzellente Auswahl regionaler Weine. Egal ob Urlaub auf dem Weinberg, Tagung oder Familienfeier, hier verwöhnt man Sie gern.

Ehrauberge 33, 06632 Freyburg,
Tel.: 034464 / 3080,
www.hotel-rebschule.de,
EZ ab 51 €, DZ ab 70 €

569 HOTEL GASTHAUS ZUR HENNE NAUMBURG

Im Hotel zur Henne, direkt an der Saale gelegen, erwarten Sie 29 geschmackvoll und individuell eingerichtete Hotelzimmer. Neben dem Restaurant mit thüringer Köstlichkeiten und eigenem Henne-Bier, lädt der gemütliche Biergarten zum Verweilen ein. Besuchen Sie auch das im Hotel befindliche historische Fahrradmuseum und lassen Sie sich vom ganzen Team rundum verwöhnen.

Henne 1, 06618 Naumburg/OT Henne,
Tel.: 03445 / 23260,
www.gasthaus-zur-henne.de,
EZ ab 55 €, DZ ab 79 €, AP ab 87 €,
Suite ab 120 €, Preise inkl. Sektfrühstück

566 HOTEL ZUR NEUENBURG FREYBURG

Inmitten der Weinstadt Freyburg gelegen, lädt das Hotel zur Neuenburg zu Radwanderungen an Saale und Unstrut, entlang der mehr als 1000-jährigen Kulturlandschaften ein. Nicht nur Radwanderer, auch Freunde von Natur und Weingenuß schätzen die modern und freundlich eingerichteten Zimmer des gemütlichen Hotels mit Restaurant, Fahrradverleih, Tagungsräumen und Weinverkostung.

Wasserstr. 27, 06632 Freyburg,
Tel.: 034464 / 27719,
www.hotel-zur-neuenburg.de,
EZ ab 40 €, DZ ab 60 €

568 RINGHOTEL MUTIGER RITTER BAD KÖSEN

Entdecken Sie auf einem Areal von 7500 m² eine einzigartige Kombination aus stilvollem Hotel und Traditionshandwerk der „Gläsernen“ Kösener Spielzeugmanufaktur. Nach der denkmalgerechten Restaurierung des „Mutigen Ritters“ als Haus mit 500-jähr. Geschichte, entstanden liebevoll eingerichtete Zimmer, ein Spielzeugmuseum, das Restaurant Ritterklause und moderne Tagungsmöglichkeiten.

Rudolf-Breitscheid-Straße 2, 06628 Bad Kösen, Tel.: 034463 / 637,
www.mutiger-ritter.de,
EZ ab 84 €, DZ ab 105 €, Suite ab 121,50 €

570 PENSION 1824 NAUMBURG

Übernachten Sie im 1856 erb. Gebäude der ersten Champagner Fabrik Deutschlands, direkt an der Saale sowie dem Saale- und Unstrut Radwanderweg gelegen. Die großzügigen Pensionszimmer sind im Landhausstil eingerichtet. Neben einem reichhaltigen Frühstücksbuffet und dem Ausschank hausgekelterter Sekte und Weine, bietet die „Henne“ gegenüber gutbürgerliches Abendessen.

Blütengrund 35, 06618 Naumburg/OT Henne, Tel.: 03445 / 202042,
www.naumburger.com,
EZ ab 65 €, DZ ab 78 €

573

576

571

575

Gemütliche Pensionen und Gasthäuser, edle Designhotels und erlebnisreiche Sport- und Wellnesshotels laden in Freyburg, Naumburg und Jena zum Entspannen ein.

571 PENSION TYPISCH NAUMBURG

Als Fotograf kennt Torsten Biel die schönsten Orte seiner Region genau. In seiner Pension, im liebevoll restaurierten Fachwerkgebäude in der hist. Naumburger Innenstadt, entführt er die Gäste mit geschmackvoll gestalteten Themenzimmern, wie dem Hussiten-, Saale-, Dom- oder Straßenbahnzimmer anregend und entspannend zugleich in die Geschichte Naumburgs und dessen reizvolle Umgebung.

Reußenplatz 10, 06618 Naumburg, Tel.: 03445 / 2615023, 0171 / 7557530, www.typisch-naumburg.de, EZ ab 50 €, DZ ab 70 €, FW ab 75 € inkl. Frühst.

572 HOTEL STEIGENBERGER ESPLANADE & RESTAURANT KARDAMOM

Das exklusive „Steigenberger Esplanade", in ruhiger Lage neben der attraktiven Einkaufspassage Goethe Galerie gelegen, bietet faszinierende Architektur, eleganten Komfort und innovative Kulinarik. Orient und Okzident treffen in der kreativen mediteranen Küche des edlen Restaurants „Kardamom" aufeinander. Vertraute europäische Geschmacksrichtungen, kombiniert mit Gewürznuancen des Orients zaubern Gaumenfreuden.

Carl-Zeiss-Platz 4, 07743 Jena, Tel.: 03641 / 660, www.steigenberger.com, EZ ab 89, DZ ab 89 €, Studio 139 €, Turmsuite 350 €

573 SCALA TURM HOTEL JENA

Ein einzigartiges Übernachtungshighlight erwartet Sie im zweithöchsten Hotel Deutschlands im 27. Stock des JenTowers. In den, im exklusiven Design gestalteten Zimmern mit frei regulierbarer Lichtdesignanlage genießen Sie aus fast raumhohen Fenstern einen spektakulären Panoramablick über Jena. Das mehrfach ausgezeichnete Gourmetrestaurant begeistert vom Frühstück bis zum Abendmenü.

JenTower 27.–29. OG, Leutragraben 1, 07743 Jena, Tel.: 03641 / 3113 888, www.scala-jena.de, EZ ab 119 €, DZ ab 139 €, Suite ab 169 € inkl. Frühst.

574 HAUS IM SACK JENA

In dem zwischen Geschichte und Modernität liebevoll sanierten mittelalterlichen Architekturensemble mit Innenhof und Laubengang, können Sie sich in den romantischen und individuell gestalteten Zimmern bei familiärer Gastlichkeit zuhause fühlen und die Seele baumeln lassen. Direkt im Stadtzentrum gelegen, ist das Hotel der ideale Ausgangspunkt um Jena und die Umgebung zu entdecken.

Oberlauengasse 14 – 17, 07743 Jena, Tel.: 03641 / 637400, www.haus-im-sack.de, DZ 65 €, DZ 85 €, bis zu 2 Aufb. 28 €

575 HOTEL JEMBOPARK UND GASTHAUS ROTER HIRSCH

Original englische Hoteleinrichtung und amerikanisches Motel-Feeling, mit Parkplatz direkt vor dem Bungalow, vereint der im Göschwitzer Parkgelände liegende Jembopark mit gemütl. Restaurant, Sonnenterasse, Biergarten, Pub, 8 AMF Bowlingbahnen, Streichelzoo und Spielplatz. Das im Zentrum gelegene hist. Gasthaus Roter Hirsch bietet zusätzlich 4 freundliche Pensionszimmer.

Jembo Park: Rudolstädter Straße 93, 07745 Jena, Tel.: 03641 / 6850, EZ ab 45 €, DZ ab 55 €, FH ab 57 €, Roter Hirsch: Holzmarkt 10, 07743 Jena, Tel.: 03641 / 443221, EZ ab 29 €, DZ ab 49 € exkl. Frühst, www.jembo.de

576 FAIR RESORT JENA

Lassen Sie sich FAIRwöhnen in Ihrem pers. Urlaubshotel. Ruhig am Stadtrand gelegen, sind sie schnell in Jena oder den Hotspots der thüringischen Städtekette. In der multifunktionalen Sport & Freizeitanlage können Sie nach Lust und Laune Tennis und Badminton spielen, Bowlen oder einfach in der Pool- & Saunalandschaft relaxen. Zwei Restaurants bieten gehobene regionale und internationale Küche.

Ilmnitzer Landstraße 3, 07751 Jena, Tel.: 03641 / 7676, www.fairresort.de, EZ ab 85 €, DZ ab 115 €, Suite ab 115 €

575

572

571

574

578

585

586

577

580

579

581

HOTELS, APARTMENTS & PENSIONEN

577 HOTEL VIELHARMONIE

Eine liebevolle Komposition aus indiv. gestaltetem Hotel mit persönl. Gastfreundschaft schufen eine Touristikerin und ein Hornist der Jenaer Philharmonie. Städte- und Kulturtouristen sowie Geschäftsreisende sind begeistert von der Symbiose aus histor. Bauwerk, modernem Design und musikal. Themen. Ein besonderer Traum ist das Turmzimmer mit Terrassenblick über die Dächer der Stadt.

Bachstraße 14, 07743 Jena,
Tel.: 03641 / 7962171,
www.hotel-vielharmonie.de,
EZ ab 53 €, DZ ab 84 €, Frühstück 7,50 €

578 HOTEL PAPIERMÜHLE & HOTEL ZIEGENHAINER TAL

In der am Rande Jenas gelegenen historischen Papiermühle mit angeschlossener Whisky-Brennerei laden 24 komfortabel ausgestattete Gästezimmer zum Verweilen ein. In der grünen Ruhe des Tals zwischen Hausberg und Kernbergen liegt das familiär geführte Hotel Ziegenhainer Tal. Die Wanderwege beginnen fast an der Tür und der große Garten lädt zum Entspannen ein.

Papiermühle: Erfurter Straße 102, 07743 Jena, Tel.: 03641 / 45980,
www.papiermuehle-jena.de,
inkl. Frühstück EZ 57 €, DZ 89 €, Suite 99 €;
Ziegenhainer Tal: Ziegenhainer Straße 107, 07749 Jena, Tel.: 03641 / 395840,
inkl. Frühstück EZ 52 €, DZ 79 €

579 HOTEL „ZUR WEINTRAUBE" JENA

Mit einer über 350-jährigen Geschichte im ehem. Kloster und Weinbau-Vorort Winzerla, fühlt sich das liebevoll sanierte und familiär geführte, gastfreundliche Haus guten Weinen und region. Küche auf´s Engste verbunden. Verkehrsgünstig zwischen A4 und Sparkassenarena gelegen, punktet die Lage zugleich mit ruhigem, dörflichem Charakter und der Nähe zur Trießnitz und Orchideental.

Rudolstädter Str. 76, 07745 Jena,
Tel.: 03641 / 605770,
www.weintraube-jena.de,
EZ ab 59,90 €, DZ ab 69,50 €, Suite 125 €

580 FERIENWOHNUNGEN LEHMHOF LINDIG

Auf dem von Sylvia Otto liebevoll restaur. und mit parkähnlichen Hochbeeten bepflanzen Lehmhof kann man nicht nur Interessantes rund um Lehm als Baustoff, Gestaltungs- und Gesundheitsmittel erfahren, sondern auch in großzüg. Ferienwohnungen mit Laubengang, Hofsauna und Kräuterterrasse schlummern. Das Hofcafé bietet Frühstück, Halb- und Vollpension.

Dorfstraße 39, 07768 Lindig,
Tel.: 036424 / 76991,
www.lehmhof-lindig.de, FW ab 55 €

581 WALDKLINIKEN EISENBERG APARTMENTS

Am Rande des romantischen Eisenberger Mühltals finden Sie die Waldkliniken Eisenberg. Die sechs zweckmäßig eingerichteten Appartements mit Blick ins Grüne sind der perfekte Ausgangspunkt für Wanderungen durch den Eisenberger Forst und das Mühltal. Entdecken Sie die Mohrenstadt Eisenberg mit Schloss Christiansburg und der barocken Schloßkirche.

Waldkrankenhaus Eisenberg, Klosterlausnitzer Straße 81, 07607 Eisenberg,
036691 / 80, AP ab 40 €

582 PENTAHOTEL GERA

Das elegant, moderne Pentahotel befindet sich mitten im hist. Stadtkern von Gera, in direkter Nähe zu Parks, Restaurants, Theater, Museen und Galerien. Freuen sie sich auf die pentalounge mit den besten Steaks & Cocktails der Stadt, auf 164 geräumige Gästezimmer, wahlweise mit Wasserbett, 11 Konferenzsäle und modernen Fitnessbereich.

Gutenbergstraße 2a, 07548 Gera,
Tel.: 0365 / 29090, www.pentahotels.com,
EZ ab 69 €, DZ ab 79 €,
Zimmer mit Wasserbett: + 10 €

586

583

582

Lassen Sie sich vom Saaleland über das Holzland bis zum Vogtland verzaubern von urigen Braugasthöfen, eleganten Hotels sowie naturnahen Pensionen und Ferienwohnungen.

583 HOTEL ZWERG-SCHLÖSSCHEN GERA

Im wahrsten Sinne sagenhaft schlummern und genießen kann man in dem idyllisch zwischen Stadtwald und Auen der weißen Elster gelegenen, gastfreundschaftl. Familienhotel, das sich den reichen Sagen und Zutaten der heim. Wälder verschrieben hat. Familien, Fahrradfahrer, Businessgäste und Festgesellschaften schätzen die hervorragende region. Frischeküche und die gemütlichen Zimmer.

Untermhäuser Straße 67/69, 07548 Gera, Tel.: 0365 / 22503

584 FERIENWOHNUNGEN IM RITTERGUT ENDSCHÜTZ

Dass sich in dem detailverliebt restaurierten Herrenhaus mit Park aus dem 17. Jh ein empfehlenswerter Geheimtipp für die Liebhaber von Romantik, Ästhetik und Patina befindet, entdeckte nicht nur die franz. Voque, sondern auch die Jury des hierher vergebenen Denkmalschutzpreises. Nostalgisch und einzigartig sind die Ferienwohnungen mit hist. Möbeln, Himmelbetten und Zinkwannen.

Endschütz 1, 07570 Endschütz, Tel.: 036603 / 61699, www.rittergut-endschuetz.de, FW ab 50 €

585 FERIENWOHNUNGEN IM CAFÉ SIEBEN WEIDA

Zu dem zwischen Markt und Peterskirche gelegenen Café Sieben gehören auch die zwei großzügigen, im skandinavischen Stil gestalteten und lichtdurchfluteten Ferienwohnungen „Ladenhüter" und „Wohnen unterm Dach", in denen Sie mit modernen Komfort entspannte Stunden verbringen können. Die größere Wohnung lädt mit ihrer Dachterrasse zum Sonnentanken ein.

Kanalstraße 7, 07570 Weida, Tel.: 036603 / 44233, www.cafe-sieben-weida.de, FW ab 30 € 1 Pers., ab 50 € 2 Pers.

586 BIO-SEEHOTEL ZEULENRODA

Direkt am Zeulenrodaer Meer erwartet das 4-Sterne-Haus seine Gäste. Genießen Sie den wunderschönen Ausblick und schlafen Sie in herrlich ruhiger Lage bei offenem Fenster wieder einmal richtig durch. Genießen Sie allein, zu zweit oder mit der Familie. Ganzheitl. Wellness-Konzepte, Verwöhn-Arrangements für den perfekten Kurzurlaub sowie ganz viel Gemütlichkeit helfen Ihnen dabei.

Bauerfeindallee 1, 07937 Zeulenroda-Triebes, Tel.: 036628 / 98107, www.bio-seehotel-zeulenroda.de, EZ ab 99 €, DZ ab 139 €, FZ ab 171 €, Suite ab 169 €

587 FERIENWOHNUNGEN BERGHOF ZEULENRODA

Ausspannen jenseits der Alltagshektik, Natur in ihrer ganzen Fülle genießen können Sie bei einem unvergesslichen Landurlaub im Weidatal nahe dem Zeulenrodaer Meer. Neben gemütl. Zimmern, Bauernstube mit Kamin, Kneippbecken, Sauna, Steinbackofen, Spielscheune und Garten, locken zahlr. Erlebnismöglichkeiten wie Kräuterkoch- und Brotbackkurse, Lagerfeuer, Tiere füttern u.v.m.

Oberer Weg 19, 07937 Zeulenroda-Triebes / OT Weckersdorf, Tel.: 036628 / 60374, www.kneippferien.de, FW ab 58 €

588 WALDHOTEL GREIZ

In dem mit dem MEMBER OF GERMANY'S TOP 500 für überdurchschnittliche Bewertung ausgezeichneten familiengeführten Landhotel erwartet Sie in ruhiger Waldlage unweit von Greiz Wohlfühl-Gastfreundschaft pur. Freuen Sie sich auf modern renovierte Zimmer mit Boxspringbetten, Regendusche, Frühstück mit heim. Brötchen, Wurst und Marmeladen, Garten mit Pool, Grill sowie Shuttle nach Greiz.

Untergrochlitzer Straße 8, 07973 Greiz, Tel.: 03661 / 670803, www.hotel-ami.de/hotel/am-wald-greiz, EZ ab 50 €, DZ ab 65 €

584

587

588

591

593

594

593

589

590

592

HOTELS, APARTMENTS & PENSIONEN

589 HOTEL ALEXANDRA PLAUEN INH. ALEXANDRA GLIED E.K.

Im Herzen von Plauen, in bester Lage mitten in der Fußgängerzone, begrüßt das familiengeführte 4-Sterne-Hotel Alexandra seit 160 Jahren seine Gäste. Das Hotel ist geprägt vom Jugendstil, kombiniert mit klass. italien. Möbeln, edlen Stoffen und Kristalllüstern. Neben den gemütl. und stilvoll eingerichteten Zimmern besticht vor allem die im franz. Barock gestaltete Suite.

Bahnhofstraße 17, 08523 Plauen, Tel.: 03741 / 71951, www.hotel-alexandra-plauen.de, EZ ab 59 €, DZ ab 79 €, Suite ab 97 €

590 PARKHOTEL PLAUEN

Genießen Sie die architektonische Schönheit und den hist. Charme einer exklusiven Stadtvilla, verbunden mit den Annehmlichkeiten eines modernen Hotels in zentraler Lage. Geschmack und Kreativität werden im Parkhotel nicht nur bei der Ausstattung, sondern auch den kulinar. Angeboten im Hotelrestaurant und der friesischen Botschaft großgeschrieben, wo vogtländische auf friesische und int. Küche trifft.

Rädelstraße 18, 08523 Plauen, Tel.: 03741 / 20060, www.parkhotel-plauen.de, EZ ab 63 €, DZ ab 79 €, FZ ab 142 €, Frühstück 5 €

591 HOTEL MATSCH PLAUEN

Pure Gastlichkeit seit 1503 ist das Motto der ältesten Gastwirtschaft von Plauen, welche im Herzen der Altstadt nur 1 Minute vom alten Rathaus und Altmarkt entfernt auch in ihrem Inneren zu inspirierendem Geschichtsgenuss einlädt. Die von Nicole Floss liebevoll mit hist. Möbeln und Kunstwerken gestalteten antiken Gästezimmer garantieren traumhaftes Schlummern mit mod. Komfort.

Nobelstr.1–5, 08523 Plauen, Tel.: 03741 / 204807, www.matsch-plauen.jimdo.com, EZ ab 54 €, DZ ab 68 €, AP ab 75 €, exkl. Frühst. (8,50 €)

592 LANDHOTEL PLAUEN GASTHOF ZWOSCHWITZ

Traditionsreiche vogtl. Gastlichkeit in 4. Generation vor den Toren der Spitzenstadt Plauen, in der Ferienregion Vogtland, eingebettet in sanfte Hügel, weite Wälder und romantische Wiesen, finden Sie im Landhotel Plauen. Entspannung und Anregung bieten gemütl. Zimmer, Ferienwohnung, Sonnenterrasse mit Garten, Spielplatz, Sauna und die direkte Lage am Vogtland Panorama Weg.

Zwoschwitz Talstraße 1, 08525 Plauen, Tel.: 03741 / 300680, www.landhotel-plauen.de, EZ ab 58 €, DZ ab 82 €, AP ab 106 €, HP 18 €, VP 23 €

593 BAYERISCHER HOF GRÜNBACH & GOLDENES HERZ SCHÖNBRUNN

Mit der vogtl. Gastgeberfamilie Manthey verbindet sich regionale, 150-jährige Gasttradition mit der durch int. Spitzenhotels geformten neuen Generation zu 2 einzigart. Hotelkonzepten. Während das Hotel „Goldenes Herz" Schönbrunn bestens für Ausflüge ins Vogtland, Erzgebirge und Sachsen geeignet ist, bietet der Bayerische Hof in Grünbach Wellness pur in frischer Höhenluft.

Bayerischer Hof: Muldenberger Str. 19, 08223 Grünbach, Tel.: 03745 / 789760, EZ ab 55 €, DZ ab 75 €, FZ ab 85 €, www.bayerischer-gruenbach.de, Goldenes Herz: Hauptstraße 4, 08485 Schönbrunn, Tel.: 037606 / 2229, EZ ab 45 €, DZ ab 65 €, FZ ab 75 €, www.goldenes-herz.de

594 HOTEL KÖNIG ALBERT BAD ELSTER

Königlich entspannen und pure Lebenslust genießen können Sie im neu eröffneten 4-Sterne-Superior-Hotel König Albert im Herzen von Bad Elster. Ein hoteleigener Bademantelgang zu Soletherme und dem hist. Albert-Bad, mod. eingerichtete Zimmer, ein exquisites Restaurant und Kulturhighlights der Extraklasse machen Ihren Aufenthalt zu einem exklusiven Erlebnis.

Carl-August-Klingner-Straße 1, 08645 Bad Elster, Tel.: 037437 / 5400, ab 73,50 € im DZS, ab 88,50 € im DZD, ab 108,50 € im DZ Suite, EZ zzgl. 25 €, HP 24,50 €, VP 49 €, www.hotelkoenigalbert.de

595

597

596

598

600

599

Traumhafte Ausblicke auf weite Berge, traumhafte Stauseen oder urbane Gründerzeitarchitektur bieten Hotels vom Vogtland über das Thüringer Meer bis zum Thüringer Wald.

595 BOUTIQUE HOTEL SCHIEFERHOF NEUHAUS

Genußfreunde aus Deutschland und zahlreiche internationale Gäste lieben dieses von Rita Worm und Lutz Michael Horn geführte einzigartige 4-Sterne-Hotel, welches höchsten kulinarischen Genuß und außergewöhnliche Design-Ausstattung mit leidenschaftlicher Gastfreundschaft, anregend entspannenden Erlebnisofferten und wunderschöner Rennsteiglage verbindet.

Eisfelder Straße 26, 98724 Neuhaus am Rennweg, Tel.: 03679 / 7740, www.schieferhof.de, EZ ab 78 €, DZ ab 98 €

596 PANORAMA HOTEL AM MARIENTURM RUDOLSTADT

Das traumhaft über dem Saaletal gelegene Hotel bietet neben hervorragender Küche und zahlreichen Wandermöglichkeiten vielfältige Wellness-Angebote wie Sauna, Massagen, Reiki, private Rückenschule, Wärme- und Eisenanwendungen sowie verschiedene Yogakurse. Das reichhaltige Frühstück begeistert mit 23 selbstgemachten Marmeladen und thür. Wurstspezialitäten.

Marienturm 1, 07407 Rudolstadt, Tel.: 03672 / 43270, www.marienturm.de, EZ ab 71 €, DZ ab 105 €

597 PARKHOTEL VILLA ALTENBURG PÖSSNECK

Die romantisch im Park gelegene Villa Altenburg besitzt mit ihrer Lage zwischen dem Thür. Meer, Schiefergebirge, und den Kulturstädten Rudolstadt, Saalfeld und Jena beste Voraussetzungen für einen stilvollen Kultur- und Naturulaub. Das Hotel bietet, neben indiv. restaurierten Zimmern und Restaurant mit Wintergarten und Terrasse, eine Sauna, Lesezimmer, Konferenzraum und Kaminzimmer.

Str. des Friedens 49, 07381 Pößneck, Tel.: 03647 / 422001, EZ ab 62 €, DZ ab 89 €, www.villa-altenburg.de, www.hotel-hochzeit.de

598 HOTEL KRANICH SAALBURG

Das von den Inhabern liebevoll restaurierte Hotel, malerisch am Ufer des Bleiloch-Stausees gelegen, besitzt wunderschön gestaltete Zimmer, teilweise mit Erker oder Dachterrasse, und Ausblick auf das Thüringer Meer. Das gemütliche Restaurant, die Sonnenterrasse und der Wintergarten laden zu kulinarischem Genuss ein. Familien sind vom nahen Märchenpark und Kletterwald begeistert.

Markt 59, 07929 Saalburg-Ebersdorf, Tel.: 036647 / 22448, www.gasthaus-kranich.de, EZ 65 €, DZ 109 €, Bungalow ab 60 €

599 HOTEL PICCOLO GRÄFENWARTH

Den Alltag vergessen – lassen Sie sich zwischen Schleiz und Thüringer Meer verzaubern von traumhaft italienischen Themenzimmern, die unter klangvollen Namen wie „Solo", „Fiore" oder „Passione" mit Stil und viel Liebe zum Detail eingerichtet sind. Neben einem Restaurant mit mediterranen Köstlichkeiten überzeugt auch das Landartgeschäft im Scheunenmarkt.

Stauseestraße 6, 07907 Schleiz, Tel.: 035547 / 29899, www.hotel-piccolo.de, EZ ab 69 €, DZ ab 89 €

600 CAMPINGPLÄTZE „KLOSTER" UND „AM STRANDBAD" SAALBURG

Genießen Sie Campingfreude pur an Deutschlands größter Talsperre – der 920 ha großen fjordähnlichen Bleilochtalsperre. Die Campingplätze „Kloster" und „Am Strandbad" sind direkt am Stausee gelegen und bieten u. a. mit Badestrand, Angeln, Tischtennis und Gaststätte zahlr. Freizeitmöglichkeiten.

Campingplatz Kloster: Tel.: 036647 / 22441, 0176 / 24456480, cpkloster@saalburg-ebersdorf.de, Campingplatz „Am Strandbad": Tel.: 036647 / 22457, 0176 / 24456481, cpbad@saalburg-ebersdorf.de, Auskunft über Touristinformation: Markt 1, 07929 Saalburg-Ebersdorf, Tel.: 036647 / 29080, www.saalburg-ebersdorf.de

601

601

605

604

601

602

606

603

HOTELS, APARTMENTS & PENSIONEN

601 KRONACHER STADTHOTELS

Das Kronacher Stadthotel Pfarrhof mit seinen Dependancen „Floßherrenhaus“ und „Am Pförtchen“ liegt direkt im Herzen von Kronachs historischer Altstadt. Ab dem Frühjahr 2016 stehen den Gästen großzügige und liebevoll eingerichtete Komfortsuiten sowie ein Wellness- und SPA-Bereich auch zum kurzweiligen Entspannen zur Verfügung.

Amtsgerichtsstr. 12, 96317 Kronach, Tel.: 09261 / 504590, EZ ab 98 €, DZ ab 131 €, Suite ab 166 € (inkl. Frühst.), www.stadthotel-pfarrhof.de

602 ECONOMYHOTELS KRONACH

Wer auf der Durchreise eine kleine Verschnaufpause oder ein Familien-Geldbeutel schonendes Hotel mit ruhiger und dennoch zentraler Lage sucht, ist im Economyhotel genau richtig. Neben Kinderfreundlichkeit, Dachterrasse, kostenfreiem Hotspot und Parkplatz punktet das Hotel auch mit günstigen Frühstücks- und Halbpensions-Angeboten. Kinder bis 12 Jahre bezahlen nichts.

Adolf-Kolping-Straße 15, 96317 Kronach, Tel.: 09261 / 9667370, www.eh-hotels.de EZ ab 41 €, jede weitere Person dann im Doppel- und Dreibettzimmer 19 € (exkl. Frühst./ 7 €), HP 15,50 €

603 ANTIKHOTEL STEINBACHER HOF

Die liebevolle und hochwertige Komposition von fränkischen Köstlichkeiten und Festtafeln liegt dem Ehepaar Bauer genauso am Herzen wie die Pflege der antiken hauseigenen Möbel, wie z.B. dem original Schepkopf Skattisch. Nach Wanderungen im nahen Frankenwald und Thüringer Wald laden wunderschöne Themenzimmer auf eine Schlummerreise nach Asien, Schweden und Finnland ein.

Kronacher Straße 3, 96361 Steinbach am Wald, Tel.: 09263 / 9924976, www.antikhotel-steinbacher-hof.de, EZ 58 €, DZ 96 €, AP ab 79 € (inkl. Frühst.)

604 LANDGASTHOF DETSCH

Nach ausgiebigen Wandertouren im Frankenwald oder Städtetrips nach Bamberg, Coburg und Kronach träumen sie wohltuend tief auf Bandscheiben-Matratzen in den von Schreiner Bartels aus Thurnau handgefertigten, gut belüfteten Betten der 9 Hotelzimmer sowie einer Ferienwohnung. Kostenloses W-Lan, ruhige Natur und ein reichhaltiges Frühstücksbuffet sind inklusive.

Coburger Straße 9, 96342 Haig/Stockheim, Tel.: 09261 / 62490, www.landgasthof-detsch-haig.de, EZ ab 55 €, DZ ab 75 € (inkl. Frühst.)

605 BERGHOF WARTENFELS IN PRESSECK

Der weit über Franken hinaus für seine hervorragende Küche bekannte Gasthof der Familie Schütz bietet mit seinem Gästehaus sehr schön eingerichtete Zimmer mit Balkon oder Gartenzugang. Das elegante Ferienhaus bietet mit 111 qm für 6 Personen höchsten Komfort mit modernster Ausstattung.

Wartenfels 85, 95355 Presseck, Tel.: 09223 / 945647, EZ ab 45 €, DZ ab 75 €, FH ab 70 € (exkl. Frühst.), www.berghof-wartenfels.de

606 LANDGASTHOF HAUEIS

Fränkische Natur, Kultur und Gastlichkeit erleben Sie auf dem Landgut von Familie Haueis. Abseits der Fernstraßen erwartet Sie eine ländliche Oase der Ruhe und Entspannung. Neben idealen Wandermöglichkeiten im Steinachtal wird ihr Gaumen mit einem reichhaltigen Frühstücksbuffet und frischen saisonalen Speisen verwöhnt. Kinder freuen sich über Garteneisenbahn und Spielmöglichkeiten.

Landgasthof Haueis, Hermes 1, 95352 Marktleugast, Tel.: 09255 / 245, www.landgut-hermes.de, EZ ab 39 €, DZ ab 66 € (inkl. Frühst.)

609

612

605

Der traumhafte Frankenwald steht für warmherzige Gastfreundschaft, eine reiche Tradition an Handwerk & Kultur sowie qualitätsvolle Küche mit feinsten Zutaten aus der Region.

607 REBHAN´S BUSINESS UND WELLNESSHOTEL STOCKHEIM NEUKENROTH

Das 4-Sterne-Hotel wurde im September 2004 offiziell eröffnet und verfügt über 30 komfortabel ausgestattete Zimmer in fünf unterschiedlichen Kategorien. Für PKW stehen viele kostenlose Parkplätze direkt am Haus zur Verfügung. Vergessen Sie den Alltag in unserer Wellness-Oase und entspannen Sie bei einer unserer zahlreichen Wellness-Behandlungen

Ludwigsstädter Straße 95 + 97, 96342 Stockheim-Neukenroth, Tel.: 09265 / 9556000, www.hotel-rebhan.de, EZ ab 64 €, DZ ab 80 € (inkl. Frühst.)

609 HOTEL CENTRAL HOF

Lassen Sie sich in dem elegant. 4-Sterne-Wellnesshotel mit First-Class-Wellness und bayerischem Charme verwöhnen. Liebevolles Ambiente, individuell gestaltete Zimmer, ein großzügiger Wellness- und Fitnessbereich, die neue Indoor-Golfanlage und das genussvolle Restaurant laden Sie ein, eine wunderbar entspannte Zeit in der beliebten Kultur- und Einkaufstadt Hof zu verbringen.

Kulmbacher Straße 4 – 9, 95930 Hof, www.hotel-central-hof.de, Tel.: 09281 / 6050, EZ ab 90 €, DZ ab 127 €, Suite ab 190 € (inkl. Frühst.)

611 FERIENWOHNUNG ZUR ALTEN KRONE HOHENBERG

In einem charmant rusikalen Bauwerk mit Seele und Patina hütet Jutta Müller eine auf 100 m² mit allem Komfort ausgestattete Großraum-Ferienwohnung. Mitebenerdigem, separatem Hauseingang, voll ausgestatteter Küche, Dusche u. Wanne, Streichelponys, schnellem Internet, gemütl. Wohnsitzgruppe und Grillplatz vor dem Haus eignet sie sich perfekt für Familien.

Selber Straße 52, 95691, Hohenberg a. d. Eger, www.fewo-zur-alten-krone.de, Tel.: 09233 / 9587, Sommerverm. 20 € pro Person, max. 5 Pers., ab 3 Nächte

607

610

608 SCHLOSSBERGHOF FRANKENWALD

In idyllischer Einzellage auf dem Schloßberg in der Nähe der Radspitze gelegen, schlummern Sie hier in einer parkähnlichen Gartenanlage mit Aussicht auf unberührte Natur. Familien schätzen die vielfältigen Erholungsmöglichkeiten, komfortablen Ferienwohnungen, Hausbibliothek, Liegewiese, Sauna und Solarium, Schafe und Ziegen, Spielplatz, Feuerstelle, Grillplatz und Zelten für Kinder.

Mittelberg 1, 96364 Marktrodach, www.schlossberghof-frankenwald.de, Tel.: 09223 / 1416, FW 2 Pers. ab 29 €, FW 4+2 Pers. ab 53 € (exkl. Frühst.)

610 JAGDSCHLOSS FAHRENBÜHL HOF

Schon aus Kindertagen kennen deutschlandweite Feriengäste und viele Hofer dieses schöne Ausflugsziel. Das 1887 erbaute und von den Inhabern mit vielen schönen Erinnerungsstücken liebevoll gepflegte Jagdschloss Fahrenbühl ist ein Geheimtipp für alle, die Orte mit persönlichem Charme, entdeckenswerte Natur und eine gastfreundliche, ruhige und entspannte Atmosphäre lieben.

Fahrenbühl 14, 95158 Kirchenlamitz, www.jagdschloss-fahrenbuehl.de, Tel.: 09284 / 364, EZ ab 40 €, DZ ab 60 €, (inkl. Frühst.), HP Aufschlag 16 €

612 RELEXA HOTEL BAD STEBEN

Das 4-Sterne-Wellnesshotel, in der Nähe der Therme Bad Steben, lädt direkt am Kurpark mit Ruhe und Natürlichkeit zum Verweilen ein. Hier finden Sie zu jeder Jahreszeit alles unter einem Dach: Wohlfühlangebote für Wellness, Beauty, Gesundheit und Romantik. Die großzügige Bade- und Saunalandschaft auf 1.200 m² sowie die Restaurants lassen keine Wünsche offen. Willkommen!

Badstraße 26 – 28, 95138 Bad Steben, www.relexa-hotel-bad-steben.de, Tel.: 09288 / 720, EZ ab 80,50 €, DZ ab 141 €, Suite ab 181 €

608

611

614

618

615 A

613

618

616

617

615 B

HOTELS, APARTMENTS & PENSIONEN

613 VILLA SIEGFRIED BAD STEBEN

Die 1911 erbaute Jugendstilvilla ist ein familiengeführtes Hotel in der 4. Generation, das in direkter Nähe zu Kurpark und Therme mit geschmackvoll indiv. Wohlfühlzimmern, Tee- und Kaffee-Bar, Bibliothek und region. Genießerfrühstück für eine entspannte Auszeit sorgt. Der malerischer Garten mit Liegewiese, Grillmöglichkeit und verträumten Ecken ist eine wahre Oase der Ruhe.

Hemplastraße 7, 95138 Bad Steben, Tel.: 09288 / 1607, www.villa-siegfried.de, EZ ab 46 €, DZ ab 86 €, Suite ab 96 €, Ferienwohnung ab 120 €

614 BIOPENSION FREIRAUM BAD STEBEN

Die Kombination aus baubiologisch renovierten Gästezimmern, genussvollem Bio-Café, informativem Bio-Laden und aus Naturkraftbalken erbauten und atmosphärisch einzigartigen Seminarraum bieten nicht nur Familien einen gesundheitsbewußten Wohlfühlaufenthalt, sondern auch Gruppen beste Bedingungen für Vorträge, Workshops und Austausch auf vielfältigen Ebenen.

Wenzstr. 4, 95138 Bad Steben, Tel.: 09288 / 550495, 0171 / 5226274, www.freiraum-bad-steben.de, EZ ab 43 €, DZ ab 86 € HP-Zuschlag 10 €, VP-Zuschlag 15 € p.P.

615 A – GOLFHOTEL FAHRENBACH

Das Golfhotel Fahrenbach ist die richtige Adresse für Radfahrer, Wanderer, Sportler und Besucher der Luisenburg Festspiele. Mit ruhiger Lage, Restaurant und Sauna bietet es auch Nichtgolfern Entspannung pur.

Fahrenbach 1, 95709 Tröstau, Tel.: 09232 / 8820, www.golfhotel-fahrenbach.de,

615 B – WILDKRÄUTERHOTEL SCHÖNBLICK

Im Herzen des Fichtelgebirges verwöhnt das Hotel Schönblick seine Gäste mit feinster Wildkräuterküche und Familienfreundlichkeit.

Gustav-Leutelt-Straße 18, 95686 Fichtelberg, Tel.: 09272 / 97800, www.hotel-schoenblick.de

616 DESIGNHOTEL ROSENTHAL CASINO SELB

Begegnung, Genuss, Kreativität und Inspiration – das sind die wichtigsten Zutaten im Rosenthal Casino, Deutschlands erstem und ältestem Designhotel, das Phillip Rosenthal konzipierte. Die 1980 von Künstlern wie T. Wirkkala, F. Hundertwasser, O. Alt oder M. Morandini gestalteten Künstlerzimmer korrespondieren in ihrer Einzigartigkeit perfekt mit der mehrfach ausgez. Casino-Kochkunst.

Kasinostraße 3, 95100 Selb, Tel.: 09287 / 8050, www.rosenthal-casino.de, EZ ab 65 €, DZ ab 85 €, FZ ab 110 €

617 HOTEL ALEXANDERSBAD BY SOIBELMANNHOTELS.COM

Egal ob Sie Familienurlaub, Gesundheits- oder Wellness-Aufenthalt, Tagungsprojekt oder Kulturreise planen, in dem 4-Sterne-Hotel im Fichtelgebirge sind Sie in jedem Fall richtig. Familiär und kinderfreundlich verbindet das großzügige Haus die Vorteile eines vielfältig ausgestatteten Sport- und Wellnesshotels mit einladendem Genuss, Kulturnähe und modernen Tagungsmöglichkeiten.

Markgrafenstraße 24, 95680 Bad Alexandersbad, Tel.: 09232 / 8890, www.hotel-alexandersbad.de, EZ ab 61 €, DZ ab 89 €, Suite ab 100 €, Panoramasuite (inkl. Sauna u. Dachterrasse) ab 200 €

618 FAMILOTEL FAMILIENKLUB KRUG FICHTELGEBIRGE

Bei der herzlichen Gastgeberfamilie Dietzinger spürt man sofort, dass sie Kinder lieben und Gastfreundschaft leben. Eng mit dem Fichtelgebirge verbunden, schenken sie mit naturnaher Küche, Kneippanwendungen und Kräuterwandern, pädag. hochwertiger Kinderbetreuung sowie umfangreichen Sport-, Spiel- und Wellnessmöglichkeiten Kindern, Eltern und Großeltern einen märchenhaften Urlaub.

Siebensternweg 15, 95485 Warmensteinach, Tel.: 09277 / 9910, www.hotel-krug.de, DZ ab 65 €, FZ ab 79 €, AP ab 96 €

620A

622

623

Während das Fichtelgebirge mit Gesundheitsurlaub und Kräutergenuss punktet, steht Chemnitz am Rande des Erzgebirges für moderne Stadthotels mit Kultur- und Naturgenuss.

619 GÜNNEWIG HOTEL CHEMNITZER HOF

Wie kein anderes Haus repräsentiert das 1930 im Bauhausstil erbaute 4-Sterne-Superior Hotel den historischen Glanz der Chemnitzer Industrie. Das neue Interieurkonzept greift die elegante Architektur aus Sandstein, Marmor und Messing stilvoll mit modernem Design auf und betont Komfort, Qualität und Gastfreundschaft des Hotels.

Günnewig Hotel Chemnitzer Hof, Theaterplatz 4, 09111 Chemnitz,Tel.: 0371 684-0, EZ ab 55,63 €, DZ ab 81,23 €, Suite ab 98,43 € Tel.: 0371 684-0, www.guennewig.de

620 A – MERCURE HOTEL KONGRESS CHEMNITZ

Weithin sichtbar erhebt sich das 97 m hohe Mercure Hotel als höchstes Haus am Platze stolz über die Chemnitzer Innenstadt und lädt mit direktem Zugang zur Stadthalle zum Tagen, Schlafen und Genießen ein.

Brückenstrasse 19,
09111 Chemnitz, Tel.: 0371 / 6830,
www.mercure-hotel-chemnitz.de

620 B – HOTEL AN DER OPER

In dem vom Guide Michelin empfohlenen Hotel an der Oper verwöhnt ein motiviertes Küchenteam in „Scala" und „Mozartbar" den anspruchsvollen Gast.

Straße der Nationen 56, 09111 Chemnitz,
Tel.: 0371 / 6810, www.hoteloper-chemnitz.de

621 PENTAHOTEL CHEMNITZ

In herrlicher Parklage auf dem Chemnitzer Schlossberg mit schönem Altstadtblick erleben Sie im Pentahotel Chemnitz die Kunst der Entspannung. Wie wäre es z.B. mit einer Extra-Portion davon mit Wellness, Sauna und Pool im Healthclub? Auch in den Zimmern mit Flatscreen, Regenduschen u.v.m. finden Sie immer einen Tick mehr: Vom Schlafkomfort bis hin zum Entertainment.

Salzstaße 56, 09113 Chemnitz,
Tel.: 0371 / 3341704, www.pentahotels.com,
EZ ab 59 €, DZ ab 74 €, Suite ab 99 €

622 BEST WESTERN HOTEL AM SCHLOSSPARK LICHTENWALDE

Erholsam übernachten, erfolgreich tagen, Regionalität erleben und Natur genießen! Klare, lichtdurchflutete Architektur, gepaart mit einer naturschönen Lage und der unmittelbaren Nachbarschaft von Schloss und Park Lichtenwalde – hier gehen Moderne und Barock eine einzigartige Verbindung ein! 84 Wohlfühlzimmer, 2 Restaurants und ein Wellnessbereich laden zu Entspannung und Genuss ein.

August-Bebel-Straße 1, 09577 Lichtenwalde,
Tel.: 037206 / 8820, EZ ab 84 €, DZ ab 99 €,
www.hotel-lichtenwalde.de

623 SCHLOSSHOTEL WASSERSCHLOSS KLAFFENBACH CHEMNITZ

Das Vier-Sterne-Schlosshotel im Areal des Wasserschloßes Klaffenbach in Chemnitz ist eine Top-Adresse für Business-, Verwöhn- und Golfurlaub, Hochzeiten und Events der besonderen Art. Die individuell und komfortabel gestalteten Zimmer im Kolonialstil sind mit Badewanne, Boxspringbetten und bequemer Couch ausgestattet. Ein besonderes Highlight sind die hist. Themensuiten.

Wasserschloßweg 6, 09123 Chemnitz,
Tel.: 0371 / 26110,
www.schlosshotel-chemnitz.de, EZ ab 65 €,
DZ ab 86 €, FZ ab 120 €, Suite ab 159 €

624 BIENDO HOTEL CHEMNITZ

Erfrischend anders präsentiert sich das 2012 eröffnete Biendo-Hotel in direkter Nähe zum Alten Rathaus und dem Rotem Turm. Bei einem hervorragenden Preis-Leistungsverhältnis verbindet das Biendo stilvolles Designambiente mit bester Innenstadtlage. Im hellen Frühstücksraum im 6. Stock können Sie bei einem wunderschönen Blick Richtung Erzgebirge entspannt das reichh. Frühstück genießen.

Straße der Nationen 12, 09111 Chemnitz,
Tel.: 0371 / 4331920, www.biendo-hotel.de,
EZ ab 44 €, DZ ab 55 €, Suite ab 89,90 €

620 B

619

621

624

627

625

629

626

628

630

627

HOTELS, APARTMENTS & PENSIONEN

625 HOTEL FÜRSTENHOF LEIPZIG

In der Nähe des historischen Stadtkerns gelegen, beherbergt diese außergewöhnliche Residenz seit über 125 Jahren anspruchsvolle Reisende in 90 eleganten Zimmern und exklusiven Suiten. Aktive Entspannung bietet das Spa „AquaMarin" auf 650 m². Kulinarisch verwöhnt werden Genießer im Restaurant „Villers", der Vinothek „1770" sowie der Pianobar „Wintergarten".

Tröndlinring 8, 04105 Leipzig,
Tel.: 0341 / 1400, www.starwoodhotels.com,
DZ ab 165 €, Suite ab 285 € (inkl. Frühst.)

626 STEIGENBERGER GRANDHOTEL HANDELSHOF LEIPZIG

Inmitten des Leipziger Zentrums gelegen, verbindet dieses luxuriöse Hotel das Historische mit dem Modernen. Eine ausgezeichnete Küche, eine Vinothek mit erlesener Weinauswahl sowie die großzügig angelegte Spa World sind nur ein paar der Annehmlichkeiten. Genussvoll entspannen wie die Briten können Sie bei der Tea Time in der Le Grand Bar von Oktober bis April.

Salzgäßchen 6, 04109 Leipzig,
Tel.: 0341 / 3505810,
www.leipzig.steigenberger.com,
EZ ab 169 €, DZ ab 189 €,
Suite ab 489 € (inkl. Frühst.)

627 HOTEL THE WESTIN LEIPZIG

Dieses moderne Hotel bietet mit seinen 27 Etagen und 436 Zimmern eine zentrale Lage in der Leipziger Innenstadt nahe des Hauptbahnhofs mit einem einmaligen Blick über das Zentrum. Entspannen Sie sich im größten Hotelpool der Stadt und stärken Sie Körper, Seele und Geist im Fitnesscenter. Mehr als 50 Veranstaltungsräume bieten für jeden Anlass einen geeigneten Rahmen – von kleinen privaten Meetings bis hin zu Kongressen mit bis zu 700 Teilnehmern.

Gerberstraße 5, 04105 Leipzig,
www.westin-leipzig.com,
Tel.: 0341 / 9882727, EZ ab 99 €, DZ ab 109 €,
Suite ab 234 € (inkl. Frühst.)

628 CASA BUSTAMANTE

„Mi casa es tu casa". Das „Casa Bustamante" ist kein normales Hotel – es verbindet Übernachtung mit spanischer Lebensart, kulinarischen Genüssen und Kunst. Dies gilt auch für das Restaurant, welches sich in der Nähe befindet. Jedes Zimmer besitzt mit antiken Möbeln einen individuellen Charakter, genau wie das Frühstück, welches deutsch-spanisch präsentiert wird.

Windorfer Straße 90, 04229 Leipzig,
Tel.: 0341 / 26445292,
www.casa-bustamante.de

629 SEASIDE PARK HOTEL LEIPZIG

Hier trifft Art Déco auf Modernität. Die stilvoll eingerichteten Zimmer im Art Déco-Stil sind mit modernster Technik ausgestattet. Businessgäste fühlen sich genauso wohl wie Städtereisende. Durch die zentrale Lage des Hotels ist das gesamte Stadtzentrum bequem zu Fuß zu erreichen.

Richard-Wagner-Str.7, 04109 Leipzig,
www.parkhotelleipzig.de,
Tel.: 0341 / 985270, EZ ab 90 €, DZ ab 100 €,
Suite ab 165 € (exkl. Frühst.)

630 LEIPZIG MARRIOTT HOTEL

Zwischen Europas größtem Kopfbahnhof und den historischen Passagen begrüßt das Leipzig Marriott Hotel Besucher aus allen Nationen. Als anspruchsvolles Tagungshotel in der ältesten Messestadt der Welt vereint das Haus erstklassigen Service und modernen Komfort zu einem einzigartigen Ambiente. Genießen Sie Ihren Aufenthalt mitten im Herzen von Leipzig und entdecken Sie kulturelle Schätze gleich vor der Haustür.

Am Hallischen Tor 1, 04109 Leipzig,
Tel.: 0341 / 96530,
www.leipzigmarriott.de

633

631

632

626

Gäste aus aller Welt schätzen in der Messestadt die Qualität und Vielfalt der Leipziger Hotels. Von mondänen Luxushotels über moderne Lofts und Apartments bis zu kreativen Pensionen ist alles dabei.

631 MICHAELIS HOTEL LEIPZIG

Das Hotel Michaelis ist ein privat geführtes und zudem liebevoll restauriertes Haus aus der Gründerzeit. Es befindet sich im südlichen Zentrum Leipzigs und ist der perfekte Ausgangsort für den Besuch der City und der lebendigen Südvorstadt. In komfortabel und bequem eingerichteten Zimmern erholen Sie sich nach einem bewegten Tag.

Paul-Gruner-Str. 44, 04107 Leipzig,
Tel.: 0341 / 26780, www.michaelis-leipzig.de,
EZ ab 79 €, DZ ab 99 € (inkl. Frühst.)

632 HOTEL ARCONA LIVING BACH 14

In bester Leipziger Innenstadtlage, im denkmalgeschützten Thomaskirchhof, erwartet Sie eine einzigartige Komposition aus Musik & Design. Freuen Sie sich auf 52 komfortable, mit thematischen Bachbezügen ausgestattete, Zimmer & Studios, teilweise mit Kitchenette, einem modern designten LIVINGroom, Sauna-, Fitness- & Ruhebereich sowie auf das bes. Hausrestaurant „Weinwirtschaft".

Thomaskirchhof 13/14, 04109 Leipzig,
Tel.: 0341 / 496140, www.bach14.arcona.de,
EZ ab 114 €, DZ ab 124 € (inkl.Frühst.)

633 APARTMENTHOUSE QUARTIER M

Egal, ob für Tage, Wochen oder Monate, ob allein oder mit Familie – in einem Serviced Apartment haben Sie das Gefühl, auch in einer fremden Stadt zu Hause zu sein. In dem zentr. gelegenen hist. In dem zentral gelegenen historischen Gründerzeithaus mit verzierten Erkern und Balkonen erwarten Sie 48 komplett eingerichtete Appartements in geschmackvollem Design, die mit Größen von 30–60 m² Individualität und höchsten Komfort bieten.

Markgrafenstraße 10,04109 Leipzig,
www.apartment-leipzig.de,
Tel.: 0341 / 21338800, AP: 1 – 6 ÜN ab 75 €,
7 – 27 ÜN ab 65 €, ab 28 ÜN ab 55 €

634 ELSTERLOFTS UND HAUS FEUERBACH

Die Gästewohnungen im Apartmenthaus HAUS FEUERBACH, ruhig und stadtnah im historischen Waldviertel gelegen, bieten Ihnen ein behagliches Zuhause mit privater Atmosphäre und Blick ins Grüne. Direkt am Wasser gelegen, ermöglicht das Apartmenthaus ELSTER LOFTS exklusives und romantisches Loftwohnen mit Wohlfühl-Dimensionen in Deutschlands größtem Industriedenkmal.

Haus Feuerbach, Feuerbachstraße 17, 04105 Leipzig, Tel.: 0341 / 21338800, AP: 2 – 6 ÜN ab 55 €, 7 – 28 ÜN ab 45 €, ab 29 ÜN 30 €, Elster Lofts, 2 – 6 ÜN ab 70 €, 7 – 28 ÜN ab 60 €, ab 29 ÜN 50 €, www.apartment-leipzig.de

635 HOTEL ALT-CONNEWITZ LEIPZIG

In diesem familiären 3-Sterne-Hotel erwartet Sie warmherzige Gastfreundschaft mit engagiertem Service bei einem optimalem Preis-Leistungs-Verhältnis. Tolle Erlebnispakete rund um Leipzig und regionale Kulinarik laden zum Entdecken und Schmecken der Sachsenmetropole ein. Ein reichhaltiges Frühstück mit selbstgemachten Marmeladen, Sauna und abgeschlossenem Parkplatz runden Ihren Aufenthalt ab.

Meusdorfer Straße 47a, 04277 Leipzig,
Tel.: 0341/ 3013770, www.alt-connewitz.de,
EZ ab 49,50 €, DZ ab 67,50 € (inkl. Frühst.)

636 PENSION NOCH SCHÖNER LEBEN

Wenn der Westen und die beliebte Karl-Heine-Straße momentan der Lieblings-Szenekiez der Leipziger ist, so gilt die Musikkneipe „Noch Besser Leben" mit Konzerten, Lesungen u. Comedy als dessen kulturelles Wohnzimmer. Die dazugehörige Pension, welche mit liebevollen, schönen alten Möbeln im Retro-Charme eingerichtet ist, verzichtet bewußt auf Fernseher und Radio.

Merseburger Str. 25, 04229 Leipzig,
Tel.: 0341 / 9757330,
www.nochbesserleben.com,
pro Person 20 €, Einzelzimmerzuschlag 10 €
(exkl. Frühst./ 7 €)

634

636

635

639

646

639

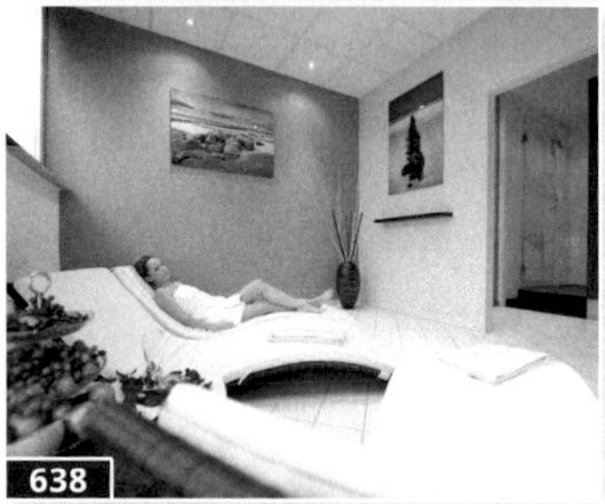
638

637

640

642

HOTELS, APARTMENTS & PENSIONEN

637 ATLANTA HOTEL INTERNATIONAL LEIPZIG

Erleben Sie 4-Sterne-Komfort in 191 Zimmern und 5 Suiten, auf 7 Etagen mit modernen Designermöbeln, luxuriösen Carrara-Marmorbädern und Klimaanlage. Im Zimmerpreis sind neben dem Frühstück auch die Minibar, Telefonieren ins dt. Festnetz, Sky Sportkanal sowie die Nutzung des Fitness- & Wellnessbereichs enthalten. Geräumige Appartements für den perfekten Kurzurlaub stehen ebenfalls zur Verfügung.

Südring 21, 04416 Leipzig/Wachau,
Tel.: 0341 / 414600,
www.atlanta-hotel.de,
EZ ab 79,50 €, DZ ab 94,50 €, Suite ab 129,50 €

638 MARKKLEEBERGER HOF

Mitten im Neuseenland gelegen und nur 10 km von der Leipziger City entfernt bietet dieses persönliche Wohlfühlhotel für Kurzreisen, Urlaubsaufenthalte und Businessübernachtungen maximale Möglichkeiten. Für erfolgreiche Tagungen und unvergessliche Familienfeiern stehen zwei flexibel nutzbare Veranstaltungsräume zur Verfügung. Im mondänen Ambiente empfängt Sie das LOEWEN-Restaurant.

Städtelner Straße 122 – 124,
04416 Markkleeberg, Tel.: 034299 / 70580,
www.markkleeberger-hof.com,
EZ ab 69 €, DZ ab 84 € (inkl. Frühst.)

639 SEEPARK AUENHAIN MARKKLEEBERG

Idyllisch fügt sich der Seepark Auenhain mit seinen ganzjährig nutzbaren 32 Ferienhäusern und 12 Ferienappartements in die Landschaft oberhalb des Markkleeberger Sees ein und ist damit nur wenige Kilometer von der Leipziger City entfernt. Zu den besonderen Highlights gehören die Wellnessoase „Seestern“ und das Kinderhaus „Seepferdchen“.

Am Feriendorf 2, 04416 Markkleeberg,
Tel.: 034297 / 98680,
www.seepark-auenhain.de,
AP ab 79 €, FH ab 99 € (exkl. Frühst.)

640 PENSION VÖLKERSCHLACHT 1813 MARKKLEEBERG

Die Pension Völkerschlacht 1813 befindet sich im Südosten von Leipzig auf dem historischen Gelände des ehemaligen „Rittergutes von Wachau“. Das mit viel Liebe zum Detail eingerichtete 3-Sterne-Garni-Hotel liegt in direkter Nähe zum Markkleeberger See und ist damit auch ein idealer Ausgangspunkt für einen Besuch im Leipziger Neuseenland mit einer Vielzahl an kulturellen und sportlichen Angeboten. Wir heißen Sie HERZLICH WILLKOMMEN.

Markkleeberger Straße 60 – 62,
04416 Markkleeberg, Tel.: 034297 / 45253,
EZ 39 €, DZ 69 €, AP ab 75 € (inkl. Frühst.), FW ab 79 € (exkl. Frühst.), www.pension1813.de

641 LAGOVIDA FERIENRESORT GROßPÖSNA

Nur 20 Minuten vom Pulsschlag der Stadt Leipzig entfernt, bietet LAGOVIDA**** 36 komfortable Hotelzimmer und 37 Ferienhäuser, alle ausgestattet mit Sauna und Kaminofen, teilweise mit eigenem Strandzugang. Und das Beste – von jeder Unterkunft haben Sie garantiert Seeblick. Wohl einmalig in Sachsen.

Hafenstraße 1, 04463 Großpösna,
Tel.: 034206 / 7750, www.lagovida.de,
EZ ab 75 €, DZ ab 88,50 € (inkl. Frühst.)

642 PARKHOTEL ALTENBURG

Das elegante Hotel in einem liebevoll restaurierten Gebäudekomplex aus der Gründerzeit liegt direkt am Großen Teich mit seinen schönen Uferpromenaden. Große und elegante Räumlichkeiten für festliche Anlässe und Tagungen, eine Hotelbar sowie 65 hochwertig eingerichtete Zimmer und Suiten und das original italienische Restaurant stehen den Gästen zur Verfügung.

August-Bebel-Straße 16/17,
04600 Altenburg, Tel.: 03447 / 51540,
www.parkhotelaltenburg.de,
EZ ab 55 €, DZ ab 85 €, Suite ab 120 € (inkl. Frühst.)

641

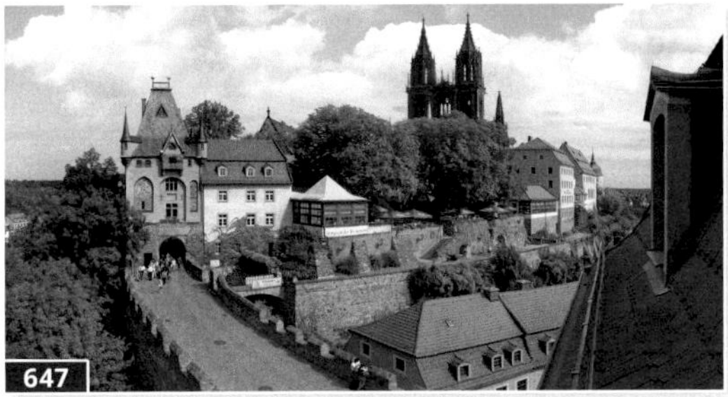

647

648

Die Sehnsucht nach Wasser, Weite und Schlössern kann man auf das schönste in Mitteldeutschland stillen. Entdecken Sie mit komfortablen Hotels tolle Strände, berührende Ausblicke und einzigartige Landstriche.

643 HOTEL REUSSISCHER HOF SCHMÖLLN

Beim reussischen Gastmahl vermittelt Familie Adam genussvoll die Geschichte reussischer Küche und Tischkultur. Aber auch die heutige Gastkultur wird in dem familiengeführten Hotel engagiert gepflegt. Eine offene, regionale Küche, 3 Restaurants, Kinderecke und Freiluftgarten ergänzen sich perfekt mit der attraktiven Nähe zu bedeutenden Sehenswürdigkeiten im Dreiländereck.

Gößnitzer Straße 14, 04626 Schmölln,
Tel.: 034491 / 23108,
www.hotel-reussischer-hof.de,
EZ ab 58 €, DZ ab 84 € (inkl. Frühst.)

644 HOTEL BELLEVUE SCHMÖLLN

Willkommen im Hotel und Restaurant Bellevue, das mit viel herzlicher Nähe zum Gast geführt wird. Entspannen Sie auf unserer Sonnenterrasse mit Blick über die Knopfstadt Schmölln. Entdecken Sie die kulturelle Vielfalt, die Ihnen die Umgebung unseres Hauses bietet. Nach einem ereignisreichen Tag lohnt es sich, die mehrfach ausgezeichnete Thüringer Küche zu probieren. Anschließend können Sie in einem liebevoll eingerichteten Zimmer mit kostenlosem WLAN entspannen.

Hotel & Restaurant Bellevue, Heidi Hindemith,
Am Pfefferberg 7, 04626 Schmölln,
Tel.: 034491 / 7000, EZ ab 61 €, DZ ab 81 €
(exkl. Frühst./ 8,50 €), info@bellevuehotel.de,
www.bellevuehotel.de

645 HOTEL ZUR BURG POSTERSTEIN

Entstanden aus dem ehemaligen Stallgebäude eines Vierseithofes, liegt das kleine Hotel am Fuße der Burg Posterstein. Mit seinen 16 Zimmern ist es ideal für Geschäftsreisende und Erholungssuchende und nicht zuletzt für Seminare, bei denen Ruhe und Abgeschiedenheit maßgeblich für den Erfolg sind. Im stilvollen Ambiente präsentieren sich die Gasträume und Themenzimmer.

Dorfstraße 13, 04626 Posterstein/Thür.,
Tel.: 034496 / 6510,
www.hotel-posterstein.de,
EZ 48 €, DZ 70 €, Suite 110 €

646 ROMANTIK HOTEL SCHWANEFELD MERANE

Aufgrund seiner familiären Gastfreundschaft, historischem Flair und modernem Komfort sowie seiner ruhigen und idyllischen Lage gehört das 4-Sterne-Hotel zu den führenden Häusern der Region. 50 Zimmer/ klassischer Landhausstil oder modern & elegant / ausgezeichnete Küche / Wellness / Fitness / Hotelgarten mit Teich und Liegewiese / Räume für Events / Bowling / Bar

Schwanefelder Straße 22, 08393 Meerane,
Tel.: 03764 / 4050, www.schwanefeld.de,
EZ ab 89 €, DZ ab 119 €, Suite ab 149 €

647 ROMANTIK HOTEL BURGKELLER & RESIDENZ KERSTINGHAUS MEISSEN

In einzigartiger, ruhiger Lage bietet das 4-Sterne Hotel einen einzigartigen Blick über das Elbtal sowie Dom und Albrechtsburg in unmittelbarer Nachbarschaft. 26 komfortable und luxuriöse Zimmer / regionale und internationale Küche / Restaurant und Café / Festsaal / „Rosen Spa“ mit Blick über die Stadt / Fitness / Bowling / E-Bike.

Domplatz 11, 01662 Meißen,
Tel.: 03521 / 41400,
www.hotel-burgkeller.de,
Zimmer ab 97 €, AP ab 115 €, Suite ab 180 €

648 HOTEL SCHLOSS PILLNITZ

Das privat geführte Hotel der Familie Zepp befindet sich in der Schlossanlage Schloss & Park Pillnitz, der malerischen ehemaligen Sommerresidenz der sächsischen Könige in der Landeshauptstadt Dresden. Zwei Romantiksuiten mit Wasserbett, eine Elbsuite und 42 Komfortzimmer in 4-Sterne-Qualität sowie besondere Angebote für Brautpaare stehen Ihnen für Ihren Aufenthalt zur Verfügung.

August-Böckstiegel-Straße 10, 01326
Dresden, www.schlosshotel-pillnitz.de,
Tel.: 0351 / 26140, EZ ab 90 €, DZ ab 120 €,
Suite ab 190 €

648

644

645

643

650

649

652

654

651

652

653

TAGUNGEN, HOCHZEITEN & EVENTS

649 KAISERSAAL ERFURT

Tagen und feiern Sie in außergewöhnlichem Ambiente inmitten der Altstadt! Der Kaisersaal bietet mit seinem historischen Saal mit zwei Rängen, den sechs Salons, dem großen Garten oder den mittelalterlichen Kellergewölben Kulisse für Events aller Art. Profitieren Sie zudem vom umfassenden Eventservice.

Kaisersaal Gastronomie- & Veranstaltungs GmbH, Futterstraße 15 / 16, 99084 Erfurt, Tel.: 0361 / 56880, www.kaisersaal.de

650 COMCENTER BRÜHL ERFURT

Das comcenter Brühl mit drei Tagungs- und Veranstaltungsräumen gilt als repräsentative Adresse zwischen dem Domplatz und dem Theater Erfurt. Die Vorteile des mod. Gebäudes liegen in der guten verkehrstechnischen Lage mit öffentl. Tiefgarage, dem exkl. Umfeld und der hochwertigen Ausstattung. Die Bachmann-Hotelgruppe bietet Ihnen dazu attraktive Tagungspakete.

Bachmann Best Catering & Partyservice (im Airport Hotel Erfurt), Binderslebener Landstraße 100, 99092 Erfurt, Tel.: 0361 / 658882108, www.bachmann-hotels.de

651 ROMANTIKHOTEL DOROTHEENHOF WEIMAR

Das besonderes Genuss- und Wellness Hotel in Weimar. Der Dorotheenhof bietet eine wohltuende Atmosphäre für Tagungen, Seminare, Workshops, Firmenveranstaltungen, Bankette, und Familienfeuern Eingebettet in eine Parkanlage spendet das Anwesen kraftvolle Ruhe und Inspiration. Ein Ort für kreatives Arbeiten, für Kommunikation und Gemeinsamkeiten. Einzigartig ist das lichtdurchflutete Veranstaltungsgebäude „Parlament“ im Park.

Dorotheenhof 1, 99427 Weimar, Tel.: 03643 / 4590, www.dorotheenhof.com

652 SCHLOSS ETTERSBURG WEIMAR

Als behutsam saniertes „Gesamtkunstwerk“ ist Schloss Ettersburg ein exklusiver Veranstaltungsort mit einzigartigen Möglichkeiten für Hochzeitsfeiern, Tagungen und Firmenevents. Beinahe alle Räume und schönen Säle im Schloss sind nutz- und mietbar. Das Tagungshotel verfügt über 23 modern eingerichtete Zimmer und fünf Suiten, die Sie individuell buchen können.

Am Schloss 1, 99439 Ettersburg, Tel.: 03643 / 7428420, www.schlossettersburg.de

653 HOTEL AM SCHLOSS APOLDA

Ob für Ihren Geburtstag, Ihre Hochzeit oder ein Jubiläum, für ein besonderes Treffen mit Freunden oder die Feier eines erfolgreichen Geschäftsabschlusses – im Hotel am Schloss wird Ihr Anlass mit bis zu 250 Gästen zum Fest! Bei der Vorbereitung Ihrer Feierlichkeiten, aber auch Ihrer Seminare und Weiterbildungen, unterstützt Sie das engagierte Hotelteam in allen Bereichen gern.

Jenaer Straße 2, 99510 Apolda, Tel.: 03644 / 5800, www.hotel-apolda.de

654 BERGHOTEL ZUM EDELACKER FREYBURG

Ob Tagung, Seminar, Workshop oder Konferenz – die zentr. Lage im Dreiländereck Sachsen, Sachsen-Anhalt und Thüringen machen das Hotel zum idealen Standort für Ihre Tagung. Beeindruckender Gipfelblick, helle Tagungsräume, moderne Tagungstechnik, attraktives Rahmenprogramm und erstklassige Betreuung bieten genau das richtige Ambiente für den Erfolg Ihrer Veranstaltung.

Schloss 25, 06632 Freyburg, Tel.: 034464 / 350, www.edelacker.de

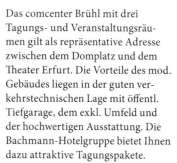

653

659

Beeindruckende Tagungen, romantische Hochzeiten und faszinierende Firmenevents an einzigartigen Orten sorgen für unvergessliche Erlebnisse bei Ihren Gästen.

655 ZEISS PLANETARIUM JENA

Unterstreichen Sie die Bedeutung Ihrer Konferenz, Tagung oder Präsentation durch das einmalige Ambiente des Zeiss-Planetariums Jena und des Restaurants Bauersfeld. Präsentieren Sie Ihr Unternehmen, Ihre Produkte oder Ihre Dienstleistungen spektakulär und wirkungsvoll an der 23 Meter großen Kuppel. Oder lassen Sie Ihren eigenen Imagefilm mittels der 360°-Ganzkuppel-Projektion auf Ihre Kunden und Gäste wirken.

STERNEVENT GmbH, Am Planetarium 5, 07743 Jena, Tel.: 03641 / 885448, www.sternevent.com

656 LEUCHTENBURG KAHLA

Auf einer der schönsten Burgen Mitteldeutschlands können Sie von rustikal-mittelalterlich bis sachlich-modern die versch. Räumlichkeiten für Ihre Veranstaltung mieten. Egal, ob im prunkvoll vertäfelten Rittersaal, im edlen Torhaussaal mit Terrasse, in der urigen Burgschänke, im malerischen Weinberghaus oder bei grandioser Aussicht in der modernen Porzelllounge – hier wird jede Veranstaltung zum Erlebnis.

Dorfstraße 100, 07768 Seitenroda, Tel.: 036424 / 713333, www.leuchtenburg.de

657 BIO-SEEHOTEL ZEULENRODA

Mehrfach ausgezeichnet, trägt das Bio-Seehotel Zeulenroda mit jahrelanger Erfahrung zu Ihrem Tagungserfolg bei. Individuelle Tagungen und Events, erlebnisreiche Rahmenprogramme zu Land, Luft und auf dem Wasser, Bio-Brain-Food und Leistungspakete zur Unterstützung Ihres betrieblichen Gesundheitsmanagements (BGM) sind hier selbstverständlich.

Bauerfeindallee 1, 07937 Zeulenroda-Triebes, Tel.: 036628 / 98107, www.bio-seehotel-zeulenroda.de

658 FREIHEITSHALLE HOF

Eine durchdachte Architektur sowie ein großzügiges Raumkonzept ermöglichen Events der Extraklasse. Die für bis zu 6000 Personen nutzbare, größte Veranstaltungshalle in Stadt und Landkreis Hof setzt Maßstäbe – im Konferenzbereich mit klimat., größenvariablen Räumlichkeiten, im großem Haus und Festsaal mit variabler Bühnenfläche und leistungsstarker Licht- und Tontechnik. Für Ausstellungen stehen mehrere Foyers zur Verfügung.

Stadt Hof / Fachbereich Kultur, Kulmbacher Str. 4, 95030 Hof, Tel.: 9281 / 8152222, www.freiheitshalle.de

659 KNUT.EVENTS KRONACH

KNUT.events bietet an einzigartigen fränk. Locations wie der Festung Rosenberg, Wasserschloss Mitwitz oder Schloss Callenberg Firmenevents oder Privatveranstaltungen mit ganz persönlicher Note. Spektakulär oder romantisch? Unkonventionell oder traditionell? Mit ihrem versierten Team aus Köchen, Floristen und Technikern wird jede noch so verrückte Idee als professionelles Gesamtkonzept umgesetzt.

Johann-Nikolaus-Zitter-Str. 41, 96317 Kronach, Tel.: 09261 / 965553, www.knut-events.de

660 ZOO LEIPZIG UND BELANTIS

Spannung und Exotik können Sie mit Ihren Gästen im Belantis und Zoo Leipzig erleben. Egal, ob private Feier, Tagung oder Firmenevent – hier finden Sie in jedem Erlebnisbereich das passende Rahmenprogramm. Afrikanische Events in der Kiwara-Lodge, thematische Veranstaltungen im Gondwanaland u.v.m bietet der Zoo Leipzig. Belantis lockt u.a. mit Mittelalterreise, Piraten Ahoi und Teamchallenge.

Zoo Leipzig, Pfaffendorfer Str. 29, 04105 Leipzig, Tel.: 0341 / 5933377, www.zoo-leipzig.de
Belantis, Zur Weißen Mark 1, 04249 Leipzig, Tel.: 0341 / 91034120, www.belantis.de

656

655

658

657

660

660

660

663

666

665

664

662

662

663

666

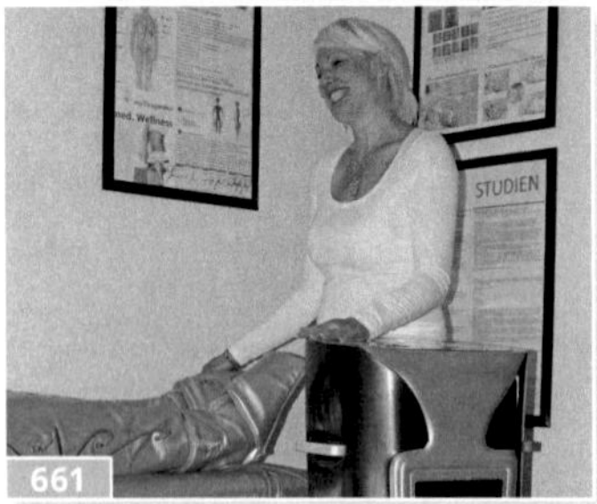

661

HAIR, BEAUTY & HEALTH

661 FIGUR- & KOSMETIKLOUNGE MYTAOGARDEN

Die ganzheitliche Figurlounge myTaogarden versteht sich als qualitativ hochwertiger und ganzheitlicher Körperformungsspezialist sowie Stoffwechseloptimierer und Zentrum für Gesundheit, Bewegung, Wellness & Beauty. Das eigene Lipolaserinstitut bietet Ihnen eine bewährte und erstklassige Lipolasermethode, die auf einem Niedrigenergie-Diodenlaser basiert und u. a. bei Bodycontouring oder Schmerzlinderung zur Anwendung kommt.

Breite Str. 2, 99094 Erfurt, Terminvereinbarung per Tel.: 0361 / 3455639, www.figurloungemytaogarden.de

662 MASSON® FRISEURE

Von Erfurt in die ganze Republik: In mittlerweile 32 individuellen und stilvollen Salons der masson®-Friseure wird meisterliche Friseurkunst durch Kreativität und Können gelebt. Im Mittelpunkt steht hier jeder einzelne Kunde mit seinen Wünschen, der als Gast eine ausführliche Beratung, professionelle Ausführung und einen perfekten Service genießt.

Zentrale Erfurt, Marbacher Gasse 35 – 37, 99084 Erfurt, Tel.: 0361 / 2124130, www.friseur-masson.de

663 POMPADOUR EXCLUSIVE SALON & SPA JENA

Edel, aufregend und extravagant: Das POMPADOUR ist die Top-Adresse für professionelles Friseur- und Kosmetikhandwerk. Hier verbinden sich erstklassiger Service mit umfangreichen Leistungen in einem exklusiven Ambiente. Lassen Sie sich verzaubern von den barocken Intarsien, wie den meterhohen vergoldeten Spiegeln. Für den Einklang von Schönheit und Natur werden nur Produkte der Firma Aveda verwendet.

www.pompadour-jena.de, Di – Fr 11 – 18 Uhr und nach Vereinbarung

664 ARDESIA-THERME BAD LOBENSTEIN

ThüringenCard

Mitten im Herzen von Bad Lobenstein erwartet Sie die Ardesia-Therme, das Kurmittelhaus des Moorbades mit einer einzigartigen Kur- und Wellnesswelt: vom lichtdurchfluteten Thermalbad über exklusive Mooranwendungen bis hin zur Toten Meer-Salzgrotte. Die perfekt aufeinander abgestimmten Gesundheits- und Wellnessangebote der ARDESIA bieten Ihnen Erholung und Entspannung pur.

Parkstraße 8, 07356 Bad Lobenstein, Tel.: 036651 / 3939100, Mo – So 9 – 22 Uhr, www.ardesia-therme.de

665 BABOR BEAUTY SPA VILLA VOSS GERA

Gehen Sie auf Entdeckungsreise durch die Welt der Schönheit und des Wohlgefühls. Die Luxus Gesichts- und Körperbehandlungen, wie z. B. „Babor de Luxe", „Beauty Spa Arrangements" oder „Barbor Men" basieren alle auf dem exzellenten BABOR Pflegesystem und garantieren Ihnen Wohlbefinden und Harmonie für Körper und Geist. Eine ruhige und elegante Atmosphäre mit exklusiver Kosmetikerin nur für Sie sorgen an dieser Top-Adresse für Entspannung pur.

Parkstraße 10, 07548 Gera, Tel.: 0365 / 55242805, Mo – Fr 8 – 19 Uhr und nach Vereinbarung, www.babor-beautyspa-faltin.de

666 KERSTIN VOGEL KOSMETIK GERA

Der Wunsch nach einer schönen, gesunden und ebenmäßigen Haut ist durch Umwelteinflüsse, schlechte Angewohnheiten, natürliche Veranlagung oder täglichen Stress nicht immer leicht umzusetzen. Durch ihre fundierte Ausbildung in medizinischer Kosmetik erwartet Sie im Fachinstitut von Kerstin Vogel ein breites Behandlungsspektrum für eine zeitlos schöne Haut. Dazu gehören unter anderem die einzigartigen Produkte von BINELLA medical Beauty.

Wiesestr. 101, 07548 Gera, Tel.: 0365 / 813485

668

672

668

chönheit muss kein Luxus sein. Kompetent ausgebildete Hairstylisten, Kosmetiker, Gesundheits- und igurberater verhelfen Ihnen zu individuellem Stil und gesundem Wohlbefinden.

667 FREIRAUM BAD STEBEN

„freiraum", das ist Bio-Laden, Bio-Café und Bio-Seminarpension und befindet sich in Bad Steben – direkt am Kurpark und nur 200 m zu Therme, Sauna und Therapiezentrum. Klaus Herpich leitet „freiraum" sowie auch die Pension, die sich seit vier Generationen in Familienbesitz befindet und seine Gäste mit Herz und Liebe aufnimmt. Neben baubiologischen Zimmern, dem neuentstanden Seminar- und Gästeraum, vegetarisch-biologischen Köstlichkeiten und dem Naturgarten können Sie tiefgreifende Erholung und Vitalisierung erfahren. Besonders ist die „21-Tage-Stoffwechsel-Kur" zu empfehlen.

Klaus Herpich, Wenzstraße 4,
95138 Bad Steben, Tel.: 09288 / 550495,
www.freiraum-bad-steben.de

668 L.A. SCHMITT KOSMETIK

Seit mehr als 90 Jahren stellt man hier in Ludwigsstadt feinste Naturkosmetik und Gesundheitsprodukte her. Gäste erhalten Informationen zur Geschichte und können den Werksverkauf besuchen.

Lauensteiner Straße 62, 96337
Ludwigsstadt, Tel.: 09263 / 9999010,
www.schmitt-cosmetics.com,
Mo – Do 8 – 16 Uhr, Fr 8 – 12 Uhr

669 BADEGÄRTEN EIBENSTOCK

Die Badegärten Eibenstock gehören mit dem Titel „Weltsauna" zu den schönsten Saunaanlagen in Deutschland. Hier finden Sie z. B. die authentische Betreibung eines russisch-karelischen Saunadorfes, eines japanischen Saunagartens oder türkischen Hamams. Die traumhafte Badehalle mit Wellnessanlagen und Gastronomie bieten der ganzen Familie Erholung und Spaß. Geheimtipp: Die Übernachtung im Schäferwagen.

Am Bühl 3, 08309 Eibenstock,
Tel.: 037752 / 5070, www.badegaerten.de,
Fr, Sa 10 – 23 Uhr, Jun – Aug: zusätzlich tägl.
10 – 22 Uhr

670 SIEBENQUELL® GESUNDZEITRESORT WEISSENSTADT

Mit dem Siebenquell® GesundZeitResort eröffnet 2016 auf fast 100.000 m^2 unweit vom Weißenstädter See ein einzigartiges Gesundheits- und Thermenresort. Hier wird der Gesundheitstourismus des 21. Jh. neu definiert: Mit einem Angebot rund um Prävention, Wellness, Ernährung, Aktivität und Entspannung – einmalig in ganz Deutschland.

Kurzentrum Siebenstern GmbH & Co. KG,
Schillerstraße 27, 95163 Weißenstadt,
Tel.: 09253 / 9540 705,
www.siebenquell.com

671 BETI LUE. SALBENMANUFAKTUR

Naturkosmetik mit grüner Seele: Silke Koppe und Dr. Bettina Lühmann kreieren und fertigen seit 2004 in liebevoller Handarbeit eigene Naturkosmetika und Pflegeprodukte. Mittlerweile umfasst das Sortiment rund 120 Produkte – so z.B. auch eine Sanddorn-Pflegelinie speziell für durch Chemo- und Strahlentherapie geschädigte Haut. Besuchen Sie die Beti Lue. Salbenmanufaktur in Chemnitz oder Leipzig.

Beti Lue. zu Chemnitz, Limbacher Straße 74,
09113 Chemnitz, Tel.: 0371 / 9094686,
Beti Lue. zu Leipzig, Könneritzstr. 61,
04229 Leipzig, Tel.: 0341 / 92712597,
www.salbenmanufaktur.eu

672 DC LEIPZIG SILKE FOX-GEORGI

In einer frei stehenden Gründerzeitvilla direkt am Clara-Zetkin-Park zelebriert das Team von DC Leipzig das Thema Schönheit in allen Facetten. Highlights setzen dabei die italienischen Waschliegen mit Massagefunktion und der Wintergarten mit Blick auf das Elsterbecken. Hier finden Sie Friseurhandwerk, mehrfach gekrönt durch den „German Hairdressing Award".

Sebastian-Bach-Straße 44, 04109 Leipzig,
Tel.: 0341 / 9261850, www.dcleipzig.de,
Di – Fr 10 – 19 Uhr, Sa 10 – 14 Uhr u.
individuelle Terminvereinbarungen

669

671

670

667

673

678

674

676

677

675

WASSER & WELLNESS

673 AVENIDA-THERME HOHENFELDEN

Am Stausee Hohenfelden, zwischen Erfurt und Weimar, entdecken Sie eine atemberaubende Erlebniswelt mit großzügiger Innen- und Außentherme von rund 1000 Quadratmeter Wasserfläche, 4 Erlebnisrutschen, Wasserbar, Piratenschiff und Kinderbecken. Die im Stil eines mallorquinischen Dorfes erbaute Saunenwelt bietet eine Vielzahl an Saunen, Dampf- und Regenerationsbädern.

Am Stausee 1, 99448 Hohenfelden,
Tel.: 036450 / 4490,
www.avenida-therme.de,
tägl. 10 – 23 Uhr

674 GALAXSEA JENA

Das moderne Erlebnisbad mit großem Wellenbecken, zwei Röhrenrutschen, einem Spiel- und Badebereich für Kinder und vielem mehr garantiert Spaß für die ganze Familie. Die vom dt. Saunabund mit 5 Sternen (Premium) ausgezeichnete Saunalandschaft im GalaxSea mit 6 Saunen, 1001 Nacht Ruhelounge und wunderschönem Garten ist ein idealer Ort für Entspannung und Erholung.

Jenaer Bäder und Freizeit GmbH,
Rudolstädter Straße 37, 07745 Jena,
Tel.: 03641 / 429231,
www.jenaer-baeder.de, Mo 11 – 22 Uhr,
Di – Do, So 10 – 22 Uhr, Fr, Sa 10 – 23 Uhr

675 KRISTALL SAUNATHERME BAD KLOSTERLAUSNITZ

Hier finden Bade- und Saunafans eine großzügige Welt aus angenehm temperiertem Thermalsole-Heilwasser, wohltuender Wärme und verführerischen Düften. Vier Innen- und 7 Außensaunen, Wellenbecken, Strudelkanal, 12%iges Sole-Außenbecken, Natronbecken u.v.m. bieten erholsamen Freizeitgenuss.
Sehr beliebt: textilfreies Baden tägl. ab 12 Uhr, Mi u. So Baden mit oder ohne Textilien.

Köstritzer Str. 16, 07639 Bad Klosterlausnitz,
Tel.: 036601 / 5980,
www.kristall-saunatherme-bad-klosterlausnitz.de, Öffnungszeiten auch an Feiertagen (außer 24.12.) So, Mo, Mi, Do 9 – 22 Uhr, Di, Fr, Sa 9 – 23 Uhr

676 TOSKANA THERME BAD SULZA

Entspannen Sie durch ein Bad in Klang, Farbe und Licht und erleben Sie Genuss und Ästhetik in neuen Empfindungswelten. Mit Liquid Sound, Thermalsole, Wellness und Kultur unter einem kühnen Dach, ist die Therme die Nummer Eins für inspiriertes Relax-Baden! Empfehlenswert: Vollmondkonzerte, Hotel und Liquid Bodywork!

Wunderwaldstraße 2a, 99518 Bad Sulza,
Tel.: 036461 / 91810, www.toskana-therme.de,
Mo – Do, So 10 – 22 Uhr, Fr, Sa 10 – 24 Uhr,
bei Vollmond bis 1 Uhr

677 HOFWIESENBAD GERA

Sportler und Freizeitschwimmer lieben das wettkampfgerechte 50m-Schwimmbecken für für nationale und internationale Wettkämpfe im Schwimmen, Wasserspringen und Wasserball. Im Freizeitbad locken Röhrenrutsche, Kinderbecken mit Elefantenrutsche, Erlebnis- und Erholungsbereich sowie Außengelände mit Liegewiese. Ein Saunabereich mit Erlebnisduschen rundet das Angebot ab.

Hofwiesenpark 2, 07548 Gera,
Tel.: 0365 / 8384350,
www.hofwiesenbad-gera.de,
Sport- u. Freizeitbad:
Mo, Mi, Fr 8 – 22 Uhr, Di u. Do 6 – 22 Uhr,
Sa 9 – 22 Uhr, So 8 – 20 Uhr
Sauna: Mo – Sa 9 – 22 Uhr, So 9 – 20 Uhr

678 WAIKIKI THERMEN- & ERLEBNISWELT AM ZEULENRODAER MEER

Warum weit in den Urlaub fahren, wo Thüringens exotischste Hawaiilandschaft so nah liegt? Mit Aloha, Wasser und mehr erleben Sie die Einzigartigkeit des Tropenbades mit kristallklaren Lagunen, Wasserfall, Whirlpool und Soleaußenbecken, das Sportbad mit 3m Sprungbrett oder genießen Sie Ihr Hawaiianisches Verwöhnprogramm im Saunabereich.

Am Birkenwege 1, 07937 Zeulenroda-Triebes, www.badewelt-waikiki.de,
Mo – So 9 – 22 Uhr

681

681

679

'on Badespaß für die ganze Familie und gehaltvollen Thermen über, wohltuenden Saunagenuss is hin zu entspannten Massagen, finden Sie an diesen Orten Entspannung vom Alltagsstress.

679 BÄDERKOMPLEX / EISSPORTHALLE GREIZ

Das Herzstück des Bäderkomplexes ist die große Schwimmhalle, welche bei jedem Wetter zum trainieren, planschen oder zum ausspannen einlädt. Das Freibad, mit 50 m langen Schwimmbecken, Wasserrutsche und Spielplatz, in der reizvollen Aubachtaler Landschaft gelegen, hat von Mai bis Okt. geöffnet. Von Okt. bis März wirkt die Eissportfläche als Anziehungspunkt.

Bäderkomplex Aubachtal, Werdauer Straße 11, 07973 Greiz, Tel.: 03661 / 2264, Eissportfläche Stadt Greiz, An der Eisbahn 10, 07973 Greiz, Tel.: 03661 / 676724, www.greiz.de

680 SOLETHERME & SAUNAWELT BAD ELSTER

Erleben Sie das Naturphänomen Sole beim schwerelosen Schweben und spüren Sie die Leichtigkeit Ihres Körpers. Ein Bad in Sole stärkt die Widerstandskraft, fördert die Regeneration und stärkt den Stoffwechsel.

Badstraße 6, 08645 Bad Elster
Tel: 037437 / 71111,
info@saechsische-staatsbaeder.de,
www.soletherme-badelster.com,
Mo – Do 9 – 21 Uhr, Fr, Sa 9 – 22 Uhr

681 HOFBAD UND HOFSAUNA

Im HofBad findet man alles, was man für einem Kurzurlaub braucht: Erlebnisbecken für Groß und Klein, Rutsche, Strömungskanal, Dampfbad und Caféteria. Aktiv schwitzen, den Kreislauf in Schwung bringen und einfach mal ausspannen – das kann man in der HofSauna, direkt neben dem HofBad.

Oberer Anger 4, 95028 Hof,
Tel.: 09281 / 812440, www.hofbad.de,
www.hofsauna.de, Mo – Do 9 – 21 Uhr,
Fr, Sa 9 – 22 Uhr, So, Feiertage 9 – 21 Uhr

682 BAYERISCHES STAATSBAD BAD STEBEN

Mit den Pavillon des Hörens und des Fühlens sowie der Duftgrotte lädt Sie die Therme ein „mit allen Sinnen zu genießen". Neben einem großzügigen Badebereich mit Sprudel, Whirlpool und Außenströmungskanal erwarten Sie in der Sauna finnische Keloholz-Blockhäuser. Vom Panoramabalkon genießen Sie den Blick über den Freibereich mit Naturbadeteich, Liegeterrasse und Saunagarten.

Badstraße 31, 95138 Bad Steben,
info@bad-steben.de, Tel.: 09288 / 9600,
www.therme-bad-steben.de,
Wasserwelten tägl. 9 – 22 Uhr

683 FREIZEITBAD TATAMI

Entdecken Sie Japan in Thüringen! Eingebettet in jap. Architektur- und Gartenlandschaft erwarten Sie fernöstliche Sauna und Freizeitbad. Ob saunieren, schwimmen in der Halle, Sonne tanken im Freibad oder relaxen auf der Sprudelliege – im Freizeitbad Tatami finden Sie vom stressigen Alltag zu Ihrem inneren Wohlfühl-Gleichgewicht.

Ronneburger Str. 65, 04626 Schmölln,
Tel.: 034491 / 583366,
info@freizeitbad-tatami.de,
Aktuelle Veranstaltungen und Öffnungszeiten finden Sie unter www.freizeitbad-tatami.de

684 STRÄNDE UND SAUNA COSPUDENER SEE

Die „Costa Cospuda" im Leipziger Neuseenland ist Kult. Hier begeistern Sachsens längster Sandstrand, Wind zum (Kite-)Surfen und Segeln, 50m Wassertiefe zum Tauchen, schwimmende Grillinseln, der Badesteg für Rollstuhlfahrer und die Sauna im See mit Panoramasauna, See-Badesteg und Wellnesslounge. Wasserwanderer gelangen auf dem Wasserkurs 1 vom Stadthafen Leipzig zum Cospudener See.

Cospudener See, Parkplätze: Nordstrand (Leipzig, Brückenstraße), Hafen Zöbigker (Hafenstraße), Tel.: 0341 / 356510, www.leipzigseen.de

680

682

683

684

685

687

686

689

688

688

SPORT & AKTIV

685 EISSPORTZENTRUM ERFURT

Die Gunda-Niemann-Stirnemann-Halle im Eissportzentrum Erfurt zählt zu den schönsten und modernsten Eisschnelllaufbahnen der Welt. Hier kann jeder zwischen Oktober und März beim Publikumslaufen seine persönliche Eis-Erfahrung sammeln. Mit Wettkämpfen wie dem ISU Weltcup-Finale im Eisschnelllaufen steht die Halle auch im Fokus des internationalen Eislaufinteresses.

Arnstädter Straße 53, 99096 Erfurt,
Tel.: 0361 / 6554695,
www.gunda-niemann-stirnemann-halle.de

686 ERLEBNISREGION STAUSEE HOHENFELDEN

Der idylisch gelegene Stausee Hohenfelden lockt mit einer Vielzahl an Freizeitangeboten. Egal ob Wandern, Radfahren, Nordic Walking, Angeln, Bungee, Reiten, Bootfahren oder Segeln, es ist für jeden etwas dabei. Schulklassen, Vereine und Firmen nutzen gerne die Angebote vom Aktivpark mit Kletterwald und Outdoor Camp wie z.B. Teamchallenge, Bogenschießen, GPS Geocaching.

Am Stausee 3, 99448 Hohenfelden,
Tel.: 036450 / 42081,
www.erlebnisregion-hohenfelden.de

687 SPA & GOLF RESORT WEIMARER LAND BLANKENHAIN

Die spektakuläre 36-Loch-Golfanlage mit traumhafter Naturkulisse besteht aus zwei 18-Loch-Golfplätzen und einem 3-Loch-Übungsplatz. Die Kombination der beiden Plätze ermöglicht drei abwechslungsreiche 18-Loch-Varianten. Nach dem Spiel können Sie sich in der GolfHütte kulinarisch verwöhnen lassen. Ein traumhaftes Golf- und Wellnesshotel rundet die großzügige Anlage ab.

Weimarer Straße 60, 99444 Blankenhain,
Tel.: 036459 / 61640,
www.golfresort-weimarerland.de

688 SAALE-UNSTRUT-TOURS NAUMBURG

Bei dem beliebten Spezialveranstalter für Aktiv- und Erlebnisreisen in Sachsen-Anhalt und Thüringen reicht das Angebot vom einfachen Kanuverleih, Schlauchbootverleih oder Fahrradverleih bis hin zu zuverlässig organisierten Touren, Ausflügen und Reisen mit einem unvergleichbaren Rundum-Service. Sehr beliebt sind auch individuelle Schulklassen- und Firmenausflüge.

Blütengrund 6, 06618 Naumburg (Saale),
Tel.: 03445 / 202051,
www.saale-unstrut.de

689 BIKE PARK OCHSENKOPF

Das Bullhead House in Warmensteinach mit Gasthaus, Bike-Verleih, exklusivem Cube-Testcenter und Bike-Shop gilt als Biker-Paradies. Die Lage ist einmalig: direkter Anschluss an das extensive MTB-Wegenetz im Fichtelgebirge und am Bike-Park Ochsenkopf. Vom „easy" Einsteigerweg über knackige Singletrails bis hin zur knallharten Downhill-Strecke ist alles am Haus. Das Bullhead House ist das Headquarter für die Bike-Schule, Downhill- und Bike-Camps mit eigenem Bike-Funpark und Technikparcours.

Fleckl 13, 95485 Warmensteinach,
Tel.: 09277 / 975379, www.bullheadhouse.de

690 SPARKASSE VOGTLAND ARENA KLINGENTHAL

Erleben Sie die eindrucksvolle, leichte und moderne Architektur der Großschanze und den imposanten Panoramablick von der Aussichtsplattform und der Kapsel des Anlaufturmes. Die schienengeführte Erlebnisbahn „WieLi" bringt Sie bequem zum Schanzenturm.

Falkensteiner Straße 133, 08248 Klingenthal,
Tel.: 037467 / 280860,
www.vogtland-arena.de,
Mo – So 10 – 16 Uhr

690

691

Vollten Sie beim Familien- oder Betriebsausflug schon immer mal eine neue Sportart ausprobieren? Dann sind Sie bei unseren Tipps zu Land, zu Waser und in der Luft genau richtig.

691 SPORTANLAGEN IM HOFWIESENPARK GERA

Der Hofwiesenpark bietet viele Möglichkeiten zur sportlichen Betätigung. Im Areal befinden sich: Stadion der Freundschaft, Hofwiesenbad, Turnsportzentrum, Rollhockey-Anlage, Rollschnelllaufbahn und Skater-Fun-Parcour. Zudem stehen den Besuchern ein Beach-Volleyballfeld und Tischtennisplatten zur Verfügung. Wer möchte, kann bei einem Boule-Spiel französisches Lebensgefühl genießen oder am Karibiko Minigolf spielen.

Hofwiesenpark Gera, www.gera-kultur.de

692 LAMA-TREKKING FRANKENWALD

Sie lieben Wandern, aber Ihr Kind findet das langweilig? Wir empfehlen Wandern mit Tabasco. Einfach mal ein Lama mieten und den Wanderherbst genießen: Im Frankenwald wandern Touristen gerne mit den plüschigen Gefährten. Die Lama-Wanderungen mit ruhigen, liebevollen und neugierigen Tieren sind ein faszinierendes Abenteuer ohne Anstrengung für Groß und Klein.

Mitimino Lama-Trekking, Dobrastöcken 5, 95119 Naila, Tel.: 09289 / 964784, www.mitimino-lamas.de

693 SCHNEESCHUHWANDERN AM „GRÜNEN BAND"

Das Schneeschuhwandern hat seinen Ursprung in Skandinavien, Grönland und Nordamerika. Bei den beliebten Schneeschuhtouren im Frankenwald und am Grünen Band genießen Sie herrliche Ausblicke über schneebeglänzte Hochebenen und durch tief verschneite Wälder. Neben dem sportlichen Aspekt erfahren Sie bei geführten Touren Wissenswertes und Informatives über den ehemaligen Todesstreifen sowie die Zeit vor und nach der Grenzöffnung.

Angelika Stubrach, Hauptstraße 51, 96358 Reichenbach, Tel.: 09268 / 91066, familie.stubrach@t-online.de

694 SNOW-KITEN

Bei dieser relativ jungen Winter-Sportart wird man von einem bis zu 20 Quadratmeter großen Lenkdrachen gezogen, fegt mit bis zu 50 km/h über verschneite Wiesen oder zugefrorene Seen und kann meterhoch springen. Diese Sportart ist übrigens eng verwandt mit dem Kitesurfen auf dem Wasser.

Kurs-Anbieter: Matthias Müller, Mittlere Siedlung 40, 96355 Tettau, Tel.: 0176 / 60001344, www.kitemania.de

695 KANUPARK WILDWASSERANLAGE IN MARKKLEEBERG

Wilde Fahrten durch Strudel und Walzen ermöglicht der Kanupark Markkleeberg, eine der modernsten Wildwasseranlagen der Welt. Die 270 und 130 m langen Kanäle lassen sich mit Schlauchbooten, Kajaks oder Tubing-Reifen bezwingen. Besondere Erlebnisse bieten zahlreiche internationale Wettkämpfe und das Training der Kanusportler. Sehr gefragt ist der Kanupark auch für Schul- und Firmenausflüge.

Kanupark am Markkleeberger See, Wildwasserkehre 1, 04416 Markkleeberg, Tel.: 034297 / 141291, www.kanupark-markkleeberg.com

696 CAMP DAVID SPORT RESORT BY ALL-ON-SEA

Segeln, Kitesurfen, Stand Up Paddeling, Freitauchen oder der beliebte Wasser-Fun-Park – die Schladitzer Bucht steht ganz im Zeichen des Wassersports. Wer nach Sonnenuntergang keine Lust hat, nach Hause zu fahren, kann den Tag im Restaurant ausklingen lassen oder in einem der Tenthäuser übernachten.

CAMP DAVID Sport Resort by ALL-on-SEA, Haynaer Straße, 04519 Rackwitz, Tel.: 034294 / 858687, www.campdavid-sportresort.de

696

695

693

694

692

697

702

698

699

700

701

MOBILITÄT & ERLEBNIS

697 BAHN-NOSTALGIE

Ein Ausflug im historischen Zug mit einer richtigen Dampflok? In Thüringen gibt es dafür gleich mehrere Möglichkeiten. Der „Rodelblitz“, der „VIBA-Express“, der „Altenburger-Express“ der „Rotkäppchen-Express“, der „Elstertal-Express“, der „Wartburg-Express“ und der Meininger Dampflok-Verein laden zu traumhaften Nostalgiereisen durch Thüringen und seine Nachbarländer ein und verkehren regelmäßig auf verschiedenen Strecken.

www.bahnnostalgie-thueringen.de,
www.meininger-dampflokverein.de

698 RUNDFLÜGE GELEITFLÜGE FLUGPLATZ SCHÖNGLEINA

1941 eröffnet, liegt der Flugplatz wenige Minuten von Jena entfernt im Wirtschaftsraum des Saale-Holzland-Kreises mit direkter Nähe zu Weimar und Erfurt. Eine Zulassung ist erteilt für Motorflugzeuge, UL Flugzeuge, Hubschrauber, Motorsegler, Segelflugzeuge, Gleitsegler und Hängegleiter.

Verkehrslandeplatz Jena-Schöngleina
GmbH, Flugplatz 1, 07646 Schöngleina,
Tel.: 036428 / 40669,
www.edbj.de, 9 – 20 Uhr

699 PIONIEREISENBAHN IM GERAER TIERPARK

Hinter dem Eingang des Geraer Tierparks lädt die Parkeisenbahn zu einer romantischen Fahrt durch den malerischen Martinsgrund ein. 1975 gegründet, wird die Parkeisenbahn heute vom Geraer Wald-Eisenbahn-Verein e.V. gefördert. Größtes Anliegen ist die sinnvolle Freizeitgestaltung für Kinder und Jugendliche.

Tierpark Gera, Straße des Friedens 85,
07548 Gera
Kontakt über:
Geraer Wald-Eisenbahn-Verein e. V.,
Liselotte-Herrmann-Straße 6, 07548 Gera,
Tel.: 0365 / 5522611,
www.parkeisenbahn-gera.de

700 SPORT- UND SEGELFLUGPLATZ GREIZ

Der über 80-jährige Verein schaut auf eine traditionsreiche Geschichte zurück. Heute besitzt der Verein moderne Flugtechnik, mit der, neben Segelflug, auch Motor- und Ultraleichtflug betrieben werden können. Im Eigenaufbau wurde eine große Flugzeughalle geschaffen. Über das Jahr absolviert der Verein im Leistungssegelflug bis zu 10.000 Kilometer.

Luftsportverein Greiz-Obergrochlitz e.V.,
Schleuße 1, 07973 Greiz, Tel. 03661 / 3096,
www.luftsportverein-greiz.de

701 FAHRGASTSCHIFF-FAHRT SAALBURG BLEILOCHTALSPERRE

Mit zwei großen Schifffahrtsunternehmen können Sie mehrmals täglich auf dem größten Stausee Deutschlands schippern und die herrliche Landschaft vom Wasser aus genießen. Entdecken Sie mit dem einzigen Hotelschiff Thüringens während einer 3-Tage-Minikreuzfahrt das Thüringer Meer.

Tourist-Information,
Markt 1, 07929 Saalburg-Ebersdorf,
Tel.: 036647 / 29080 oder 29060,
www.saalburg-ebersdorf.de, Informationen zu Fahrplänen und Buchungen erhalten Sie telefonisch oder im Internet.

702 FLOẞFAHRTEN AUF DER WILDEN RODACH

Bei diesem absoluten Highlight im Frankenwald treiben von Mai bis Sept. jeden Samstag über 20 Floße mit Steuermann und Besatzung die 5 km Wilde Rodach zwischen Schnappenhammer und Wallenfels hinab. Auf der etwa ¾-stündigen Fahrt bleibt garantiert niemand trocken! Wer es ruhiger mag, ist in Neuses bei Kronach gut aufgehoben, wo man immer donnerstags die ruhige Rodach flussabwärts fahren kann.

Fremdenverkehrsamt Wallenfels,
Rathausgasse 1, 96346 Wallenfels,
Tel.: 09262 / 94521, www.wallenfels.de
Flößerverein Neuses e. V., Bahnweg 20,
96317 Kronach-Neuses, Tel.: 09261 / 1316

706

708

Nostalgische Eisenbahnen, stolze Flugzeuge, romantische Schiffe, abenteuerliche Floße und spektakuläre Amphibienfahrzeuge bieten Fahrspaß pur.

703 FRANKENWALD MOBIL

Mit Frankenwald mobil verfügt die Region über ein Bus- und Bahnverbundnetz, das an Wochenenden und Feiertagen den Verzicht auf das eigene Auto leicht macht. Mit Bussen und Bahnen gelangen Urlauber und Einheimische ggf. mit ihren Rädern zu attraktiven Zielen wie Bad Steben, Kulmbach, Kronach und den beiden MTB-Zentren am Rennsteig und am Döbraberg. Frankenwald mobil läuft von Mai bis Anfang Oktober.

Frankenwald Tourismus Service Center, Adolf-Kolping-Straße 1, 96317 Kronach, Tel.: 09261 / 601516, www.frankenwaldmobil.de

704 E-BIKE-REGION FRANKENWALD

Seit 2012 kann man mit einem flächendeckenden und regionsübergreifenden E-Bike Verleih- und Servicenetz mühelos die Frankenwaldhöhen erradeln. Zahlreiche Natur- und Kulturschätze können Gäste beim Arrangement „Fränkischer E-Bike-Dreier" durch den Frankenwald, die Fränkische Schweiz und das Fichtelgebirge entdecken.

Frankenwald Tourismus Service Center, Adolf-Kolping-Straße 1, 96317 Kronach, Tel.: 09261 / 60150, www.frankenwald-tourismus.de

705 EGRONET – DAS LÄNDERVERBINDENDE NAHVERKEHRSSYSTEM

Das umweltfreundliche Nahverkehrssystem EgroNet verbindet das Vierländereck Bayern, Böhmen, Sachsen und Thüringen über Landes- und Staatsgrenzen hinweg. Jeder kann im EgroNet-Gebiet von der Bahn auf Bus oder Straßenbahn umsteigen und muss hierfür nur ein einziges EgroNet-Ticket lösen.

Servicetelefon 03744 / 19449
Fax: 03744 / 830240, www.egronet.de,
Täglich für Sie da: Mo – Fr 7 – 19 Uhr,
Sa, So sowie an Feiertagen 8 – 12 Uhr

706 NEUSEENLAND PERSONENSCHIFFFAHRT

Die modernen, klimatisierten und behindertengerechten Fahrgastschiffe MS Markkleeberg und MS Wachau sind täglich auf Rundfahrten über den Markkleeberger See unterwegs. Besonders erlebnisreich ist die dreistündige Fahrt auf dem Markkleeberger und Störmthaler See, dem ersten Seenverbund im Leipziger Neuseenland, bei der die MS Wachau die Kanuparkschleuse passiert.

Personenschifffahrt im Leipziger Neuseenland Markkleeberger See und Störmthaler See GmbH & Co. KG, Seeblick 10, 04416 Markkleeberg, Tel.: 0341 / 33797420, www.personenschifffahrt-leipzig.de

707 RANABOOT MARKKLEEBERG

Bootstouren im Leipziger Neuseenland garantieren überraschende Erlebnisse. RANAboot ist mit flachen, für die Leipziger Gewässer konstruierten Ausflugsbooten unterwegs. Die Leipzig-Stadttour zeigt Leipzigs sorgsam sanierte Industriearchitektur. Auf der dreistündigen Neuseenland-Tour von Leipzig zum Cospudener See erleben Sie die Schönheit des Auwalds und die neue Seenlandschaft.

RANAboot GmbH, An der Harth 15, 04416 Markkleeberg, Tel.: 0177 / 6112587, www.ranaboot.de

708 AMPHIBIENTOUREN ZUR VINETA STÖRMTHALER SEE

Mit dem restaurierten Amphibienfahrzeug DUKW 353 aus dem Jahr 1942 können Gäste am Störmthaler See auf eine deutschlandweit einzigartige Entdeckungsreise gehen! Ein Höhepunkt der Tour ist die Besichtigung der schwimmenden Kulturinsel VINETA. Sie erinnert mitten auf dem See an die verlorenen Orte der ehemaligen Braunkohletagebaue in der Region.

Krystallpalast Varieté Leipzig, Tourstart: VINETA-Bistro auf der Magdeborner Halbinsel, Alte F95, 04463 Großpösna, Tel.: 0341 / 140660, www.amphibientour.de

705

703

704

707

CAFE
STILBRUCH
RESTAURATION

KAISERSAAL ERFURT

Spitzengenuss und Events im glanzvollem Ambiente

Der Kaisersaal vereint historisches Ambiente, moderne Funktionalität, umfassenden Eventservice und ausgezeichnete Spitzengastronomie unter einem Dach – inmitten der malerischen Erfurter Altstadt.

Küchenchef Johannes Wallner führt hier nicht nur bei der Bankettgastronomie Regie, sondern auch beim Cateringservice für bis zu 3000 Personen, in der Kochschule und natürlich auch im Gourmetrestaurant Clara (1 Michelin-Stern). Der erst 27-jährige Sternekoch bietet seinen Gästen hier eine Küche, die er selbst als jung, geradlinig, frisch und „ein bisschen frech" bezeichnet.

Zum Raumangebot des Kaisersaals zählen neben dem prachtvollen Saal mit zwei Rängen u. a. auch ein großer Garten, sechs Salons und mittelalterliche Kellergewölbe. Einzigartige Veranstaltungshighlights prägen den besonderen Ruf des Kaisersaals als Eventlocation weit über die Landesgrenzen hinaus.

KAISERSAAL GASTRONOMIE- & VERANSTALTUNGS GMBH
Futterstraße 15/16, 99084 Erfurt
Tel.: 0361 / 56880, Fax 0361 / 5688112
info@kaisersaal.de
www.kaisersaal.de

BENDLER SHOWROOM ERFURT

Stilvolles Statement für mehr Mut zu Individualität

Mitten in der Altstadt Erfurts, an einem Flussarm der Gera, befindet sich das 240 m² große, lichtdurchfluteter Bendler Showroom, welches zu den Top 100 Einkaufsadressen in Deutschland gehört. Seit mehr als 10 Jahren reist die Inhaberin Anette Bendler mit Begeisterung in internationale Fashionmetropolen wie Berlin, Skandinavien, Mailand, London und -als krönender Abschluß – Paris, wo sie neben angesagten Designerkollektionen immer wieder inspirierende, wegweisende Brands entdeckt.

Bei der Auswahl der Marken achtet Sie auf Einzigartigkeit, Exklusivität und Qualität. Schätzt sie an int. Marken wie Acne den dynamischen Zeitgeist Skandinaviens oder bei Dries van Noten die hohe trad. Schneiderkunst in Verbindung mit schönen Details so honorieren die Modehäuser ihrerseits Anette Bendlers Arbeits- und Herangehensweise, welche Looks und Designer versteht. Im Mittelpunkt Ihres Wirkens steht die Kundin mit all Ihren individuellen Stärken und Besonderheiten, deren Persönlichkeit sie mit einzigartiger Mode unterstreichen möchte.

BENDLER SHOWROOM
Lange Brücke 18-20, 99084 Erfurt
Tel.: 0361/6546992, info@bendler-showroom.de
www.bendler-showroom.de
Öffnungszeiten: Mo – Fr 10 – 19 Uhr, Sa 10 – 17 Uhr

BRASSERIE BALLENBERGER

Kulinarische Reiselust von der Schweiz bis zur Atlantikküste

Was macht man, wenn die familiäre Liebe zu Erfurt und die Leidenschaft fürs Kochen genauso groß ist wie Reisesehnsucht zu französisch mediterranen Genüssen? Kristin Ballenberger verwirklichte sich einfach einen Traum der all dies in einem kleinem feinem Restaurant am Ufer der Krämerbrücke verbindet. In dem liebevoll gestalteten franz. Paradies zaubert Sie aus hochwertigen Zutaten mediterran französische Genüsse aber auch europäische Landküche, welche sie für die Stadt interpretiert.

Der begeisterte Gaumen bewegt sich dabei über Almwiesen, Berge und Atlantikküsten. Die Genußregionen mitnehmen kann man aus dem ausgewählten Feinkostladen, dessen Schätze schon das leckere Frühstück im Ballenberger offenbart. An die wöchentlich wechselnde Tageskarte mit saisonalen Köstlichkeiten schmiegen sich ausgewählte Getränkespezialitäten wie Wiegand-Spirituosen und Elbgold-Kaffee. Echter Geschmack kennzeichnet auch die Kinderkarte. Neben den buchbaren Menüabenden empfehlen wir auch das Cateringangebot.

BRASSERIE BALLENBERGER & BALLENBERGER FEINKOST
Christin Ballenberger, Gotthardtstraße 25/26, 99084 Erfurt
Telefon: 0361 / 64456088, cb@das-ballenberger.de
www.das-ballenberger.de
Restaurant: Mo – Sa 9 – 22 Uhr

RESTAURANT IL CORTILE

Im Hofe königlich italienisch speisen

Über einen romantisch bepflanzten Innenhof betritt man das stilsicher eingerichtete Restaurant im rustikalen südländischen Flair mit rau verputzten Wänden. Von der aufmerksamen Begrüßung über die mehrfach ausgezeichnete Küche bis hin zur hervorragenden Beratung sorgen die Gastgeberin Denise König, ihr Partner und Küchenchef Andreas Schöppe und das freundliche Team dafür, dass Sie sich hier als Mensch und König zugleich fühlen können.

In den gemütlichen Räumlichkeiten laden schon zum Entrée die verführerische Vorspeisenvitrine molto italiano mit zahlreichen Leckereien und die genussvoll präsentierten Aperitifs und Digestifs zu locker anregenden Gesprächen ein. Das hausgebackenen Brot wird mit Olivenöl, Meersalz und Basilikumbutter gereicht. Die raffinierten Interpretationen der gehobenen italienischen Küche aus köstlichen Antipasti-, Fleisch- und Fischgerichten, werden begleitet von Weinschätzen aus Venetien, Toscana, Umbrien, Viemont, Lombardei, Sardinien und Sizilien.

IL CORTILE
Johannesstraße 150, 99084 Erfurt,
Tel.: 0361 / 5664411, kontakt@ilcortile.de
www.ilcortile.de
Öffnungszeiten: Di – Sa 12 – 14 Uhr, 18 – 23 Uhr

BACHSTELZE

MARÍA
OSTZONE

RESTAURANT BACHSTELZE – ZWISCHEN GESTERN UND HEUTE EINFACH GUT GENIESSEN

Eingebettet zwischen sanften Landschaften und grünem Steiger findet man, nur wenige Augenblicke von der Landeshauptstadt Erfurt entfernt, in Bischleben/Stedten die Bachstelze. Abseits von Zeitzwang und Krawattencode wird hier eine erfrischende Alternative zum klassischen Restaurant geboten: Genuss mit unaufgeregtem Service, leckeres Essen und gute Getränke, serviert mit einer sanften Prise Nostalgie. Fast wie zu Hause.

Das Genuss-Prinzip ist simpel und gut:

Von Thüringen bis in die See – immer mit Bezug zum Hersteller. Die Zutaten sind verwurzelt mit dem schönen Thüringer Land, Deutschland und der Ferne! Die Gerichte werden stets frisch zubereitet, um Ihnen bestmögliche Qualität bieten zu können. Lassen Sie sich inspirieren! Generell bietet die Bachstelze einen genauso schlichten wie einfachen Service, der zwischen klassischer Norm und innovativem Self-Service entspannte Atmosphäre und ein relaxtes Miteinander ermöglicht. Ähnlich wie im Italienurlaub werden einige Zutaten der Gerichte in Schüsseln serviert und jeder Gast schöpft selbst. Die zuvor individuell ausgewählten Getränke werden direkt am Tisch gereicht, wobei z.B. die Weinflaschen auf dem Tisch stehen bleiben. Einfach mal ausprobieren!

Innovatives Konzept

Neben dem Konzept einer Ausflugsgaststätte mit Bistrogerichten, Kaffee, leckeren Torten sowie hausgemachtem Kuchen wird hier auch ein monatlich wechselndes bodenständiges 3-Gang-Menü serviert. Wer mehrmals im Monat die Kochkunst von Sterneköchin Maria Groß genießen möchte, kann in Absprache gern eine andere Menüwahl treffen. Sie geht individuell auf ihre Gäste ein und präsentiert eine zum Menü passende Weinempfehlung. Geschlossene Gruppen bis zu 30 Personen können im oberen Bereich der Bachstelze „Das Wohnzimmer" exklusiv für ein „Private Dinner" im Fine Dining oder innovativen Stil buchen. Natürlich ist das auch im ganzen Haus möglich. Bis zu 70 Personen finden ein gemütliches Plätzchen, um das einzigartige Flanierkonzept entlang verschiedener Live-Kochstationen zu genießen. Bei schönem Wetter können dank der gemütlichen Terrassen sogar bis zu 150 Personen bewirtet werden. Ein weiteres Schmuckstück ist der Biergarten mit seinen wunderschönen Kastanienbäumen, bis zu 200 Plätzen und einer modernen Grillstation für thüringisch internationalen Grillgenuss von Pulled Pork Burger über Veggie Wok bis zu außergewöhnlichen Rinderrassen. Ob die Küchenparty „Fête de la Cuisine", „Bachstelze Unplugged" oder „Angrillen im Januar" – die Bachstelze bietet für jeden Besucher etwas und ist jederzeit eine Reise wert.

RESTAURANT BACHSTELZE
Hamburger Berg 5, 99094 Erfurt-Bischleben,
Tel.: 0361 / 7968386,
www.mariaostzone.de

RADISSON BLU HOTEL ERFURT

Tagen, Genießen & Entspannen bei spektakulärem Ausblick

Mitten in der malerischen Altstadt den Komfort eines erstklassigen 4-Sterne-Hotels genießen, können Sie im Radisson Blu Hotel Erfurt. 282 modern ausgestattete Zimmer und Suiten mit Kaffee- und Teebar, Flat-Screen-TV und kostenfreiem Internet ermöglichen Ihnen einen unvergesslichen Aufenthalt. Als besonderes Highlight bieten Ihnen die Veranstaltungsräume in der 17. Etage einen atemberaubenden Blick über die Stadt und ihre Sehenswürdigkeiten. Die Räume sind auch ideal für Familienfeiern geeignet. Sonntags ist die 17. Etage zum Brunch für jedermann geöffnet. Ein echter Geheimtipp!

Aufregende, gesunde Küche aus frischen Zutaten kredenzt Meisterkoch Eike-Holm Brück im Bistro Classico. Für den eiligen Gast serviert das Radisson wochentags einen Business Lunch. Beliebt ist auch die erste Erfurter „SKY-Sportsbar". Entspannung finden Sie in 60 m Höhe im Panorama-Wellnessbereich mit Trockensauna, Dampfbad sowie Duschlandschaft und Fitnessbereich. In der 5. Etage können Sie im Beauty- und Massagesalon den Alltag hinter sich lassen.

RADISSON BLU HOTEL ERFURT

Juri-Gagarin-Ring 127, 99084 Erfurt, Tel: 0361 / 55100,
www.radisson-erfurt.de, Hotel: 24h, Bistro Classico: 11 – 00:30 Uhr,
Sportsbar: 18 – 00:30 Uhr, Brunch: So 11 – 14 Uhr

VERBAND DEUTSCHER UNTERNEHMERINNEN E.V.

Starker Auftritt von Unternehmerinnen aus Leidenschaft

Der VdU wurde 1954 in Köln von 31 Unternehmerinnen gegründet. Nach der Wende erreichte er eine deutschlandweite Präsenz. Heute sind im VdU bundesweit 1.600 Unternehmerinnen in 17 Landesverbänden und 22 Regionalkreisen organisiert. Die Mitglieder profitieren u. a. neben den Treffen in den Landesverbänden u.a. von Vernetzung, Information, Austausch, der VdU-Card oder der Unterstützung bei Auslandsaktivitäten.

Im Landesverband Thüringen treffen sich monatl. engagierte Unternehmerinnen. Erfahrungsaustausch, Ideenfindungen, konstruktive Kritik und das Pflegen geschäftlicher Kontakte sind die Basis der Verbandsarbeit. Themen aus Wirtschaft, Politik und Gesellschaft spiegeln das Engagement für die Gesellschaft wieder und bewirken Spaß und Gewinn zugleich. Die Unternehmerinnen fühlen sich in dem Verband gut aufgehoben, ernst genommen und dazugehörig. Mit Besuchen in den Unternehmen werden die Mitglieder sichtbar und der direkte Kontakt gestärkt. VdU-Veranstaltungen sind ein „Must have" für Thüringer Unternehmerinnen.

VERBAND DEUTSCHER UNTERNEHMERINNEN E.V.

Landesverband Thüringen, Landesverbandsvorsitzende Katrin Katzung,
Tel.: 03643 / 853990, vdu@katzung.de,
www.vdu.de/landesverbaende/thueringen

CAFÉ & RESTAURANT ROMMEL

Kochkünste im wachgeküßten Wiener Kaffeehausambiente

Das ein seit seiner Eröffnung 1902 als Institution geltendes und bis heute orig. erhaltenes Jugendstilcafé und ein vom Gault Milau 2006 in Thüringen als „Kulinarische Entdeckung" gefeierter Kochvirtuose sich bestens ergänzen, beweist Patron und Küchenchef Thomas Abel im „Restaurant-Café Rommel". Mit Liebe, Charme und Feingefühl sanierte der ehem. Chefkoch vom Gourmetrestaurant „La Cheminee" im „Jagdhotel Gabelsbach" das traditionsreiche 1920er Jahre Café orignialgetreu und hauchte ihm traumhafte süß-herzhafte Geschmacksfacetten ein.

Dank Martina Oschatz, der aus dem „Grandhotel Russischer Hof" in Weimar stammenden Konditorin, erwartet Sie eine vortreffliche Torten- und Kuchenauswahl, dokumentiert durch die Aufnahme des „Feinschmeckers" in die Liste der 450 besten Cafés und Röstereien. Isolde Lange serviert, angefangen vom legendären Frühstück über schmackhaften Businesslunch bis zum kunstvollen Menüauftritt, die Genußofferten ihres Mannes aus besten region. Zutaten gekonnt und mit Herz. Die Feinkosttheke lockt u.a. mit köstlichen, selbsthergestellten Schinken, Knack- und Batwürsten.

CAFÉ & RESTAURANT ROMMEL
Johannesstr. 34, 99084 Erfurt
Tel.: 0361 / 65781302, www.cafe-rommel-erfurt.de
Di – Sa 9 – 22 Uhr, So 10 – 18 Uhr

BÄCKEREI ROTH

Back- und Konditoreigenüsse mit Herz und Sorgfalt gefertigt

Es war die Liebe zur Bäckermeisterstochter, die den den Gesellen Hartmut Roth nach der Meisterprüfung 1967 die Bäckerei übernehmen ließ. Bis im Holzofen die Brote dufteten, war viel Fleiß und Geschick erforderlich. Zwei Eigenschaften, die sich zweifellos auch auf Sohn Torsten Roth übertrugen, der 1999 seine Konditormeisterprüfung abschloss.
Die mittlerweile über 50-jährige Familientradition pflegt er mit Leidenschaft und Kreativität. Seine Erfurter Marzipan-Puffbohnen sind genauso gefragt wie seine unschlagbaren Torten- und Eiskreationen. Gerne rettet Torsten Roth vergessene Klassiker wie die Wiener Rolle mit feinen Zutaten in heutige Kundenherzen zurück. Beliebt sind sein Mandarinen-Schmandkuchen und die Eierschecke mit Sauerkirschen aus dem Marbacher Obstgarten. Die zahlreichen Brot-, Brötchen- und Partygebäcksorten, die einzigartigen Torten, hochwertigen Kuchen, Fein- und Sahnegebäcke, viele auf Wunsch auch laktosefrei, glutenfrei oder vegan, werden direkt hinter der Ladentheke hergestellt. Gerne komponiert die Bäckerei Roth Ihre ganz persönliche Lieblingstorte.

BÄCKEREI ROTH
Magdeburger Allee 129, 99086 Erfurt
Tel.: 0361 / 7312439, www.baeckereiroth.de
Mo – Fr 6 – 18 Uhr, Sa 6 – 12 Uhr

RASSMANN'S IN DER SACKPFEIFENMÜHLE

In Erfurter Architekturperle Thüringen kulinarisch erleben

Bei der Frage, wo man in Erfurts Altstadt am Gartenufer mit schönem Domblick echte Thür. Küche genießen kann, kommt zweifellos nur das „Rassmann´s" in Frage. In der denkmalgeschützten „Sackpfeifenmühle" auf der Langen Brücke, eine von ehem. sechs histor. Wassermühlen, kann man bei Ulrich Rassmann eine ganz besonders ausgeprägte Liebe zur Thüringer Heimat und Küche entdecken. Unter dem Motto „Thüringen kulinarisch erleben– wo Kochen noch Herzenssache ist!" schlägt der 1. Erfurt- Botschafter eine genussvolle Lanze für köstliche Gerichte aus Thüringen mit echten Erfurter Zutaten.
Dabei geht er nicht nur feinfühlig versiert mit Brunnenkresse, Hochheimer Erdbeeren und Wild aus heim. Wäldern um, sondern auch mit seinem ambitionierten, herzlichen Team. Nicht nur der engagierten Küchenchefin Alexandra Thiele, auch dem über Jahre mit Ort und Gästen verwachsenen Servicepersonal läßt er eine lange Kreativitätsleine. Und so finden sich dann auf der Karte so leckere Kreationen seiner Mitarbeiter wie „Jessis Klöse", wo Jessica Crivellaro ihre Liebe zu Klösen teilt.

RASSMANN´S IN DER SACKPFEIFENMÜHLE
Lange Brücke 53, 99084 Erfurt
www.rassmanns-sackpfeifenmuehle.de
Di – Do 11.30 – 22 Uhr, Fr, Sa 11.30 – 23 Uhr, So 11.30 – 15 Uhr

WALDGASTHAUS & HOTEL STIEFELBURG

Enspannung und Genuss in märchenhafter Umgebung

Als der Erfurter Vollblutgastronom Denis König, vielen bekannt von „Freunde Kochen für Freunde" und „Restaurant Hopfenberg" gemeinsam mit Yvonne König vom ehem. Il Cortile-Hafen ein idyllisch im Wald vom Stausee Hohenfelden gelegenes Gasthaus mit 100-jähriger Tradition wiederbelebte, schuf er sich und den Gästen ein kleines Paradies. Zwischen deftigen Thüringer Gaumenfreunden und leichten mediterranen Genüssen findet der Gast hier alles, was Herz und Bauch begehren: Lauschige Gasträume, urige Veranstaltungsmöglichkeiten und gemütliche Hotelzimmer.
Die Natur, welche die „Stiefelburg" umgibt, ist fast märchenhaft. Dichte, dunkle Wälder und saftige Wiesen mit einer gesunden Fauna und Flora lassen das Herz eines jeden Naturliebhabers höher schlagen. Die sanfte Hügellandschaft des Thüringer Landes lädt zu Wander- und Radtouren und der nahe Stausee Hohenfelden mit den Avenida Thermen zum Erholen und Entspannen ein. Aber auch Erfurt, Weimar und Bad Berka sind nur eine halbe Stunde entfernt. Abgerundet wird der Tag mit einem frischgezapften Bier bei bestem Ausblick auf der schönen Terrasse.

WALDGASTHAUS & HOTEL STIEFELBURG
Stiefelburg 53, 99448 Nauendorf, Tel.: 036209 / 43480
www.stiefelburg.de, Mi – Sa 11 – 20 Uhr, So 11 – 18 Uhr,
Mo/Di und an Feiertagen nach Vereinbarung, Hotel täglich geöffnet

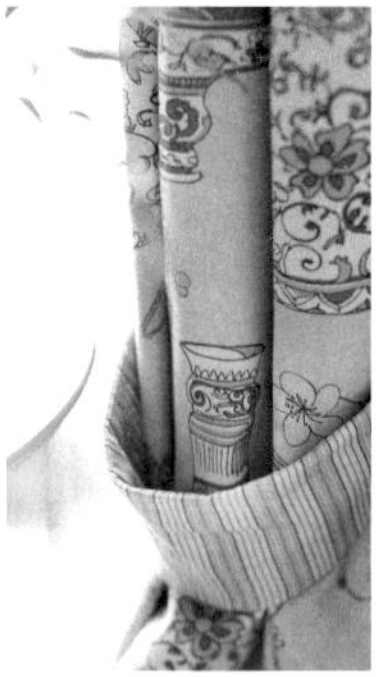

PENSION „LA CASA DEI COLORI"

Mit sinnlichen Farben und Mustern nach Weimar und Italien reisen

Inspiriert durch Goethes Italienreisen orientierten sich Genuss und Kultur der Klassikerstadt schon früh am mediterranen Lebensgefühl. Italienische Villen- und Parkarchitektur spiegelt bis heute südliche Sehnsüchte und Einflüsse der Kulturmetropole. Das bemerkenswerte Kunststück inmitten der Altstadt moderne Architektur mit authentisch italienischer Interieureleganz zu vereinen, gelang in der Pension Casa dei Colori. Jede Bodenfliese, jedes kostbare Stoff und Tapetenmuster wurde mit viel Sorgfalt ausgewählt.

So entstanden unverwechselbare mit Liebe zum Detail gestaltete Doppel- und Familienzimmer, welche die Sinne ihrer Bewohner anregen und für Entspannung sorgen. Die unterschiedlichen Farben der Räume wurden mit Bedacht so gewählt, dass Sie sich mit der Lieblingsfarbe umgeben können, welchen Ihren Vorlieben und Wohlbefinden entspricht. Ihre besonderen Wünsche werden nach Möglichkeit bei der Reservierung berücksichtigt. Nach einem reichhaltigen Frühstück können Sie ihr Auto bequem in der hauseigenen Tiefgarage lassen und zu Fuß die vielen kulturellen aber auch kulinarischen Schätze der Klassikerstadt entdecken.

PENSION „LA CASA DEI COLORI"
Eisfeld 1a, 99423 Weimar
Tel.: 03643 / 489640, www.casa-colori.de

MODEATELIER CARA APFELKERN

Vorhang auf für Stoffe und Schnitte aus denen Träume sind

Nachdem die gelernte Damenmaßschneiderin Katharina Billwitz an der Staatsoper Berlin mit der Verzauberung und Poesie von Theaterkostümen in Berührung gekommen war, stand für sie fest, daß sie Kostümdesign und Gewandhausmeisterin studieren möchte. Die nach dem Dresdener Studium deutschlandweiten Reisen als freiberuflichen Kostümdesignerin zu Film-, und Theaterproduktionen endeten 2001 mit der Geburt der Tochter. Als diese größer war, eröffnete Katharina Billwitz angeregt durch die Teilnahme am Weimarer Projekt „Modepassage", 2004 ihr eigenes Modeatelier.
Mit Ihrem hohen handwerklichen Können, ihrer Begeisterung für das Wechselspiel von Farb- und Formwirkungen mit dem individuellen Charakter der Trägerin, öffnete Sie für die Weimarerinnen einen ganz besonderen Modevorhang. Jede Kundin die ihren Laden betrifft wird dabei nicht als Glanz- oder Problemzone sondern als ganze Persönlichkeit wahrgenommen. Mit ihrem feinen Händchen für perfekte Schnitte und besondere Stoffe berät sie passend und unaufdringlich und entwickelt mit der Kundin gemeinsam unverwechselbare Traumkleider, Mäntel und Kostüme in besonderer Qualität und Ausstrahlung.

CARA APFELKERN MODEATELIER
Marktstraße 9, 99423 Weimar
Tel.: 03643 / 814896, 0177 / 2002977, www.cara-apfelkern.de
Di – Sa 11 – 16 Uhr, Sa 11 – 15 Uhr

WEIMARER KAFFEE RÖSTEREI

Wo edler Mocca auf süße Torten und verführerische Schokolade trifft

Bevor Sabine Zotzmann im Mai 2006 der Klassikerstadt nach 60 Jahren wieder eine eigene Kaffeerösterei schenkte, legte sie bei niemand geringerem als dem „Wiener Kaffeeprofessor" Leopold J. Edelbauer das Diplom ab. Danach war für sie kein Halten mehr. In der gemütlichen Atmosphäre des Ladengeschäfts im histor. Stadtviertel möchte Sie Sabine Zotzmann mit ihrem Team verwöhnen und mit der weiten Welt des Kaffees vertraut machen.

Sehr gefragt sind ihre Schokoladen- und Kaffeeverkostungen mit echtem türk. Mocca u.a. int. Spezialitäten. In der Weimarer Kaffeerösterei wird eine Vielfalt von sortenr. Rohkaffees aus den versch. Anbaugebieten der Welt verarbeitet und können von Ihnen indiv. ausprobiert werden – als Kaffee, Espresso oder als Cappuccino, bis Sie Ihren pers. Lieblingskaffee gefunden haben. Aus dem Fenster schauen Sie auf die berühmte Stadtkirche St. Peter und Paul mit dem Denkmal von J. G. Herder. Aber auch unter den verführerischen Torten, Schokoladen, und Pralinen können Sie Geschichte pur zum frisch gerösteten Kaffee genießen.

WEIMARER KAFFEE RÖSTEREI
Herderplatz 16, 99423 Weimar
Tel.: 03643 / 801973, www.weimarer-kaffeeroesterei.de
Mo – Fr 09.30 – 18.30 Uhr, Sa 09.30 – 18 Uhr, So 13 – 18 Uhr

FAMILIENHOTEL WEIMAR UND GRETCHENS RESTAURANT

Einmaliges Konzept vereint Familienurlaub mit Kulturtourismus

Die Früchte seiner Vision eines komplett in ökologische Bauweise umgesetzten Hotels als echte Heimat für Familien, Genießer und Kulturfreunde konnte Anselm Graupner 2013 ernten, als sein Familienhotel mit dem Thüringer Tourismuspreis und dem Thüringer Holzbaupreis ausgezeichnet wurde. In einer der schönsten Gassen Weimars verbindet das fast komplett aus Holz errichtete Gebäude gekonnt moderne Architektur und ökol. Bauweise mit natürlichen Materialien wie Holz, Lehm und Hanfstroh zu einer gesunden Wohlfühlatmosphäre.

Elf individuell und formschön eingerichtete Ferienwohnungen, mit eigenem Balkon und handgefertigten Massivmöbeln ermöglichen zwischen 22-75 m einen Familien-Wohlfühlurlaub in allen Konstellationen. Auf dem Dach läd eine Gartenterasse mit Sandspielplatz, Lavendelfeld und Kräutergarten jung und Alt zum Entspannen ein. Im Erdgeschoss lockt Gretchens Restaurant mit sehr empfehlenswerter moderner, internationaler Küche. Während die Erwachsenen noch die Kreationen des Küchenchefs Christian Franz genießen, dürfen die Kleinen schon in der gemütlichen Kletterhöhle des Restaurants spielen gehen.

FAMILIENHOTEL WEIMAR & GRETCHENS RESTAURANT
Seifengasse 8, D-99423 Weimar (Thüringen)
Tel.: 03643 / 4579888, www.familienhotel-weimar.de

CAFÉLADEN WEIMAR – VERFÜHRERISCHE EINLADUNG IN DIE WUNDERBARE WELT DES CAFÉS

Ein Spaziergang durch Weimar ist ein einzigartiger Genuss für die Sinne. Rund um die Karlstraße fühlt man sich direkt nach Paris Montmartre versetzt. Mit einer Tasse Kaffee oder Schokolade, echter französischer Lebensart und feinstem italienischen Design im Caféladen Weimar können Sie diesem herrlichen Vergnügen eine angenehme Rundung verleihen und im Rausch der zarten Düfte und faszinierenden Geschmäcker Ihre Impressionen nachklingen lassen.

Schon der französische Außenminister Charles-Maurice de Talleyrand-Périgord, welcher sich mit Napoleon 1808 als Gast von Herzog Carl August in Weimar mit Goethe und Wieland traf, schwärmte von dem Getränk „Der Kaffee muss heiß wie die Hölle, schwarz wie der Teufel, rein wie ein Engel und süß wie die Liebe sein." Goethe war vom Kaffee derart fasziniert, dass er dem Jenaer Chemiker F. F. Runge riet, die Bohnen zu destillieren, welcher daraufhin das Koffein entdeckte. In der nach Goethes herzogl. Freund Carl August benannten Karlstraße eroberte elegant und freigeistig zugleich der 2000 gegründete Caféladen als

Wunderbare Welt aus Kaffees und Schokolade

nicht nur die Herzen der Weimarer und ihrer Gäste, sondern überzeugte auch das Genussmagazin „Der Feinschmecker", das den Caféladen mehrmals als eines der besten Cafés Deutschlands auszeichnete. Feinste Kaffeespezialitäten von sortenreinen Kaffeebohnen aus versch. Anbaugebieten der Welt, in zartmildem bis kraftvoll würzigem Geschmack betören in auserlesenen Mischungen und Röstungen ebenso wie die traumhafte Schokoladen- und Pralinenauswahl. Aber auch zu den franz. italien. Kaffeespezialitäten, leckeren Smoothies, Frappés, Milchshakes, feinsten Torten und Kuchen sowie leckeren Frühstücken und genüsslichen Gaumenschmeichlereien berät der freundliche Service gerne. Umfangen vom mondänen Glanz edel designter und käuflich zu erwerbender italienischer Zubereitungsaccesoires, entfalten sich in der Nase sinnliche Kaffeedüfte, welche angereichert werden von quirligen Wortfetzen in englischer, franz. oder russ. Sprache. Wer einmal in die bohemienhaft weltläufige Atmosphäre des Caféladens eintaucht, will den Ort gar nicht mehr verlassen.

Entspannt Übernachten

kann man im im Wellness-Apartment direkt über dem Caféladen. Relaxen Sie – zu einem Glas Champagner vielleicht – im großzügigen Whirlpool. Oder schwitzen Sie den Alltagsstress in der Dampfsauna so richtig aus! Hinterher spendet Ihnen die Massage-Dusche wohltuende Abkühlung. Zusätzliche Zimmer und Ferienwohnungen erwarten Sie in der Pension „Alter Zausel", die vom Vater des Caféladeninhabers und zugleich Namensgebers der Pension gemeinsam mit dessen Mutter und Bruder liebevoll und gemütlich im ruhigen Gründerzeitviertel am Ilmradweg in fußläufiger Nähe zu den Klassikerstätten restauriert wurde. Drei Appartements können auch als Ferienwohnung gebucht werden. Diese sind mit einer Miniküche eingerichtet. Auf dem Areal des Cafés entstehen in Kürze noch weitere stilvoll moderne Apartments

Karlstraße 8, 99423 Weimar,
Tel.: 03643 / 495850, www.cafeladen-weimar.de

INNOVATION AUS TRADITION – STÖLZLE GLAS LAUSITZ BRINGT EDLE GLÄSER AUF DIE TISCHE DER WELT

Stölzle Lausitz *born in fire*

Tischkultur hat nicht nur eine große Tradition im Restaurantbereich, sondern ist heute Teil unseres Lebens. Stölzle Lausitz leistet mit seinen formvollendeten, für höchste Ansprüche entworfenen Gläsern seinen Beitrag zum Lifestyle jedes Einzelnen. Die sächsische Marke STÖLZLE Glas Oberlausitz steht für Innovation und Qualität: Die bleifreien Kristallgläser bestechen durch höchste Brillianz, hohe Bruch- und Spülmaschinenbeständigkeit und einem optimalen Preis-Leistungsverhältnis.

Seit über 570 Jahren wird in der Lausitz aufgrund der reichhaltigen Sand- und Kalk-/steinvorkommen Glas hergestellt. Im 19 Jh. entwickelte sich die Glasindustrie so rasant, dass die Region 1900 mit 97 Glashütten eine in der Welt einmalig hohe Konzentration von Betrieben für Hohlglasproduktion aufwies. Im Jahr 1889 wurde bereits am heutigen Standort der Stölzle Lausitz GmbH das erste Glas geschmolzen. Ende der 20er Jahre des 20. Jahrhunderts wurde der Betrieb zum größten Kelchglas-Produzenten Deutschlands. Die Entwicklung der Glasproduktion hat insbesondere Professor Wilhelm Wagenfeld geprägt, der von 1935 bis 1942 Leiter der Designabteilung im Unternehmen war. Seine innovativen Ideen in der Produktgestaltung und die hartnäckige Forderung nach Qualität fließen auch heute noch in die Herstellung von Trinkgläsern ein. Mit der Einführung der maschinellen Stielglasproduktion 1968 setzte das Unternehmen europaweit Maßstäbe. Auch heute werden mit weltweit modernsten Fertigungsmethoden formschöne und kristallklare Wein- und Sektgläser sowie Becher produziert. Durch die Schweißtechnik oder das Ziehverfahren entstehen Gläser, die durch ihren ansatzlosen, fließenden Übergang von Stiel zu Kelch und einer hervorragenden Glasverteilung der Charakteristik von mundgeblasenen Gläsern sehr nahekommen. Professionelles Design garantiert eine optimale Funktionalität der Stölzle Gläser. Die Gläser sind auf den jeweiligen Charakter des Getränkes abgestimmt und veredeln ihn. Nicht nur bei Weinen, sondern auch bei Schaumweinen, Spirituosen und Cocktails. Das wissen nicht nur deutschlandweit Spitzengastronomen wie das Restaurant Anastasia im russischen Hof Weimar, das Grand SPA Resort A-ROSA Sylt, die Bullerei in Hamburg oder das Staatsweingut Schloß Wackerbarth zu schätzen. Bei Stölzle Lausitz werden jährlich bis zu 40 Millionen Gläser hergestellt und in die ganze Welt verkauft. Von Abu Dhabi bis Zürich vertrauen Hotels, Gastronomen, Weinbauern und Handelshäuser dem Geschmacks-Design von Stölzle Lausitz.

Stölzle Lausitz GmbH
Berliner Str. 22-32, 02943 Weißwasser
Tel.: 03576 / 2680, www.stoelzle-lausitz.com

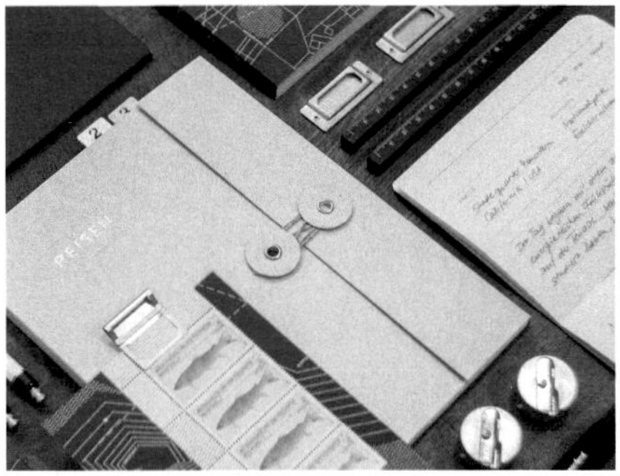

ARTOGRAPHIE-WERKSTATT WEIMAR

Die Sinnlichkeit von wohlgestaltetem Papier

Mit der Artographie-Werkstatt hat die Medienkunst-Absolventin Christiane Werth ein ganzheitliches Laden- und Geschäftskonzept geschaffen, das sich auf besondere Papier- und Schreibwaren sowie auf Grafikdesign spezialisiert hat. Schon beim Eintreten in die sinnliche Welt von Papieren ist die Liebe zur Ordnung und Ästhetik zu spüren – eine Bereicherung für jeden Schreibtisch. Ergänzt wird das eigene Sortiment durch eine kuratierte Auswahl an Büroaccessoires.
Entwurf, Verarbeitung und Verkauf finden hier an einem Ort statt. Die Artographie-Werkstatt versteht sich als Hersteller, Händler, Botschafter, und Berater, wobei die Werkstatt als Erfindungsraum, Produktionsort und Schaufenster zugleich wirkt.

Mit großer Leidenschaft entwerfen hier die Designerinnen aus vielfältigen Materialien und Fertigungstechniken in kleinen oder großen Auflagen praktische, gut durchdachte und ästhetische Papeterie. Von der grafischen Konzeption bis zur fertigen Visitenkarte entwickeln sie authentische Marken- und Unternehmensidentitäten und schaffen nachhaltige Kommunikationswege.

ARTOGRAPHIE-WERKSTATT
Papeterie / Manufaktur / Designbüro, Karlstraße 6, 99423 Weimar
www.artographie-werkstatt.com (mit Onlineshop)

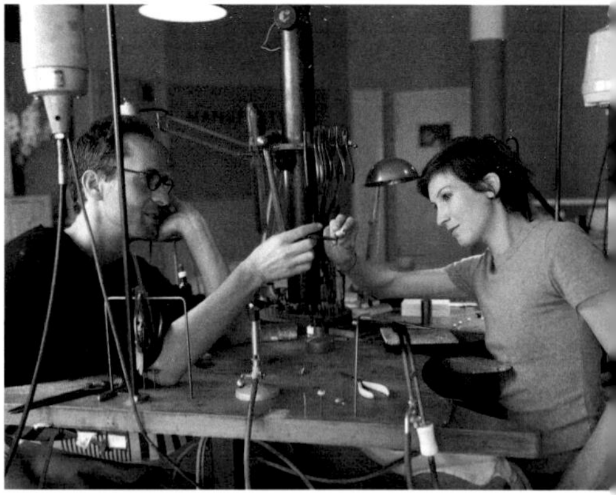

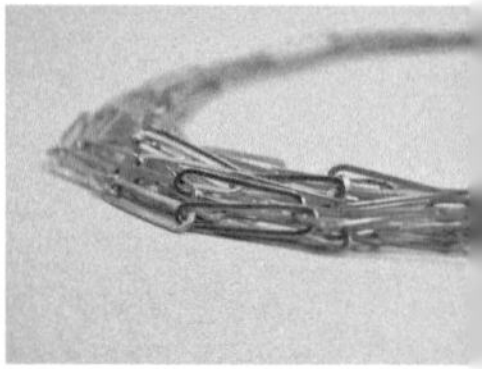

SCHMUCK MANUFAKTUR SEYFARTH

Mit klarer Präzision und romantischer Raffinesse

Der Schmuckgestalter Mario Seyfarth fertigt seit mittlerweile 20 Jahren Schmuckkollektionen und Einzelstücke, welche sowohl in traditionellen Techniken wie auch goldschmiede-untypischen Methoden hergestellt werden. Seine Arbeiten zeichnen sich durch graphisch-raffinierte Oberflächen sowie klare und reduzierte Designs aus. Luise Seyfarth, ebenfalls seit einigen Jahren in der Schmuckgestaltung tätig, erweitert die Aussagen der Schmuckstücke durch einen eher romantisch verspielten Ansatz. Gemeinsam werden die Arbeiten in der kleinen Manufaktur entworfen und mit hohem Anspruch auf Tragekomfort und Materialqualität in Handarbeit umgesetzt. Verwendete Edelmetalle wie Silber, Gold und Palladium werden teilweise durch Edelsteine ergänzt oder mit Materialien wie Emaille, Ebenholz und Acryl kombiniert. Die Bereitschaft für Vielfalt und Offenheit ermöglicht es, auf individuelle Wünsche in Form von Planung, Anfertigung oder Änderung zu reagieren. Die Schmuckstücke sind in zahlreichen Galerien und Schmuckhäusern deutschlandweit sowie international vertreten. Sie können die Manufaktur auch im Internet besuchen.

SCHMUCK MANUFAKTUR SEYFARTH
Mario und Luise Seyfarth, Brühl 3, 99438 Bad Berka
Tel.: 036458 / 49414, www.marioseyfarth.com

DAGMAR WINTER MODEDESIGN

Schönheit und Poesie für den besonderen Augenblick

Dagmar Winter entwirft und fertigt Kleider für den besonderen Anlass: individuell, detailgenau, nach Maß – ganz persönlich für Sie. Sie spürt dabei auch bei Brautkleidern sensibel den individuellen Typ der Kundin auf. Jedes Kleidungsstück wird in Maßarbeit im Weimarer Atelier gefertigt, wobei der Typ der Kundin durch eine klare Formensprache unterstrichen wird. Sie legt dabei besonderen Wert auf qualitativ hochwertige Stoffe. Mode von Dagmar Winter ist individuell und zeitlos.

Neben Einzelanfertigungen erarbeitet die an der Hochschule für Kunst und Design Burg Giebichenstein Halle ausgebildete Diplom-Modedesignerin auch besondere Einzelstücke und Kleinserien. Diese gibt es in verschiedenen Modeläden exclusiv in Weimar, wie beispielsweise im „Schauschau“ in der Teichgasse 4 und im „Lieblingstücke“ in der Vorwerksgasse zu kaufen. Sie können die Designerin auch jeden ersten Samstag im Monat oder nach Absprache persönlich im Atelier besuchen und sich dort beraten lassen, Kleidungstücke erwerben oder sich einen Stoff auswählen und Ihr persönliches Einzelstück anfertigen lassen.

DAGMAR WINTER
Atelier im Hofgebäude, Erfurter Str. 15, 99423 Weimar,
Termine nach Absprache, Tel.: 0172 / 3644183, www.dagmarwinter.de

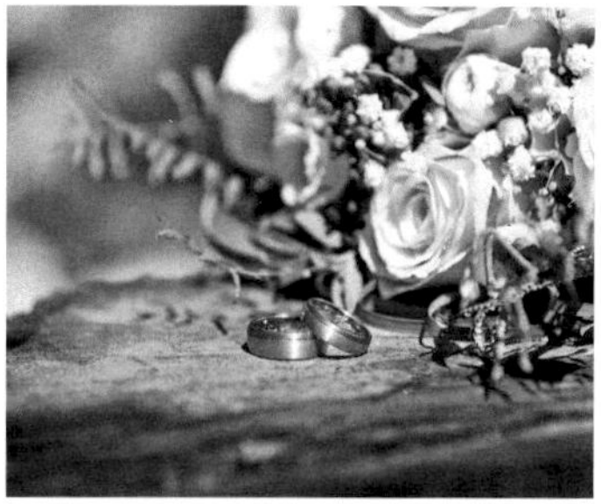

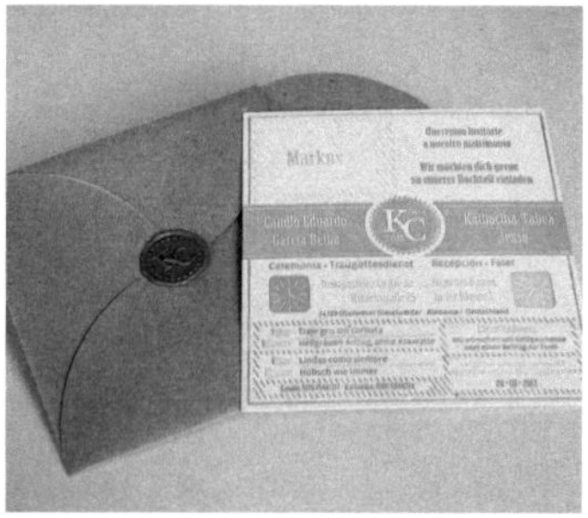

WEDDINGMAFIA

Emotionale Hochzeitsfilme von einem professionellen Team

Mit WeddingMAFIA halten Sie romantische Momente für die Ewigkeit fest. Ihre Lieblingsmusik, Ihr Lachen, Ihre Freudentränen. Glückwünsche und Gratulation, Festreden und Tanz. Es ist ein einmaliges und herausragendes Ereignis für Sie. Jede Hochzeit ist eine neue Geschichte – eine Komposition aus Bild und Ton – die Ihre einzigartigen Momente immer wieder auf ein Neues erzählt. Das leidenschaftliche Team von WeddingMAFIA produziert Hochzeitsfilme und macht Hochzeitsfotos. Mit Freude. Schöne Druckprodukte inklusive Ideen rund um die Hochzeit gibt es beim befreundeten BOXXOM.COM-Designstudio.

Das erfahrene Filmteam von WeddingMAFIA erarbeitet mit Ihnen ein passendes Konzept für Ihren Film und geht gezielt auf Ihre Wünsche ein. Gemeinsam mit Ihnen entwickeln sie passende Konzepte für Ihre Hochzeitsreportage. Egal, ob Sie den Film oder die Fotos als außergewöhnliches Geschenk, einfach für sich selbst oder für Ihre Liebsten machen möchten – ein professionelles Film- und Fotoshooting ist Ihre Gelegenheit, genau die Bilder zu bekommen, die Sie schon immer haben wollten. Das Team von WeddingMAFIA freut sich auf Ihre Hochzeit und ein interessantes Vorgespräch.

WeddingMAFIA
Markus Gosse, Ferdinand-von-Schill-Str. 5, 06844 Dessau,
Tel.: 0340 / 2301601, www.weddingmafia.de, www.boxxom.com

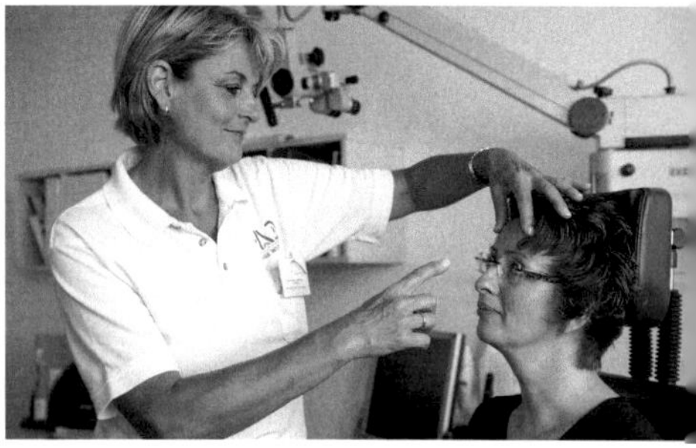

ARTDERMIS – ÄSTHETISCHE SCHÖNHEITSBEHANDLUNGEN

Schönheit, Gesundheit und Wohlbefinden bildeten schon in der Antike eine untrennbare Einheit. Das weltweit für die Frau in der Wissenschaft verwendete Symbol vom Kreis mit angehangenem Kreuz stellt als darauf bezogene Metapher den Handspiegel der Venus dar. Unabhängig der sich über die Epochen verändernden Schönheitsideale, gilt die Haut bis heute als Spiegel der Seele. Um die natürliche Schönheit als Abbild innerer Individualität, Frische und Lebensfreude trotz des natürlichen Alterungsprozesses der Haut möglichst lange zu erhalten, bietet das Schönheitsinstitut ArtDERMIS individuell sanft korrigierende, medizinisch professionelle Behandlungen an.

Seit etwa 15 Jahren verfügt die Chefärztin, PD Dr. med. habil. Kerstin Hoffmann, an der Klink für Hals-Nasen-Ohren-Heilkunde des Sophien- und Hufeland-Klinikums in Weimar über eine umfassende Zusatzausbildung, die es ihr ermöglicht, plastische Operationen im Kopf- und Hals-Bereich vorzunehmen. Auf diesem Grundstein basierte vor drei Jahren die Gründung von ArtDERMIS. In ihrem Institut bietet Dr. Hoffmann ästhetische Gesichtsbehandlungen und plastische Operationen an. Neben bekannten und bewährten Gesichtsbehandlungen, u.a. mit Botulinumtoxin oder Hyaluronsäure, bietet die Ärztin auch neueste Techniken der Schönheitstherapie an. Dazu gehören unter anderem das sogenannte Faden-Lifting (eine Form der Gesichtsstraffung) oder die Injektionslipolyse (eine Methode zur Behandlung von kleineren bis mittleren Fettdepots, u.a. eines Doppelkinns).

Dass ihr Institut an zwei Standorten in Thüringen agiert, empfindet die Schönheitsexpertin als großen Vorteil für ihre Kunden. Alle operativen Eingriffe werden ausschließlich im OP-Bereich des Weimarer Klinikums durchgeführt. Somit kann ein steriles klinisches Umfeld mit kompetentem OP-Personal gewährleistet werden. Ästhetische Behandlungen bietet die Medizinerin in ihrem modernen Institut in Bergern bei Bad Berka an. Eine umfassende Beratung und detaillierte Aufklärung über den Eingriff stehen für sie immer an erster Stelle.

„Ich möchte den Menschen nicht komplett verändern. Mein oberstes Ziel ist es, die natürliche Schönheit eines Menschen so lange wie möglich zu erhalten. Das heißt, ich möchte seine schönen Seiten nur wieder etwas mehr hervorheben und ein paar kleine Defizite beseitigen. Das sind oft nur Nuancen."

Chefärztin, PD Dr. med. habil. Kerstin Hoffmann

ArtDERMIS – Institut für Ästhetik GmbH
Unter dem Dorfe 6, 99438 Bad Berka,
Tel.: 036458 / 180091

Institut am Klinikum,
Sophien-und Hufeland-Klinikum GmbH
Klinik für HNO, Henry-van-de-Velde-Str. 2,
99425 Weimar

Anfragen bitte über das Kontaktformular unserer Webseite www.artdermis.com

POMPADOUR EXCLUSIVE SALON & SPA JENA

Edel, aufregend und extravagant im Einklang mit der Natur

Exklusiv und avantgardistisch opulent strahlt der Salon Pompadour zwischen barocken Intarsien, vergoldeten Spiegeln und einem liebevoll restaur. Barbierstuhl von 1889 Schönheit, Geschmack und Klugheit seiner prominenten Namensgeberin aus. Mit seinem 2011 eröffneten Friseur- und Wellnesssalon verwirklichte sich Bernd Funke seinen Lebenstraum. Der gelernte Friseurmeister, Visagist und Weltenbummler arbeitete schon in Sidney und Berlin, doch überall fehlte ihm das gewisse Etwas. Zurück in Jena revolutionierte er die Branche mit persönl. Gastkultur, innov. Handwerkskunst und nachhaltigen Naturprodukten.
Schon beim Eintreten spürt man den harmonischen Einklang von Wohlgefühl, Wertschätzung und Professionalität. Nach einem ayurvedischen Entspannungstee und einer Aromareise (Kopf-Nacken-Schulter-Massage oder Handmassage) erwartet Sie ein ausf. typgerechtes Beratungsgespräch. Spätestens auf den selbst designten Wellness-Waschliegen haben Sie den Alltag vergessen. Für den Einklang von Schönheit und Natur steht die Philosophie des natürl. Haarschnitts mit Organic Haircutting sowie die Haar- und Kosmetikprodukte von Aveda, welche die Kraft der Pflanzen mit der Ayurveda Heillehre vereinen. Die dadurch effektvoll natürlich fallende Haarschnitte in individueller Farbenpracht werden ebenso wie die kunstv. Hochsteckfrisuren mit Make up Finish betont.

Pompadour Exclusive Salon & Spa Jena, Neugasse 15, 07743 Jena, Tel.: 03641/ 2740694, www.pompadour-jena.de, Di – Fr 11 – 18 Uhr Termine nach Absprache

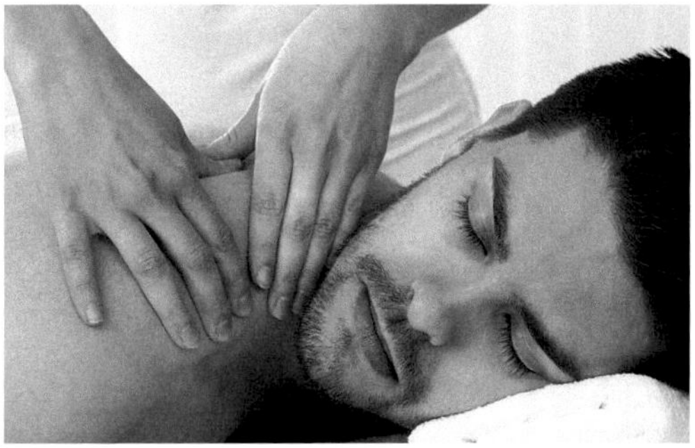

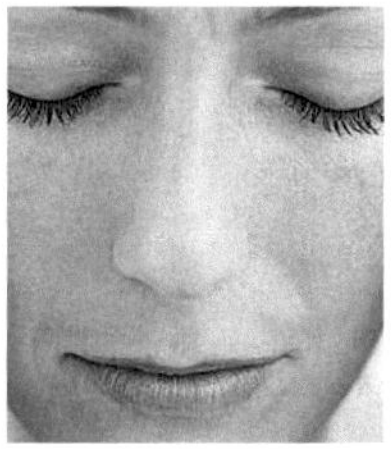

PETRA SCHNEIDERBANGER – PRAXIS FÜR NATURHEILKUNDE & AYURVEDAMEDIZIN, ERFURT

Der Mensch in der Balance – der Mensch im Mittelpunkt

Von der Weltgesundheitsorganisation (WHO) als medizinische Wissenschaft anerkannt, erlebt die älteste Heilkunde der Welt, Ayurveda, derzeit eine Renaissance in ganz Europa und vor allem auch in Deutschland. Ayurveda stellt ein in sich schlüssiges ganzheitliches System dar, in dem Körper, Geist und Seele schon vor Tausenden von Jahren als Einheit betrachtet wurden. Die ayurvedische Medizin deckt ein weites Behandlungsspektrum ab. Sie befasst sich sowohl mit der ganzheitlichen Therapie von Krankheiten als auch mit Vorsorge, Förderung der Gesundheit und Erhaltung der Vitalität im Prozess des Älterwerdens.

Petra Schneiderbanger ist Heilpraktikerin und an der Europäischen Akademie für Ayurveda in Verbindung mit der Middlesex University in London ausgebildete Medizinische Ayurvedaspezialistin. Über einen viele Jahre andauernden persönlichen, naturheilkundlichen Weg entwickelte sie ein ganzheitlich betreutes Behandlungskonzept, in dessen Zentrum ihr Patient/Klient steht. Neben der klassischen Konsultation und Manualtherapie werden in der Praxis Gesundheitstage, Ayurveda-Beautytage, Ernährungsberatungen und -workshops und vieles mehr angeboten.

PETRA SCHNEIDERBANGER – PRAXIS FÜR NATURHEILKUNDE & AYURVEDA-MEDIZIN, Richard-Wagner-Straße 1, 99096 Erfurt, Tel.: 0170 / 2418678, www.petra-schneiderbanger.de, Mo – Sa Termine nach Vereinbarung

HOTEL, RESTAURANT & CAFÉ „HAUS IM SACK"– HISTORISCHE ALTSTADTPERLE MIT MODERNEN GENUSSWELTEN

Tradition und Moderne sind für den Jenenser Kochkünstler André Böhmer wichtige Schaffens-Pole. Schon seine Eltern verwöhnten im Stadion-Clubcasino Jenas Spielerlegenden. Bei Sohn André spielte über Interhotel Maritim, Frankfurter Steigenberger und Maxx Hotel zunächst auswärts die Küchenmusik, bevor er sich über Uma Carlson, R2 und Oscars wieder dem Jenaer Paradies näherte. Wirklich angekommen ist er im „Haus im Sack", wo er seit 2008 mit seiner Familie kreativ interpretierte thür. Küche mit Wohlfühlübernachtungen kombiniert.

Als eines der traditionsreichsten Gasthäuser in Jena sind die ältesten Bestandteile vom „Haus im Sack" ins Jahr 1520 datiert und bilden mit der Oberlauengasse 14 einen Komplex, den es wohl thüringenweit nicht noch einmal gibt. Beide Häuser verbindet auf zwei Etagen ein mediterran anmutender Innenhof mit Laubengang. Dieser ist fachgerecht und behutsam saniert wie alle übrigen Teile des Hauses. Bei der Restaurierung kamen viele schöne Details wie eine ca. 400-jährige florale Original-Bemalung der Fenster-Gewände zum Vorschein. Schmuckstück ist die hölzerne Bohlenstube, die wie Hochzeitsstübl und Kaminzimmer als exklusiver Festraum in zentraler Lage sehr beliebt ist. Frische, erstklassige Produkte, phantasievoll und handwerklich geschickt verarbeitet, garantieren Ihnen einen besonderen Genuss bei jedem Anlass. Die romant. Gasträume, der perfekte Service und die wohlausgewählte Weinkarte bilden den perfekten Rahmen für spannende Genussreisen zu neu entdeckten Thür. Köstlichkeiten. In den liebevoll eingerichteten Zimmern mit gemütlicher Geborgenheit und modernem Komfort können sich die Gäste zu Hause fühlen und einfach die Seele baumeln lassen. Mitten im Stadtzentrum und zugleich ruhig gelegen, sind die individuellen Zimmer der perfekte Ausgangspunkt für Jena- und Saaleland-Entdeckungen.

Fotograf Sebastian Reuter

Hat gemeinsam mit der Agentur e-Networkers Ihr hier gezeigtes Lieblingshotel auch im Internet mit neuen Webseitenfotos ausgestattet. Der Thüringer Spezialist für Food-, Interieur und Porträtfotografie war begeistert von dem modern gestalteten historischem Juwel. Der in Jena arbeitende Werbe- und Produktfotograf hat bereits für namhafte Firmen, Gastropartner und Institutionen umfangreiche und vielbeachtete Arbeiten geschaffen.

HOTEL & RESTAURANT & CAFÉ „HAUS IM SACK",
Oberlauengasse 14 – 17, 07743 Jena,
Tel.: 03641 / 637400, www.haus-im-sack.de,
tägl. von 11 – 24 Uhr

www.sebastian-reuter.de
www.e-networkers.de

MIT GASTHAUS „ROTER HIRSCH“ & HOTEL JEMBO PARK TRIFFT JENAER URGESTEIN AUF BRITISCH INSPIRIERTES PARKHOTEL MIT MOTELFEELING

Als Dieter Freihoff 1977 in zweiter Generation den von den Eltern 1963 übernommenen „Roten Hirsch“ als Privatbesitz erwarb und renovierte, war seine Liebe zu dem über 500-jährigen Jenaer Gasthof besiegelt. Am Stadtrand Jenas erbauten die befreundeten Gastronomen Hartmut Koch & Dieter Freihoff den JEMBO Park („Jenas erste Motel- und Bowling Anlage“)

Altdeutsches Gasthaus „Roter Hirsch“

Der mit seiner ersten Erwähnung 1509 zu den ältesten Bauwerken der Stadt zählende Gasthof blickt auf eine bewegte Geschichte zurück. In der Löbdervorstadt an der wichtigen Reise- und Handelsroute gelegen, überstand es von den damaligen Gasthäusern als einziges Scharmützel, Naturkatastrophen und Neubauorgien. Knapp im 30-jährigen Krieg dem Abriss für Palisadenbalken-Gewinnung entronnen, quartierten sich nach der Schlacht von Jena / Auerstedt franz. Soldaten im Hirschen ein. Es folgten von Schiller bis zu den heutigen FC Carl Zeiss-Veteranen unzählige verdiente Häupter und Stammtische der Stadt. Egal, ob Sie die urgemütliche Atmosphäre mit Freunden oder Geschäftspartnern genießen, als Stammgast süchtig oder als Einsteiger neugierig sind, der Rote Hirsch steht für „echte Jenaer Gastlichkeit“. Altes hölzernes Gebälk, enge Flure und schiefe Wände prägen den Charakter des schönen alten Bauwerkes. Zünftiges, gutbürgerl. Essen, gute Laune und ein frisches Pils finden Sie hier ebenso wie erlesene region. Weine, klass. Gerichte und Spezialitäten der Saison.

Hotel JEMBO PARK

In dem 1995 mit dem intern. Hoteleinrichter Andy Thornton im Old British Style gestalteten Hotel werden von Anfang an Vielseitigkeit und Flexibilität großgeschrieben. Egal, ob Sie sich für komfortable Business-, romant. Themenzimmer oder idyllische Motel-Bungalows innerhalb der großzügigen Parkanlage entscheiden – Sie werden sich „fast“ wie zuhause fühlen. Ob im größten Biergarten Jenas, im Park mit kleinem Spielplatz und Streichelzoo, am Grillplatz oder auf der Sonnenterrasse – hier finden Sie eine Oase der Erholung und Entspannung. Das Restaurant bietet mit Küchenchef Frank Junge und seinem kreativen Team tägl. region. und internat. Köstlichkeiten. Ob á la carte, Menü oder Buffet, vom kleinem Dinner, über Hochzeiten, Firmenveranstaltungen bis zur Gala stehen Ihre indiv. Wünsche im Vordergrund. Das passende Rahmenprogramm bietet der original englische Pub mit wettkampftaugl. AMF-Bowlingbahnen. Themenparties und kulinar. Wochen runden das Angebot ab.

ALTDEUTSCHES GASTHAUS „ROTER HIRSCH“, Holzmarkt 10, 07743 Jena, Tel.: 03641 / 443221, www.jembo.de

HOTEL JEMBO PARK, Rudolstädter Straße 93, 07745 Jena, Tel.: 03641 / 6850, www.jembo.de

HARLEY DAVIDSON ERFURT

Freiheit und Abenteuer mit einer Motorradlegende

Inspiriert von der spekt. Motorradfahrt der Schauspielerin Anna Held durch Milwaukee, entwickelte William S. Harley 1901 mit ersten Zeichnungen und späteren Prototypen die Basis für die 1907 gegründete Harley-Davidson Motorrad-Marke, die 1969 durch den Film „Easy Rider“ Kultstatus erhielt. Als sich im Osten Deutschlands 1992 nur 5 Händler an die techn. zurückgefallenen Modelle mit verwegenem Kundenimage wagten, gehörte auch Monika Henkel dazu, die mit ihrem Mann Horst begeistert von der Motorradlegende ist. Kein Wunder – kannte sich doch schon ihr Großvater Paul Henkel, der 1923 die bek. „Krieger Gnädig“ mit 1. dt. Kardantrieb entwickelte, mit der leg. Motorradtechnik aus.

Eine Harley Davidson fährt man nicht nur ... man erlebt sie. Bei Harley Davidson Erfurt können Sie den Lifestyle der sich mit Platz 3 beim dt. Neuverkauf auf dem Siegeszug befindenden Kultmarke spüren. Von der Sportster- und Dyna-Reihe, über die akt. Softtail Touring bis V-Rod, Trike und Custom Vehicle Operations (CVO) Modelle spiegelt jedes Modell die Individualität seines Fahrers wider. In der Werkstatt wird Ihr Bike vom Service bis zu Umbauten bestens versorgt. Probefahrten, Einsteigerprogramme und Harley Fashion runden das Angebot ab.

HARLEY DAVIDSON ERFURT
Binderslebener Landstraße 93, 99092 Erfurt, Tel.: 0361 / 2227802, www.harley-davidson-erfurt.de

S&S HERRENAUSSTATTER JENA, GERA UND CHEMNITZ

Individuelle Klasse durch individuelle Mode

Schon James Bond wusste, dass bei einem starken Auftritt mit Stil und Persönlichkeit einen Mann Individualität und Geschmack am besten kleiden. Top-Qualität und Beratung in Sachen Herrenmode mit einem opt. Preis-/Leistungsverhältnis erwartet Sie beim S&S Herrenausstatter. Von individueller Business- und Freizeitkleidung über elegante Fest- und Hochzeitsgarderobe bis Corporate Clothing für Clubs und Vereine erhalten Sie von der Erstberatung bis zur Auslieferung den kompletten Service aus einer Hand.

Als Anzugsspezialist seit 2004 bietet Ihnen S&S Herrenmode mit „Anzug nach Maß“, Maßkonfektion oder Baukastensystem die pers. auf Ihre Maße abgestimmte Optimallösung. Von Vermessung und Stoffauswahl, Fertigung und Qualitätskontrolle bis zu Anprobe & Korrekturen stehen Verarbeitungsqualität und perfekt sitzender Schnitt im Vordergrund. Wählen Sie aus einer Vielzahl an Stoffen und Schnitten von modern bis elegant und genießen Sie die indiv. Beratung, Fach- und Modekompetenz sowie Produktqualität verschiedener Hersteller. Edle Accessoires wie Krawatten, Einstecktücher, Herrenschuhe, Tücher und Manschettenknöpfe geben Ihrem Outfit einen charismatischen Akzent.

Filiale Jena: Oberlauengasse 5, 07743 Jena, Tel.: 03641 / 597479,
Filiale Gera: Humboldtstraße 9, 07545 Gera, Tel.: 0365 / 43191865,
Filiale Chemnitz: Innere Klosterstraße 6, 09111 Chemnitz,
Tel.: 0371 / 23450894, www.herrenmode-jena.de

BUSINESSLOFT ERFURT

Tagen, Arbeiten und Events an einem Ort der Extraklasse

Wer geschäftlich viel unterwegs ist oder als Unternehmer, Freiberufler, Gründer oder Coach tage- oder stundenweise ein Büro oder einen repräsentativen Besprechungsraum für wichtige Kunden und Mandanten sucht, wird nur wenige Schritte vom Hauptbahnhof am Stadtpark fündig. Das.Businessloft bietet nicht nur eine exklusive Lage, sondern auch perfekten Service und ein einmaliges Ambiente für Ihr Business ...

Auf 260 qm Fläche erwarten Sie modern ausgestattete Tagesbüros und Seminarräume, eine exklusive Businesslounge im englischen Stil mit antiken Möbeln, Chesterfield-Sesseln, Humidor und einer gut sortierten Whiskyauswahl für Ihre Geschäftsabschlüsse. Das 100 qm große, lichtdurchflutete Atrium eignet sich hervorragend für Kleinveranstaltungen bis 30 Personen inclusive Catering, für anregende Kamingespräche, Whisky- und Weinverkostungen, aber auch für kreative Workshops, Fotoshootings, Seminare und Wochenendschulungen. Neben eigenen Parkplätzen punktet das.Businessloft mit einer eigenen Sonnenterrasse und der ruhigen Lage. Auf der Website können Sie Ihren Lieblingsraum gleich online buchen. Gerne zeigt Ihnen die rührige Betreiberin Antje Burghardt das.Businessloft persönlich.

DAS.BUSINESSLOFT
Spielbergtor 19b, 99096 Erfurt, Tel: 0151 / 41448931,
www.businessloft-erfurt.de

BMW AUTOHAUS FIEBIG JENA

Mit Leidenschaft für sportliche Technik und luxeriöses Design

Wenn es um sportliche Fahrfreude, techn. Präzision und faszinierendes Design geht, ist das BMW Autohaus Fiebig ihr erster Ansprechpartner. Egal, ob Sie sich für einen neuen BMW begeistern, einen Gebrauchtwagen oder Zubehör für Ihren BMW suchen oder einen Service-Termin vereinbaren möchten – hier hat man ein offenes Ohr für Ihre Wünsche. Das kompetente Verkaufsteam steht Ihnen gerne mit Rat und Tat zur Verfügung, wenn es darum geht, das richtige Modell für Ihre Bedürfnisse zu finden und dies entsprechend auszustatten. Auch bei Fragen zu Finanzierung und Leasing sind Sie hier an der richtigen Adresse.
Die 1916 aus innov. Flugzeugmotoren-Werken hervorgegangene Bayerische Motoren Werke (BMW) AG entwickelte 1923 unter Max Fiz in nur 5 Wochen das erste BMW-Motorrad (R23), 1929 produzierte BMW sein erstes Serien-Automobil in Eisenach. Als Tochtergesellschaft der BMW AG gehört die BMW Group heute mit 80,4 Milliarden Euro Umsatz und rund 116.000 Beschäftigten zu den größten Wirtschaftsunternehmen Deutschlands. Kurz vor seinen 100-jährigen Firmenjubiläum feierte BMW auf der Automesse Detroit im Jan. 2016 mit dem BMW M2 und BMW X4 M40i zwei Weltpremieren.

BMW AUTOHAUS FIEBIG, Göschwitzer Str. 2, 07745 Jena, Tel.: 03641 / 22300, www.bmw-fiebig.de, Mo – Fr 8 – 18 Uhr, Sa 9 – 12 Uhr

INSPIRIERENDE BEGEGNUNG ZWISCHEN WEIN, JAZZ UND INTERNATIONALER KÜCHE

Café Immergrün

Pici
CAFÉ & VINOTHEK

Als weltoffenes Studentenparadies zieht Jena seit über 200 Jahren Wissenschaftler aus ganz Europa an. Das freigeistige Klima inspirierte Anfang des 19. Jh. die Frühromantik, in der Weimarer Republik den avantgard. Kunstverein und begründete in der DDR Jenas Ruf als Dissidenten-Hochburg.
So entstand in der Wendezeit der Plan, ein Café als Treffpunkt für die intell. und künstler. Szene Jenas zu schaffen, was dann mit der Eröffnung des Immergrüns im Januar 91 geschehen ist. Das intern. Flair der Studentenstadt begeisterte auch Györgyi Bede, die im Pici eine Brücke zwischen dt. und internationalen Genüssen schlägt.

Café Immergrün

In den 25 Jahren seit der Eröffnung des Café Immergrüns sind viele Generationen von Studenten hier zu Gast gewesen und ebenso viele Generationen haben sich mit dem Arbeiten hier für ihr Studium etwas hinzuverdient. In einigen Abschluss- und Promotions-Arb. erscheinen Danksagungen an das Immergrün, und viele Gäste von damals sind ihm auch in ihrem späteren Berufsalltag treu geblieben. So trifft sich hier ein sehr heterogen gemischtes akedemisches und multikulturelles Publikum, zum Beispiel bei einem der zahlreichen Nationalitäten-Stammtischen wie dem spanischen oder dem russischen. Aber auch Eltern mit Kindern finden hier einen Platz für sich dank der Kinderspielecke oder dem Sandkasten auf der Terrasse. Diese überrascht mit ihrem paradiesischen Grün, das man so nicht mitten in der Stadt erwartet. Neben den Spielen zum Ausleihen und der großen Auswahl an ausgesuchten, losen Tees wird ein besonderes Augenmerk auf den hausgeb. Kuchen gelegt: Die backenden Mitarbeiter wetteifern miteinander, wer den leckersten Kuchen backen kann. Und auch das täglich wechselnde Tagesangebot an frisch gekochten vegetarischen, veganen, aber auch fleischlichen Gerichten hat seine treuen Anhänger. Bei wechselnden Ausstellungen und den mehrmals im Jahr stattfindenden Partys kann man das Immergrün immer wieder anders erleben.

CAFÉ IMMERGRÜN
Jenergasse 6, 07743 Jena, Tel.: 03641 / 447313,
www.cafe-immergruen.de

Café & Vinothek Pici

Für die Verwirklichung ihres Kindheitstraumes eines eigenen Cafés nahm die Ungarin Györgyi Bede den Umweg über ein Mathe- & Engl.-Studium, Familiengründung und von 730 km, die zwischen Jena und Budapest liegen. Vor 8 Jahren begann sie damit, zielgerichtet für ihr gastronomisches Projekt Erfahrungen zu sammeln. Seit Juli 2015 gibt es ihr Lokal Pici Café & Vinothek, (Pici bedeutet winzig & wird gerne als Kosename verwendet) und es ist eine feste Größe in Jenas Kultur- & Genuss-Landschaft geworden. Sie verwöhnt ihre Gäste mit hervorragenden Weinen aus Ungarn, Spanien, Frankreich, Portugal, Italien, aber auch aus der Saale-Unstrut-Region. Diese werden tägl. von ungar. & internat. Gerichten, hausgem. Kuchen & Limonaden sowie donnerstags von versch. Konzerten begleitet. Gerne werden Feiern ausgerichtet oder Weinverkostungen veranstaltet.

CAFÉ UND VINOTHEK PICI
Westbahnhofstraße 5, 07745 Jena,
Tel.: 03641 / 2682130, www.pici-cafe-vinothek.de

THÜRINGER SALONDINNER

Kulturinspirierte Genusswelten an besonderen Orten

Bei den mittlerweile über 20 deutschlandweit besuchten und einzigartigen Events rund um den Genuss setzt die Salondinner-Gastgeberin Christine Klauder nicht nur auf kulinarische Köstlichkeiten, spannende Kulturthemen und interessante Akteure, sondern auch auf eine Wiederbelebung der Tischkultur.
Nach dem Salondinner „1914“ in Gera, dem Bauhaus-Salondinner in Weimar sowie Veranstaltungen auf den Dornburger Schlössern und Erfurt, speisten die Gäste im Thüringer Wald in der Farbglashütte Lauscha an gläsernen Tafeln. Beim Liszt Salondinner in Sondershausen und dem History Salondinner auf der Wartburg drehte sich, gemeinsam mit dem Theater Meiningen, alles um Geschichte. Und beim Porzellandinner in der Gläsernen Manufaktur Rudolstadt sowie der Heidecksburg tauchten die Gäste mit prachtvollen Thementafeln, Modenschau und Opernarien in das Thema Porzellan und Barock ein. Neben einem Wintersportsalondinner in Oberhof wurde in Leipzig gemeinsam mit der Leipziger Oper und dem Wagnerverband auch das Thema Wagner in spannenden Facetten aus Tanz, Musik, Kunst und Mode beleuchtet.

THÜRINGER SALONDINNER,
Grenzstraße 10, 07745 Jena, Tel.: 0160 / 94968121,
Infos und Anmeldung unter www.porzellanundglasdesign.de

RUDOLF KÄMMER MANUFAKTUR & DORIT SNICINSKI

Porzellan- und Glasträume aus Rudolstadt und dem Thüringer Wald

Eine bekannte Porzellan- und Glastradition prägt die Region zwischen Rudolstadt und Lauscha. Anknüpfend an die reichhaltige Thüringer Porzellangeschichte, fertigt die Porzellanmanufaktur Rudolf Kämmer in Rudolstadt historische Figuren und Tafelschmuckelemente. Angefangen von barocken Figurengruppen, Spitzenballerinas bis hin zu hist. Soldaten und Büsten zeichnen sich alle Figuren durch Detailtreue aus. Aber auch neue mod. Formen kommen nicht zu kurz. Sehr romantisch sind Blumen-Tafelschmuck und Blütenketten, welche als Teile der Wunderkind Kollektion von Wolfgang Joop auch in Paris, Mailand und Now York zu sehen waren. Traumhafter Schmuck ist auch die Spezialität der gelernten Glasbläserin und Meisterin in Glasgestaltung, Dorit Snicinski. Ihre Kunden sind begeistert von den wunderschönen Jäger-, Obst- und Schmetterlingsketten. Doch die in 3. Generation aus einer Glasbläserfamilie stammende Künstlerin kann noch mehr. So stellt sie in ihrer eigenen Werkstatt auch Tierfiguren und menschliche Figuren sowie Märchenfiguren her.

PORZELLANMANUFAKTUR RUDOLF KÄMMER Breitscheidstraße 98, 07407 Rudolstadt, Tel.: 03672 / 352920, www.porzellankaemmer.de, Mo – Fr 9 – 18 Uhr, Sa 9 – 13 Uhr

DORIT SNICINSKI Glaswerkstraße 68, 98724 Lauscha, Tel.: 036702 / 20319, snicinski@web.de, Mo – Fr 9 – 17.30 Uhr

GÖNNATALER PUTENSPEZIALITÄTEN – VERTRAUENSVOLL GENIESSEN DIREKT VOM BAUERN

Gönnataler Putenspezialitäten

Im Tal des Gönnabaches, unweit von Jena entfernt, liegt das kleine Dorf Altengönna. Seit mehr als 30 Jahren werden hier Puten gemästet. Seit 1990 werden Gänse und Puten getreu dem Motto „Alles aus einer Hand" nicht nur aufgezogen, sondern auch selbst geschlachtet, zerlegt und zu Köstlichkeiten verarbeitet. Das Geflügel wird in artgerechter Tierhaltung mit optimalem Futter in den umliegenden Ställen der Agrargenossenschaft herangezogen.

Überlieferte regionale Rezepturen, mageres Fleisch und die Frische der Rohstoffe machen die beliebten Spezialitäten aus. Neben den mehrfach ausgezeichneten Geflügelprodukten, entstehen in dem Betrieb auch Köstlichkeiten vom Wild und Lamm. Auch bei diesem Fleisch legt man in dem verantwortungsvollen Unternehmen großen Wert auf die Herkunft. Die Lämmer wachsen auf dem Jenaer Jägerberg im Schäfereibetrieb Hänsch und auf Weiden rund um Jena auf. Das Wildbret wird von Thüringer Forstbetrieben bezogen. Die leckeren Produkte finden Sie in den Filialen in Jena, Weimar und Gotha an. Mit Verkaufsautos sind die Gönnataler Putenspezialitäten darüber hinaus auf den Wochenmärkten in Gera, Jena, Apolda, Kahla, Sömmerda, Erfurt und Naumburg präsent.

An ihrem Unternehmensstandort arbeiten die Gönnataler Putenspezialitäten beim Catering für größere Feierlichkeiten, Empfänge oder Tagungen mit den weit über Jena hinaus bekannten Genußspezialisten vom „Buffet:ok" zusammen, die neben ihrer modern ausgestatteten Küche in Altengönna für bis zu 1200 Portionen im Zentrum Jenas ein Bio-Bistro mit ca. 40 Plätzen und Freifläche betreiben. Auch Kindertagesstätten und Schulen in Jena und Weimar schätzen das gesunde Angebot. Frisch zubereitete Zutaten aus kontrolliert biologischem Anbau und, wo möglich, direkt von landw. Höfen aus der Nähe, bieten eine breite Palette an genussvollen Möglichkeiten, Ihr kaltes oder warmes Buffet zu gestalten. Ein weiteres Angebot ist die wöchentliche Biokiste-Lieferung.

GÖNNATALER PUTENSPEZIALITÄTEN GMBH,
Gönnabach 2 / OT Altengönna, 07778 Lehesten,
Tel.: 036425 / 55532,
www.goennataler-puten.de

BUFFET: OK ESSKULTUR & BIOWAREN,
Löbdergraben 6 (Neben Sonnenhof),
Tel.: 036425 / 55542, www.buffet-ok.de

KULINARISCHE ZEITREISEN

Endeckungsreise durch Zeit und Genuss

Die Natur- und Feinkostmanufaktur „Kulinarische Zeitreisen“ lädt Sie zu einer lukullischen Reise in vergangene Jahrhunderten ein, um Nützliches für die Gegenwart zu entdecken, dieses für die Zukunft zu bewahren und Neues zu finden. Alte Herstellungsmethoden, fast vergessene Früchte, Getreide, Kräuter und Gewürze sowie die Suche nach Küchengeschichte(n) liefern den Stoff für diese Zeitreisen. Daraus entstehen Produkte für gesunden Genuss sowie Veranstaltungen, die Geschichte „leicht verdaulich“ machen.

Inhaberin Margitta Braun hat alte Rezepte aus vergangenen Jahrhunderten wiederentdeckt und fertigt in Handarbeit köstliche Frucht- und Blütenaufstriche, Gelees, Marmeladen, Chutneys & Dip Saucen, Gewürz-Weine, Elixiere, Liköre, Spirituosen, Punsch-Konzentrate, Kräuter & Teemischungen sowie Essige & Öle. Beliebte Spezialitäten sind: Aronia-Vital Konzentrat und Aronia-Beeren Gelee, Luther Hypocras, Holunderblüten von Frau Holle, Luthers gewürzte Äpfel und Rosen der heiligen Elisabeth. Es gibt viele spannende kulinarische Themen, jedoch lassen sich nicht alle als Produkt in einem Glas, einer Flasche oder Schachtel unterbringen. Diese werden als kulinarische Vorträge oder Seminare angeboten.

KULINARISCHE ZEITREISEN, NATUR- UND FEINKOSTMANUFAKTUR,
Hauptstraße 1, 99439 Heichelheim, Tel.: 03643 / 773294,
www.kulinarische-zeitreisen.com

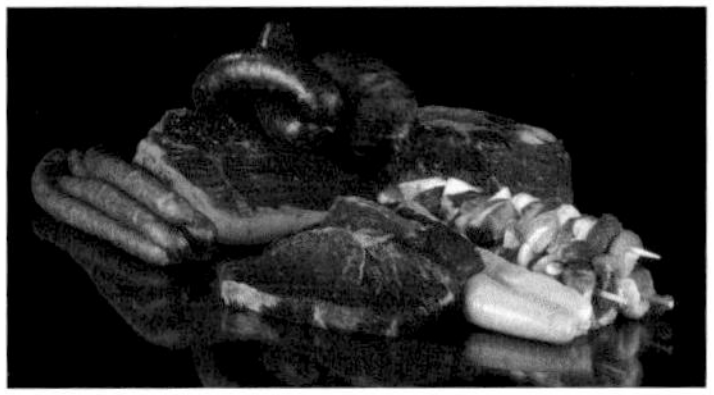

NATUR – FLEISCH GMBH „RENNSTEIG“ OBERWEIßBACH

Bester Geschmack aus erstklassiger Herkunft

Bekannt, geschätzt und begehrt sind Thüringer Wurstspezialitäten rund um den Globus. Dieser traditionsreichen Wurstmacherkunst gerecht zu werden und unter vielen qualitativ hochwertigen Herstellern für die gehobene Gastronomie und private Genießer einer der Besten zu sein, ist der hohe Anspruch, dem sich NATUR-Fleisch mit Spezialitäten und innovativen Produkten stellt. Die Basis für die Rindfleischspezialitäten bildet das hochwertige Qualitätsrindfleisch der Fleischrind GmbH Oberweißbach. Dieser Rohstoff wird mit traditionellen Verfahren auf modernem Produktionsniveau zu delikaten und schmackhaften Wurstsorten verarbeitet.
Im Sortiment von circa 250 Artikeln finden sich Thüringer Klassiker wie die Original Thür. Rostbratwurst oder das Hausmacher Blasensortiment, Thür. Spezialitäten wie die gefüllte Roulade oder der Bauernbraten, Saisonartikel wie die weihnachtliche Zapfensalami oder die Schinkentorte, Thüringer Innovationen wie die Rindfleischsuppeneinlage oder das Rindfleisch im eigenen Saft. Egal, ob im Hofladen, dem hauseig. Cateringangebot, den 12 Thüringer Fillialen oder deutschlandweit im REWE Sortiment, bietet das vielfältige Angebot für jeden Wunsch eine passende Variante und für jeden Gaumen etwas ganz Besonderes. Für seine erstklassigen Rindfleischprodukte wurde NATUR – Fleisch Oberweißbach als erstes Unternehmen mit dem Thüringer Qualitätszeichen „Geprüfte Qualität Thüringen“ ausgezeichnet.

NATURFLEISCH GMBH RENNSTEIG OBERWEIßBACH,
Lichtenhainer Straße 8 / 9, 98744 Oberweißbach, Tel.: 036705 / 62147,
www.naturfleisch-oberweissbach.de

WALDKLINIKEN EISENBERG – DEUTSCHES ZENTRUM FÜR ORTHOPÄDIE. DER MENSCH STEHT IM MITTELPUNKT!

Die Waldkliniken Eisenberg in Ostthüringen sind die größte universitäre Orthopädie Europas und die einzige Universitätsorthopädie in Thüringen. Mit dem Lehrstuhl für Orthopädie der Universität Jena genießt es nation. und intern. einen hervorragenden Ruf, welcher nun durch ein besonderes architektonisches Projekt noch getoppt wird.

An den Waldkliniken im thüringischen Eisenberg entsteht ein ungewöhnliches Bauwerk: ein rundes Bettenhaus – das neue Patientenhotel. Der Saale-Holzland-Kreis hat den international renommierten Architekten und Designer Matteo Thun zu dieser Gestaltung inspiriert: Holz und andere naturnahe Baustoffe gehen eine kreisrunde Verbindung ein und geben den Blick auf den Wald frei. „Bei der Gestaltung eines Krankenhauses steht der Mensch im absoluten Mittelpunkt. Wir wollen mit unserem Konzept die Beziehung zwischen physischem Raum und Wohlbefinden beeinflussen“, so Matteo Thun.

Ein Patientenhotel in heilender Natur entsteht.

Die Patientenzimmer haben eine grüne Veranda. In der lichtdurchfluteten Piazza wird gemeinsam gegessen: Natürlich frisch, regional und Bio: Frontcooking zubereitet nach Rezepten der Starköchin Sarah Wiener. Hospes bedeutet im Latein Gast/Gastlichkeit, Hospital: die Klinik. Dies passt für die Visionäre gut zusammen, denn Gastfreundlichkeit bestimmt das Haus. „Patienten entscheiden selbstbewusst, wo sie sich behandeln lassen. Für Spitzenmedizin und eine positive, außergewöhnliche Krankenhausatmosphäre finden sie den Weg aus ganz Deutschland zu uns“, so Geschäftsführer David Ruben Thies.

> Patienten haben künftig noch mehr gute Argumentefür unser Haus: sie profitieren von der mehrfach ausgezeichneten medizinischen Versorgung in der größten universitären Orthopädie Europas. Und sie gesunden in einer einzigartigen Umgebung.
>
> *David Ruben Thies, Geschäftsführer Waldkliniken Eisenberg*

Mit der orthopädischen Waldreha wird künftig ein ganzheitliches Behandlungsangebot an einem Standort präsentiert: Kompetenz aus einer Hand. Das kleine „Waldschlößchen“ direkt neben der Klinik zeigt den Twist von Tradition und Moderne. Gäste und Mitarbeiter genießen im elegant-rustikalen Ambiente regionale Köstlichkeiten. Danach empfiehlt sich ein Spaziergang durch die Kulturlandschaft „Mühltal“. Heimische Wurzeln und internationale Flügel – Willkommen in den Waldkliniken Eisenberg!

WALDKLINIKEN EISENBERG
DEUTSCHES ZENTRUM FÜR ORTHOPÄDIE
Klosterlausnitzer Straße 81, 07607 Eisenberg,
Tel.: 036691 / 80, www.waldkliniken-eisenberg.de

BEHANDLUNGSFELDER

- Klinik für Orthopädie und Unfallchirurgie mit Departments: Knie, Hüfte, Hand- und Fußchirurgie, Kinder, Sport/Schulter, Wirbelsäule
- Klinik für Innere Medizin zur Grund- und Regelversorgung von Patienten mit internistischen Erkrankungen
- Klinik für Anästhesie und Intensivtherapie
- Klinik für Allgemein- und Visceralchirurgie zur Grund- und Regelversorgung der Patienten im Saale-Holzland-Kreis

MIEZE FEINE KOST BAD KLOSTERLAUSNITZ

Handwerklich vollendete Feinkost aus heimischen Kostbarkeiten

Die 1925 gezüchtete Mieze Schindler Erdbeere ist mit ihren einzigart. Walderdbeergeschmack, dem niedrigen Ertrag und der kurzen Haltbarkeit für Gourmets das Sinnbild für feine Kost. Dass diese nur mit Liebe und Sorgfalt gegenüber Handwerk und Produkten entsteht, weiß der Inhaber von Mieze feine Kost, Thomas Büchner, als leidenschaftlicher Koch ganz genau. Nach seiner Tätigkeit in der Schweiz, im Leipziger Stadtpfeiffer, wo er sich zum Chef Patissier hochgearbeitet hat und dem Betriebswirtstudium an der Susanna-Eger Hotelfachschule, kehrte er zurück ins Holzland. In Bad Klosterausnitz gründete er 2012 die „Mieze", welche unter dem Motto: „Schauen, genießen, verweilen ..." steht und Feinkosthandel mit Gastronomie & Catering verbindet. Die köstlichen region. und internationalen Käse-, Schinkenspezialitäten, Weine und Spirituosen, selbstgebackene Baguettes, Kuchen und Torten kann man zusammen mit den leckeren Speisenkompositionen im Café genießen oder mit nach Hause nehmen. Jede Flasche Wein oder Spirituose wird auf Wunsch geöffnet. Caterings sind dtl.weit bis 250 Pers. möglich. Kochen Sie 4 Gänge auf einer Herdplatte oder genießen Sie die zahlreichen Wein- u. Whiskyabende.

MIEZE FEINE KOST BAD KLOSTERLAUSNITZ,
Jenaische Straße 18, 07639 Bad Klosterlausnitz, Tel.: 036601 / 932631,
www.miezefeinekost.de, Mo – Fr 7 – 12 Uhr und 14 – 18 Uhr,
Sa / So 7 – 11 Uhr und 13 – 18 Uhr.

LEHMHOF LINDIG

Mit Lehm und Kräutern wohltuend entspannen

Kreativität, Naturverbundenheit und Liebe fürs Detail: all das zeichnet den Lehmhof Lindig aus. Die Inhaberin Sylvia Otto hat den historischen Bauernhof aus Familienbesitz nach dem Studium für ökol. Bauen seit dem Jahr 2003 aufwändig umgestaltet und ihn zu einem überregional geschätzten Ausflugsziel werden lassen. In dem großzügigen Garten und im Hofcafé können sich die Gäste vom sich vom Alltag erholen und vorzüglichen hausgebackenen Kuchen und Kaffee oder frisch gepflückte Kräutertees sowie Kräutersuppen genießen. Die ruhigen, im Landhausstil eingerichteten Appartements laden zum Entspannen ein. Neben Wanderausflügen in die Region können sich Besucher vor Ort können sich Besucher mit der Hofgeschichte sowie Kräuterkunde und Naturkost vertraut machen. Besonders reizvoll ist das Wellnessangebot mit Kneippanwendungen wie Wassertreten, Lehmbad, Sauna und Massagen. Für Kinder gibt es eine Lehm-Werkstatt zum Basteln mit Lehm sowie einen kleinen Hofspielplatz mit großem Kletterbaum. Übers Jahr locken saisonale Events wie das Hoffest und das Weinfest mit kulinarischen bis musikalischen Genüssen. Ein Highlight ist der hölzerne Lindwurm für Familien- und Firmenfeiern mit 60 Plätzen und die bäuerl. Handwerksausstellung.

LEHMHOF LINDIG
Dorfstraße 39, 07768 Lindig, Tel.: 036424 / 76991,
www.lehmhof-lindig.de, Do – So 14 – 18 Uhr und auf Vorbestellung

APOSTO GERA

Moderner italienischer Genuss in historischer Gründerzeitvilla

Aposto Gera in der Villa Voss am Theaterplatz kombiniert italienische Küche mit dem Erlebniswert eines großen Bar- und Kommunikationsbereiches. Im Mittelpunkt des modern und südländisch gestalteten Gasthauses stehen die frischen Pasta- und Pizza-Gerichte. Die Nudelgerichte stammen übrigens aus der hauseigenen Pasta-Manufaktur. Täglich frisch, täglich neu interpretiert und in jener einzigartigen Art zubereitet, wie man es in Italien seit Jahrhunderten macht. Wochentags gibt es auf der Speisekarte wechselnde Mittagsgerichte ab 4,90 €.

Neben den abwechslungsreichen Speisen gehört auch ein umfassendes Getränkekonzept zum Aposto. Von Lavazza-Kaffeespezialitäten über ausgesuchte Weine bis hin zu den mehr als 50 Cocktailvariationen reicht die Palette. In der Happy Hour von 17:00 bis 20:00 Uhr sowie ab 22:30 Uhr lockt zudem eine Aposto Hour an. Das Aposto am Theaterplatz bietet rund 160 Sitzplätze sowie 30 Plätze an Bar und Stehtischen. Im Frühling und Sommer finden auf der Terrasse bis zu 100 Gäste einen Platz.

APOSTO GERA GMBH
Parkstraße 10 – am Theaterplatz, 07548 Gera, Tel.: 0365 / 83200832, www.aposto.eu

HOTEL ZWERGSCHLÖSSCHEN

Sagenhaft übernachten und märchenhaft genießen

Idyllisch vom Geraer Stadtwald umgeben und an den Auen der Weißen Elster gelegen, lädt das schöne Familienhotel zu warmherziger Gastfreundschaft in behaglicher Atmosphäre auf anspruchsvollem Niveau ein. Die romantische Nähe zu Wald und Wasser mit ihren Gaben und Sagen prägt mit Fischwochen, Pilzevents und Bärlauchgerichten nicht nur auf das Köstlichste die reichhaltige Speisekarte, sondern auch das Konzept des ganzen Hotels. Auf die Spuren des früher um das Zwergschlösschen herum lebenden König Coryllis und seines Zwergenvolkes kann man sich mit Hotelmeisterin Monika Lips persönlich bei den beliebten Themenfeiern und Rätselwanderungen begeben, welche bei großen und kleinen Familien ein absolutes Highlight sind. Eine große Kinderspielecke im Restaurant, Zwergenspeisekarte und Familienzimmer, Kinderbett und Babyfon lassen es auch für Ihre Zwerge an nichts fehlen. Neben dem neu gestalteten Frühstücksraum lädt von mittags bis abends das Restaurant zu leckeren hausgemachten Thüringer Spezialitäten sowie den weltbekannten Köstritzer Bieren und Saale-Unstrut Weinen ein. Egal, ob für eine romantische Auszeit zu zweit, gesellige Feste, Familienurlaub, Radtour-Zwischenstop oder einen kraftspendenden Arbeitsaufenthalt ist das Zwergenschlösschen das perfekte Hotel zum Wohlfühlen.

HOTEL ZWERGENSCHLÖSSCHEN
Untermhäuser Str. 67/69, 07548 Gera, Tel.: 0365 / 22503, www.hotel4you.de, Restaurant: Mo – So 11 – 22 Uhr

KUNST & MODE

Anziehende Schönheit durch Eleganz und Klarheit

Romantiker, die Städte wie Paris, Venedig oder Mailand mit ihren Liebsten entdecken, kennen die besondere Ausstrahlung dieser Orte und ihrer faszinierenden Bewohnerinnen, welche kulturvoll, offen und kreativ auch die Designer inspirieren. Dass der Mut zu Schönheit, Qualität und Stil auch die Thüringerin gut kleidet, beweist Ulrike Weissenborn in ihrem puristisch edlen Geraer Modegeschäft.

Für die ausgebildete Keramikkünstlerin muß jedes Kleidungsstück etwas Besonderes haben. Wie z.B. die perfekte Einheit von Stoff, Form und Schnitt beim deutschen Strenesse Label, das durch den cleanen Einfluss von Gabrielle Strehle an Jil Sander erinnert, oder die sinnliche Raffinesse des Turnover-Labels. Während das italien. Label Max Mara mit femininer Eleganz, Mut zu Mustern und traumhaften Kleidern, Mänteln und Jacken begeistert, überzeugt Hugo Boss mit junger Klassik in der Businessgarderobe. Aber auch die Schweizer Marke Kathleen Madden mit ihrer tollen Strickmode darf in dem schönem Geschäft nicht fehlen. Schnell wird klar: Bei Kunst und Mode finden Sie mit der kompetent freundlichen Beratung von Ulrike Weissenborn und ihren Mitarbeitern nicht nur Ihr persönliches Lieblingsstück, sondern auch Ihren Lieblingsladen.

KUNST & MODE
Große Kirchstr. 17, 07545 Gera, Tel.: 0365 / 52779,
Mo – Fr 10 – 18 Uhr, Sa 10 – 13 Uhr

CORNELIA MATTERT DESIGN

Werbung, Räume und Events mit individueller Persönlichkeit

Mit ihrem besonderen Gespür für Ästhetik, Handwerk und Material sprechen die von Cornelia Mattert-Güter entwickelten Werbematerialien nicht nur das Auge an, sondern überzeugen auch im Kopf. Von der Grafik bis zur Laden- und Raumgestaltung wirken ihre Konzepte funktional und emotional, ordnend und präsentierend zugleich. Für jedes Budget und jeden Anspruch bietet Cornelia Mattert-Güter Warenpräsentation (Visuelles Merchandising/Schauwerbegestaltung/Messe-, Ausstellungs- und Raumgestaltung/Home Staging), Werbetechnik (Außenwerbung/Fahrzeugbeschriftung), Printwerbung und Veranstaltungsorganisation hochwertig und zügig aus einer Hand. Museen, Manufakturen, Gastronomen, Existenzgründer und Kleinunternehmer schätzen ihre mit viel Liebe zum Detail umgesetzten und beim Kunden wirksamen Werbelösungen.

Zu ihrem Portfolio zählen die professionelle Gestaltung aller Printmedien, die Planung, Organisation und Durchführung von Hochzeiten, Tagungen und Events sowie Vorbereitung, Organisation und Durchführung von Messeauftritten und Raumgestaltungskonzepten. Ihre ganzheitlich gedachten Werbekonzepte begeistern Referenzkunden wie z.B. das Van de Velde Museum Haus Schulenburg Gera, Museum Osterburg zu Weida, Porzellanmanufaktur Reichenbach, Elias Glashütte Lauscha.

CORNELIA MATTERT, DESIGN, MARKETING + WERBUNG
Aga, Zeitzer Straße 10, 07554 Gera, Tel.: 036695 / 22446,
www.mattert-design.de

PENTAHOTEL GERA

Moderner Penta-Style im romantischen Untermhaus-Viertel

Im hist. Geraer Stadtteil Untermhaus gelegen, ist das pentahotel Gera umgeben von Parkanlagen, Sehenswürdigkeiten und kulturellen Highlights. Egal, ob von Buga-Park, Theater, Orangerie, Dix-Haus, entdeckenswerten Galerien oder Restaurants, sind Sie von allen nur eine Spazierlänge entfernt. Bewegungsfreiheit, Erholung, Aktivität – im pentahotel Gera finden Sie mehr von allem.

Das moderne 164-Zimmer-Konzept begrüßt den Gast mit seiner ungezwungenen pentalounge. So ist das Restaurant, die Bar und die Lobby zu einer stimmigen Einheit verschmolzen. Die Lounge ist das Herz des Hotels: die neueste Spielekonsole, Fußball-Live-Übertragungen, 24-Stunden-Barservice und die besten Steaks & Burger werden begleitet von Cocktails und guter Lounge Musik. Aber auch auf den Zimmern erwartet Sie mit Wäscheservice, kostenfreiem Wi-Fi, Sky Film- und Sportkanälen Entspannung pur. Für Tagungen und Events eröffnen sich mit 11 Konferenzsälen und hochmoderner Ausstattung viele Gestaltungsmöglichkeiten. Egal, ob Sie geschäftlich reisen oder privat: Hier sind Sie König!

PENTAHOTEL GERA
Gutenbergstraße 2a, 07548 Gera, Tel.: 0365 / 29090, www.pentahotels.com

DAS GERAER HOCHZEITSPORTAL

Traumhaft heiraten an außergewöhnlichen Orten in Thüringen

Als Hochzeitsplanerin mit Stil, Kreativität und Raffinesse hat sich Cornelia Mattert-Güter schon weit über Gera hinaus einen Namen gemacht. In Kooperation mit einzigartigen Orten plant und organisiert sie für den ganz besonderen Tag in Ihrem Leben Trauung und Hochzeitsfeier inklusive Laufproben, festlicher Gestaltung des Trauraumes (Trautisch, Hussen und Schleifen, Kerzenleuchter, Dekoelemente), Sektempfang nach der Trauungszeremonie, Dinner, Vor- und Nachbereitung (Bestuhlung, Reinigungsarbeiten usw.)

Zusammen mit einem Netzwerk aus Hochzeitsfotografen, Spitzenköchen, Konditoren und weiteren Dienstleistern organisiert die gelernte Grafikdesignerin die fotografische Begleitung, Catering, Hochzeitstorte, Hochzeitstauben, Ballons, Hochzeitskutsche, Luxuslimousine, Floristik und Dekorationen. An traumhaftet schönen Orten, wie z.B. Villa Haus Schulenburg Gera. Genießen Sie das außergewöhnliche Ambiente einer Haus- und Gartenanlage von Weltrang – ein Gesamtkunstwerk von Henry van de Velde, erbaut 1913/14 für den Textilfabrikanten Paul Schulenburg.

CORNELIA MATTERT-GÜTER
Tel.: 0151 / 176 126 47, Facebook: Heiraten im Haus Schulenburg Gera

PARKHOTEL ALTENBURG – ITALIENISCHE DOLCE VITA AM GROSSEN TEICH IM HERZEN DER STADT

Traumhaft gelegen am Großen Teich mit seinen schönen Uferpromenaden, können Sie sich in dem liebevoll restaurierten Gebäudekomplex der Gründerzeit so richtig verwöhnen lassen. In dem gemütlichen Hotel mit italienischem Restaurant finden Sie den perfekten Ausgangspunkt für zahlreiche Entdeckungstouren in die reichhaltigen Kultur- und Naturlandschaften des Altenburger Landes mit seinen berühmten Altenburger Spezialitäten und Altenburger Spielkarten.

Das von Angelo Antoniolli geführte, elegante Hotel im Gründerzeitstil erinnert an Altenburg als Hochburg der Hutmacher ebenso wie an den kulturvollen Italienbezug der 1000-jährigen Residenzstadt. 1155 zum „Römischen Kaiser“ gewählt, spielten für Friedrich I. Barbarossa der heilige Bartholomäus und die von ihm belehnte Stadt Altenburg eine so große Rolle, dass er die Bartholomäus-Relique von der röm. Tiberinsel ins deutsche Reich bringen ließ und Bartholomäus als Patron der Städte Frankfurt am Main und Altenburg einsetzte. 700 Jahre später setzte der Staatsmann und Mäzen Bernhard August von Lindenau in Altenburg seiner Liebe zur ital. Malerei in der bis heute größte Spezialsammlung früher italienischer Malerei außerhalb Italiens im Lindenaumuseum ein Denkmal. Feinste italienische Ess- und Gastkultur zog 2007 mit Familie Antoniolli in die ehemalige Hutfabrik „Max Förster“ ein, die als größte Altenburger Fabrik mit fünf weiteren Produzenten Altenburgs Ruf als dt. Hauptproduzent von Klapp- und Seidenhüten aufbaute. Aus einer Hoteliersfamilie im norditalienischen Kurort Levico Therme, am Fuße der Dolomiten, umgeben von den Seen von Levico und Caldonazzo stammend, hatte es sich Angelo Antoniolli zur Aufgabe gestellt, italienischen Genuss und Gastfreundschaft nach Altenburg zu bringen. Obwohl er mit damals 21 Jahren als jüngster Hotelchef und zu Beginn nur wenige deutsche Worte verstehend begann, ließ sich der schon als Kind in den Hotelbetrieb hineingewachsene Angelo Antoniolli nicht entmutigen. Der ausgebildete Koch mit Touristikdiplom erkannte die Einmaligkeit der eleganten Räumlichkeiten des Hauses für festliche Anlässe und Tagungen bis zu 120 Personen ebenso wie die Schönheit der mit Marmorböden ausgestattenen Zimmer und machte das schöngelegene Hotel zu einer besonderen Perle. Zusammen mit seinem hervorragenden Team schuf er das italienische Restaurant „Da Angelo“, wo sich die Gäste wohlfühlen und genießen können. Auf den 50 Plätzen im Restaurant und bei schönem Wetter 70 weiteren auf der Terrasse können die Gäste bei fantastischem Seeblick zahlreiche italien. Spezialitäten entdecken: wie Saltimbocca alla romana (Kalbschnitzel mit Schinken und Salbei, Tagliata di manzo (gegrilltes Rindfleisch auf Rucola mit gegrilltem Gemüse), eine große Auswahl an Pasta und Pizzen und selbstgemachtes Eis. Antoniolli legt dabei besonderen Wert auf seine Zutaten. Lieber hat er weniger Gerichte auf der Karte, dafür sind diese aber alle frisch zubereitet. Mehl, Nudeln oder Schinken bezieht er extra aus seiner Heimat. Egal, ob Sie einen kultur- und genussvollen Kurzurlaub planen, mit Freunden italienische Küche und Lebensfreude genießen wollen oder einen eleganten Ort zum Feiern suchen, ist das Parhotel Altenburg genau die richtige Adresse.

PARKHOTEL ALTENBURG
August-Bebel-Straße 16/17, 04600 Altenburg,
Tel. : 03447 / 51540, www.parkhotelaltenburg.de

HOTEL ALEXANDRA INH. ALEXANDRA GLIED E.K.

Elegant, charmant und voller Herzlichkeit

Im Herzen von Plauen, in direkter Fußgängerzonen-Lage, empfängt das familiengeführte 4-Sterne-Hotel Alexandra, seit über 160 Jahren seine Gäste aus aller Welt. 1852 eröffnet, besaß das Haus als erstes Plauener Hotel fließendes Wasser. Erleben Sie auch heute inmitten des Stadtzentrums eine Oase der Ruhe und Bequemlichkeit und lassen Sie sich vom Gastkultur „lebenden" Team in ungezwungener Herzlichkeit verwöhnen.

Die 70 Zimmer und 2 Suiten sind mit traumh. Plauener Spitze individuell im hist. Stil gestaltet. Kunstvoll drapierte Gardinen, edle Möbel des italien. Holzmöbel-Herstellers Selka und glanzvolle Kronleuchter der Firma Faustig, welche weltweit Grandhotels und Paläste ausstatten, geben dem Hotel ein ganz besonderes Flair. Kulinarisch verwöhnt werden die Gäste im eleganten Restaurant Royal mit Gaumenfreuden der region. und intern. Küche sowie im Caféstübchen mit Kuchen- und Eisspezialitäten. Ein beliebter Treffpunkt am Abend ist die Blue Bar. Der Wellnessbereich mit Sauna, Whirlpool und Solarium lädt zum Entspannen ein und bietet, ebenso wie die Beauty-Oase mit ihren Kosmetikbehandlungen und Massageangeboten, die perfekte Erholung.

HOTEL ALEXANDRA INH. ALEXANDRA GLIED E.K.
Bahnhofstraße 17, 08523 Plauen, Tel.: 03741 / 71951,
www.hotel-alexandra-plauen.de

MODESPITZE PLAUEN

Plauener Spitze zwischen Tradition und Innovation

Plauen ist seit über 120 Jahren der Inbegriff prachtvoller und edler Spitze. Eine der Firmen, die seit Anbeginn eng mit der Spitze verbunden sind, ist die Modespitze Plauen. Im Jahr 1897 durch Max Bruno Meyer gegründet, wird die Manufaktur in mittlerweile 4. Generation von Andreas Reinhardt geführt. Plauener Spitze® aus dem Haus der Modespitze ist ein Garant für höchste Qualität. Zum Portfolio gehören liebevoll und aufwändig verarbeitete Gardinen und Tischwäsche, aber auch Meterware und Mode.

Mit dem Accessoire-Label „Frieda & Elly" wurde eine traumhaft schöne Hommage an die Plauener Spitze und die Töchter des Firmengründers geschaffen. Hochwertige Materialien, prächtige Stickereien und luxuriöse Spitzen verleihen ihrer Trägerin eine unvergleichlich verführerische Ausstrahlung. Die Kollektion umfasst Spitzenschmuck aller Couleur, edle Schals, aber auch aufwändig gefertigte Boleros und Shirts aus graziler Spitze, aber ebenso Meterware, die von vielen Designern wegen der hohen Qualität geschätzt wird und auf den Laufstegen der Fashion Week zu bewundern ist. Alles wird mit viel Liebe zum Detail in kleinen Serien im Herzen des Vogtlands produziert.

MODESPITZE WERKSVERKAUF MIT SCHAUWERKSTATT
Annenstraße 9, 08523 Plauen, Öffnungszeiten: Mo – Fr 9 – 17 Uhr
Tel.: 03741 / 222554, mail@modespitze.de, Shop: www.modespitze.de

VOM HISTORISCHEN GASTHAUS MATSCH – PLAUENS INNOVATIVE KUNST- UND KULTURSZENE ENTDECKEN

Vogtländische Dolce Vita inmitten der Plauener Altstadt bietet das Hotel Restaurant Matsch – Plauens älteste Gastwirtschaft seit 1503. Von hier aus können Sie zu Fuß zwischen Gründerzeithäusern, romantischen Gassen und einzigartigen Plätzen in spannenden Museen, Galerien und kleinen Geschäften Handwerk, Kunst und Kreativität entdecken. Um all diese einzigartigen Orte in Plauen gut zu finden, entwickelte die Agentur Unico, die auch die Regionalware Vogtland Produkte initiierte, den Taschenstadtplan „Plauens Wunder".

Darin enthalten ist auch Gasthaus, Pension und Café Matsch. Zusammen mit den drei anschl. Häusern und der alten Stadtmauer ist hier in den 90er Jahren liebevoll saniert das letzte geschlossene Stadtquartier des mittelalt. Plauens erhalten geblieben. Mit dem Charme des mediterranen Hofambientes, der herzlichen Gastfreundschaft von Nicole Floss und den kreativen Kochkünsten des Teams hat das hist. Haus einen beliebten Platz in der Plauener Gastronomie eingenommen. Schuld an der Gastgeberleidenschaft der Inhaberin sind die Busreisen mit der Oma in DDR-Zeiten nach Russland, wo zwischen ausgefeilter Tafel-, Gast- und Esskultur der Kindheitstraum eines Hotels reifte. Gleich mit 16 lichtete sie über den nun offenen Grenzen ihren Ausbildungsanker in einem großen Schwarzwälder 4 Sterne Wellnesshotel, es folgte die Schweiz und über Hof dann die Stelle als stellvertretende Direktorin im Hotel am Theater Plauen. Wirklich alle Facetten ihrer Liebe zu Gästen, Einrichtung und Essen zelebrieren kann sie in dem 2009 übernommenen Gasthaus Matsch. Die von ihr liebevoll mit einzigartigen Möbeln, Kunstwerken und Tapeten gestalteten antiken Gästezimmer garantieren wahlweise mit Wasserbetten traumhaftes Schlummern mit mod. Komfort. In dem wunderschön restaurierten Innenhof befindet sich ein traumhafter Biergarten. Unter dessen schattigen Bäumen, im Café Heimweh und in den urigen Gasträumen lädt das Ehepaar Floss zu deftiger vogtl. Küche, wie den typ. Bambes- (Kartoffelpuffer) Gerichten oder vogtl. Sauerbraten, Rouladen und Klößen aber auch leichten mediterr. Köstlichkeiten ein. Neben den leckeren Fischgerichten aus frischen Garnelen, Maischolle und Forelle oder den Candle-Light-Dinnern auf der Stadtmauer-Empore sind im Sommer auch die Grillabende jeden Donnerstag sehr beliebt. Hier und bei den monatlich wechselnden Karten wird Qualität und Kreativität großgeschrieben.

GASTHAUS PENSION CAFÉ MATSCH PLAUEN
Nobelstr.1 – 5, 08523 Plauen, Tel.: 03741 / 204807, www.matsch-plauen.com, Mo – Fr 7 – 23 Uhr, Sa – So 7 – 24 Uhr
Regionalware Produkte über Unico Agentur Plauen, www.regionalware.de, Tel.: 03741 / 19433

KULTUR & HANDWERK

- Galerie im Malzhaus
- hist. Weberhäuser mit Holz-,Keramik-, Textil- und Filzhandwerk zum Mitmachen
- Galerie e.o. Plauen
- Galerie Forum K
- Galerie des BBK
- 160 Modespitze Plauen
- Terré & ZORA – Schmuck und Mode
- Regionalware VOGTLAND im Vogtlandmuseum & Terré
- Goldschmiede Bianca Hallebach, Poesia, Eine-Welt-Laden, Lochkarte 36, Salon Plauener Spitze, Töpferei Andreas J.Leonhardt, Die Papeterie, Handgemacht-der Kreativmarkt, Puppenstübchen

MIT DEM PARKHOTEL PLAUEN GRÜNDERZEITARCHITEKTUR UND VOGTLÄNDISCH FRIESISCHE KÜCHE ENTDECKEN

PARKHOTEL PLAUEN
Ihr Fenster zur Stadt

Die 1869 im Rahmen der industr. Revolution entstandene elegante Gründerzeitvilla strahlt in ihrer Architektur Schönheit und Kultiviertheit von Plauens Industriegeschichte aus. Deren Weltruhm durch die Plauener Spitze verdankt die Stadt dem Stickereiunternehmer Theodor Bickel, der 1881 die Tüllspitze erfand. Die durch Entfernung der Stoffunterlage entstandene Luftspitze erlangte auf der Pariser Weltausstellung 1900 einen Grand Prix und schenkte der Stadt großen Wohlstand, der sich in edlen Gründerzeitvierteln spiegelt.

Die Produktion der berühmten „Plauener Spitze“ ging im wesentlichem auf die in der VOMAG gefertigten Stickmaschinen zurück, welche zur Weltspitze gehörten. Die nach 1945 aus der VOMAG ausgegliederte Druckmaschinenfabrik PLAMAG nutzte vor über 50 Jahren das heutige Parkhotel Plauen als Gästehaus. Auch für den modernen Geschäftsreisenden ist das Vogtland mit dem Parkhotel als zentrumsnahes Hotel eine attraktive Wahl. In seinem gastfreundlichen Haus verbindet Hoteldirektor Udo Gnüchtel mit kreativem Erfindergeist, kompromissloser Küchenqualität und weltoffener Eleganz kreativ und stilvoll Plauens Industriegeschichte mit regionsverbundenem Gründerzeitgenuss. Egal, ob auf den Zimmern oder im Restaurant, liebt er die innovative Vermittlung vogtländischer Genuss-, Handwerks- und Geschichtswerte. Die gemeinsam mit einem Plauener Spitzenunternehmen für das Hotelrestaurant entwickelte moderne Tafelwäsche ist dabei genauso einzigartig wie die mit eigenen Info-Tablets ausgestatteten gemütlichen Zimmer oder die mit dem Team aus heimischen Zutaten komponierten Marmeladen- und Limonadensorten. Seine Liebe zu bestem Fleisch- und Fischgenuss manifestiert sich im urig gemütlichen Restaurant „Friesische Botschaft“, welche in liebevoller maritimer Einrichtung mit küstentypischen Fischgerichten, saftigen Steaks von südamerik. Angus Ochsen und knackig mediterranen Salaten zu einer erlebnisreichen Urlaubsreise ans Meer einlädt. Egal, ob bei Tagungen, Hochzeiten oder Familienfeiern, erwartet Sie im Parkhotel Plauen familiäre Gastlichkeit – ganz nach dem Motto „Klein, aber fein.“

PARKHOTEL PLAUEN & FRIESISCHE BOTSCHAFT
Rädelstraße 8, 08523 Plauen, Tel.: 03741 / 20060
www.parkhotel-plauen.de,

ARCHITEKTUR & INDUSTRIE

- 38 Vogtlandmuseum Plauen
- 38 Plauener Spitzenmuseum
- 160 Modespitze Plauen
- Schaustickerei Plauener Spitze
- Besucherbergwerk „Ewiges Leben“
- Weissbachsches Haus
- Historische Straßenbahn
- Gründerzeithäuser Lessingstraße

www.friesische-botschaft.de

FAMILIÄRES WELLNESSHOTEL & KULINARISCHE GENUSSADRESSE: HOTEL BAYRISCHER HOF GRÜNBACH & RESTAURANT 1850

Die Prüfer des Varta-Führers staunten nicht schlecht, als sie mitten im idyllischen Vogtland mit Familie Manthey auf einen hochkarätigen Familienclan stießen, der mit mit einer einmaligen Kombination aus heimatverbundenener Gastlichkeit und frischer, kreativer Spitzenküche aus dem Stand nicht nur beste Gästebewertungen, sondern auch zwei von fünf Varta-Diamanten erlangte. „Für uns einer der interessantesten Newcomer in diesem Jahr", lobt der Feinschmecker-Führer. „Klassik auf hohem Niveau, angereichert mit unerwarteten Kreationen."

Restaurant 1850 im Hotel Goldenes Herz

Die Liebe zur umgebenden Natur mit traumhaften Ski- und Wandermöglichkeiten prägte schon die Großeltern, welche im 1990 übernommenen Hotel Goldenes Herz in Schönbrunn gemeinsam mit Sohn Steffen warmherzige Gastfreundschaft und gesellige vogtl. Musikantentradition pflegten. Enkelin Sophie war als Kind vom Dresdner Taschenbergpallais so beeindruckt, dass sie später eine Ausbildung in dem 5 Sterne Haus begann. Dort lernte sie neben ihrem Mann Alexander (ehem. Mitglied in dt. Nationalmannschaft der Köche) auch Küchenchef Ronny und Service- und Weinenthusiastin Lisa kennen, die mit ihr nach namhaften Häusern der Kempinski Gruppe, Sea Cloud Cruises und Hyatt Regency, mutig die Segel Richtung Vogtland lichteten. Unter dem Motto „Neues entdecken und Altes wiederentdecken" stellen sie sich im Restaurant 1850 dem Ziel „... außergewöhnliche und gewöhnliche Küche für jeden zugänglich zu machen, der dafür offen ist." Mit kreativer Frische, optischer Raffinesse, bestem Handwerk und ehrlicher Gastfreundschaft eroberten sie nicht nur einheimische und weitgereiste Genießer, sondern hauchten auch dem

Hotel Bayrischer Hof in Grünbach

als Familien- und Wellnesshotel neues Leben ein. Nach ausgiebigen Wander- und Radfahrtouren im erlebnisreichen Vogtland können die Gäste im hauseigenen Hallenbad mit Sauna entspannen und danach leckere regionale Küche genießen. Die mit Boxspringbetten ausgestatteten Zimmer sind genauso liebevoll gestaltet wie das Frühstücksbuffet mit region. Zutaten. Neben Veranstaltungssaal, Biergarten und Wintergarten verfügt das Haus über eine eigene Brauerei und damit beste Bedingungen für unvergessliche Veranstaltungen.

RESTAURANT 1850 IM HOTEL GOLDENES HERZ
Hauptstraße 4, 08485 Schönbrunn,
Tel.: 037606 / 2229,
www.restaurant1850-schoenbrunn.de

HOTEL BAYRISCHER HOF, Muldenberger Str. 19,
08223 Grünbach, Tel.: 03745 / 789760,
www.bayrischer-gruenbach.de

FAMILIEN-AUSFLUGSTIPPS

- 690 Sparkassen Vogtlandarena Klingenthal
- 680 Soletherme & Saunawelt Bad Elster
- Göltzschtalbrücke
- Loipengebiet Grünbach-Muldenberg
- Kinderspielhaus Grünbach
- Talsperre Muldenberg & Pöhl
- Dammwildgehege

SINNESLUST CATERING & VALENTINO BRAUTMODEN

Mode- und Genusshighlights für unvergessliche Momente

Damit eine Veranstaltung einzigartig und jeder Augenblick kostbar ist, sollte gutes Eventcatering nicht nur satt machen, sondern als kulinarisches Souvenir alle Sinne ansprechen. Valentino Catering macht Ihr Event zu einem Highlight, das Sie nicht vergessen werden. Gemeinsam mit ihren innovativen und leidenschaftlichen Mitarbeitern besitzt Inhaberin Martina Zahn ein feines Gespür für Raffinesse und Qualität. Originell, individuell und stressfrei hat Sinneslust Catering mit köstlichen Buffets, Canapés, Menues, Fingerfood u.v.m. das Erfolgsrezept für Ihre Veranstaltung.
Neben dem Restaurant Ratskeller besitzt Martina Zahn in Saalfeld auch das legendäre Valentino-Brautmoden-Geschäft. In dem wunderschönen, stilvollen Geschäft findet man auf 2 Etagen nicht nur traumhafte Brautkleider intern. Designer, einschließlich Accessoires und die passende Herrenausstattung, sondern auch schönste Mode für alle festlichen Anlässe. Das kompetente und symphatische Team berät Sie persönlich, typgerecht und individuell. Den ersten Schritt auf dem Weg zum vielleicht schönsten Tag Ihres Lebens sollten Sie bei Valentino Brautmoden beginnen.

SINNESLUST CATERING, August-Bebel-Str. 11a, 07333 Unterwellenborn,
Tel.: 03671 / 5252111, www.sinneslust-catering.de,

VALENTINO BRAUTMODEN Schulplatz 2, 07318 Saalfeld,
Tel.: 03671 / 526969, www.valentino-brautmoden.de,
Mo – Fr 10 – 18 Uhr, Sa 9.30 – 12.30 Uhr

PANORAMAHOTEL & RESTAURANT AM MARIENTURM

Der perfekte Ort für Naturliebhaber und Kulturfreunde

Malerisch über Rudolstadt und dem Saaletal am Thüringer Wald gelegen, erfreut das Hotel Naturliebhaber und Kulturfreunde gleichermaßen.
In den geschmack- und liebevoll gestalteten Zimmern begrüßt einen morgens Vogelzwitschern und ein fantastischer Saaletalblick. Einen optimalen Start bietet das reichhaltige Frühstück mit 23 selbstgemachten Marmeladen und Thüringer Spezialitäten.

Gerne berät Sie die Gastgeberin zu romantischen Wanderwegen und spannenden Kulturzielen. Nach einem ereignisreichen Tag können Sie die köstlichen Küchen-Kreationen des Hauses mit einem Unstruttropfen bei einem unvergesslichen Sonnenuntergang auf der Terrasse genießen. Den Aufenthalt perfekt machen die vielfältigen Wellness-Angebote von Sauna über Massagen bis zu Yoga und Reiki. Das Restaurant mit köstlichen Menüs aus heim. Wildbrett und anderen region. Leckereien ist auch bei Feiern und Tagungen sehr beliebt. Dem 7. Himmel ganz nah sind Sie bei den beliebten Hochzeiten mit Zeremonie im Turmstübchen. Egal, ob romantische Flitterwochen, angenehme Urlaubstage, erholsamer Wochenendausflug oder Geschäftsreise, das Hotel ist ein Ort zum Wohlfühlen.

PANORAMAHOTEL & RESTAURANT AM MARIENTURM,
Marienturm 1, 07407 Rudolstadt, Tel.: 03672 / 43270, www.marienturm.de,
Restaurant: ganzjährig ab 11.30 Uhr

HOTEL VILLA ALTENBURG

Genussvolle Villenromantik im Parkparadies

Das traumhafte Hotel wurde 1928 als Fabrikantensitz im Stil der Essener „Krupp Villa" erbaut und liebevoll restauriert. Schon beim Eintreten sorgen knarzende Holzdielen, originale Holzvertäfelungen und romantische Antiquitäten für eine wohlige Atmosphäre. Das von der Eisenacher Innenarchitektin Carla Fehr gestaltete Restaurant strahlt mit dem edlen modernen Interieur und dem damit betonten histor. Ambiente zeitgemäße und zugleich zeitlose Eleganz aus. Aber auch im Hotel ähnelt kein Zimmer dem anderen – Porzellantelefone, aussergewöhnliche Wandleuchter, Tapeten und Möbel wurden harmonisch ausgesucht.

Im Wintergarten eröffnen versenkbare Scheiben den Blick auf Terrasse und einladenden Park. Nicht nur Hochzeitspaare lieben diesen duftenden Blick ins Grüne. Hier und im stimmigen Restaurant-Ambiente verwöhnen Sie Gastgeber & Küchenchef Mirko Kretschmer und Gastgeberin Teresa Simon mit leckeren Köstlichkeiten.

HOTEL VILLA ALTENBURG, BOUTIQUE HOTEL & RESTAURANT,
Simon & Kretschmer GmbH, Straße des Friedens 49, 07381 Pößneck,
Tel.: 03647 / 50 42 888, Fax.: 03647 / 40 42 889, www.villa-altenburg.de

BOUTIQUE HOTEL SCHIEFERHOF

Anders, nicht artig

Der Schieferhof ist klein und fein, ein Haus mit altem Charme und jungem Geist. Außen Tradition und Schiefer treffen innen auf Design, Kunst und kesse Ideen. Liebevoll gestaltete Gästezimmer, dazu Bar, Restaurant, GenussReich, Terrasse, Naturpark, Wellnessbereich und jede Menge emotionaler Berührungen zum Nulltarif. Das Restaurant: schon der Rahmen ist Genuss pur – schwarz /weiße Streifentapete, Fröbel, Geißler, Bach im amerikanischen Pop Art-Style an den Wänden, erotische Porzellankunst von Kati Zorn ziert die Fensternischen und buntes Glas aus der ELIAS Glashütte Lauscha die Tische. Dazu eine ehrliche Frischeküche von echtem Handwerk im Gourmet-Look, die zu den besten in Thüringen zählt, Weine von mehr als 10 regionalen Winzern, glasweise zu probieren, für bewusste Genießer gern im Designglas MARIE von der Jenaer Designerin Christine Klauder. Glas spielt eine Hauptrolle- zum Hotel gehört die ELIAS Glashütte Lauscha: ob die Erlebnisführung „Dem Glas auf der Spur", Glasperlen machen, Traumkugel blasen oder Christbaum schmücken- als Hotelgast haben Sie leichtes Spiel.

BOUTIQUE HOTEL SCHIEFERHOF,
Eisfelder Straße 26, 98724 Neuhaus, Tel.: 03679 / 7740,
www.schieferhof.de, Restaurant: Mo – So ab 18 Uhr,

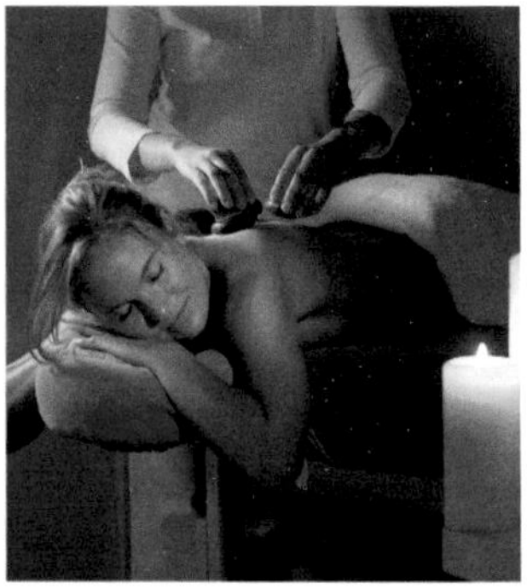

REBHAN'S BUSINESS & WELLNESS HOTEL

Zeit für Genuss – Kulinarisches in mediterranem Ambiente

Das stilvolle Restaurant zeichnet sich durch seine hervorragende, internationale Küche und sein mediterranes Ambiente aus. Lassen Sie sich kulinarisch verwöhnen – sei es mit traditionellen regionalen Spezialitäten, internationalen Gerichten oder einem exzellenten Gourmetmenü. Ob Hochzeiten, Firmenfeiern, Jubiläen oder andere Festlichkeiten: Das „Rebhan's" hält für jeden Anlass das passende Angebot für Sie bereit.

Zwei teilbare Nebenräume bieten den perfekten Rahmen für Ihre private Feierlichkeit. Oder verweilen und träumen Sie auf der im toskanischen Stil gehaltenen Sonnenterrasse. Das Hotel „Rebhan's" bietet Ihnen auf über 1.300 m² Tagungsfläche modernste Konferenztechnik und je nach Bestuhlungsform Platz für bis zu 250 Per sonen. Das moderne 4-Sterne-Hotel „Rebhan's" verfügt über 30 verschiedene Zimmer in fünf Kategorien. Vergessen Sie den Alltag und relaxen Sie in der Wellness-Oase, z. B. bei einem wohltuenden Dampfbad, einem Besuch der Saunalandschaft oder einer entspannenden Wellness-Massage.

REBHAN'S BUSINESS UND WELLNESS HOTEL
Ludwigsstädter Str. 95 + 97, 96342 Stockheim-Neukenroth
Tel.: 09265 / 9556100, info@hotel-rebhan.de, www.hotel-rebhan.de,
Restaurant: tägl. von 12 – 14 Uhr und 18 – 22 Uhr

BERGHOF WARTENFELS & RESTAURANT URSPRUNG

Mit Herzblut und Heimatgenussfreude zurück zum Ursprung

Trotz der Wanderjahre von Alexander & Claudia Schütz durch die Top-Gastronomie und Hotelerie lag der Ursprung ihrer Gastkulturleidenschaft immer in Franken. Mit der Rückkehr 2011 in den Familiengasthof entwickelten sie gemeinsam mit den Eltern Elisabeth & Thomas Schütz ein Konzept, das Tradition und Moderne verbindet.
Ein Kunststück, was in der Küche beginnt, wo Alexander Schütz in liebevoller Pflege und lustvoller Neuinterpretation den Gästen kreative Frischeküche mit köstlichen Zutaten aus heimischen Wäldern und Gewässern sowie eigener Fleisch- und Wurstherstellung kredenzt. Neben der Auszeichnung mit dem Bib Gourmand im Guide Michelin und den 6 Pfannen im Gusto honorieren dies vor allem die Gäste – ohne Vorbestellung ist selten ein Platz möglich. Wer im gemütl. Stübla, dem Wirtshaus oder der Glasterrasse sitzt, fühlt sich schnell zuhause. Auch durch Gastgeberin Claudia Schütz, die mit iPad-Karten zu einer genussvollen Weinreise einlädt. Bestens ausspannen kann man in den Wohlfühlzimmern des Gästehauses und dem geräumigen Ferienhaus.

BERGHOF WARTENFELS & RESTAURANT URSPRUNG IN PRESSECK
Wartenfels 85, 95355 Presseck
Tel.: 09223 / 945647, www.berghof-wartenfels.de
Restaurant: Mi – Sa ab 11 Uhr, So ab 9 Uhr

LANDGASTHOF DETSCH

Ruhe, Natur und Entschleunigung bei feinstem Slow Food Genuss

Bevor Barbara Detsch 1992 den seit 8 Gen. bestehenden Landgasthof übernahm und betörendste Slow Food Genüsse einhauchte, kochte sie sich nach der Münchner Hotelfachschule erst einmal durch dortige Töpfe. Gemeinsam mit ihrem in München kennengelernten Mann, der aus dem schönen Kärnten stammt, verwirklichte sie sich den Traum eines Landgasthofes in der fränk. Heimat. Der behutsame und versierte Umgang von Babara Detsch mit Menschen, Tieren und Pflanzen bilden das Herzstück ihrer sorgfältig zubereiteten Slow Food Köstlichkeiten und der warmherzigen Gast- und Mitarbeiterkultur.
Viele Zutaten der seit 2004 durchgängig vom BIB Michelin ausgez. Küche wie das Angus-Rind, die zahlr. Bio-Kartoffelsorten oder die berühmten Täubchen werden von der Familie selber gezüchtet. Ein kurzer Weg über die Pferdekoppel führt Sie direkt in den Frankenwald mit wunderb. Wandermöglichkeiten. Nach Kulturstadttrips ins nahe Bamberg, Coburg oder Kronach träumen Sie entspannt in den gemütl. 9 Hotelzimmern oder in der Ferienwohnung, bevor Sie ein reichhalt. Frühstücksbuffet mit vielen hausgemachten Produkten erwartet.

LANDGASTHOF DETSCH
Coburger Straße 9, 96342 Haig/Stockheim
Tel.: 09261 / 62490, www.landgasthof-detsch-haig.de
Restaurant: Di – Sa ab 18 Uhr, So mittag

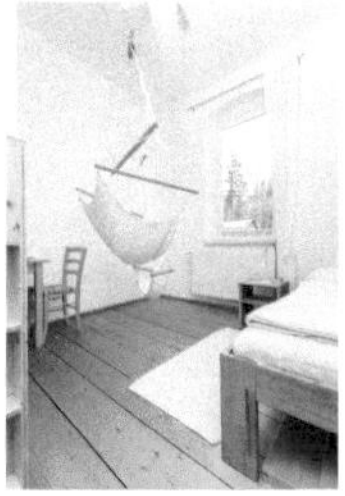

BIO-CAFÉ & BIO-PENSION FREIRAUM BAD STEBEN

Bewusst und ohne Reue genießen

Das Bio- und Gesundheitszentrum „freiraum" wurde 2010 mit viel Herzblut und Liebe ins Leben gerufen. Die tragenden Säulen Bio-Café, Bio-Laden, die Bio-Pension mit ihren baubiol. renov. Gästezimmern und Seminarraum bilden zusammen eine Plattform für Vorträge, Workshops und Austausch. Die veget.-vegane Ausrichtung der Küche wird derzeit um „Low Carb" erweitert.
Die in liebevollen Geschmackskompositionen zubereiteten Kuchen, Torten, Brot u. Brötchen werden stets frisch selbstgebacken und spiegeln die Liebe zum Detail sowie das Engagement und Können aller Mitarbeiter wieder. Spezialitäten sind das auf Wunsch glutenfreie Mittagsmenü und die vegan-glutenfreie Torten und Rohkost-Torten sowie ein den Fettstoffwechsel unterstütz. Kaffee mit Kokosöl u. Butter. Die umfassende, biol. und ges. Lebensweise wird vom ges. Team mitgetragen und gelebt. Neues Herzstück des breiten Angebots ist eine ausgeklügelte Stoffwechselkur. Die Philosophie des Hauses zielt auf die konkr. Steigerung des Wohlbefindens und des Genussfaktors durch Vermittlung entsprechender Informationen und bewährter Methoden.

BIO-CAFÉ & BIO-PENSION FREIRAUM BAD STEBEN
Wenzstr. 4, 95138 Bad Steben
Tel.: 09288 / 550495, Mobil: 0171 / 5226274, www.freiraum-bad-steben.de
Di – So 12 – 18 Uhr

KARTOFFELRESTAURANT ANNO DOMINI

Filmreifer Auftritt von fränkischen Köstlichkeiten

Kontrastreich und verschlungen wie die Scottish Highlands waren die Wege von Michael Kaiser zum Anno Domini, einer raffinierten Verbindung aus Irish Pub und fränkischem Wohlfühlgasthaus. Aus Thüringen nach Franken zog die Liebe Michael Kaisers Vater, welcher auf den Sohn das Friseurhandwerk übertrug. Bis Michael Kaiser in den 1980er Jahren das Abenteuer einer Videothek mehr reizte. Den steten Avancen einer Brauerei erlegen, widmete er sich bald mutig der Kombination von Bier mit Film in einem amerikan. Bistro-Konzept. Bald hielt auch Hollywood mit einem auf der Messe in Kassel erbeuteten orig. „Godzilla"-Fuß Einzug. Es folgten Spielautomaten und ein Pizzaofen. Die Pizzen waren so gefragt, dass ein Umzug in das größere Anno Domini nötig wurde. Gemeinsam mit Omas und Tanten verfeinerte er hier fränkische Rezepte bis zur Perfektion, später kamen Spitzenköche dazu.
Heute steht das Anno Domini nicht nur für beste fränkische Küche, sondern auch für einen überregional anziehendem Irish Pub mit fast 70 Sorten Malt Whisky, Dark Dinner und Live-Musik. Im liebevoll gestalteten Ambiente finden sich auf der Speisekarte, neben köstlich zubereiteten Kartoffel-Spezialitäten viele origin. Ideen, wie z.B. die „Karre Mist" – einen Holz-Leiterwagen, gefüllt mit Schweinefilets und Gemüse.

ANNO DOMINI
Marktplatz 12, 96355 Tettau, Tel.: 09269 / 943624,
www.annodomini-tettau.de, Mo, Mi, Do, So 11 – 14 Uhr
sowie 17 – 23 Uhr, Fr, Sa. 17 – 23 Uhr

ANTIKHOTEL STEINBACHER HOF

Feinste Genussinnovationen im traditionsreichen Ambiente

Im Herzen des staatl. anerkannten Luftkurortes Steinbach am Wald können Sie mit dem familiengeführten Boutiquehotel ein besonderes Kleinod fränkischer Gastlichkeit entdecken. Unter dem Leitspruch „Antikes trifft Modernes", möchte Familie Bauer Traditionelles bewahren, modernisieren und Neues hinzufügen. Schon alleine die Einrichtung des Gastraumes und der mit modernster Technik ausgestatteten Themenzimmer im schwed., asiat. und fränk. Stil lässt das Herz höherschlagen. Jedes liebevoll restaurierte Möbelstück besitzt hier seine eigene Geschichte und bildet ebenso wie die Inhaber mit dem Ort eine harmonisch inspirierende Einheit.

Nach einer Kochausbildung und der Tätigkeit im Landhotel de Weimar, arbeitete Michael Bauer u. a. bei Josef Viehhauser im „Le Canard" und Christian Rach im „Tafelhaus" in Hamburg. Nach dem Wirken für Alexander Tschebull, ebenfalls in Hamburg, ging er der Liebe wegen nach Franken, wo er mit Können, Respekt und Leidenschaft der regionalen Küche mit kreativer Raffinesse neue Inspirationen schenkt. Saisonales und Regionales steht bei ihm im Vordergrund. Neben einer kleinen Weinkarte finden Sie in einer Vitrine liebevoll arrangierte fränkische Bierspezialtäten. Aber auch die Tafelkultur wird von Ehefrau Christine im schönen Festsaal bei individuell auf die Gäste abgestimmten Feierlichkeiten auf das Schönste gepflegt.

Kronacher Straße 3, 96361 Steinbach am Wald, Tel.: 09263 / 9924976,
www.antikhotel-steinbacher-hof.de, Mo, Di und Do – Sa ab 17 Uhr,
So 11:30 – 14 Uhr

GASTHOF HAUEIS

Kulinarische Weltreise mit fränkischem Genussanker

Schon, wenn man sich dem seit Jahrhunderten im Familienbesitz befindlichen Gasthaus nähert, spürt man bei dem harmonisch in der Landschaft verwurzelten und liebevoll mit leuchtenden Blumen geschmücktem Ort, dass sich hier viele Familiengenerationen nicht nur wohlfühlten, sondern auch ihren Gästen bis heute Wohlgefühl schenken. Sowohl die Gaststube, als auch die mit komfortabler Technik ausgestatteten 30 Zimmer schmücken orig. erhaltene Bauernmöbel mit dekorativen Malereien. Dass für die Seniors Tradition nicht Asche, sondern Feuer zum Weitertragen ist, beweist ihr Stolz auf den von Weltreisen zurückgekehrten Sohn Johannes Haueis.
Dieser bereiste nach der Ausbildung am Tegernsee mit der Hapag Loyd und später als Küchenchef auf einem Expeditionsschiff der Hanseatic die Weltmeere vom Amazonas bis zur Antarktis. Zurückgekehrt ins elterliche Gasthaus, widmet sich der passionierte Jäger und Angler mit Leidenschaft den frischen Gaben der umliegenden Wälder, Wiesen und Gewässer. Wild, Forellen und Karpfen werden auf das Köstlichste neu interpretiert und mit fränk. Klassikern wie den selbstgemachten Klößen lustvoll kombiniert. Während die kulinarische Weltreise mit einen Blick über den heimatlichen Tellerand lockt, fesseln in der Umgebung mit der traumhaften Natur, der beeindruckenden Wallfahrtskirche Marienweiher und der Bierstadt Kulmbach entdeckenswerte fränk. Schätze.

LANDGASTHOF HAUEIS
OT Hermes, 95352 Marktleugast-Hermes, Tel.: 09255 / 245,
Mo – Mi 17 – 23 Uhr, Do – So 11 – 23 Uhr

JAGDSCHLOSS FAHRENBÜHL

Das stille Glück vom Eintauchen und Wiederkehren

Angereichert mit den lebensbegleitenden Erinnerungen von fränkischen Wochenendausflüglern und Berliner Ferienkindern, die sich noch als heutige Großeltern lachend in den Räumen treffen, steht das 1887 erbaute Jagdschloss Fahrenbühl für ein zeitloses Gefühl von Ankommen und Zuhause fühlen. Ohne biedere Angestaubtheit oder trendheischende Übertünchung findet man hier einen Ort voller Natürlichkeit, Ausgewogenheit und Ausgefallenheit. Idyllisch am Fuße des Kornberges gelegen, ist die mit einem großen Park umschlossene Hotel-Pension im Fichtelgebirge mit familieneigenem Reitstall, Pferdezucht und Pfauenhaltung nicht nur für Naturliebhaber ein echter Geheimtipp.

Die liebevolle Handschrift von Angelika Raithel und ihrer Tochter Carola Sperrer, angefangen von dem mit stilv. Möbeln aus der Zeit zwischen 1880 und 1910 eingerichteten Zimmern mit selbstgepflückten Blumenkunstwerken über das individuell komponierte Frühstück bis zu gemütlichen Festen, verzaubert den Gast mit Charme, Lebendigkeit und Seele bis ins Detail. Egal, ob im Park mit einem Buch, im hoteleig. Hallenbad mit Sauna, im antiken Zimmer mit Blick auf die Landschaft, im Gestüt oder an der Festtafel – Lieblingsorte finden sich hier schnell. Familien, Romantiker und Liebhaber des Besonderen finden hier ein Paradies zum Wiederkehren.

JAGDSCHLOSS FAHRENBÜHL
95158 Kirchenlamitz, Tel.: 09284 / 364, www.jagdschloss-fahrenbuehl.de

ERLEBNISREGION OCHSENKOPF – WINTERSPORTELDORADO, WANDER- UND FREIZEITPARADIES IM FICHTELGEBIRGE

Warum in die Ferne schweifen? In der Erlebnisregion Ochsenkopf im Naturpark Fichtelgebirge liegt das Vergnügen zum Greifen nahe! Wie eine Kette schmiegen sich in 600 Metern Höhe die vier Gemeinden Bischofsgrün, Fichtelberg, Mehlmeisel und Warmensteinach um den 1024 Meter hohen Ochsenkopf. Ob Wintersport, Wandern, Mountain Biking oder einfach nur Entspannen – hier finden Sie eine großartige Sport- und Freizeitarena unter freiem Himmel, die ihresgleichen sucht.

Nordbayerns längste Skipisten und romantischste Loipen

Das als besonders schneesicher geltende Skigebiet Ochsenkopf ist eine in ihrer Tradition verwurzelte und gleichzeitig moderne Wintersportdestination für Familien und ruhesuchende Winterurlauber. Zehn Pistenkilometer, 100 Kilometer präparierte Loipen, ein umfangreiches Netz geräumter Winterwanderwege, zwei Rodelbahnen, ein Snowboardpark, zwei Seilbahnen, elf Schlepplifte, eine FIS-Strecke sowie zwei große Skischulen mit 140 Skilehrern inklusive Ski- und Snowboardverleih sorgen für winterliche Vielfalt inmitten einer intakten Natur. Beliebt ist das abendliche Skifahren bei Flutlicht bis 22 Uhr. Die sanften Seiten des fränkischen Winters kann man mit schönen Routen für den Winter- und Schneeschuhwanderer entdecken.

Zahlreiche Wander- und Outdooraktivitäten

Wanderer dürfen an einzigartigen Plätzen verweilen und berauschende Aussichten ins Tal genießen. Zertifizierte Wanderwege wie der Fränkische Gebirgsweg oder interessante Themenpfade wie der Jean-Paul-Weg, führen den Wanderer zu den sehenswerten Plätzen in der Region. Der Heilklimatische Kurort Bischofsgrün gilt als das Wanderzentrum, wo 17 zertifizierte Wanderführer und -führerinnen mit Rat und Tat zur Seite stehen. Entdecker gesucht: Im Naturparkinfozentrum Waldhaus Mehlmeisel können die Besucher im neu angelegten Wildpark auf Hochstegen und drei Aussichtsplattformen unter anderem Luchs, Wildkatze, Rot- und Schwarzwild beobachten. Möchtegern-Piraten dürfen auf dem idyllischen Fichtelsee zu einer aufregenden Bootsfahrt entlang geheimnisvoller Granitfelsen starten. Aber auch zahlreiche Outdooraktivitäten locken: Neu ist die Ganzjahres-Erleb-

„
Was findest Du an Deiner Heimat gut:
Die Vielfalt unserer Urlaubsregion – sowohl im Sommer als auch im Winter

Andreas Munder, Geschäftsführer Tourismus & Marketing GmbH
"

nisbahn Alpine Coaster, Genießer radeln mit dem Hybrid-Sportbike, Radsportler wählen die Downhillstrecke vom Ochsenkopfgipfel ins Tal, Mutige hängen sich ans Seil im Ziplinepark und Kinder erleben auf der Devalkartbahn größten Spaß.

Urlaubsmehrwert mit der Ochsenkopf Karte

Mit ihren Urlaubsorten Bischofsgrün, Fichtelberg, Mehlmeisel und Warmensteinach hält die Erlebnisregion Ochsenkopf für ihre Gäste wahre Freizeitschätze bereit. Dazu passt die Ochsenkopf Gästekarte. Vom Gastgeber bei der Anreise ausgehändigt, genießt der Urlaubsgast bereits ab der ersten Übernachtung zahlreiche Angebote und Vorteile der reizvollen Ferienregion und darüber hinaus – inklusive der freien Nutzung der öffentlichen Verkehrsmittel auf den kompletten Regionalbuslinien 329 und 369 bis nach Bayreuth.

Puchtlers Deutscher Adler, Gasthof & Hotel

Direkt am sonnigen Marktplatz von Bischofsgrün gelegen, verwöhnt Familie Puchtler in 6. Generation in ihrem gemütlichen Gasthof mit herzlicher Gastfreundschaft. Die romantischen Kuschel- und Hüttenzimmer sind mit Dusche, Flat-TV und teilw. Himmelbetten ausgestattet. Im liebevoll restaurierten Restaurant, mit vielen schönen Details wie dem Salatbuffet im alten Herd, treffen sich Tradition und Moderne. Thomas Puchtler – Chef und Koch aus Leidenschaft – bereitet aus heimischen Wildkräutern und Produkten, wie z.B. Forellen und Saiblingen aus Mehlmeisel oder Wild vom Forstbetrieb Fichtelberg köstliche fränkische Leckereien. Im Stübla beim Candlelight-Dinner mit einem guten fränkischen Tropfen oder an der Bar am Kamin mit einem frisch gezapften Bier können Sie den Abend in Ruhe ausklingen lassen. Direkt hinter dem Gasthof, neben Wiesen und Feldern, liegt das Hotel Puchtler, wo Sie von großzügigen Zimmern auf die Berge oder das junge Maintal blicken. Die Sauna mit kleinem Bewegungsbad sowie die Vitalabteilung laden zum Entspannen und Relaxen ein.

Tourismus GmbH Ochsenkopf,
Tel.: 09272 / 97032,
www.erlebnis-ochsenkopf.de

Puchtlers Deutscher Adler, Gasthof & Hotel, Kirchenring 4, 95493 Bischofsgrün,
Tel.: 09276 / 926060, www.puchtlers.de

FAMILIEN-ABENTEUER IN DER ERLEBNISREGION OCHSENKOPF IM FICHTELGEBIRGE

KRUG Der FamilienKlub

FAMILOTEL FICHTELGEBIRGE

Hohe Rapunzel-Türme, Wildgehege, Burgen, Ruinen und Schlösser gibt es im Fichtelgebirge reichlich. Sie alle haben inmitten der magischen Schönheit der Landschaft ihren ganz besonderen Reiz. Durch die zahlreichen Outdoor-, Aktiv- und Freizeitangebote rund um den Ochsenkopf ist der Spaßfaktor für Kinder, Jugendliche und Erwachsene groß, so dass die Erlebnisregion Ochsenkopf gemeinsam mit warmherzigen Gastgebern ein wahres Paradies für kleine und große Familien ist. Besonders beliebt bei Klein und Groß ist in Warmensteinach das

Familotel FamilienKlub Krug

Kraft und Gesundheit aus der Natur – bei Familie Diezinger können Sie dies überall spüren und genießen! Bei den Kneippanwendungen der Kneipp-Gesundheitstrainerin Elke Diezinger, den geführten Kräuterwanderungen und bei der naturnahen Küche: Küchenchef Jürgen Diezinger setzt auf frische saisonale Produkte bester Qualität. Bei den All-Inclusive Verwöhnpaketen erwartet Sie neben einem reichhaltigen Frühstücks- und Mittagsbuffet ein abwechslungsreiches Abendmenü. Juniorchef Florian Diezinger hat selbst 4 Kinder und weiß genau, worauf es ankommt: Bei der pädagogisch hochwertigen Kinderbetreuung werden Bewegung und Naturerlebnisse groß geschrieben! Von gut ausgebildeten Erzieherinnen werden im großzügigen hellen Happy Wichtel Klub mit altersgerechtem Spielzeug Babys ab dem 1. Lebensmonat und im erlebnisreichen Happy Kids Klub Kinder ab 4 an 6 Tagen pro Woche betreut. Egal, ob Ihre Kinder schöne Stunden mit Ihnen in der Familie oder erlebnisreiche Momente mit ihren Altersgefährten verbringen, kommt bei Familienbingo, Buggy Tour, Plansch-Party, Ponyreiten, Lagerfeuer, Gespensterwanderung u.v.m. keine Langeweile auf. Im Riesensandkasten direkt am Haus können Ihre Lieblinge nach Herzenslust buddeln und ihr eigenes Märchenschloss bauen, auf dem 1.000 m^2 großen Spielplatz mit Seilbahn, Trampolin und Actionrutsche Räuber spielen oder mit der Vogelnestschaukel in den Himmel schaukeln. Drinnen sorgen Kinderkino, Werkbank, fröhliche Pizzabackkurse, Spielzimmer, Spielothek, Jederzeitraum und Hallenbad mit eigenem Kinderbereich, Babyschwimmen und Seepferdchen-Kurs für Spaß und Anregung. Wohltuende Auszeiten für die Eltern sind in der Sauna mit Whirlpool oder im exklusiv mit Kerzen und Champagner gebuchten Schwimmbad möglich. Die indiv. eingerichteten Zimmer garantieren, egal, ob Sie sich für das großzügige 1001-Nacht-Apartment oder für eines der vielen anderen Märchenzimmer entscheiden, tiefen Wohlfühlschlaf.

Freizeitspaß am Ochsenkopf

An der Nordseite des Ochsenkopfs in Bischofsgrün befindet sich neben dem vom Team „Outdoorincentives“ betriebenen Hochseilgarten für abenteuerlustige Kinder und Erwachsene auch die 2015 eröffnete Erlebnisbahn „Alpine Coaster“. Die spektakuläre Mischung aus Sommerrodel- und Achterbahn bringt die Gäste auf Zweisitzer-Schlitten auf einer 1000 Meter langen Strecke über einen Kreisel und mehrere Kehren und Jumps ins Tal. Der erste Ziplinepark Deutschlands begeistert auf der Südseite des Ochsenkopfes. Perfekt gesichert an 15 Seilstrecken, sogenannten Ziplines, geht es vom Gipfel in hohem Tempo den Berg hinab. Ebenfalls auf der Südseite in Oberwarmensteinach sausen Besucher auf der Devalkartbahn mit unmotorisierten Karts mit bis zu 60 km/h über die Abfahrtspiste. Locken im Winter Skipisten und Rodelhänge, so faszinieren im Sommer traumhafte Naturbäder wie der wildromantische Fichtelsee und der Wildpark Mehlmeisel.

Sport und Action am Bullhead House

Das Bullhead House – ein freundliches Wirtshaus mit Pension – ist die perfekte Herberge für Jung und Alt, die keine weiten Wege wollen und gerne aktiv sind. Direkt vor der Haustür liegt ein Freizeitparadies, das seinesgleichen sucht: Skipiste & Loipennetz am Ochsenkopf, MTB-Strecken, Bike-Park, Wanderwege, Rodelbahn, Zipline, uvm. Besser geht's nicht. Speziell für Mountainbiker und Wintersportler wird am und um's Bullhead mit zahlreichen attraktiven Bike-Routen in allen Schwierigkeitsgraden ab Haus, Bikepark mit Downhillstrecken, Technikparcours, Funpark, Bike-Verleih sowie Snowboard-, Ski- und Langlaufschule einiges geboten. Im Bullhead Gasthaus gibt es für jeden Geschmack etwas, Aushängeschild sind die leckeren Bullhead-Burger.

BULLHEAD HOUSE

Familotel FamilienKlub Krug
Siebensternweg 15, 95485 Warmensteinach
Tel.: 09277 / 9910, www.hotel-krug.de

Bullhead House, Fleckl 13
95458 Warmensteinach,
Tel.: 09277 / 975379,
www.bullheadhouse.de

ERLEBNIS ④ OCHSENKOPF
BISCHOFSGRÜN FICHTELBERG
MEHLMEISEL WARMENSTEINACH

TESCHNER´S HERRSCHAFTLICHE GASTWIRTSCHAFT

Fränkische Tradition trifft experimentierfreudige Moderne

Unter diesem Motto laden Ausnahmekoch Christoph Teschner und seine Frau und Service-Virtuosin Dana in ihr nahe Schwarzenbach liebevoll restauriertes Refugium. Die nach ihrem Wunsiedler Restaurant in der Förbauer Gastwirtschaft größere Nähe zu Familie, Natur und Zutaten verwurzelte und beflügelte beide zugleich. Auf der nur einen Teil von Teschners Experimentierfreude fassenden Karte erwartet Sie eine qualitätvolle Mischung aus fränk. Wirtshaus-Bodenständigkeit und kreativer Gourmetküche.

Wichtige Inspirationsquelle sind vom Weißdorfer Metzgersfleisch, hausgemachten Nudeln bis zu exot. Steakraritäten beste heimische und internationale Zutaten. Teschners Können und Feingefühl, den indiv. Charakter hochwertiger Bestandteile in geschickter Komposition zu betonen und zu steigern, findet in den von seiner Frau gestalteten Gasträumen und der Weinkarte mit neuen Winzergenerationen aus Pfalz und Franken ein wirkungsvolles Pedant. Schon lange kein Geheimtipp mehr sind Teschners spannende Kochkurse, die monatl. Sushiabende, die Montags-Burger sowie die fränk. Sonntagsmenü-Schmankerl.

Teschner's Herrschaftliche Gastwirtschaft, Seubnitzer Straße 3, 95126 Schwarzenbach an der Saale, Tel.: 09284 / 8012588, www.teschners-herrschaftliche.de, Mo – Sa ab 16 Uhr, So ab 11 Uhr, Di und Mi Ruhetag

DIE ROSA VILLA SELB

Genießen und Entspannen im familiären Designambiente

Als Fotograf, vierfacher Vater und Werbeagentur-Chef kennt sich Manfred Jahreiß mit guter Gestaltung und Familienfreundlichkeit bestens aus. Die Seltenheit, beides im Urlaub mit einer mehrköpfigen Familie zu finden, brachte ihn auf die Idee einer familienfreundlich und zugleich innovativ designten Ferienwohnung. Als Jugendstilvilla 1911 für einen Direktor der Rosenthal AG erbaut, wurde die Rosa Villa nach wechselvoller Geschichte in den 1980er Jahren originalgetreu von einem Designer renoviert. Seit den 1990er Jahren leben hier Manfred Jahreiß und Kati Jarmola mit ihren Kindern Aaron (18), Fee (8), Ida (6) und Esa Paul (fast 4).

Die von beiden geschmackvoll gestaltete Ferienwohnung mit 105 m^2 und einem wundervollen Blick über die Stadt Selb bietet Platz für 4 (und mehr) Personen. Ausgestattet mit franz. Schlafzimmer, neu renov. Bad, komplett ausgestatteter Küche (Kaffee- Espresso- und Spülmaschine, Toaster und Mikrowelle vorhanden), Wohnbereich, Esszimmer und einem Arbeitsraum mit Schlafcouch lässt die Ferienwohnung viele Nutzungsvarianten zu. Im Garten mit Terrasse, Grill und Tischtennisplatte kann man den Tag entspannt ausklingen lassen.

Die Rosa Villa, Wilhelmstraße 16, 95100 Selb, Tel.: 09287 / 500593, Kati: 0163 / 6982382, www.rosavilla-selb.de

KULTURKNEIPE UND BAR EWIGE BAUSTELLE WUNSIEDEL – SOUL & FOOD MEETS ART & DESIGN

„…denn die Kunst ist eine Tochter der Freiheit…" wusste schon Friedrich Schiller, dessen „Räuber" von 1833-2008 als häufigstes Stück auf der Luisenburg Felsenbühne gespielt wurde. Durch zahlreiche Wunsiedler Gesteinsschichten musste sich auch German Schlaug viele Jahre durcharbeiten, bis er auf seiner „Ewigen Baustelle" einen schillernden Schauplatz der Begegnung für eine inspirierende Gästevielfalt schuf.

Eine Kulturkneipe, die dem vom vibrierenden Kassel ins beschauliche Wunsiedel verschlagenen Kunstlehrer wie eine Sahnehaube über dem winterlichen Fichtelgebirge fehlte. Um einen solchen Ort zu schaffen, erwarb er 1991 das Haus Breite Str. Nr 3., ohne das Sanierungsausmaß auch nur zu erahnen. Dank seines denkmalpflegerischen Interesses nimmt er sich dem 600-jähr. Gebäude nicht nur restaurierend, sondern auch bauhistorisch forschend an. Zwischen Blechzinnerdynastien, dem späteren Rektor der Universität Leipzig, Gerbern, Gürtlermeister, Billiardsalonier und dem Buchdrucker der ersten Wunsiedler Zeitung liest sich die Geschichte der Bewohner wie ein Roman. Sorgsam legt German Schlaug historische Türbögen, Mauern und Böden frei und kombiniert sie sinnlich mit gläsernen Architektur und modernen Interieur. Die lange Bauzeit von 7 Jahren wird von Spöttern bald mit „Ewige Baustelle" kommentiert. Einem Titel, in dem nach der Eröffnung 1998 höchste Anerkennung schwingt. Der Angewohnheit, schon während der Bauphase die Straße mit Kunst zu beleben bleibt, German Schlaug mit einer aus Jena importierten Straßenbahn und zahlreichen Konzerten treu.

2005 holt er mit der Hotelfachfrau Marian Meyerhöfer eine genauso kreative wie handwerklich stringente Gastgeberin und Pächterin auf die bis dahin im Service-Freistil betriebene Wirtshaus-Bühne. Langsam und behutsam verbindet sie die freigeistige Individualität von Architektur, Bauherr und Personal in steigender Qualität von Küche, Service und Weinkarte mit der gastronomisch bis dato eher bodenständigen Mentalität der Wunsiedler. Schnell wird die „Baustelle" nicht nur zum 2. Zuhause für Schauspieler und Künstler, sondern auch für die Wunsiedler selber. Scheinbar nimmermüde verwöhnt „Molo" Meyerhöfer die Gäste in einer Mischung aus Wirtin, Impressario und Gärtnerin in Café, Kellergewölbe, Wintergarten und Bar. Egal, ob jemand um 1 Uhr noch etwas Warmes essen oder in großer Gruppe feiern will, sie macht fast alles möglich. Allein die inspirierende Gäste-Zugewandtheit und spontane Schauspieler-Einlagen wie ein nächtliches „Cat´s Solo" vermögen sie in Ruheposition zu versetzen. Auch German Schlaug nimmt seinen „Ruhestand" nicht allzu ernst und arbeitet gegenüber derweil an der nächsten Baustelle.

Kulturkneipe und Bar zur Ewigen Baustelle, Breite Str. 3, 95632 Wunsiedel, Tel.: 09232 / 917337, Di – So 17 – 1Uhr, Mo Ruhetag, www.ewigebaustelle.de

HOTEL & RESTAURANT ROSENTHAL CASINO SELB – BEGEGNUNG MIT DESIGN, KUNST UND GENUSS

Trotz seiner Einzigartigkeit als Wegbereiter deutscher Designhotels liegt es versteckt: das Rosenthal Casino. Nach wie vor als „Geheimtipp" geltend, befindet sich das privat geführte Hotel + Restaurant in unmittelbarer Nähe zum Regenbogenhaus. Philip Rosenthal, der geistige Vater des heutigen Hotels & Restaurants, lancierte das Casino Anfang der 50er Jahre zum ersten Kunst- & Design- Hotel Deutschlands. Seine Philosophie „Mit Kunst leben" wurde von ihm und international renommierten Künstlern, wie z.B. Otmar Alt oder Marcello Morandini, Anfang der 80er Jahre nochmals auf einzigartige Weise umgesetzt, als 20 verschiedene Künstlerzimmer entstanden.

Ein Original dieser Zeit ist auch das Porzellanrelief im Treppenhaus aus Serviceteilen der Form 2000, die zu einem imposanten Wandbild komponiert wurden.
Das Restaurant, im Stil der 60er Jahre gehalten, entstand oft durch spontane Ideen, die Philip Rosenthal von seinen Reisen mitbrachte. Sein erstes Kunst-Objekt „Bierflaschenwand", welches er exklusiv für sein Restaurant entworfen hatte, präsentiert sich vor allem bei Sonnenlicht oder abends in den wunderschönsten Farben. Kleine, diskrete Ledernischen laden zum Verweilen ein. Sebastian und Sandra Körber und ihr Team verwöhnen hier mit frischen, handwerklich perfekten und geschmackvollen Speisen, für die hauptsächlich Bio-Produkte aus der Region sorgfältig verarbeitet werden. Besonders beliebt bei den Restaurantgästen, aber auch zum Verschenken als Gutschein, ist das Verwöhnpaket „Candle-Light-Dinner – Wine & Dine", das einen Sektcocktail zum Empfang, ein 4-Gang-Degustations-Menü zum Abendessen, korrespondierende Weine zu jedem Gang, 1 große Flasche Mineralwasser sowie Espresso oder Cappuccino nach dem Essen beinhaltet.
Preis: 61 € pro Person.

Begegnung und Genuss, Kreativität und Inspiration – um nichts anderes geht es im Rosenthal Casino. Ein Besuch im Rosenthal Casino inspiriert und hinterlässt bleibende Eindrücke.

ROSENTHAL CASINO HOTEL + RESTAURANT
Kasinostr. 3, 95100 Selb, Tel.: 09287 / 8050,
www.rosenthal-casino.de,
info@rosenthal-casino.de
Restaurant:
Mo – Fr 11.30 – 14 Uhr, und 18 – 22 Uhr
So Ruhetag

DIE MARKE ROSENTHAL

Innovationskraft und Kreativität made in Germany

Heute wie zur Gründung vor mehr als 135 Jahren entwickelt die Rosenthal GmbH in Selb Porzellanprodukte, die durch Form, Funktion, Qualität und Handwerkskunst bestechen. Etablierte Größen der Architektur, des Designs und der Kunst wie auch die angesagtesten Newcomer und Talente entwerfen außergewöhnliche Kollektionen – sowohl für den gedeckten Tisch als auch für die Freude am Schenken und das gehobene Einrichten. Die Fertigung erfolgt in den Werken Rosenthal am Rothbühl in Selb und Thomas am Kulm in Speichersdorf, die zu den weltweit modernsten Produktionsanlagen der Porzellanindustrie zählen und dank zukunftsträchtiger Investitionen nachhaltig und ressourcenschonend produzieren.
Die neue Rosenthal Interieur Möbelkollektion mit Esstisch, Stühlen und Sofas, die von der Ästhetik und der besonderen Qualität des Rosenthal Porzellans inspiriert ist sowie hochwertige Accessoires, wie etwa Kleiderhaken aus farbigem Porzellan und Armbanduhren, bereichern die Rosenthal Welt um Designobjekte, die weit über den klassisch gedeckten Tisch hinausgehen. Direkt neben der Regenbogenfassade der Rosenthal Unternehmenszentrale lädt das Rosenthal Outlet Center zum ausgiebigen Shopping ein.

ROSENTHAL GMBH
Philip-Rosenthal-Platz 1,
95100 Selb,
Tel.: 09287 / 720,
www.rosenthal.de

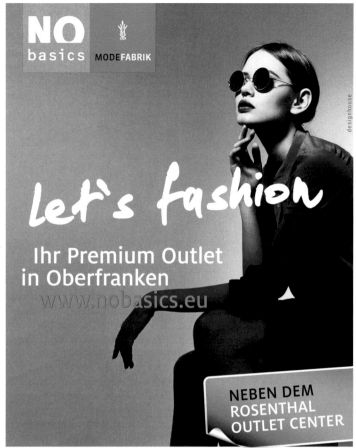

MERCURE HOTEL KONGRESS CHEMNITZ

Entspannen und Tagen bei eindrucksvollem Weitblick

Das 3-Sterne-Superior-Hotel Mercure Kongress Chemnitz in bester Innenstadtlage von Chemnitz empfängt Sie vis-à-vis des bekannten Karl-Marx-Monuments. Weithin sichtbar erhebt sich das 97 m hohe Mercure Hotel als höchstes Haus am Platze stolz über die Chemnitzer Innenstadt und lädt mit direktem Zugang zur Stadthalle zum Tagen ein. Das Mercure Hotel Chemnitz bietet 302 modern eingerichtete Zimmer in vier Kategorien. 10 Konferenzräume sind für Tagungen und Veranstaltungen mit bis zu 350 Personen reserviert, und der direkte Zugang zur Stadthalle Chemnitz erweitert die Kapazitäten für Veranstaltungen auf bis zu 2000 Teilnehmer. Gäste des Mercure Hotel Kongress Chemnitz schätzen das Hotel für seine zentrale Lage, das gute Frühstück und die schöne Aussicht.

An große Chemnitzer Automobilgeschichte erinnert die Horch-Bar, die sich im Erdgeschoss befindet und bei entspannter Atmosphäre zum Verweilen einlädt. August Horch hatte 1932 in der Klasse über 4,2 Litern Hubraum einen Zulassungsanteil von rund 44 Prozent und entwickelte zahlreiche Rennwagen-Legenden.

MERCURE HOTEL KONGRESS CHEMNITZ
Brückenstraße 19, 09111 Chemnitz, Tel.: 0371 / 6830,
www.mercure-hotel-chemnitz.de

HOTEL AN DER OPER CHEMNITZ

Erstklassige Küche an einem außergewöhnlichen Ort

Das Hotel an der Oper ist ein modernes 4-Sterne-Hotel mit direktem Blick auf den Theaterplatz und die Oper. In dem harmonischen, modernen Ambiente ist das Unerwartete gewollt. Warme Farben und klare Formen in einer hellen Umgebung empfangen den Gast mit Herzlichkeit und geben ihm das Gefühl, der Mittelpunkt zu sein. Inspiriert von Einflüssen aus Zeit und Raum und empfohlen vom Guide Michelin, verwöhnt Sie im Restaurant SCALA das Team um Küchenchef Lars Herfurth mit immer neuen Gaumenfreuden. Genießen Sie Köstlichkeiten aus regionalen Produkten, wie z.B. von der Fleischerei Heyer oder von Jägern aus dem Erzgebirge, der Brauerei Braustolz oder der Kaffeerösterei Bohnenmeister sowie mit erlesenen Weinen im stilvollen Ambiente. Kulinarische Glanzlichter offerieren der kulinarische Kalender oder regelmäßige. Angebote wie Opernmenü, Kerzenschein-Dinner und Gründerzeitmenü. Anspruchsvollen Nachtschwärmern bietet die Bar MOZART abwechslungsreiche Cocktails, hochwertige Spritiuosen und eine beeindruckende Auswahl von 190 Whiskys. An die ehemalige Tanzbar des Interhotel Moskau erinnert das Design-Café Moskau. Lassen Sie sich von einem hervorragenden Service verwöhnen und erleben Sie entspannte Stunden im Hotel an der Oper.

HOTEL AN DER OPER CHEMNITZ
Straße der Nationen 56, 09111 Chemnitz, Tel.: 0371 / 6810,
www.hoteloper-chemnitz.de

MIT DEM BEST WESTERN HOTEL AM SCHLOSSPARK LICHTENWALDE BAROCKE SCHLÖSSER-WELTEN ENTDECKEN

Eingebettet in die wunderbare Natur des Zschopautals und direkt neben dem Barockschloss Lichtenwalde und seinem idyllischen Schlossgarten, liegt das Hotel am Schlosspark. Ursprünglich als Akademie des ostdeutschen Sparkassenverbandes konzipiert, besitzt das Hotel eine einzigartige Architektur aus räumlich voneinander getrennten modernen Genuss-, Tagungs- und Wellnessbereichen sowie für entspannten Rückzug geeignete Gästehäuser. Die optimalen Arbeits- und Entspannungsmöglichkeiten lassen sich bestens kombinieren mit einem Eintauchen in die traumhaften Schlösserwelten der „Sehenswerten Drei": Schloss Lichtenwalde, Schloss Augustusburg, Familienburg Scharfenstein.

Erholsam übernachten, erfolgreich tagen, Regionalität erleben und Natur genießen vor den Toren der Stadt Chemnitz! Klare, lichtdurchflutete Architektur, gepaart mit einer naturschönen Lage und der unmittelbaren Nachbarschaft von Schloss und Park Lichtenwalde – im Best Western Hotel am Schlosspark Lichtenwalde gehen Moderne und Barock eine einzigartige Verbindung ein! 84 Wohlfühlzimmer, 2 Restaurants und ein Wellnessbereich laden zu Entspannung und Genuss ein. Die Zimmer der 4 Gästehäuser bieten einen herrlichen Blick über das sanfte Zschopautal, welches die Besucher zum Wandern, Joggen und Biken einlädt. Panoramafenster gewähren einen freien Blick auf die idyllische Umgebung des Zschopautals. In den Restaurants „Lichtblick" und „Campus" dominiert ein elegantes Design. Marktfrische Zutaten aus der Region und täglich variierende Buffets sorgen für Abwechslung, auch bei längeren Aufenthalten. Bei sommerlichen Temperaturen sind die großzügigen Terrassen beider Restaurants geöffnet. Nach getaner Arbeit sorgt eine Vielzahl von Möglichkeiten für Ihr Wohl. Lassen Sie den Tag im gemütlichen Kaminzimmer ausklingen oder entspannen Sie im Fitness- und Wellness-Bereich mit Dampfbad, Sauna und modernen Fitness-Geräten.

Hotel am Schlosspark
★★★★

Barocke Faszination mit den „Sehenswerten Drei"

Schloss und Park Lichtenwalde bilden eines der bemerkenswertesten Barock-Ensembles in Deutschland. Nach hist. Vorbild rekonstruiert, kann sich der Lichtenwalder Barockpark mit seinen 10 Hektar, mit überwältigend vielen Sicht- und Wegachsen, 335 historischen Fontänen, versteckten Pavillons und Sitzbänken mit den großen Parks in Deutschland messen lassen. Das 2010 mit viel Liebe zum Detail restaurierte Schloss beherbergt im „Schatzkammermuseum" außergew. Sammlungen von Kunst- und Ritualgegenständen aus Tibet und Nepal sowie Porzellane, Möbel, Lackarbeiten und Seidenstickereien aus China und Japan. Gehört das vom sächs. Kurfürst August (1568-1572) errichtete Schloss Augustusberg mit Kutschen-, Motorrad-, Jagdtier- und Vogelkundemuseum als „Krone des Erzgebirges" zu den schönsten Renaissanceschlössern Mitteleuropas, so gilt die mittelalterliche Burg Scharfenstein als eine der ältesten Herrschaftssitze Sachsens.

BEST WESTERN HOTEL AM SCHLOSSPARK LICHTENWALDE, August-Bebel-Straße 1, 09577 Lichtenwalde, Tel.: 037206 / 8820, www.hotel-lichtenwalde.de, www.die-sehenswerten-drei.de

PENTAHOTEL CHEMNITZ

Zu schön, um wieder abzureisen

Elegant und stilvoll liegt das 1996 erbaute pentahotel Chemnitz auf dem Schloßberg – mit einem herrlichen Blick auf Park und Altstadt. Zentrumsnah und dennoch in ruhiger Lage können Sie von hier aus Kultur, Natur und Chemnitzer Nachtleben rundum entspannt genießen. Für den sportlich ambitionierten Gast bieten Küchwald und Schloßteich schöne Laufstrecken im Grünen. Eine Extra-Portion Erholung finden Sie im Healthclub Aqua mit Wellness, Sauna und Pool. Danach lockt ein Besuch im Restaurant, wo Sie u.a. mit dem legendären American Prime Beef hervorragende Steaks und Burger erwarten.

Auch auf Ihrem Zimmer finden Sie immer einen Tick mehr von allem: Vom Schlafkomfort bis hin zum Entertainment. In entspannter Atmosphäre erwarten Sie mit 32" Flatscreen-TV sowie kostenfreiem WIFI und Sky Spielfilm und Sky Sport großes Kino. Ein besonderes Highlight sind die großzügigen 17 Suiten mit Balkonweitblick. Das Hotel ist auch perfekt für gehobene Tagungen geeignet. In 21 Konferenzräumen mit 387 m^2 Gesamtfläche konferieren Sie so flexibel und entspannt, wie es nur geht. Die pentalounge verbindet Bar, Lobby, Restaurant und wohnlichen Anziehungspunkt für Interessante und Interessierte.

PENTA HOTEL CHEMNITZ, Salzstraße 56, 09113 Chemnitz,
Tel.: 0371 / 3341704, www.pentahotels.com

BIENDO HOTEL CHEMNITZ

Innovative Designatmosphäre mit Panoramablick

Betritt man das 2012 im Herzen der Stadt eröffnete Hotel mit seinem stilvollen Ambiente, kann man sich kaum vorstellen, daß dieses Haus nicht zu urbanen Design-Hotelgruppen gehört, sondern von dem Chemnitzer Gastronomen Tino Eckhold in absoluter Eigenregie entwickelt und betrieben wird. Die modern und stilvoll eingerichteten Zimmer und Suiten sind im guten Preis-Leistungsverhältnis hochwertig und komfortabel ausgestattet. Große Panorama-Fenster sorgen für Licht und einen freien Blick auf die Stadt.
Im hellen Frühstücksraum im 6. Obergeschoss lässt sich das reichhaltige Frühstück entspannt genießen. Von hier haben Sie einen wunderschönen Blick Richtung Erzgebirge. Die Bar wechselt vom Morgen-Empfang zur abendlichen Cocktaillounge stimmungsvoll ihr Gesicht. Nicht nur die Hotelgäste sind herzlich in das Restaurant „Tillmann's" direkt gegenüber im Herzen der Stadt am Park zum Roten Turm eingeladen, wo von Tapas bis Antipasti alles selbst zubereitet wird und wöchentl. Angebote wie z.B. Blue Monday, Tillmann´s Menüabend oder Freundinnen-Brunch locken. Schick ausgehen und stilvoll tagen und feiern kann man in der einzigartigen Veranstaltungslocation Pentagon3.

BIENDO HOTEL, Straße der Nationen 12, 09111 Chemnitz,
Tel.: 0371 / 4331920, www.biendo-hotel.de,

RESTAURANT TILLMANN´S, Terminal 3, Brückenstraße 17, 09111 Chemnitz,
Tel.: 0371 / 355 87 63, www.tillmanns-chemnitz.de,
Mo – Fr ab 11 Uhr, Sa ab 9 Uhr, So & Feiertags ab 10 Uhr,

PENTAGON3, Brückenstraße 17, 09111 Chemnitz,
Tel.: 0151 / 26574198, www.pentagon3.de

VOM RESTAURANT KELLERHAUS DAS HISTORISCHE SCHLOSSBERGVIERTEL ENTDECKEN

Von den 39 Chemnitzer Stadtteilen hat jeder sein eigenes Gesicht. Neben dem Kaßberg zweifellos einer der schönsten ist Schloßchemnitz. Hier befindet sich die Wiege der Stadt. Zwischen verwinkelten Gassen, der Schloßkirche, dem Schloßbergmuseum und den Resten des einstigen Klosters, ausgestattet mit wertvollen Bildhauerarbeiten, kann man greifbar in Chemnitzer Geschichte eintauchen.

Der Ortsteil Schloßchemnitz wurde 1859 aus den beiden Landgemeinden „Schloßgasse“ und „Schloßvorwerk“ gebildet und am 1. Oktober 1880 eingemeindet. Das Schloßteichgelände gehörte von Beginn an zum Chemnitzer Kloster. Abt Heinrich von Schleinitz ließ 1493 den Schloßteich als Fischteich für das Kloster anlegen. Um den Schloßteich floss der Pleißenbach herum, der auch noch heute den Teich bewässert. Nach der Auflösung des Klosters wurde der Teich dem Amt Chemnitz unterstellt, 1860 von der Stadt Chemnitz aufgekauft und in ein Erholungsgebiet umgebaut. Auf der Schloßteichinsel entstand 1913 der Zipper-Brunnen und nach dem zweiten Weltkrieg ein neuer Konzert-Pavillon. 1930 wurde der Schloßteichpark erweitert und eine Brunnenanlage geschaffen, an deren Fuße die 1868 geschaffene Figurengruppe „Die vier Tageszeiten“ von Johannes Schilling aufgestellt wurde. Am Schloßberg ist in den 1990er ein ganzes Ensemble malerischer Einkehrstätten entstanden.

Restaurant Kellerhaus

Himmelhoch überragt von der spätgotischen Kloster- und späteren Schloßkirche St. Marien, bildet das Kellerhaus das wohl schönste Fachwerkgebäude am Platz, den Eingang zur historischen Kneipenmeile am Fuße des Schloßbergs. Die Gaststube im Erdgeschoss mit der schweren originalen Balkendecke und aus Stein gemauerten Wänden ist eine Augenweide- ebenso das leichter und moderner gestaltete Obergeschoss. Im Sommer nehmen Sie Platz auf einer malerischen Terrasse unter dem Laubdach hoher Bäume. Das Kellerhaus ist bekannt und beliebt für kulinarische Offerten, die je nach Saison wechseln. Auf dem Speisezettel stehen Gerichte, wie sie auch die Altvorderen liebten. Deftig, hausgemacht, bodenständig nach seit Generationen überlieferten Rezepten, aber auch die leichte moderne Küche hat hier ihren Platz. Wohltemperierte Biere, feine Spirituosen mit über 80(!) verschiedenen Whiskys und edle Weine runden die Karte ab. Gern richtet das herzliche Team vom Kellerhaus Feierlichkeiten vom romantischen Candlelight-Dinner bis hin zur Business-Veranstaltung nach Ihrem Geschmack aus.

KELLERHAUS CHEMNITZ, Schloßberg 2, 09113 Chemnitz, Tel. 0371 / 3351677, www.kellerhaus-chemnitz.de, tägl. ab 11 Uhr

STEIGENBERGER GRANDHOTEL HANDELSHOF LEIPZIG

Wo aus einer schönen eine kostbare Erinnerung wird

Wer den traditionsreichen Zauber eines echten Grandhotels mit internationalem Lifestyle und aufmerksamer Gastkultur der Extraklasse auch in Mitteldeutschland genießen möchte, ist in diesem exklusiven Haus an der richtigen Adresse. Hinter der historischen Fassade des ehemaligen Messegebäudes in der Leipziger City verbirgt sich mit dem Steigenberger Grandhotel Handelshof ein modernes Luxushotel. Es befindet sich in bester Lage, direkt am berühmten Naschmarkt. Das Gewandhaus und die Oper sind bequem zu Fuß zu erreichen.

Die großzügigen, eleganten Zimmer und Suiten mit traumhafter Aussicht in die Stadt sind unvergleichbar in Leipzig. Durch ihre unterschiedlichen Grundrisse strahlen alle Räume eine individuelle Atmosphäre aus. In der eindrucksvollen Empfangshalle empfängt die Gäste zu exquisiten Cocktails, entspannter Tea Time oder Business-Kaffee in Lounge Atmosphäre eine wunderschöne Bar. Die Brasserie Le Grand mit Vinothek und außergewöhnlichem Interieur gilt als wahres Kleinod in der kulinarischen Landschaft. Hier verwöhnt man Sie mit feinster, internationaler Küche und ausgesuchten Weinen.

STEIGENBERGER GRANDHOTEL HANDELSHOF LEIPZIG
Salzgäßchen 6, 04109 Leipzig, Tel.: 0341 / 3505810,
www.leipzig.steigenberger.com
Brasserie: Mittags: Mo – Sa 11.30 – 15 Uhr, Abends: So – Do 18 – 22.30 Uhr,
Fr – Sa 18 – 23.30 Uhr, Bar: tägl. von 8 (früh) – 2 Uhr (nachts)

RESTAURANT STADTPFEIFFER LEIPZIG

Großes Konzert in feinsten Kochtöpfen

Zur Unterhaltung der Leipziger bei Festen engagierten die Ratsherren 1479 drei Stadtpfeifer. Mit Unterstützung bek. Komponisten und wohlh. Bürger wuchs das Orchester zum „großen Concert", das 1744 seinen ersten und 1981 mit dem Gewandhaus seinen letzten Konzertsaal erhielt. Unter Detlef & Petra Schlegel findet hier seit 2001 das „große Concert" auch in den Töpfen statt. Der Tusch 2002 als erstes Leipziger Sternerestaurant wurde von beiden hart erarbeitet. Während der leistungsstarke Rhythmus in den DDR Versorgungshochburgen zwischen Usedom und Rennsteig entstand, verfeinerte sich die Melodie u.a. in Brenner´s Parkhotel und Traube Tonbach.

Trotz mittlerw. 14 Sternen hebt Detlef Schlegel nur mit seinen feinfühlig kraftv. Genusskompositionen zum Himmel ab. Als Mensch l(i)ebt er den Boden, verwurzelt mit Stadt und Gästen, steckt er viel Engagement und Sorgfalt in Handwerk, Personal und Zutaten, die er streng und liebevoll zugleich zu Qualität und einzigart. Aroma reifen läßt. Vergleichbar mit den traumh. Tropfen, welche Petra Schlegel mit leuchtender Gastgeberzugewandheit den glückl. Gästen empfiehlt.

RESTAURANT STADTPFEIFFER LEIPZIG
Augustusplatz 8, 04109 Leipzig
Telefon: 0341 / 2178920, www.stadtpfeiffer.de
Di – Sa ab 18 Uhr

HOTEL FÜRSTENHOF, LEIPZIG – EIN LUXURY COLLECTION HOTEL

Glanzvolle Legende in Leipzig seit 1889

Im Herzen der faszinierenden Kulturstadt Leipzig empfängt das 5-Sterne Superior-Hotel Fürstenhof, Leipzig seine Gäste mit zeitloser Eleganz und Service auf höchstem Niveau. Im Stil eines prunkvollen Palais im Jahre 1770 von Familie Löhr erbaut, erhielt das Haus 1865 für exklusive Feste einen opulenten Bankettsaal aus Serpentinstein, welcher auch im 1889 eröffneten Hotel Fürstenhof, Leipzig als Herzstück wirkt. Internationales Publikum und elegante Hochzeiten prägten das Hotel zu DDR Zeiten. Zu neuem Glanz kam es 1996 nach umfangreicher Renovierung als Kempinski Hotel Fürstenhof.
Mit der Aufnahme des Fürstenhofes in die Riege der „Luxury Collection Hotels" im Jahr 2000 wurde es zu einer kostbaren Perle von weltweit über 100 Top-Hotels. In den mondänen 90 Zimmern und luxuriösen Suiten erleben auch erfahrene Reisende unvergleichliche Individualität. Im Restaurant „Villers" inspiriert Chef de Cuisine, Hannes Schlegel, weltgewandte Gourmets in stilvoller Umgebung. Erholung pur verspricht der Wellnessbereich „AquaMarin". Anspruchsvolle Gäste erwartet das elegante Flair des Traditionshotels mit seinem weltweit einzigartigen Serpentinsaal sowie persönliche Gastlichkeit, die das Hotel seit über 125 Jahren auszeichnet.

HOTEL FÜRSTENHOF, LEIPZIG – EIN LUXURY COLLECTION HOTEL
Tröndlinring 8, 04105 Leipzig, Tel.: 0341/ 1400,
www.hotelfuerstenhofleipzig.com, Restaurant Villers: Mo – Sa 18 – 23 Uhr
Vinothek 1770: Mo – So ab 12 Uhr

LEIPZIG MARRIOTT HOTEL

Sächsischer Genuss trifft auf amerikanischen Komfort

Die besondere Marriott-Philosophie kann man in Leipzig genießen. Aufgebaut wurde die weltweit zweitgrößte Hotelkette mit 4.400 Hotels vor 90 Jahren von J. Willard u. Alice Marriott aus einem eigenen Root-Beer-Stand in Washington D.C.. Werte, wie eine starke Verantwortung für Gesellschaft, Kunden und Mitarbeiter ermöglichten das. Innovationen (Erfindung des Drive In, Flugzeugcatering und Rewards-System) und Komfort (Marriott-Betten) prägen das Unternehmen bis heute.

Genießen Sie im Leipziger Zentrum die einzigartige Atmosphäre und den ausgezeichneten persönlichen Service in dem komfortabel ausgestatteten Hotel, welches Geschäftsreisende und Familienurlauber gleichermaßen überzeugt. Im wunderschönen Restaurant „Creme BRÜHLé" erwartet Sie eine feine, reichhaltige Frische-Küche mit saisonalen und regionalen Zutaten. Den Tag entspannt ausklingen lassen können Sie in der 5TEN20 Bar & Lounge oder in der Champions Sports Bar. Sehr empfehlenswert sind die „Executive-Lounge", „Topfgucker-Abende", Sonntags (Frühstücks-)Lunch und das RedBox-Angebot. Zehn Tagungsräume mit insgesamt 650 m² lassen keine Veranstaltungswünsche offen.

LEIPZIG MARRIOTT HOTEL
Am Hallischen Tor 1, 04109 Leipzig, www.leipzigmarriott.de,
Tel.: 0341 / 96530, Creme BRÜHLé: Mo – Sa 6:30 – 11, 12 – 15, 18 – 23 Uhr;
So 6:30 – 14 Uhr, Champions Sports Bar: Di – So 18 – 1 Uhr

HERRENHAUS LEIPZIG – FEIERN UND TAGEN IN EINLADENDER KOMPOSITION AUS ARCHITEKTUR UND GENUSS

Die Residenz | Die Brennerei
Peter Niemann

Im Norden der Stadt Leipzig verbirgt sich direkt an der weissen Elster mit dem Herrenhaus Möckern eine Architekturperle, die schon den sächsischen König anzog. In dem fast 700 Jahre alten und unter Denkmalschutz stehenden ehem. Rittergut lädt heute nach liebevoller Sanierung der sächsische Spitzenkoch Peter Niemann in den Restaurants „Die Brennerei" und „Die Residenz" zu einer geschmacksintensiven Reise zu heimisch raffinierter Bodenständigkeit und bretonisch köstlicher Ungezähmtheit ein.

Geschichte und Herkunft entdecken

Nicht nur in der Küche, auch in der Architektur verbindet sich elegantes Traditionsbewusstsein mit moderner Öffnung und natürlicher Leichtigkeit. Von der originalgetreuen Rekonstruktion des Westflügels über die barocken Stuckdecken bis zu den mondänen Leuchtern im prachtvollen Spiegelsaal erfolgte die Sanierung mit hohem Detailbewusstsein. Die verschiedenen Veranstaltungs- und Tagungsräumlichkeiten mit ihren Balkonen, dem Gewölbekeller und der historischen Terrasse an der Elster laden mit Blick auf die schöne Landschaft zu unvergesslichen Events und Hochzeiten ein. Im Gourmet-Restaurant „Die Residenz" frönt Niemann einer raffiniert aromaintensiven Küche aus regionalen und bretonischen Einflüssen. In der auf qualitativ gutbürgerliche, deutsche Küche ausgerichteten „Die Brennerei" überzeugt der engagierte Gastronom und ehemalige Slow-Food-Convenient-Leiter durch sorgfältigste Auswahl von Zutaten und Lieferanten.

Kochvirtuose mit Leidenschaft für die Bretagne

Schon mit seinen Großeltern, die jeweils eine Schlachterei und eine Bäckerei führten, wurde ihm die Liebe zu Handarbeit und guten Produkten in die Wiege gelegt. Nach einer fundierten Ausbildung im Leipziger Astoria Hotel zog es Niemann nach Salzburg, Basel, Helsinki und Stockholm. Nach einer Zwischenstation in München, zunächst unter Karl Ederer, den Gebrüdern Obaur bei Salzburg und später als Küchenchef für Feinkost Käfer, sehnte er sich zurück zur Sterneküche. 2000 heuerte er als stellv. Küchenchef bei Lothar Eiermann an, der mit seinem Einsatz für Nachhaltigkeit und Produktethik die deutsche Spitzengastronomie erneuerte. Und doch fehlten ihm wichtige Zutaten. Mit allen Wurzeln und Flügeln seiner facettenreichen Persönlichkeit wirklich angekommen ist Niemann im Herrenhaus Leipzig. Hier vereinen sich die Lust des Kultur-, Natur- und Genussmenschen an heimischer Küche und Zutaten mit seiner ungebändigten Leidenschaft für die Bretagne. Die rauen Küsten und kantigen Menschen, vor allem aber die gute Küche mit ihren üppigen Zutaten begeistern den leidenschaftlichen Koch jedes Mal aufs Neue. Und so, wie die Bretagne mit Argoat und Armoric, die alten breton. Bezeichnungen für (bewaldetes) Land und Meer, für die faszinierenden Gegensätze von der Kraft des Meeres und der Erde sowie das Miteinander von Geschichte und Moderne steht, so verbindet auch Peter Niemann im Herrenhaus erfrischend kosmopolitische Küchenqualität mit zutiefst verwurzelter Heimat- und Zutatenliebe. Egal, ob mit Freunden, der Familie oder Geschäftspartnern – in geselliger Runde oder ganz privat können Sie hier bodenständige und gehobene Küche auf höchstem Niveau erleben.

HERRENHAUS LEIPZIG
Bucksdorffstraße 43, 04159 Leipzig, Veranstaltungsplanung und Limousinenservice:
Tel.: 0341 / 91878387,
www.herrenhaus-leipzig.de

RESTAURANT „DIE BRENNEREI“

Die Brennerei
anno 1669

Mit guten Zutaten einfach doppelt gut essen

Das einladende Ambiente des Restaurants unterstützt den bodenständigen, aber qualitativ sehr hochwertigen Anspruch der Küche. In der Karte findet sich eine vorwiegend deutsch geprägte Küche wieder, die von frischen Produkten und Handarbeit lebt. Mit viel Zeit und der Vorliebe für traditionelle Garmethoden entstehen hier ehrliche Gerichte ohne Schnörkel, die echte Freude bereiten und lange in Erinnerung bleiben. Für diese Küche nutzt Peter Niemann von der Ostsee über heimische Auenwiesen bis in die bayerischen Berge beste deutsche Zutaten wie z.B. Fleisch von Bio-Kälbern der Insel Rügen, Obst und Gemüse aus Eigenanbau bei Leipzig, Büffelmozzarella aus der Handwerksmolkerei Lebusa oder Fleisch von den Hermannsdorfer Landgütern. Brot und Bratwürste werden nach eigener Rezeptur bei lokalen Partnern hergestellt.

Die auf der Klemmkarte vorgestellten Speisen überzeugen neben hochwertiger Zubereitung und Zutatenherkunft durch ein ausgewogenes Preis-Leistungsverhältnis. Das einladende Ambiente der Brennerei unterstützt den rustikalen, aber qualitativ sehr hochwertigen Anspruch der Küche. Besonders einladend ist auch die Terrasse, auf der Gäste im Sommer bei einem guten Tropfen aus dem sächs. Elbland oder der Saale-Unstrut-Region unbeschwerte Stunden unter freiem Himmel verbringen können.

RESTAURANT „DIE BRENNEREI“
Bucksdorffstraße 43, 04159 Leipzig, Tel.: 0341 / 91878387,
www.herrenhaus-leipzig.de

GOURMETRESTAURANT „DIE RESIDENZ“

Die Residenz
Peter Niemann

Bretonische Verhältnisse auf höchsten Niveau

In dem 2015 eröffneten – und gleich aus dem Stand heraus mit 15 Gault-Millau-Punkten bedachten – Restaurant „Die Residenz“ präsentiert Peter Niemann eine besonders aromenintensive Küche, bei der er Anleihen aus der traditionellen Küche seiner Großmütter mit den Besonderheiten der bretonischen Küche gekonnt miteinander verbindet. Seine Gerichte überzeugen mit einer den Gaumen animierenden hohen Konzentration an Geschmäckern und einem betont mineralischen Charakter.
Wie die Bretagne, die dank ihres kulinarischen Reichtums und ihrer originellen Küchenchefs zu einer der führenden Gastronomie-Regionen Frankreichs zählt. Mit Instinkt und Feingespür hebt Niemann vor Ort bei eng befreundeten Lieferanten wahre Schätze an köstlichem Fisch und Meeresfrüchten sowie Fleisch- und Käsespezialitäten. Neben den Austern aus Belon darf da auch die Jakobsmuschel und das Salzwiesenlamm nicht fehlen. Eine sorgfältige Auswahl gleichermaßen renommierter als auch noch unbekannte Weingüter aus Deutschland und Frankreich ergänzen das jeweils deutsche und bretonische Menü. Im Interieur der Residenz wird die historische Atmosphäre des Rittergutes mit edlen Wandverkleidungen, blütenweissem Leinen, beeindruckenden Stuckdecken, innovativem Geschirr und einem romantischen Blick in die Auenlandschaft unterstrichen. Für besonders private Momente und Besprechungen können zwei Separees genutzt werden.

GOURMETRESTAURANT „DIE RESIDENZ“
Bucksdorffstraße 43, 04159 Leipzig, Veranstaltungsplanung und Limousinenservice: Tel.: 0341 / 91878387, www.herrenhaus-leipzig.de

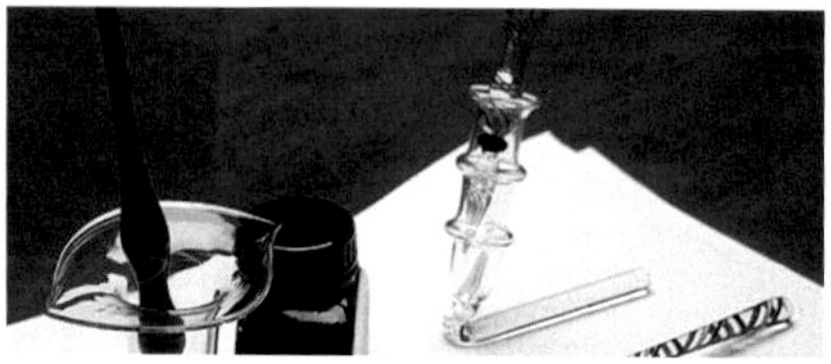

DER *Genießer* – WEBSHOP: WWW.THUERINGER-GENUSS.DE

Entdecken Sie in diesem mitteldeutschen Genießer-Webshop einzigartige Manufakturenschätze, probieren Sie leckere regionale Spezialitäten und lassen Sie sich inspirieren von spannender Mode und Musik.

Inmitten der märchenhaften Natur des Thüringer Waldes entstanden schon vor Jahrhunderten einzigartige Handwerkszeugnisse. Inspiration war der Reichtum an Flora und Fauna, Rohstoffen und Erfindungen, wie z.B. der Lauschaer Christbaumkugel. Nicht nur sie, auch das Sonneberger Spielzeug eroberten alle Kontinente. Andere Manufakturen wie Arnstadt Kristall oder die Porzellanmanufaktur Volkstedt entwickelten ihren Formenschatz an prunkvollen Herschertafeln. In der Moderne explodierte Thüringen förmlich mit Erfindungen. In der Verbindung zwischen Handwerk und Industrie legte Van de Velde in Thüringen die Grundlage für das Bauhaus. Tradition und Innovation prägen die Thüringer Manufakturen bis heute. Internationale Designer wie Paola Navone für Reichenbach Porzellan und einheimische Kreative interpetieren Thüringer Formen modern und erfolgreich bis Paris und New York. Regionalen Modedesignern wie Kathrin Sergejew von Kaseee sammeln mit außergewöhnliches Design internationale Preise. Die passende Musik dazu findet man bei dem Label Freude am Tanzen.

Freude am Genießen möchten wir Ihnen mit diesem von den e-Networkers Jena gestalteten Webshop bereiten. Tauchen Sie ein in kostbare Manufakturschätze! Schlemmen Sie Thüringer Köstlichkeiten! Staunen Sie über die Vielfalt an Kunst Design, Mode und Musik und besuchen Sie das exklusive Hotelübernachtungsportal. Denn gutes Handwerk hat in Thüringen neben Qualität und Kunstfertigkeit vor allem eines – echte Seele und echtes Herzblut. Mehr über Orte und Akteure erfahren Sie neben der Website und dem Genussführer auch auf der Thüringer-Genuss-Facebookseite.

www.thueringer-genuss.de, www.e-networkers.de

ThueringerGenuss

THÜRINGER GENUSS

GALERIE AM JOHANNISPLATZ

e networkers
www.e-networkers.de

NEU – Traumhaft entspannen mit attraktiven Hotelpaketen

RESTAURANT MÜNSTER´S

In sächsisch lockerer Atmosphäre speisen wie Gott in Frankreich

Als André Münster 1985 im Gr. Restaurant vom abent. mondänen Leipziger Hauptbahnhof seine Lehre begann, formten ihn seine Lehrmeister mit hoher Tisch- und kontrastreicher Gastkultur. Zahlten sich Filetier- und Tranchiergeschick beim späteren Cateringunternehmen aus, so zog es ihn 2000 mit der „Drogerie" bald zu einer eigenen Restaurantbühne. Diese mit kulinar. Hochkultur zu bespielen war nicht leicht. Mit Mut und Dickkopf zu kompromissl. Qualität hielt er neg. Wetten stand und machte die Leipziger schnell süchtig nach seinem Crossover aus frisch rustikalem Heimatgerichten mit franz. Verfeinerung.
Als die mit dem Bib Gourmand ausgezeichnete Drogerie zu klein wurde, enterten er u. sein eingesp. Team 2012 mit dem „Münsters" die alte Mühle Gohlis, wo die 14 Punkte des Gault Millau nicht lange auf sich warten ließen. Mit Eleganz und Lockerheit einschl. Mon Matre' Charme zelebriert der Patron genussv. Ausgewogenheit. Nicht im Sinne von Angepasstheit u. Scheinharmonie, sondern mit der bis heute ungetrübten Freude und Neugier an den untersch. Geschmacknuancen von Gästen, Weinen und Zutaten, unabh. vom Etikett, mit tiefer Verneigung vor dem inneren Gehalt.

RESTAURANT MÜNSTER´S
Platnerstraße 13, 04159 Leipzig, Tel.: 0341 / 5906309, www.münsters.com
Restaurant: Mo – Sa 18 – 24 Uhr, Bar: Mi – Sa 19 – 24 Uhr
Bar: tägl. von 8 (früh) – 2 (nachts)

WEINWIRTSCHAFT

Genussvolle Wohnsinfonie aus Musik und Design

Umgeben von geschichtsträchtigen Gebäuden, begeistert das arcona LIVING BACH14 nicht nur Musikliebhaber im Herzen der Messestadt. Mit viel Liebe zum Detail greift das moderne Hotel & Apartmenthaus den großen Leipziger Komponisten gestalterisch auf und erzeugt eine schlichte Eleganz. In den über 52 Apartments erlebt der Gast ein stimmungsvolles Zusammenspiel aus Licht, Klang und Notenzitaten, welches durch behaglichen Komfort zusätzlich unterstrichen wird.

Das im Hotel befindliche Restaurant „Weinwirtschaft" überzeugt mit frischem Konzept, exzellenter Küche und einer hervorragenden Weinauswahl. Auf dem denkmalgeschützten Thomaskirchhof genießt man neben der gemütlichen Atmosphäre auch wunderbare Kompositionen wie die BACHforelle oder den beliebten BACH14lunch. Die Zubereitung der Speisen kann man per Showküche voller Vorfreude live mitverfolgen, was doppelten Genuss verspricht.

Durch die zentrale Innenstadtlage des arcona LIVING BACH14 ist das Hotel ein idealer Ausgangspunkt für bequeme Shoppingtouren zu Fuß oder faszinierende Trips in die Kulturlandschaft Leipzigs.

ARCONA LIVING BACH14
Thomaskirchhof 13/14, 04109 Leipzig
Tel.: 0341 / 49614-606, www.weinwirtschaft-leipzig.de
Weinwirtschaft & Weinhandel : tägl 7 – 23 Uhr

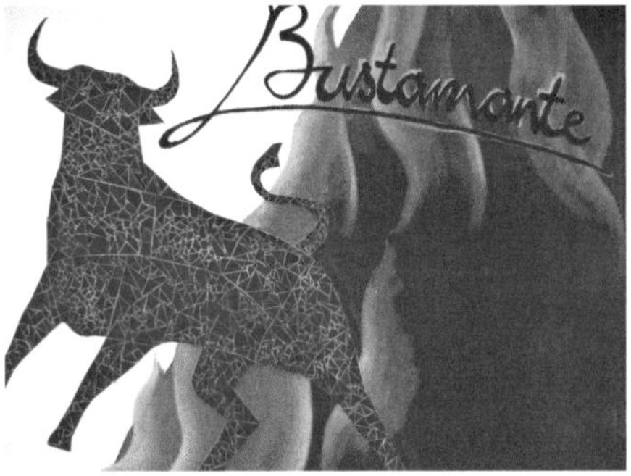

BUSTAMANTE LEIPZIG

Temperamentvolles Paso Doble eines spanischen Genussmatadors

Den ersten beeindr. Accord der genussvollen Einladung in seine andalusische Heimat schlug Robert Greiser in der Sachsenmetropole 2009 mit einem span. Weinhandel, bei dessen geselligen Verkostungen auch gerne gem. gekocht wurde. 2011 beschloss er mit einer Mischung aus Konsequenz und Abenteuerlust, den Leipzigern auch die Schätze span. Küche und Kultur nicht länger vorzuenthalten. Auf die Frage eines Freundes „Es ist weder Bar noch Restaurante. Was ist es dann?" antwortete er „… Bustamante".
Wer einmal zwischen seinen exquisiten Wein- u. Sherryperlen, dem 36 Monate gereiften iberischen Pata Negra Schinken, knisterndem Kaminfeuer, heiligen Madonnen und stolzen Stierköpfen Platz genommen und die einzigartige Speisen- u. Tapasauswahl genossen hat, fühlt sich schnell zuhause. Bei den sehr empfehlenswerten Weinverkostungen und Themenabenden rund um Spanien kann man neben span. Kultur und edlen Tropfen außergewöhnlicher Weingüter die Superlative orig. span. Küche in lockerer Atmosphäre rund ums Küchenfeuer kennenlernen. Über den mit Palmen geschmückten Patio (Innenhof) erfreuen 5 Gästezimmer im mediterranen Stil.

BUSTAMANTE LEIPZIG
Windorfer Straße 92, D-04229 Leipzig
Tel.: 0341 / 42038038, www.el-bustamante.de
Mi – Sa 17 – 23 Uhr Vinothek 1770: Mo – So ab 12 Uhr

WEINGESCHÄFT EN GROS & EN DETAIL

Wein-Eldorado mit Freigeistern und Individualisten

Schon über zehn Jahre ist es her, dass ein Team von damals jungen und innovativen Gastronomen an einem außergewöhnlichen Ort das Stelzenhaus Restaurant eröffnete. Nicht nur die Architektur der ehemaligen Verzinkerei – heute Industriedenkmal – auch die Lage am Kanal und die beginnende Entwicklung des Stadtteils Plagwitz, schienen für eine neue, frische und saisonale Küche mit internationalen Einflüssen und regionalen Produkten ein guter Ort.
Für die Entwicklung der Weinkarte war Dierk Steinert mitverantwortlich. Anfang der 2000er waren Begriffe wie autochthone Rebsorten, spontane Vergärung und Weißwein aus Holzfässern im Sortiment des Getränkefachhandels noch recht fremd. Die persönliche Nähe zu den Winzerbetrieben, zu kleinen unabhängigen Erzeugern mit naturnaher Philosophie im Anbau und Individualität im Keller, ermutigte zur Gründung eines eigenen Weinvertriebs, der heute in Leipzig dreißig Gastronomiebetriebe mit ausgesuchten und hervorragenden Weinen beliefert. Im Ladengeschäft, eingebettet in die Galerielandschaft auf dem Gelände der alten Baumwollspinnerei, werden private Kunden kompetent in Sachen Wein beraten und können genussvoll und entspannt einkaufen.

WEINGESCHÄFT EN GROS & EN DETAIL
Spinnereistraße 7, 04179 Leipzig, Telefon: 0341 / 9261715,
Fr 14 – 19 Uhr, Sa 11 – 18 Uhr, www.weine-leipzig.de

LA FONDERIE – ALTE GIEßEREI

Euro-asiatische Geschmackssinfonie im modernen Industrieloft

Gemeinsam mit ihrem internationalen Team zaubert die vietnamesische Genuss-Spezialistin, Minh Chau Le Thi, im edel gestalteten Fabrikloft der alten Giesserei in Plagwitz täglich einen raffinierten, modern und stilvoll interpretierten Twist aus den Straßenküchen der Welt. Als besondere Winterspezialität zwischen September und April können Sie sich Fondues ganz nach Ihrem Geschmack zusammenstellen. Jeder für sich oder alle gemeinsam. Ob Fleisch, Fisch, Gemüse oder Käse: Sie werden es lieben. Auch im Sommer wartet das Restaurant mit himmlisch leckerer und einer von moderner Kunst inspirierten Küche auf. Lecker, bodenständig, mit einem kleinen Touch Exotik, wird Ihr Gaumen durch herrliche Geschmacksexplosionen verwöhnt. Kombinieren Sie nach Lust und Laune. Seien Sie kreativ. Surfen Sie kulinarisch. Teilen Sie mit Ihren Liebsten den Genuss und das Erlebnis: Freunde oder Familie am Tisch, in anregende Gespräche vertieft, mit gutem Essen beschäftigt. Verbundenheit, die man schmecken kann. Im Restaurant La Fonderie finden Sie diese Stimmung jeden Abend. Extravagant und hochwertig verbinden sich hier individuelles Essen, moderner Lebenstil und geselliger Austausch zu einem besonderen Genusserlebnis.

RESTAURANT LA FONDERIE, Gießerstraße 12, 04229 Leipzig,
Tel.: 0176 / 23489256, www.restaurant.lafonderie.de,
Winter: Mo Fr 11.30 – 15 Uhr Mo – Sa 17.30 Uhr – 0 Uhr,
Sommer: Mo – So 11.30 – 0 Uhr

RESTAURANT GREENSOUL LEIPZIG

Feinste vegetarisch/vegane Küche im familiären Shabby Chic

Im Restaurant GreenSoul bietet das Gastronomenpaar Corinna & Mustafa vegetarisch/vegane Speisen aus der internationalen Küche, aus frischen Zutaten und ausschliesslich aus eigener Herstellung. Sie legen dabei großen Wert auf die Verarbeitung regionaler und möglichst Bio- oder auch Fairtrade-Produkte. Die Speisenkarte bleibt übersichtlich und wechselt saisonal (Frühling, Sommer, Herbst- und Winterkarte). Egal, ob bei den leckeren Speisen, selbstgebackenen veganen Kuchen, veganem Eis oder den aus saisonalen frischen Zutaten, selbst gekochten Limonaden, probieren beide gemeinsam mit ihrem Küchenteam immer wieder etwas Neues aus.

Das GreenSoul ist gemütlich im Shabby-Chic-Stil und mit viel Liebe zum Detail eingerichtet. Auch Familien mit Kindern kommen auf ihre Kosten: In einem separaten Spielzimmer können sich die kleinen Gäste die Zeit vertreiben oder es kann in Ruhe gewickelt oder auch gestillt werden. Beim Essen werden den Kindern besondere Menükarten gereicht, worauf gesunde und leckere Speisen zu finden sind, und bekommen zudem noch eigenes Besteck und Geschirr. Hier ist bei Groß und Klein „wohlfühlen“ angesagt.

RESTAURANT GREENSOUL,
Johannisallee 7, 04317 Leipzig, Tel.: 0341 / 35055591,
www.restaurant-greensoul.de, Di – Sa 11:30 – 22.00 Uhr
Küche: 11.30 – 14.00 & 17.30 – 21.30 Uhr

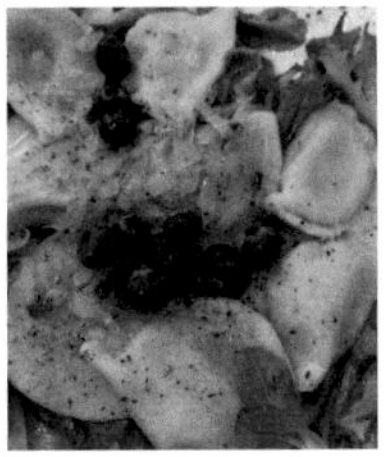

CAFÉ WAGNER – CAFÉ & WEINBAR

Lebensfreude, Eleganz und Vielfalt am Richard-Wagner-Platz

In bester Lage Leipzigs, auf dem Platz, der den Namen des großen Komponisten trägt, wird hier – in Hommage an Wagner`s Jahre in Wien – klassische Wiener Kaffeehauskultur zelebriert. In seiner kühl-warmen Mischung aus barocker Atmosphäre und modernem Purismus, ist das Café WAGNER ein stilvolles Kleinod, dessen Inhaberin Celina Kutylo eine geborene Gastgeberin mit Leipziger Herz und polnischer Seele ist. Wer sie in den elegant gemütlichen Räumlichkeiten mit Terrasse besucht, fühlt sich wie zuhause. Egal, ob köstliche Kuchen, mediterrane Snacks, polnische Köstlichkeiten, Top-Weine oder Cocktailkreationen, alles ist mit viel Liebe zum Detail ausgewählt und wird mit echter Freundlichkeit serviert.

Als Treffpunkt für Menschen aller Couleur trifft man im WAGNER zu jeder Zeit ein interessantes Publikum. Ob Medienleute, Touristen, Spaziergänger, Unternehmer, Familien oder Schauspieler – sie alle lassen sich von der Atmosphäre immer wieder aufs Neue begeistern. Wer ins Gespräch kommen will mit interessanten Menschen, ist hier ebenso richtig wie derjenige, der bei einer Tasse Kaffee seinen Gedanken nachhängen und dem quirligen Treiben auf dem Wagner-Platz zuschauen möchte.

CAFÉ WAGNER- CAFÉ & WEINBAR, Richard-Wagner-Platz 1, 04109 Leipzig, Tel.: 0341 / 99994948, www.wagner-cafe.de, Mo – Sa 9 Uhr – open end, So 9 – 18 Uhr

JEANNETTE PIETROWSKI SIEFKE

Pop Art Künstlerin mit Sinn für spielerische Tiefe

Oft sind bei Jeannette Pietrowski Siefke die dargestellten Objekte ohne Räumlichkeit, das heißt flächig dargestellt. Die Farben sind klar, in einigen Bildern werden entweder die Primärfarben oder aber nur schwarze Farbe angewendet. In anderen Bildern wiederum stehen fröhliche, starke und kräftige Farben im Vordergrund. In ihrer Stilsprache stellt sie die beiden Kunstepochen des Postkubismus und Neoklassizismus wahlweise der Pop-Art oder dem Art Deco gegenüber. Ihre Motive sind der Alltagskultur, der Welt des Konsums, den Massenmedien und der Werbung entnommen.

Ihre Malerei fordert absolute Realität und schönen Schein – als Verknüpfung der Kunst, die mit ihren eigenen Mitteln agiert: Populär, witzig, sexy, spielerisch und auffallend, ohne dabei direkt auf die Verwundbarkeit unserer Wohlstandsgesellschaft hinzuweisen. Stilistisch stellt die Leipziger Malerin abwechslungsreich die diversen Kunstepochen vor einen Spiegel. Neben verschiedenen Ausstellungsprojekten mit deutschlandweiten Restaurants, Hotels und Galerien bereicherte sie das Wagner Salondinner in Leipzig mit einer eigenen Wagner-Serie.

JEANNETTE PIETROWSKI SIEFKE, 04109 Leipzig, Tel.: 0175 / 4582874, www.facebook.com/jeannette.pietrowskisiefke

BÄCKEREI STEUERNAGEL

Wo noch echt (lecker) gebacken wird

In Zeiten von Backfilialen mit aufgebackenen Fertigbrötchen voller Luft und austauschbarer Geschmacksarmut träumt so mancher von den guten alten DDR-Semmeln. Bäcker Jörg Steuernagel kennt und pflegt das Geheimnis dieser außen knusprigen und innen saftigen Leckereien für einen immer größeren Kundenstamm. In dem etablierten Familienbetrieb in 3. Generation wird beim vollmundigen Sauerteig für Brot und Brötchen noch viel Wert auf Handarbeit, hochwertiges Mühlenmehl mit wenig Backzusätzen und lange Ruh- und Backzeiten gelegt. Wichtigstes Requisit neben dem hochmodernen Edelstahl-Gärautomaten ist der Steinofen von 1976.

Besonders gerne kreiert Jörg Steuernagel saisonale Brotsorten wie Schinken-, Oliven-, und Tomatenbrot im Sommer oder Rotkraut-, Sauerkraut-, Salami-, Käse- und Wallnussbrot im Winter, die ihm förmlich aus den Händen gerissen werden. Filigran und kreativ verwirklicht er Ihre ganz persönlichen Festtags-Tortenwünsche oder setzt Ihr altes Familienstollenrezept um.

BÄCKEREI STEUERNAGEL

Hauptstraße 8, 04288 Leipzig-Holzhausen, Tel.: 034297 / 42181, www.baeckerei-steuernagel.de, Mo – Fr 6 – 18 Uhr, Sa 7 – 11 Uhr, info@baeckerei-steuernagel.de

FLEISCHEREI MATERNE

Geschmack und Reife bis zur Perfektion!

Die mit Begeisterung für Qualität gefertigten, hausgemachten Fleisch- und Wurstwaren aus Meisterhand wurden mit Erfolg um internationale Fleischraritäten erweitert und ein gehobenes Catering aufgebaut. Besonders bekannt und beliebt ist die Fleischerei Materne wegen ihres vorzüglichen Grillangebotes.

Die 2013 eröffnete Filiale in der Jahnallee wurde um ein genussvolles Mittagsangebot ergänzt. Gut ausgebildete, langjährige Mitarbeiter in Produktion und Verkauf sorgen in beiden Geschäften an der Theke für täglich frisch produzierte Köstlichkeiten. Eine besondere Rarität ist das im Reifeschrank abgehangene Dry Aged Beef. Gourmets lieben die trocken gereiften besten Stücke vom Rind, die zart aromatisch mit einem intensiv, ursprünglichen Fleischgeschmack überzeugen. Ganzjährig ergänzen Wild- und Geflügelspezialitäten das Angebot.

FLEISCHEREI MATERNE

Filiale Probstheidaerstraße 74, 04277 Leipzig, Tel.: 0341 / 3391757, Di – Fr 8 – 18 Uhr, Sa 8 – 12 Uhr, Filiale Jahnallee 17, 04109 Leipzig, Tel.: 0341 / 23068100, Di – Do 9 – 19 Uhr, Fr 9 – 20 Uhr, Sa 8 – 19 Uhr, www.materne-catering.de, www.materne-fleischerei.de

HOTEL ALT-CONNEWITZ

Familiäres Wohlfühlhotel im lebendigen Leipziger Süden

In Leipzigs kreativer Südvorstadt, nah dran an Europas ältestem Auenwald und Leipziger Neuseenland, befindet sich dieses liebevoll von Siegrun Kießling mit Sohn Christian geführte Hotel. Schon beim Betreten des weinumrankten 104 Jahre alten Gebäudes spürt man: hier ist nichts aus der Retorte.

Im Restaurant Alt Connewitz kocht die Chefin selbst und zeigt Ihnen mit guter sächsischer Küche aus regionalen Zutaten Leipzig und die Region auf kulinarische Weise. Auf der abwechslungsreichen Wochen- und Saisonkarte unternehmen die Küchenchefs auch gerne mediterrane Ausflüge. Die Getränkekarte hält Schätze aus Mitteldeutschland bereit – einheimische Weine und Biere runden die Menüs ab. Zum Frühstück erfreuen hausgemachte Marmeladen und frisch gebackener Kuchen den Gaumen ebenso wie die frisch bereiteten Eierspeisen und die sächsischen Wurstspezialitäten. Ob Kurzurlaub oder Geschäftsreise – in den 35 komfortablen Zimmern inklusive Parkplatz- und Saunanutzung fühlen Sie sich schnell zuhause. Sehr empfehlenswert sind auch die buchbaren Spezialangebote wie Business Paket, Schlemmerreise oder Leipzig BonBon.

HOTEL ALT-CONNEWITZ

Hotel „Alt Connewitz", Meusdorfer Straße 47a,
04277 Leipzig, Tel.: 0341/ 3 01 37 70, www.alt-connewitz.de,
Restaurant: Di – Sa ab 17 Uhr, So u. Mo geschlossen

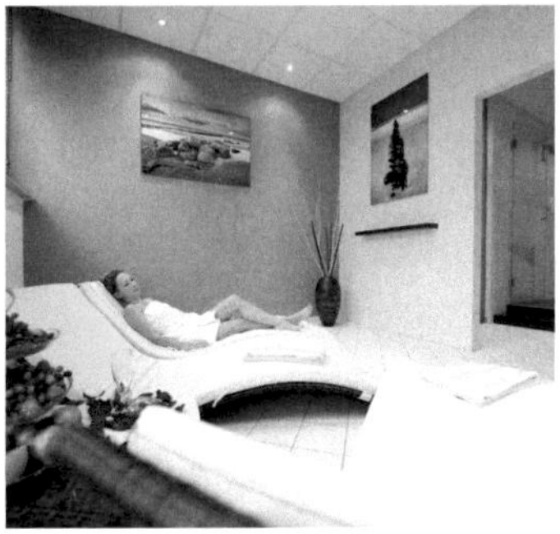

HOTEL MARKKLEEBERGER HOF

Genießen, Wohlfühlen und Tagen mitten im Leipziger Neuseenland

In der ruhigen Villenvorstadt von Markkleeberg gelegen, befindet sich das 3-Sterne-Superior-Hotel zwischen Cospudener- und Markkleeberger See, nur 10 km von der Leipziger City entfernt. Gäste schätzen das Hotel als idealen Ausgangspunkt für Spaziergänge, Wanderungen, Bootsfahrten oder Radtouren durch das Neuseenland ebenso wie für seine bequeme Nähe zur Kultur- und Musikstadt Leipzig. Die 57 großzügigen Zimmer mit Highspeed-Internet, Fahrrad- und E-Bike Verleih, Fitness- und Wellnessbereich garantieren Entspannung pur.

Für professionelle Tagungen und stimmungsvolle Familienfeiern stehen Ihnen 2 Veranstaltungsräume zur Verfügung. Im mod. stilvollen Ambiente des Löwenrestaurants verwöhnt sie Küchenchef Torsten Knüpfer mit einer gelungenen Verbindung aus kreativer, leichter Küche und traditionellen regionalen Spezialitäten. Das reichhaltige Frühstücksbuffet lässt keine Wünsche offen. Den Tag genussvoll ausklingen lassen kann man bei der erlesenen Cocktailauswahl an der Loungebar oder auf der gemütlichen Sonnenterrasse. Sehr beliebt sind hier auch die Barbecue-Abende.

HOTEL MARKKLEEBERGER HOF

Hotel Markkleeberger Hof, Städtelner Straße 122-124, 04416 Markkleeberg,
Tel.: 034299 / 7058-0, www.markleeberger-hof.com
Restaurant: Mo – Do ab 17 Uhr, Fr – So ab 12 Uhr, Frühstück tägl. 6 – 10 Uhr

SCHLOSSHOTEL PILLNITZ – ROMANTIK & ENTSPANNUNG IN TRAUMHAFTER SCHLOSS- UND PARKANLAGE

SCHLOSS HOTEL
DRESDEN · PILLNITZ

Die einstige Sommerresidenz des Königs August des Starken, wo zahlreiche barocke Feste zelebriert wurden, gehört heute mit seinen Gärten zu den schönsten Stätten Europas. Und auch heute kann man Dank des großen Engagements der Familie Zepp im Schlosshotel Pillnitz wie zu Augusts Zeiten stilvoll wohnen, feiern und genießen.

Nachdem Georg Zepp in den 1980er Jahren Dresden Richtung Bayern verließ, hatte er es sich zur Lebensaufgabe gemacht, seiner Heimatstadt im Wandel beizustehen. Wo vor rund 300 Jahren eine Schloss-Schänke für gehobene Ansprüche und gepflegte Gastlichkeit erbaut wurde, schuf er hinter der historischen Fassade des inzwischen baufälligen Gebäudes ein stilvolles Hotel. Unvorstellbar hoch war der Aufwand, unterbrochen von 2 Elbefluten. Doch die familiäre Kraft und Ausdauer haben sich gelohnt. Heute führt er gemeinsam mit den Söhnen Veit und Patrick eine der schönsten Dresdner Adressen.

Märchenhaft Schlummern

Die Ruhe und musische Heiterkeit des malerisch gelegenen Lustschlosses wird in den mit italienischen Stoffen wunderschön eingerichteten Zimmern aufgegriffen.
Zwei Romantiksuiten mit Wasserbett, eine Elbsuite und 42 Komfortzimmer in 4-Sterne-Qualität stehen Ihnen für Ihren Aufenthalt zur Verfügung. Für Brautpaare stehen ebenso wie für den kunst- und kulturorientierten Gast besondere Spezialangebote, Arrangements und Erlebnispakete bereit. In optimaler Nähe zu Elbradweg und Schiffsanlegestelle lassen sich die nahegelegene sächsische Schweiz, Dresden und Meißen auch ganz entspannt ohne Auto erkunden. Nicht nur bei Ausflugstipps ist individueller persönlicher Service für Familie Zepp eine Herzensangelegenheit.

Kunstvoll Genießen und Feiern

Die hervorragende und mehrfach ausgezeichnete Küche im romantischen Kaminrestaurant verbindet sächsische Traditionen mit heimischen Bio-Produkten und innovativer Kochkunst. Weine von regionalen und internationalen Ausnahme-Weingütern begleiten das Essen. Das Wintergartencafé lockt mit sächsischer Bistrokarte bei tollem Parkblick aus den Panoramafenstern. Mit den ersten Sonnenstrahlen lockt der Biergarten im Schlosspark. Mit zahlreichen Veranstaltungsräumen im historische Ambiente für unvergessliche Hochzeiten, Feste und Tagungen ist eine genussvolle Tafelkultur auch im größeren Rahmen garantiert.

SCHLOSS HOTEL DRESDEN-PILLNITZ
August-Böckstiegel-Straße 10, 01326 Dresden,
Tel.: 0351 / 26140, www.schlosshotel-pillnitz.de,
reservierung@schlosshotel-pillnitz.de
Kaminrestaurant: Mi – So ab 18 Uhr,
Wintergarten-Café: tägl. ab 11 Uhr

ZWISCHEN TRADITION UND MODERNE – WEINKELLEREI TIM STRASSER „ROTHES GUT MEISSEN"

Die beeindruckend hohen Ziegelmauern sind das Wahrzeichen des „Rothen Gutes" in Meißen. Historisches Mauerwerk verziert mit altehrwürdigen Steinrosetten. Sie schmücken auch das Etikett der Weinflaschen. Gleich neben der alten Scheune des Hofes, der erstmals 1765 Erwähnung fand, steht das Produktionsgebäude des „Rothen Gutes". In hochmodernen Tankanlagen reifen hier unter den Händen des Winzers Tim Strasser fruchtig-frische Qualitätsweine: Müller-Thurgau, Grauburgunder, Traminer und Scheurebe, der nur in Sachsen angebaute Goldriesling und Helios, eine Besonderheit, die es als Meißner Wein nur hier gibt.

Lage

Der historische Hof liegt nur rund 15 Gehminuten von der Meißner Albrechtsburg entfernt. Von hier aus öffnet sich der Blick über die Weinberge der Umgebung. Ein romantischer Wanderweg führt direkt vom „Rothen Gut" durch die Weinfelder – 11,2 Hektar links der Elbe gelegen.

Der tonige Lehm-Löß-Boden und das milde Klima bieten hervorragende Bedingungen für Rebstöcke. Die Bewirtschaftung – vom Anbau bis hin zum Keltern – erfolgt als reiner Familienbetrieb, wodurch eine ausgezeichnete Qualität der Weine sichergestellt werden kann.

Winzer

Chef des „Rothen Gutes Meißen" ist Tim Strasser. Seine Vorfahren wanderten als Deutsche aus Ungarn ein, wo sie bereits in früheren Jahrhunderten Wein anbauten. Seit mehreren Generationen betreibt die Familie in Meißen Landwirtschaft und Weinanbau.

In diese Tradition hineingewachsen, schloss Tim Strasser seine Lehre am Staatsweingut „Schloß Wackerbarth" ab – als damals jüngster Winzer Sachsens. Nach einer weiteren Ausbildung zum Techniker für Weinanbau und Önologie und einem Auslandsaufenthalt in Österreich bietet Tim Strasser seit 2010 seine eigenen Weine unterm Namen: „Rothes Gut Meißen" an.

WEINKELLEREI TIM STRASSER „ROTHES GUT MEISSEN"

Lehmberg 4, 01662 Meißen, Tel.: 03521 / 7545467,
www.rothesgut.de, Mo – Fr 10 – 16 Uhr,
Sa – So 13 – 15 Uhr

EMPFEHLENSWERT

Buchbare Weinproben

3er oder 5er Weinprobe mit Weinbergs Kellerführung u. Rustikaler Winzerplatte

Käse & Wein mit 5 ausgew. Käsesorten und verschiedenen Brot jeweils ab 10 Pers.

Veranstaltungen

Weinwander-Wochenende, Hoffest Rothes Gut Meißen, Kunstausstellungen, Winzer BBQ „Rosé und Meer", Bier & Wein, Tage des offenen Weingutes, Whiskey & Wein, Schokolade & Wein, Sushi & Wein, Weihnachtsmarkt Rothes Gutkeiten – ein idealer Ort zum Abschalten

TRAUMHAFTE LANDSCHAFTEN UND FASZINIERENDE STÄDTE IM VORTEILSPAKET ENTDECKEN – MIT DEM NEUEN THÜRINGER GENUSS HOTELPORTAL

THÜRINGER GENUSS

Heimat als ein Gefühl von Nähe, Geborgenheit und Vielfalt ist mehr als ein geographischer Begriff. In Mitteldeutschland findet man sie facettenreich zwischen beeindruckender Naturschönheit, traditionsreicher Geschichte, inspirierender Kulturszene und regionalen Köstlichkeiten. Gemeinsam mit genauso hochwertigen wie herzlichen Gastgebern möchten wir Sie einladen, die Schönheit Mitteldeutschlands neu oder wieder zu entdecken.

Lassen Sie sich statt stressvollen Flügen zu austauschbaren Bettenburgen von uns verführen, mit den Menschen, die Ihnen am Herzen liegen, ganz in der Nähe genauso wohltuende wie inspirierende Entspannung zu finden. Entdecken Sie Unerwartetes und gönnen Sie sich an Orten, die sowohl vertraut und authentisch wie überraschend und vielseitig sind, eine bewusste Auszeit vom Alltag. Mit den sorgsam von unseren Thüringer-Genuss-Partnern aus Tourismus, Hotellerie und Gastronomie geschnürten Genuss- und Erlebnispaketen erleben Sie die Hotspots in Mitteldeutschland im qualitätsvollen Vorteilspaket. Weinkennern legen wir die Saale-Unstrut-Region und die sächsische Weinstraße ans Herz. Oder möchten Sie den traumhaften Frankenwald und das märchenhafte Fichtelgebirge entdecken? Erleben Sie den faszinierenden Glanz mitteldeutscher Kulturstädte wie z.B. Leipzig, Weimar, Erfurt und Jena. Entdecken Sie die innovative Kunst- und Industriekulturszene in Chemnitz – dem genussvollen Tor zum Erzgebirge. Tauchen Sie ein in die landschaftliche, kulinarische, und handwerkliche Schönheit von Vogtland, Eichsfeld, Harz oder Thüringer Wald. Oder genießen Sie die weiten Wasserlandschaften von Thüringer Meer und Leipziger Neuseenland. Neben den auf Ihre speziellen Bedürfnisse zugeschnittenen Übernachtungspaketen finden Sie auf der Seite auch genussvolle Menü- und Kochschularrangements sowie vielfältige Erlebnis- und Tagungsangebote.

Das Hotelportal wurde von GSD Software® entwickelt

GSD Software® ist einer der führenden Hersteller hochleistungsfähiger Business-Software in Deutschland. Von DMS und Kundenbeziehungs-Management (CRM) über ERP- bis hin zu Finanzbuchhaltungs- und Business-Intelligence-Systemen unterstützen die Softwarelösungen von GSD betriebswirtschaftliche Prozesse durchgängig.

www.thueringer-genuss.de
www.gsd-software.com

ENTDECKEN SIE auch unter www. thueringer-genuss.de den mitteldeutschen Manufakturen- und Spezialtäten-Webshop

Sparen in der Sparkasse Vogtland Arena

Gegen Vorlage des Vouchers erhalten Sie die Fahrt mit der Erlebnisbahn zum ermäßigten Preis. Gültig für 2 Personen.

Coupon gültig bis 31.12.2018

Vogtland Arena Vermarktungsgesellschaft mbH
Falkensteiner Str. 133, 08248 Klingenthal
Tel.: 037467 / 28086 0
www.sparkasse-vogtland-arena.de

10% RABATT auf Ihren Einkauf im WERKSVERKAUF

Coupon gültig bis 31.12.2018

Arnstadt Kristall GmbH
Bierweg 27, 99310 Arnstadt
Tel.: 03628 / 660036, www.arnstadt-kristall.com

Kostenfreier Aperitif zum Essen / Sekt zum Frühstück

Genießen Sie zu den franz. Köstlichkeiten im La Tarte einen spritzigen Aperitif und/oder Winzersekt zum Frühstück im Café du Jardin

Coupon gültig bis 31.12.2018

Restaurant La Tarte u. Café du Jardin Weimar
Jakobstraße 5 – 7 u. 10, 99423 Weimar
Tel.: 03643 / 2117326, 11.30 – 14.30, ab 18 Uhr (Rest.), Mi – So 10 – 18 (Café), www.latarte.eu

10 % Einkaufsrabatt

bei einen Einkauf ab 50€ Warenwert

Coupon gültig bis 31.12.2018

Glashüpfer
Johannisstr.23, 07743 Jena
Tel.03641 / 628363,0
Mo – Fr 10 – 19 Uhr, Sa 10 – 16 Uhr
www.glashuepfer.de

Stadtführung Weimar gratis

Zu jeder Buchung in unserem Haus erhalten Sie Karten für die Stadtführung gratis.

Coupon gültig bis 31.12.2018

Pension „La Casa dei Colori" Weimar
Eisfeld 1A, 99423 Weimar
Tel.: 03643 / 489640
www.casa-colori.de

Ermäßigter Eintritt

statt 3,00 € nur 1,50 € pro Erwachsenen
statt 1,50 € nur 1,00 € pro Kind

Coupon gültig bis 31.12.2018

Fichtelgebirgsmuseum Wunsiedel
Spitalhof 5, 95632 Wunsiedel
Tel.: 09232 / 2032,
Di – So 10 – 17 Uhr
www.fichtelgebirgsmuseum.de

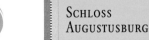

10 % Einkaufsrabatt im Werksverkauf bei Stölzle

Lausitz oder auf eine Bestellung bei Herrn Pirnstill von Stölzle mit Stichwort Genussführer (Tel.: 0171-4541271, rolf-pirnstill@t-online.de)

Coupon gültig bis 31.12.2018

Stölzle Lausitz GmbH
Berliner Straße 22–32, 02943 Weißwasser
Tel.: 03576 / 268 0, Mo – Fr 9 – 18 Uhr, Sa 9 – 14 Uhr, www.stoelzle-lausitz.com

10% Rabatt auf Ihren Eintritt

Renaissance trifft Bikes auf Schloss Augustusburg: Besuchen Sie u.a. das Motorradmuseum, den Cranach-Altar oder etwa das Schlossmuseum.

Coupon gültig bis 31.12.2018

Die Sehenswerten Drei
Schloss Augustusburg
Schloss 1, 09573 Augustusburg
www.die-sehenswerten-drei.de

Kennenlernanwendung

für eine klassische Kosmetikanwendung 29 Euro statt 44 euro für 1,5h oder/und eine Lipo-Fett-weglaser-Anwendung mit Infrarot-Tiefenwärme und Lymphdrainage für 49 euro statt 79 euro als Kennenlernanwendung … bis zu 2cm weniger Umfang je Anwendung.

Coupon gültig bis 31.12.2018

Figur- & Kosmetiklounge myTaogarden
Breite Str. 2, 99094 Erfurt, Tel.: 0361 / 3455639,
www.figurloungemytaogarden.de

10% Rabatt auf Ihren Eintritt

Willkommen zum Rendezvous der Künste in Schloss & Park Lichtenwalde: Besuchen Sie den malerischen Schlosspark und entdecken Sie etwa das Schatzkammermuseum.

Coupon gültig bis 31.12.2018

Die Sehenswerten Drei
Schloss & Park Lichtenwalde
Schlossallee 1, 09577 Niederwiesa/Lichtenw.
www.die-sehenswerten-drei.de

Freier Eintritt für 1 Kind im Alter von 4 – 14 Jahren

bei zwei Vollzahlern zur Führung durch die einzige Schauhöhle Sachsens in Syrau

Coupon gültig bis 31.12.2018

EB Drachenhöhle Windmühle Syrau
08548 Syrau, Parken: Paul-Seifert-Straße
Info unter Tel.: 037431 / 3735
www.syrau.de; www.drachenhoehle.de

Ausstellungsbesuch für 2 Personen gratis

Fühlen Sie sich wohl bei Kunst & Kultur und gutem Essen. Schwarzwäler-Kirsch-Torte meets Zeitgenössische Kunst in Weimar.

Coupon gültig bis 31.12.2018

ACC Galerie
Burgplatz 1+2, 99423 Weimar
Tel.: 03643 / 851262
www.acc-weimar.de

Entdeckertour zur VINETA 2 EUR Rabatt

Bootstour zur schwimmenden Insel VINETA auf dem Störmthaler See im Leipziger Neuseenland mit der VINETA-Fähre

Coupon gültig bis 31.12.2018

VINETA auf dem Störmthaler See
Magdeborner Halbinsel, 04463 Großpösna
Tel.: 0341 / 140660 (Saison April bis Oktober)
www.vineta-störmthal.de

10% Rabatt auf Porzellan im Werksverkauf

Bei Vorlage dieses Coupons erhalten Sie 10% Rabatt auf Ihren Einkauf von Porzellan in unseremWerksverkauf.

Coupon gültig bis 31.12.2018

KAHLA/Thüringen Porzellan GmbH
Christian-Eckardt-Str. 38, 07768 Kahla
Tel.: 036424 / 79279, Mo – Sa 10 – 18 Uhr
www.kahlaporzellan.com

Aperitif für Zwei zum Essen geschenkt!

Lassen Sie sich zu einem Aperitif zum guten Essen einladen. Gültig zum Abendessen und nach Verfügbarkeit.

Coupon gültig bis 31.12.2018

Tillmann´s Chemnitz
Brückenstraße 17,09111 Chemnitz
Tel.: 0371 / 3558763, Mo – Fr ab 11, Sa ab 9, So ab 10 Uhr, www.tillmanns-chemnitz.de

15% Einkaufsrabatt im

Plauener Spitze Werksverkauf der Modespitze Mode & Accessoires | Gardinen | Tischdecken | Meterware (ausgenommen sind Handelswaren)

Coupon gültig bis 31.12.2018

Plauener Spitze Werksverkauf der Modespitze
Annenstraße 9, 08523 Plauen
Tel.: 03741 / 222554, Mo – Fr 09:00 – 17:00 Uhr
www.modespitze.de

Ein Stück Bauernkuchen für Sie gratis

Bei Abgabe dieses Coupons in der Burgschänke Leuchtenburg erhalten Sie ein Stück frischen Bauernkuchen aus dem Holzbackofen gratis.

Coupon gültig bis 31.12.2018

Leuchtenburg
Dorfstraße 100, 07768 Seitenroda
tgl. geöff.; April–Okt 9–19 Uhr; sonst 10–17 Uhr,
www.leuchtenburg.de

Schnupperkurse 2 Personen – 1 Preis

Nutzen Sie die Möglichkeit und probieren Sie für 49,-€ (2 Personen mit Material und Trainer) Segeln – Surfen – Kiten – Tauchen – SUP – Reiten

Coupon gültig bis 31.12.2018

CAMP DAVID Sport Resort by ALL-on-SEA
Haynaer Straße 1, 04519 Rackwitz
Tel.: 034294 / 85 86 87, Einlösbar: Mai – Okt
www.campdavid-sportresort.de

Freier Eintritt für Zwei zu einer Salsanight

Schönste Tanzrythmen aus Salsa, Merengue, Timba, Kizomba u.v.m. Ihr seid dabei! Gültig nach Verfügbarkeit.

Coupon gültig bis 31.12.2018

Pentagon3, T 3 Restaurant GmbH,
Brückenstraße 17, 09111 Chemnitz
info@pentagon3.de,
www.pentagon3.de

10 % Einkaufsrabatt

für einen Einkauf im PORZELLANIUM (Werkshop) der ESCHENBACH Porzellan GROUP in Triptis

Coupon gültig bis 31.12.2018

PORZELLANIUM
Puschkinstraße 12 | D-07819 Triptis
Tel.: 036482 / 884922
Mo – Fr 9 – 18 Uhr | Sa 9 – 13 Uhr
www.porzellanium.de

10% Einkaufsrabatt für Eigenproduktion

im Werkshop. Entdecken Sie über 155-jährige Hüttentradition im Erlebnisrundgang durch Hütte, Erlebnis- und Einkaufswelt.

Coupon gültig bis 31.12.2018

ELIAS GLASHÜTTE-FARBGLASHÜTTE LAUSCHA, Str. d. Friedens 46, 98724 Lauscha
Tel.: 036702 / 179970, Mo – So 10 – 17 Uhr
www.farbglashuette.de

1 Kaffeespezialität kostenfrei

Beim Besuch des Restaurants Casa Marina erhalten Gäste bei Vorlage des Coupons eine Kaffeespezialität frei

Coupon gültig bis 31.12.2018

LAGOVIDA – Ferienresort
Hafenstraße 1 | 04463 Großpösna
Tel.: 034206 / 775 0
www.lagovida.de

10% Einkaufsrabatt

für einen Einkauf im Werksshop Gläserne Porzellanmanufaktur

Coupon gültig bis 31.12.2018

Gläserne Porzellanmanufaktur
Breitscheidstraße 7, 07407 Rudolstadt/ Volkstedt
03672 / 48020, Mo–Fr 10–17 Uhr / Sa 10–15 Uhr
www.glaeserneporzellanmanufaktur.eu

1x kostenfreier Eintritt ins Sächsische Bademuseum

Die Kultur- und Festspielstadt Bad Elster schenkt Ihnen mit diesem Coupon eine Reise in lebendige königlich-sächsische Bäderkultur!

Coupon gültig bis 31.12.2018

Sächsisches Bademuseum Bad Elster
In der Kunstwandelhalle Bad Elster
Infos: +49 (0)37437 / 53 900
www.saechsisches-bademuseum.de

Kostenfreie Führung durch Haus und Garten

Für eine Familie mit (Kindern und) Freunden (max. 20 Personen)

Coupon gültig bis 31.12.2018

Schillers Gartenhaus
Schillergäßchen 2, 07745 Jena
Tel.: 03641 / 931188, Di – So 11 – 17 Uhr
www.uni-jena.de/Gartenhaus

10% Rabatt auf Speisen und Getränke

Sie erhalten 10% Rabatt bei Ihrem nächsten Restaurantbesuch. Ausgenommen sind Brunch, Veranstaltungen wie Familienfeiern o.ä..

Coupon gültig bis 31.12.2018

Hotel am Schloß Apolda
Jenaer Straße 2, 99510 Apolda
Tel.: 03644 / 5800
www.hotel-apolda.de

Ermäßigter Eintritt für Vollzahler

Gilt für Bildungs- und Familienprogramme sowie für Music-Shows. Tabaluga und Sonderveranstaltungen sind ausgenommen.

Coupon gültig bis 31.12.2018

Zeiss-Planetarium Jena
Am Planetarium 5, 07743 Jena
Tel.: 03641 / 88 54 88, www.planetarium-jena.de

3 € Rabatt auf Theaterkarten

Sie erhalten gegen Vorlage 3€ Messerabatt auf eine Normalpreis-Eintrittskarte – ausgenommen sind Familienstück und Sonderveranstaltungen.

Coupon gültig bis 31.12.2018

Luisenburg-Festspiele
Luisenburg 2, 95632 Wunsiedel
Tel.: 09232 / 602 162
www.luisenburg-aktuell.de

Konzertgutschein 2 Personen Eintritt frei

Sinfoniekonzert 08.11.2016, 19.30 Uhr, Gr. Saal Grassistr. 8, Werke von Mendelssohn, Schumann, Wagner, Reger und Hindemith

Coupon gültig am 08.11.2016

Hochschule für Musik und Theater
Grassistraße 8, 04107 Leipzig
Tel.: 0341 / 2144-645
www.hmt-leipzig.de

20 % auf eine Ganzkörper Ölmassage

statt 58 ca 45 € und/oder
10 % beim Einkauf auf Babor Produkte

Coupon gültig bis 31.12.2018

BABOR BEAUTY SPAVILLA VOSS GERA
Parkstraße 10, 07548 Gera,
Tel.: 0365 / 55242805, Mo – Fr 8 – 19 Uhr und nach Vereinbarung,
www.babor-beautyspa-faltin.de

Art&Dine Genießermenü

Lassen Sie sich im edlen Industrieloftambiente zu einem einzigartigen 5-Gang Genießermenü für 55 statt 60 Euro verführen.

Coupon gültig bis 31.12.2018

Restaurant La Fonderie – Alte Gießerei
Gießerstr. 12, 04229 Leipzig, 0176 / 23489256,
Mo – So 11.30 – 0 Uhr, Wi: Mo – Fr 11.30 – 15,
Mo – Sa 17.30 – 0, www.restaurant.lafonderie.de

10% Rabatt auf Ladensortiment

Entdecken Sie Manufakturen in Porzellan und Glas, Erzgebirgische Volkskunst, Lifestyle-Produkte ausgewählter Hersteller u.v.m.

Coupon gültig bis 31.12.2018

WEIBO MANUFAKTUREN
Schillerstraße 2, Tel.: 03643 / 510712
www.weibo-manufakturen.de

GEIL

10 % Rabatt auf Ihren Einkauf

Werksverkauf – eigene Herstellung von gläsernem Christbaumschmuck – Familienunternehmen in der 6.Generation

Coupon gültig bis 31.12.2018

Greiner-Mai GmbH „Der Christbaum"
Am Herrnberg 7c, 98724 Neuhaus/Rwg
Tel.: 03679 / 725194, täglich geöffnet
www.derchristbaum.com

10% Rabatt auf Ihre Buchung im BUSINESSLOFT Erfurt

Sparen Sie bei der Buchung der exklusiven engl. Businesslounge, Tagesbüro, Seminarraum oder einer Veranstaltung 10% des Nettopreises.

Coupon gültig bis 31.12.2018

das.Businessloft – Ihr exklusives Büro in Erfurt
Spielbergtor 19b, 99096 Erfurt
Tel.: 0151/41448931, täglich geöffnet 9 – 20 Uhr
www.businessloft-erfurt.de

5% Einkaufsrabatt für LEUPOLDT Lebkuchen

in den beiden Concept Store Laura und Franz am Standort Weißenstadt.

Coupon gültig bis 31.12.2016

Leupoldt Lebkuchenmanufaktur
Goethestraße 23, 95163 Weißenstadt
Tel.: 09253 / 8954
Mo – Sa 10 – 17 Uhr (18 Uhr ab Okt)
www.leupoldt.de

Öffentliche Stadtführung 50 Cent Ermäßigung

Entdecken Sie die Jahn-, Wein- und Sektstadt Freyburg (Unstrut). Mai – Oktober Sa/So 10 Uhr sowie Sa 15 Uhr

Coupon gültig bis 31.12.2018

Freyburger Fremdenverkehrsverein e.V.
Markt 2, 06632 Freyburg (Unstrut)
Tel.: 034464 / 27260
www.freyburg-tourismus.de

Kinderkarte Miniaturgolf kostenfrei

Kostenfreier Eintritt für 1 Kind von 3–14 Jahren bei zwei voll zahlenden Erwachsenen

Coupon gültig bis 31.12.2018

Rodler-Treff Eckartsberga
Burgstraße 2, 06648 Eckartsberga
Tel.: 034467 / 90745, tägl. 10 – 17/18 Uhr
www.rodler-treff.de

10 % Nachlass auf alle Wellnessbehandlungen

Genießen Sie den Wellnessbereich mit Sauna, Wasserfall, Whirlpool und Solarium

Coupon gültig bis 31.12.2018

Hotel Alexandra Inh.Alexandra Glied E.K.
Bahnhofstraße 17, 08523 Plauen
Tel.: 03741 / 71951
www.hotel-alexandra-plauen.de

20 % Rabatt auf Ihre Übernachtung

Gönnen Sie sich ein Shopping- und Kulturwochenende in Chemnitz!
Gültig nach Verfügbarkeit!

Coupon gültig bis 31.12.2018

BIENDO Hotel GmbH
Straße der Nationen 12, 09111 Chemnitz
Tel.: 0371 / 4331920
www.biendo-hotel.de

10% Rabatt auf Ihren Eintritt

Willkommen auf der Familienburg Scharfenstein:
Besuchen Sie u.a. das Weihnachts- und Spielmuseum oder etwa das Burgmuseum.

Coupon gültig bis 31.12.2018

Die Sehenswerten Drei
Burg Scharfenstein
Schlossberg 1, 09430 Drebach/Scharfenstein
www.die-sehenswerten-drei.de

Kennenlern-Weinprobe für 8,90 € in besond. Qualität

Sie sind neugierig auf die neuen Weine vom Weimarer Poetenweg? Wir überzeugen Sie mit einer kleinen Kennenlern-Weinprobe

Coupon gültig bis 31.12.2018

Vinothek WERKSTÜCK WEIMAR im
Café du jardin, Jakobstraße 10, 99423 Weimar
Tel.: 03643 / 217631, Mi/Do 10 – 18 Uhr,
Fr/Sa 10 – 21, So 10 – 18 Uhr, www.latarte.eu

Gutschein 2 für 1

Eine Person kauft eine Tageskarte für das Tropen- und Sportbad, die zweite Person erhält freien Eintritt!

Coupon gültig bis 31.12.2018

WAIKIKI Thermen- & Erlebniswelt am
Zeulenrodaer Meer, Am Birkenweg 1, 07937
Zeulenroda-Triebes, Tel.: 038828 / 7370
www.waikiki-zeulenroda.de

Gutschein 2 für 1

Eine Person kauft eine Tageskarte für die Sauna, (inkl. Tropen- und Sportbad) die zweite Person erhält freien Eintritt!

Coupon gültig bis 31.12.2018

WAIKIKI Thermen- & Erlebniswelt am
Zeulenrodaer Meer, Am Birkenweg 1, 07937
Zeulenroda-Triebes, Tel.: 038828 / 7370
www.waikiki-zeulenroda.de

2 für 1

Beim Besuch des Museums am Theaterplatz erhält die zweite Person (günstigerer oder wertgleicher Betrag) freien Eintritt.

Coupon gültig bis 31.12.2018

KUNSTSAMMLUNGEN CHEMNITZ
Theaterplatz 1 | 09111 Chemnitz
Di–So 11–18 Uhr | Tel.: 0371/488 4424
www.kunstsammlungen-chemnitz.de

Zusätzlich: ein Produkt aus unserer Manufaktur !

Nach dem Kochkurs wählen Sie ein Produkt aus unserer Manufaktur ohne Konservierungsstoffe, wie z.B. Kräutersalze, -öle, Chutneys etc.

Coupon gültig bis 31.12.2018

Kochschule Laurus Vital
Limbacher Str. 19, 09232 Hartmannsdorf
Tel.: 03722 / 505210, Di 17 –23 Uhr, Mi – Sa 11.30 – 23 Uhr, www.laurus-vital.de

Wasser-Fun-Park 50% Rabatt auf den Besuch

Zwei haben Spaß, nur einer bezahlt.
Gültig für eine Stunde im Wasser-Fun-Park des CAMP DAVID Sport Resort

Coupon gültig bis 31.12.2018

CAMP DAVID Sport Resort by ALL-on-SEA
Haynaer Straße 1, 04519 Rackwitz
Tel.: 034294 / 85 86 87, Einlösbar: Mai – Okt
www.campdavid-sportresort.de

Schnupperkurse 2 Personen – 1 Preis

Nutzen Sie die Möglichkeit und probieren Sie für 49,-€ (2 Personen mit Material und Trainer)
Segeln – Surfen – Kiten – Tauchen – SUP

Coupon gültig bis 31.12.2018

ALL-on-SEA
Haynaer Straße 1, 04519 Rackwitz
Tel.: 034294 / 85 86 87, Einlösbar: Mai – Okt
www.campdavid-sportresort.de

5% Einkaufsrabatt Weimar Werksverkauf

Bei Vorlage dieses Coupons erhalten Sie auf Ihren Einkauf 5% Rabatt. Nicht in Kombination mit anderen Aktionen gültig.

Coupon gültig bis 31.12.2018

Weimarer Porzellanmanufaktur
Christian Speck Str. 5, 99444 Blankenhain
Mo – Fr 9 – 18Uhr, Sa 9 – 16 Uhr
www.weimar-porzellan.de

VERANSTALTUNGEN

2016 bis 2018

*05.11. – 06.11.2016 | **Liquid Sound Festival | Toskana Therme Bad Sulza** | Live-Konzerte, Installationen und Performances im und am Wasser – das Liquid Sound Festival ist weltweit einmalig! Zwei Nächte lang bilden die drei Toskana Thermen in Bad Sulza, Bad Orb und Bad Schandau einen großen Klang-Ozean zum Träumen und Staunen. www.liquidsound.com, www.toskanaworld.net*

*02.09. – 04.09.2016 | **Festwochenende zur 950-Jahr- Feier von Schmölln** | Ein Höhepunkt der zahlreichen Veranstaltungen, Konzerte und Ausstellungen zum großem Jubiläum der Stadt wird der große historische Festumzug am Sonntag des Festwochenendes sein – ein bunter Streifzug durch die Geschichte der Stadt mit ihren Höhen und Tiefen von 700 bis 2016. www.schmoelln.de*

*17.12. – 18.12.2016 | **Advent in den Weinbergen| Roßbacher und Naumburger Weinberge** | Märchenhaft und geheimnisvoll vor romantischer Weinbergskulisse laden jährlich am 4. Adventswochenende einheimischen Weingüter zu einem Weihnachtsmarkt entlang der Roßbacher und Naumburger Weinberge mit einheimischen Weinen und lokaler Handwerskunst ein.*

SEPTEMBER BIS DEZEMBER 2016

September – Dezember 2016
Kulturwelten Helmbrechts | Musikfestival-Highlight im Frankenwald | www.textilmuseum.de

02.09. – 04.09.2016
38. Bad Köstritzer Dahlienfest | Bad Köstritz | Dahlienschau, Festumzug, ein Programm auf mehreren Bühnen | www.koestritzerdahlien.de

02.09. – 04.09.2016
Festwochenende zur 950-Jahr-Feier von Schmölln | Markt und Festplatz | 04.09. 14.00 Uhr Festumzug | www.schmoelln.de

02.09.2016
„Sekt in the City" – Die 7. Frauen Shopping- und Erlebnisnacht | Greiz Stadtgebiet | spritzig verführerische Angebote für Sie | www.greiz.de

04.09.2016
Großes Open Air Konzert mit Feuerwerk zur Spielzeiteröffnung auf dem Theaterplatz | Theater Chemnitz | www.theater-chemnitz.de

09.09. – 12.09.2016
Winzerfest – Mitteldeutschlands größtes Weinfest | Freyburg | Krönung der Weinkönigin, Weindorf und Umzug | www.weinregion-saale-unstrut.de

02.09. – 04.09.2016
23. Weidscher Kuchenmarkt | Weida – Wiege des Vogtlandes | Marktfest mit leckerem Backwerk Wahl der „Weidschen Kuchenfrau" | www.weida.de

10.09.2016
Fest der 25.000 Lichter im agra-Park Markkleeberg | illuminierter Park m. zarten musikalischen Klängen an vielen Orten | www.markkleeberg.de

10.09. – 11.09.2016
Tierpark- und Dahlienfest Gera | Tierpark und Dahliengarten verwandeln sich in gr. Bühne wo tierisch was los ist | www.unser-waldzoo-gera.de

10.09. – 03.10.2016
16. Chursächsische Festspiele Bad Elster | Sachsens traditionsreichstes Staatsbad präsentiert sich im Festspielglanz | www.chursaechsische.de

11.09.2016
11. Back- & Wurschtfest | Ordensburg Liebstedt | mit Thüringer Bäckern, Fleischern und Handwerkern | www.ordensburg-liebstedt.de

23.09. – 25.09.2016
Apoldaer Zwiebelmarkt | Innenstadt | Musik- und Shows auf 7 Bühnen | Handwerks- und Mittelaltermarkt am Schloß | www.zwiebelmarkt.apolda.de

30.09. – 02.10.2016
Triennale der Moderne | Weimar | Veranstaltungen in Vorbereitung auf das 100.Bauhausjubiläum

13.10. – 23.10.2016
26. Lachmesse | Leipzig | Europäisches Satire- und Humor-Festival auf 11 Leipziger Bühnen | www.lachmesse.de

16.09., 06.10., 14.11., 14.12.2016 | jeweils 21:00 Uhr
Vollmondkonzert live | Bad Sulza | Toskana Therme | www.toskanaworld.net

18.09. – 18.12.2016
Georges Braque | Ausstellung im Kunsthaus Apolda Avantgarde | www.kunsthausapolda.de

30.09. - 31.10.2016
23. Die Jazzmeile Thüringen | mit über 18 beteilgten Thüringer Städten und Jazzclubs | www.jazzmeile.org

04.10. - 16.10.2016 | jeden Di. und Do. 10 Uhr
Herbstferienprogramm Zoo Leipzig | Start in die Herbstferien – Herbstferientouren mit den Zoolotsen | www.zoo-leipzig.de

07.10. - 09.10.2016
363. Zwiebelmarkt Weimar | Weimar | Innenstadt | das größte Volksfest Thüringens rund um die Zwiebel mit 600 Händlern | www.weimar.de

09.10.2016
26. Jahrestag der Friedlichen Revolution im Herbst `89 und Lichtfest | Leipzig | www.lichtfest.leipziger-freiheit.de

21.10 - 23.10.2016
Grassimesse 2016 | Grassimuseum Leipzig | int. Verkaufsmesse für angew. Kunst und Design mit ca. 100 internationalen Ausstellern | www.grassimesse.de

22.10. - 25.10.2016
IKA | Culinary Olympics | Zum fünften Mal wird Erfurt Austragungsort des weltgrößten Berufswettbewerbs von Köchinnen, Köchen und Patissiers mit rund 1.600 Teilnehmer aus mehr als 50 Nationen

21.10. - 23.10.2016
203. Jahrestag der Völkerschlacht bei Leipzig | Dölitz u. Markkleeberg | Historische Biwaks und Gefechtsdarstellung

25.10. - 30.10.2016
50. Internationale Hofer Filmtage | Hof | der Treffpunkt für Filmschaffende und Filmbegeisterte aus aller Welt | www.hofer-filmtage.com

31.10.2016
Halloween-Spektakel | im Freizeitpark BELANTIS spukt es mit Geistern, Hexen und Gruselwesen | www.belantis.de

04.11. - 06.11.2016
15. Lichtbildarena – Das „Reise-Show-Festival" | Jena Campus FSU | Outdoor-& Reisemesse, Fotoausstell. u. Seminare | www.lichtbildarena.de

05.11. & 06.11.2016
Liquid Sound Festival | Bad Sulza | Toskana Therme | www.liquidsound.com | www.toskanaworld.net

09.11.2016 - 04.03.2017
CAFÉ MÉLANGE | Krystallpalast Varieté Leipzig | Wiener Charme u. Gastlichkeit garniert mit feinster Varietékunst | www.krystallpalastvariete.de

22.11.2016 - 05.01.2017
Weimarer Weihnacht | Weimar – Innenstadt | stimmungsvoller Weihnachtsmarkt mit Handwerk und Naschereien | www.weimar.de

22.11. - 23.12.2016
Leipziger Weihnachtsmarkt | jährlich zieht der stimmungsvolle Weihnachtsmarkt mit 270 Händlern Millionen von Besuchern an | www.leipzig.de

22.11. - 22.12.2016
166. Erfurter Weihnachtsmarkt | Erfurt Domplatz und Altstadt | der größte Weihnachtsmarkt Thüringens vor mittelalterlicher Kulisse

24.11. - 23.12.2016
Märchenmarkt Gera | Innenstadt | besonderer Weihnachtsmarkt m. Märchenfiguren, der nicht nur Kinderherzen höher schlagen lässt | www.gera.de

24.11. - 25.11.2016
Weltcup Skispringen Klingenthal | Erleben Sie die Elite der Skiadler, den Jubel Tausender, die im Arena-Rund eine richtige „Weltcup-Party" feiern | www.weltcup-klingenthal.de

25.11. - 22.12.2016
Jenaer Weihnachtsmarkt | Markplatz mit hist. Weihnachtsmarkt zwischen Johannistor und Pulverturm | www.jenakultur.de

26.11. - 27.11., 03.12. - 04.12.2016
Lauschaer Kugelmarkt | Farbglashütte Lauscha und Innenstadt | www.farbglashuette-lauscha.de

28.11.2016
Weihnachtsmarkt Bad Steben | im romantischen Kurpark lädt das Bayerische Staatsbad zum trad. Weihnachtsmarkt ein | www.bad-steben.de

04.12.2016
Schleizer Kirchweihfest in der Stadtkirche | Einweihung der Stadtkirchenorgel | www.kirche-in-schleiz.de

04.12., 11.12. & 18.12.2016
Advent auf der Leuchtenburg | Seitenroda bei Kahla | Weihnachten duftet, klingt und funkelt in hist. Atmosphäre |www.leuchtenburg.de

06.12.2016
Nikolaustag im Zoo Leipzig | freier Eintritt für Kinder bis 14 Jahre | 11 Uhr Nikolaus mit Lama Horst und Zoolotsentour | www.zoo-leipzig.de

17.12. - 18.12.2016
Advent in den Weinbergen | Naumburg Roßbach | Weihnachtsmarkt entlang den Weinbergen mit Handwerk, Kunst und Wein | www.naumburg-im-advent.de

29.04. – 24.09.2017 | Thüringer Landesgartenschau „Blütezeit Apolda" | Blütezeit Apolda, das sind Blüten und noch viel mehr: gärtnerische Arrangements, Bildungsangebote, Führungen und Vorträge, zwei Spielplätze sowie mehrere hundert Veranstaltungen. Das Veranstaltungsgelände erstreckt sich hauptsächlich auf die Herressener Promenade (Bild), über die gesamte Innenstadt und in den Paulinenpark. www.apolda2017.de

27.08. – 28.08.2017 | Thüringer Gärtnertage | egapark Erfurt | Zu Beginn der herbstlichen Pflanzzeit zieht der egapark Erfurt weitgereiste Gartenfreunde zu einem einzigartigen Gartenmarkt. Saatzucht- und Gartenbaubetriebe, Raritätengärtnereien und Kakteenzüchter bieten zusammen mit erstklassiger Beratung ihre besonderen Produkte an. www.egapark-erfurt.de

09.10.2017 | Lichtfest Leipzig | Innenstadt Leipzig | 70000 Menschen stellten am 9. Okt. 1989 die Weichen für einen grundlegenden Wandel in Europa. Mit gewaltlosem Protest bereiteten sie die Voraussetzung für den Fall der Berliner Mauer. Rund 150000 Leipziger und Gäste gedachten 2009 erstmals beim Lichtfest der friedlichen Revolution, seitdem findet die Veranstaltung jährlich statt.

JANUAR BIS DEZEMBER 2017

23.03.2017 | 20.00 Uhr
Casiono-Geburtstag mit Live-Musik und Überraschungen | Spielbank Bad Steben | Eintritt frei | www.spielbankenbayernblog.de

23.03. – 26.03.2017
Leipziger Buchmesse und Literaturfestival „Leipzig liest" | mit breitgefächertem Rahmenprogramm | www.leipziger-buchmesse.de

08.04. – 09.04.2017
Tag des Thüringer Porzellans | thür. Porzellanmanufakturen laden zu Besichtigungen, Programm und Kulinarik ein | www.porzellantag.de

08.04.2017
Thüringer Holzmarkt | Jena Stadtzentrum | www.jenakultur.de

15.04. & 16.04.2017
„Ostern auf der Osterburg" | Weida – Wiege des Vogtlandes | traditioneller Handwerkermarkt | www.weida.de oder www.osterburg-vogtland.eu

29.04. – 24.09.2017
4. Thüringer Landesgartenschau „Blütezeit Apolda" | www.apolda2017.de

06.05.2017
APOLDA EUROPEAN DESIGN AWARD 2017 | auf dem bedeutenden Modewettbewerb präsentieren sich über 30 Absolventen europ. Modehochschulen einer int. Jury | www.apolda-design-award.de

Mai – August 2017
Luisenburgfestspiele Wunsiedel | älteste Naturbühne Deutschlands | www.luisenburg-aktuell.de

01.05.2017
Freyburger Weinfrühling | entdecken Sie die neuen Weine entlang der Freyburger Weinberge mit Musik und Kulinarik | www.freyburg-tourismus.de

05.05. – 07.05.2017
7-Seen-Wanderung 2017 | Leipziger Neuseenland | sächs. Wanderfest | www.7seen-wanderung.de

14.05.2017
Thüringer Käsemarkt | Hohenfelden | Thüringer Freilichtmuseum

18.05. – 21.05.2017
Greizer Jazzwerkstatt#18 | Internationales Jazzfestival | www.theaterherbst.de

27.05.2017
Bad Sulzaer Weinfrühling: „Wandern zum Wein" | in und um Bad Sulza | an zahlreichen Stationen erleben Sie Thüringer Weine | www.bad-sulza.de

02.06. – 04.06.2017
Apoldaer Oldtimer-Schlosstreffen | 250 Fahrzeuge | Ausfahrt durchs Weimarer Land | www.apolda.de

09.06. – 11.06.2017
16. Thüringentag in Apolda „Apolda klingt!" | www.apolda.de

12.06.2017
Hofer Schlappentag | Hofer Nationalfeiertag seit 1432 | 11.06. Stadtführungs-Spektakel „Die Hussiten kommen" | www.hof.de

16.06. – 18.06.2017
42. Krämerbrückenfest | Erfurt | mittelalterlicher Stadtkern | mit Gauklern, Händlern und Artisten wird größtes Thür. Altstadtfest gefeiert

16.06. - 18.06.2017
43. Bürgeler Töpfermarkt | mit ca. 100 ausgewählten Keramikern, Kulinar. Markt, Sammlermarkt, Bands u.v.m | www.buergeler-toepfermarkt.de

24.06. - 06.08.2017 | jeden Di. und Do. 10:00 Uhr
Sommerferienprogramm im Zoo Leipzig | Start in die Sommerferien – Sommerferientouren mit den Zoolotsen | www.zoo-leipzig.de

24.06. - 25.06.2017
46. Dornburger Rosenfest | Dornburger Schlösser bei Jena | mit Krönung, Kinderfest u.v. Attraktionen | www.dornburger-rosenfest.de

01.07.2017
Apoldaer Modenacht | Open Air – Modenschau auf 40 Meter langem Laufsteg | Lichtspektakel | Werksverkauf | www.apolda-design-award.de

08.07. & 09.07.2017
Tage der offenen Weinkeller und Weinberge | Saale Unstrut Weinregion | www.weinbauverband-saale-unstrut.de

08.07. & 09.07.2017
Biedermeier-Fest Bad Steben | Zeitreise ins 19. Jhd. im historischen Kurpark | Marktstände, Tänze, biedermeierliches Treiben | www.bad-steben.de

25.08.2017
Museums- und Kulturnacht Greiz | Schloss, Vogtlandhalle | mit Ausstellungen, Live-Musik, Vorführungen, Lesungen u.v.m. | www.greiz.de

27.08. - 28.08.2017
Thüringer Gärtnertage | egapark Erfurt | www.egapark-erfurt.de

01.09. - 03.09.2017
39. Bad Köstritzer Dahlienfest | Bad Köstritz | Dahlienschau, Festumzug, ein Programm auf mehreren Bühnen | www.koestritzerdahlien.de

01.09. - 03.09.2017
24. Weidscher Kuchenmarkt | Weida – Wiege des Vogtlandes | Marktfest mit leckerem Backwerk Wahl der „Weidschen Kuchenfrau" | www.weida.de

08.09. - 10.09.2017
Winzerfest – Mitteldeutschlands größtes Weinfest | Freyburg | Krönung der Weinkönigin, Weindorf und Umzug | www.weinregion-saale-unstrut.de

09.09. - 10.09.2017
17. Mittelalterliches Burgfest | Lichtenberg | mittelalterliches Treiben mit Musikern und „Fahrleuten" | www.burgfreunde-lichtenberg.de

15.09. - 24.09.2017
Jenaer Altstadtfest | Jena Innenstadt | www.jenakultur.de

15.09. - 23.09.2017
XXVI. Greizer Theaterherbst-Internationales Theater-**festival** | www.theaterherbst.de

22.09. - 24.09.2017
8. Tage der Industriekultur | Chemnitz | spann. Reise in die Vielfalt der Industrieanlagen | www.industriekultur-chemnitz.de

29.09. - 01.10.2017
Apoldaer Zwiebelmarkt | Innenstadt | Musik und Shows auf 7 Bühnen | Handwerks- und Mittelaltermarkt am Schloß | www.zwiebelmarkt.apolda.de

09.10.2017
26. Jahrestag der Friedlichen Revolution im Herbst `89 und Lichtfest | Leipzig | www.lichtfest.leipziger-freiheit.de

27.11. - 22.12.2017
Jenaer Weihnachtsmarkt | Markplatz mit hist. Weihnachtsmarkt zwischen Johannistor und Pulverturm | www.jenakultur.de

28.11. - 23.12.2017
Leipziger Weihnachtsmarkt | stimmungsvoller Weihnachtsmarkt | www.leipzig.de

Nov. 2017 - Jan. 2018
17. Chursächsische Winterträume / Die Staatsbäder Bad Elster und Bad Brambach laden zu winterlicher Kultur & Erholung ein / www.chursaechsische.de

an allen 4 Adventswochenenden, Freitag - Sonntag 2017
Kronacher Weihnacht | Im Rosenturm u. Marienplatz verzaubern Glühweinduft, festliche Hütten & ein attraktives Pogramm | www.kronach.de

02.12. - 03.12.2017
Schleizer Weihnachtsmarkt | Schleiz Neumarkt | www.schleiz.de

09.12. - 10.12. & 16.12. - 17.12.2017
Weihnachtsmarkt der Wünsche | Leuchtenburg Seitenroda bei Kahla | mit kostbaren Handwerks- und Manufakturprodukten | www.leuchtenburg.de

17.12.2017 | 13.00 - 19.00 Uhr
Weihnachtsmarkt | Winzervereinigung Freyburg-Unstrut eG | www.winzervereinigung-freyburg.de

19.05. – 21.05.2018 | Crana Historica – Festival der Geschichte | Kronach | *Genießen Sie bei diesem Fesival von internat. Rang eine Zeitreise durch versch. Jahrhunderte auf einer der größten und am besten erhaltenen Festungsanlagen Deutschlands. Mode, Speisen, Handwerk und auch Kriegskunst vom Mittelalter bis zur napoleonischen Zeit werden auf dem gesamten Areal mit authentischen Erlebniswert hautnah vermittelt. www.crana-historica.de*

April 2018 | Tag des Thüringer Porzellans | *Erleben Sie in zahlreichen Manufakturen und Museen die glanzv. Vergangenheit und innov. Gegenwart der Thüringer Porzellanherstellung. Beteiligt sind u.a. Porzellanwelten Leuchtenburg, Porzellanmanufaktur Reichenbach, KAHLA Thüringen Porzellan, Triptis Porzellan, Weimar Porzellan, Gläserne Manufaktur Rudolstadt u.v.m. www.porzellantag.de*

28.09. – 30.09.2018 | 9. Tage der Industriekultur | Chemnitz | *Industriemuseen und -denkmäler sowie innov. Industrieunternehmen bieten den Besuchern bei der „Früh- und Spätschicht" eine spannende Reise durch die Vielfalt der Industrieanlagen gestern und heute. Die Innenstadt lockt u.a. mit historischem Gründerzeitmarkt, Varieté, Artistik, Figurentheater und trad. Handwerk. www.industriekultur-chemnitz.de*

JANUAR BIS DEZEMBER 2018

02.01.2018
Vollmondkonzert Toskana Therme Bad Sulza | 31.01., 02.03., 31.03., 30.04., 29.05., 28.06., 27.07., 26.08., 25.09., 24.10., 23.11., 22.12. | www.toskanaworld.net

03.02.2018
Liquid Sound Club Toskana Therme Bad Sulza | 03.03., 07.04., 05.05., 02.06., 07.07., 04.08., 01.09., 06.10., 01.12., Festival: 02.–03.11. | www.liquidsoundclub.net

09.02. – 10.02.2018
Apoldaer Bluesfasching | Tiefgarage Hotel am Schloß | Apolda | www.bluesfasching.de

14.02.2018
Valentinstag über den Wolken | Panorama Tower Restaurant Leipzig

März – Mai 2018
Geraer Songtage | Seit 2008 lockt das Festival nationale & intern. Künstler, Singer|Songwriter, Folk-, Pop- und Jazz-MusikerInnen nach Gera | www.songtage-gera.de

15.03. – 18.03.2018
Leipziger Buchmesse

31.03. – 01.04.2018
Ostern auf der Osterburg | Weida | hist. Handwerkermarkt | www.weida.de, www.osterburg-vogtland.eu

April 2018
Tag des Thüringer Porzelllans | Thüringen | in 12 Manufakturen u. Museen | www.porzellantag.de

11.04. – 15.04.2018
„Der Ring des Nibelungen" – R. Wagner | Oper Leipzig | 11.04. Rheingold, 12.04. Die Walküre, 14.04. Siegfried, 15.04. Götterdämmerung | www.oper-leipzig.de

April – Mai 2018
Kronach Leuchtet | Highlight mit Partnern aus Kultur, Wissenschaft u. Design | www.kronachleuchtet.com

April – Sept. 2018
Kurkonzerte in Bad Kösen | Konzertmuschel am Gradierwerk | www.badkoesen-heilbad.de

30.04. – 01.05.2018
Albrecht´s Burgfest und Walpurgisnacht | Albrechtsburg Meissen | www.albrechtsburg-meissen.de

Mai – August 2018
Luisenburgfestspiele Wunsiedel | Älteste Naturbühne Deutschlands | www.luisenburg-aktuell.de

01.05.2018
Freyburger Weinfrühling | Weine des neuen Jahrgangs mit Musik und Kulinarik | www.freyburg-tourismus.de

Mai – Sept. 2018
NaturTheater Bad Elster Saison 2018 | Konzerte, Comedy und Familienprogramme als große Open-Air-Saison! | naturtheater-badelster.de

04.05. – 06.05.2018
7-Seen-Wanderung 2018 | Leipziger Neuseenland | sächs. Wanderfest mit über 40 Sport-, Kinder- & geführten Touren | www.7seen-wanderung.de

04.05. – 06.05.2018
26. Markkleeberger Stadtfest | Stadtmitte | mit Rummel, Festzelt u. Spielwiese | www.markkleeberg.de

13.05.2018
Muttertags-Brunch Atlanta Hotel International Leipzig | mit Überraschung für die Mama! | www.atlanta-hotel.de

Pfingsten 2018 (19.05. - 27.05.2018)
Pfingst.Festival Schloss Ettersburg Weimar | Theater, Lesungen, Konzerte, Vorträge | www.schlossettersburg.de

19.05. -21.05.2018
Crana Historica – Festival der Geschichte | Festung Rosenberg Kronach | www.crana-historica.de

19.05. - 21.05.2018
Thüringer Schlössertage 2018 | „Aufgeregt! Skandale, Intrigen und Seitensprünge" | Sommerpalais Greiz und 13 weitere Schlösser | www.schloessertage.de

19.05. - 21.05.2018 | **Mittelalterspektakel und Ritterspiele** | Burg Posterstein | www.burg-posterstein.de

20.05.2018
15. Equipage Bad Elster | Edle Pferde & Hist. Kutschen im königlichem Ambiente | www.chursaechsische.de

28.05.2018
Hofer Schlappentag | Hofer Nationalfeiertag seit 1432 | www.hof.de

09.06.2018
Altenburger Museumsnacht & Skatstadtmarathon | www.altenburg.eu

15.06. - 17.06.2018
59. Plauener Spitzenfest | www.plauen.de/spitzenfest

15.06. - 17.06.2018
43. Krämerbrückenfest u. New Orleans Music Festival | Erfurt | Altstadtfest | www.erfurt-tourismus.de

15.06. - 17.06.2018
Park- und Schlossfest Greiz | www.greiz.de

Letztes Juniwochenende
47. Dornburger Rosenfest | Dornburger Schlösser bei Jena | www.dornburger-rosenfest.de

Juli – August 2018
Rosenberg Festspiele Kronach | Freilichttheater-Ereignis auf der Festung Rosenberg | www.rosenbergfestspiele.de

05.07. - 08.07.2018
Rudolstadt-Festival | Das größte Festival für Folk, Lied und Weltmusik Deutschlands | www.tff-rudolstadt.de

Juni bis August 2018
Wochen des Weißen Goldes| Rosenthal Theater Selb | Porzellanpräsentatio | www.selb.de

11.07. - 19.08.2018
KulturArena Jena

04.08. - 05.08.2018
Tage der offenen Weinkeller und -Berge | Saale-Unstrut-Weinregion in Sachsen-Anhalt und Thüringen | www.weinbauverband-saale-unstrut.de

09.08. - 19.08.2018
28. Altenburger Musikfestival | viele musikalische Höhepunkte von Oper über Musical bis hin zum Kammerkonzert | www.altenburger-musikfestival.de

17.08. - 19.08.2018 | **96. Jahn- Turnfest** | Jahn-Sportpark Freyburg | www.jahn-museum.de

August 2018
Biedermeier- und Kurparkfest | Kurpark Bad Steben | www.biedermeier-badsteben.de | www.bad-steben.de

25.08. - 26.08.2018
Tage des offenen Weingutes Sachsen | seit 2000 laden die Weingüter der sächsischen Weinstraße zur Besichtigung ein | www.saechsische-weinstrasse.net

28.08. - 01.09.2018
Thüringische Orgelakademie Altenburg | Reichhaltige Vermittlung des thüringer Orgelschatzes in Seminaren

01.09. - 07.10.2018
18. Chursächsische Festspiele | „200 Jahre Badewesen" | Jubiläum in Bad Elster | www.chursaechsische.de

07.09. - 09.09.2018 | **Winzerfest in Freyburg** | www.weinregion-saale-unstrut.de

21.09. - 07.10.2018
Erfurter Oktoberfest | Domplatz Erfurt | mit Rummel und Festzelt | www.erfurt-tourismus.de

28.09. - 30.09.2018
9. Tage der Industriekultur | Chemnitz | www.industriekultur-chemnitz.de

28.09. - 30.09.2018
Apoldaer Zwiebelmarkt | Innenstadt | www.zwiebelmarkt.apolda.de

2. Oktober-Wochenende
Zwiebelmarkt Weimar | www.weimar.de

November 2018
Lange Nacht der Wissenschaften | verschiedene Orte in Jena | www.sternstunden-jena.de

02.11. - 03.11.2018
Liquid Sound Festival & Club Toskana Therme Bad Sulza | Die ganze Nacht, Glanzlichter der Wasserkultur | www.liquidsound.com

27.11. - 22.12.2018
Erfurter Weihnachtsmarkt | Domplatz Erfurt und Altstadt | www.erfurt-tourismus.de

02.12. - 26.12.2018
Weihnachtsmenüs im Leipz. Panorama Tower Restaurant

12.12. - 16.12.2018
Greizer Weihnachtsmarkt | www.greiz.de

BILDNACHWEISE

TITELBILDER, ZWISCHENSEITEN & KARTEN

Titel Thüringen: Fotografin Tina Cassati, Model Floriana Blanco || Titel Sachsen: Montage: Christian Reuther – Agentur Haus E, Chemnitz ; László Farkas || Titel Sachsen-Anhalt: Fotograf Torsten Biehl, Model Susanne Rothe || Titel Franken: Manfred Jahreiß, Model Svenja Adam || Einstiegsseite: Aus „100 Biergarten-Ausflüge für Familien und Entdecker. Freizeitspaß in Franken – Wandern, radeln und vieles mehr“ || Empfehlenswert: magda s by freeimages.com || Genuss-Tipps: Fotograf: Sebastian Reuter, food-vegetables-meal-kitchen by pexels || Veranstaltungen: Sarah Storch, Model Jaq || Landkarten: ©mr-kartographie, Gotha

STADTSEITEN

Amalienhof Betriebs.-GmbH: Claudia Wießner, Geschäftsführerin und Beatrice Stöpel, Assistentin der Geschäftsführung (u.L.), Hotelflur (M.), Wohlfühlen hat ein Zuhause (r.O.), Frühstück im Hotel Amalienhof (u.R.), Zimmeransicht (2.v.u.R.) – S.11 || Auerbachs Keller: Kunstmann – S.135 – Auerbachs Keller (u.2.L.), Figurengruppe Faust (u.2.R.) || Altenburg Tourismus: S.126 || Avenida-Therme Betriebsg. GmbH: S.19 – Außen- & Innentherme, Saunagarten, Poolbar || B10: Paul Berry – S.147 – B10 (o.L.), Weinbar & Restaurant (u.L.) || Bäckerei Oesterlein: S.96 – Bäckerei (o.R.) || Bayrisches Staatsbad Bad Steben: S.104 – Säulenwandelhalle (L.), denkmalgesch. Parkanlage (o.R), Bürstenmassage (u.R.) | S.105 – Therme (o.L.), Feuersauna (u.L.), Maulaffenbecken (1.R.), Schiefersteinmassage (2.R.), Salzgrotte (3.R.), Sauna & Naturbadeteich (4.R.) || Café Sieben: Frederik Unteutsch – S.73 – Einrichtung (L), Sommer im Glashaus (2.o.M.), Cafégenuss (2.u.M.) | Thomas Wicht – S.73 – Ferienwohnungen (1.u.M.) | Pierre Kamin – S.73 – Inhaberin (1.o.M.) || CVG Bad Elster: S.80 – Theater (L.), Open-Air-Arena (R.); S.83 – Theater (L.), Philharmonie (1.o.M.) || CWE: S.118 | S.124 – Chemnitz Theaterplatz (o.M.) || DEHOGA Leipzig: S.142 – Jungnickel – Nachtleben in Leipzig (3.u.L), Gottschedstraße Kneipenmeile (2.u.R.) | S.142 – Barfußgässchen (2.o.R.) || E-Networks: Sebastian Reuter – S.51 – Blick auf Agentur (o.L.), Geschäftsführer (o.M.) | S.51 – Referenzen (o.R./u.Reihe) || Erfurt Tourismus & Marketing GmbH: Barbara Neumann – S.2 – Dom St.Marien & Severiekirche, Krämerbrücke, Staatskanzlei, Funzelführung in den Hochgängen des Petersberges || Ernst-Abbe-Hochschule Jena: Inka Rodigast – S.50 – Geburtshilfe/Hebammenkunde (o.M.), MINT-Studium (o.R.), Ingenieurwissenschaften (u.2.M.) | Campus der EAH Jena (u.1.M & u.R.) || „Ernst-Haeckel-Haus“: S.52 – Illustration Tafel 85 (L.u.2.R.), Tafel 26 (u.R.), Ernst Haeckel-Phyletisches Museum (u.M.), Portrait (u.Zitat) || ESCHENBACH Porzellan GROUP: S.61 || Europ. Flakonmuseum: S.90 – Museum (o.M.); S.91 – Samlung Frank (L.), Riechprobe (o.M.), Flakons Coco Chanel (1.u.M.) || Evangelisches Augustinerkloster: Lutz Edelhoff – S.3 – Augustinerkloster & Historische Bibliothek im Augustinerkloster || Falko Bärenwald: S.57 – Haus Schneider (L.), Atelier Bärenwald (u.M.) || Frankenwald Tourismus: A. Hub – S.88 – Burg Lauenstein (o.L.), Petersgrat bei Joditz (o.R.); S.89 – Königlich priv. Porzellanfabrik Tettau || Frankenwald Tourismus & TI Rennsteigregion: M. Garscha – S.89 – Rennsteigregion (o.L.), Pause am Burgblick Lauenstein (o.M.), Wandern im Kremnitztal (u.M.), Tropenhaus Klein Eden (1.R.), Mountainbiking (2.R.), Frankenwald Confiserie Bauer (3.R.) || Freizeitpark Stausee Hohenfelden GmbH: S.18 – Freizeitpark (o.L.&o.R.), Restaurant (3.R.), Aktivpark Hohenfelden (4.R.) | Kai Ropella – S.18 – Ferienhaus (2.R.) || Friedrich-Schiller-Universität Jena: Jan-Peter Kasper – S.50 – Campus (L.) | Anne Günther – S.57 – Bauhaus-Mensa (u.2.M.) || Galaxsea Jena: Jürgen Scheere – S.43 || Genussregion Oberfranken e.V.: S.0 u. 1 | S.96 – Genussregion Oberfranken (alle M.) || Gemälde von Johann Christian Reinhart: S.100 – aus „Johann Christian Reinhart aus Hof. Aquarelle,Radierungen, Zeichnungen“ || Gera-Information: TPT Theater&Philharmonie Thür. GmbH – S.64 – Konzertsaal (L.) / S.68 | Siegrid Schädlich – S.64 – Marktplatz (o.M.), Kinder (1.u.M.), Gera Natur (2.u.M./R.) / S.66 – Villa Jahr (R.) | Stadtverwaltung Gera – S.65 – Otto Dix Haus (o.L.) | Hr. Wunderlich – S.65 – M1 Galerie (u.L.), Schloss Osterlein (u.M.) | Lummersches Backhaus – S.65 – Backhaus (o.M./R.) | Gera Tourismus e.V. – S.66 – Villentour (L.) | Fr. Mattert – S.66 – Haus Schulenburg (1&2.u.M.) | Restaurant Szenario – S.69 || GreenSoul: S.139 – Cupcake Catering (L.), Innenansicht (1.o.M.), Leckermäulchen (1.u.M.), Restaurant GreenSoul (2.u.M.) | S.147 – GreenSoul (1.u.R.) || Haus E Chemnitz: Collage Haus E – Cornelia Heimer, bigstock – Alexander Yakovlev, bigstock – zhudifeng, Daniela Schleich, CWE, Haus E – S.122 u. S.123 || Historische Mühle Eberstedt: S.29 – Ölmühle (1.o.L.), Pension (2.o.L.), Übernachtung in den schwimmenden Häusern (u.L.) || Hotel am Schloß Apolda: S.22 – Hotelpanorama (o.L.), Restaurant (u.M.), Tisch (u.R.) | Andrey Armyagov – S.22 – Suppe | Alexander-Fotolia.com – S.22 – Feste feiern – Tafel || Hotel Elephant: S.13 – Elephant Bar (u.L.), Hotel Elephant am Markt (o.R.) || Hotel Kranich: S.86 – Hotel (L.), o.R./u.R. || Industrieverein Chemnitz: Haus E – S.122-123 – Collage || JenaKultur: Andreas Hub – Jenaer Weihnachtsmarkt – S.40 (o.M.), Kulturarena Jena – S.55 (u.2.R.) || Jenaer Philharmonie: Anna Schroll – S.55 – Philharmonie (u.R.) || KAHLA/Thüringen Porzellan GmbH: S.59 – Handarbeit (1.Bild), Magic Grip Golddekore (2. Bild), KAHLA touch! Becher (3.Bild), Feste feiern mit KAHLA (4.Bild) || Klassik Stiftung Weimar: Maik Schuck – S.8 – Anna Amalia Bibliothek (L) | Künstler Johann Georg Ziesenis – Anna Amalia – S.10 (o.L.) | Künstlerin Christiane Henriette Dorothea – Maria Pawlowna – S.10 (2.L.) | Nathalie Mohadjer – Bauhaus-Universität Weimar – S.12 (L.) || König Albert Hotel: C.Beer – S.82 – Schwimmbad (L.) | Jan Hesse – S.82 – alle M. & R. || Kunstsammlungen Chemnitz: S.121 || Kunstsammlung Jena: Andreas Hub – S.48 – Ausstellung W. Kandinsky (u.M) | Steffen Weiß – S.48 – Ausstellungen P. Hammer (L.), C. Morgan (o.M.), Romantik & Gegenwart (u.1.R.) || Leipziger Neuseeland: Simon Büttner – S.151 – agra-Park | Jacob Müller – S.152 – Markkleeberger See | Bernhard Weiß – S.152 – Segelbild | RanaBoot GmbH – S.152 – Motorboot | Sandra Brandt – S.152 – Surfer || Mintastique: S.139 – Innenansicht (o.l.M) | Kai&Kristin Fotografie – Leckermäulchen (u.l.M) | Daniela Reske Fotografie – Cupcake Catering (L.) || Musikkultur Jena: S.55 – Preisverleihung (1.u.M.) || Panorama Tower GmbH & Co KG: Dana Belletz – S.135 – Leipzig b. Nacht (L.) | Gert Kiermeyer – S.135 -City-Hochhaus mit Gewandhaus (o.M.), Bereich St. Peterburg (o.L.) || PEMA Vollkorn Spezialitäten: S.117 – Vollkorntisch (o.L.), Concept Store (1.u.L.), Geschenkauswahl (2.u.L.) || Stephan König: S.146 – naTo – Nigel Kennedy, 2005 (2.o.R.) || Phyletisches Museum: S.52 – Museum (2.u.M.) || Porzellanikon Selb: jahreiss.kommunikation foto film – S.109 – Gießbar (L.), Mokkatasse (o.M.), Historischer Brennofen (u.1.M.), Abdrehen (u.2.M.), Ausstellungsraum (o.R.), Kaffeekanne (u.R.) || Quartus Verlag / Sammlung Fietje Dwars: S.49 – Literaturzeitschrift Palmbaum (M) – 1/10: Palmbaum-Cover mit einer Collage von Kay Voigtmann (Gera), Palmbaum Cover (3.o.R.) – 1/11: Cover mit einer Graphit-Zeichnung von Horst Sakulowski (Weida), Ornament Reihe (2.o.R.) – Hirsch_VA: Graben. Holzschnitt von Karl-Georg Hirsch für einen Gedichtband von Roza Domascyna (2014), Porträt Jens-Fietje Dwars (o.R.) Sebastian Reuter, Vorzugsgrafik von Klaus Süß – VA_Schneider: Der Kuss. Holzschnitt von Klaus Süß für den jüngsten Band: Erzählungen von Rolf Schneider (2016) | S.52 – Goethestatue || Reichenbach Porzellan: www.kaiundkristin.de – S.60 – Tafelgestaltung (2.u.M.), Figuren (R.) || Roland Spanger: S.100 (u.L.) – R.Spanger liest auf der Leipziger Buchmesse (2014) || Richard-Wagner-Verband Leipzig: S.137 – Wagner-Porträt (u.L.), Thomas Krakow (Zitatbild) || Romantikerhaus Jena: S.54: A.W. Schlegel – Kopie von Dieter Weidenbach aus dem Jahr 1980 || Romantikhotel Meerane: S.132 – Hotel Außen (L.), Restaurant (o.M.), Scheune (1.u.M.), Doppelzimmer (2.u.M.) || Sächs. Staatsbäder GmbH Bad Elster: Pastierovic – S.81 – Soletherme (L.) | Schneider – S.81 – Licht- & Soundeffekte (u.R.) | C.Beer – S.81 – moderne Architektur (o.R.) / S.82 – zum Albert Bad (L.) || Schillerhaus Jena: S.41 – Schillerhaus Jena (m.R.) || Seaside Park Hotel: S.137 – Hoteleingang (o.L.), Foyer (o.M.), Restaurant STEAKTRAIN (1.&2. u.M.), Hotel Außenansicht (R.) || smac: László Farkas – S.119 – Mendelson-Bau (L.), Vitrinenwand (2.u.M.) | Meike Kenn – S.119 – Erlebnisort smac (o.M.) | Michael Jungblut – S.119 – Ausstellung (R.), Salman Schocken (1.u.M.) | Jürgen Lösel – S.119 – Bronzedepot (3.u.M.) || Sparkasse Vogtland Arena: Thomas Lenk – S.84 – Weltcup (1.o.M.), Wolfgang Bösl (2.o.M.) || Spielbank Bad Steben: Reinhard Feldrapp – S.103 – Hausmotiv Spielbank (o.R.); Spielsaal (darunter) || Stadt Greiz: S.76 – Blick v. WeißenKreuz (o.L.), Blick auf das Untere Schloss (M.), Detail Unteres Schloss (o.R.), Festsaal (u.R.) | Chr. Freund – S.76 – Sommerpalais (u.L.) || Stadt Meißen: S.156 – Albrechtsburg & Dom (L.), Marktplatz (u.M.) || Stadt Plauen: S.78 – Oberbürgermeister (u.Zitat) | A. Wetzel – S.78 – Altes Rathaus (L.), Nacht der Museen (o.M.) | E.Schulze – S-78 – Vater & Sohn Puppen (u.1.M) || Stadt Schleiz: Klimpke – S.87 – Böttger-Denkmal (2.o.M.), Alte Münze (3.o.M.) | Klimpke/HGV – S.87 – Schleizer Modenacht (R.) || Stadt Selb: S.108 || Stadtverwaltung Naumburg: S. 30 alle außer L., S.38 || Stadtverwaltung Saalburg-Ebersdorf: K.Friedrich – S.86 – Rathaus (1.o.M.), Radweg (2.o.M.) || Städtische Museen Jena: S.48 – Philisterium (o.R./2.u.R.) | S.52 – Porzellanmanufaktur Burgau (o.L.), (2.o.L.), Dekor Entwurf Burgau Porzellan (3.o.L.) || Steigenberger Esplanada M./2.u.M: S. 45 – Hotel (1.o..) || STERNENEVENT GmbH: Stefan Harnisch – S.42 – Zeiss Planetarium Jena (L, o.M.,u.M.); Programm (u.M.) || Stiftung Leuchtenburg: S.58 || Theater Chemnitz: S.120 || Theater Hof GmbH: S.99 – Theater Hof (o.M.) | Harald Dietz – S.99 – Gemeinschaftsprojekt„Ein Sommernachtstraum“ (1.R.), „Aufstieg und Fall der Stadt Mahagonny“ (2.R.) & „Frau Luna“ (3.R.) || The Westin Leipzig: Dirk Brzoska – 142 – Gourmetrestaurant Falco (o.M.), The Westin Hotel Leipzig (u.2.R.) || Thüringer Tourismus GmbH (TTG): Maik Schuck – Goethe- und Schiller-Denkmal – S.8 | Jens Hauspurg – Dornburger Rokokoschloss – S.40 || Thüringer Tourismusverband Jena-Saale-Holzland e.V.: Wasserwandern auf der Saale (o.M.), Töpfermarkt Bürgel (u.R.) – S.41 || Tourismusverband Vogtland: S.62, S.63, S.78 – Schau auf Design Messe (u.2.R.) || Tourismuszentrale Fichtelgebirge: A.Hub – S.108 – Felsenlabyrinth (L.), Museum (u.M.), Fichtelgebirge genießen (R.) | S.108 – Porzellanikon || Tropenhaus Klein-Eden: S.89 – Klein-Eden (1.o.R.) || SC Klingenthal e.V.: S.84 – Weltcup (o.1.M.), Winter (R.) | Thomas Lenk – S.84 – Wanderturm (L.) || Weimarer Porzellanmanufaktur Betriebs GmbH: S.17 – Dekor „Rose von Weimar“ (L.), Weimar Porzellan (1.o.M.), Kaffeeservice (2.o.M.), Manufakturchef (1.u.M.) || Weimarer Verlagsgesellschaft: Christian Seeling – S.12 – Haus v. Hagen (1.u.M.) | S.12 – Dach d. schönen Bücher (2.u.M.), „Klassisch Modern“ (R.) || weimar GmbH: Maik Schuck – S.9 | Guido Werner – Haus am Horn – S.13 (u.2.L.) | Gert Lange – Musentempel im Park Tiefurt –S14 (R) || Weingut Proppe: S.47 || Zoo Leipzig: Andreas Schmidt – S.138– Gondwanaland (L.), Pongoland (u.M.)

THEMENSEITEN & GENUSS-TIPPS

ACC Galerie Weimar: Claus Bach – S.174 – Nr.86 || Altenburg Tourismus: S.166 – Nr. 41 | S.169 – Nr.59 | S.171 – Nr.71| S.181 Nr.127 | S.189 – Nr.176 | S.244 – Nr.505, Nr.506, Nr.507, Nr.508 || Apels Garten: S.231 – Nr.429 || Augustusburg Meißen: Frank Höhler – S.165 –Nr.35 || arcona Hotels&Resorts: Henrike Schunck – S.336 – 2.Spalte || Arnstadt Kristall GmbH: S.176 – Nr.97, S.335 || Artographie-Werkstatt: S.184 – Nr.148 || Atlanta Hotel International Leipzig: S.235 – Nr.452; S.266 – Nr.637 || Avenida-Therme Betriebsg. GmbH: S.272 – Nr.673 || Bergbau-Technik-Park e.V.: S.167 – Nr.48 || Brauerei-& Bäckereimuseum Kulmbach: S.242 – Nr.497 || Braugasthof Papiermühle Jena: Rüdiger Widera – S.214 – Nr.325 | S.256 – Nr.578 || Café Mittendrin: Jerónimo Almeyda, Kolumbien – Bauernbrot Birne-Gorgonzola-Schinken, Café Mittendrin – Selbstgemachte Limonaden – S.72 || Café Musikantenschenke Bad Steben: U.Schwarz – S.223 – Nr.383 || Café Sieben: Frederik Unteutsch – S.178 – Nr.114 | Piere Kamin – S.216 – Nr.337 | Thomas Wicht – S.257 – Nr.585 || Clubkino Siegmar S. 205 Von Daströg – Eigenes Werk, CC BY-SA 3.0, Wikipedia || C.Mattert Design: rechte Spalte – Klaus Center – S.305 – Portrait-C.Mattert (u.R.) | Oliver Helbig – S.305 – Brautpaar (u.M.) | S.305 – restl.Bilder || CWE: S.166 – Nr.39, Nr.40 | S.169 – Nr.58 | S.171 – Nr.70 | S.175 – Nr 94, Nr.95| S.327 – Schloss Lichtenwalde (u.R.) | S.329 – Schlossbergviertel (o.R.), Schlosskirche (2.u.R.), Schlossbergmuseum (u.R.) || Dagmar Winter Modedesign: Candy Welz – S.177 – Nr.106 | Juliane Werner – S.291 – 2.Spalte || Deutsche Raumfahrtausstellung: S.165 – Nr.31 || DNT Weimar: Thomas Müller – S.172 – Nr.74 || egaparkErfurt: Barbara Neumann – S.190 – Nr.182 | S.192 – Nr.193 || Erfurter Museen: R.Lemitz – S.160 – Nr.2 | D.Urban – S.160 – Nr.1, Nr.3 || Erfurter Tourismus & Marketing GmbH: Barbara Neumann – S.168 – Nr.49 & 50 | S.168 –Nr.49, Nr.50 | S.172 – Nr.73 | S.190 – Nr.181 | S.274 – Nr.685 || ErgoNet: BSZe.o.plauen Prisma GmbH – S.277 – Nr.705 || Europäisches Flakonmuseum: S.221 – Nr.369 || Fair Resort Jena: S.255 – Nr.576 || Flora Metaphorica: S.201 – Nr.247 || fotolia: S.274 – Nr.685 || Frankenwald Tourismus: A. Hub – S 163 – Nr.24; S.193 – Nr.202; S.276 – Nr.702; S.277 – Nr.704 | Volker Griesbach – S.276 – Nr.703 || Freizeitpark Stausee Hohenfelden GmbH: S.210 – Nr.302 | S.253 – Nr.563 | S.274 – 686 || Gönnataler Putenspezialitäten GmbH: Sabine Sotzmann – S.240 – Nr.485 || GWB „Elstertal“: S.272 – Nr.677 || Haus E: S.197 Nr.226 | S.348 | S.361 || Hotel Vielharmonie: S.256 – Nr.577 || Kaffeerösterei Markt11 Jena: S.212 – Nr.318 || Kaffeerösterei Weimar: Matthias Eimer – S.287 – Rösterei (u.L./o.&u.R. – 1.Spalte) || KAHLA/Thüringen Porzellan GmbH: S.185 – Nr.154 || Klassik Stiftung Weimar: S.160 Nr.5, Nr.6 | Maik Schuck – S.168 – Nr.51 | S.168 – Nr.52 || König Albert Hotel: Jan Hesse – S.218 – Nr.350, S.258 – Nr.258 || Kristall Sauna-Wellnesspark Bad Klosterlausnitz: Kristall Bäder AG – S.272 – Nr.675 || Krystallpalast Variaté Leipzig: Tom Schulze – S.173 – Nr.84 || Kunsthalle Erfurt: S.174 – Nr.85 – Austellung „Reisen ins Paradies“ 2005 || Kunstsammlungen Chemnitz: André Koch – S.175 – Nr.93 || Kunstsammlung Jena: S.174 – Nr.88 || L.A. Schmitt GmbH: S.271 – Nr.668 || Leipziger Neuseeland: Dr. Hendryk Rudolph – S.271 – Nr.684 | Kanupark Markkleeberg – S.275 – Nr..695 | Anke Meyerle – S.277 – Nr.706 | RanaBoot GmbH – Nr.707 | Andreas Schmidt – Nr.708 || Mercure Hotel: S.326 – 1.Spalte || Modespitzen Plauen: S.308 – 2.Spalte || Museum Bayrisches Vogtland: Hans-Peter Schwarzenbach – S.163 – Nr.21 || Museum der bildenden Künste Leipzig: Punctum/A.Schmidt – S.167 – Nr.43 || Museum für Thüringer Volkskunde: Dirk Urban – S.160 – Volkskundemuseum (Nr.3) || Museum Porzellanmanufaktur Meissen: S.165 – Nr.36 || Musicon Valley: Danny Otto – S.186 – Nr.159 || Optisches Museum Jena: S.160 – Nr. 14 || Panorama Tower GmbH & Co KG: S.230 – Nr.422 || PEMA Vollkorn Spezialitäten: S.164 – Nr.26 || Pension La Casa die Colori: Guide Werner – S.252 – Nr.555 || Plassenburg Kulmbach: Tourismus&Veranstaltungsservice Stadt Kulmbach – S.163 – Nr.22 || Ramon Miller: S.202 – Nr.260 || Raststätte Rodler-Treff: S.236 – Nr.461 || Reichstein&Opitz GmbH: JaguarLandRoverGmbH – S.195 – Nr.216 || Restaurant Apels Garten: S.231 – Nr.429 || Restaurant Laurus Vital: S.226 –. Nr 398 || Richard-Wagner-Verband Leipzig: S.167 – Nr.46 || Romantikhotel Meerane: S.267 – Nr.646 || Rosenthal GmbH: S.324 – Portrait v. Phillip Rosenthal (1.o.M.), S.325 – Marke Rosenthal || Schloss Augustusburg: S.171 – Nr.69 || Schlosshotel Pillnitz: S.318 || Schillerhaus Jena: S.162 – Nr.14 || Schloss Wackerbarth: S.249 – Nr.537 || Schmuckmanufaktur Seyfarth: Tristan Vostry Weimar – S.200 Nr.245, S.290 2.Spalte | Schneeschuhwandern S. 275 Bobbi Dombrowski by pexels || Stadtverwaltung Erfurt: Dirk Urban – S. 160 – Nr.1, Nr.2 || Stadt Kronach: Dr. Otmar Fugman – S.171 – Nr.68 | Achim Bühler – S.175 – Nr.92 || Stadtverwaltung Naumburg: S.168 – Nr.53 || Steinberger Esplanade Jena: S.213 – Nr.319 | S.255 – Nr.572 || Stiftung Leuchtenburg: S.162 Nr. 15, S.170 Nr.64, S.214 – Nr.327, S.269 Nr. 656 || STIL-Conceptstore Leipzig: Sandra Neuhaus – S.181 – Nr.132 || Stölzle Lausitz GmbH: S.189 – Nr.175 || Theater Chemnitz: Dieter Wuschanski – S.173 – Nr.80 || Textilmuseum Helmbrechts: S.164 – Nr.25 || Theaterhaus Jena: S.172 – Nr.75 || Thüringer Genuss: S 144 – Thüringer Meer (L) von Fotograf Lutz Prager, Hotel Central Hof (o.M.), Pension Casa dei Colori Weimar (u.M.), Hotel Amalienhof Weimar (2.u.R.), Familotel Krug Warmensteinach (u.R.) || Thüringer Tourismusverband Jena-Saale-Holzland e.V.: S.41 – Wasserwanderer auf der Saale (o.M.), Töpfermarkt Bürgel (u.R.) || TOSKANAWORLD: S.161 – Nr.8/10 | S.210 – Nr.305 | S.253 – Nr.561/562 | S.272 – Nr.676 || Tourist Information Stadt Kulmbach: S.163 – Nr.22 || Tourismusverband Vogtland: S.162 – Nr.28, 29, 30 | S.163 – Nr.38, 31,32, 33 | S.190 – Nr.189 | S.193 – Nr.201 | S.241 – Nr.491 | S.274 – Nr.690 | S.277 – Nr.705 || UNIKUM Hof: S.180 – Nr.122 || Vereinigte Domstifter: M. Rutkowski – S.168 – Nr.53 || Villa Esche: Ulf Dahl – S.169 – Nr.58 || Vogtland Philharmonie Greiz/ Reichenbach e.V.: Christian Freund – S.172 – Nr.78 || WeddingMAFIA: S.291 – 2.Spalte || weimar GmbH: Ralph Kallenbach – S.160 Nr.4 | Maik Schuck – S.170 – Nr.61| Gert Lange – S.170 Nr.62 || Weingut Proppe: S.248 – Nr.532 || Wein-&Sektgut Hubertus Triebe: Anja Baumann – S.248 – Nr.531 || Zoo Erfurt: S.190/Nr.181 || Zoo Leipzig: S.191 – Nr.191 | S.234 – Nr.446 | S.269 – Nr.660

VERANSTALTUNGSSEITEN

Andreas Schmidt: S.353 – o.M. || Naumburger Wein- und Sektmanufaktur: Andrea Bartels – S.352- u.L || Chursächsische Veranstaltungs GmbH: S.356 – o.L. || CWE: S.356 – u.L. || Dirk Brzoska: S.353 – o.L., S.354 – u.L. || Erfurter Tourismus & Marketing GmbH: Barbara Neumann – Erfurter Weihnachtsmarkt – S.352 – o.R, Krämerbrücke –S.355 – o.M. | S.354 – L.M. || JenaKultur: Andreas Hub – Jenaer Weihnachtsmarkt – S.353 (o.L.), S.357 (o.L.) || Leipziger Messe GmbH: S.355 o.R. || Stadt Apolda: Jörg Theile – Thüringer Landesgartenschau – S.354 – o.L. || Stadt Schmölln: 152 – 2.v.o.|| Stiftung Leuchtenburg: S.356 – M.L. || Toskana Therme: S.352 – o.L. | S.357 – o.R.|| Wirtschaft zur Osterburg Weida: S.355 – o.L. || Tourismus- und Veranstaltungsbetrieb der Lucas-Cranach-Stadt Kronach: S.356 – o.L. || Touristinformation Markkleeberg: Josef Beck – S.354 o.R. || Weinbauverband Saale-Unstrut e.V.: S.357 – o.M.

FOTOGRAFEN & MODELS

Adrian Liebau: S.187 – Nr.166 || Andreas Hub: S.88 – Burg Lauenstein (L.), Petersgrat bei Joditz (R.) | S.89 – Rennsteigregion verliebt in Natur (L.), Pause am Burgblick Lauenstein (o.M.)Wandern im Kremnitztal (u.M.) | S.40 – Jenaer Weihnachtsmarkt | S.55 – Jena Philharmonie (u.R.) | S.201 – Nr.262 A| S.353 (o.L.), S.357 (o.L.) || Andreas Schmidt: S.134 – Mädler-Passage (u.L.)| S.135 – Völkerschlachtdenkmal (u.R.) | S.136 – alle außer Zitatbild und Thomaner vor Thomaskirche| S.138 – Gondwanaland (L.), Pongoland (u.M.) | S.139 – Markkleeberger See (o.2.R.), Kinder beim Paddeln (o.R.), Panometer Leipzig (u.R.) | S.142 – Zum Arabischen Coffe Baum (L.) | S.145 – Museum der bildenden Künste (u.L.), GRASSI-Museum (u.R.) | S.146 – naTo Außenansicht, Distillery Leipzig (u.) | S.148 – Haus des Buches (u.2.R.), Reclam Haus (o.R.), Museum für Druckkunst in Plagwitz (u.R.) | S.149 – Leipziger Auwald (L.), Botanischer Garten Palmenhaus (o.M.) | S.167 – Nr. 43/44/45 | S.169 – Nr.60 | S.173 – Nr.83 | S.204 – Nr.274 | S.344 – Blick auf Augustsplatz| S.353 – o.M. || Antje Burghardt: S.297 – 1.Spalte || Antje Stumpe: S.37 – Mario Thürkind (2.0.R.), Weingut Thürkind (2.R.), (R.o.), (R.u.), S 246 Nr.521 || Barbara Neumann: S.2 Dom St.Marien, Krämerbrücke, Staatskanzlei, Funzelführung | S.352 – o.R, Krämerbrücke –S.355 – o.M. | S.354 – L.M. || Bierland Oberfranken: S.0 & S.1 – Gesamtmotiv | S.96 – Genussregion Oberfranken (2.R.) || Carina Lindhorst: S.146 – Distillery Leipzig || Christine Klauder: S.30 – Zitatbild | S.41 – Botanischer Garten Jena (2.L. & 3.L.), Saale Horizontale bei Jena (o.R.) | S.43 – Blick auf das große Wellenbecken (u.L.), 1001 Nacht Ruheraum (R.) | S.57 – Frank Stella Plastiken Jena (u.2.L.) | S.70 – Knoblauch Agenturbüro in der Zigaretten Fabrik Gera (u.)| S.108 – Wochen des Weißen Goldes im Rosenthal Theater (2.L.) | S.110 – Wochen des Weißen Goldes (o.L.), Porzellanikon Selb (u.L.) | S.145 – Halle 14 (M.) | S.170 – Nr. 64 | S.175 – Nr. 96 | S.184 – Nr.146 | S.192 – Nr.197 | S.215 – Nr.334 | S.272 – Nr.674 || Christoph Gorke: S.184 – Nr.145 || Claudia Spalteholz Shilo Noveling: S.150 – Cospudener See (o.M.) || Dirk Brzoska: S.134 – Gondwanaland – Im Zoo Leipzig (o.L.) | S.136 – Thomaner vor Thomaskirche | S.353 – o.L. | S.354 – u.L. || Dirk Urban – S. 160 – Nr.1, Nr.2 || Gerd Lange: S.14 (R) || Floriana Blanco Model: Titel Thüringen| S.662 Nr.203 || Frank Hausdörfer: S.202 Nr.254 || Jennifer Stahlschmidt: S.92 – Weihnachtsdekor der Farbglashütte Lauscha (o.L.) | S.179 – Nr.116 | S.189 – Nr.178 | S.203 – Nr.259| S.334 – Barockdame (u.) || Jürgen Michel: S.52 – Van de Velde Replik (u.L.) | S.53 – Kaffeehaus Gräfe Spezialitäten (2.R.) | S.240. – Nr.486 | S.305 – Van de Velde Replik (2.Spalte) || Jürgen Scheere: S.43 || Jürgen Schneider: S.179 – Nr.115 | S.299 – 1.Spalte (L.) | S.312 – Gläserne Manufaktur (1.Spalte u.L.) | Seite 361 – 1.Spalte || László Farkas: Titel Sachsen || Lutz Prager: S.344 – Thüringer Meer (L.) || Maik Schuck: S.168 – Nr.51 | S.168 – Nr.52 | S.170 – Nr.61 || Manfred Jahreiss: Titel Franken | S.188 – Nr.172 | S.197 – Nr.223 | S.203 – Nr 261 | S.322 – 2.Spalte || Marie Klauder: S.169 – Nr.55 || Mascha Isserlis Model: S.187 – Nr.164 | S.334 – Kugeldame (L.), Herzschmuck (o.2.R.) || Matthias Eckert: S.202 – Nr.257 || Matthias König: S.179 – Nr 115 | S.312 – Brautkleid (1.Spalte,R.) || Michael Bader: S.134 – Petersbogen Blick zum Neuen Rathaus | S.142 – Skyline von Leipzig (L.) || Oliver Helbig: S.215 – Nr.336 (o.R.) | S.305 – Hochzeitspaar (2.Spalte) | S.306 – Küssendes Hochzeitspaar (o.R.), Tafelszene Haus Schulenburg (u.R.) || Ralf Hauenschild S.37 – Familie Böhme (o.L), Blick übers Dorndorfer Rappental (u.L.), Steillage im Freyburger Schweigenberg (2.u.L.), S.246 Nr.522 || Ralph Kallenbach: S.160 Nr.4 || Ramon F. Miller: S.66 – Oberlicht Haus Schulenburg | S.141 – Quartier M (o.2.L.), Quartier M (u.2.R.), Elsterlofts (o.R.), Quartier M (u.R.) | S.202 – Nr.260 | S.265 – Nr.634 || Rolf Arnold: S.173 – Nr.82 || Romy daFarya Model: S.179 – Nr.116 | S.189 – Nr.178 | S.203 – Nr.259 (L.) || S.334 – Barockdame (u.) || Sarah Storch Alte Eule Photography: S.201 – Nr.248 | S.203 – Nr.263 | S.299 – 1.Spalte, R. | S.350 & S.351 || Sigrid Schädlich: S.64 – Markt Gera (o.M.), Kinder in Gera (u.2.L.), Gera Natur (u.3.L.), Gera Natur (R.) | S.65 – Kunstareal auf Schloss Osterstein (u.M.), S.174 – Nr.90 | S.190 – Nr.186/ Nr.187 | S.193 – Nr.199/Nr.200 || Stefan Hopf: S.58 – Veranstaltungen im Rittersaal (u.2.L.) || Thomas Lenk: S.84 Wanderturm || Thüringer Genuss Fotograf Pierre Kamin: S.5 – ANGELA LANZ Floristik (R.) | S.6 | S.7 – alle außer L. & R. außen | S.67 | S.71 – Köstritzer Bierhaus Gera (u.L.,u.M.,u.R.) | S.72 – Café Mittendrin Theke (o.2.L.), Café Mittendrin Einrichtung (u.2.L.), Buch und Wein (u.2.R.) | S.73 – Café 7 | S.74 – Ausstellung „Turm im Turm“ (u.M.), In der „Wirtschaft zur Osterburg“ (R.) | S.89 – Frankenwald Confiserie Bauer (2.v.u.R) | S.90 – Wela Suppen und ihre Zutaten (u.2.v.R), Ladenansicht Wela-Suppen (.R.), Europäisches Flakonmuseum Kleintettau (o.M.) | S.91 – Europäisches Flakonmuseum/ Sammlung Frankl (L.), Riechprobe im Europäischen Flakonmuseum (o.M.) | S.93 – Pralinen Finish | S.130 – Mutzbratenkönig André Schakaleski mit Bürgermeisterin a.D. Kathrin Lorenz & heimischen Gastronomen v. Hotel Bellevue & Hotel Reussischer Hof (L.) | S.163 – Nr.23 | S.176 – Nr.98 | S.178 – Nr.109 | S.179 – Nr.117 | S.183 – Nr.139 | S.202 – Nr.253 | S.208 – Nr.295 | S.209 – Nr.297 | S.215 – Nr.331/Nr.332 | S.216 – Nr.337 | S.219 – Nr.356 | S.220 – Nr.364 | S.239 – Nr.479 | S.240 – Nr.486 (u.L.) | S.242 – Nr.494/Nr.496 | S.245 – Nr.511 | S.270 – Nr.665 | S. 284 – 2.Spalte | Seite 285 – 2.Spalte | S.287 – 1.Spalte (o.R.) | S.288 – Auswahl | S.334 – Wurst-& Schinkenspezialitäten (M.), Schreibset (u.M.), Vasen (o.2.L.) || Thüringer Genuss Fotograf Sebastian Reuter: S.40 – alle außer Zitatbild | S.41 – Dornburger Rokokoschloss (L)| S.45 – Areal ehemaliges Zeiss-Hauptwerk (L.) | S.46 – SCALA Turm Hotel im JenTower (u.R.) | S.49 – Jutta Schwing mit Gerd Mackensen (u.L.), Galerie Schwing (o.L.), Galerie Schwing Rahmenwerkstatt (u.2.L.) | S.50 – alle außer Zitatbild | S.51- alle außer www.e-networkers.de (2.v.L.u.) | S.54 – Danny Müller (L.), Gasthaus & Bar zur Weintanne (o.2.L. & 3.L), Weintanne (u.2.L.) | Romantikerhaus Jena (u.3.L.) | S.56 – alle Bilder | S.57 – Bauhaus Mensa (u.2.L.), Architektur in Jena (o.R.), Van de Velde Denkmal (u.2.R.) | Haus Auerbach Jena (u.R.) | S.202 – Nr.258 | S.204 – Nr.267 (2.v.o.R) | S.212 – Nr.314/Nr.315/Nr.317 | S.554 – Nr.574 | S.262 – Nr.614 | S.275 | S.278 | S.294 | S.315 – 2.Spalte | S.316 – 2.Spalte | S.361 – o.L. || Tina Cassati: Titel Thüringen| S.662 Nr.203 || Tine Drefahl Lovely Birds: S.187 – Nr.164 | S.203 – Nr.256 | S.334 – Kugeldame (L.), Herzschmuck (o.2.R.) || Tobias Ott: S.100 – Tobias Ott Cyanotypie, Tobias Ott Landart, Hofer Biermeierviertel (aus Postkarten-Kalender Hof) || Torsten Biel: Titel Saale Unstrut | S.202 – Nr.255 | S.255 – Nr.571 || Wencke Proppe / Weingut Proppe : S.47 – Weingut Wolfram Proppe (L. & o.R.), S.248 – Nr.532 || www.kaiundkristin.de: S.60 – Reichenbach Figuren (R.), Tafelgestaltung mit „Taste“ (u.2.R.) | S.139 – Café Mintastique Cupcake Catering (L.), Café Mintastique Leckermäulchen (u.2.L.) | S.181 – Nr.130 | S.203 – Nr.264 | S.289 (M.u.)

IMPRESSUM

Genussführer | Kultur * Kulinarik * Livestyle

Mittelthüringen, Saale-Unstrut, Vogtland, Frankenwald, Fichtelgebirge, Altenburger Land, Westsachsen, Elbland, Leipzig Region Ausgabe 2016/17/18

Herausgeber:

Thüringer Genuss, Grenzstraße 10, 07745 Jena, Herausgeberin Christine Klauder in Kooperation mit Haus E / alltag & anders, Brückenstr. 13, 09111 Chemnitz, Inhaber Frank Müller; Thüringer Tourismus GmbH, Willy-Brandt-Platz 1, 99084 Erfurt, Geschäftsführerin Bärbel Grönegres; IHK Ostthüringen zu Gera, Gaswerkstraße 23, 07546 Gera, Hauptgeschäftsführer Peter Höhne

In freundlicher Zusammenarbeit mit:

Ministerium für Wirtschaft, Wissenschaft und Digitale Gesellschaft, Erfurt Tourismus & Marketing GmbH, DEHOGA Thüringen, Slow Food Convivium Weimar, Klassik Stiftung Weimar, Weimar GmbH, Tourismusverband Weimarer Land, Stadt Apolda, Kurgesellschaft Heilbad Bad Sulza mbH, Saale-Unstrut-Tourismus e.V., Weinbauverband Saale-Unstrut e.V., Stadt Bad Kösen, Stadt Naumburg, Freyburger Fremdenverkehrsverein e.V., JenaKultur, Thüringer Tourismusverband Jena-Saale-Holzland e.V., Stiftung Thüringer Schlösser und Gärten, Tourismusverband Vogtland e.V., Stadt Gera, Ja für Gera, Stadt Weida, Stadt Zeulenroda, Stadt Plauen, Chursächsische Veranstaltungs GmbH Bad Elster, Stadt Klingenthal, Stadt Saalburg-Ebersdorf, Stadt Schleiz, Frankenwald Tourismus, Rennsteigregion im Frankenwald e.V., Handwerk und Kultur erleben, Tourismus- und Veranstaltungsbetrieb der Lucas-Cranach-Stadt Kronach, Genussregion Oberfranken, Stadt Hof, Bayrisches Staatsbad Bad Steben GmbH, Tourismuszentrale Fichtelgebirge, Stadt Selb, Verein Porzellanstraße e.V., Stadt Wunsiedel, PEMA Weißenstadt, Tourismus- und Marketing GmbH Ochsenkopf GmbH, Chemnitzer Wirtschaftsförderungs- und Entwicklungsgesellschaft mbH, Industrieverein Sachsen 1828 e.V., Altenburger Tourismus GmbH, Stadt Schmölln, Gemeinde Posterstein, Leipzig Tourismus und Marketing GmbH, Stadt Leipzig, Tourismusverein Leipziger Neuseenland e.V., Stadt Markkleeberg, Gemeinde Großpösna, Stadt Meissen, Dehoga Leipzig

Redaktion:

Christine Klauder (Redaktionsleitung, Texte), Vivienne Kiss (Organisation), Kati Ehleben (Organisation, Grafik), Susanne Strohbach (Grafik), Susann Bargas Gomez (Grafik), Heike Steib (Texte, Korrekturen), Petra Schneiderbanger (Korrekturen), Antje Burghardt (Schlusslektorat, Presse), Juliane Rocca (Schlusslektorat), Alida Gusinde (Datenmanagement), Cornelia Mattert (Einladungen, Bestellunterlagen, Plakate), Elisabeth Wölke (Flyer). Für die Richtigkeit von Terminen, Daten und Angaben in Anzeigen, Preisen, redaktionellen Inhalten sowie Adressen, Telefonnummern und anderen Angaben übernimmt der Verlag keine Haftung. Thüringer Genussführer ist ein Imprint von Thüringer Genuss.

Idee, Konzept & Recherche:

Christine Klauder | www.thueringer-genuss.de | www.porzellanundglasdesign.de

Design und Layout:

Haus E / alltag & anders | www.haus-e.de

Fotografen:

Sebastian Reuter | www.sebastian-reuter.de | Pierre Kamin | Ramon F. Miller

Models:

Floriana Blanco, Svenja Adam, Romy da Farya, Jaq, Mascha Isserlis, Susanne Rothe (Weinkönigin Saale-Unstrut 2014/15)

Kartographie:

mr-kartographie Gotha, www.mr-kartographie.de

Webshop & Übernachtungsportal:

E-Networkers Jena, www.e-networkers.de I GSD Software, www.gsd-software.com

Druck:

DZA Druckerei zu Altenburg GmbH, www.dza-druck.de

Titel- und Zwischenbilder:

Titel Thüringen: Fotografin Tina Cassati, Berlin, Fotoserie: Donna Speciale, Model: Floriana Blanco – Tina Cassatis akt. Kostüm-Foto-Projekt „Giardino di Arte" mit realen und digit. Landschaften steht unter dem Aspekt der Verwandlung. Die von der Künstlerin kreierten und angefertigten Kostüme sind inspiriert durch die Natur im Wandel der vier Jahreszeiten, besonders angezogen von Gärten und deren Blüten. Siehe Eintrag Nr. 262 S. 203

Titel Sachsen: Montage von Christian Reuther, Agentur Haus E | Fotograf László Farkas - geboren in Ungarn, lebt seit 1977 in Deutschland. Nach seinem Studium der Fotografie an der Hochschule für Grafik und Buchkunst arbeitete er 14 Jahre lang als Theaterfotograf in Chemnitz. Seit 1998 ist er freiberuflich tätig und lebt und arbeitet heute in Leipzig.

Titel Sachsen-Anhalt: Fotograf Torsten Biehl, Model: Susanne Rothe, Weinkönigin Saale-Unstrut 2014/15 – geb. 1969 in Leipzig, nach dem Abitur Fotografenlehre im Werbestudio Kögler in Lichtenfels (Bayern), 1991 Beginn Pressefotografie in Altenburg, 1993 Arbeit als freischaffender Fotograf, 1996 Eröffnung des Fotostudios in Naumburg, Siehe Eintrag Nr. 255 Seite 202

Titel Franken: Fotograf: Manfred Jahreiß, Assistenz: Julian Schwan, Styling + Locationscouting: Katrin Jarmola, Bildbearbeitung: Dominik Würth, Model: Svenja Adam, Dirndl: Schwe Stern, Food: Lang Bräu Wunsiedel, Landmetzgerei Strobel, Glas: Farbglashütte Lauscha / Harzkristall, Produktionsleitung: jahreiss.co, Siehe Eintrag Nr. 261 Seite 203

Einstiegsbild: Aus „100 Biergarten-Ausflüge für Familien und Entdecker. Freizeitspaß in Franken – Wandern, radeln und vieles mehr", Autoren: Bastian Böttner / Markus Raupach, Verlag: Nürnberger Presse, 240 Seiten, Preis: 12,90 €, ISBN: 978-3931683320, Kontakt Verlag, Tel.: 0911 / 216 22 88, buchvertrieb@pressenetz.de

Empfehlenswert: Fotograf: magda s by freeimages.com

Genuss-Tipps: Fotograf: Sebastian Reuter, Siehe Eintrag Nr. 258 S.202, Location: Stilbruch Jena – Sebastian Reuter ist Werbefotograf mit Fotostudio in Jena – Thüringen. Zu seinen Spezialisierungsrichtungen gehören die Werbefotografie, Image -, Portrait -, Event -, Reportage und Produktfotografie. Siehe Eintrag Nr. 258 S.202 | food-vegetables-meal-kitchen by pexels

Veranstaltungen: Fotografin: Sarah Storch, Model: Jaq, H&M: Anna Czilinsky, Stylist: Fabiana Vardaro I Basics – geb am 09.01.1989, Gotha, Deutschland, 2008-2011 Ausbildung Fotografin, seit 2012 selbstständig als im Bereich Fashion/Portrait/Artists, Siehe Eintrag Nr.263 S.203

Neben den Team und den Projektpartnern einen persönlichen Dank an:

M. Klauder, B. Tetzlaff, H.-J. Klauder, R. Miller, K. Samjeske, H. u. D. Dimler, J. Schwing, G. Seidel, V. Tauchert, S. u. T. Müller, J.P. Siefke, C. Kutylio, U. Steinmetz, K. G. v. Faber-Castell, C. Wiesner, J. Bobke, K. u. J. Engelbrecht, M. Lämmchen, H. Retsch, A. Götze, A. Henning, P. Kiessling, J. Kalisch, M. Ogulew, T. Tschapourgina, H. Scholz, E. Petermichl, T. Specht, V. Rokos, G. Förster, C. Klinger, H. Liebing, T. Sperling, E. Petermichl, D. Vetterling, H. Bauch, M.- L. Hesse, S. Herbrich, R. Worm, I. Zetzmann, U. Johannes, G. Schlaug, M. Lützgendorf

BESTELLUNG GENUSSFÜHRER

(ISBN 9783944848150) Preis: 17,50 € | über : thueringer-genuss@t-online.de, Thüringer Genuss, Grenzstraße 10, 07745 Jena, Tel.: 0160 / 94968121, Fax: 03641 / 589319

*CHEF
*ART DIRECTOR
*VIRTUAL ARTIST
*KREATIV-CHEF
*GRAFIKERIN
*PROGRAMMIERER
*TEXTERIN
Irgendwie fehlt mir da noch die Emotion!
Ich kann das machen. Wie ihr wollt!
TECHNISCH KEIN PROBLEM. IHR MÜSST EUCH HALT MAL ENTSCHEIDEN.
Ich würde das mal ganz anders
Findste das nicht zu verkopft?

GENUSS-TIPPS IN THÜRINGEN

THÜRINGENCARD – MIT EINER KARTE KOSTENFREI DIE SCHÖNSTEN ORTE THÜRINGENS ENTDECKEN

Thüringen -entdecken.de

„Freie Zeit. Freier Eintritt. Freie Fahrt“ Unter diesem Motto laden wir Sie ein, die Vielfalt Thüringens besonders kostengünstig zu entdecken.

Besuchen Sie die Wirkungsstätten großer Namen wie Goethe, Schiller oder Bach. Erkunden Sie Schätze hinter dicken Mauern unzähliger Burgen und Schlösser. Tauchen Sie ein in die faszinierende Welt unter Tage. Oder gehen Sie auf informative Rundgänge durch historische Städte. Genießen Sie Ihre Zeit in Thüringen … und freien Eintritt in über 200 Ausflugszielen und Attraktionen.
Die Thüringer Verkehrsunternehmen bringen Sie einen Tag lang entspannt und staufrei von Ort zu Ort. Mit dem ThüringenCard *mobil*-Ticket sehen und „erfahren“ Sie mehr.

Zu jeder Karte erhalten Sie gratis einen hochwertigen Reiseführer, der alle beteiligten Sehenswürdigkeiten vorstellt und Ihnen ein unentbehrlicher Helfer für Ihre Tourenplanung sein wird.

HIER IM GENUSSFÜHRER finden Sie übrigens über 60 markierte Ausflugsziele, die Sie mit der ThüringenCard kostenfrei besuchen können.

Preise 2016 / 2017

24 Stunden	
Erwachsene	18,00 €
Kinder	13,00 €
3 in 365*	
Erwachsene	38,00 €
Kinder	25,00 €
6 in 365*	
Erwachsene	58,00 €
Kinder	36,00 €

Mehr Informationen unter:
www.thueringencard.info

* gültig an 3 bzw. 6 frei wählbaren Tagen in einem Kalenderjahr

OMEGA VERANSTALTUNGS-TECHNIK WEIMAR

Perfekter Auftritt mit unvergesslicher Atmosphäre

Seit über 30 Jahren sorgt OMEGA für guten Ton, beeindruckendes Licht und vielseitigen Bühnenbau. Und dies bereits ab der Konzeption, über die Organisation bis zur professionellen Umsetzung. Mit unzähligen, erfolgreich durchgeführten Veranstaltungen für Bundes- und Landesregierungen, Bundeswehr, Ämter und Parteien, Radiosendern, Stadt-, Kultur- und Sportverwaltungen sowie Hotels, Firmen und Industrie, besitzt das Team um Inhaber Jürgen Schneider große Erfahrung und Kreativität bei allen Arten von Veranstaltungen, z.B. Tagungen, Kongressen, Messen, Sport-, Gala- und Firmen-Events, Klassik- und Rockkonzerten, sowie Stadt- und Volksfesten fast jeder Größe. Professionelle Techniker bauen die Technik auf und betreuen die Veranstaltung vor Ort, so dass alles reibungslos funktioniert und der Kunde sich auf seine Veranstaltung konzentrieren kann. Neben der Tontechnik für Veranstaltungen findet man passgenau auf jede Veranstaltung abgestimmte Beleuchtungs- und Effekttechnik. Gerne unterstützen wir Ihre Veranstaltung auch mit Open-Air-Bühnen, Sitz- und Stehtribünen, Podesten und Laufstegen, Bestuhlung, Konferenz-, Dolmetscher- und Präsentationstechnik, sowie Video- und Großbildtechnik.

OMEGA VERANSTALTUNGSTECHNIK JÜRGEN SCHNEIDER
Döbereinerstraße 26, 99427 Weimar,
Tel.: 03643 / 42 66 24, www.omega-weimar.de

INGENIEURBÜRO & VERLAG MR-KARTOGRAPHIE GOTHA

Innovatives Anknüpfen an Gothaer Kartographielegende

Gothas Ruf als Wiege der modernen Kartographie begann 1785 mit der Gründung des Justus-Perthes Verlages und mündete im 19. Jh. in der Finanzierung zahlreicher Expeditionsreisen in alle Welt durch diesen Gothaer Verlag. Die Entdeckungen wurden hier kunstvoll in Atlas- und Schulkarten eingearbeitet. An die lange Tradition vollendeter kartographischer Handwerkskunst knüpft das 1992 von Manfred Müller und Klemens Richert gegründete Ingenieurbüro – mr-kartographie – an. Die Gothaer Firma entwirft und produziert weltweit Wanderkarten, Fahrradkarten, Schulkarten, Stadtpläne und thematische Karten für Verlage, Tourismusverbände und Verwaltungsträger. In allen Karten sind raumbezogene Informationen geowissenschaftlich aufbereitet, redaktionell bearbeitet und in einem ästhetischen Kartenbild mit optimal aufeinander abgestimmten Kartenelementen gut lesbar dargestellt.
Die plastisch wirkende kunstvolle Darstellung des Reliefs mit farbiger Schummerung auf vielen Karten wertet das Kartenbild grafisch und inhaltlich auf und ist Markenzeichen von mr-kartographie. Seit dem Jahr 2000 ist mr-kartographie auch als Kartenverlag mit eigenem Verlagsprogramm tätig.

KARTENLEGENDE

MUSEEN & AUSSTELLUNGEN

1 ANGERMUSEUM ERFURT
2 NATURKUNDEMUSEUM ERFURT
3 MUSEUM FÜR THÜRINGER VOLKSKUNDE UND GARTEN-BAU-MUSEUM ERFURT
4 STADTSCHLOSS WEIMAR MIT SCHLOSSMUSEUM
5 BAUHAUS-MUSEUM WEIMAR
6 NEUES MUSEUM WEIMAR
7 GLOCKENSTADTMUSEUM APOLDA
8 GOETHE GARTENHAUS 2 BAD SULZA
9 TRINKHALLE, SALINEMUSEUM UND GRADIERWERK BAD SULZA
10 KUTSCHENMUSEUM AUERSTEDT
11 WEINMUSEUM SCHLOSS NEUENBURG
12 FRIEDRICH-LUDWIG-JAHN-MUSEUM FREYBURG
13 PHYLETISCHES MUSEUM JENA
14 OPTISCHES MUSEUM &
14 SCHILLERHAUS JENA
15 PORZELLANWELTEN LEUCHTENBURG
16 MUSEUM FÜR NATURKUNDE & BOTANISCHER GARTEN GERA
17 STADTMUSEUM UND BERGKIRCHE ST.MARIEN SCHLEIZ
18 TECHNISCHES SCHAUDENK-MAL LOHGERBEREI WEIDA
19 STÄDTISCHES MUSEUM ZEULENRODA
20 MUSEEN DER SCHLOSS- UND RESIDENZSTADT GREIZ
21 MUSEUM BAYERISCHES VOGTLAND HOF
22 MUSEENLANDSCHAFT AUF DER PLASSENBURG KULMBACH
23 EUROPÄISCHES FLAKONGLASMUSEUM
24 SCHIEFERMUSEUM LUDWIGSSTADT
25 OBERFRÄNKISCHES TEXTILMUSEUM HELMBRECHTS
26 ROGG-IN MUSEUM WEIẞENSTADT
27 FICHTELGEBIRGSMUSEUM WUNSIEDEL
28 SCHAUWERKSTÄTTEN DER ERLEBNIS-WELT MUSIKINSTRUMENTENBAU®, MUSIK- UND WINTERSPORTMUSEUM KLINGENTHAL
29 PERLMUTTER- UND HEIMAT-MUSEUM, BOT. GARTEN, „KLEINVOGTLAND" ADORF
30 SÄCHSISCHES BADEMUSEUM BAD ELSTER
31 DEUTSCHE RAUMFAHRT-AUSSTELLUNG MORGENRÖTHE-RAUTENKRANZ, BESUCHER-BERGWERK „GRUBE TANNENBERG", MINERALIENZENTRUM
32 FREILICHTMUSEUM EUBABRUNN, VOGTL. FREILICHTMUSEUM LANDWÜST
33 HERMANN-VOGEL-HAUS KREBES
34 TEPPICHMUSEUM OELSNITZ
35 ALBRECHTSBURG MEISSEN
36 ERLEBNISWELT HAUS MEISSEN®
37 STAATLICHES MUSEUM FÜR PORZELLAN, HOHENBERG A. D. EGER / SELB
38 PLAUENER SPITZENMUSEUM UND VOGTLAND MUSEUM PLAUEN
39 STAATLICHES MUSEUM FÜR ARCHÄOLOGIE CHEMNITZ
40 SÄCHSISCHES INDUSTRIEMUSEUM UND MUSEUM FÜR SÄCHSISCHE FAHRZEUGE E.V. CHEMNITZ
41 LINDENAU-MUSEUM ALTENBURG
42 KNOPF- UND REGIONALMUSEUM SCHMÖLLN
43 MUSEUM DER BILDENDEN KÜNSTE LEIPZIG
44 GRASSIMUSEUM LEIPZIG
45 BACH-MUSEUM, MENDELSSOHNHAUS 45
45 SCHUMANN-HAUS LEIPZIG
46 RICHARD-WAGNER MUSEUM LEIPZIG
47 DEUTSCHES FOTOMUSEUM MARKKLEEBERG
48 BERGBAU-TECHNIK-PARK GROẞPÖSNA

KIRCHEN & BAUDENKMÄLER

49 DOMBERG MIT DOM ST.MARIEN UND SEVERIKIRCHE ERFURT
50 KRÄMERBRÜCKE ERFURT
51 HERZOGIN ANNA AMALIA BIBLIOTHEK WEIMAR
52 SCHILLERS WOHNHAUS WEIMAR
53 NAUMBURGER DOM
54 LUTHERKIRCHE APOLDA
55 STADTKIRCHE ST. MICHAEL JENA
56 HAUS SCHULENBURG GERA
57 FRANKENWALDDOM BUCHBACH
58 VILLA ESCHE CHEMNITZ
59 ST. BARTHOLOMÄIKIRCHE ALTENBURG
60 NIKOLAIKIRCHE LEIPZIG

SCHLÖSSER & BURGEN

61 SCHLOSS BELVEDERE WEIMAR
62 SCHLOSS TIEFURT BEI WEIMAR
63 SCHLOSS NEUENBURG FREYBURG
64 DORNBURGER SCHLÖSSER
65 LEUCHTENBURG KAHLA
66 OBERES UND UNTERES SCHLOSS, SOMMERPALAIS GREIZ
67 OSTERBURG WEIDA
68 FESTUNG ROSENBERG KRONACH
69 SCHLOSS AUGUSTUSBURG
70 WASSERSCHLOSS KLAFFENBACH CHEMNITZ
71 RESIDENZSCHLOSS ALTENBURG
72 BURG POSTERSTEIN

THEATER & MUSIK

73 THEATER ERFURT
74 DEUTSCHES NATIONALTHEATER UND STAATSKAPELLE WEIMAR
75 JENAER PHILHARMONIE UND THEATERHAUS JENA
76 KÖNIG ALBERT THEATER &
76 NATURTHEATER BAD ELSTER,
76 LUISENBURG FESTSPIELE WUNSIEDEL
77 BÜHNEN DER STADT GERA UND
77 LANDESTHEATER ALTENBURG
78 VOGTLANDHALLE UND VOGTLAND PHILHARMONIE
79 THEATER PLAUEN ZWICKAU
80 THEATER CHEMNITZ
81 THEATER HOF U. HOFER SYMPHONIKER
82 SCHAUSPIEL LEIPZIG
83 OPER LEIPZIG UND GEWANDHAUS ZU LEIPZIG
84 KRYSTALLPALAST VARIETÉ LEIPZIG

KUNSTSAMMLUNGEN & GALERIEN

85 KUNSTHALLE ERFURT
86 ACC GALERIE WEIMAR
87 KUNSTHAUS APOLDA AVANTGARDE
88 STADTMUSEUM & KUNST-SAMMLUNG DER STADT JENA
89 GALERIE PACK OF PATCHES JENA
90 OTTO DIX HAUS & ORANGERIE GERA
91 M 1 KUNSTZONE GERA
92 FRÄNKISCHE GALERIE KRONACH
93 KUNSTSAMMLUNGEN CHEMNITZ UND MUSEUM GUNZENHAUSER
94 NEUE SÄCHSISCHE GALERIE CHEMNITZ
95 KUNSTHALLE LEIPZIG
96 LEIPZIGER BAUMWOLLSPINNEREI
96 DAS KLEINE MUSEUM WEIẞENSTADT

SCHÖNE DINGE

97 ARNSTADT KRISTALL WERKSVERKAUF
98 ANGELA LANZ FLORISTIK ERFURT
99 BENDLER SHOWROOM ERFURT
100 STILLEBEN ERFURT
101 KAKTEEN-HAAGE ERFURT

102 MEISSEN SHOP AM SCHILLERHAUS
103 UNIKAT LADEN WEIMAR
104 CARA APFELKERN WEIMAR
105 GINKGO LADEN WEIMAR
106 DAGMAR WINTER MODEDESIGN
107 WEIBO MANUFAKTUREN
108 MEYER FLORISTIK
109 GALERIE SCHWING JENA
110 HANDWERT JENA – MÖBEL UND ACCESSOIRES.
111 GLASHÜPFER JENA
112 TRENDGLAS JENA WERKSVERKAUF
113 KUNST UND MODE GERA
114 SIEBEN – LADEN & CAFÉ WEIDA
115 VALENTINO BRAUTMODEN SAALFELD
116 GLASKÜNSTLERIN DORIT SNICINSKI
117 SCHEUNENMARKT PICCOLO SCHLEIZ
118 DIE HERZENSWERKSTATT
119 HOLLARIX KINDERMODE
120 BLUMENLADEN KNUT FLORISTIK
121 DIE SCHWESTERN KRONACH
122 UNIKUM HOF
123 ROSENTHAL OUTLET CENTER SELB
123 NOBASICS MODEFABRIK
124 FACTORY IN MIT VILLEROY & BOCH OUTLET SELB
125 BETI LUE. GESCHÄFT IN CHEMNITZ UND LEIPZIG
126 WELTLADEN CHEMNITZ
127 ALTENBURGER GENUSSKISTE AM MARKT
128 INTERSHOP INTERDISCIPLINAIRE LEIPZIG
129 KLEINE TRÄUMEREI LEIPZIG
130 SALTOFLORALE LEIPZIG
131 A PRIORI LEIPZIG
132 STIL – CONCEPTSTORE LEIPZIG

BUCHHANDLUNGEN & ANTIQUARIATE

133 BUCHHANDLUNG PETERKNECHT ERFURT
134 ALTSTADT ANTIQUARIAT BODE ERFURT
135 DIE EULE – KNABES VERLAGS-BUCHHANDLUNG WEIMAR
136 JENAER BÜCHERSTUBE
137 JENAER UNIVERSITÄTS-BUCHHANDLUNG THALIA
138 BRENDELS BUCHHANDLUNG GERA
139 BUCHANTIQUARIAT BUCH UND WEIN GERA
140 BUCHGALERIE IM ALTSTADTHOF HOF
141 CONNEWITZER VERLAGSBUCH-HANDLUNG LEIPZIG
142 LEHMANNS BUCHHANDLUNG LEIPZIG
143 BAHNHOFSBUCHHANDLUNG LUDWIG LEIPZIG
144 HUGENDUBEL LEIPZIG

HANDWERK & MANUFAKTUREN

145 PUPPENSCHNITZER MARTIN GOBSCH ERFURT
146 BLAUDRUCKWERKSTATT SIGRIT WEIß ERFURT
147 WEIMAR PORZELLAN BLANKENHAIN
148 ARTOGRAPHIE-WERKSTATT WEIMAR
149 GLASMANUFAKTUR HARZ-KRISTALL DERENBURG
150 KÖSENER SPIELZEUG MANUFAKTUR
151 ÖLMÜHLE EBERSTEDT
151 MASKENMANUFAKTUR BAD SULZA
152 KERAMIK-MUSEUM BÜRGEL UND DORNBURGER BAUHAUSTÖPFEREI
153 PORZELLANMANUFAKTUR REICHENBACH
154 KAHLA PORZELLAN / THÜRINGEN
155 FASHION FLOW GERA / MÜNCHEN
156 THOREY GERA TEXTIL VEREDELUNG GMBH
157 ESCHENBACH PORZELLAN TRIPTIS
158 ROLAND MÜLLER HOLZKUNST-ARBEITEN SCHÖNECK
158 TAULIN ERZGEBIRGSKUNST OBERWIESENTHAL
159 GEBR. MÖNNIG HOLZBLAS-INSTRUMENTE GMBH
160 MODESPITZE PLAUEN
161 PIANO CENTRUM LEIPZIG
162 MARTIN BÄREN MANUFAKTUR SONNEBERG
163 RICHARD MAHR KRIPPENMANU-FAKTUR MAROLIN STEINACH
164 GLASKÜNSTLER FALK BAUER LAUSCHA
165 ELIAS GLASHÜTTE-FARBGLAS-HÜTTE LAUSCHA GMBH
166 DER CHRISTBAUM GREINER-MAI GMBH
167 KATI ZORN
168 GLÄSERNE MANUFAKTUR RUDOLSTADT
169 KERAMIK JANA KALISCH MAUERSBERG
170 BARBARA FLÜGEL PORZELLAN
171 LILLY THOR SCHMUCKMANUFAKTUR
172 FRAAS – THE SCARF COMPANY
173 PORZELLAN-OUTLETSHOP PROFITABLE SELB UND SCHÖNWALD
174 PORZELLANMANUFAKTUR KÖNIGLICH TETTAU
175 STÖLZLE LAUSITZ GMBH GLAS AUS DER OBERLAUSITZ
176 ALTENBURGER SPIELKARTENLADEN
177 DZA DRUCKEREI ZU ALTENBURG
178 RUDOLF KÄMMER PORZELLANMANUFAKTUR
179 MALGORZATA CHODA-KOWSKA BILDHAUERIN
180 STAATLICHE PORZELLAN-MANUFAKTUR MEISSEN

KINDERANGEBOTE

181 THÜRINGER ZOOPARK ERFURT
182 ABENTEUERSPIELPLATZ EGAPARK
183 FREIZEITSPASS ECKARTSBERGA
184 TIERPARK BAD KÖSEN
185 ZEISS PLANETARIUM JENA
186 BUGA ERLEBNISSPIELOVAL HOFWIESENPARK
187 TIERPARK GERA
188 MÄRCHENWALD, SOMMERRODEL-BAHN UND KLETTERWALD SAALBURG
189 DRACHENHÖHLE SYRAU UND FREIZEITPARK PLOHN
190 ZOOLOGISCHER UND BOTANISCHER GARTEN THERESIENSTEIN HOF
191 ZOO LEIPZIG
192 BELANTIS – DAS ABENTEUERREICH

GÄRTEN & WANDERWEGE

193 EGAPARK ERFURT
194 LUTHERWEG
195 ILMTAL-RADWEG
196 GOETHE-WANDERWEG
197 BOTANISCHER GARTEN
198 SAALERADWEG
199 BUGA GELÄNDE HOFWIESEN-PARK & NEUE LANDSCHAFT RONNEBURG
200 THÜRINGER STÄDTEKETTE UND ELSTER-RADWEG
201 VOGTLAND PANORAMAWEG
202 FRANKENWALD: DREHKREUZ DES WANDERNS
203 TROPENHAUS AM RENNSTEIG IN KLEINTETTAU
204 LEIPZIGER NEUSEENLAND MIT NEUSEENLAND-RADROUTE

IT´S A MAN´S WORLD

205 VINTAGE VDB UHREN ERFURT
206 BMW AUTOHAUS FIEBIG JENA
207 ASCHENBRENNER WHISKY & WEIN NORDHAUSEN
208 S & S HERRENAUSSTATTER JENA, GERA, CHEMNITZ
209 SCHLEIZER DREIECK
210 OUTDOOR FACHGESCHÄFT WANDERPARADIES BAD STEBEN MIT BIOCOFFEESHOP
211 SPIELBANK BAD STEBEN
212 HARLEY-DAVIDSON ERFURT
213 CIGARRENCONTOR CHEMNITZ
214 HERMAN LEIPZIG
215 VERKEHRSANWALT UWE STEINMETZ
216 JAGUAR UND LAND ROVER BEI REICHSTEIN & OPITZ JENA

MARKETING, MERCHAN-DISING & INTERIEUR DESIGN

217 OMEGA VERANSTALTUNGS-TECHNIK WEIMAR
218 INNENARCHITEKTIN CARLA FEHR EISENACH

219 E-NETWORKERS GRAFIK- & WEBDESIGN IT-SOLUTIONS
220 KNOBLAUCH LADENBAU GERA
221 MERCHANDISEMICH® GERA
222 CORNELIA MATTERT DESIGN GERA
223 MEDIENAGENTUR JAHREISS. HOHENBERG
224 GSD SOFTWARE® STOCKHEIM-NEUKENROTH
225 FILZMAXX HOF
226 AGENTUR HAUS E CHEMNITZ
227 LICHT & TON LEIPZIG
228 LEIPZIGER MESSE

LEHRE & FORSCHUNG

229 UNIVERSITÄT ERFURT
230 FACHHOCHSCHULE ERFURT – UNIVERSITY OF APPLIED SCIENCES
231 BAUHAUS-UNIVERSITÄT WEIMAR
232 HOCHSCHULE FÜR MUSIK FRANZ LISZT WEIMAR
233 FRIEDRICH-SCHILLER-UNIVERSITÄT JENA
234 ERNST- ABBE- HOCHSCHULE JENA – UNIVERSITY OF APPLIED SCIENCE
235 DUALE HOCHSCHULE GERA-EISENACH
236 TECHNISCHE UNIVERSITÄT CHEMNITZ
237 HOCHSCHULE FÜR MUSIK UND THEATER „FELIX MENDELSSOHN BARTHOLDY" (HMT)
237 HOCHSCHULE FÜR GRAFIK & BUCHKUNST (HGB) / LEIPZIG
238 UNIVERSITÄT LEIPZIG
239 HTWK HOCHSCHULE FÜR TECHNIK, WIRTSCHAFT UND KULTUR LEIPZIG
240 BURG GIEBICHENSTEIN KUNSTHOCHSCHULE HALLE

DESIGNER & KREATIVE

241 ANNE GORKE GREEN FASHION WEIMAR
242 SCHMUCK MANUFAKTUR SEYFARTH
243 KASEEE MODELABEL APOLDA
244 LICHTGESTALTEN FEUERTANZ
245 LABEL FREUDE AM TANZEN JENA
246 LICHTPAPIER ANKE NEUMANN CHEMNITZ
247 FLORA METAPHORICA TINA ALTUS LEIPZIG
248 FASHION DESIGN OLIVER VIEHWEG LEIPZIG
249 CHOREOGRAFIN MONTSERRAT LEON LEIPZIG
250 KOMPONIST UND PIANIST STEPHAN KÖNIG LEIPZIG
251 PORZELLAN-KÜNSTLERIN CLAUDIA BIEHNE LEIPZIG
252 MALERIN JEANNETTE PIETROWSKI SIEFKE LEIPZIG

FOTOGRAFEN

253 PIERRE KAMIN APOLDA
254 FRANK HAUSDÖRFER
255 TORSTEN BIEL NAUMBURG
256 TINE DREFAHL / LOVELY BIRDS JENA
257 MATTHIAS ECKERT WEIMAR
258 SEBASTIAN REUTER JENA
259 JENNIFER LIND UND MODEL ROMY DA FARYA JENA
260 RAMON F. MILLER GERA
261 MANFRED JAHREISS FOTOGRAFIE HOHENBERG
262 A – ANDREAS HUB
262 B – TINA CASSATI
263 SARAH STORCH ALTE EULE PHOTOGRAPHY LEIPZIG
264 KAI UND KRISTIN FOTOGRAFIE LEIPZIG

BARS, CLUBS & PROGRAMMKINOS

265 MODERN MASTERS ERFURT BAR & LOUNGE
266 SHAKERIA COCKTAIL-CATERING WEIMAR
267 BAR IN DER WEINTANNE JENA
268 KINO IM SCHILLERHOF JENA
269 KASSABLANCA JENA
270 QUEENS – WHISKEY PUB IN GERA
271 METROPOL KINO GERA
272 HOFER FILMTAGE, DOK LEIPZIG UND KINDERFILMFESTIVAL GOLDENER SPATZ
273 CLUBKINO SIEGMAR CHEMNITZ
274 NATO LEIPZIG
275 UT CONNEWITZ
276 BARCELONA BAR LEIPZIG

CAFÉS & RESTAURANTS

277 RESTAURANT CLARA IM KAISERSAAL ERFURT
278 RESTAURANT ZUM ALTEN SCHWAN ERFURT
279 RESTAURANT BACHSTELZE ERFURT
280 IL CORTILE RESTAURANT ERFURT
281 CAFÉ & RESTAURANT ROMMEL
282 BRASSERIE BALLENBERGER ERFURT
283 CAFÉ GOLDHELM & MUNDLANDUNG
284 RASSMANN´S IN DER SACKPFEIFENMÜHLE ERFURT
285 TRADITIONSGASTHAUS HOPFENBERG
286 WALDGASTHAUS & HOTEL STIEFELBURG
287 GERMAN FOOD ENTERTAINMENT UND HANS AM SEE
288 BACHMANN BEST CATERING
289 GOURMETRESTAURANT ANNA AMALIA WEIMAR
290 RESTAURANT ANASTASIA WEIMAR
291 LE GOULLON IM DOROTHENHOF WEIMAR
292 GRETCHENS RESTAURANT & CAFÉ WEIMAR
293 CAFÈ DU JARDIN & VINOTHEK RWERKSTÜCK WEIMAR
294 RISTORANTE VERSILIA
295 CAFÉLADEN WEIMAR
296 MONTAG CATERING IN DER VILLA HAAR
297 WEIMARER KAFFEERÖSTEREI
298 ACC CAFÉ-RESTAURANT
299 GASTHAUS ZUM WEIßEN SCHWAN
299 ELEPHANTENKELLER
300 RESTAURANT ALTE REMISE TIEFURT
301 ALTES BRAUHAUS BAD BERKA
302 BELLA VISTA SEETERRASSEN HOHENFELDEN
303 RESTAURANT IM HOTEL AM SCHLOSS APOLDA
304 THÜRINGER WEINSTUBE IM WEINGUT ZAHN
305 RESTAURANT „REINHARDT'S IM SCHLOSS"
306 RESTAURANT MÜHLENSCHENKE IN ÖLMÜHLE EBERSTEDT
307 RESTAURANT BERGHOTEL ZUM EDELACKER FREYBURG
308 ALTDEUTSCHE WEINSTUBEN ZUM KÜNSTLERKELLER FREYBURG
309 FREYBURGER WEIN- UND SEKTSALON STEINWEIN
310 RESTAURANT RITTERKLAUSE IM HOTEL MUTIGER RITTER BAD KÖSEN
311 BURGRESTAURANT RUDELSBURG BAD KÖSEN
312 GASTHAUS ZUR HENNE NAUMBURG
313 SCALA TURMRESTAURANT JENA
314 RESTAURANT STILBRUCH JENA
315 HAUS IM SACK JENA
316 RESTAURANT BAUERSFELD JENA
317 GASTHAUS & BAR WEINTANNE JENA
318 KAFFEERÖSTEREI MARKT 11 JENA
319 RESTAURANT KARDAMOM
320 ALTD. GASTHAUS ROTER HIRSCH
320 WIRTSHAUS ALT JENA
320 RESTAURANT JEMBOPARK
321 MUSEUMSCAFÉ PHILISTERIUM
322 PICI CAFÉ & VINOTHEK
323 CAFÉ IMMERGRÜN JENA
324 RESTAURANT „ZUR WEINTRAUBE"
325 BRAUGASTHOF PAPIERMÜHLE
326 HOFCAFÉ IM LEHMHOF LINDIG
327 BURGSCHÄNKE, BISTRO UND PORZELLANLOUNGE AUF DER LEUCHTENBURG
328 MIEZE FEINE KOST BAD KLOSTERLAUSNITZ
329 LUMMERSCHES BACKHAUS GERA
330 THEATERRESTAURANT SZENARIO GERA
331 CAFÉ MITTENDRIN GERA
332 KÖSTRITZER BIERHAUS GERA
333 APOSTO RESTAURANT GERA
334 KAFFEERÖSTEREI MAHLWERK
335 RESTAURANT 1880 IN ALTER BRAUEREI GERA
336 SALSA VERDE CATERING
337 SIEBEN – LADEN & CAFÉ WEIDA
338 WIRTSCHAFT ZUR OSTERBURG WEIDA
339 PANORAMA RESTAURANT IM BIO-SEEHOTEL ZEULENRODA

340 PATISSERIE BERGMANN ZEULENRODA
341 RESTAURANT & CAFÉ ZELLREDER ZEULENRODA
342 SCHLOSSCAFÉ & RESTAURANT HARMONIE GREIZ
343 FRIESISCHE BOTSCHAFT & HOTELRESTAURANT PARKHOTEL PLAUEN
344 GASTHAUS MATSCH PLAUEN
345 RESTAURANT ROYAL, CAFÉSTÜBCHEN WIEN & BLUE BAR PLAUEN
346 NEUE KAFFEERÖSTEREI PLAUEN
347 KLEINE FINESSEN PLAUEN
348 RESTAURANT LANDHOTEL PLAUEN GASTHOF ZWOSCHWITZ
349 RESTAURANT 1850 SCHÖNBRUNN & BAYERISCHER HOF GRÜNBACH
350 RESTAURANT HOTEL KÖNIG ALBERT
351 ALBERTS PARKRESTAURANT IM PARKHOTEL HELENE
352 ANTIKCAFÉ BAD ELSTER
353 HOTEL & RESTAURANT ZUM POSTILLION KLINGENTHAL
354 HOTEL & RESTAURANT FORSTMEISTER SCHÖNHEIDE
355 GASTHAUS HOTEL KRANICH SAALBURG
356 RESTAURANT PICCOLO GRÄFENWARTH
357 RESTAURANT IM HOTEL VILLA ALTENBURG
358 RESTAURANT MARIENTURM RUDOLSTADT
359 SINNESLUST CATERING & RATSKELLER SAALFELD
360 RESTAURANT SCHIEFERHOF NEUHAUS
361 BASTION MARIE KRONACH
362 BRAUEREIGASTHOF ANTLABRÄU KRONACH
363 KARTOFFELRESTAURANT ANNO DOMINI TETTAU
364 CAFÉ & WINTERGARTEN CONFISERIE BAUER LAUENSTEIN
365 RESTAURANT ANTIKHOTEL STEINBACHER HOF
366 GASTHOF BAUERNHANNLA IN EICHENBÜHL
367 LANDGASTHOF DETSCH
368 RESTAURANT HARMONIE LICHTENBERG
369 GLASCAFÉ NEBEN DEM EUROPÄISCHEN FLAKONGLAS-MUSEUM KLEINTETTAU
370 RESTAURANT URSPRUNG IN PRESSECK
371 GASTHOF HAUEIS HERMES
372 RESTAURANT REBHAN'S STOCKHEIM
373 RESTAURANT KASTANIENGARTEN HOF
374 RESTAURANT BAR SEASON HOF
375 BIERSALON TROMPETER HOF
376 PEMA CAFÉ WEIẞENSTADT
377 VITALBOX-VEGETARISCHES BISTRO HOF
378 MEINELS BAS HOF
379 RESTAURANT IM RELEXAHOTEL BAD STEBEN
380 RISTORANTE LA PIAZETTA BAD STEBEN
381 RESTAURANT ROUGE ET NOIR BAD STEBEN
382 BIO-CAFÉ FREIRAUM BAD STEBEN
383 CAFÉ MUSIKANTENSCHENKE
384 GASTHAUS PENSION ENTENMÜHLE
385 RESTAURANT ROSENTHAL CASINO
386 WIRTSHAUS GLÄSL IM GUT GÖPFERSGRÜN
387 GASTHAUS EGERTAL WEISSENSTADT
388 VÖLKENREUTHER WIRTSHAUS
389 RESTAURANT PUCHTLERS DEUTSCHER ADLER GASTHOF UND HOTEL BISCHOFSGRÜN
390 TESCHNER´S HERRSCHAFTLICHE GASTWIRTSCHAFT
391 KULTURKNEIPE & BAR ZUR EWIGEN BAUSTELLE WUNSIEDEL
392 RESTAURANT VILLA ESCHE CHEMNITZ
393 RESTAURANT & CAFÉ HECKART CHEMNITZ
394 RESTAURANT JANSSEN CHEMNITZ
395 RESTAURANT LICHTBLICK LICHTENWALDE
396 RESTAURANT OPERA CHEMNITZ
397 GEWÖLBERESTAURANT WASSERSCHLOSS KLAFFENBACH
398 RESTAURANT LAURUS VITAL HARTMANNSDORF
399 KELLERHAUS CHEMNITZ
400 TILLMANN´S
400 PENTAGON³ CHEMNITZ
401 CAFÉ ANKH CHEMNITZ
402 RESTAURANT ROMANTIK HOTEL SCHWANEFELD MEERANE
403 BRUNELLO & RATSKELLER ALTENBURG
404 KONDITOREI & KAFFEEHAUS VOLKSTÄDT ALTENBURG
405 RESTAURANT REUSSISCHER HOF SCHMÖLLN
406 RESTAURANT BELLEVUE SCHMÖLLN
407 GASTWIRTSCHAFT KULISSE ALTENBURG
408 RESTAURANT „ZUR BURG" POSTERSTEIN
409 RESTAURANT FALCO LEIPZIG
410 RESTAURANT STADT-PFEIFFER LEIPZIG
411 RESTAURANT VILLERS LEIPZIG
412 RESTAURANT DIE RESIDENZ LEIPZIG
413 RESTAURANT MÜNSTER'S LEIPZIG
414 MAX ENK LEIPZIG
415 RESTAURANT STELZENHAUS LEIPZIG
416 RESTAURANT MACIS LEIPZIG
417 BRASSERIE LE GRAND LEIPZIG
418 RESTAURANT MICHAELIS
419 RESTAURANT WEINSTOCK LEIPZIG
420 RESTAURANT DIE BRENNEREI LEIPZIG
421 AUERBACHS KELLER LEIPZIG
422 RESTAURANT PANORAMA TOWER – PLATE OF ART
423 RESTAURANT STEAKTRAIN LEIPZIG
424 RESTAURANT CREME BRÜHLÉ
425 RESTAURANT WEINWIRTSCHAFT LEIPZIG
426 ZUM ARABISCHEN COFFE BAUM LEIPZIG
427 BUSTAMANTE LEIPZIG
428 CAFÉ IM GRASSIMUSEUM LEIPZIG
429 RESTAURANT APELS GARTEN
430 CAFÉ WAGNER – CAFÉ & WEINBAR
431 THEATERKNEIPE PILOT LEIPZIG
432 CAFÉ MINTASTIQUE
433 CAFÉ MAÎTRE LEIPZIG
434 RESTAURANT B 10 LEIPZIG
435 CAFÉ GRUNDMANN LEIPZIG
436 RESTAURANT LA FONDERIE LEIPZIG
437 RESTAURANT GREENSOUL
438 RESTAURANT PEKAR
439 BARCELONA TAPAS BAR
440 KNEIPE MEINS DEINS UNSER LEIPZIG
441 RESTAURANT HOTEL SEEBLICK & CAFÉ FLEISCHEREI
442 KNEIPE & PENSION NOCH BESSER LEBEN
443 RESTAURANT SÜẞ UND SALZIG LEIPZIG
444 PONIATOWSKI – POLSKI BAR I RESTAURACJA
445 CAFÉ GLORIA LEIPZIG
446 RESTAURANTS IM ZOO LEIPZIG
447 RESTAURANT ALT CONNEWITZ LEIPZIG
448 ORANGERIE UND SCHLOSS GÜLDENGOSSA
449 RESTAURANT GASTHOF ALTER KUHSTALL GROSSPÖSNA
450 RESTAURANT CASA MARINA IM LAGOVIDA RESORT GROSSPÖSNA
451 LOEWEN RESTAURANT BAR & LOUNGE MARKKLEEBERG
452 BISTRO GARDEN IM ATLANTA HOTEL INTERNATIONAL LEIPZIG
453 RESTAURANT SEEPERLE MARKKLEEBERG
454 ROMANTIK HOTEL BURGKELLER & RESIDENZ KERSTINGHAUS MEISSEN
455 CAFÉ & RESTAURANT PORZELLAN-MANUFAKTUR MEISSEN®
456 RESTAURANTS IM SCHLOSSHOTEL PILLNITZ

BIERGÄRTEN, STRAND-BARS & FREILUFTSITZE

457 TRADITIONSGASTHAUS HOPFENBERG
457 WALDGASTHAUS STIEFELBURG
458 MANDALA BEACH CLUB IN VILLA HAAGE ERFURT
459 SAALHÄUSER WEINSTUBEN IM WEINGUT KLOSTER PFORTA
460 BRÜCKENBIERGARTEN „FEIẞE" IN DER MÜHLE ZEDDENBACH
461 RODLER-TREFF IM FREIZEITSPASS ECKARTSBERGA
462 BIERGARTEN UND STRANDBAR AM WEHR JENA BURGAU

KARTENLEGENDE

463 BRÜCKENCAFÉ LUMMERSCHES BACKHAUS

464 STRANDBAR VOM BIOSEEHOTEL ZEULENRODA

465 BIERGARTEN BRAUHAUS ERLBACH

466 BIERGARTEN BASTION MARIE KRONACH

467 BIERGARTEN MEINELS BAS HOF

468 TERRASSE CAFÉ WAGNER LEIPZIG

REGIONALE & INTERNATIONALE SPEZIALITÄTEN

469 GOLDHELM SCHOKOLADEN MANUFAKTUR ERFURT

470 THÜRINGER SPEZIALITÄTEN ERFURT & WEIMAR

471 BÄCKEREI ROTH ERFURT

472 FISCH HOFLADEN KRESSEPARK ERFURT

473 DIE THÜRINGER DORNHEIM
473 THÜFLEIWA APOLDA

474 ECHTER NORDHÄUSER TRADITIONSBRENNEREI NORDHAUSEN

475 KLOSTERGUT MÖNCHPFIFFEL GARTEN DER MÖNCHE

476 HOFKÄSEREI BÜTTNER H HOHENLEUBEN

477 KUNST- UND SENFMÜHLE KLEIN-HETTSTEDT

478 GREUSSENER SALAMI

479 WEIMARER KAFFEERÖSTEREI

480 VEREINSBRAUEREI APOLDA

481 KULINARISCHE ZEITREISEN IN HEICHELHEIM

482 CAFÉ UND KONDITOREI SCHOPPE BAD KÖSEN

483 MÜHLE ZEDDENBACH FREYBURG

484 FRANZ. BOULANGERIE & PATISSERIE CARLOS P. JENA

485 GÖNNATALER PUTENSPEZIALITÄTEN

486 KONDITOREI UND KAFFEEHAUS GRÄFE IN JENA

487 BUCH UND WEIN GERA

488 KÖSTRITZER SCHWARZBIER-BRAUEREI

489 SÄCHSISCH-THÜRINGISCHE SCHOKOLADENMANUFAKTUR

490 DORFLADEN IM ERLBACHER BRAUHAUS

491 WERNESGRÜNER BRAUEREI GUTSHOF

492 NATURFLEISCH GMBH „RENNSTEIG“ OBERWEIßBACH

493 SCHOTTISCHE HOCHLAND RINDERZUCHT FRANKENWALD GMBH & CO. KG

494 WELA SUPPEN

495 KAISERHOF BRAUEREI KRONACH

496 CONFISERIE BAUER LAUENSTEIN

497 MUSEEN IM KULMBACHER MÖNCHSHOF

498 PEMA CONCEPT STORE WEISSENSTADT

499 BRAUEREI MEINEL BRÄU HOF

500 METZGEREI KRAUSE KRONACH

501 BÄCKEREI ÖSTERLEIN KRONACH

502 SACK´S DESTILLE WEISSENSTADT

503 FACTORY-IN SELB

504 MIUU SCHOKOLADENMANUFAKTUR CHEMNITZ

505 ALTENBURGER ZIEGENKÄSE

506 ALTENBURGER ERLEBNISBRAUEREI UND ALTEN BURGER DESTILLERIE & LIQUEURFABRIK

507 FEINKOST DÜNEWALD ALTENBURG

508 WELTMEISTER SENFLADEN ALTENBURG

509 SPEZIALITÄTEN & FEINKOST-GESCHÄFT WINKLER

510 MILCHSCHÄFEREI DEUTSCHER

511 ORIGINAL SCHMÖLLNER MUTZBRATEN

512 EGENBERGER LEBENSMITTEL & LIPZ SCHORLE LEIPZIG

513 CAFÉ MAÎTRE – PATISSERIE

514 GOETHE CHOCOLATERIE LEIPZIG

515 BÄCKEREI STEUERNAGEL LEIPZIG

516 FLEISCHEREI MATERNE LEIPZIG

WEINE & WINZER

517 WINZERVEREINIGUNG FREYBURG-UNSTRUT

518 WEINGALERIE IM SCHWEIGENBERG

519 WEINGUT FAMILIE LÜCKEL GBR

520 WEINGUT KLAUS BÖHME

521 WEINGUT THÜRKIND

522 WEINGUT BÖHME & TÖCHTER

523 WEINGUT HERZER

524 WINZERHOF GUSSEK

525 NAUMBURGER WEIN & SEKT MANUFAKTUR

526 ROTKÄPPCHEN SEKTKELLEREI

527 LANDESWEINGUT KLOSTER PFORTA

528 WEINGUT UWE LÜTZKENDORF

529 THÜRINGER WEINGUT ZAHN

530 THÜRINGER WEINGUT BAD SULZA

531 WEIN- & SEKTGUT HUBERTUS TRIEBE

532 WOLFRAM PROPPE – WEINBAU IM GLEISTAL

533 WEINGUT RAINER SAUER

534 WEINGUT RUDOLF FÜRST

535 WEINGUT BÖCKING

536 SÄCHSISCHE WINZER-GENOSSENSCHAFT MEISSEN

537 ERLEBNISWEINGUT SCHLOSS WACKERBARTH

538 WEINGUT TIM STRASSER

539 WEINGUT ZIMMERLING

540 WEINGESCHÄFT EN GROS & EN DETAIL

HOTELS, APARTMENTS & PENSIONEN

541 RADISSON BLU ERFURT

542 HOTEL AN DER KRÄMERBRÜCKE

543 H+ HOTEL ERFURT

544 HOTEL WEISSER SCHWAN ERFURT

545 AIRPORT HOTEL ERFURT

546 HOTEL AM KAISERSAAL ERFURT

547 EVANGELISCHES AUGUSTINER-KLOSTER UND GÄSTEHAUS NIKOLAI

548 VICTOR´S RESIDENZ HOTEL ERFURT

549 VILLA AM PARK ERFURT

550 WALDGASTHAUS & HOTEL STIEFELBURG

551 HOTEL ELEPHANT WEIMAR

552 HOTEL AMALIENHOF WEIMAR UND BOARDINGHOUSE

553 HOTEL DOROTHEENHOF WEIMAR

554 FAMILIENHOTEL WEIMAR

555 PENSION LA CASA DEI COLORI WEIMAR

556 GINGKO FERIENWOHNUNGEN WEIMAR

557 HOTEL SCHLOSS ETTERSBURG WEIMAR

558 VILLA HENTZEL WEIMAR

559 SCHWIMMENDES HÜTTENDORF UND PENSION HISTORISCHE MÜHLE EBERSTEDT

560 HOTEL AM SCHLOSS APOLDA

561 HOTEL RESORT SCHLOSS AUERSTEDT

562 HOTEL AN DER THERME BAD SULZA

563 PREMIUM-FERIENHÄUSER STAUSEE HOHENFELDEN

564 BERGHOTEL ZUM EDELACKER FREYBURG

565 HOTEL ALTDEUTSCHE WEINSTUBEN FREYBURG

566 HOTEL ZUR NEUENBURG FREYBURG

567 HOTEL REBSCHULE FREYBURG

568 RINGHOTEL MUTIGER RITTER BAD KÖSEN

569 HOTEL GASTHAUS ZUR HENNE NAUMBURG

570 PENSION 1824 NAUMBURG

571 PENSION TYPISCH NAUMBURG

572 HOTEL STEIGENBERGER ESPLANADE

573 SCALA TURM HOTEL JENA

574 HAUS IM SACK JENA

575 HOTEL JEMBOPARK
575 GASTHAUS ROTER HIRSCH

576 FAIR RESORT JENA

577 HOTEL VIELHARMONIE

578 HOTEL PAPIERMÜHLE
578 HOTEL ZIEGENHAINER TAL

579 HOTEL „ZUR WEINTRAUBE“ JENA

580 FERIENWOHNUNGEN LEHMHOF LINDIG

581 WALDKLINIKEN EISENBERG APARTMENTS

582 PENTAHOTEL GERA

583 HOTEL ZWERGSCHLÖSSCHEN GERA

584 FERIENWOHNUNGEN IM RITTERGUT ENDSCHÜTZ

585 FERIENWOHNUNGEN IM SIEBEN – LADEN & CAFÉ IN WEIDA

586 BIO-SEEHOTEL ZEULENRODA

587 FERIENWOHNUNGEN BERGHOF ZEULENRODA

588 WALDHOTEL GREIZ

589 HOTEL ALEXANDRA PLAUEN INH. ALEXANDRA GLIED E.K.
590 PARKHOTEL PLAUEN
591 HOTEL MATSCH PLAUEN
592 LANDHOTEL PLAUEN GASTHOF ZWOSCHWITZ
593 BAYERISCHER HOF GRÜNBACH
593 GOLDENES HERZ SCHÖNBRUNN
594 HOTEL KÖNIG ALBERT BAD ELSTER
595 BOUTIQUE HOTEL SCHIEFERHOF NEUHAUS
596 PANORAMA HOTEL AM MARIENTURM RUDOLSTADT
597 HOTEL VILLA ALTENBURG PÖSSNECK
598 HOTEL KRANICH SAALBURG
599 HOTEL PICCOLO GRÄFENWARTH
600 CAMPINGPLÄTZE „KLOSTER" UND „AM STRANDBAD" SAALBURG
601 KRONACHER STADTHOTELS
602 ECONOMYHOTELS KRONACH
603 ANTIKHOTEL STEINBACHER HOF
604 LANDGASTHOF DETSCH
605 BERGHOF WARTENFELS IN PRESSECK
606 LANDGASTHOF HAUEIS
607 REBHAN´S BUSINESS UND WELLNESSHOTEL STOCKHEIM-NEUKENROTH
608 SCHLOSSBERGHOF FRANKENWALD
609 HOTEL CENTRAL HOF
610 JAGDSCHLOSS FAHRENBÜHL HOF
611 FERIENWOHNUNG ZUR ALTEN KRONE HOHENBERG
612 RELEXA HOTEL BAD STEBEN
613 VILLA SIEGFRIED BAD STEBEN
614 BIOPENSION FREIRAUM BAD STEBEN
615 A - GOLFHOTEL FAHRENBACH
615 B - WILDKRÄUTERHOTEL SCHÖNBLICK
616 DESIGNHOTEL ROSENTHAL CASINO SELB
617 HOTEL ALEXANDERSBAD BY SOIBELMANNHOTELS.COM
618 FAMILIENKLUB KRUG FAMILOTEL WARMENSTEINACH
619 GÜNNEWIG HOTEL CHEMNITZER HOF
620 A - MERCURE HOTEL KONGRESS CHEMNITZ
620 B - HOTEL AN DER OPER
621 PENTAHOTEL CHEMNITZ
622 BEST WESTERN HOTEL AM SCHLOSSPARK LICHTENWALDE
623 SCHLOSSHOTEL WASSERSCHLOSS KLAFFENBACH CHEMNITZ
624 BIENDO HOTEL CHEMNITZ
625 HOTEL FÜRSTENHOF, LEIPZIG
626 STEIGENBERGER GRANDHOTEL HANDELSHOF LEIPZIG
627 HOTEL THE WESTIN LEIPZIG
628 CASA BUSTAMANTE
629 SEASIDE PARK HOTEL LEIPZIG
630 LEIPZIG MARRIOTT HOTEL
631 MICHAELIS HOTEL LEIPZIG
632 ARCONA LIVING BACH14
633 APARTMENTHOUSE QUARTIER M
634 ELSTERLOFTS UND HAUS FEUERBACH
635 HOTEL ALT-CONNEWITZ LEIPZIG
636 PENSION NOCH SCHÖNER LEBEN
637 ATLANTA HOTEL INTERNATIONAL LEIPZIG
638 MARKKLEEBERGER HOF
639 SEEPARK AUENHAIN MARKKLEEBERG
640 PENSION VÖLKERSCHLACHT 1813 MARKKLEEBERG
641 LAGOVIDA FERIENRESORT GROßPÖSNA
642 PARKHOTEL ALTENBURG
643 HOTEL REUSSISCHER HOF SCHMÖLLN
644 HOTEL BELLEVUE SCHMÖLLN
645 HOTEL ZUR BURG POSTERSTEIN
646 ROMANTIK HOTEL SCHWANEFELD MEERANE
647 ROMANTIK HOTEL BURGKELLER
647 RESIDENZ KERSTINGHAUS MEISSEN
648 HOTEL SCHLOSS PILLNITZ

TAGUNGEN, HOCHZEITEN & EVENTS

649 KAISERSAAL ERFURT
650 COMCENTER BRÜHL ERFURT
651 ROMANTIKHOTEL DOROTHEENHOF WEIMAR
652 SCHLOSS ETTERSBURG WEIMAR
653 HOTEL AM SCHLOSS APOLDA
654 BERGHOTEL ZUM EDELACKER FREYBURG
655 ZEISS PLANETARIUM JENA
656 LEUCHTENBURG KAHLA
657 BIO-SEEHOTEL ZEULENRODA
658 FREIHEITSHALLE HOF
659 KNUT.EVENTS KRONACH
660 ZOO LEIPZIG UND BELANTIS

HAIR, BEAUTY & HEALTH

661 FIGUR- & KOSMETIKLOUNGE MYTAOGARDEN
662 MASSON® FRISEURE
663 POMPADOUR EXCLUSIVE SALON & SPA JENA
664 ARDESIA-THERME BAD LOBENSTEIN
665 BABOR BEAUTY SPA VILLA VOSS GERA
666 KERSTIN VOGEL KOSMETIK GERA
667 FREIRAUM BAD STEBEN
668 L.A. SCHMITT KOSMETIK
669 BADEGÄRTEN EIBENSTOCK
670 SIEBENQUELL® GESUNDZEITRESORT WEISSENSTADT
671 BETI LUE. SALBENMANUFAKTUR
672 DC LEIPZIG SILKE FOX-GEORGI

WASSER & WELLNESS

673 AVENIDA-THERME HOHENFELDEN
674 GALAXSEA JENA
675 KRISTALL SAUNATHERME BAD KLOSTERLAUSNITZ
676 TOSKANA THERME BAD SULZA
677 HOFWIESENBAD GERA
678 WAIKIKI THERMEN- & ERLEBNIS-WELT AM ZEULENRODAER MEER
679 BÄDERKOMPLEX / EISSPORTHALLE GREIZ
680 SOLETHERME & SAUNAWELT BAD ELSTER
680 SÄCHSISCHES STAATSBAD BAD BRAMBACH
681 HOFBAD UND HOFSAUNA HOF
682 BAYERISCHES STAATSBAD BAD STEBEN
683 FREIZEITBAD TATAMI SCHMÖLLN
684 STRÄNDE UND SAUNA COSPUDENER SEE

SPORT & AKTIV

685 EISSPORTZENTRUM ERFURT
686 ERLEBNISREGION STAUSEE HOHENFELDEN
687 SPA & GOLF RESORT WEIMARER LAND BLANKENHAIN
688 SAALE-UNSTRUT- TOURS NAUMBURG
689 BIKE PARK OCHSENKOPF
690 SPARKASSE VOGTLAND ARENA KLINGENTHAL
691 SPORTANLAGEN IM HOFWIESENPARK GERA
692 LAMA-TREKKING FRANKENWALD
693 SCHNEESCHUHWANDERN AM „GRÜNEN BAND"
694 SNOW-KITEN
695 KANUPARK MARKKLEEBERG WILDWASSERANLAGE
696 CAMP DAVID SPORT RESORT BY ALL-ON-SEA AM SCHLADITZER SEE

MOBILITÄT & ERLEBNIS

697 BAHN-NOSTALGIE
698 RUNDFLÜGE GELEITFLÜGE FLUGPLATZ SCHÖNGLEINA
699 PIONIEREISENBAHN IM GERAER TIERPARK
700 SPORT- UND SEGELFLUGPLATZ GREIZ
701 FAHRGASTSCHIFFFAHRT SAALBURG BLEILOCHTALSPERRE
702 FLOßFAHRTEN AUF DER WILDEN RODACH
703 FRANKENWALD MOBIL
704 E-BIKE-REGION FRANKENWALD
705 EGRONET – DAS LÄNDERVER-BINDENDE NAHVERKEHRSSYSTEM
706 NEUSEENLAND PERSONENSCHIFFFAHRT
707 RANABOOT MARKKLEEBERG
708 AMPHIBIENBOOTSTOUREN ZUR VINETA AUF DEM STÖRMTHALER SEE

KARTE

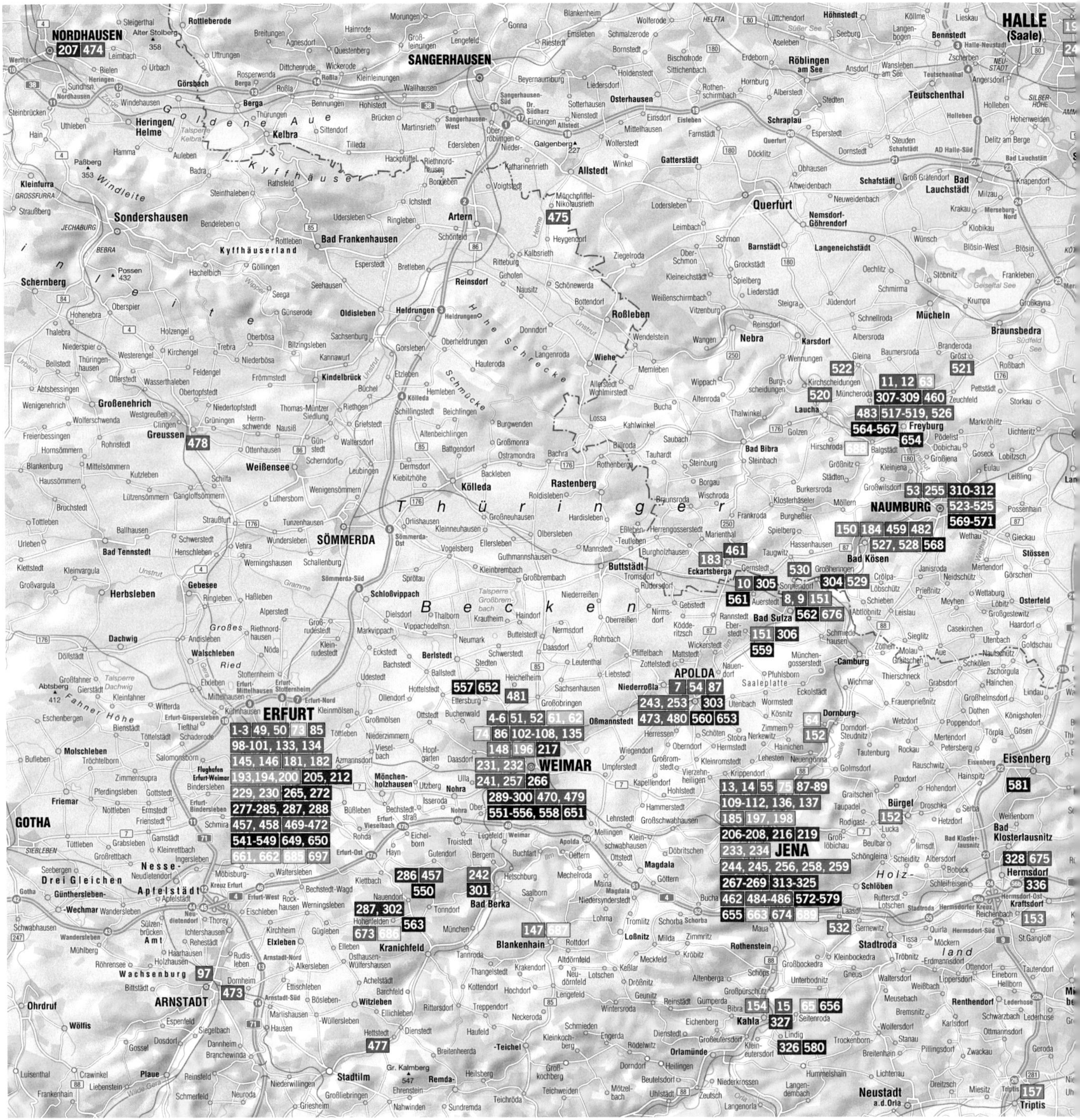
NORDHAUSEN
207 474
SANGERHAUSEN
HALLE (Saale)
Röblingen am See
Teutschenthal
Kelbra
Heringen/Helme
Goldene Aue
Kyffhäuser
Windleite
Sondershausen
Bad Frankenhausen
Kyffhäuserland
Artern
Allstedt
475
Querfurt
Bad Lauchstädt
Schafstädt
Mücheln
Braunsbedra
Roßleben
Nebra
Karsdorf
Wiehe
Hohe Schrecke
Schmücke
Heldrungen
Oldisleben
Kindelbrück
Großenehrich
Greussen
478
Weißensee
Kölleda
Rastenberg
Laucha
Freyburg
522
11, 12 63
521
520
307-309 460
483 517-519, 526
564-567
654
688
Bad Bibra
53 255 310-312
NAUMBURG
523-525
569-571
150 184 459 482
527, 528 568
Bad Kösen
Thüringer Becken
SÖMMERDA
Bad Tennstedt
Gebesee
Herbsleben
Buttstädt
Eckartsberga
183 461
530
304 529
10 305
561
8, 9 151
562 676
Bad Sulza
151 306
559
Camburg
APOLDA
7 54 87
243, 253 303
473, 480 560 653
Dachwig
Walschleben
Fahner Höhe
ERFURT
1-3 49, 50 73 85
98-101, 133, 134
145, 146 181, 182
193,194,200 205, 212
229, 230 265, 272
277-285, 287, 288
457, 458 469-472
541-549 649, 650
661, 662 685 697
557 652
481
4-6 51, 52 61, 62
74 86 102-108, 135
148 196 217
231, 232
WEIMAR
241, 257 266
289-300 470, 479
551-556, 558 651
Oßmannstedt
Dornburg-
64
152
13, 14 55 75 87-89
109-112, 136, 137
185 197, 198
206-208, 216 219
233, 234
JENA
244, 245, 256, 258, 259
267-269 313-325
462 484-486 572-579
655 663 674 689
532
Bürgel
152
Eisenberg
581
Bad Klosterlausnitz
328 675
Hermsdorf
336
153
Stadtroda
Holzland
GOTHA
Drei Gleichen
Apfelstädt
Nesse-
286 457
550
242
301
Bad Berka
287, 302
563
673 686
Kranichfeld
147 687
Blankenhain
Magdala
Wachsenburg
97
473
ARNSTADT
Ohrdruf
Wölfis
477
Stadtilm
Gr. Kalmberg 547
Remda-Teichel
Kahla
154 15 65 656
327
326 580
Orlamünde
Neustadt a.d. Orla
Triptis
157

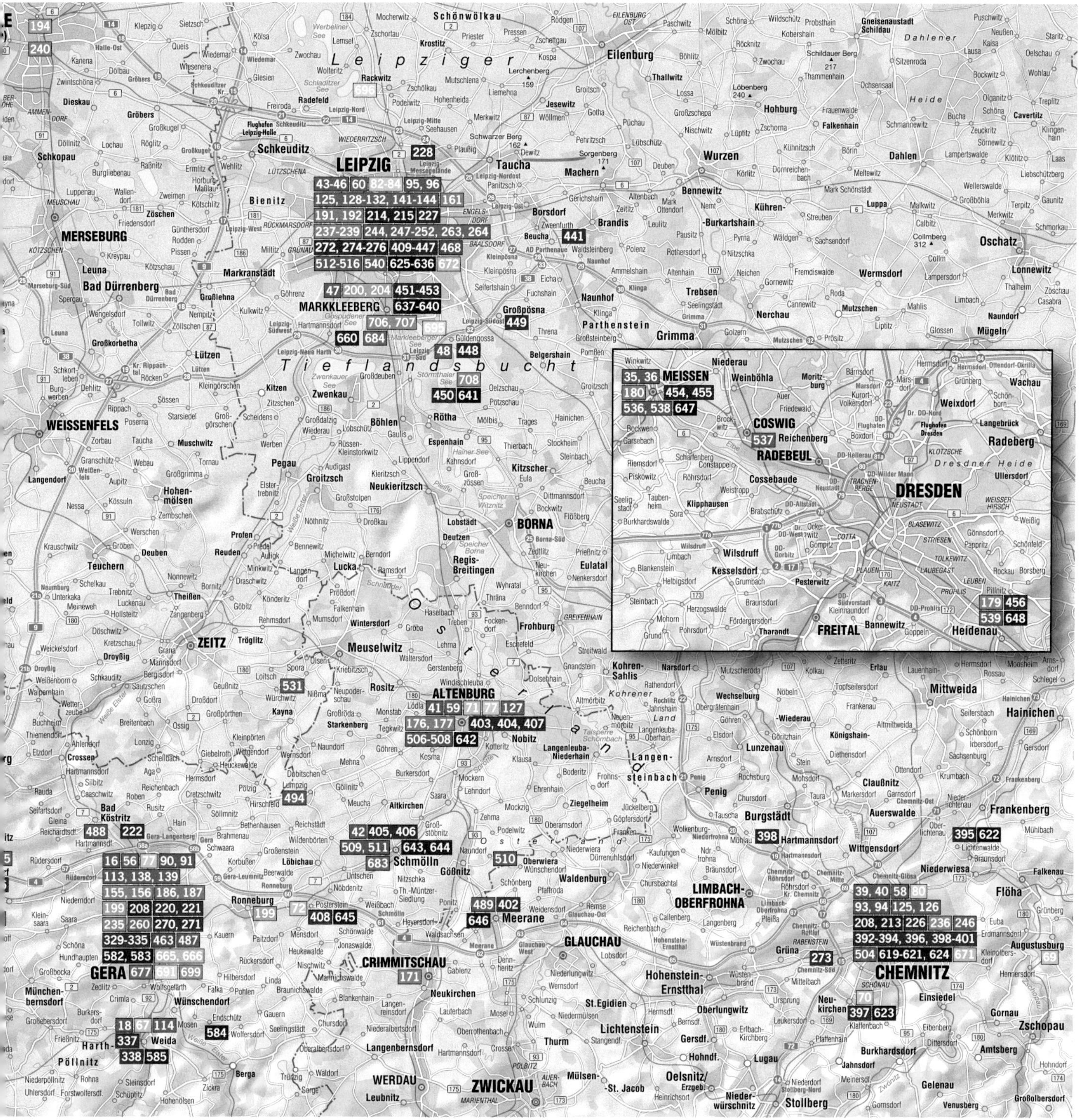
Leipziger Tieflandsbucht
LEIPZIG
43-46 60 82-84 95, 96
125, 128-132, 141-144 161
191, 192 214, 215 227
237-239 244, 247-252, 263, 264
272, 274-276 409-447 468
512-516 540 625-636 672
MARKKLEEBERG
47 200, 204 451-453
637-640
706, 707 695
660 684
48 448
708
450 641
228
441
449
Schkeuditz
Taucha
Eilenburg
Wurzen
Oschatz
Grimma
Borna
Naunhof
Brandis
Merseburg
Bad Dürrenberg
Weissenfels
Zeitz
Pegau
Meuselwitz
Altenburg
41 59 71 77 127
176, 177 403, 404, 407
506-508 642
Osterland
531
494
Gera
16 56 77 90, 91
113, 138, 139
155, 156 186, 187
199 208 220, 221
235 260 270, 271
329-335 463 487
582, 583 665, 666
677 691 699
488 222
Bad Köstritz
Ronneburg
199 72
408 645
42 405, 406
509, 511 643, 644
683
Schmölln
510
489 402
646
Meerane
Crimmitschau
171
Glauchau
Zwickau
Werdau
Weida
18 67 114
337
338 585
584
Hohenstein-Ernstthal
Limbach-Oberfrohna
Chemnitz
39, 40 58 80
93, 94 125, 126
208, 213 226 236 246
392-394, 396, 398-401
504 619-621, 624 671
273
70
397 623
69
395 622
398
Mittweida
Frankenberg
Flöha
Zschopau
Meissen
35, 36
180 454, 455
536, 538 647
Coswig
537
Radebeul
Dresden
Freital
Heidenau
179 456
539 648
Radeberg
194
240

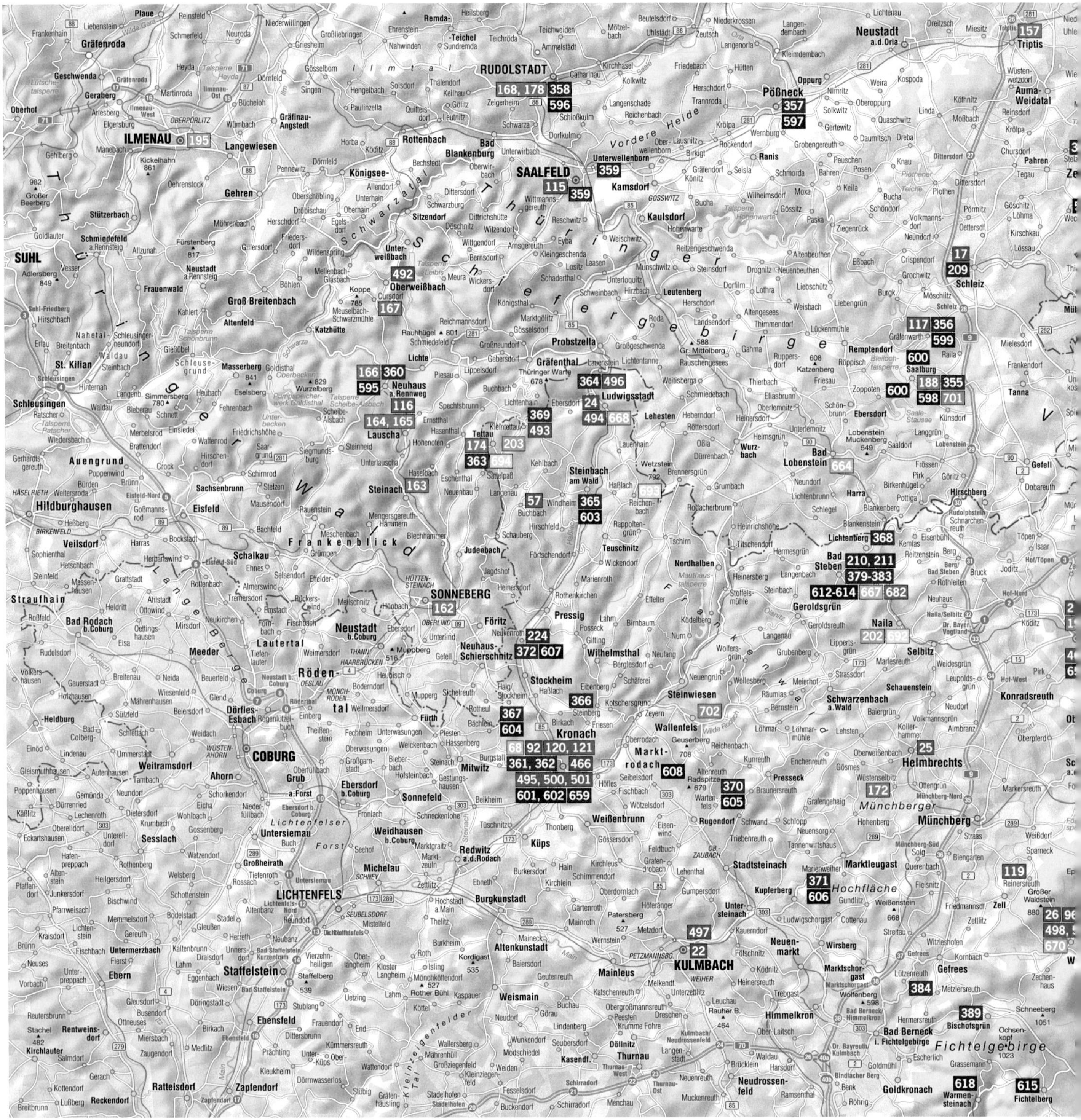
Gräfenroda
Ilmenau
Suhl
Rudolstadt
Saalfeld
Pößneck
Neustadt a.d.Orla
Triptis
Schleiz
Bad Blankenburg
Königsee-
Rottenbach
Langewiesen
Gehren
Kamsdorf
Kaulsdorf
Leutenberg
Probstzella
Gräfenthal
Ludwigsstadt
Lehesten
Lauscha
Neuhaus a.Rennweg
Steinach
Sonneberg
Hildburghausen
Eisfeld
Schleusingen
St. Kilian
Bad Rodach b.Coburg
Coburg
Neustadt b.Coburg
Rödental
Kronach
Mitwitz
Küps
Redwitz a.d.Rodach
Lichtenfels
Staffelstein
Burgkunstadt
Weismain
Kulmbach
Thurnau
Stadtsteinach
Wallenfels
Steinwiesen
Nordhalben
Teuschnitz
Pressig
Naila
Geroldsgrün
Bad Steben
Lichtenberg
Bad Lobenstein
Saalburg
Hirschberg
Helmbrechts
Schwarzenbach a.Wald
Selbitz
Münchberg
Marktleugast
Bad Berneck i. Fichtelgebirge
Gefrees
Goldkronach
Thüringer Wald
Thüringer Schiefergebirge
Frankenwald
Frankenblick
Fichtelgebirge
Münchberger Hochfläche
Lichtenfelser Forst
Lange Berge